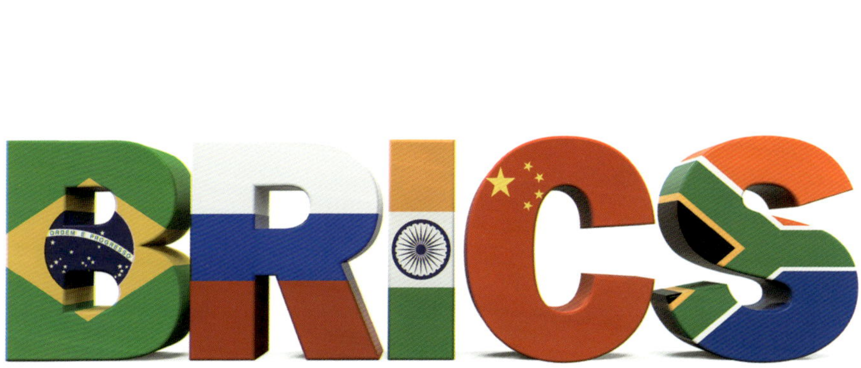
BRICS

国家出版基金项目 NATIONAL PUBLICATION FOUNDATION · 国家"十三五"重点出版图书 ·

金砖国家法律报告

BRICS LAW REPORT

西南大学金砖国家法律研究院　主办

Sponsored by

Academe of BRICS Laws

Southwest University

主编　邓瑞平

2019年 · 第3卷

VOL.3，2019

厦门大学出版社 XIAMEN UNIVERSITY PRESS 国家一级出版社 全国百佳图书出版单位

图书在版编目(CIP)数据

金砖国家法律报告. 第三卷/邓瑞平主编.—厦门:厦门大学出版社,2019.12
ISBN 978-7-5615-7694-6

Ⅰ.①金…　Ⅱ.①邓…　Ⅲ.①法律－研究报告－世界　Ⅳ.①D911.04

中国版本图书馆 CIP 数据核字(2019)第 289358 号

出 版 人	郑文礼
责任编辑	李　宁
封面设计	李嘉彬等
技术编辑	许克华

出版发行	厦门大学出版社
社　　址	厦门市软件园二期望海路 39 号
邮政编码	361008
总　　机	0592-2181111　0592-2181406(传真)
营销中心	0592-2184458　0592-2181365
网　　址	http://www.xmupress.com
邮　　箱	xmup@xmupress.com
印　　刷	厦门集大印刷厂

开本	720 mm×1 000 mm　1/16
印张	34.75
插页	2
字数	608 千字
版次	2019 年 12 月第 1 版
印次	2019 年 12 月第 1 次印刷
定价	158.00 元

厦门大学出版社
微信二维码

厦门大学出版社
微博二维码

BRICS LAW REPORT
Professional Counselor Commission

I.Chinese Members

CAO Xingquan	CHEN Gaoshan	CHEN Jian	CHEN Min
DING Ding	DING Libai	FENG Guo	FU Jun
HE Li	KONG Qingjiang	LAN Caiming	LI Fajia
LI Qin	LIU Jianmin	LIU Xiangshu	LIU Ying
LU Daifu	MEI Chuanqiang	MU Yaping	QU Sancai
REN Huihua	SHAO Jingchun	SHEN Sibao	SHENG Xuejun
SHI Jingxia	SUN Changyong	SUN Peng	TANG Zhongmin
WANG Han	WANG Hongtao	WANG Jian	WANG Li
WANG Meili	WANG Xin	XIE Shisong	XU Mingyue
XU Yixiang	YANG Guohua	YANG Song	YANG Xu
YUE Caishen	ZHANG Buwen	ZHANG Jun	ZHANG Qinglin
ZHANG Xiaojun	ZHANG Xinmin	ZHANG Yi	ZHAO Ming
ZHAO Wanyi	ZHAO Xuegang	ZHENG Wenlin	ZHOU Yuyun

II. Foreign Members

Alexandre Gossn Barreto (Brazil)

Berzin Olga (Russia)

Bordunov V D (Russia)

Evandro Menezes de Carvalho (Brazil)

Ivana Amorim de Coelho Bomfim (Brazil)

Kapustin A Ya (Russia)

Karamkarian R A (Russia)

Kartashkin V A (Russia)

Kumbayava Aigerim (Kazakhstan)

Luca Belli (Brazil)

Reinaldo Guang Ruey Ma (Brazil)

Rodrigo do Val Ferreira (Brazil)

Santosh Pai (India)

Stardubtzev G S (Russia)

Tang Wei (Brazil)

Zhdanov N V (Russia)

通信单位：西南大学金砖国家法律研究院《金砖国家法律报告》编辑部

通信地址：重庆市北碚区天生路2号，邮政编码400715

电子邮箱：bricslawreport@126.com，bricslegalreport@126.com

目录
CONTENTS

《欧亚经济联盟条约》简介 　　　　　　　　　　　　　　　邓瑞平/1

　　欧亚经济联盟条约(上) 　　　　　　　　　　　　　　　　　　/10

WTO"俄罗斯——某些农产品和制成品关税待遇"案简介 　　　宋小萍/134

　　俄罗斯——某些农产品和制成品的关税待遇(专家组报告) 　　/138

印度—东盟 2014 年《全面经济合作框架协定内投资协定》简介 　姜莉/261

　　东南亚国家联盟和印度共和国全面经济合作框架协定内投资协定 /267

WTO"印度——与太阳能电池和组件有关的若干措施"案简介 　何美玉/291

　　印度——与太阳能电池和组件有关的若干措施(上诉机构报告) /297

《2016 年印度标准局法》简介 　　　　　　　　　　　　　　祁纪运/393

　　2016 年印度标准局法 　　　　　　　　　　　　　　　　　　/400

印度《2016 年破产倒闭法典》简介 　　　　　　　　　　　　黄周军/420

　　2016 年破产倒闭法典(上) 　　　　　　　　　　　　　　　　/427

南非《2001 年失业保险法》及其修正法简介 　　　　　　　　肖晨刚/470

　　2016 年失业保险修正法 　　　　　　　　　　　　　　　　　/476

　　附 1　2003 年失业保险修正法 　　　　　　　　　　　　　　/481

　　附 2　2001 年失业保险法 　　　　　　　　　　　　　　　　/485

南非《2017 年国际仲裁法》简介 　　　　　　　　　　　　　张梦媛/521

　　2017 年国际仲裁法 　　　　　　　　　　　　　　　　　　　/525

✳邓瑞平 *

《欧亚经济联盟条约》简介

由俄罗斯主导的《欧亚经济联盟条约》(以下简称"本条约")于 2014 年 5 月 29 日由俄罗斯、白俄罗斯和哈萨克斯坦三国总统在哈萨克斯坦首都阿斯塔纳签署,由此建立了一个大型贸易区,以期挑战美国、欧盟的经济力量①。本条约经过上述三国议会批准后,于 2015 年 1 月 1 日生效,根据本条约成立的欧亚经济联盟于同日正式启动。鉴于中国在推进"一带一路"倡议中涉及本条约重要成员国、我国与本条约及其据此成立的欧亚经济联盟的对接性,我们翻译了经认可的本条约英文本,为我国有兴趣者深入了解和研究本条约提供参考。

一、本条约产生的背景与主要发展历程

(一)本条约产生的背景

苏联解体后,以俄罗斯为首的苏联成员于 1991 年 12 月成立了独立国家联合体(简称"独联体"或"CIS")②。在独联体的国际关系特别是国际经济关系中,白俄罗斯、哈萨克斯坦和俄罗斯联邦是骨干成员。欧亚经济联盟最初来

---

* 邓瑞平[1963—],男,四川蓬安人,法学博士,西南大学法学院教授、博士生导师,西南大学—西南政法大学金砖国家法律研究院院长。

① 参见"欧亚经济联盟条约",https://baike.baidu.com/item/欧亚经济联盟条约/14075379,2017 年 12 月 30 日访问。

② 关于独联体的基本情况,可参见"独联体国家",https://baike.baidu.com/item/独联体国家/7688433? fr=aladdin,2017 年 12 月 30 日访问。

自独联体国家建立欧亚国家联盟的设想和倡议。1994年3月,哈萨克斯坦总统纳扎尔巴耶夫在首次正式访俄期间,在莫斯科大学演讲中,第一次提出建立"欧亚国家联盟"的设想。① 同年6月,俄罗斯主导的欧亚地区经济一体化详细计划被提交给相关国家的政府首脑,"欧亚联盟"②首次在媒体披露并出现在官方文件中。③

按当时和以后调整的基本路线图,最终成立类似欧盟的欧亚联盟的战略分四步:关税同盟—自由贸易区和统一经济空间—欧亚经济联盟—欧亚联盟。

第一步,建立关税同盟。独联体成立后不久,俄罗斯、白俄罗斯、哈萨克斯坦三个国家统一关税,形成了海关联盟。1995年,俄、哈、白、乌、塔、吉六国签署《建立关税同盟(成立统一关税区、取消海关监管和统一经济空间)的协定》,成立了共同关税同盟。④ 1996年3月,俄罗斯、白俄罗斯、哈萨克斯坦和吉尔吉斯斯坦签署协定,决定成立四国关税同盟,旨在协调四国的经济改革进程,加快四国一体化进程。2000年10月,俄、白、哈、吉、塔五国签署条约,决定将关税同盟改组为欧亚经济共同体⑤。随着独联体逐渐形同虚设,欧亚经济共同体成为俄罗斯、白俄罗斯和中亚统一的组织。俄、哈、白于2007年10月签署了《关税同盟条约》,于2009年签署了《关税同盟关税法典》,2010年1月试运行统一关税率、关税限额使用机制、优惠和特惠体系、统一禁止或限制进出口第三国的商品清单。2010年7月6日《关税同盟关税法典》正式生效,同日,俄、白、哈启动

---

① 参见"欧亚联盟",https://baike.baidu.com/item/欧亚联盟=aladdin,2017年12月30日访问;徐洪峰:"欧亚经济联盟建立的背景及未来发展",中国俄欧亚研究网2016年07月08日,中国社会科学院俄罗斯东欧中亚研究所,http://euroasia.cssn.cn/cbw/cbw_wzsf/201611/t20161108_3267383.shtml,2018年5月3日访问。

② 欧亚联盟并不是整个欧亚大陆的联盟,欧亚是指"欧亚地区",即独联体地区。参见"欧亚联盟",https://baike.baidu.com/item/欧亚联盟=aladdin,2017年12月30日访问。

③ 徐洪峰:"欧亚经济联盟建立的背景及未来发展",中国俄欧亚研究网2016年07月08日,中国社会科学院俄罗斯东欧中亚研究所,http://euroasia.cssn.cn/cbw/cbw_wzsf/201611/t20161108_3267383.shtml,2018年5月3日访问。

④ 参见"俄白哈海关联盟",https://baike.baidu.com/item/俄白哈海关联盟/474981,2018年5月3日访问。

⑤ "俄罗斯、白俄罗斯、哈萨克斯坦签署欧亚经济联盟条约",2014年5月29日,http://www.guancha.cn/Neighbors/2014_05_29_233687.shtml,2017年12月23日访问。关于欧亚经济共同体的基本情况,可参见"欧亚经济共同体",https://baike.baidu.com/item/欧亚经济共同体/3438165,2017年12月30日访问。

关税同盟第二阶段。① 2011 年 7 月,统一关税空间成立,关税同盟实际运行。

第二步,将关税同盟提升为自由贸易区和统一经济空间。2010 年 12 月 9 日,俄、白、哈三国总统在莫斯科宣布在欧亚经济共同体框架内建立欧亚经济空间。2011 年 10 月 18 日,俄、白、乌(克兰)、哈、亚(美尼亚)、吉、摩(尔多瓦)、塔八国签署《独联体自由贸易区协定》。自 2012 年 1 月 1 日起,统一经济空间行动计划生效。2012 年 2 月起,关税同盟和统一经济空间的监管机构——欧亚经济委员会②开始运行。③

第三步,将自由贸易区和统一经济空间提升为欧亚经济联盟(以下简称"本联盟")。2014 年 5 月 29 日,负责俄罗斯、白俄罗斯、哈萨克斯坦三国一体化进程的欧亚经济委员会最高理事会会议在阿斯塔纳举行,三国总统签署了本条约。根据本条约,本联盟于 2015 年 1 月 1 日正式启动,于 2016 年前建立共同药品市场,2019 年前建立共同电力市场,2025 年前建立石油、天然气共同市场。④

第四步,到 2025 年欧亚经济联盟实现商品、服务、资金和劳动力的自由流动,终极目标是建立类似于欧盟的经济联盟,形成拥有 1.7 亿人口的统一市场。⑤

目前,欧亚联盟的发展处于第三阶段前期,以本条约的实施为核心,故本条约在建设发展欧亚联盟中处于非常重要的地位。

(二)本条约的基本发展历程

2014 年 5 月 29 日,俄罗斯、白俄罗斯、哈萨克斯坦三国总统签署本条约。

2014 年 9 月 26 日,俄罗斯国家杜马(议会下院)批准本条约。

2014 年 10 月 1 日,哈萨克斯坦议会下院通过本条约,俄罗斯联邦委员会

---

① 商务部国际贸易经济合作研究院、中国驻俄罗斯大使馆经济商务参赞处、商务部对外投资和经济合作司:《对外投资合作国别(地区)指南——俄罗斯》(2017 年版),第 35 页。

② 关于欧亚经济委员会的基本情况,可参见驻哈萨克斯坦经商参处:"欧亚经济委员会运作模式",2012 年 2 月 13 日,http://www.mofcom.gov.cn/aarticle/i/jyjl/m/201202/20120207963139.html,2017 年 12 月 25 日访问。

③ 商务部国际贸易经济合作研究院、中国驻俄罗斯大使馆经济商务参赞处、商务部对外投资和经济合作司:《对外投资合作国别(地区)指南——俄罗斯》(2017 年版),第 35 页。

④ 参见"欧亚经济联盟条约",https://baike.baidu.com/item/欧亚经济联盟条约/14075379,2017 年 12 月 30 日访问。

⑤ 以上内容还可参见"欧亚联盟",https://baike.baidu.com/item/欧亚联盟=aladdin,2017 年 12 月 23 日访问。

(议会上院)批准本条约。

2014 年 10 月 3 日,俄罗斯总统普京签署批准本条约的法律。

2014 年 10 月 10 日,亚美尼亚签署本条约。

2014 年 12 月 23 日,吉尔吉斯斯坦签署本条约。

2015 年 1 月 1 日,本条约生效,本联盟正式启动。

2015 年 1 月 2 日,本条约对亚美尼亚生效。

2015 年 8 月 12 日,本条约对吉尔吉斯斯坦生效①。②

2017 年 2 月 21 日,本联盟法院在俄罗斯诉白俄罗斯违反本条约案中裁定,白俄罗斯没有完全履行本条约规定。③

二、本条约的结构和基本内容

本条约由正文和附件两大部分组成。正文分 4 部分,计 28 节 118 条。附件 33 个。

第一部分"建立欧亚经济联盟",确立欧亚经济联盟("本联盟")是具有国际法人格的区域一体化政府间国际组织,④界定了法律协调、法律统一、共同经济空间、共同政策、关税同盟、单一(共同)市场等关键术语的含义,⑤确定了本联盟的基本原则、宗旨、管辖权、法律和国际活动,⑥规定了本联盟的最高理事会、政府间理事会、委员会和法院等常设机构及其职能、决策程序,⑦要求本联盟的预算由各成员国承担,以卢布结算,并接受外部审计。⑧

第二部分"关税同盟"是本条约的核心内容,确定了本联盟内信息交换、

---

① 商务部国际贸易经济合作研究院、中国驻俄罗斯大使馆经济商务参赞处、商务部对外投资和经济合作司:《对外投资合作国别(地区)指南——俄罗斯》(2017 年版),第 36 页。

② 以上进程可参见"欧亚联盟", https://baike.baidu.com/item/欧亚联盟 = aladdin, 2017 年 12 月 30 日访问。

③ "欧亚经济联盟法院裁定白俄罗斯没有完全履行联盟条约规定",商务部网站 2017 年 2 月 24 日, http://finance.sina.com.cn/roll/2017-02-24/doc-ifyavrsx4983173. shtml, 2017 年 12 月 23 日访问。

④ Article 1, section I, Part One, Treaty on The Eurasian Economic Union.

⑤ Article 2, section I, Part One, Treaty on The Eurasian Economic Union.

⑥ Articles 3-7, section Ⅱ, Part One, Treaty on The Eurasian Economic Union.

⑦ Articles 8-19, section Ⅲ, Part One, Treaty on The Eurasian Economic Union.

⑧ Articles 20-22, section Ⅳ, Part One, Treaty on The Eurasian Economic Union.

官方统计的机制,①建立了关税同盟的运行机制,②规定了药品和医疗产品的流通监管③、本联盟内海关监管④、对外贸易政策⑤、技术监管⑥、卫生和动植物卫生检疫措施⑦、消费者保护⑧。

第三部分"共同经济空间"是本条约又一核心部分,规定了宏观经济政策⑨、货币政策⑩、服务贸易与投资⑪、金融市场监管⑫、税收⑬、竞争的一般原则和规则⑭、自然垄断⑮、能源业⑯、交通⑰、国家采购⑱、知识产权⑲、制造业⑳、农业㉑、劳工移民㉒。

第四部分"过渡和最后条款"。其中,过渡条款主要规定了实施前述各部分的过渡安排。例如,一般过渡条款规定,诸成员国在建立关税同盟、共同经济空间的法律框架中缔结的且在本条约生效日有效的国际条约,应当作为本联盟内国际条约,构成本联盟法律的一部分,并应当在符合本条约的范围内适用;诸成员国首脑层级、政府首脑层级的决定和欧亚经济委员会在本条约生效

---

① Articles 23-24, section Ⅴ, Part Two, Treaty on The Eurasian Economic Union.

② Articles 25-29, section Ⅵ, Part Two, Treaty on The Eurasian Economic Union.

③ Articles 30-31, section Ⅶ, Part Two, Treaty on The Eurasian Economic Union.

④ Article 32, section Ⅷ, Part Two, Treaty on The Eurasian Economic Union.

⑤ Articles 33-50, section Ⅸ, Part Two, Treaty on The Eurasian Economic Union.

⑥ Articles 51-55, section Ⅹ, Part Two, Treaty on The Eurasian Economic Union.

⑦ Articles 56-59, section Ⅺ, Part Two, Treaty on The Eurasian Economic Union.

⑧ Articles 60-61, section Ⅻ, Part Two, Treaty on The Eurasian Economic Union.

⑨ Articles 62-63, section ⅩⅢ, Part Three, Treaty on The Eurasian Economic Union.

⑩ Article 64, section ⅩⅣ, Part Three, Treaty on The Eurasian Economic Union.

⑪ Articles 65-69, section ⅩⅤ, Part Three, Treaty on The Eurasian Economic Union.

⑫ Article 70, section ⅩⅥ, Part Three, Treaty on The Eurasian Economic Union.

⑬ Article 71-73, section ⅩⅦ, Part Three, Treaty on The Eurasian Economic Union.

⑭ Articles 74-77, section ⅩⅧ, Part Three, Treaty on The Eurasian Economic Union.

⑮ Article 78, section ⅩⅨ, Part Three, Treaty on The Eurasian Economic Union.

⑯ Articles 79-85, section ⅩⅩ, Part Three, Treaty on The Eurasian Economic Union.

⑰ Articles 86-87, section ⅩⅪ, Part Three, Treaty on The Eurasian Economic Union.

⑱ Article 88, section ⅩⅫ, Part Three, Treaty on The Eurasian Economic Union.

⑲ Articles 89-91, section ⅩⅩⅢ, Part Three, Treaty on The Eurasian Economic Union.

⑳ Articles 92-93, section ⅩⅩⅣ, Part Three, Treaty on The Eurasian Economic Union.

㉑ Articles 94-95, section ⅩⅩⅤ, Part Three, Treaty on The Eurasian Economic Union.

㉒ Articles 96-98, section ⅩⅩⅥ, Part Three, Treaty on The Eurasian Economic Union.

日有效的决定,仍然有效,且应当在符合本条约的范围内适用。① 又如:为了创建本联盟石油与石油产品共同市场,最高理事会应当在 2016 年 1 月 1 日前批准整体原则,在 2018 年 1 月 1 日前批准其创建计划,并规定在 2024 年 1 月 1 日前完成该计划的时间框架;在完成该计划后,诸成员国应当缔结本联盟内建立石油与石油产品共同市场的国际条约,包括获取位于各成员国领土内石油产品运输系统的共同规则,并保证此条约在 2025 年 1 月 1 日前生效。② 最后条款规定了本联盟组织机构成员的特权和豁免,本联盟的加入、退出、观察员国、工作语言、信息公开、争端解决、与其他国际条约的关系、本条约的生效与修改等事项。③

33 个附件是对正文中有关条款的细化。兹以下列附件为例,予以简要介绍。

附件 1《欧亚经济委员会规章》规定了该委员会的基本目标、职责、从事活动遵守的基本原则,其理事会和行政局的设立及具体职能、议事程序,该委员会下设机构及其运行机制。

附件 2《欧亚经济联盟法院规约》规定了该法院的法律地位、组成、管理、其官员和职员的地位、管辖权、司法程序、专家团、行为规则等事项。

附件 4《欧亚经济联盟官方统计编制和传递程序的议定书》确定了各成员国编制和传递官方统计的统一程序规则。

附件 6《海关关税监管的议定书》确定了在本联盟关税区域内适用关税监管措施的统一原则和基本程序。

附件 7《对第三国的非关税监管措施的议定书》及其附件《货物进出许可证或准许证的颁发规则》确定了本联盟对第三国适用非关税监管措施的原则和情形,规定了颁发与第三国贸易的、列入非关税监管措施共同货物清单的货物的进出口许可证和准许证的具体程序。

附件 8《对第三国适用保障、反倾销和反补贴措施的议定书》规定了为了保护本联盟内生产商经济利益对第三国适当适用保障、反倾销和反补贴措施的原则、具体情形和相关程序。

附件 12《适用卫生、动物卫生和植物检疫措施的议定书》确立了适用卫

---

① Article 99(1),(2),section XXVII,Part four,Treaty on The Eurasian Economic Union.

② Article 99(6),(7),section XXVII,Part four,Treaty on The Eurasian Economic Union.

③ Articles 107-118,section XXVIII,Part four,Treaty on The Eurasian Economic Union.

生、动植物卫生检疫措施的原则和具体程序。

附件13《消费者保护领域协商一致政策的议定书》确定了各成员国在消费者保护领域及其主要事项建立协商一致政策的原则。

附件16《服务贸易、组建、活动和投资的议定书》确定了监管在成员国内服务贸易、组建、活动和投资的法律基准。

附件23《石油和石油产品共同市场组织、管理、运行和发展的议定书》确定了石油领域合作的框架、建立石油和石油产品共同市场的原则、获取石油及石油产品运输领域自然垄断实体服务的原则。

附件26《保护和执行知识产权的议定书》规定了版权及相关权利、商标与服务标识、地理标志、专利权、育种成就、集成电路拓扑图、专有技术的知识产权保护及其法律执行措施。

附件28《给予工业补贴共同规则的议定书》确定了管理给予工业产品补贴的共同规则,包括直接涉及工业产品制造、销售或消费的服务提供或接受。

三、对本条约的简评与中国的对接

(一) 对本条约的简评

本条约是俄罗斯主导的以独联体欧亚大陆重要成员为主体的实现区域经济一体化的重要阶段性产物,适应了当代世界和区域贸易自由化大趋势,也是俄罗斯等国以国际条约建立区域性经济集团方式建立多极世界的重要行动之一,符合建立多极世界的历史潮流。本条约的签署和实施,不仅为深化、便利联盟内经贸合作提供了统一、有效的法律、规则和政策措施,而且在一定程度上以联盟集体经济力量减少联盟外第三国(或地区)特别是美国和欧盟的干扰。

尽管按本条约建立的本联盟受到欧盟和美国的较多负面评价、质疑,成员国在WTO争端机制中遭到投诉的案件①会越来越多,加之因其成员国经济发展水平存在较大差异而面临诸多负面因素,短期内达到预定目标会遇到诸多困难,但从长远看,特别是从建立欧亚国家联盟的目标看,本条约和据此建立的本联盟为实现该目标奠定了坚实的经济、技术、法律、政策等方面的基础,故本条约总体发展趋势是乐观的。

----

① 例如:欧盟诉俄罗斯对德国、意大利轻型商务车反倾销税案(WT/DS479),欧盟诉俄罗斯农产品和制成品关税待遇案(WT/DS485),等。

(二) 中国的对接

本条约多数缔约国和本联盟的多数成员国不仅是上海合作组织的重要成员,更是中国推进落实"一带一路"倡议之陆上丝绸之路经济带的重要沿线国,且中国是此联盟的最大贸易伙伴,此联盟的发展离不中国,中国的周边外交政策和陆上丝绸之路经济带建设离不开此联盟,①本条约和本联盟对中国未来发展具有极其重要的作用,中国势必与其对接②。

中国对接的主要事件有:

2015 年 5 月 8 日,中俄两国领导人在莫斯科共同签署《中华人民共和国和俄罗斯联邦关于丝绸之路经济带建设和欧亚经济联盟建设对接合作的联合声明》,③宣布启动中国与欧亚经济联盟经贸合作方面的协定谈判,标志着中国与本联盟对接合作的正式开始。

2015 年 10 月 16 日,本联盟成员国领导人在阿斯塔纳峰会上表达了希望同中国合作的意愿。④

2016 年 5 月,本联盟成员国领导人提议欧亚经济委员会协调与中国合作

---

① 谢亚宏:"欧亚经济联盟正式启动",载《人民日报》2015 年 1 月 2 日,http://news.sohu.com/20150102/n407476588. shtml,2017 年 10 月 25 日访问。

② 关于中国与欧亚经济联盟对接的论述,可参见 T.H.尤吉娜、白晓光:《从数字经济视角解读欧亚经济联盟与丝绸之路经济带对接》,载《西伯利亚研究》2016 年第 2 期;万青松:《试析当前欧亚经济联盟面临的难题——兼论与"丝绸之路经济带"的对接》,载《欧亚经济》2016 年第 2 期;谢晓光、生官声:《丝绸之路经济带与欧亚经济联盟对接面临的挑战及应对》,载《辽宁大学学报》(哲学社会科学版)2016 年第 6 期;庞大鹏:《俄罗斯的"大欧亚伙伴关系"》,载《俄罗斯学刊》2017 年第 2 期;Wang Weiran, Wang Jingliang and Tang Tianbo,The Prospects of the Eurasian Economic Union,Contemporary International Relations,No. 3,2015,pp.91-104;张宁、张琳:《丝绸之路经济带与欧亚经济联盟对接分析》,载《新疆师范大学学报》(哲学社会科学版)2016 年第 2 期;刘清才、支继超:《中国丝绸之路经济带与欧亚经济联盟的对接合作——基本架构和实施路径》,载《东北亚论坛》2016 年第 4 期;张聪明:《"一带一盟"对接问题探讨》,载《欧亚经济》2016 年第 5 期;周明阳:《推动"一带一路"与欧亚经济联盟对接——访俄罗斯总统顾问谢尔盖·格拉济耶夫》,载《经济日报》2017 年 11 月 29 日;http://ex.cssn.cn/jjx/jjx_gd/201712/t20171218_3783418. shtml,2017 年 12 月 23 日访问。

③ "中华人民共和国与俄罗斯联邦关于丝绸之路经济带建设和欧亚经济联盟建设对接合作的联合声明(全文)",新华网 2015 年 5 月 9 日,http://www.xinhuanet.com/world/2015-05/09/c_127780866. htm,2017 年 12 月 22 日访问。

④ 季莫菲·博尔达切夫:《通向和平之路:中俄聚拢欧亚》,许钦铎译,载《中国投资》2017 年第 5 期。

的政府间行动。①

2016 年 6 月 25 日,中俄两国领导人在北京发表《联合声明》,强调落实丝绸之路经济带建设与欧亚经济联盟建设对接合作共识具有重大意义,并主张在开放、透明和考虑彼此利益的基础上建立欧亚全面伙伴关系。②

2016 年 8 月,本联盟与中国启动正式谈判。③

2016 年 10 月—2017 年 10 月 1 日,本联盟与中国自双方首轮谈判,先后经历五轮谈判、三次工作组会议和两次部长级磋商,实质性结束了谈判。④

2017 年 7 月 4 日,中俄两国领导人在莫斯科发表《关于进一步深化全面战略协作伙伴关系的联合声明》,强调要推进"一带一路"建设与欧亚经济联盟对接,期待《欧亚经济伙伴关系协定》联合可行性研究尽快取得积极进展。⑤

2017 年 7 月 4 日,中国商务部部长与俄罗斯经济发展部部长,在两国领导人见证下,在莫斯科签署《中华人民共和国商务部与俄罗斯联邦经济发展部关于欧亚经济伙伴关系协定联合可行性研究的联合声明》,决定开展欧亚经济伙伴关系协定的联合可行性研究工作。⑥

2018 年 5 月 17 日,中国商务部国际贸易谈判代表同欧亚经济委员会执委会主席及欧亚经济联盟各成员国代表在阿斯塔纳共同签署《中华人民共和

---

① 季莫菲·博尔达切夫:《通向和平之路:中俄聚拢欧亚》,许钦铎译,载《中国投资》2017 年第 5 期。

② "中俄签署《关于欧亚经济伙伴关系协定联合可行性研究的联合声明》",商务部官网 2017 年 7 月 4 日,http://www.mofcom.gov.cn/article/ae/ai/201707/20170702604249.shtml,2017 年 12 月 12 日访问。

③ 季莫菲·博尔达切夫:《通向和平之路:中俄聚拢欧亚》,许钦铎译,载《中国投资》2017 年第 5 期。

④ 周良:"中国与欧亚经济联盟签署经贸合作协定",新华网 2018 年 5 月 17 日,http://www.xinhuanet.com/politics/2018-05/17/c_1122849884.htm? baike,2018 年 7 月 10 日访问。

⑤ 《中华人民共和国和俄罗斯联邦关于进一步深化全面战略协作伙伴关系的联合声明(全文)》,新华社 2017 年 7 月 5 日,http://world.people.com.cn/n1/2017/0705/c1002-29383076.html,2018 年 6 月 10 日访问;"中俄签署《关于完成欧亚经济伙伴关系协定联合可行性研究的联合声明》",商务部网站 2018 年 6 月 8 日,http://www.chinanews.com/gn/2018/06-08/8533609.shtml,2018 年 7 月 4 日访问。

⑥ "中俄签署《关于欧亚经济伙伴关系协定联合可行性研究的联合声明》",商务部官网 2017 年 7 月 4 日,http://www.mofcom.gov.cn/article/ae/ai/201707/20170702604249.shtml,2017 年 12 月 12 日访问。

国与欧亚经济联盟经贸合作协定》。①

2018 年 6 月 8 日,中国商务部部长和俄罗斯经济发展部部长在北京签署《中华人民共和国商务部与俄罗斯联邦经济发展部关于完成欧亚经济伙伴关系协定联合可行性研究的联合声明》,双方将履行必要国内程序,适时开始该协定的谈判。②

基于上述事件,可以肯定性预见中国与本联盟经济贸易合作协定会很快生效,与俄罗斯等联盟成员的欧亚经济伙伴关系协定会快速进入正式谈判。这两种协定将对我国经济发展和进一步推进陆上丝绸之路经济带建设产生重大积极作用。

欧亚经济联盟条约(上)*

目　录

第一部分　建立欧亚经济联盟

第 I 节　总则

第 1 条　建立欧亚经济联盟、法律人格

第 2 条　术语和定义

第 II 节　本联盟的基本原则、宗旨、管辖权和法律

第 3 条　本联盟运行的基本原则

---

① 周良:"中国与欧亚经济联盟签署经贸合作协定",新华网 2018 年 5 月 17 日,http://www.xinhuanet.com/politics/2018-05/17/c_1122849884.htm? baike,2018 年 7 月 10 日访问;"商务部:经贸合作协定开启中国与欧亚地区经贸合作新篇章",中国新闻网 2018 年 5 月 24 日,https://baijiahao.baidu.com/s? id = 1601324303711799938&wfr = spider&for = pc,2018 年 6 月 30 日访问;"签了! 中国与欧亚经济联盟正式签署经贸合作协定!",环球网 2018 年 5 月 17 日,https://baijiahao.baidu.com/s? id = 1600696670279964237&wfr = spider&for=pc,2018 年 6 月 30 日访问。

② "中俄签署《关于完成欧亚经济伙伴关系协定联合可行性研究的联合声明》",商务部官网 2017 年 7 月 4 日,http://www.mofcom.gov.cn/article/ae/ai/201707/20170702604249.shtml,2017 年 12 月 12 日访问。

* 译自本条约被认可的英文文本,可从 http://www.wipo.int/wipolex/en/other_treaties/text.jsp? file_id=376938 获得,2016 年 10 月 20 日访问。目录系译者所加。

第 4 条　本联盟的主要宗旨

第 5 条　管辖权

第 6 条　本联盟的法律

第 7 条　本联盟的国际活动

第Ⅲ节　本联盟的组织机构

第 8 条　本联盟的组织机构

第 9 条　本联盟常设组织机构结构性部门中的任命

第 10 条　最高理事会

第 11 条　最高理事会的程序

第 12 条　最高理事会的权力

第 13 条　最高理事会的决定和安排

第 14 条　政府间理事会

第 15 条　政府间理事会的程序

第 16 条　政府间理事会的权力

第 17 条　政府间理事会的决定和安排

第 18 条　委员会

第 19 条　本联盟的法院

第Ⅳ节　本联盟的预算

第 20 条　本联盟的预算

第 21 条　本联盟组织机构财务经济活动的审计

第 22 条　外部审计(控制)

第二部分　关税同盟

第Ⅴ节　信息交换和统计

第 23 条　本联盟内的信息交换

第 24 条　本联盟的官方统计

第Ⅵ节　关税同盟的运行

第 25 条　关税同盟运行的原则

第 26 条　进口关税(具有同等效果的其他关税、税费)的划拨和分配

第 27 条　建立和运行自由(特别)经济区、自由仓库

第 28 条　内部市场

第 29 条　内部货物市场运行程序的例外

第Ⅶ节　药品和医疗产品流通的监管

第 30 条　建立药品共同市场

第 31 条　建立医疗产品(医疗器械设备)共同市场

第VIII节　海关监管

第 32 条　本联盟内的海关监管

第IX节　对外贸易政策

1. 对外贸易政策总则

第 33 条　本联盟对外贸易政策的宗旨和原则

第 34 条　最惠国待遇

第 35 条　自由贸易体制

第 36 条　源自发展中国家和/或最不发达国家货物的关税优惠

第 37 条　原产地规则

第 38 条　对外服务贸易

第 39 条　消除与第三方的贸易限制措施

第 40 条　对第三方的应对措施

第 41 条　出口发展措施

2. 海关关税监管和非关税监管

第 42 条　欧亚经济联盟的共同海关关税

第 43 条　关税豁免

第 44 条　关税配额

第 45 条　海关关税监管委员会的权力

第 46 条　非关税监管措施

第 47 条　单边采取非关税监管措施

3. 贸易救济措施

第 48 条　实施贸易救济措施总则

第 49 条　适用保障、反倾销和反补贴措施的原则

第 50 条　其他贸易防卫措施

第 X 节　技术监管

第 51 条　技术监管的一般原则

第 52 条　本联盟的技术监管和标准

第 53 条　本联盟的产品流通和技术监管有效性

第 54 条　认证

第 55 条　消除与第三国相互贸易中的技术壁垒

第XI节　卫生、动物卫生和植物检疫措施

第 56 条　卫生、动物卫生和植物检疫措施的适用总原则

第 57 条　卫生措施的适用
第 58 条　动物卫生措施的适用
第 59 条　植物检疫措施

第XII节　消费者保护

第 60 条　消费者保护保障
第 61 条　消费者保护政策

第三部分　共同经济空间

第XIII节　宏观经济政策

第 62 条　协商一致宏观经济政策的主要方向
第 63 条　确定经济发展可持续性的主要宏观经济指标

第XIV节　货币政策

第 64 条　协商一致货币政策的宗旨和原则

第XV节　服务贸易、组建、活动和投资

第 65 条　监管的主题和目的、适用范围
第 66 条　服务贸易、组建、活动和投资的自由化
第 67 条　服务贸易、组建、活动和投资的自由化原则
第 68 条　行政合作
第 69 条　透明度

第XVI节　金融市场的监管

第 70 条　金融市场监管的宗旨和原则

第XVII节　税和征税

第 71 条　成员国间税务合作的原则
第 72 条　成员国境内直接税的原则
第 73 条　个人所得税

第XVIII节　竞争的一般原则和规则

第 74 条　总则
第 75 条　竞争的一般原则
第 76 条　竞争的一般规则
第 77 条　国家价格监管

第XIX　自然垄断

第 78 条　范围和自然垄断实体

第XX节　能源业

第 79 条　成员国能源领域的合作

第 80 条　天然气、石油和石油产品的(预期)指标平衡

第 81 条　建立本联盟共同电力市场

第 82 条　保证获取电力领域自然垄断实体的服务

第 83 条　建立共同天然气市场和保证获取天然气运输领域自然垄断实体服务

第 84 条　建立本联盟石油与石油产品共同市场和保证获取石油与石油产品运输中自然垄断实体的服务

第 85 条　委员会在能源领域的权力

第 XXI 节　运输

第 86 条　协调(协商一致)运输政策

第 87 条　适用范围

第 XXII 节　国家(自治市)采购

第 88 条　国家(自治市)采购领域监管的宗旨和原则

第 XXIII 节　知识财产

第 89 条　总则

第 90 条　知识财产的法律待遇

第 91 条　执行

第 XXIV 节　制造业

第 92 条　工业政策和合作

第 93 条　工业补贴

第 XXV 节　农业部门

第 94 条　协商一致(协调)农业政策的宗旨和目标

第 95 条　协商一致(协调)农业政策的主要方向和国家农业支持措施

第 XXVI 节　劳工移民

第 96 条　成员国间劳工移民领域的合作

第 97 条　成员国工人的雇用

第 98 条　成员国工人的权利和义务

第四部分　过渡和最后条款

第 XXVII 节　过渡条款

第 99 条　一般过渡条款

第 100 条　第 VII 节的过渡条款

第 101 条　第 VIII 节的过渡条款

第 102 条　第 IX 节的过渡条款

第 103 条　第 XVI 节的过渡条款

第 104 条　第 XX 节的过渡条款

第 105 条　第 XXIV 节的过渡条款

第 106 条　第 XXV 节的过渡条款

第 XXVIII 节　最后条款

第 107 条　社会保障、特权和豁免

第 108 条　加入本联盟

第 109 条　观察员国

第 110 条　本联盟组织机构的工作语言、本联盟内国际条约和委员会决定的语言

第 111 条　获取和发布

第 112 条　争端解决

第 113 条　本条约的生效

第 114 条　本条约与其他国际条约间的相互关系

第 115 条　本条约的修正

第 116 条　在联合国秘书处条约登记

第 117 条　保留

第 118 条　退出本条约

附件 1:欧亚经济委员会规章

附件 2:欧亚经济联盟法院规约

附件 3:欧亚经济联盟内信息、通信技术和信息交换的议定书

附件 4:欧亚经济联盟编制、分发官方统计程序的议定书

附件 5:划拨和分配进口关税(具有同等效果的其他关税、税费)及其向成员国预算划拨的程序的议定书

附件 6:共同海关关税监管的议定书

附件 7:与第二国有关的非关税监管措施的议定书

附件 7 的附件:货物进出口许可证、准许证的签发规则

白俄罗斯共和国、哈萨克斯坦共和国和俄罗斯联邦(以下简称"诸缔约国"),

基于 2011 年 11 月 18 日《欧亚经济一体化宣言》,

受国家主权平等原则指导,需要无条件尊重人类和国民宪法权利和自由的规则,

寻求加强诸缔约国人口间的团结和合作,并遵守其历史、文化和传统,

确信欧亚经济一体化的进一步发展应当服务于诸缔约国国家利益,

受加强欧亚经济联盟成员国经济和确保其平衡发展、集合、商业活动稳定增长、平衡贸易和公平竞争的强烈愿望驱动,

通过旨在解决欧亚经济联盟诸成员国面临的共同问题的联合行动确保经济进步,并注重各国国民经济在全球经济架构内的可持续发展、综合现代化和改善竞争,

确认诸缔约国进一步加强与其他国家、国际一体化联盟或其他国际组织互利和平等合作的承诺,

考虑到世界贸易组织的规范、规则和原则,

确认诸缔约国对《联合国宪章》宗旨、原则和其他普遍承认的原则、国际法规范的承诺,

达成如下条款。

第一部分　建立欧亚经济联盟

第 I 节　总则

第 1 条　建立欧亚经济联盟、法律人格

1. 诸缔约国兹建立欧亚经济联盟(以下简称"本联盟"或"EAEU"),以确保其疆界内的货物、服务、资本和劳务自由流动,以及本条约下和本联盟内国际条约确定的诸经济部门中协调的、协商一致的政策或共同政策。

2. 本联盟应当是区域经济一体化的国际组织,并应当具有国际法律人格。

第 2 条　术语与定义

为本条约的目的,下列术语应当具有以下含义:

"法律协调",指诸成员国旨在特定领域建立类似(可比较)法律规范的近似法律;

"诸成员国",指本联盟的诸成员国和本条约的诸缔约国;

"官员",指被任命为欧亚经济委员会各部门正职负责人、副职负责人和本联盟法院秘书处首脑、副首脑及法官顾问的诸成员国国民;

"共同经济区域",指由执行以市场原则为基础的类似(可比较)和统一的经济监管机制、适用协调或统一法律规范并具有共同基础结构的诸成员国的领土所构成的区域;

"共同政策",指诸成员国实施的本条约具体规定的特定领域的和诸成员国面对适用统一法律规范的政策,包括以本联盟各组织机构在其权力范围内的决定为基准的政策;

"本联盟内国际条约",指诸成员国之间就运行和发展本联盟所缔结的国际条约;

"与第三方的本联盟国际条约",指与任何第三国、其一体化联盟和国际组织缔结的国际条约;

"单一(共同)市场",指本联盟内确保货物、服务、资本和劳务自由流动的一套经济关系;

"安排",指本联盟各组织机构发布的一项组织性和行政性文件;

"决定",指本联盟各组织机构发布的一项监管性文件;

"协调政策",指暗含成员国之间根据本联盟各组织机构内经批准的共同方式合作并要求实现本条约下本联盟宗旨的政策;

"协商一致政策",指在要求实现本条约下本联盟宗旨的范围内,由诸成员国在不同领域实施的、提议协调法律规范的政策,包括以本联盟各组织机构决定为基准的政策;

"雇员",指按缔结的雇用合同(协议)受雇于本联盟各组织机构的诸成员国国民,但官员除外;

"关税同盟",指面对共同关税区域的诸成员国贸易和经济一体化的一种形式,在该关税区域内,对相互贸易不应当适用任何关税(具有相同效果的其他税、税费)、非关税监管措施、保障措施、反倾销和反补贴措施,并适用欧亚经济联盟共同关税、监管与第三方对外贸易的共同措施;

"第三方",指不是本联盟、国际组织或国际一体化联盟成员的国家;

"统一法律",指旨在在本条约中规定的特定领域内建立法律监管同一机制的诸成员国的近似法律。

本条约中使用的其他术语和定义应当具有本条约相应节及其附件规定的含义。

第Ⅱ节　本联盟的基本原则、宗旨、管辖权和法律

第3条　本联盟运行的基本原则

1.本联盟应当根据本条约,按以下基本原则,在诸成员国赋予的管辖权内开展其活动:

(1)尊重普遍认可的国际法原则,包括诸成员国主权平等和其领土完整

的原则；

（2）尊重诸成员国政治结构的具体特性；

（3）确保互利合作、平等和尊重诸缔约国的国家利益；

（4）尊重市场经济和公平竞争的原则；

（5）确保过渡期后无例外、无限制地运行本联盟。

2. 诸成员国应当创造优惠条件保证适当运行本联盟,并应当制止可能危害实现本联盟宗旨的任何措施。

第4条　本联盟的主要宗旨

本联盟的主要宗旨应当是：

（1）为诸成员国经济可持续发展创造适当条件,以改善其人口的生活标准；

（2）寻求在本联盟内为货物、服务、资本和劳务建立共同市场；

（3）确保诸成员国国民经济在全球经济范围内综合现代化、合作和竞争。

第5条　管辖权

1. 本联盟应当在按本条约和本联盟内国际条约确定的范围和限度内,具有管辖权。

2. 诸成员国应当在按本条约和本联盟内国际条约确定的范围和限度内,实施协调或协商一致政策。

3. 在经济的其他领域,诸成员国应当根据本联盟的基本原则和宗旨实施协调政策或协商一致政策。

为达此目的,经欧亚经济最高理事会决定,可以在相应领域设立辅助机构(诸缔约国各国家机构首脑理事会、诸工作组、诸特别委员会),和/或可以要求欧亚经济委员会协调诸缔约国间在其各自领域内的合作。

第6条　本联盟的法律

1. 本联盟的法律应当由以下组成：

（1）本条约；

（2）本联盟内国际条约；

（3）与任何第三方的本联盟条约；

（4）欧亚经济最高理事会的决定和安排,和欧亚经济委员会在本条约和本联盟国际条约规定的权力范围内通过的决定和安排。

诸成员国应当按其国内法律规定的程序执行欧亚经济最高理事会和欧亚政府间理事会的决定。

2. 与任何第三方的本联盟国际条约不应当与运行本联盟的基本宗旨、原则和规则相抵触。

3. 若本联盟内国际条约与本条约相冲突,本条约应当优先。

本联盟的各种决定和安排不应当与本条约和本联盟内国际条约相冲突。

4. 若欧亚经济最高理事会、欧亚政府间理事会或欧亚经济委员会之间的决定相冲突,欧亚经济最高理事会的决定应当优先于欧亚政府间理事会、欧亚经济委员会的决定;欧亚政府间理事会的决定应当优先于欧亚经济委员会的决定。

第7条 本联盟的国际活动

1. 本联盟应当有权利在其管辖权范围内实施旨在从事本联盟面临挑战的国际活动。作为上述活动的一部分,本联盟应当有权利与各国、国际组织和国际一体化联盟开展国际合作,并独立地或者与诸成员国共同地与上述国家或组织就其管辖权范围内的任何事项缔结国际条约。

应当由欧亚经济最高理事会的决定确定本联盟国际合作的程序。涉及与任何第三方缔结国际条约的全部事项,应当按本联盟内国际条约确定。

2. 与第三方的本联盟国际条约草案的谈判和签署,应当按欧亚经济最高理事会的决定进行,并由各成员国完成国内全部法律程序。

本联盟同意受与第三方的本联盟国际条约约束的决定,终止/暂停或退出国际条约的决定,应当由欧亚经济最高理事会通过,并由诸成员国完成被要求的全部国内法律程序。

第III节 本联盟的组织机构

第8条 本联盟的组织机构

1. 应当由以下机构代表本联盟的组织机构:

(1)欧亚经济最高理事会(以下简称"最高理事会");

(2)欧亚政府间理事会(以下简称"政府间理事会");

(3)欧亚经济委员会(以下简称"委员会");

(4)欧亚经济联盟法院(以下简称"本联盟法院")。

2. 本联盟组织机构应当在本条约和本联盟内国际条约赋予其权力的范围行事。

3. 本联盟组织机构应当以本条约第3条规定的原则为基准行事。

4. 最高理事会、政府间理事会和委员会的主席职位应当按轮流方式、以俄语字母为序进行安排,每一成员国担任主席应在1个日历年内,且无权利延期。

5. 本联盟各组织机构在诸成员国领土内的驻期,应当在本联盟与诸东道国的国际条约中明确规定。

第9条　本联盟常设组织机构结构性部门中的任命

1. 应当向诸成员国具有相应专业教育和工作经历的国民提供担任本联盟常设组织机构结构性部门中职位的权利。

2. 委员会诸部门的官员可以不是同一国家的国民。应当由委员会的竞争委员会选拔这些职位的候选人,并考虑诸缔约国平等代表原则。为了参与竞争这些职位的目的,每位候选人应当由委员会的理事会成员从各自缔约国提名。

3. 委员会诸部门其他职位候选人的选拔,应当由委员会以竞争为基准进行,并适当考虑各缔约国公平参与委员会的融资。

4. 选拔本条第2款规定职位候选人的委员会竞争委员会,应当由委员会行政局的全体成员组成,但不包括委员会行政局主席。

委员会的竞争委员会应当以多数赞成票方式、以推荐形式作出决定,并将其推荐提交委员会行政局主席批准。若就具体候选人,委员会行政局主席的决定与委员会竞争委员会的推荐相反,委员会行政局主席应当将该事项提交委员会理事会作出最终决定。

对委员会竞争委员会的监管(包括竞争规则)、其组成和委员会各部门正、副职负责人职位候选人的任职资格要求,应当由委员会理事会批准。

5. 本联盟法院行政管理中职位候选人的选拔和任命程序,应当根据监管本联盟法院活动的文件进行。

第10条　最高理事会

1. 最高理事会应当是本联盟的最高机构。

2. 最高理事会应当由诸成员国的首脑组成。

第11条　最高理事会的程序

1. 应当至少每年举行一次最高理事会会议。

为了解决本联盟紧急事项,经任何成员国或最高理事会主席提议,可以召开最高理事会特别会议。

2. 最高理事会会议应当由最高理事会主席主持。

最高理事会主席应当:

(1)主持最高理事会的会议;

(2)组织最高理事会的工作;

(3)总管理提交最高理事会审议事项的准备工作。

若最高理事会主席的权力提前终止，轮值成员国的最高理事会新成员应当在剩余期限内行使最高理事会主席的权力。

3. 经最高理事会主席邀请，委员会理事会成员、委员会行政局主席和其他受邀请者可以出席最高理事会会议。

最高理事会主席应当会商其诸成员后确定最高理事会会议的参与人名单和形式。

最高理事会每次会议的议程应当由委员会根据诸成员国作出的提案进行安排。

诸如认可媒体代表出席最高理事会会议的事项，应当由最高理事会主席决定。

4. 最高理事会会议的组织程序应当由最高理事会批准。

5. 筹备和举行最高理事会会议中的组织、信息和后勤支持应当由委员会提供，并由东道成员国协助。最高理事会会议的财务支持应当由本联盟预算提供。

第 12 条　最高理事会的权力

1. 最高理事会应当审议本联盟活动的主要事项，界定一体化发展的战略、方向和前景，作出旨在实现本联盟宗旨的决定。

2. 最高理事会应当具有以下基本权力：

（1）决定建立和发展本联盟的战略、方向和前景，作出旨在实现本联盟宗旨的决定；

（2）批准委员会行政局的组成，在委员会行政局成员间分配职责和终止其权力；

（3）任命委员会行政局主席，决定提前终止其权力；

（4）经诸成员国推荐，任命本联盟法院法官；

（5）批准委员会的程序规则；

（6）批准本联盟的预算、预算监管和预算执行报告；

（7）决定诸成员国分摊本联盟预算的数额（规模）；

（8）经一成员国提议，审议涉及废除或修正政府间理事会或委员会通过的决定的任何事项，但受第 16 条第 7 款的约束；

（9）经政府间理事会或委员会提议，审议决策中未曾达成一致同意的任何事项；

（10）向本联盟法院提出请求；

（11）批准审查本联盟法院法官、行政管理官员和雇员及其家庭成员收

入、财产或财产性债务信息真实性和完整性的程序；

（12）决定接纳本联盟新成员和终止本联盟中成员关系的程序；

（13）决定授予或废止准入本联盟的候选国家的观察员身份；

（14）批准本联盟国际合作的程序；

（15）决定代表本联盟与第三方的谈判，包括与本联盟缔结国际条约，和授权谈判、表达同意受与第三方的国际条约约束，终止/暂停或退出国际条约；

（16）批准本联盟各组织机构职员配备总量，和按竞争基准从成员国提议的国民中产生本联盟各组织机构的官员代表的要素；

（17）批准委员会行政局成员、本联盟法院法官、本联盟各组织机构官员雇员薪酬的程序；

（18）批准本联盟各组织机构外部审计（控制）规章；

（19）审查本联盟各组织机构外部审计（控制）结果；

（20）批准本联盟的标志；

（21）向政府间理事会和委员会发出指示；

（22）决定在相关地域设立辅助机构；

（23）行使本条约和本联盟内国际条约规定的其他权力。

第 13 条　最高理事会的决定和安排

1. 最高理事会应当发布决定和安排。

2. 最高理事会的决定和安排应当采取一致同意的方式作出。

涉及终止本联盟成员国成员资格的最高理事会决定，应当按“一致同意减去声明其意图终止在本联盟中成员关系的成员国票”原则作出。

第 14 条　政府间理事会

政府间理事会应当是本联盟的一组织机构，由各成员国的政府首脑组成。

第 15 条　政府间理事会的程序

1. 政府间理事会会议应当按必要举行，但至少每年 2 次。

为了解决本联盟紧急事项，经任何成员国或政府间理事会主席提议，可以召开政府间理事会特别会议。

2. 政府间理事会会议应当由政府间理事会主席主持。

政府间理事会主席应当：

（1）主持政府间理事会的会议；

（2）组织政府间理事会的工作；

（3）总管理提交政府间理事会审议的事项的准备。

若政府间理事会主席的权力提前终止，轮值成员国的政府间理事会新成员应当在剩余期限内行使政府间理事会主席的权力。

3. 经政府间理事会主席邀请，委员会理事会成员、委员会行政局主席和其他受邀人员可以出席政府间理事会会议。

政府间理事会主席会商各成员后，应当决定政府间理事会会议的参会人员名单和形式。

政府间理事会会议的议程应当由委员会根据各成员国作出的提案予以安排。

诸如认可媒体代表出席政府间理事会会议的事项，应当由政府间理事会主席决定。

4. 政府间理事会会议的组织程序应当由政府间理事会批准。

5. 筹备和举行政府间理事会会议中的组织、信息和后勤支持，应当由委员会提供，东道成员国协助。政府间理事会会议的财务支持应当由本联盟预算提供。

第 16 条　政府间理事会的权力

政府间理事会应当具有以下基本权力：

(1) 保证执行和控制实施本条约、本联盟内国际条约和最高理事会决定；

(2) 经委员会理事会提议，审议委员会理事会决策期间未曾达成一致同意的事项；

(3) 向委员会发出指示；

(4) 向最高理事会提出委员会理事会和行政局成员的候选人；

(5) 批准本联盟预算、预算监管和预算执行报告的草案；

(6) 批准本联盟各组织机构财务和经济活动审计监管、审计本联盟各组织机构财务和经济活动的标准与方法，决定实施审计本联盟各组织机构财务和经济活动，决定审计的时限；

(7) 经一成员国提议，审议涉及废止或修正委员会发布决定的任何事项，或者将未达成一致的事项提交最高理事会；

(8) 决定暂停委员会理事会或行政局作出的决定；

(9) 批准审查委员会行政局成员、委员会官员雇员及其家庭成员收入、财产和财产性债务真实性和完整性的程序；

(10) 行使本条约和本联盟内国际条约规定的其他权力。

第 17 条　政府间理事会的决定和安排

1. 政府间理事会应当发布决定和安排。

2. 政府间理事会的决定和安排应当采取一致同意的方式作出。

第18条　委员会

1. 委员会应当是本联盟的常设管理机构,应当由一理事会和一行政局构成。

2. 委员会应当发布决定、安排和建议。

委员会理事会的决定、安排和建议应当采取一致同意的方式作出。

委员会行政局的决定、安排和建议应当采取合格多数或一致同意的方式作出。

最高理事会应当制定由委员会行政局以一致同意方式解决的敏感事项的清单。

在合格多数情况下,应当要求委员会行政局全体成员2/3多数票。

3. 委员会的地位、任务、组成、职能、权力和程序,应当根据本条约附件1决定。

4. 委员会的驻地应当是俄罗斯联邦莫斯科市。

第19条　本联盟的法院

1. 本联盟法院应当是本联盟的常设司法机构。

2. 本联盟法院的地位、组成、管辖权、职能和设立程序,应当根据本条约附件2《欧亚经济联盟法院规约》决定。

3. 本联盟法院的驻地应当是白俄罗斯明斯克市。

第Ⅳ节　本联盟的预算

第20条　本联盟的预算

1. 本联盟各组织机构的活动应当从按《欧亚经济联盟预算监管》决定的程序编制的联盟预算中提供资金。

本联盟下一财政年度的预算应当以用于估算诸成员国分摊的俄罗斯卢布编制。各成员国对本联盟预算的分摊额(规模)应当由最高理事会决定。

本联盟预算应当收支平衡。财政年度应当始于1月1日,终于12月31日。

2. 本联盟预算和《欧亚经济联盟预算监管》应当由最高理事会批准。

对本联盟预算和《欧亚经济联盟预算监管》的任何修正,应当由最高理事会提出。

第21条　本联盟组织机构财务经济活动的审计

为了监督执行本联盟预算,应当至少每2年1次审计本联盟各组织机构的财务经济活动。

经任何成员国提议,可以审查本联盟各组织机构财务经济活动中的任何特殊事项。

应当由诸成员国国家财政机构的代表组成的审计组实施审计本联盟各组织机构的财务经济活动。

本联盟各组织机构财务经济活动的审计结果,应当按规定程序提交政府间理事会审议。

第22条 外部审计(控制)

为了判定本联盟预算资金的信息、管理和处置的有效性和使用其财产、其他资产的有效性,应当开展外部审计(控制)。外部审计(控制)应当由各成员国最高国家财政机构的代表组成的检查人员组进行。外部审计(控制)的标准和方法应当由诸成员国最高国家财政机构共同确定。

本联盟各组织机构外部审计(控制)的结果应当按规定程序提交至最高理事会审议。

第二部分 关税同盟

第 V 节 信息交换和统计

第23条 本联盟内的信息交换

1. 为了保证影响运行本联盟所有领域中的一体化进程得到信息支持,应当发展和实施旨在保证本联盟内使用信息通讯技术和跨境信托的信息交换。

2. 在本联盟内实施共同程序中,应当使用支持地理分布国家信息资源一体化的本联盟一体化信息系统、授权机构信息系统、委员会信息资源和信息系统,交换信息。

3. 为了保证公共信息资源和信息系统的有效合作与协调,诸成员国应当在电子通讯开发和信息技术领域实施协商一致政策。

4. 若使用软件和信息技术,诸成员国应当保证保护通讯过程中使用或接收的知识产权。

5. 应当根据本条约附件3确定本联盟内信息交换的根本原则、其协调和创建、开发一体化信息系统的程序。

第24条 本联盟的官方统计

1. 为了保证有效运行和发展本联盟,应当收集本联盟的官方统计。

2. 应当根据以下原则编制本联盟的官方统计:

(1)专业的独立性;

(2)科学的有效性和可比性;

（3）完整性和准确性；

（4）相关性和适时性；

（5）透明性和可获取性；

（6）成本—效益；

（7）统计的机密性。

3. 应当根据本条约附件 4 确定本联盟官方统计的编制程序和传递程序。

第Ⅵ节　关税同盟的运行

第 25 条　关税同盟运行的原则

1. 在诸成员国关税同盟内：

（1）货物内部市场应当位于适当地方；

（2）应当适用《欧亚经济联盟共同海关关税》和调整与第三方对外贸易的共同措施；

（3）共同贸易管理体制应当适用于与第三方的关系；

（4）应当适用共同海关监管；

（5）应当确保各成员国领土之间货物自由流动，不使用关税申报和国家控制（运输、卫生、动物卫生、植物检疫），但本条约规定者除外。

2. 为了本条约的目的，以下术语应当具有下列含义：

"进口关税"，指诸成员国征收的、与货物进口至本联盟关税辖区有关的强制性付款；

《欧亚经济联盟对外经济活动商品单独命名》（简称"FEA EAEU 的 CN"），指建立在《世界海关组织商品说明和编码协调系统》和《独立国家联合体对外经济活动共同商品命名》基础上的《对外经济活动商品单独命名》；

"欧亚经济联盟共同海关关税（CCT EAEU）"，指适用于从第三国进口至本联盟关税辖区的、根据《欧亚经济联盟对外经济活动商品单独命名》分类的一系列关税率；

"关税优惠"，指免除源自于包含在与本联盟的、自由贸易区中的国家的货物进口关税或降低其进口关税率；或对源自于发展中国家的、使用本联盟关税优惠共同系统的货物，和/或源自于最不发达国家的、使用本联盟关税优惠共同系统的货物，降低进口关税率。

第 26 条　进口关税（具有同等效果的其他关税、税费）的划拨和分配

已付（已恢复）的进口关税应当在诸成员国预算之间进行划拨和分配。

进口关税的划拨和分配、其向诸成员国预算划拨，应当根据本条约附件

5,按规定程序实施。

第27条　建立和运行自由(特别)经济区、自由仓库

1. 为了促进诸成员国社会经济发展,促进投资,创造和开发以新技术为基础的生产设施,发展运输基础设施、旅游业和健康休闲胜地,和各成员领土内的其他目的,应当建立和运行自由(特别)经济区和自由仓库。

2. 建立和运行自由(特别)经济区和自由仓库的条件,应当按本联盟内国际条约决定。

第28条　内部市场

1. 本联盟应当根据本条约的规定,采取措施保证运行内部市场。

2. 内部市场应当包括本条约下保证的货物、服务和资本自由流动的经济区域。

3. 在运行内部市场期间,诸成员国不应当在相互贸易中适用进出口关税(具有同等效果的其他关税、税费)、非关税监管措施、保障措施、反倾销和反补贴措施,但本条约规定者除外。

第29条　内部货物市场运行程序的例外

1. 若要求为了以下目的,诸成员国应当有权利在相互贸易中适用限制措施,只要这些限制措施不是不合理的歧视手段或变相限制贸易措施:

(1)保护人类生命和健康;

(2)保护公共道德和公共秩序;

(3)保护环境;

(4)保护动植物或文化价值;

(5)履行国际义务;

(6)成员国的国防和安全。

2. 基于本条第1款规定的理由,可以按本条约第Ⅺ节确定的程序,在内部市场适用卫生、动物卫生和植物检疫措施。

3. 基于本条第1款规定的理由,可以限制某些种类货物的流通量。

上述货物在本联盟关税区域内流动或流通的程序,应当按本条约和本联盟内国际条约确定。

第Ⅶ节　药品和医疗产品流通的监管

第30节　建立药品共同市场

1. 诸成员国应当在本联盟内建立药品共同市场,并遵守以下列原则为基础的良好药业守则:

(1)在药品流通领域,协调和统一诸成员国的法律;

(2)保证统一本联盟领土内药品流通质量、有效性和安全的强制性要求;

(3)在药品流通领域采用共同规则;

(4)开发和运用相同或可比较的研究和监管方法,以评估药品的质量、有效性和安全;

(5)在控制(监管)药品流通领域,协调诸成员国的法律;

(6)由诸成员国相关授权机构在药品流通领域行使许可和监控职能。

2. 药品共同市场应当在本联盟内根据联盟内国际条约运行,但受本条约第100条规定的约束。

第31条　建立医疗产品(医疗器械设备)共同市场

1. 诸成员国应当根据以下原则,在本联盟内建立医疗产品(医疗器械设备)共同市场:

(1)在医疗产品(医疗器械设备)领域,协调诸成员国的法律;

(2)保证统一本联盟领土内医疗产品(医疗器械设备)流通的有效和安全的强制性要求;

(3)在医疗产品(医疗器械设备)流通领域,采用共同规则;

(4)为创建医疗产品(医疗器械设备)质量保证体系设定共同方法;

(5)在医疗产品(医疗器械设备)流通领域,协调诸成员国的法律。

2. 医疗产品(医疗器械设备)共同市场应当根据本联盟内国际条约在本联盟内运行,但受本条约第100条规定的约束。

第VIII节　海关监管

第32条　本联盟内的海关监管

本联盟应当根据《欧亚经济联盟关税法典》、国际条约、构成本联盟法律并支配关税法律关系的法令、本条约的规定,适用共同海关监管。

第IX节　对外贸易政策

1. 对外贸易政策总则

第33条　本联盟对外贸易政策的宗旨和原则

1. 本联盟对外贸易政策应当促进诸成员国经济可持续发展、经济多样性、创新发展、增加体量、改善贸易与投资结构、加速一体化进程,和将本联盟进一步发展成为全球经济中高效和竞争的组织。

2. 本联盟对外贸易政策的基本原则应当如下:

(1)适用实施本联盟对外贸易政策的措施和机制,其仅在要求保证有效实现本联盟宗旨的范围内,对诸成员国对外贸易政策参与者应当是一些义务性负担;

(2)在发展、采用和使用执行本联盟对外贸易政策的措施和机制中的公开性;

(3)实施本联盟对外贸易政策的措施和机制的有效性、客观性;

(4)保护诸成员国对外贸易政策参与者的权利和合法利益,货物和服务的制造商和消费者的权利与合法利益;

(5)尊重对外贸易参与者的权利。

3. 对外贸易政策应当通过以下方式予以实施:在本联盟各组织机构有权利作出涉及诸成员国、参与国际组织或自动适用对外贸易政策措施和机制的约束性决定的范围内,单独或会同诸成员国共同与第三方缔结国际条约。

本联盟应当负责履行其已订国际条约项下的义务,并应当按这些条约行使其权利。

第34条 最惠国待遇

有关对外贸易,最惠国待遇应当在1994年《关税与贸易总协定》(GATT 1994)含义内,按与第三方的本联盟国际条约和与第三方的诸成员国国际条约规定的使用最惠国待遇条件,予以适用。

第35条 自由贸易体制

1. GATT 1994含义内的自由贸易体制应当按本联盟与第三方的国际条约为基准,适用于与该第三方的贸易,但受本条约第102条规定的约束。

2. 本联盟与第三方建立自由贸易体制的国际条约,可以包括与对外贸易有关的其他条款。

第36条 源自发展中国家和/或最不发达国家货物的关税优惠

1. 为了促进发展中国家和/或最不发达国家的经济发展,本联盟可以根据本条约,就源自发展中国家和/或最不发达国家的、使用本联盟关税优惠共同系统的货物,赋予关税优惠。

2. 就进口至本联盟关税区域且源自使用本联盟关税优惠共同系统的发展中国家的优惠货物,进口关税率应当是《欧亚经济联盟共同海关关税》的进口关税率的75%。

3. 就进口至本联盟关税区域且源自使用本联盟关税优惠共同系统的最不发达国家的优惠货物,应当适用《欧亚经济联盟共同海关关税》的零进口关税率。

第 37 条　原产地规则

1. 在本联盟关税区域内,应当适用共同规则确定进口至本联盟关税区域内的货物原产地国。

2. 为了适用海关关税监管的目的(为了关税优惠目的除外),内部市场的非关税监管和保护、确定标识货物原产地的条件、国家(自治市)的采购、对外贸易统计数据的收集、确定进口至本联盟关税区域的货物原产地国的规则(非优惠原产地规则),应当按委员会确定的予以适用。

3. 为了向进口至本联盟关税区域的来自发展中国家和/或最不发达国家的、使用本联盟关税优惠共同系统的货物提供关税优惠的目的,确定进口自发展中国家和/或最不发达国家的货物的原产地国规则,应当按委员会确定的予以适用。

4. 为了向进口至本联盟关税区域的来自与本联盟有贸易和经济关系的、适用自由贸易体制的国家的货物提供关税优惠的目的,确定原产地国的规则应当适用本联盟与面临适用自由贸易体制的第三方的相关国际条约中的规定。

5. 若本联盟与面临适用自由贸易体制的第三方的国际条约未规定确定原产地国的规则,或者在该条约生效日还未采用此类规则,对进口至本联盟关税区域内并源自该国的货物,在采纳适当规则之前,应当适用本条第 2 款中规定的确定原产地国规则。

6. 若第三方重复违反确定(确认)货物原产地的规则,委员会可以决定由诸成员国海关机构监控正确认定(确认)进口自该特定国家的货物的原产地。若发现第三方系统性违反货物原产地确定规则,委员会可以决定诸成员国海关机构暂停接受确认货物原产地的文件。本款的规定不应当限制诸成员国管制进口货物原产地并根据其结果采取措施的权力。

第 38 条　对外服务贸易

诸成员国应当协调与第三方的服务贸易。但此协调不应当暗含本联盟有在本领域内的任何超国家管辖权。

第 39 条　消除与第三方的贸易限制措施

委员会应当在进入第三方市场方面提供协助,监控第三方对诸成员国适用的限制措施,并在第三方采取涉及本联盟或本联盟与第三方争端的任何行动时,同诸成员国共同与各第三方进行磋商。

第 40 条　对第三方的应对措施

1. 若本联盟与第三方的和/或诸成员国与第三方的国际条约规定了应对

措施的可能性,委员会应当作出在本联盟关税区域内实施上述措施的决定,包括提高进口关税税率、采取数量限制、临时暂停优惠和在委员会管辖范围内采取影响各国对外贸易结果的其他措施。

2. 若诸成员国在 2015 年 1 月 1 日前与第三方缔结的国际条约进行了规定,诸成员国可以单方面适用诸如提高进口关税税率超过《欧亚经济联盟共同海关关税》之类的应对措施,还可以单方面暂停关税优惠,只要此等应对措施的行政机制不违反本条约的任何规定。

第 41 条　出口发展措施

1. 本联盟可以根据世界贸易组织的国际条约、规章和规定,采取共同措施发展源自诸成员国的货物出口至第三方市场。

2. 上述共同措施应当包括特别是保险、出口信用、国际租赁、促进"欧亚经济联盟利益"构想、采用标识本联盟的共同系统、展览会、博览会活动、在国外的广告与品牌推广活动。

2. 海关关税监管和非关税监管

第 42 条　欧亚经济联盟的共同海关关税

1. 经委员会批准并代表本联盟贸易政策文件,《欧亚经济联盟对外经济活动商品单独命名》和《欧亚经济联盟共同海关关税》应当在本联盟关税区域内适用。

2. 适用《欧亚经济联盟共同海关关税》的宗旨应当如下:

(1) 能够使本联盟与全球经济有效一体化;

(2) 精简进口至本联盟关税区域内的货物的商品结构;

(3) 维持本联盟关税区域内货物进出口的合理相关性;

(4) 能够使本联盟内货物生产和消费不断优化性变化;

(5) 支持本联盟的不同经济部门。

3.《欧亚经济联盟共同海关关税》应当使用以下种类的进口关税税率:

(1) 以货物海关价值百分比表示的从价税率;

(2) 依据某种应税货物物质特性(数量、重量、体积或其他特性)确定的特别税率;

(3) 具有本款第(1)和(2)项规定种类特性的组合税率。

4.《欧亚经济联盟共同海关关税》的进口关税率应当是共同的,不应当受跨本联盟海关边境运输货物的人的变化、交易种类和其他情形的影响,但本条约第 35、36 和 43 条中的规定除外。

5. 为了保证有效控制本联盟关税区域内的货物进口,若必要,可以确定季节性关税,其有效期每年不超过 6 个月。应当适用上述关税,并替代按《欧亚经济联盟共同海关关税》规定的进口关税。

6. 已经加入本联盟的任何国家,应当有权利根据委员会按该国加入本联盟的国际协定批准的货物和税率清单,适用不同于《欧亚经济联盟共同海关关税》税率的进口关税税率。

已经加入本联盟的任何国家应当保证,适用降低进口关税税率(与《欧亚经济联盟共同海关关税》比较)的货物应当仅在其领土内使用,且在不附加支付进口关税(按《欧亚经济联盟共同海关关税》税率计算的进口关税额与货物进口时支付的进口关税额之间的差额)时,应当采取措施阻止上述货物出口至其他成员国。

第 43 条 关税豁免

1. 就进口至本联盟关税区域的货物,可以适用关税豁免,形式是免除进口关税或降低进口关税税率。

2. 关税豁免不得是个体性质的,且应当适当,不考虑货物原产地国。

3. 关税豁免应当根据本条约附件 6 进行规定。

第 44 条 关税配额

1. 就源自第三国并进口至本联盟关税区域内的某些种类农产品,若在本联盟关税区域内生产(采掘、种植)同类产品,应当允许规定关税配额。

2.《欧亚经济联盟共同海关关税》的相应进口关税,应当在确定的关税配额数量内,适用于本条第 1 款规定的且进口至本联盟关税区域内的货物。

3. 规定源自第三国并进口至本联盟关税区域内的某些种类农产品关税配额,和分配关税配额数量,应当按本条约附件 6 的规定实施。

第 45 条 海关关税监管委员会的权力

1. 委员会应当:

(1)维持《欧亚经济联盟对外经济活动商品单独命名》和《欧亚经济联盟共同海关关税》;

(2)确定进口关税税率,包括季节性税率;

(3)确定赋予关税豁免的情形和条件;

(4)制定关税豁免的申请程序;

(5)规定本联盟关税优惠共同系统的条件和申请程序,并批准以下清单:

(a)使用本联盟关税优惠共同系统的发展中国家清单;

(b)使用本联盟关税优惠共同系统的最不发达国家清单;

(c)源自发展中国家和/或最不发达国家的、进口至本联盟关税区域内的期间提供关税优惠的货物清单;

(6)规定关税配额、在诸成员国间分配关税配额数量、在对外贸易活动参与者之间分配关税配额数量,和若必要,对第三国分配关税配额或采取法令能使诸成员国在对外贸易活动参与者间分配关税配额数量的方法和程序,和若必要,在第三国之间分配关税配额数量。

2. 对仅可由委员会理事会以决定方式变更进口关税的敏感货物清单,应当由最高理事会批准。

第 46 条　非关税监管措施

1. 在本联盟与第三国的贸易中,应当适用以下非关税监管措施:

(1)禁止进口和/或出口货物;

(2)限制进口和/或出口货物的数量;

(3)对出口和/或进口货物的排他性权利;

(4)出口和/或进口货物的自动许可(监管);

(5)对进口和/或出口货物的授权程序。

2. 应当根据本条约附件7规定的程序,以透明和非歧视原则为基准采用和适用非关税监管措施。

第 47 条　单边采取非关税监管措施

诸成员国在与第三国贸易中可以按本条约附件7规定的程序,单方面决定和实施非关税监管措施。

3. 贸易救济措施

第 48 条　实施贸易救济措施总则

1. 为了保护本联盟内生产者的经济利益,可以采取保障措施、反倾销反补贴措施和本条约第50条规定情形中的其他措施的形式,对源自第三国的进口至本联盟关税区域内的产品实施贸易救济措施。

2. 适用、修改、撤销或不适用保障、反倾销或反补贴措施的决定,由委员会作出。

3. 保障、反倾销或反补贴措施应当根据本条约附件8中规定的条件和程序予以适用。

4. 应当按委员会指定负责调查的主管机构(以下简称"调查机构")进行的调查,根据本条约附件8的规定,适用保障、反倾销或反补贴措施。

5. 应当根据本条约附件8划拨和分配保障税、反倾销税和反补贴税。

第 49 条　适用保障、反倾销和反补贴措施的原则

1. 若调查机构依据调查确定,某产品正在以导致或威胁导致严重损害诸成员国国内工业的增长数量(对诸成员国内同类或直接竞争产品的国内生产的绝对或相对数量)和条件进口至本联盟关税区域内,应当对该产品适用保障措施。

2. 若调查机构依据调查确定,进入本联盟关税区域内的产品进口导致或威胁导致严重损害诸成员国国内工业,或严重阻碍诸成员国建立国内工业,可以对认定倾销的产品适用反倾销措施。

3. 若调查机构依据调查确定,进入本联盟关税区域内的某产品进口导致或威胁导致严重损害诸成员国国内工业,或严重阻碍诸成员国建立国内工业,可以对来自第三出口国的在该产品制造、生产、出口或运输上给予特别补贴的进口产品,适用反补贴措施。

4. 为了适用贸易救济措施的目的,诸成员国国内工业被理解为作为同类产品整体的(为了反倾销和反补贴税调查的目的),或同类或直接竞争产品整体的(为了保障调查的目的)国内生产者,或者其产品集体产量分别构成诸成员国中该同类产品、同类或直接竞争产品国内总产量主要部分的整体生产者,但不低于 25%。

第 50 条　其他贸易防卫措施

1. 为抵消从第三方进口对诸成员国生产者的消极影响,在本联盟和该第三方之间建立自由贸易体制的国际条约,可以规定实施保障、反倾销和反补贴措施以外的单方面保卫手段,包括与农产品有关的措施。

2. 实施上述措施的决定由委员会作出。

第 X 节　技术监管

第 51 条　技术监管的一般原则

1. 本联盟内的技术监管应当根据以下原则实施:

(1) 确定产品的强制性要求,或产品和有关产品设计(包括研发)、制造、建筑、安装、调试、运行、储存、运输、出售和处置的要求;

(2) 对包含在共同产品清单中的受本联盟内强制性要求约束的产品(以下简称"共同清单"),确定本联盟技术监管中的共同强制性要求或诸成员国法律中的国内强制性要求;

(3) 无例外地在诸成员国内适用和执行本联盟技术监管;

(4) 与诸成员国经济发展水平和科学技术发展水平相适应,遵守本联盟

内的技术监管;

(5)委派机构的独立性,制造者、销售者、购买者和消费者服从委派机构、诸成员国监管(控制)机构;

(6)统一强制遵守评估程序期间的研究(检测)规则、方法和全部测量;

(7)统一适用本联盟技术监管的要求,不考虑交易的种类和/或具体特性;

(8)不准许在遵守评估中的任何竞争限制;

(9)国家控制(监管)遵守本联盟的以协调诸成员国法律为基础的技术监管;

(10)自愿适用有关标准;

(11)发展和适用洲际间的标准;

(12)协调洲际标准与国际、地区标准;

(13)统一强制遵守评估的规则和程序;

(14)确保协调涉及确定违反产品强制性要求的责任的诸成员国法律,和强制性遵守评估的规则和程序;

(15)实施确保统一本联盟内测量的协商一致政策;

(16)防止设立对商业活动不必要的壁垒;

(17)对过渡阶段的新要求和文件制定过渡性条款。

2. 本节的规定不应当扩展至设立和适用卫生、动物卫生和植物检疫措施。

3. 本联盟内技术监管的规则和程序,应当根据本条约附件9制定。

4. 确保本联盟内遵守测量的协商一致政策,应当根据本条约附件10实施。

第52条 本联盟的技术监管和标准

1. 为了保护人类生命和/或健康、财产,动植物生命和/或健康,防止误导消费者行为,和保证本联盟内能源效用和资源保护,应当采用本联盟技术监管。

不应当允许为了其他任何目的实施本联盟技术监管。

发展和采用本联盟技术监管的程序、对其修正和废止的程序,应当由委员会决定。

本联盟技术监管或国内强制性要求,应当仅适用于包含在委员会批准的共同清单中的产品。

建立和维持共同清单的程序,应当由委员会批准。

诸成员国在其法律中不应当准许对未包括在共同清单中的产品确定任何强制性要求。

2. 本联盟技术监管应当在本联盟领土内具有直接效力。

运用本联盟通过的技术监管和过渡性条款的程序,应当由本联盟的技术监管和/或委员会的法令确定。

3. 为了符合本联盟技术监管要求和评估遵守其技术监管,可以以自愿为基准适用国际、区域(洲际)标准。若无上述标准(在采用区域(洲际)标准之前),可以适用诸成员国的国内(国家)标准。

第53条 本联盟的产品流通和技术监管有效性

1. 准许在本联盟领土内流通的全部产品应当是安全的。

保证本联盟技术监管未确定要求的产品安全和流通的规则和程序,应当按本联盟内的国际条约确定。

2. 应当准许受本联盟有效技术监管约束的产品在本联盟领土内流通,只要此等产品已经完成本联盟技术监管确定的要求遵守的评估程序。

诸成员国应当保证在其领土内的产品流通遵守本联盟技术监管的要求,不得对此等产品采取超出本联盟技术监管要求的任何额外要求,且不得增加遵从任何评估程序。

本款上述第二项规定不应当适用于卫生、动物卫生和植物检疫措施。

3. 自本联盟技术监管在诸成员国领土内生效之日起,各自对产品的强制性要求,或对产品和有关产品设计(包括研发)、制造、建造、安装、调试、运行、储存、运输、出售和处置的要求,按诸成员国法律或委员会法令的确定,应当仅在过渡条款规定范围内具有效力,且应当在本联盟技术监管过渡条款和/或委员会法令届满之日失效,不应当适用于准许产品的流通、遵守技术监管的评估、遵守本联盟技术监管的国家控制(监管)。

本款上述第一项的规定不应当适用于卫生、动物卫生和植物检疫措施。

对产品的强制性要求,或对产品和有关产品设计(包括研发)、制造、建造、安装、调试、运行、储存、运输、出售和处置的要求,按委员会在本联盟技术监管生效日之前的法令的确定,应当包括在本联盟技术监管内。

4. 遵守本联盟技术监管的国家控制(监管),应当根据诸成员国法律确定的程序予以实施。

在国家控制(监管)遵守本联盟技术监管领域,协调诸成员国法律的原则和方法应当按本联盟内的国际条约确定。

5. 未遵守本联盟技术监管的责任,任何不遵守有关本联盟技术监管评估程序的责任,应当根据诸成员国法律确定。

第54条 认证

1. 本联盟内的认证应当根据以下原则实施:

(1)使认证领域的规则和程序与国际标准相协调;

(2)保证自愿认证、透明度与可获取认证程序、规则和结果的信息;

(3)保证诸成员国认证机构的客观性、公正性和管辖权;

(4)保证对全体申请人的公平认证条件,和确保认证期间获得信息的保密性;

(5)不准许成员国的单一机构将认证权力与国家控制(监管)权力合并,但是监控诸成员国已认可的适格评估机构(包括证书机构、检测实验室或中心)的活动除外;

(6)不准许成员国的单一机构将认证权力与适格评估权力合并。

2. 适格评估机构的认证应当由经各成员国法律正式授权从事此类活动的该成员国认证机构实施。

3. 一成员国的认证机构不应当与其他成员国的认证机构竞争。

为了防止诸成员国认证机构之间的竞争,一成员国的适格评估机构应当向在该成员国领土内注册为法人的认证机构提出申请。

若在其他成员国领土内注册为法人的适格评估机构为了认证目的向一成员国认证机构提出申请,该认证机构应当通知该适格评估机构注册地领土成员国的认证机构。在此情形下,若该适格评估机构注册地领土成员国的认证机构未实施要求领域的认证,应当允许其他成员国的认证机构从事该认证。在此方面,该适格评估机构注册地领土成员国的认证机构应当有权利作为观察员参与认证。

4. 诸成员国的认证机构应当履行相互比较评估,以达到所适用的全部程序相同的目的。

应当根据本条约附件11承认诸成员国适格评估机构的认证结果。

第55条 消除与第三国相互贸易中的技术壁垒

消除与第三国相互贸易中技术壁垒的程序和条件,应当按本联盟内的国际条约确定。

第XI节 卫生、动物卫生和植物检疫措施

第56条 卫生、动物卫生和植物检疫措施的适用总原则

1. 卫生、动物卫生和植物检疫措施,应当根据科学合理原则且仅在要求

保护人类、动物和植物生命健康范围内予以适用。

本联盟内适用的卫生、动物卫生和植物检疫措施,应当以国际和区域标准、指南和/或建议为依据。但是,以恰当科学研究为基础所采取的保证卫生、动物卫生和植物检疫保护水平比以相关国际和区域标准、指南和/或建议为基础的措施更高的任何卫生、动物卫生和植物检疫措施除外。

2. 为了保证人口卫生和流行病福利、本联盟内动物卫生和植物检疫安全,在适用卫生、动物卫生和植物检疫措施领域,应当采取协商一致政策。

3. 应当通过诸成员国共同发展、采用和执行适用卫生、动物卫生和植物检疫措施中的国际条约和委员会法令,贯彻协商一致政策。

4. 各成员国应当有权利发展和适用临时性卫生、动物卫生和植物检疫措施。

在采用临时性卫生、动物卫生和植物检疫措施中,向诸成员国授权机构的通讯程序应当由委员会批准。

5. 认定、登记、追踪动物和动物源产品的协商一致方法,应当根据委员会的法令予以适用。

6. 卫生、动物卫生和植物检疫措施的适用,卫生、动物卫生和植物检疫措施领域中诸成员国授权机构的合作,应当根据本条约附件12予以实施。

第57条　卫生措施的适用

1. 卫生措施应当适用于受卫生和流行病监管(控制)约束的、包含在产品(货物)共同清单中的人员、交通工具和产品,该清单根据委员会法令受国家卫生和流行病监控(控制)。

2. 应当对受国家卫生和流行病监控(控制)约束的产品确定共同卫生、流行病要求和程序。

涉及发展本联盟技术监管的产品的共同卫生、流行病要求,应当根据委员会法令,包含在本联盟技术监管中。

3. 制定、批准、修改和适用卫生、流行病要求和程序的程序,应当由委员会批准。

4. 为了保证人口卫生、流行病福利,应当根据诸成员国法律和委员会法令,由人口卫生和流行病领域的授权机构实施国家卫生和流行病监管(控制)。

人口卫生、流行病福利领域的授权机构可以在国家卫生、流行病监管(控制)范围内,根据各成员国法律对遵守本联盟技术监管行使国家监管(控制)。

第58条　动物卫生措施的适用

1. 动物卫生措施应当适用于进口至本联盟关税区域和经本联盟关税区

域移动的、包含在受委员会批准的动物控制(监管)约束的共同货物清单中的货物(含供私人使用的货物)和受动物控制(监管)约束的物品。

2. 委员会批准的动物(动物卫生)共同要求,应当适用于受动物控制(监管)约束的货物和物品。

3. 为了防止感染性动物疫病(包括对人类和动物的共同疫病)和未遵守动物(动物卫生)共同要求的货物的进入和转运、扩散,应当根据委员会法令,对受动物(动物卫生)控制(监管)的货物和物品适用动物控制(监管)措施。

诸成员国在防止、诊断、定位和消除动物极端危险、检疫和传染性疫病疫源地中的合作,应当按委员会确定的程序实施。

4. 授权动物检疫机构应当在跨越诸成员国边境的检查点或诸成员国法律规定的其他地点,对受动物控制(监管)的、通过本联盟关税区域移动的货物实施动物控制(监管)。上述检查点或其他地点应当根据诸成员国法律配备动物检验(监管)设施。

5. 受动物控制(监管)的每批货物,应当根据委员会批准的动物(动物卫生)共同要求,进口至本联盟关税区域,并出示该成员国授权动物检疫机构颁发的该货物进口至该领土的准入证,和/或该货物原产地国主管机构颁发的动物合格证书。

6. 受动物控制(监管)的货物,应当根据动物(动物卫生)共同要求从一成员国领土运输至另一成员国领土。上述货物应当伴随动物合格证书,但委员会另有规定的除外。

诸成员国应当相互承认授权动物检疫机构签发的、具有委员会批准的共同格式的动物合格证书。

7. 保证受动物控制(监管)约束的货物在第三国生产、加工、运输和/或储存期间的安全的基本原则,应当暗含审查该外国官方监管系统。

授权动物检疫机构应当根据委员会法令,对受动物控制(监管)约束的外国官方监管和检验设施实施审查。

8. 若诸成员国收到有关国际组织、成员国和第三国的在第三国或诸成员国领土上传染病形势恶化的任何官方信息,各成员国应当有权利制定和实施动物(动物卫生)临时要求和措施。

若收到上述信息但无充分科学证据或其不可能及时报告,诸成员国可以适用动物卫生紧急措施。

第59条　植物检疫措施

1. 对列入应检疫产品(含应检疫的运输货物、原料和商品)清单(以下简

称"应检疫产品清单")的、受植物检疫约束的产品,列入本联盟检疫物品共同清单的检疫物品和应检疫物品,应当在本联盟海关边境或本联盟关税区域内适用植物检疫措施。

2. 对列入应检疫产品清单的产品,列入本联盟检疫物品共同清单的检疫物品和应检疫物品,应当在本联盟关税区域内和本联盟海关边境实施植物检疫控制(监管)。

3. 应检疫产品清单、本联盟检疫物品共同清单和植物检疫共同要求,应当由委员会批准。

第XII节　消费者保护

第60条　消费者保护保障

1. 消费者权利及其保护应当由诸成员国消费者保护法律和本条约保证。

2. 一成员国的国民和居住在其领土内的其他人员,在其他成员国领土内在消费者保护领域,应当享受该其他成员国国民相同的法律保护,且应当有权利依据该其他成员国国民相同条件,向国家机构、消费者保护公共机构、其他组织、法院提出申请和/或进行其他任何程序。

第61条　消费者保护政策

1. 诸成员国应当在消费者保护领域实施旨在为诸成员国国民创造平等条件的协商一致政策,以保护其利益免受经济实体不诚实活动侵害。

2. 应当根据本条约和诸成员国依据本条约附件13的原则为基础的消费者法律,保证消费者保护领域的协商一致政策。

第三部分　共同经济空间

第XIII节　宏观经济政策

第62条　协商一致宏观经济政策的主要方向

1. 规定旨在实现诸成员国经济平衡发展的、由其制定和执行的协商一致政策,应当在本联盟内实施。

2. 诸成员国执行协商一致宏观经济政策的协调,应当由委员会根据本条约附件14实施。

3. 诸成员国协商一致宏观经济政策的主要方向应当包括:

(1)保证使用本联盟一体化潜力和各成员国竞争优势的诸成员国的经济可持续发展;

（2）为诸成员国的经济建立共同运行原则和保证其有效合作；

（3）为提高诸成员国经济的内部可持续性创造条件，包括其宏观经济稳定性和限制外部影响；

（4）制定预测诸成员国社会经济发展的共同原则和指南。

4. 应当根据本条约附件 14 开展执行协商一致宏观经济政策的主要方向。

第 63 条　确定经济发展可持续性的主要宏观经济指标

诸成员国应当使用以下确定其经济发展可持续性宏观经济指标数量价值标准，制定其经济政策：

一国家控制部门统一预算的年度赤字不应当超过国内生产总值（GDP）的 3%；

一国家控制部门的债务不应当超过国内生产总值（GDP）的 50%；

每年（前一年的 12 月至本年 12 月，以百分比表示）通货膨胀率（消费者价格指数）不应当超过该成员国最低价值标准通货膨胀率的 5%。

第 XIV 节　货币政策

第 64 条　协商一致货币政策的宗旨和原则

1. 为了深化诸成员国经济一体化，发展货币领域合作，保证货物、服务和资本在诸成员国领土内自由流动，提高诸成员国国家货币在对外贸易和投资合作中的作用，保证其货币的相互可兑换性，诸成员国应当制定和执行建立在以下原则基础上的协商一致货币政策：

（1）阶段性协调和集中诸成员国符合现行宏观经济一体化和合作要求的货币政策的制定和实施方法；

（2）在货币政策领域，在国家或洲际水平上，为发展一体化进程和协调货币政策设置要求的组织性和法律性条件；

（3）在货币领域，不得采取负面影响一体化进程的任何行动，和保证此种行动不可避免时将其后果最小化；

（4）执行在诸成员国货币、各成员国内部货币市场和国际货币市场旨在提高信心的经济政策。

2. 为了实施协商一致货币政策，诸成员国应当根据本条约附件 15 执行有关措施。

3. 应当由诸成员国国家（中央）银行首脑组成的独立机构协调汇率政策，并从事按本联盟内国际条约确定的活动。

4. 诸成员国调整货币关系的协商一致方法和自由化措施,应当按本联盟内国际条约确定。

第XV节　服务贸易、组建、活动和投资

第65条　监管的主题和目的、适用范围

1. 本节的目的是保证根据本节条款和本条约附件15的本联盟内服务贸易、组建、活动和投资的自由。

监管诸成员国境内服务贸易、组建、活动和投资的法律基准应当在本条约附件16中具体规定。

2. 本节的规定应当适用于诸成员国就服务交付与接受、组建、活动和投资所采取的一切措施。

本节的规定不应当适用于:

本条约第22节管辖的国家(自治市)采购交易;

作为国家政府运行部分所交付的服务和实施的活动。

3. 本条约第XVI、XIX、XX和XXI节涵盖的服务应当分别由这些节的规定管辖。本节的规定应当在其不与上述各节冲突的范围内适用。

4. 产生于与通讯服务有关的法律关系的具体特性,按通讯服务贸易程序(本条约附件1至附件16)确定。

5. 自然人入境、出境、停留和雇用的具体特性,由本条约第XXVI节在其不与本节冲突的范围内管辖。

6. 本节中的任何规定不应当解释为:

(1)要求任何成员国提供该国家认为其披露违反该国根本安全利益的任何信息;

(2)阻止任何成员通过颁布法律采取其认为对保护其根本安全利益所必要的任何行动,包括:

(a)涉及直接或间接向军事机构提供服务目的的服务提供;

(b)涉及裂变和聚变材料及其衍生材料;

(c)战时或国际关系中其他紧急情况期间采取的任何行动。

(3)阻止任何成员国采取要求履行其《联合国宪章》下义务以维护国际和平与安全的任何行动。

7. 本节的任何规定不应当阻止诸成员国采取或采用以下任何措施:

(1)被要求保护公共道德或维护公共秩序,但是涉及仅适用于存在真实、足以严重威胁社会根本利益之一的情形的公共秩序除外;

(2)被要求保护人类、动物或植物的生命或健康;

(3)被要求遵守诸成员国不与本节规定相冲突的法律,包括与以下有关的法律:

(a)防止误导和欺诈行为或不遵守民事法律合同后果;

(b)保护处理和传播私人数据中的个人隐私,保护私人档案和账户的机密;

(c)安全。

(4)不符合本条约附件 16 第 21 和 24 款,只要实际提供待遇的差别旨在保证直接税公正、有效征收和向有关服务贸易、创设与管理的其他成员国或第三国国民征收,且此类措施不应当与诸成员国国际条约的规定冲突;

(5)不符合本条约附件 16 第 27 和 29 款,只要待遇中的差别是税收协定的结果,包括各成员国为其缔约国的避免双重税收协定。

8. 本条第 7 款规定的任何措施不应当导致诸成员国之间的任性或不合理歧视,或对服务贸易、组建、活动和投资的任何变相限制。

9. 若一成员国维持服务贸易、组建、活动和投资限制措施,涉及第三国时,若人员属于该第三国或受其控制、本节规定的扩展适用将导致规避或违反上述禁止或限制措施,本节中的任何规定不应当解释为强制该成员国将本节规定扩展至其他成员国的上述人员。

10. 就服务贸易、组建、活动和投资,若证明其他成员国的人员在该(其他)成员国领土内未从事任何重要商业经营且该人员属于或受控于一成员国或第三国的人员,该一成员国不得将根据本节规定的其义务扩展到该其他成员国的上述人员。

第 66 条　服务贸易、组建、活动和投资的自由化

1. 与本条约生效日的制度相比较,任何成员国不应当对其他成员国人员的服务贸易、组建、活动采取新歧视措施。

2. 为了保证服务贸易、组建、活动和投资的自由,诸成员国应当实施服务贸易、组建、活动和投资共同条件的逐渐自由化。

3. 诸成员国应当寻求建立和保证实施本条约附件 16 第 38—43 款中为服务部门最低数量所列的服务的共同市场。

第 67 条　服务贸易、组建、活动和投资的自由化原则

1. 应当通过协调诸成员国法律和组织诸成员国主管机构之间的相互行政合作,并适当考虑国际原则和标准,实施服务贸易、组建、活动和投资的自由化。

2. 在服务贸易、组建、活动和投资的自由化进程中,诸成员国应当受以下原则指导:

(1)优化内部控制:逐渐简化和/或消除内部过度监管,包括提供者、服务接受者、从事组建或活动的人员、投资者的许可条件与程序,并适当考虑特定服务部门最佳国际监管实践,若难以获得此类实践,选择和适用诸成员国中最先进模式;

(2)均衡性:协调诸成员国法律的要求和充分标准,有效运行服务市场、组建、活动或投资的相互行政合作;

(3)互利:以平等分配利益和义务为基准的服务贸易、组建、活动和投资的自由化,并考虑每一成员国服务部门的敏感性和活动种类;

(4)连贯性:采用与服务贸易、组建、活动和投资有关的任何措施,包括基于以下的协调诸成员国法律和行政合作:

(a)与截至本条约签署日的优势条件和本条约规定的条款、条件比较,不应当准许恶化任何服务部门和活动种类的相互准入条件;

(b)逐渐减少理事会批准的、本条约附件16第2款第(4)项和第15—17、23、26、28、31、33和35款提及的个体国民限制、例外、附加要求和条件清单规定的限制、例外、附加要求和条件。

(5)经济可行性:作为建立本条约附件16第38—43款规定的服务共同市场的组成部分,服务贸易自由化以优先顺序为基准,并考虑最强烈影响本联盟内部市场制造、销售货物的成本、竞争性和/或数量。

第68条　行政合作

1. 诸成员国应当相互协助,以保证本条约管辖事项的主管机构之间的有效行政合作。

为了有效合作,包括信息交换,诸成员国主管机构应当缔结协定。

2. 行政合作应当包括:

(1)诸成员国主管机构之间迅速交换有关整体服务部门和市场具体参与者的信息;

(2)建立防止违反服务提供者权利和消费者、市场真实参与者合法利益、以及公共(国家)利益的机制。

3. 一成员国的主管机构可以按缔结的协定请求其他成员国主管机构提供涉及其他成员国管辖权和被请求有效执行本节规定的要求的信息,包括涉及以下的信息:

(1)在该一成员国领域内已经组建并/或正在提供服务的该其他成员国

的人员,和特别是确认上述人员已经在其领土内组建和按主管机构该人员从事企业型活动的信息;

(2)主管机构签发的准许和已经签发准许的活动种类;

(3)主管机构采取的与各人员有关并直接影响该人员管辖权或职业名誉的行政措施、刑事和法律制裁、破产(倒闭)确认决定。一成员国主管机构应当向其他成员国的请求主管机构提供所请求的任何信息,包括在该一成员国领土内已经组建或提供服务的责任事件的信息。

4. 为了以下目的,诸成员国主管机构(包括对有关活动行使控制和监管职能的主管机构)应当实施行政合作:

(1)创建有效系统,以保护其他成员国提供者在交付服务时的一成员国受益人的权利;

(2)执行服务提供者和接受者的涉税义务和其他义务;

(3)消除不公平商业惯例;

(4)保证对诸成员国服务数量的统计数据可靠性。

5. 若一成员国意识到服务提供者、从事组建或活动的人员或投资者的任何行动可能损害该成员国或其他诸成员国领土内人类、动物、植物健康与安全,该一成员国应当尽快通知所有成员国和委员会。

6. 委员会应当协助创建和运行本节管辖事项的本联盟信息系统。

7. 诸成员国可以将其他成员未履行其本条下的义务通知委员会。

第69条 透明度

1. 每一成员国应当保证其本节管辖事项的法律的透明度和可获取性。

为此目的,各成员国影响或可能影响本节管辖事项的全部强制性法令应当在其官方资源中公布,和可能时还应当在信息通讯网络互联网(以下简称"互联网")相应网站上公布,以便其权利和/或义务受上述强制性法令影响的任何人员熟悉。

2. 本条第1款提及的诸成员国强制性法令,应当在确保法律确定性和回应其权利和/或义务可能受到这些强制性法令影响的人员的合理期望的时限内予以公布,但在任何情况下应当在其生效日(生效)之前公布。

3. 诸成员国应当保证本条第1款中规定的强制性法令草案预先公布。

诸成员国应当在互联网、负责起草强制性法令草案的政府机构官方网站或对监管草案特别创建的网站上公布涉及对此等法令提交个人评论和建议的程序的全部信息,和公众讨论强制性法令草案以能使全体利害关系人发送其评论和建议的期限的信息。

强制性法令草案应当通常在其通过日之前 30 个日历日公布。在要求急速回应的异常情况下,和预先公布强制性法令草案可能阻碍其执行或违反公共利益的情况下,不应当要求上述预先公布。

强制性法令草案的定稿应当在可能范围内考虑诸成员国主管机构收到的公众讨论期间的全部评论和/或建议。

4. 本条第 1 款中提及的强制性法令(草案)的公布,应当包括其采纳和实施目的的解释。

5. 诸成员国应当建立机制,以回应关注本条第 1 款提及的正在实施和/或已计划的强制性法令的任何人提出的书面或电子请求。

6. 诸成员国应当保证根据其法律按对其国民确定的程序,审查其他成员国人员对本节管辖事项提出的上诉。

第 XVI 节　金融市场的监管

第 70 条　金融市场监管的宗旨和原则

1. 诸成员国应当根据以下宗旨和原则,在本联盟内实施协商一致的金融市场监管:

(1)深化诸成员国经济一体化,以创建本联盟内共同金融市场和保证非歧视进入诸成员国金融市场;

(2)确保保证和有效保护金融服务消费者的权利和合法利益;

(3)能够使一成员国授权机构在银行保险业部门、证券市场证券服务部门颁发的许可证在其他成员国领土内相互认可;

(4)根据国际标准认同诸成员国金融市场风险管理方法;

(5)对银行保险业活动和证券市场活动确定要求(审慎要求);

(6)对金融市场参与者活动行使监管确定程序;

(7)保证金融市场参与者活动的透明。

2. 为了能够使金融市场中的资本自由流动,诸成员国应当适用包括以下的基本合作形式:

(1)诸成员国授权机构之间就银行保险业营运与证券市场活动的管理、发展,根据本联盟内国际条约的控制和监管,交换信息,包括机密信息;

(2)对讨论证券市场现存与潜在问题和对解决这些问题制定提案开展协商一致的活动;

(3)诸成员国主管机构就监管银行保险业营运和证券市场活动开展相互磋商。

3. 为了实现本条第 1 款规定的宗旨,诸成员国应当根据本联盟内国际条约、本条约附件 17 和本条约第 103 条,协调其金融市场法律。

第 XVII 节 税和征税

第 71 条 成员国间税务合作的原则

1. 对从一成员国领土进口至另一成员国领土的所有货物,应当征收直接税。

2. 在相互贸易中,诸成员国应当以保证在其境内出售的其他成员国货物的税收不低于相同情形下对原产于本国领土的产品所适用的税收的方式,征税或征收其他税费。

3. 诸成员国应当对影响其相互贸易的税收确定法律协调的方向、形式和程序,以防止违反任何竞争条款和干预国家或本联盟水平的货物、工作和服务自由流动,包括:

(1)协调(趋同)最敏感应税货物的征税率;

(2)进一步改善相互贸易中的增值税征收系统(含使用信息技术)。

第 72 条 成员国境内直接税的原则

1. 应当由目的地国家征收货物相互贸易的直接税,并适用零增值税率和/或免除出口货物纳税义务和进口直接税。

直接税的征收和控制其支付进出口货物的机制,应当根据本条约附件 18 按程序实施。

2. 履行工作和提供服务的直接税应当在被确认为此等工作和服务销售地的成员国领土内征收。

应当按本条约附件 18 规定的程序征收履行工作和提供服务的直接税。

3. 诸成员国税务机构应当交换要求的全部信息以保证根据部门间国际条约完成直接税支付,该条约还应当确定信息交换的程序、货物进口与支付直接税的申请表、填写交换格式规程与要求的申请表。

4. 若货物从另一成员国领土进口至一成员国领土,应当由货物进口至其领土的成员国税务机构征收直接税,但是该成员国法律对遵守标明应标印记(计量和控制标志和标签)的货物另有规定除外。

5. 相互贸易中进口至一成员国的货物的直接税率,不应当超过对在该成员国领土内销售的同类产品征收的直接税率。

6. 不应当对进口至一成员国领土的以下货物征收直接税:

(1)根据该成员国法律对进口至其领土内不受税收约束(免税)的货物;

(2)自然人不是为了商业活动目的而进口至一成员国领土的货物;

(3)在一单独法人内因转运从另一成员国领土进口至一成员国领土的货物(一成员国法律可以强制要求将此类货物进口或出口通报给税务机构)。

第73条 个人所得税

若一成员国根据其法律和国际条约的规定,有权对另一成员国纳税居民(永久居民)在前者成员国雇用的所得征收所得税,应当自雇用第一日起按对前者成员国纳税居民(永久居民)之自然人此种收入规定的税率征收此所得税。

本条的规定应当适用于由各成员国民雇用产生的全部应税所得。

第XVIII节 竞争的一般原则和规则

第74条 总则

1. 本节确定竞争的一般原则和规则,保证调查和消除诸成员国领土内反竞争行为和在两个或以上成员国领土内跨境市场中对竞争产生消极影响的行为。

2. 本节规定应当适用于与各成员国内实施竞争(反托拉斯)政策关联的关系,和与各成员国的、对两个或以上成员国领土内跨境市场的竞争产生或可能产生负面影响的经济实体的关系。要求确定委员会管辖权的跨境市场标准,应当由最高理事会的决定予以确定。

3. 诸成员国可以在其法律中就本条约第75、76条所列禁止规定任何进一步禁止和附加要求与限制。

4. 若第三国经济实体的行为可能消极影响诸成员国商品市场的竞争,诸成员国应当实施与该行为有关的协商一致竞争(反托拉斯)政策。

5. 本节中的任何规定不应当解释为阻止任何成员国采取其认为必要的任何行动以保护国防和国家安全的基本利益。

6. 本节的规定应当适用于本条约规定特定特性的自然垄断实体。

7. 应当根据本条约附件19实施本节的规定。

第75条 竞争的一般原则

1. 诸成员国应当以公平方式和在公平范围内将其竞争法律规则适用于经济实体,不考虑这些经济实体基于公平条款条件的法律形式和注册地。

2. 诸成员国应当在其法律中特别规定以下的禁止:

(1)国家政府机构、地方机构和履行成员国职能的其他代理机构或组织之间的协定,或者他们与经济实体(市场参与者)之间的协议,若上述协定或协议导致或可能导致任何阻碍、限制或消除竞争,但本条约和/或成员国其他国际条约规定的情形除外;

(2)诸成员国法律规定者除外,国家或自治市优惠的提供,并考虑本条约和/或成员国其他国际条约所列的具体规范。

3. 诸成员国应当采取有效措施防止、调查和反对本条第 2 款第(1)项中具体规定的行为(不作为)。

4. 诸成员国应当根据其法律,在要求保护和发展每一成员国领土内竞争的范围内,保证有效控制经济集中。

5. 诸成员国应当保证负责实施和/或执行竞争(反托拉斯)政策的国家政府机构(以下简称"成员国授权机构")的可用性。其中,该政策赋予上述机构以下权力:监控遵从禁止反竞争实践、不公平竞争和经济集中,以及防止和调查违反竞争法的行为,采取措施阻止、起诉上述违反行为。

6. 诸成员国应当在其法律中,按效率性、比例性、安全性、必然性和确实性原则,对与所有反竞争行为有关的经济实体(市场参与者)和公共官员规定罚款,并保证控制执行此等罚款。诸成员国确认,在罚款情形下,应当对显示最大威胁竞争的违反行为(诸成员国经济实体反竞争协议、滥用支配地位),规定最高罚款比例。以违反者货物销售所得为基准或根据违反者在违反行为发生地市场货物购买成本计算的罚款额,应当优先。

7. 诸成员国应当根据其法律保证其现行竞争(反托拉斯)政策的信息永久透明,包括在媒体和互联网上发布其授权机构活动的信息。

8. 诸成员国授权机构应当根据其国家法律,相互合作,发送信息的通知或请求,主持磋商,发送影响其他成员国利益的调查(案件审查)公告,经任何成员国授权机构请求实施调查(案件审查)并提供结果信息。

第 76 条　竞争的一般规则

1. 应当禁止居支配地位的经济实体(市场参与者)导致或可能导致阻碍、限制或消除竞争和/或损害其他人利益的任何行为(不行为),包括以下行为(不行为):

(1)垄断性地设立和维持货物高价或低价;

(2)以导致提高货物价格方式退出货物流通;

(3)对合同当事方强迫施加对其不利或与协议事项无关的经济或技术上不公平的合同条件;

(4)若货物处于需求状态或已经安排其交付订单且其生产是可行的,以及本条约和/或成员国其他国际条约未明确规定减少或停止货物生产,在经济或技术上减少或停止该货物生产;

(5)在经济或技术上不公平拒绝或回避与个体购买者缔结能制造或供应

相关货物的协议,但需考虑本条约和/或诸成员国其他国际条约规定的具体规范;

(6)经济、技术或其他情形不公平制定同一产品的不同价格表并因此设置歧视性条件,但需考虑本条约和/或诸成员国其他国际条约规定的具体规范;

(7)对其他经济实体(市场参与者)设置进入或退出商品市场的障碍。

2. 应当禁止任何不公平竞争,包括:

(1)散布虚假、错误或歪曲信息,可能使一经济实体(市场参与者)或其商业声誉遭受损害;

(2)误导产品的性质、方法和地点、消费者喜好、货物质量数量或其制造者;

(3)一经济实体(市场参与者)将其制造或销售的货物与其他经济实体(市场参与者)制造或销售的货物进行错误比较。

3. 若诸成员经济实体(市场参与者)是在同一产品市场上经营的竞争者,且他们之间的任何协议导致或可能导致以下情形,应当禁止此等协议:

(1)制定或维持价格(价格表)、折扣、补助(附加费用)、额外收费;

(2)在投标中提高、降低或维持价格;

(3)以货物购销容量、销售产品范围、销售者或购买者(消费者)构成的方式,按领土原则划分商品市场;

(4)减少或停止货物生产;

(5)拒绝与某些销售者或购买者(消费者)缔结协议。

4. 若经济实体(市场参与者)之间的"纵向"协议具有以下情形,应当禁止,但是根据本条约附件 19 确定的可准许标准确认为准许的"纵向"协议除外:

(1)此等协议导致或可能导致设定货物转售价格,但销售者对购买者设定最高转售价格的情形除外;

(2)此等协议使购买者有义务不将货物出售给是销售者竞争对手的任何经济实体(市场参与者)。本项禁止不应当适用于暗含购买者按销售者或制造者的商标或其他识别身份组织货物销售的协议。

5. 根据本条约附件 19 确定的可准许标准确认为准许的"纵向"协议除外,应当禁止经济实体(市场参与者)之间被确定为导致或可能导致任何限制竞争的其他协议。

6. 不准许自然人、商业和非营利组织协调诸成员国经济实体的经济活动,若此等协调根据本条约附件 19 确定的可准许标准不得确认为可准许的、导致或可能导致本条第 3、4 款所列的任何后果。诸成员国可以在其法律中确定禁止协调经济活动,若此等协调根据本条约附件 19 确定的可准许标准不得确认为可准许的、导致或可能导致本条第 5 款规定的后果。

7. 委员会应当按本条约附件 19 规定的程序,阻止诸成员国经济实体(市场参与者)和没有从事任何商业活动的诸成员国自然人、非营利组织违反本节确定的竞争一般规则的全部行为,若此等违反行为对两个或以上成员国领土内跨境市场具有或可能具有负面影响,但金融市场除外。

第 77 条　国家价格监管

本条约附件 19 应当具体规定采取国家价格监管和反对诸成员国各自决定采取此措施的程序。

第 XIX 节　自然垄断

第 78 条　范围和自然垄断实体

1. 诸成员国在监管自然垄断中,应当受本条约附件 20 规定的规则和规范的指导。

2. 本节的规定应当适用于与诸成员国自然垄断实体、消费者、行政和地方机构的、影响诸成员国间贸易并列于本条约附件 20 附件 1 的自然垄断领域的关系。

3. 自然垄断特定领域的法律关系应当是根据本节并考虑本条约第 XX、XXI 节规定的具体规范所确定的法律关系。

4. 在诸成员国,自然垄断的范围还应当包括本条约附件 20 附件 2 规定的自然垄断领域。

诸成员国的法律要求应当适用于本条约附件 20 附件 2 规定的自然垄断领域。

5. 包含在自然垄断领域、由自然垄断实体提供服务的清单,应当由诸成员国的法律确定。

6. 诸成员国应当通过减少和可能认同本条约第 XX、XXI 节的过渡期,寻求协调本条约附件 20 附件 1 和 2 规定的全部自然垄断领域。

7. 可以通过以下方式扩展诸成员国的自然垄断:

(1)若一成员国意图在自然垄断中包含另一成员国按比例为一自然垄断且本条约附件 20 附件 2 规定为一自然垄断的某领域,根据诸成员国法律;

(2)若一成员国意图在自然垄断中包含本条约附件 20 附件 2 没有规定的自然垄断领域,经该成员国向委员会分别请求,委员会的决定。

8. 本节不应当适用于诸成员国间有效双边国际条约管辖的任何关系。

诸成员国间新缔结的双边国际条约不得与本节冲突。

9. 第ⅩⅧ节的规定应当适用于自然垄断实体,并考虑本节规定的具体特征。

第ⅩⅩ节　能源业

第79条　成员国能源领域的合作

1. 为了有效利用诸成员国燃料和能源综合设施,向国家经济提供能源主要类型(电力、天然气、石油和石油产品),诸成员国应当基于以下基本原则,发展能源领域的长期互利合作,实施协调能源政策,并根据本条约第81、83、85条规定的国际条约并适当考虑保证能源安全逐渐建立共同能源市场:

(1)确保对能源的市场定价;

(2)确保发展能源市场的竞争;

(3)对能源、设备、技术和相关服务中的贸易,无任何技术、管理和其他壁垒;

(4)确保为共同能源市场发展运输基础设施;

(5)保证对共同能源市场中诸成员国的经济实体非歧视性条件;

(6)为吸引诸成员国能源部门中的投资创造有利条件;

(7)为共同能源市场进程和商业基础设施的运行协调国家规则和监管。

2. 诸成员国在电力、天然气、石油与石油产品领域从事经营且不受本节管辖的经济实体的全部关系,应当受诸成员国法律的约束。

3. 对诸成员国在电力、天然气、石油与石油产品领域从事经营的经济实体,本条约第ⅩⅧ节的规定应当适用,并考虑本节和本条约第ⅩⅨ节所列的特定条款。

第80条　天然气、石油与石油产品的(预期)指标平衡

1. 为了有效使用最大能源潜力和最优化国家间能源供应,诸成员国授权机构应当制定并同意以下事项:

(1)本联盟天然气(预期)指标平衡;

(2)本联盟石油(预期)指标平衡;

(3)本联盟石油产品(预期)指标平衡。

2. 应当在委员会参与下并根据本条约第104条第1款规定期限内制定天然气、石油与石油产品(预期)指标平衡的计算方法和诸成员国授权机构协调的方法,制定本条第1款中提及的平衡。

第81条　建立本联盟共同电力市场

1. 诸成员国应当根据平行电力系统并考虑本条约第104条第2、3款的过渡条款,逐渐建立本联盟共同电力市场。

2. 诸成员国应当制定建立本联盟共同电力市场的构想和方案,经最高理事会批准。

3. 诸成员国应当根据经批准的建立本联盟共同电力市场构想和方案的规定,缔结一项本联盟内建立共同电力市场的国际条约。

第82条　保证获取电力领域自然垄断实体的服务

1. 诸成员国应当在现有技术能力范围内,保证自由获取电力领域自然垄断实体的服务,根据本条约附件21规定的共同原则和规则提供优先使用此等服务以满足诸成员国对电(力)的国内需求。

2. 获取电力领域自然垄断实体服务的原则和规则,包括根据本条约附件21的基本定价和价目表政策,应当适用于白俄罗斯共和国、哈萨克斯坦共和国和俄罗斯联邦。若任何新成员加入本联盟,上述附件应当据此被修正。

第83条　建立共同天然气市场和保证获取天然气运输领域自然垄断实体的服务

1. 诸成员国应当根据本条约附件23并考虑本条约第104条第4、5款过渡条款,逐渐建立本联盟共同天然气市场。

2. 诸成员国应当制定建立本联盟共同天然气市场的构想和方案,经最高理事会批准。

3. 诸成员国应当根据批准的构想和方案规定缔结一项本联盟内建立共同天然气市场的国际条约。

4. 诸成员国在其现有技术能力范围内、考虑本联盟协商一致的(预期)指标平衡和根据经济实体民事法律合同,应当保证其他成员国经济实体,无阻碍获取位于本国领土内的天然气运输系统,以能够使天然气按本条约附件22规定的共同原则、条件和规则进行运输。

第84条　建立本联盟石油与石油产品共同市场和保证获取石油与石油产品运输中自然垄断实体的服务

1. 诸成员国应当根据本条约附件23并考虑本条约第104条第6、7款规定的过渡条款,逐渐建立本联盟石油与石油产品共同市场。

2. 诸成员国应当制定石油与石油产品共同市场的构想和方案,经最高理事会批准。

3. 诸成员国应当根据批准的构想和方案规定,缔结一项本联盟内建立石油与石油产品共同市场的国际条约。

4. 诸成员国在其现有技术能力范围内、适当考虑本联盟石油与石油产品协商一致的(预期)指标平衡,并根据经济实体的民事法律合同,应当保证其

他成员国经济实体,根据本条约附件 23 规定的共同原则、条件和规则,无阻碍获取位于本国领土内的石油与石油产品运输系统。

第85条 委员会在能源领域的权力

委员会在能源领域应当监控本节的实施。

第XXI节 运输

第86条 协调(协商一致)运输政策

1. 本联盟应当根据竞争、透明度、可靠性、可用性和可持续性原则,从事旨在保证经济一体化、一致性和逐渐形成共同运输空间的协调(协商一致)运输政策。

2. 协调(协商一致)运输政策应当具有以下宗旨:

(1)建立运输服务共同市场;

(2)采取协商一致措施保证运输领域的一般利益,和适用最佳实践;

(3)使诸成员国运输系统与全球运输系统一体化;

(4)有效使用诸成员国的转运潜力;

(5)改善运输服务质量;

(6)确保运输安全;

(7)降低运输对环境和人类健康产生的有害影响;

(8)有利的投资环境。

3. 协调(协商一致)运输政策的主要优先事项应当是以下:

(1)形成共同运输空间;

(2)建立和开发欧亚运输走廊;

(3)实施和发展本联盟内转运潜力;

(4)协调发展运输基础设施;

(5)建立物流中心和运输组织以保证运输过程的进程最优化;

(6)参与和使用诸成员国的劳动能力;

(7)发展运输领域的科学和创新。

4. 诸成员国应当制定协调(协商一致)运输政策。

5. 最高理事会应当确定协调(协商一致)运输政策的主要方向和实施阶段。

6. 委员会应当监控诸成员实施协调(协商一致)运输政策。

第87条 适用范围

1. 本节的规定应当适用于公路、航空、水路和铁路运输,但需考虑本条约第 XVIII、XIX 节的规定和本条约附件 24 规定的具有特征。

2. 诸成员国应当寻求成员国之间规定的运输服务逐渐自由化。

应当按本联盟内国际条约并考虑本条约附件 24 规定的具体规范,确定自由化的程序、条件和阶段。

3. 运输安全要求(运输安全和安全经营运输)应当是根据诸成员国法律和国际条约确定的要求。

第 XXII 节　国家(自治市)采购

第 88 条　国家(自治市)采购领域监管的宗旨和原则

1. 诸成员国兹规定国家(自治市)采购领域(以下简称"采购")的以下宗旨和原则:

(1)通过一成员国的采购法律和诸成员国的国际条约调整采购领域的关系;

(2)保证用于诸成员国内采购的资金支出最优和最有效;

(3)在采购领域,向诸成员国提供国民待遇;

(4)在采购领域,不准许向第三国提供比诸成员国更优惠的待遇;

(5)确保采购的披露和透明度;

(6)确保诸成员国潜在供应者和供应者无阻碍进入参与以一成员国相互承认、按另一成员国法律作出数字签名的电子格式所进行的采购程序;

(7)确保诸成员国采购领域主管监管和监督机构的可用性(可以由一单独机构行使两者职能);

(8)确定违反诸成员国采购法律的责任;

(9)发展竞争,和与采购领域的腐败、其他滥用行为作斗争。

2. 本条约不应当适用于详细资料按一成员国法律构成国家秘密的采购程序。

3. 诸成员国内的所有采购应当根据本条约附件 25 实施。

4. 本节不应当适用于诸成员国国家(中央)银行实施的采购程序,但受本款第二至四项规定的约束。

诸成员国国家(中央)银行为了行政与经济目的的建造和修缮,应当根据其国内采购规则(以下简称"采购条款"),实施采购程序。采购条款不应当违反本条规定的宗旨和原则;特别是,监管措施应当保证各成员国的潜在供应者公平进入。在例外情况下,应当由国家(中央)银行最高机构的决定确定上述原则的例外。

采购条款应当载明采购要求,包括全部采购程序(含采购方法)的准备和举行程序、其申请条件、缔结协议(合同)程序。

诸成员国国家(中央)银行计划和实施的采购条款和采购程序信息,应当按采购条款确定的程序在其互联网官方网站上公布。

第XXIII节　知识财产

第89条　总则

1. 诸成员国应当在知识产权保护和执行领域合作,并保证在其领土内根据国际法、国际条约、构成本联盟法律的法令和诸成员国的法律,保护和保障这些权利。

诸成员国应当合作解决以下关键宗旨:

(a)协调诸成员国知识产权保护和执行领域的法律;

(b)保护诸成员国境内知识产权权利持有人的利益。

2. 诸成员国应当在以下范围合作:

(1)支持科学和创新发展;

(2)改进知识财产商业化和使用的机制;

(3)为诸成员国境内版权和相关权利持有人创造有利环境;

(4)对欧亚经济联盟的商标和服务标志、货物原产地名称,采取注册制;

(5)保护知识产权,包括互联网;

(6)确保知识产权的有效海关保护,包括通过维护诸成员国知识产权共同海关登记;

(7)实施协调措施以防止和惩处贩卖假冒货物。

3. 为了有效保护和执行知识产权,委员会应当组织举行磋商。

按上述磋商结果,应当草拟处理诸成员国合作中认定的全部疑问事项的提案。

第90条　知识财产的法律待遇

1. 就知识财产的法律待遇,一成员国国民应当在另一成员国领土内被给予国民待遇。一成员国可以就司法和行政程序规定国民待遇例外,包括涉及通讯地址的指示和代表的任命。

2. 诸成员国可以在其法律中规定保证保护和执行知识产权的水平比可适用于诸成员国之国际法令、国际条约和构成本联盟法律之行为中规定水平更高的任何规则。

3. 诸成员国应当根据以下基本国际条约,实施保护和执行知识产权领域的活动：

(1)1886 年 9 月 9 日《保护文学艺术作品伯尔尼公约》(经 1971 年修正)；

(2)1977 年 4 月 28 日《国际承认为专利目的保存微生物的布达佩斯条约》；

(3)1996 年 12 月 20 日《世界知识产权组织版权条约》；

(4)1996 年 12 月 20 日《世界知识产权组织表演和唱片条约》；

(5)2000 年 6 月 1 日《专利法条约》；

(6)1970 年 6 月 19 日《专利合作条约》；

(7)1971 年 10 月 29 日《保护唱片制作者不受非授权复制其唱片的公约》；

(8)1891 年 4 月 14 日《商标国际注册马德里协定》和 1989 年 6 月 28 日《商标国际注册马德里协定的议定书》；

(9)1961 年 10 月 26 日《保护表演者、唱片制作者和广播组织的国际公约》；

(10)1883 年 3 月 20 日《保护工业产权巴黎公约》；

(11)2006 年 3 月 27 日《商标法新加坡条约》。

非上述协定缔结方的成员国应当有义务加入上述协定。

4. 应当根据本条约附件 26 管理知识产权领域的全部关系,包括认定适用于某些类型知识财产的法律待遇之具体特征。

第 91 条　执行

1. 诸成员国应当采取执行措施以保证有效保护知识产权。

2. 诸成员国应当根据《欧亚经济联盟关税法典》、国际条约、构成本联盟法律和支配海关法律关系的法令,实施保护知识产权的活动。

3. 诸成员授权保护知识产权的授权机构应当配合和合作,以协调其防止、调查、限制其领土内违反知识产权的行动。

第 XXIV 节　制造业

第 92 条　工业政策和合作

1. 诸成员国应当独立形成、制定和实施国家工业政策,特别是采取国家工业发展规划和其他工业政策措施,应当确定提供不违反本条约第 93 条的工业补贴的方式、形式和范围。诸成员国应当按工业合作主要方向制定本联盟内的工业政策,经政府间理事会批准,并应当与委员会磋商和协调后实施。

2. 诸成员国应当根据以下原则实施联盟内工业政策：

(1) 诸成员国的国家利益平等，并遵守此利益；

(2) 互利；

(3) 公平竞争；

(4) 非歧视；

(5) 透明。

3. 联盟内工业政策的目标应当是，加快和改善工业发展的可持续性，改进诸成员国工业综合设施的竞争性，执行旨在提升创新活力的有效合作，消除工业领域的壁垒，包括关于源自诸成员国工业产品的流动。

4. 为了实现联盟内工业政策的宗旨，诸成员国可以：

(1) 相互通报其工业发展计划；

(2) 举行诸成员国负责制定和实施国家工业政策的授权机构的代表会议（磋商），包括在委员会场地举行；

(3) 制定、实施为了工业合作的优先经济活动发展联合方案；

(4) 制定、批准敏感货物清单；

(5) 实施联合工程项目，包括为了发展要求改进工业合作效能和深化诸成员国间工业合作的基础设施。

(6) 开发为了工业合作目的的相关程序和信息资源；

(7) 从事联合研究和开发活动以促进高技术产业；

(8) 实施旨在消除壁垒和发展互利合作的其他措施。

5. 若必要，可以采取政府间理事会决定方式制定本条第4款规定措施的适当实施程序。

6. 诸成员国应当制定联盟内工业合作主要方向（以下简称"主要方向"），经政府间理事会批准，其中包括工业合作和敏感货物的优先经济活动。

委员会应当每年监控和分析主要方向的实施效果，并经要求以与诸成员国协议形式，准备主要方向澄清说明的提案。

7. 在制定和实施贸易、海关关税、竞争、国家采购、技术监管、商业发展、运输、基础设施和其他领域的政策中，应当考虑诸成员国工业发展利益。

8. 诸成员国在采取任何工业政策措施之前，应当就敏感货物举行相互审议其地位的磋商。

诸成员国为了批准的敏感货物清单，应当相互预先通报计划实施国家工业政策的所有领域。

诸成员国应当与委员会共同制定上述磋商和/或相互通报的程序，经委员会理事会批准。

9. 为了本联盟内工业合作的目的,诸成员国可以会商和协调委员会后,制定和适用以下文书:

(1)促进互利工业合作以创造高技术、创新和竞争的产品;

(2)诸成员国为其互利参与的联合方案和工程项目;

(3)联合技术平台和工业集群;

(4)促进工业合作发展的其他文书。

10. 为了本条目的,诸成员国可以经委员会参与,制定任何补充文件和机制。

11. 委员会应当根据本条约附件27,在本条约下确定的其权力范围内,向诸成员国提供工业合作主要方向的磋商和协调。

为了本条目的,应当根据本条约附件27使用各术语。

第93条　工业补贴

1. 为了能使诸成员国经济稳定、有效发展和为促进成员国间相互贸易和公平竞争创造适当环境,应当在诸成员国领土内适用给予工业货物补贴的共同规则,包括根据本条约附件28,对直接关联工业货物制造、销售、消费的服务提供和接受给予补贴。

2. 产生于本条和本条约附件28规定的诸成员国义务,不应当适用于各成员国与第三国的法律关系。

3. 为了本条的目的,补贴应当指:

(1)一成员国补贴机构(或一成员国的授权组织)提供的、用于产生(保证)利益并通过以下方式实施的财政资助:

(a)直接划拨资金(例如以受损贷款或其他贷款形式),获得法定资本中的股份或增加法定资本,或转移上述资金的义务(例如贷款担保);

(b)全部或部分放弃收取其他情况下本应包含在诸成员国所得中的付款(例如税收免除、债务减免)。在此情形下,对意图用于国内消费的出口工业货物免除征收同类产品的关税和其他税,或关税与其他税的任何减少,和上述关税和其他税的返还额不超过实际发生的数额,不应当视为补贴;

(c)提供货物或服务(但向意图维护和发展共同基础设施提供工业货物或服务除外);

(d)购买工业货物。

(2)减少从任一成员国领土工业货物进口或增加向任一成员国领土工业货物出口产生了好处的其他任何收入或价格支持(直接或间接)形式。

(3)应当在本条约附件 28 中规定补贴的类型。

4. 补贴机构可以指派或指令其他任何组织履行其与提供补贴有关的一项或多项职能。上述组织的行为应当视为补贴机构的行为。

一成员国首脑旨在提供补贴的行为应当视为补贴机构的行为。

5. 应当根据本条约附件 28 规定的程序，从事旨在分析一成员国领土内给予的补贴是否符合本条和本条约附件 28 规定的任何调查。

6. 委员会应当保证控制实施本条和本条约附件 28 的规定，并具有以下权力：

(1)监控和从事成员国法律服从本条约补贴规定的比较法律分析，草拟诸成员国服从本条和本条约附件 28 规定的年度报告；

(2)便利组织诸成员国磋商协调、统一其提供补贴的法律；

(3)根据计划和提供特殊补贴的自愿协调，对本条约附件 28 规定的成员国作出有约束力的决定，包括：

(a)根据本条约附件 28 第 6 款、基于本条约附件 28 第 7 款规定的联盟内国际协定概述的标准，作出准许或不准许特殊补贴的决定；

(b)在本条约附件 28 第 7 款规定的联盟内国际协定所确定的情形下，举行提供特殊补贴的听证，作出相关约束力的决定；

(c)解决与实施本条和本条约附件 28 规定有关事项的争端，和提供关于其适用的解释。

(4)按本条约附件 28 第 7 款规定的联盟内国际条约确定的程序和条件，要求和获得给予补贴的信息。

本款第(3)、(4)项应当在考虑本条约第 105 条第 1 款过渡条款后予以适用。

7. 涉及本条和本条约附件 28 规定的所有争端，应当首先通过协商、谈判解决。若自启动争端的申请成员国向被告成员国正式书面请求协商、谈判之日起 60 个日历日内，没有通过协商、谈判解决，申请国应当有权向本联盟法院提出申请。

若本联盟法院的判决未在确定期限内执行，或本联盟法院裁决被告成员国公布的措施不符合本条和本条约附件 28 的规定，申请成员国应当有权采取比例相称的应对措施。

8. 诸成员国有权质疑提供补贴违反了本条约附件 28 的期限，应当总计 5 年，自特殊补贴之日起算。

第XXV节　农业部门

第94条　协商一致(协调)农业政策的宗旨和目标

1. 为了确保农业部门和农村地区的发展符合每一成员国的和本联盟整体的人口利益,和促进联盟内经济一体化,应当执行协商一致(协调)农业政策。此暗含使用本条约和本联盟内农业部门领域其他国际条约规定的控制机构、诸成员国相互提交和向委员会提交每项敏感农业货物制造发展计划(方案)。敏感农业货物清单应当根据诸成员国的提案编制,并经委员会批准。

2. 农业协商一致(协调)政策的主要宗旨应当包括有效实现成员国优化竞争性农业与粮食产品量的资源潜力、满足共同农业市场的需求和增加农业与粮食产品的出口。

3. 农业协商一致(协调)政策应当确保:

(1)农业与粮食产品的生产和市场均衡发展;

(2)诸成员国组成要素之间的公平竞争,包括平等进入共同农业市场;

(3)统一有关农业和粮食产品流通的要求;

(4)保护各成员国制造商在内部和国外市场的利益。

第95条　协商一致(协调)农业政策的主要方向和国家农业支持措施

1. 解决协商一致(协调)农业政策的任务,是指使用以下主要方向中国家间合作的机制:

(1)农业部门中的预测;

(2)国家对农业的支持;

(3)共同农业市场监管;

(4)产品生产和流通的共同要求;

(5)发展农业和粮食产品出口;

(6)农业部门科学与创新发展;

(7)农业的一体化信息支持。

2. 为了执行协商一致(协调)农业政策,委员会应当组织诸成员国代表至少每年一次的定期磋商,包括涉及敏感农业货物议题。上述磋商应当产生本条第1款确定的主要方向内实施农业协商一致(协调)政策的建议。

3. 诸成员国在执行协商一致(协调)农业政策时,应当考虑农业活动的特殊性质,此性质不仅归因于工业、经济重要性,而且归因于诸成员国地区和领土之间工业、结构、气候差异的社会重要性。

4. 在一体化相互关系的其他领域,包括农业与粮食产品的卫生、植物检

疫和动物(动物卫生)措施领域,各自的政策应当考虑协商一致(协调)农业政策的宗旨、任务和主要方向。

5. 本联盟内,应当根据按本条约附件 29 下的方法提供国家农业支持。

6. 与本条和本条约附件 29 有关的所有争端,应当首先通过委员会参与的磋商和谈判解决。若自启动争端并作为原告国的成员国向被告成员国发送举行谈判和磋商的正式书面请求之日起 60 日内未能通过磋商、谈判解决,原告国应当有权向本联盟法院提出申请。原告成员国在发送磋商、谈判正式书面请求时,应当自该请求之日起 10 日内将其通报给委员会。

7. 为了执行协商一致(协调)农业政策的目的,委员会应当:

(1)在其权力范围内与诸成员国共同制定、协调和执行协商一致(协调)农业政策的主要方向;

(2)在准备农业部门、农业与粮食产品供需的共同发展预测中,协调各成员国的活动;

(3)协调成员国相互提交农业部门及其分部门的发展方案;

(4)监控诸成员国农业部门的发展、诸成员国农业部门国家监管措施的适用,包括国家农业支持措施;

(5)监控根据诸成员国约定的命名法制造的产品的价格和分析此产品的竞争力;

(6)协助组织协调诸成员国农业部门领域法律(包括国家农业支持的法律)的协商和谈判,协助与履行国家农业支持领域的义务有关的争端解决;

(7)依据其遵守联盟内设定的义务,监督诸成员国国家农业支持领域的法律并从事比较法律分析;

(8)准备并向诸成员国提交各成员国农业部门、国家农业支持的国家政策审查,包括提高国家支持效率的建议;

(9)协助成员国处理与计算国家农业支持额度有关的事项;

(10)与诸成员国共同草拟旨在发展农业部门出口潜力的协调行动建议;

(11)协调各成员国实施农业领域共同科学与创新活动,包括诸成员国的国家间方案;

(12)协调各成员国制定、执行与本联盟关税区域内系谱产品进出口与流动的条件有关的标准化要求,协调确定种畜育种价值的方法和育种证书(证书、证明书)的格式;

(13)协调制定和执行检测农作物种类与种子领域的标准化要求,协调诸成员国相互承认证明品种与播种种子质量的文件;

(14)协助确保协商一致(协商)农业政策主要方向内的公平竞争环境。

第XXVI节　劳工移民

第96条　成员国间劳工移民领域的合作

1. 诸成员国应当就其本联盟内劳工移民领域的政策的协议进行合作,并协助诸成员国工人在各成员国雇用的有组织招募和参与。

2. 诸成员国工人移民领域的合作,应当通过诸成员国具有各自管辖权的国家机构之间的相互协作进行实施。

3. 应当以下列形式实施诸成员国本联盟内劳工移民领域的合作:

(1)劳工移民领域的共同原则和方法的协定;

(2)监管法令的交流;

(3)信息的交换;

(4)实施旨在防止虚假信息传播的措施;

(5)经验交流、实习、研讨会和培训课程;

(6)咨询机构框架内的合作。

4. 经诸成员国达成协议,可以建立移民领域的其他合作形式。

5. 本节中使用的术语应当具有下述规定的含义:

"入境国",指另一成员国国民进入的一成员国;

"永久居留国",指其国民是一成员国工人的一成员国;

"雇用国",指雇用的一成员国;

"教育证书",指国家教育文件,和被认定为国家教育文件的教育证书;

"工作(服务)客户",指根据按雇用国法律规定的程序和条款缔结的民事法律合同,向一成员国工人提供工作的法人或自然人;

"移民卡",指载有一成员国国民进入另一成员国领土、用于登记和控制其在入境国停留的信息的一种文件;

"雇主",指根据以雇用国法律规定的程序和条款缔结的雇用合同,向一成员国工人提供工作的法人或自然人;

"社会保障(社会保险)",指针对临时残疾的强制保险、生育保险,针对职业事故和疾病的强制保险、强制健康保险;

"雇用",指按雇用合同履行的活动,或根据雇用国法律在雇用国领土内按民事法律合同执行工作(服务)中的活动;

"一成员国工人",指在雇用国合法居住和合法从事劳动活动的一成员国国民的人员,其不是雇用国国民和其不永久居住在雇用国;

"家庭成员",指一成员国工人的配偶及其扶养的子女、根据雇用国法律确认为家庭成员的其他人员。

第97条 成员国工人的雇用

1. 一成员国工作(服务)的雇主或客户可以雇用其他诸成员国的工人,不需考虑保护其国家劳工市场的任何限制。但是,不应当要求各成员国的工人获得雇用国的雇用准许。

2. 诸成员国不应当就与诸成员国工人的关系、其雇用、职业和停留地域,确定或适用其法律为保护本国劳工市场所规定的任何限制,但是本条约确定的和诸成员国旨在保证国家安全(含战略重要性经济部门)和公共秩序的法律确定的限制除外。

3. 为了能使诸成员国工人在雇用国从事劳动活动,诸成员国教育组织(教育机构、教育领域的组织)颁发的教育证书应当予以承认,雇用国无须实施承认诸成员国法律确定的教育证书的程序。

申请另一成员国教育、法律、医疗或制药领域雇用的一成员国工人,应当经历雇用国法律确定的教育证书承认程序,并应当根据雇用国法律承认上述教育、法律、医疗和制药活动。

应当根据雇用国法律承认诸成员国授权机构颁发的科学和学术学位文件。

雇主[工作(服务)的客户]应当有权要求将教育证书翻译成雇用国语言的认证译本。若有要求,为了验证诸成员国工人教育证书的目的,雇主(客户)应当有权向已经颁发教育证书的教育组织(教育机构、教育领域的组织)提交请求,包括提及信息库,并获得适当答复。

4. 一成员国工人的雇用应当受符合本条约规定的雇用国法律管辖。

5. 一成员国工人及其在雇用国领土内的家庭成员的临时停留(居住)期限,应当取决于雇用合同或与该工人与工作(服务)的雇主或客户缔结的民事法律合同的期限。

6. 为雇用进入另一成员国领土的诸成员国国民及其家庭成员,自入境日起30日内,应当免除登记义务。

若一成员国国民在另一成员国领土内自入境日起停留超过30日,且入境国法律确定了要求,应当要求该国民根据入境国法律进行登记。

7. 诸成员国国民在入境国法律规定情形下进入另一成员国领土时,应当使用移民卡,但诸成员国国际条约另有规定除外。

8. 诸成员国国民过国境使用适合粘贴边境管理机构标记的一种有效文件时,不应当要求其使用移民卡,条件是其停留期限不超过30日、入境国法律确定了此类要求。

9. 若一成员国工人自进入雇用国领土之日起届满 90 日后提前终止雇用合同或民事法律合同,该工人应当有权不离开雇用国领土而在 15 日内缔结新的雇用合同或民事法律合同。

第 98 条　成员国工人的权利和义务

1. 一成员国工人应当有权根据其按本条约和雇用国法律承认的教育证书、授予科学和/或学术学位的文件所规定的专业、资格,从事职业活动。

2. 一成员国工人及其家庭成员应当根据雇用国法律确定的程序,行使以下权利:

(1) 占有、使用和处分其财产;

(2) 保护财产;

(3) 自由转移资金。

3. 雇用国应当以与其本国国民相同的条件和方式确保诸成员国工人及其家庭成员的社会保障(社会保险)(养老金除外)。

养老金除外,为了社会保障(社会保险)的目的,诸成员国工人的已雇(应付退休金)服务应当根据雇用国法律,包括在总雇用(应付退休金)服务中。

诸成员国工人及其家庭成员的养老金利益应当受永久居住国的法律和诸成员国之间的国际条约管辖。

4. 诸成员国的工人及其家庭成员接受紧急医疗(紧急与急迫处理)和其他类型医疗待遇的权利,受本条约附件 30 规定的程序、雇用国的法律、雇用国为其缔结方的国际条约管辖。

5. 一成员国的工人应当有权与雇用国国民同等参加工会。

6. 一成员国工人应当有权接受来自雇用国国家机构(具有相应管辖权)和雇主[工作(服务)客户]的涉及其停留和雇用适用的任何信息,也具有雇用国法律规定的权利、义务。

7. 经一成员国工人(包括以前工人)的请求,雇主[工作(服务)客户]应当免费提供标明职业(专业、资格和职位)、雇用期、雇用国法律确定的任职内薪酬的证书和/或证书认证副本。

8. 在雇用国领土内与一成员国工人共同居住的子女,应当有权根据雇用国法律,进入学前机构和接受教育。

9. 应当要求一成员国的工人及其家庭成员遵守雇用国的法律、尊重雇用国人民的文化和传统,对雇用国法律下的违法行为负责。

10. 一成员国工人在雇用国因雇用产生的收入,应当根据雇用国的国际

条约、法律和本条约纳税。

第四部分　过渡和最后条款

第ⅩⅩⅦ节　过渡条款

第99条　一般过渡条款

1. 诸成员国在建立关税同盟、共同经济空间法律框架方面且在本条约生效前缔结的国际条约,应当作为本联盟内国际条约构成本联盟法律的一部分,并应当在不与本条约抵触的范围内适用。

2. 欧亚经济最高理事会国家元首层级、欧亚经济最高理事会政府首脑层级和欧亚经济委员会在本条约生效前有效的各决定,应当继续有效,并应当在不与本条约抵触的范围内适用。

3. 自本条约生效日起,

根据2011年11月18日《欧亚经济委员会条约》有效的欧亚经济最高理事会国家元首层级、欧亚经济最高理事会政府首脑层级的全部职能和权力,应当分别由最高理事会和政府间理事会根据本条约实施;

根据2011年11月18日《欧亚经济委员会条约》建立的欧亚经济委员会,应根据本条约运行;

本条约生效前任命的委员会行政局成员,应当继续履职,直至其官方任期届满;

本条约生效前与其已经缔结雇用合同的部门正职和副职负责人,应继续任职,至其雇用合同规定的期限届满;

委员会结构性分支机构中的空缺,应当按本条约的规定填补。

4. 本条约附件31所列的各项国际条约,也应当在本联盟内适用。

第100条　第Ⅶ节的过渡条款

1. 本联盟内药品共同市场,应当根据诸成员国不晚于2015年1月1日签署的概述药品流通共同原则和规则的本联盟内一项国际条约,自2016年1月1日起运行。

2. 本联盟内医疗器械(医疗产品和设备)共同市场,应当根据诸成员国不晚于2015年1月1日签署的确定医疗器械(医疗产品和设备)流通共同原则和规则的本联盟内一项国际条约,自2016年1月1日起运行。

第101条　第Ⅷ节的过渡条款

1.《欧亚经济联盟关税法典》生效前的本联盟内关税监管,应当是根据

2009 年 11 月 27 日《关税同盟关税法典》和诸成员国在建立关税同盟、共同经济空间法律框架内缔结的管辖关税关系并依本条约第 99 条、受本条规定约束的其他国际条约,所确定的。

2. 为了适用本条第 1 款提及的国际条约的目的,所使用的术语应当具有以下含义:

"关税同盟诸成员国",指本条约含义内的诸成员国;

"关税同盟共同关税区域(关税同盟关税区域)",指本联盟的关税区域;

"《关税同盟对外经济活动商品单独命名》(《对外经济活动商品命名》)",指《欧亚经济联盟对外经济活动商品单独命名》;

"《关税同盟共同海关关税》",指《欧亚经济联盟共同海关关税》;

"关税同盟委员会",指欧亚经济委员会;

"关税同盟诸成员国国际条约",指本联盟内的国际条约,包括根据本条约第 99 条构成本联盟法律一部分的诸成员国的国际协定;

"关税同盟海关边境"(海关边境),指欧亚经济联盟的海关边境;

"关税同盟利益",指欧亚经济联盟的利益。

3. 为了适用本条第 1 款所述国际条约的目的,禁止和限制应当包括非关税监管措施(也包括为保护外部金融地位和单边保证收支平衡根据一般例外采取的措施)、技术监管措施、出口管制措施、军品措施,以及对通过本联盟海关边境运输货物适用的卫生、动物卫生、植物检疫措施和放射物要求。

本条约第 46、47 条确定的措施应当与非关税监管措施有关,特别是根据一般例外、保护外部金融地位和单边保证收支平衡而采取。

《关税同盟关税法典》第 3 条第 3、4 款关于禁止和限制的定义和适用(不适用)的规定除外,本条第 1 款所述国际条约的规定不应当适用。

在货物(包括个人使用的货物)跨越海关边境移动中,和/或在货物的清关中,应当以提交证明遵守禁止和限制的文件和/或信息的方式,按委员会、诸成员国根据本条约的监管法令或根据诸成员国法律确定的情形和程序,认可遵守了禁止和限制。

在货物跨越海关边境移动时,应当根据本条约、委员会法令、诸成员国据此采用的规章或根据诸成员国法律,实施动物卫生、植物检疫、卫生与流行病、辐射和其他国家控制(监管)形式的措施。

4.《关税同盟关税法典》第 51 条关于维持《关税同盟共同对外经济活动商品命名》的规定,适用本条约,受本条约第 45 条规定的约束。

5.《关税同盟关税法典》第 7 章应当适用,受本条约第 37 条规定的约束。

6.《关税同盟关税法典》第 70 条第 2 款不应当适用。

应当根据本条约规定设置、根据《关税同盟关税法典》规定程序征收保障、反倾销和反补贴税,但受本条约第 48、49 条的约束,并考虑以下规定。

根据本条第 1 款所述国际条约,在货物清关时其条款要求遵守使用保障、反倾销和反补贴税措施的限制,应当支付保障、反倾销和反补贴税。

保障、反倾销和反补贴税的计算,支付此等税的出现和终止,其缴纳的时间和程序,应当是《关税同盟关税法典》中对进口关税所列者,但需考虑本条约确定的具体特征。

若根据《对第三国适用保障、反倾销和反补贴措施的议定书》(本条约附件 8)第 104、109 款适用反倾销或反补贴税,应当自委员会适用反倾销或反补贴税的决定生效日起不迟于 30 个营业日内,支付反倾销和反补贴税,并应当按照上述议定书附件确定的程序划拨和分配。

不得将保障、反倾销和反补贴税的支付期限变更为延期支付或分期支付。

若在规定期限内未支付或部分支付保障税、反倾销税或反补贴税,应当由履行征收关税和税费的关税机构,按成员国法律规定的进口关税程序追偿,并施加罚款。罚款的计算、支付、征收和追偿程序,类似于对因未支付或部分支付进口关税应支付或追偿的罚款所确定的程序。

本款的规定应当适用于临时保障税、临时反倾销税和临时反补贴税的计算、支付和征收。

7. 关于关税豁免的《关税同盟关税法典》第 74 条应当适用,但受本条约第 43 条规定的约束。

8.《关税同盟关税法典》第 77 条第 2 款第 2 部分不应当适用。

为了计算出口关税的目的,应当适用按货物在海关清关的领土,或在发现货物非法跨越本联盟海关边境移动的领土之成员国法律规定的税率,但是本联盟内国际条约和/或诸成员国间双边国际条约下另有确定的除外。

第 102 条　第Ⅸ节的过渡条款

1. 尽管有本条约第 35 条的规定,诸成员国可以根据各自与第三方成员国在 2015 年 1 月 1 日前缔结的国际条约或全体成员国是参加者的一项国际条约,单边给予与上述第三方贸易的优惠。

成员国应当统一暗含给予优惠的全部条约。

2. 根据诸成员国法律,修正保障、反倾销和反补贴措施生效后,应当适用对进口至本联盟关税区域的货物采取的上述措施,直至委员会适当决定对其确定的期限届满,且可以根据本条约第Ⅸ节和本条约附件 8 的规定审查。

3. 为了在委员会确定源自发展中国家和/或最不发达国家的货物适用本联盟共同关税优惠制的条件、程序的决定生效前执行本条约第36条规定的目的,应当适用2008年12月12日《关税同盟关税优惠共同制度的议定书》。

4. 在委员会确定本条约第37条第2款规定货物原产地识别规则的决定生效前,应当适用2008年1月25日《确定货物原产地国共同规则的协定》。

5. 在委员会确定本条约第37条第3款规定货物原产地识别规则的决定生效前,应当适用2008年12月12日《确定来自发展中国家和最不发达国家货物原产地规则的协定》。

第103条　第XVI节的过渡条款

1. 为了实现本条约第70条第1款规定的宗旨,诸成员国应当根据本联盟内的一项国际条约和《金融议定书》(本条约附件17),在2025年前,完成其金融市场领域的法律协调。

2. 诸成员国在协调其金融市场领域的法律后,应当决定监管金融市场的超国家机构的权力和职能,并应当于2025年在阿拉木图市建立该机构。

第104条　第XX节的过渡条款

1. 为了确保制定本联盟天然气、石油与石油产品(预期)指标平衡,促进有效利用能源市场潜力和优化本联盟内能源供应,诸成员国授权机构应当在2015年7月1日草拟和批准预备天然气、石油与石油产品(预期)指标平衡的方法。

2. 为建立本联盟共同电力市场,最高理事会应当在2015年7月1日前批准其构想,在2016年7月1日前批准其建立方案,规定2018年7月1日前执行该方案的时间框架。

3. 一旦完成建立本联盟共同电力市场方案,诸成员国应当在本联盟内缔结建立本联盟共同电力市场的一项国际协定,包括获取电力部门自然垄断实体服务的共同规则,且应当保证其不晚于2019年7月1日生效。

4. 为了建立本联盟共同天然气市场,最高理事会应当于2016年1月1日前批准其构想,于2018年1月1日前批准其建立方案,规定2024年1月1日前实施该方案的时间框架。

5. 一旦完成建立本联盟共同天然气市场方案,诸成员国应当缔结本联盟内建立本联盟共同天然气市场的一项国际条约,包括获取位于诸成员国领土内运输系统的共同规则,并应当确保其不迟于2025年1月1日生效。

6. 为了建立本联盟石油与石油产品共同市场,最高理事会应当于2016年1月1日前批准其构想,于2018年1月1日前批准其建立方案,规定2024年1月20日前实施该方案的时间框架。

7. 一旦完成建立本联盟石油与石油产品共同市场方案,诸成员国应当缔结本联盟内建立本联盟石油与石油产品共同市场的一项国际条约,包括获取位于诸成员国领土内石油与石油产品运输系统的共同规则,并应当确保其不迟于 2025 年 1 月 1 日生效。

8.《获取电力部门自然垄断实体服务的议定书》,包括基本定价和价目表政策(本条约附件 21),应当在本条第 3 款所述国际条约生效前有效。

9.《获取使用天然气运输系统领域天然气垄断实体服务规则的议定书》,包括基本定价和价目表政策(本条约附件 22),应当在本条第 5 款所述国际条约生效前有效。

10.《石油与石油产品共同市场的组织、管理、运行和发展的议定书》(本条约附件 23),应当在本条第 7 款所述国际条约生效前有效。

第 105 条　第XXIV节的过渡条款

1. 诸成员国应当确保《提供工业补贴共同规则的议定书》(本条约附件 28)第 7 款所述的本联盟内国际条约于 2017 年 1 月 1 日生效。

自上述国际条约生效日起,本条约第 93 条第 6 款第 3、4 项和《提供工业补贴共同规则的议定书》(本条约附件 28)第 6、15、20、87 和 97 款,应当生效。

2. 本条约第 93 条和《提供工业补贴共同规则的议定书》(本条约附件 28)的规定,不适用于 2012 年 1 月 1 日前在诸成员国领土内给予的补贴。

第 106 条　第XXV节的过渡条款

1. 就《国家农业支持措施的议定书》(本条约附件 29)第 8 款第一项规定,应当为白俄罗斯共和国确定直至 2016 年的过渡期,在此期间,白俄罗斯共和国应当承诺减少国家农业支持的准许量如下:

在 2015 年,12%;

在 2016 年,10%。

2.《国家农业支持措施的议定书》(本条约附件 29)第 8 款第二项规定的影响贸易的支持措施允许水平的计算方法,应当在 2016 年 1 月 1 日前制定并批准。

3.《国家农业支持措施的议定书》(本条约附件 29)第 8 款第三项规定的义务,应当不迟于 2025 年 1 月 1 日对白俄罗斯共和国生效。

第XXVIII节　最后条款

第 107 条　社会保障、特权和豁免

在本联盟每一成员国领土内,委员会的理事会和行政局全体成员、本联盟法院法官、本联盟委员会和法院的官员雇员,应当享有其履行其权力和服务职

责所要求的所有社会保障、特权和豁免。上述社会保障、特权和豁免的范围应当根据本条约附件32确定。

第108条　加入本联盟

1. 本联盟应当向分担诸成员国协商一致的本联盟宗旨和原则的任何国家开放加入。

2. 为了获得加入本联盟的候任国地位，所涉国家应当向最高理事会主席发送相应恳请。

3. 授予一国加入本联盟的候任国地位的决定，应当由最高理事会以一致同意方式作出。

4. 根据最高理事会决定，应当成立由候任国、诸成员国和本联盟各组织机构的代表组成的一工作组（以下简称"工作组"），审查候任国拟承担产生于本联盟法律的义务的准备程度，起草候任国加入本联盟的行动方案，起草该国加入本联盟的国际协定。该协定应当确定候任国权利和义务的范围、参与本联盟组织机构工作的形式。

5. 候任国加入欧亚经济联盟的行动方案，应当由最高理事会批准。

6. 工作组应当定期向最高理事会提交加入本联盟的候任国执行行动方案的报告。若工作组结论认为，该候任国已充分履行了本联盟法律规定的义务，最高理事会应当对与该候任国签署加入本联盟的国际协定作出决定。该协定应当经正式批准。

第109条　观察员国

1. 任何国家均可以向最高理事会主席请求给予本联盟内观察员国地位。

2. 应当由最高理事会以有利于一体化发展和实现本条约宗旨，作出给予或拒绝本联盟内观察员国地位的决定。

3. 本联盟观察员国的授权代表可以应邀出席本联盟组织机构的会议，并获得本联盟通过的不包含任何机密信息的文件。

4. 本联盟内观察员国不应当行使任何国家参与本联盟组织机构进行决策程序的权利。

5. 获得本联盟内观察员地位的任何国家，应当有义务制止可能损害本联盟及其成员国利益、本条约宗旨和目的的任何行动。

第110条　本联盟组织机构的工作语言、本联盟内国际条约和委员会决定的语言

1. 俄语应当是本联盟组织机构的工作语言。

2. 本联盟内的国际条约和委员会对诸成员国有约束力的决定，应当采用

俄语,随后按诸成员法律规定以委员会确定的程序,翻译为诸成员国的官方语言应当以本联盟为此目的的预算分配资金支出,实施诸成员国国家语言的文本翻译。

3. 若本条第 2 款所述国际条约和决定的文本之间在解释上存在冲突,应当以俄文本为准。

第 111 条　获取和发布

1. 本联盟内的国际条约、与第三方的国际条约和本联盟组织机构的决定,应当按照政府间理事会确定的程序,正式发布在本联盟官方网站上。

在本联盟互联网官方网站上发布本联盟组织机构决定的日期,应当视为其官方发布的日期。

2. 本条第 1 款所述的任何决定,在其官方发布之前,不应当生效。

3. 本联盟组织机构的每项决定,应当自该决定作出之日起不迟于 3 个日历日,递交诸成员国。

4. 本联盟组织机构应当确保在计划通过日前至少 30 个日历日在本联盟互联网官方网站上预先公布决定草案。在特殊情况下采取的要求迅速回应的本联盟组织机构决定草案,可以按其他条款公布。

所有利害关系人可以向该组织机构提交意见和建议。

收集、分析和审议上述意见和建议的程序,应当规定在本联盟相应组织机构的运行规则中。

5. 不应当要求官方公布本联盟组织机构包含保密信息的决定草案和最终决定。

6. 本条的规定不当适用于本联盟法院的判决,其生效和公布应当受《欧亚经济联盟法院规约》(本条约附件 2)的管辖。

7. 若预先公布本联盟组织机构决定草案可能妨碍其执行或其他情况下违反公共利益,本条第 4 款的规定不应当适用于此等决定。

第 112 条　争端解决

与本条约规定的解释和/或适用有关的任何争端,应当通过磋商和谈判解决。

《欧亚经济联盟法院规约》(本条约附件 2)另有规定除外,若自争端一方向另一方发送协商和谈判正式书面请求之日起 3 个月内未达成协议,且争端诸当事方不同意使用其他解决程序,任何一方可以将该争端提交本联盟法院。

第 113 条　本条约的生效

本条约应当自保存人收到诸成员国履行本条约生效所要求的国内法律程

序的最后书面通知之日起生效。

本条约一旦生效,根据本条约附件33,在建立关税同盟和共同经济空间内缔结的所有国际条约,应当终止。

第114条　本条约和其他国际条约的相互关系

1. 本条约不应当排除诸成员国缔结不违背本条约宗旨和原则的国际条约。

2. 诸成员国间的与本条约或本联盟内其他国际条约之规定相比较面对深化一体化或对其自然人或法人规定任何额外利益的双边国际条约,应当适用于诸缔约国间的关系,且仅可以在不影响本条约和本联盟内国际条约下其本身权利义务、其他成员国权利义务的前提条件下缔结。

第115条　本条约的修正

可以采取构成本条约有机组成部分的议定书形式,修正和补充本条约。

第116条　在联合国秘书处条约登记

应当根据《联合国宪章》第102条规定,在联合国秘书处登记本条约。

第117条　保留

不应当准许对本条约的任何保留。

第118条　退出本条约

1. 任何成员国可以通过外交途径向本条约保存人发送其意图退出本条约的书面通知方式,退出本条约。应当自本条约保存人收到上述通知之日起12个月后,对该国家停止本条约效力。

2. 已经根据本条第1款通知其意图退出本条约的成员国,有义务清偿与其参加本条约有关的一切财政义务。在该国家退出本条约后、全部履行前,此义务应当有效存在。

3. 最高理事会应当根据本条第1款所述通知,决定开始解决所产生的涉及某成员国参加本条约的义务的进程。

4. 退出本条约自动引起终止本联盟成员资格和退出联盟内的所有国际条约。

本条约于2014年5月29日在阿斯塔纳市签署,白俄罗斯语、哈萨克语和俄语副本各一份,所有文本具有同等效力。

若本条约的解释出现分歧,以俄文本为准。

本条约原件应当由作为本条约保存人的欧亚经济委员会保存,保存人应当向每一缔结方发送其经核验的副本。

白俄罗斯共和国代表

哈萨克斯坦共和国代表

俄罗斯联邦代表

（邓瑞平、刘苇译，邓瑞平审校）

附件1

欧亚经济委员会规章

I.总则

1. 根据《欧亚经济联盟条约》(以下简称"本条约")第18条第1款,委员会应当是本联盟的常设监管机构。

委员会的基本宗旨应当是能够使本联盟运行和发展,制定本联盟内经济一体化领域的提案。

2. 委员会应当基于以下原则开展活动:

(1)保证诸成员国互利、平等和尊重其国家利益;

(2)通过的所有决定具有经济合理性;

(3)透明、公开和客观。

3. 委员会应当在本条约、本联盟内国际条约规定的权力范围内在以下领域运行:

(1)海关关税和非关税监管;

(2)关税监管;

(3)技术监管;

(4)卫生、动物卫生和植物检疫措施;

(5)划拨和分配进口关税;

(6)对第三方建立贸易体制;

(7)对外和相互贸易的统计;

(8)宏观经济政策;

(9)竞争政策;

(10)工业和农业补贴;

(11)能源政策;

(12)自然垄断;

(13)国家和/或自治市采购;

(14)相互服务贸易和投资;

(15)运送和运输;

(16)货币政策;

（17）知识产权；

（18）劳工移民；

（19）金融市场（银行业、保险、货币市场、证券市场）；

（20）本条约和本联盟内其他国际条约规定的其他领域。

4. 委员会应当在其权力内保证执行构成本联盟法律的国际条约。

5. 委员会应当担任本联盟内国际条约和最高理事会、政府间理事会决定的保存人。

6. 最高理事会可以授予委员会签署委员会权限内事项国际条约的权力。

7. 为保证运行本联盟，委员会应当有权利设立咨询机构，以主持委员会决定管辖具体事项的咨询。

8. 委员会应当有权请求诸成员国对委员会审查的任何事项发表意见。应当分别向诸成员国政府发送请求。委员会还应当有权要求诸成员国执行机构、法人和自然人提供委员会为履行其权力所要求的任何信息。包含机密信息的请求除外，委员会向法人和自然人发送的请求副本应当同时直接发送给一成员国。对信息或意见的请求应当由委员会行政局主席或一成员代表委员会发送，但本条约另有规定者除外。

诸成员国执行机构应当在委员会程序规则规定的期限内、按不包含根据诸成员国法律分级为国家机密（国家秘密）或限制信息的任何数据的条件，提供所要求的信息。

包含根据诸成员国法律分级为国家机密（国家秘密）或限制信息的数据的信息交换程序，应当由本联盟内国际条约确定。

9. 委员会应当负责准备本联盟的预算和其执行报告，并应当管理委员会预算估算资金。

10. 委员会应当具有法人的权利。

11. 委员会应当由委员会的理事会和行政局构成。委员会理事会和行政局的运行程序应当是最高理事会批准的《欧亚经济委员会程序规则》（以下简称"本程序规则"）中的规定程序。

12. 委员会理事会应当有权利设立组织性分支机构（以下简称"委员会部门"）。

13. 委员会应当在其权力范围内作出对诸成员国具有监管力和约束力的决定、组织性和行政性的安排、非约束力的建议。

委员会的决定应当构成本联盟法律的组成部分，并在诸成员国领土内直接适用。

14. 委员会的决定、安排和建议应当由委员会的理事会和行政局在本条约、本联盟内其他国际条约确定的权力范围以本条约和本程序规则规定的方式作出。

委员会理事会、行政局的权力和职能分工,应当按本程序规则中的规定确定。

15. 委员会的可能影响商业环境的全部决定,应当基于其草案文本监管性影响评估的结论作出。

委员会上述决定草案监管性影响评估的程序应当在本程序规则中确定。

16. 除非本条约、本联盟内其他国际条约另有规定,委员会的决定应当自其正式公布后至少30个日历日生效。

本规章第18款中提及的委员会决定,和在要求急速回应的异常情形下作出的委员会任何决定,可以有不同的生效日期,但自其正式公布后至少10个日历日。

本款第二项中提及的委员会决定的作出和生效程序,应当由本程序规则确定。

委员会包含限制信息的决定,应当自该决定中规定的日期生效。

委员会的安排应当自该安排中规定的日期生效。

17. 委员会恶化自然人和/或法人情况的任何决定,不应当具有任何追溯效力。

18. 委员会改善自然人和/或法人情况的决定,若其中有明示规定,可以具有追溯力。

19. 委员会的决定应当根据本条约第111条确定的程序予以发布和获得。

20. 全部决定应当由委员会根据本条约第18条和本规章以委员会理事会或行政局的成员投票方式作出。

21. 委员会中的投票分布应当按以下规定:
(1)在委员会理事会中,每位理事会成员的单独一票应当为一票;
(2)在委员会行政局中,每位行政局成员的单独一票应当为一票。

II . 委员会的理事会

22. 委员会理事会应当是开展本联盟一体化进程的总监管和委员会活动的总管理。

23. 委员会理事会应当由来自每一成员国的一位代表组成。每位代表应

当是按该国法律正式授权的该国政府副职首脑。

诸成员国应当按本程序规则规定的方式相互将和本委员会行政局将各成员国的代表通知给委员会理事会。

24. 委员会理事会应当行使以下职能和权力：

（1）组织改进本联盟活动法律监管的工作；

（2）将本联盟内主要一体化指令提交最高理事会批准；

（3）根据本规章第 30 款，审议撤销委员会行政局通过的委员会决定，或对其修正；

（4）审议执行构成本联盟法律的国际条约的监控和控制结果；

（5）向政府间理事会提交监控监管性影响评估程序的年度报告；

（6）经委员会行政局主席提议，批准委员会部门名单、其结构和职员总配备、其在委员会行政局成员间的分布；

（7）批准委员会官员和雇员的任职资格要求；

（8）根据《欧亚经济联盟内社会保障、特权和豁免规章》(见本条约附件32)中规定理由，撤销委员会成员的特权和豁免；

（9）批准本联盟预算草案；

（10）批准委员会行政局成员、委员会官员和雇员薪酬程序；

（11）批准委员会部门职员最大总额配备；

（12）批准创建和发展本联盟一体化信息系统计划；

（13）为了保证遵守本条约规定的诸成员国国民受雇委员会诸部门的权利，成立委员会理事会的伦理委员会和批准其规章；

（14）指导委员会行政局；

（15）根据本条约、本联盟内国际条约和本程序规则，行使其他职能和权力。

25. 在委员会理事会或行政局作出决定前，委员会理事会应当有权规定委员会行政局应当在根据本规章第 44 款设立的咨询机构内举行咨询的事项。

26. 委员会会议应当根据本程序规则进行。委员会理事会任何成员可以发起委员会理事会会议并提交议程提案。

若委员会理事会全体成员出席，委员会理事会会议应当认定有效。

27. 委员会行政局主席、经委员会理事会邀请的委员会行政局成员，应当出席委员会理事会会议。委员会理事会成员可以邀请诸成员国代表和其他人员出席委员会理事会会议。

第三国代表可以以本条约中规定的方式和条件出席委员会理事会。

28. 应当根据本条约第 8 条第 4 款安排主席职位。

若提前终止委员会理事会主席的权力,代表主席成员国的委员会理事会新成员应当在剩余期限内行使委员会理事会主席的权力。

委员会理事会主席应当:

总管理准备提交委员会理事会下次会议审议的事项;

确定议程;

开始、结束和主持委员会理事会会议。

29. 委员会理事会应当在其权力范围内作出决定、安排和建议。

委员会理事会应当采取一致同意方式作出决定、安排和建议。

若不能达成一致同意,经委员会理事会任何成员提议后,应当将此事项提交最高理事会或政府间理事会审议。

30. 任何成员国或委员会理事会任何成员,应当有权自委员会行政局决定公布之日起 15 个日历日内,向委员会行政局提交撤销或修正该决定的提案。

委员会行政局主席应当在收到上述提案之日,向委员会理事会各成员递送与该决定有关的材料。

委员会理事会一旦收到上述材料,应当审查该材料并在 10 个日历日内作出决定。

若审议撤销或修正委员会行政局作出的决定后,委员会理事会作出不同意的决定,或者本款第三项中规定的期限届满,成员国可以自委员会理事会决定正式公布之日起不迟于 30 个日历日,向委员会提交其政府首脑签名的函件和将该事项提交政府间理事会和/或最高理事会审议的提案。

成员国政府首脑可以在决定事项生效前任何阶段,向理事会申请并提议将涉及本规章第 16 款第二项中规定的委员会决定的事项,提交政府间理事会和/或最高理事会审议。

根据本款请求撤销或修正的委员会行政局决定,不应当生效,并应当在要求政府间理事会和/或最高理事会对其审议的期间和审议后作出适当决定的期间暂停。

Ⅲ. 委员会的行政局

31. 委员会的行政局应当是委员会的执行机构。

委员会行政局应当由行政局成员组成,其中一位应当是行政局主席。

委员会行政局应当由以诸成员国平等代表原则为基础的诸成员国代表组成。

委员会行政局成员的数量和行政局成员间职责的分配,应当由最高理事会确定。

委员会行政局应当管理委员会各部门。

32. 委员会行政局的每位成员应当是代表该成员国的国民。

委员会行政局成员应当符合以下要求:具有与其官方职务相应的专业培训(任职资格);在与其官方职务有关的领域有专业经历至少7年,包括在一成员国公共机构担任高级管理职务至少1年。

33. 委员会行政局成员应当由最高理事会任命,任期4年,可延长权力。

委员会行政局主席应当由最高理事会以轮流为基准任命,任期4年,不得延长权利。轮流应当按诸成员国名称以俄语字母顺序轮换进行。

34. 委员会行政局成员应当在一常驻地委员会内工作。委员会各成员在行使其权力时应当独立于诸成员国所有公共机构和官员,不得请求或接受诸成员国政府机构或官员的指示。

委员会行政局成员与诸成员国间有关国际活动的合作程序,应当根据《欧亚经济联盟国际合作程序》由最高理事会批准。

35. 委员会行政局成员在整个任期应当无权将其委员会行政局的工作与其他任何工作合并,或从事其他付酬活动,但从事教学、科研和创新活动除外。

36. 委员会各成员不得:

(1)以付酬为基准,参与商事实体管理机构的活动;

(2)从事商业活动;

(3)从任何自然人和法人处接受与行使其权力有关的酬劳(礼品、货币奖励、贷款、服务、支付请客或娱乐、交通费和其他酬劳)。委员会行政局成员接受的与外交礼仪事件、官方商务和其他事件有关的全部礼品,应当确认为委员会的财产,并按证书移交至委员会。已经向委员会移交礼品的委员会行政局成员应当有权利以委员会理事会批准的方式购买该礼品;

(4)在行使其官方职务中以自然人和法人的费用旅行;

(5)为了与行使其权力无关的目的使用委员会任何后勤和其他支持设施或其他任何财产,或者将上述资产转让给其他人;

(6)为了与行使其权力无关的目的披露或使用其知晓的与行使其权力有关的任何机密或独占信息;

(7)在政党和其他公共协会、宗教团体和其他组织的利益中使用委员会行政局成员的权力,公开以委员会行政局成员身份向上述协会和组织表达其态度,但是在其权力范围内除外;

（8）在委员会内建立政党、其他公共协会（工会、退伍军人联盟和其他地方社区团体除外）、宗教协会的任何组织性分支机构，或者促使建立上述组织。

37. 若委员会行政局成员拥有任何产生收入的证券和/或股份（各组织法定资本中的股份），该成员应当在合理期限内将拥有的上述证券或股份交给信托。

38. 本规章第35—37 款中确定的限制还应当适用于委员会的官员和雇员。

39. 对本规章第35—37 款确定的限制的任何违反，应当是提前终止委员会行政局成员职位或终止与委员会官员或雇员雇用协议的理由。

40. 各成员国应当向最高理事会提名委员会行政局成员职位的候选人。

委员会行政局成员名单（包括主席）应当经诸成员国提议、由最高理事批准。

若最高理事会未批准委员会行政局成员候选人，该成员国应当在30 个日历日内提名新候选人。

41. 诸成员国应当无权召回委员会行政局成员，但其不公平履行职责或本规章第35—37 款规定的情形除外。

经一成员国请求，基于最高理事会的决定，应当提前终止委员会行政局成员职位。

若提前终止委员会行政局成员职位，经提名权力已终止的成员的同一成员国请求，应当任命委员会行政局新成员，其任期为委员会行政局该前任成员职位未届满的期限。

42. 委员会行政局成员的职责分工、委员会部门职员配备总数、委员会行政局成员和委员会官员与雇员的薪酬程序（包括其薪酬），应当由最高理事会批准。

43. 委员会行政局应当行使以下职能和权力：

（1）在本联盟一体化领域，制作自身提案和编制诸成员国提交的提案（包括形成执行一体化的主要方向）；

（2）作出决定、安排和建议；

（3）执行最高理事会、政府间理事会作出的决定和安排、委员会理事会作出的决定；

（4）监管和控制执行构成本联盟法律的国际条约和委员会的决定，并将执行要求通知给诸成员国；

（5）提交由委员会理事会审议的年进度报告；

（6）提出涉及本联盟设立、运行和发展事项的建议；

（7）准备涉及委员会收到的来自诸成员国全部提案的专家报告（书面）；

（8）在向本联盟法院提出请求之前，协助诸成员国解决本联盟内的争端；

（9）保证在法院（包含本联盟法院）代表委员会利益；

（10）在其权力范围内与诸成员国公共机构合作；

（11）审议进入委员会的请求；

（12）经委员会行政局主席请求，批准委员会行政局成员、委员会官员与雇员下年度外事商务旅行计划；

（13）经委员会行政局主席请求，批准下年度咨询委员评估的科学研究计划，并将该计划通知委员会理事会；

（14）起草本联盟预算草案和其执行报告草案，保证执行委员会预算估算；

（15）起草国际条约、委员会理事会通过的委员会决定和委员会要求的行使权力的其他文件；

（16）经适当过程，实施监管性影响评估，准备监管这些程序的年度报告；

（17）确保举办委员会理事会、政府间理事会、最高理事会和根据本条约第5条第3款设立的辅助机构的会议；

（18）向委员会理事会提交撤销委员会官员、雇员特权和豁免的提案；

（19）下订单和缔结委员会根据委员会理事会批准程序要求的货物供应、施工和服务提供的合同；

（20）保证遵守委员会理事会批准的限制性文件（机密和仅供内部使用）处理程序。

44. 委员会行政局应当有权设立委员会行政局下的咨询机构，其活动与运行程序应当在委员会行政局批准的相关规章中规定。委员会行政局应当根据强制性标准，设立委员会理事会认可的要求审议事项的适当咨询机构。

45. 委员会行政局下的咨询机构应当由诸成员国公共机构的授权代表组成。

经诸成员国建议，委员会行政局下的咨询机构应当包括商业社团、科学与非政府组织代表和其他独立专家。

46. 委员会行政局下的咨询机构应当在其权力范围内就其职权范围内的事项向委员会提出建议。咨询机构成员在咨询机构会议上提出的提案可以不认为是诸成员国的最终意见。

47. 委员会应当保证委员会行政局下的咨询机构的组织性和技术性支持。

在委员会行政局下的咨询机构中，与诸成员国公共机构代表参加有关的费用，应当由诸成员国承担。在委员会行政局下的咨询机构中，与商事团体、科学与非政府组织代表、其他独立专家参加有关的费用，应当由上述人员独立承担。

48. 委员会行政局应当在其权力范围内作出决定、安排和建议。

由委员会行政局作出的委员会决定、安排和建议，应当由委员会行政局主席签署。

49. 作为一项规则，委员会行政局会议应当至少每周召开一次。

委员会行政局成员应当亲自参加委员会行政局会议，无他人替代的权利。若委员会行政局成员客观上不可能参加委员会行政局会议，应当有权按本程序规则确定的程序，以书面或代理人方式发表其意见，且经委员会行政局主席同意，将发表意见的权力委派给负责议题事项的委员会部门正职负责人。在此情形下，上述正职负责人无权投票。

各成员国的一位代表可以出席委员会行政局会议。

经委员会行政局至少一名成员的请求，根据委员会行政局主席的决定，可以举行特别会议。委员会行政局会议的举行程序和投票程序应当按本程序规则确定。

50. 应当根据本程序规则在会议日之前至少30个日历日，按强制性标准，将委员会行政局会议议程草案中每项议程的系列文件和资料传递给全体成员国。

51. 委员会行政局主席应当：

（1）组织委员会行政局的活动，承担履行其职能的责任；

（2）适当编制委员会行政局会议计划草案、委员会理事会下一时期会议计划草案、委员会理事会和行政局的会议议程、按委员会理事会会议上批准的最高理事会和政府间理事会会议议程草案，并在相关会议日之前至少20个日历日在成员国间分发（和包含的全部必要资料）；

（3）在委员会行政局会议上审议后，向委员会理事会、政府间理事会和最高理事会报告要求其决定的事项、其他文件，并附各自的提案；

（4）确定委员会各部门的运行程序和各部门权限范围的事项；

（5）组织筹备委员会行政局与理事会、政府间理事会和最高理事会的会议；

（6）主持委员会行政局会议；

（7）参加委员会理事会会议；

（8）在委员会理事会中代表委员会行政局；

（9）经与委员会行政局成员协商一致，向委员会理事会提议将委员会各部门分派给委员会行政局的具体成员；

（10）确定与媒体代表合作的程序、为委员会官员与雇员公共发言的规则、提供官方信息的规定；

（11）作为本联盟管理者代表委员会，管理委员会预算估算范围内的资金和委员会的财务资源，缔结民事合同和出庭；

（12）遵从各自竞争结果，任命委员会各部门正职和副职负责人，并与其缔结合同；

（13）遵从各自竞争结果，代表委员会与委员会雇员缔结雇用协议（合同）；

（14）批准委员会关于各部门的规章；

（15）从委员会行政局成员中任命委员会行政局代理主席；

（16）行使有关委员会官员与雇员的雇主代表权力，批准公务管理（工作说明）和休假计划表，准许休假，决定商务旅行；

（17）按委员会批准的程序，保证审查一成员国根据本规章第35—37款规定理由撤销委员会行政局一成员的请求中的事实；

（18）根据本程序规则，行使要求运行委员会行政局和委员会各部门的其他职能。

52. 根据职责分工，委员会行政局的每位成员应当：

（1）对其职权范围内的事项准备提案；

（2）在委员会行政局和委员会理事会的会议上报告其职权范围内的事项；

（3）协调和控制委员会受监管的部门的活动；

（4）准备职权范围内事项的委员会行政局决定、安排和建议的草案；

（5）监控诸成员国执行构成本联盟法律、职权范围内事项的国际条约；

（6）监控诸成员国执行职权范围内事项的委员会决定；

（7）就职权范围内的事项，准备委员会回复所收到的诸成员国提案的专家意见草案（书面）；

（8）在委员会行政局权力范围内，就职权范围内的事项，与诸成员国公共机构合作（包含请求诸成员国公共机构、自然人和法人提供行使其权力所要求的任何信息）；

(9)保证起草国际条约,委员会采纳的决定、安排和建议,和行使委员会权力所要求的其职权范围内事项的其他文件;

(10)保证适当参与委员会被监管部门的监管性影响评估程序;

(11)向委员会行政局提议,设立其职权范围内事项的委员会行政局下的咨询机构。

53. 与委员会行政局成员有关的特权、豁免和社会保障规定有关的事项,与劳工关系、强制性国家社会保障和退休金有关的事项,由《欧亚经济联盟内社会保障、特权和豁免规章》管辖(见本条约附件32)。

IV. 委员会的诸部门

54. 委员会诸部门应当支持委员会理事会和行政局的活动。

委员会的诸部门应当由官员和雇员构成。

应当根据本条约第9条雇用委员会的官员和雇员。

委员会诸部门的正职和副职负责人应当由委员会行政局主席基于竞争委员会的推荐予以任命,任期4年。

委员会诸部门的正职和副职负责人应当符合以下要求:

是诸成员国的国民;

具有对其官方职务的适当专业培训(任职资格条件)和在与其官方职务有关的领域具有至少5年专业经历。

委员会诸部门的雇员应当按竞争标准从诸成员国符合委员会理事会批准的职位任职资格要求的国民中选拔。

委员会雇员应当按与委员会行政局主席缔结的雇用协议(合同)聘用。

缔结雇用协议(合同)及其延期的程序、终止的理由,应当由委员会理事会批准。

竞争程序中规定的附加条件可以适用于候选人。

应当根据委员会理事会批准的程序证明委员会的雇员。

55. 委员会诸部门应当履行以下职能:

(1)准备运行本联盟、委员会下次审议事项的资料和决定、安排、建议草案(包括缔结和修正国际条约的提案);

(2)为了向委员会行政局成员报告结果的目的,监控诸成员国执行构成本联盟法律的国际条约和委员会行政局及理事会、政府间理事会、最高理事会的决定和安排;

(3)根据监控、分析诸成员国在本联盟法律管辖领域的法律结果,准备委

员会行政局审议的提案;

(4)准备国际条约草案和运行本联盟所要求的其他文件;

(5)与诸成员国公共机构合作;

(6)准备本联盟预算草案和其执行报告,编制委员会预算估算草案并保证其执行;

(7)保证委员会履行本联盟内国际条约保存人的职能;

(8)适当参与监管性影响评估程序,并监控这些程序;

(9)行使构成本联盟法律的国际条约和最高理事会、政府间理事会和委员会的决定中规定的其他职能(包括旨在组织本联盟组织机构的工作和本联盟活动的信息技术支持)。

56. 委员会的官员和雇员应当视为国际民事公务员。

为了履行其官方职务,委员会的官员和雇员应当独立于诸成员国的全部公共机构,且不得请求或接受诸成员国政府机构或官员的指示。

各成员国应当尊重委员会官员和雇员的地位,且不应当影响履行其职责。

委员会的官员和雇员在其任职和履行职务整个期间,应当无权利将其委员会内的工作与其他任何工作合并或从事其他任何付酬活动,但是为了教学、研究和创新活动除外。

57. 委员会行政局成员、委员会官员和雇员应当按委员会理事会确定的方式和时间,每年向委员会提交其本人和家庭成员(配偶和未成年子女)收入、资产和主要债务的信息。

58. 委员会行政局成员和委员会官员雇员按本规章提交的收入、资产、主要债务的信息,应当视为机密。

59. 认定犯有披露本规章第57和58款规定信息的罪行的任何人,应当根据诸成员国的法律承担责任。

60. 应当以政府间理事会批准的方式检查本规章第57和58款规定信息的准确性和完整性。

61. 委员会行政局成员、委员会官员和雇员应当采取措施防止或解决可能产生的对上述成员、官员、雇员私人利益存在的任何利益冲突。

62. 与委员会官员雇员特权、豁免和社会保障有关的事项,与劳工关系、强制性社会保障和退休金有关的事项,应当由《欧亚经济联盟内社会保障、特权和豁免规章》(见本条约附件32)管辖。

(邓瑞平、郝春来译,邓瑞平审校)

附件 2

欧亚经济联盟法院规约

第 I 章　总则　法院的法律地位

1. 欧亚经济联盟法院(以下简称"本法院")应当为欧亚经济联盟(以下简称"本联盟")的司法机构,并应当依据《欧亚经济联盟条约》(以下简称"本条约")和本规约在常设基础上建立和运作。

2. 依据本规约规定,本法院活动的目标应当为确保本条约诸成员国和本联盟组织机构统一适用本联盟内国际条约、本联盟与第三方的国际条约和本联盟组织机构的决定。

为了本规约的目的,本联盟组织机构应当包括除本法院外的本联盟所有机构。

3. 本法院应当具有法人的权利。

4. 本法院应当保存其文件,拥有印章和函件抬头,建立官方网站和出版官方出版物。

5. 本法院应当制定其活动筹资提案,应当根据本联盟预算规章管理保证其活动的分配经费。

6. 本法院法官、官员和雇员薪酬的条件应当由欧亚经济最高理事会确定。

第 II 章　本法院的组成

7. 本法院应当包括各成员国的 2 名法官。

8. 法官的任期应当为 9 年。

9. 所有法官应具备高尚道德品格,在国际法和国内法领域具有高水平,且通常应当符合可适用于诸成员国最高司法机构法官的要求。

10. 法官应当由欧亚经济最高理事会根据诸成员国的提议任命。在任职前,所有法官应当宣誓。

11. 法官应当由欧亚经济最高理事会解聘。

12. 可以基于以下原因终止法官的权力:

(1)本法院终止;

(2)法官任期届满;

(3)因调任至其他工作或其他原因,法官提交书面辞职声明;

(4)因健康不佳或其他正当理由,不能行使法官权力;

(5)参加与法官职务不相称的活动;

(6)法官所代表国家在本联盟中的成员资格终止;

(7)法官不再具备其所代表的成员国的国民身份;

(8)存在与法官崇高地位不相称的严重不当行为;

(9)存在对该法官定罪的生效判决或对该法官适用强制医疗措施的法院判决;

(10)存在对该法官限制行为能力或无行为能力的生效法院判决;

(11)法官死亡,或宣告其死亡或失踪的生效法院判决。

13. 法官所代表的成员国、本法院或相关法官可以依据本规约第 12 款规定的原因提出终止法官权力的动议。

动议终止法官权力的程序应当由经欧亚经济最高理事会批准的《欧亚经济联盟法院程序规则》(以下简称"本程序规则")确定。

14. 本法院的所有活动应当由本法院主席管理。法院主席应当配备 1 名副主席。

若本法院主席临时不能参加本法院活动,其职责应当由本法院副主席履行。

15. 本法院主席、副主席应当由本法院法官根据欧亚经济最高理事会批准的本程序规则从本法院法官中选举产生。

本法院的主席、副主席可以不是相同成员国的国民。

若职位终止,新任主席、副主席应当从代表其他成员国的法官中选出,应当与前任主席、副主席分别代表的成员国不同。

16. 本法院主席、副主席的任期应当为 3 年。

17. 本法院主席应当:

(1)批准本法院和法官的组织构架和活动;

(2)组织本法院的活动;

(3)在其权力范围内,确保本法院与诸成员国授权机构、外国和国际法院的合作;

(4)依据本规约规定的程序任命、解聘本法院雇员、官员;

(5)安排向媒体提供本法院活动的信息;

(6)行使本规约内的其他权力。

18. 法官不得代表任何国家或国家间的机构和组织、商业、政党、运动、属地、国家、民族群体、社会与宗教团体和个人的利益。

法官不得从事任何产生收益的活动，但为了科学、创造和教学工作除外。

19. 法官不得参与解决其作为争端一方的代理人、顾问或律师、或国内或国际法院或调查委员会的成员、或以其他任何身份已经参与的任何案件。

20. 在司法管理中，所有法官应当平等且具有平等地位。本法院主席、副主席应当无权采取旨在从其他法官获得任何不当优势的行为。

21. 法官在行使其权力和非履职关系中，应当避免利益冲突、其他任何可能损害司法权权威和法官尊严或质疑其客观性、公平性和公正性的事项。

第Ⅲ章 官员、雇员法院身份的管理

22. 本法院的管理应当保证本法院的活动

23. 本法院管理的组织架构应当包括法官秘书处和本法院秘书处。

24. 法官秘书处应当由1名顾问及1名法官助理构成。

25. 本法院活动的法律、组织、后勤和其他支持应当由本法院秘书处提供。

26. 本法院秘书处的组织架构和人员配备编制应当由欧亚经济最高理事会批准。

27. 本法院秘书处应当由秘书长管理。本法院秘书处秘书长应当有2名副职。本法院秘书处秘书长和其副职应当是本法院的官员，并依据本规约和本条约任命、解聘。本法院秘书处秘书长及其副职不得是同一成员国的国民。

28. 所有劳动关系应当由本条约、可适用的本联盟内国际条约和本法院驻地国的法律管辖。

29. 法官顾问应当是本法院的官员，并基于各自法官的建议由本法院主席任命、解聘。

30. 法官顾问应当向法官提供信息和分析支持。

31. 法官顾问应当是具备高尚品格和在国际法和/或对外经济活动领域经验丰富的专家。

32. 法官助理应当是本法院的雇员，并基于各自法官的建议由本法院主席任命、解聘。

33. 法官助理应当向法官提供组织性支持。

34. 应当由本法院竞争委员会根据诸成员国代表平等原则，按竞争标准，选拔本法院秘书处秘书长及其副秘书长职位候选人。

参与上述职位竞争的候选人应当由诸成员国提名。

35. 应当按竞争标准并考虑诸成员国参与本联盟预算的份额,由诸成员国国民构成本法院秘书处。

本法院秘书处的雇员应当基于雇用协议(合同)聘用。

36. 选拔本法院秘书处职位候选人的本法院竞争委员会应当包括本法院全体法官,但本法院主席除外。

竞争委员会成员应当选举竞争委员会主席。

竞争委员会应当采取多数赞成票以推荐方式作出决定,并将其提交本法院主席任命。

37. 本法院秘书处空缺职位的竞争程序,应当根据欧亚经济最高理事会决定的基本竞争规则,由本法院确定并经本法院主席批准。

38. 本法院秘书处技术职员应当由秘书处秘书长根据雇用协议(合同)聘用。

第Ⅳ章　本法院的管辖权

39. 本法院应当解决产生于与执行本条约、本联盟内国际条约和/或本联盟组织机构决定有关的争端:

(1)应一成员国请求:

遵守本联盟内国际条约或其涉及本条约的某些条款;

另一成员国(其他成员国)遵守本条约、本联盟内国际条约和/或本联盟组织机构决定、上述条约和/或决定的某些条款;

遵守委员会的决定或其与本条约、本联盟内国际条约、本联盟组织机构决定有关的某些条款;

质疑委员会的行为(不作为);

(2)应一经济实体请求:

遵守委员会的决定或其与本条约和/或本联盟内国际条约有关的直接影响该经济实体商业和其他经济活动领域的权利和合法利益的某些条款,若上述决定或某些条款导致违反本条约和/或本联盟内国际条约规定的该经济实体任何权利或合法利益;

质疑委员会直接影响该经济实体商业、其他经济活动领域权利和合法利益的行为(不作为),若上述行为(不作为)导致违反本条约和/或本联盟内国际条约规定的任何权利和合法利益;

为了本规约的目的,一经济实体应当视为按一成员国或第三国法律注册为法人,或根据一成员国或第三国法律注册为个体经营者的自然人。

40. 诸成员国可以在本法院管辖权中包含本条约、本联盟内国际条约、本联盟与第三方的国际条约、诸成员国之间其他国际条约明示规定由本法院解决的其他任何争端。

41. 与本法院解决争端管辖权有关的所有事项应当由本法院决定。在确定本法院是否具有解决某项争端的管辖权时,本法院应当受本条约、本联盟内国际条约和/或本联盟与第三方的国际条约的支配。

42. 本法院管辖权不应当包括超出本条约和/或本联盟内国际条约明示规定的本联盟组织机构的职权扩展。

43. 仅在申请人事先上诉一成员国或委员会通过本条约、本联盟内国际条约规定的磋商、谈判或其他手段在审前决议中处理该争端事项后,法院才可以受理对任何争端的审理。

44. 若一成员国或委员会自接收申请人上诉之日起3个月内未对审前解决该事项采取任何步骤,可以将该争端的解决申请提交给本法院。

45. 争端当事方经相互同意,可以在本规约第44款规定期限届满前将争端提交给本法院。

45. 本规约第44款规定期间届满之前,经争端双方一致同意,可将争端诉诸本法院。

46. 应一成员国或本联盟一组织机构请求,本法院应当对本条约、本联盟内国际条约和本联盟组织机构决定的规定提供澄清;应本联盟组织机构和法院的雇员、官员请求,对本条约、本联盟内国际条约和本联盟组织机构决定涉及劳工关系的规定,提供澄清(以下简称"澄清")。

47. 本法院提供澄清应当指提供咨询意见,且不应当剥夺诸成员国共同解释国际条约的权利。

48. 若本联盟与第三方的国际条约中有规定,本法院应当对该条约的规定提供澄清。

49. 请求解决争端的上诉或请求澄清应当由成员国的授权机构和组织代表该成员国向本法院提交。上述机构或组织的名单应当由每一成员国编制并通过外交途径递送给本法院。

50. 本法院在行使司法中,应当适用:

(1)普遍认可的国际法原则和规则;

(2)本条约、本联盟国际条约和是本争端当事方的国家所参加的其他国际条约;

(3) 本联盟组织机构的决定和安排；

(4) 经证实普遍实践接受为法律规则的国际习惯。

51. 本条约、本联盟内国际条约和本联盟与第三方的国际条约中涉及争端解决、澄清和解释的条款,应当在不与本规约抵触的范围内适用。

第 V 章　司法程序

第 1 节　争端解决程序

52. 本法院解决争端的程序应当由本程序规则确定。

53. 本法院应当基于以下原则进行其程序:

法官独立;

程序透明;

公开;

争端各当事方平等;

抗辩;

互相尊重。

实施上述原则的程序应当由本程序规则确定。

54. 法院收到涉及本联盟内任何国际条约和/或委员会任何决定的上诉,不应当视为中止上述国际条约和/或决定和/或其任何条款的理由,但本条约另有明示规定者除外。

55. 法院可以要求诸成员国经济实体、授权机构和组织、本联盟组织机构提供对审理已向本法院申请的案件所需要的任何材料。

56. 根据本条约、本联盟内国际条约、本程序规则和诸成员国法律,本法院可以获得或本案所涉人员可以提交的限制性信息。本法院应当采取适当措施保证上述信息的安全。

57. 本法院的审理程序应当在争端当事方、申请人及其代理人、专家(包含专家团中的专家)、技术人员、证人和翻译参加下实施。

58. 涉入本案的全体人员应当根据本程序规则享有程序性权利并承担程序性义务。

59. 专家团的专家应当就其参与本法院审理案件所发表的口头和书面文字享有行政、民事和刑事管辖豁免。但上述专家若违反本程序规则中具体规定的为使用和保护限制性信息所建立的程序,应当丧失其豁免。

60. 若一成员国或委员会认为该争端的裁决可能影响其利益,可以申请准许以该争端相关当事方身份介入。

61. 本法院应当驳回没有损害的全部损害赔偿请求或其他实质性请求。

62. 经济实体向本法院提起的所有上诉应当缴纳诉讼费。

63. 诉讼费应由该经济实体在向本法院提出申请之前缴纳。

64. 若本法院支持经济实体在申请中载明的请求,诉讼费应予返还。

65. 诉讼费的数额、货币、缴纳程序、使用和返还,应当由欧亚经济最高理事会确定。

66. 在案件程序期间,争端各当事方应承担各自的法院费用。

67. 在诉讼程序任何阶段,当事方可以通过各当事方缔结友好和解协议、申请人撤销其请求或撤回其申请的方式解决争端。

第2节　澄清程序

68. 澄清程序应当按本程序规则中的规定实施。

69. 法院应当基于司法独立和共治原则进行所有澄清程序。

第3节　本法院审案的组成

70. 本法院应当在组成本法院的大审组、审理组和上诉庭后审理案件。

71. 本法院应当在本法院大审组会议上对本规约第39款第(1)分款规定的案件实施争端解决程序。

72. 大审组应当审理本程序规则规定的程序性事项。

73. 本法院应当在本法院大审组会议上实施澄清程序。

74. 本法院大审组应包括本法院的全体法官。

75. 本法院全体法官出席的本法院大审组开庭,应当视为有效。

76. 对本规约第39款第(2)分款规定的案件,本法院应当组成本法院审理组开庭。

77. 本法院审理组应当包括来自每个成员国至少1名法官,以其姓名按俄语字母表第一个字母开始轮流参加。

78. 来自每个成员国1名法官出席的本法院审理组开庭,应当视为有效。

79. 对审理本法院审理组裁决的上诉,本法院应当组成上诉庭开庭。

80. 本法院上诉庭应当包括来自诸成员国、未参与导致本法院审理组异议裁决的程序的本法院法官。

81. 来自每个成员国1名法官出席的本法院上诉庭开庭,应当视为有效。

第VI章　专家团

82. 审理涉及工业补贴、国家农业支持措施、适用保障与反倾销反补贴措施的特殊争端时,应当设立若干专家团。

83. 每个专家团应当由审理的 3 人组成,从每个成员国对各种类型争端提交的每项名单中抽选。

84. 每个专家团的组成应当由本法院批准。

85. 应当在案件审理终结后解散各专家团。

86. 每一成员国应当在本条约生效后不迟于 60 个日历日,向本法院提交包含至少 3 名愿意或能够担任本规约第 82 款规定的解决每种争端专家团成员的专家名单。

诸成员国应当经常更新其专家名单,每年不少于 1 次。

87. 专家可以由在本规约第 82 款提及的争端事项中具有专门知识和经验的高素质自然人专家予以代表。

88. 所有专家应当以其个人身份行事且独立履职,不应当与争端任一方有关联,且不得获得任何一方的任何指示。

89. 任何专家不得是利益冲突案件中的专家团成员。

90. 每一专家团应当准备包含公正评估案件事实的报告,并应当在本程序规则确定的期限内提交至本法院。

91. 本规约第 92 款第三项规定的案件除外,各专家团的意见不具有约束力,且应当由本法院在作出本规约第 104—110 款规定的一项裁决中进行评估。

92. 专家团准备的涉及提供工业补贴或国家农业支持措施的争端的意见,应当包含关于存在或不存在违反行为和违反时采取适当补偿性措施的结论。

专家团有关存在或不存在违反行为的意见部分应当不具有约束力,并应当由本法院在作出本规约第 104—110 款规定的一项裁决中进行评估。

专家团涉及相关补偿性措施的意见部分应当在发出的裁决中有约束力。

93. 诸专家团选定和运行的程序应当由本程序规则确定。

94. 各专家团专家服务费用的支付程序,应当由欧亚经济最高理事会确定。

第VII章　本法院的行为

95. 本法院应当在本程序规则确定的期限内,就本法院的程序性事项作

出裁定,包括关于以下事项的裁定:

(1)驳回或支持申请;

(2)中止或继续诉讼程序;

(3)终止诉讼程序。

96. 本法院应当在收到申请90日内在已经审理争端后,发出其判决,和对澄清请求提供咨询意见。

97. 对本程序规则规定的案件,可以延长判决的期限。

98. 对澄清请求所发出的咨询意见,应当无约束力。

99. 本法院在审理本规约第39款第(1)分款规定的争端后,应当发布对争端当事各方有约束力的判决。

100. 本法院审理本规约第39款第(2)分款规定的争端后,应当发布对委员会有约束力并应由其执行的判决。

101. 本法院的任何决定不得超出申请中规定的事项。

102. 本法院的任何决定不得改变和/或优先于本联盟法律和诸成员国法律的有效规则,也不得创立新规则。

103. 在不损害本规约第111—113款规定的前提下,争端当事各方应当自由确定执行本法院决定的形式和方式。

104. 本法院大审组应当遵循一成员国提起的涉及遵从本联盟内国际条约或其与本条约有关的某些条款的上诉的程序,并应当发出以下决定之一:

(1)关于未遵从本联盟内国际条约或其与本条约有关的某些条款的决定;

(2)关于遵从本联盟内国际条约或其与本条约有关的某些条款的决定。

105. 本法院大审组应当遵循一成员国提起的涉及另一成员国(其他诸成员国)遵守本条约、本联盟内国际条约和/或本联盟组织机构决定、上述国际条约和/或决议的某些条款的上诉的程序,并应当发出以下决定之一:

(1)关于认定该成员国(诸成员国)遵守本条约、本联盟内国际条约和/或本联盟组织机构决定、上述国际条约和/或决定某些条款的决定;

(2)关于该成员国(诸成员国家)未遵守本条约、本联盟内国际条约和/或本联盟组织机构决定、上述国际条约和/或决议某些条款的决定。

106. 本法院大审组应当遵循一成员国提起的涉及遵从委员会决定或其与本条约、本联盟内国际条约、本联盟组织机构决定有关的某些条款的上诉的程序,并应当发出以下决定之一:

(1)关于未遵从委员会决定或其与本条约、本联盟内国际条约和/或联盟

组织机构决定有关的某些条款的决定；

（2）关于遵从委员会决定或其与本条约、本联盟内国际条约和／或本联盟组织机构决定有关的某些条款的决定。

107. 本法院大审组应当遵循一成员国提起质疑委员会行为（不作为）的上诉的程序，并应当发出以下决定之一：

（1）关于确认引起争端的行为（不作为）未遵从本条约和／或本联盟内国际条约的决定；

（2）关于确认引起争端的行为（不作为）已遵从本条约和／或本联盟内国际条约的决定。

108. 本法院审理组应当遵循一经济实体提起的遵从委员会的、直接影响该经济实体在涉及本条约和／或本联盟内国际条约的商业或其他经济活动领域的权利和合法利益的决定或其某些条款（若此等决定或某些条款引起违反本条约和／或本联盟内国际条约规定的该经济实体的权利和合法利益）的上诉的程序，并应当发出以下决定之一：

（1）关于确认委员会决定或其某些条款遵从本条约和／或本联盟内国际条约的决定；

（2）关于确认委员会决定或其某些条款未遵从本条约和／或本联盟内国际条约的决定。

109. 本法院审理组应当遵循一经济实体提起的质疑委员会任何行为（不作为）的上诉的程序，并应当发出以下决定之一：

（1）关于确认委员会引起争端的行为（不作为）未遵从本条约和／或本联盟内国际条约和未违反了该经济实体在商业、其他经济活动中的权利和合法利益的决定；

（2）关于确认委员会引起争端的行为（不作为）遵从本条约和／或本联盟内国际条约和违反该经济实体在商业、其他经济活动中的权利和合法利益的决定。

110. 本法院上诉庭应当遵循一经济实体针对本法院审理组的任何决定提起上诉的程序，并应当发出以下决定之一：

（1）维持本法院审理组的决定和驳回上诉；

（2）全部或部分撤销修正本法院审理组的决定，并依据本规约第108、109款对本案作出新的决定。

111. 本法院确认未遵从本条约和／或本联盟内国际条约的委员会全部决定或其某些条款，应当在本法院相应决定生效之后继续有效，直至委员会执行该相关决定。

本法院认定委员会未遵从本条约和/或本联盟内国际条约的任何决定或其某些条款,应当由委员会自本法院决定生效日起60个日历日的合理期限内使其符合本条约或本联盟内国际条约,除非法院决定中规定了不同的期限。

本法院受本条约和/或本联盟内国际条约规定的约束,可以在其决定中规定不同期限使委员会的决定符合本条约和/或本联盟内国际条约。

112. 应争端当事一方合理请求,被本法院确认未遵从本条约和/或本联盟内国际条约的委员会决定或其某些条款,可以由本法院在本法院上述决定生效日暂停实施。

113. 除非本法院决定中规定了不同期限,委员会应当自本法院相关决定生效日起60个日历日内的合理期限内执行本法院的有效决定,承认委员会引起争端的行为(不作为)违反本条约和/或本联盟内国际条约和因此侵害了本条约和/或本联盟内国际条约规定的经济实体权利和合法利益。

114. 若未执行本法院决定,相关成员国有权利向欧亚经济最高理事会申请要求其执行的措施。

115. 若委员会未执行本法院的决定,相关经济实体可以向本法院申请要求其执行的措施。

经该经济实体的上述请求后,本法院应当自其收到日起15个日历日内上诉至欧亚经济最高理事会,请求解决该事项。

116. 本法院的行为应当在本法院出版物和本法院官方网站上发布。

117. 本法院仅经案件当事方合理请求,才可以在不改变其实质和内容的情形下由本法院澄清其任何决定。

第VIII章 最后条款

118. 未经提供信息的人事先书面同意,本法院的法官、官员和雇员,涉案所有人员,专家团的专家,不应当向第三人披露或传播在诉讼过程中获得的任何信息。

119. 使用和保护限制性信息的程序应当在本程序规则中规定。

120. 本法院应当向欧亚经济最高理事会提交其活动的年度报告。

(郝春来、邓瑞平译,邓瑞平审校)

附件 3

欧亚经济联盟内信息、通信技术和信息交换的议定书

1. 为了规定本联盟内信息交换和通信协调的基本原则,为创建和发展一体化信息系统的制定程序,根据《欧亚经济联盟条约》(以下简称"本条约")第 23 条达成本议定书。

2. 本议定书中使用的术语应当具有以下含义:

"电子文件硬副本",指打印在纸张上且依据诸成员国法律证明的电子文件副本;

"受信第三方",指依据诸成员国法律授予从事核查电子文件签署人在固定时刻在电子文件中数码签字(电子签名)的权力的组织;

"一成员国国家部分消费者",指依据一成员国法律选取的作为旨在创建、发展和营运该成员国国家部分的工程消费者和组织者的该成员国公共机构;

"信息安全措施",指采取和使用法律、组织和技术措施识别、获取和维持信息及其处理的机密性、完整性和可用性,以避免信息交换对象不可接受的风险或将该风险最小化;

"本联盟一体化信息系统",指一套地理上分布的授权机构国家信息资源和信息系统、委员会信息资源和信息系统,其由诸成员国国家部分与委员会一体化部分合并;

"信息系统",指一套用于处理信息资源的信息技术和硬件;

"信息通信技术",指一套信息技术和通信程序的方法与手段;

"信息技术",指搜索、收集、积累、存入、存储、分类、加工、提供、分发和处置(销毁)信息的程序和方法,和执行上述程序和方法的路径;

"信息资源",指包含在信息系统中的一套有序文件化信息(数据库、其他数据排列);

"分类器",指分类项目的一种系统化、结构化和编码化名单;

"一成员国国家部分"、"委员会一体化部分",指在本联盟一体化信息系统框架内保证授权机构信息系统与委员会信息系统之间信息交换的信息系统。

"监管与引用信息",指用于授权机构之间信息交换的一套目录和分类器；

"电子形式文件化信息共同基础设施"，指一套要求给予本联盟内使用的电子文件法律效力的信息技术、组织性和法律性措施、规程和决定；

"共同信息资源"，指委员会的集中化运营或基于诸成员国间信息交换的信息资源；

"本联盟内共同程序"，指由构成本联盟法律的国际条约、法令和诸成员国的法律管辖(建立)的和在一成员国领土内启动、在另一成员国领土内终止(变化)的运营和程序；

"目录"，指在内容或实质上同类的信息系统化、结构化和编码化列表；

"电子交互对象"，指在编制、发送、传输、接收、存储和使用电子文件和电子形式信息进程中进行配合的国家机构、自然人或法人；

"信任跨界空间"，指诸成员国为了保证授权机构之间在国家间数据和电子文件交换中的秘密、一致同意的一套法律、组织和技术的条款；

"信息分类和编码统一系统"，指一套监管与引用数据的目录和分类器，和为其发展、管理与使用的程序及方法；

"计账系统"，指包含来自用于编制或发出相关合法电子文件的电子交互对象标题的文件的信息系统；

"电子通讯"，指以运用信息和通讯技术为基础的信息交换方法；

"电子格式文件"，指以适合使用电子计算机的人类认知并遵守对其格式和结构确立的要求使用信息通信技术传播和加工的形式所表现的任何信息；

"电子文件"，指经由数码签名(电子签名)证明并符合文件化电子形式信息共同基础设施要求的电子形式文件。

3. 随着一体化信息系统的功能性向对外和相互贸易延伸，应当基于创建、运行和发展本联盟一体化信息系统开展工作，以保证以下领域的信息支持：

(1)海关关税和非关税监管；

(2)海关监管；

(3)技术监管,采取卫生、动物卫生和植物检疫措施；

(4)划拨和分配进口关税；

(5)划拨和分配反倾销税、反补贴税；

(6)统计；

(7)竞争政策；

(8)能源政策；

(9)货币政策;

(10)知识产权;

(11)金融市场(银行业、保险、货币市场、证券市场);

(12)支持本联盟组织机构的活动;

(13)宏观经济政策;

(14)工业和农业政策;

(15)医药和医疗设备的流通;

(16)本联盟权力范围内的其他事项(含其发展一体化系统的范围)。

4. 创建一体化系统的基本目标应当是如下:

(1)创建和维持本联盟的以分类和编码统一化系统为基础的单独监管与引用数据系统;

(2)为本联盟内国家间交换数据和电子文件创建一体化信息结构;

(3)为所有成员国建立共同信息资源;

(4)保证本条约规定下的信息交换能够形成行使国家控制的授权机构的共同信息资源、信息支持和联盟内执行共同程序;

(5)提供获取构成本联盟法律的国际条约、法令文本和构成本联盟法律的国际条约、法令的草案,以及获取本联盟内共同信息资源和诸成员国的信息资源;

(6)建立和维持文件化电子形式信息的共同基础设施。

5. 在一体化系统内,应当建立包含以下内容的共同信息资源:

(1)诸成员国的法律和其他监管性法令,构成本联盟法律的国际条约和法令;

(2)通过集中化维护数据库或基于成员国之间交换信息所产生的监管与引用信息;

(3)以诸成员国与委员会之间信息交换为基础所形成的登记薄;

(4)官方统计信息;

(5)诸成员国的信息和系统、科学、技术及其他引用、分析材料;

(6)随一体化系统发展,包含在共同信息资源中的其他信息。

6. 诸成员国在创建一体化系统时,应当以下列原则为基础:

(1)共同利益和互利;

(2)采取统一方式方法为以共同数据模型为基础的一体化系统准备信息;

(3)信息的有效性、可靠性和完整性;

(4)及时提供信息;

(5)与现行信息技术水平相适应;

(6)与诸成员国的信息系统一体化;

(7)确保成员国平等获得包含在一体化系统中的信息资源;

(8)在不损害提供信息的成员国前提下,仅将提供的信息用于规定目的;

(9)一体化系统向按规定目的受使用信息约束的所有种类使用者透明;

(10)在授权机构之间和授权机构与委员会之间交换信息时,免费使用一体化系统。

7. 根据本条约和本联盟内国际条约包含在监管与引用数据中的目录和分类器结构和目录,应当由委员会会商授权机构后确定。

8. 诸成员国在创建一体化系统时应当受国际标准与建议指导。

9. 为了建立共同信息资源,确保履行本联盟内共同程序和使用一体化系统行使有效形式的不同类型国家控制,应当确保授权机构之间、授权机构与委员会之间、委员会与一体化联盟、国际组织之间的电子交换。应当由委员会根据本条约中规定程序确定本联盟内共同程序清单、其执行技术、交互程序中发送与接受信息(请求)的程序和规章、以及电子格式文件(电子文件)要求。

10. 交互过程中提供的电子信息清单,应当由本条约或本联盟内国际条约确定。

11. 为了确保经济实体和个人向授权机构提交信息、协调授权机构与经济实体和个人之间发展电子形式通信的平等条件,委员会应当有权为本联盟内单独和统一交换的种类确定涉及电子格式文件(电子文件)的要求和交换程序中发送、接收讯息的程序,或推荐对其适用。

12. 使用电子文件的电子交互和其在信息系统中的处理,应当遵守以下原则:

(1)若诸成员国法律要求执行硬副本形式文件,依据经委员会理事会批准的文件化规则和要求发出的电子文件,应当视为符合上述规则和要求;

(2)依据经委员会理事会批准文件化规则和要求发出的电子文件,应视为与执行相似的签署或签署和盖章的纸质文件具有同等法律效力;

(3)不应当仅以电子形式制作的文件为由否认该文件的法律效力;

(4)应当确保从电子文件中提取数据(含转化的格式和结构)、其在信息系统中的处理和其以电子文件提供的相等信息;

(5)在构成本联盟法律的国际条约和法令或者诸成员国法律规定情形下,电子文件硬副本可以使用计账系统发出。

13. 委员会和诸成员国应当根据国家间信息交换中的战略和应用法律约束力电子文件与服务的构想,发展信任跨界空间。

14. 文件化电子形式信息共同基础设施应当由国家部分和一体化部分组成。

15. 委员会应当负责营运文件化电子形式信息共同基础设施的一体化部分。

16. 授权机构或其根据本成员国法律授权的组织应当负责营运文件化电子形式信息共同基础设施的国家部分。

17. 文件化电子形式信息共同基础设施的一体化部分应当体现一套信任跨界空间的要素,以确保以协商一致标准和基础设施解决方案为基础的跨界电子文件交换。

18. 信任跨界空间的建立、发展和运行的要求,应当由委员会与授权机构共同制定,且应当由委员会批准。由诸成员国和委员会的代表组成的一委员会应当审查文件电子形式信息共同基础设施各部分对规定要求的遵守。该委员会的规章(包括其设立和运行程序),应当由委员会理事会确定。

19. 应当保证采用电子文件保护不同机制的电子交互对象之间的电子文件信息交换使用文件化电子形式信息共同基础设施营运者提供的服务,包括受信第三方的服务。

20. 受信第三方服务应当由诸成员国和委员会提供。诸成员国的受信第三方服务的营运者应当由授权机构或其指派(认可)的组织予以代表。委员会的受信第三方服务应当由委员会运作。诸成员国应当能够使电子交互对象使用受信第三方服务。

21. 对受信第三方的基本目标应当是如下:

(1)在规定时期内使电子文件和电子签名(电子签名)的信息交换合法化(认证);

(2)确保电子文件国际(跨界)交换中的机密;

(3)依据诸成员国法律和委员会法令,保证往来电子文件中使用电子签名(电子签名)的合法性。

22. 维护和使用计账系统中的信息资源的程序应当由诸成员国法律确定。

23. 委员会涉及使用电子文件的电子交互的基本目标如下:

(1)在委员会一体化部分内提供相互可接受的成员国水平的信息安全;

(2)形成保证计账系统和文件化电子形式信息共同基础设施中信息安全

的决定,包括进入信息交互对象;

(3)以诸成员国的国际标准和国际标准与建议为基础,为文件化电子形式信息共同基础设施选择组成部分;

(4)协调开发和检测文件化电子形式信息整体基础设施内的信息技术示范方案、软件硬件系统;

(5)协调制定文件化电子形式信息的规则、运行文件化电子形式信息共同基础设施为以电子形式记录信息制定规则,制定运作以电子形式记录信息的共用基础设施某些组成部分和服务的规章、电子交互对象使用对其使用的建议;

(6)为协调本联盟内信息交换过程中使用电子文件的诸成员国的法律和统一计账系统之间信息交互接口制定建议;

(7)协调诸成员国与第三方之间涉及建立信任跨界空间的特定问题的合作。

24. 诸成员国应当依据其法律保证保护包含在信息资源、信息系统和授权机构信息通讯网络中的信息。

25. 应当遵从诸成员保护秘密信息的法律,实施交换诸成员国法律下构成国家秘密(国家机密)或限制性信息的信息。

26. 包含按诸成员国法律分级为国家秘密(国家机密)或限制性信息的信息交换程序应当由本联盟内国际条约确定。

27. 一体化系统的建立应由委员会协调,其应当保证其运行和发展与诸成员国国家部分的客户合作,并考虑将由委员会准备的、委员会理事会批准的一体化系统发展战略。一体化系统的建立、维护和发展工作应当在委员会与授权机构合作制定的、委员会理事会批准的各自计划(包括委员会一体化部分建立、维护和发展的期限与成本)基础上实施。

28. 委员会应当就委员会一体化部分的一体化系统组成部分,行使委员会信息资源和信息系统所有权人的权利和履行义务,且应当组织其设计、开发、执行、接受成果和后续支持。

29. 委员会应当订购(采购)货物(工程、服务),评估执行上述订购(采购)中的投标,取得涉及本议定书第28款提及的一体化系统组成部分的财产权。

30. 为了保证申请建立、发展和运行一体化系统组成部分的组织性和技术性方案的统一,保持充分的信息安全,委员会应当协调技术、工艺、方法和组织文件的起草和对其批准。

31. 各成员国应当对该成员国国家部分选择客户,以行使涉及其建立、维护和发展的权利和履行义务。

32. 各成员国应当具有使用一体化系统的平等权利。

33. 本议定书第 28 款提及的一体化系统各组成部分的建立、发展和运行,应当从本联盟预算中拨付资金。其建立和发展的筹资应当以执行本议定书第 27 款提及计划所需金额为基础。

34. 授权机构国家信息资源与信息系统和诸成员国国家部分的建立、发展、运行,应当从诸成员国分配给其授权机构运行的预算中拨付资金。

(郝春来、邓瑞平译,邓瑞平审校)

附件4

欧亚经济联盟编制、分发官方统计程序的议定书

1. 为规定编制和分发本联盟官方统计程序,根据《欧亚经济联盟条约》第24条,达成本议定书。

2. 本议定书中使用的术语应具有以下含义:

"成员国官方统计",指授权机构在其国家统计计划内和/或依据该成员国法律编制的统计信息;

"本联盟官方统计",指委员会以诸成员国官方统计、国际组织官方统计信息和从诸成员国法律不禁止的资源获取的信息为基础编制的统计信息;

"授权机构",指诸成员国的国家机构,包含负责编制诸成员国官方统计的国家(中央)银行。

3. 为了向诸成员国和委员会提供相互贸易中在成员国之间流动的货物的官方统计,授权机构应当维持相互贸易中的统计记录。

4. 授权机构应当根据委员会批准的方法维持货物相互贸易的统计记录。

5. 授权机构应当根据统计指标清单向委员会提交诸成员国的官方统计。

6. 统计指标清单、提交诸成员国官方统计的时间和格式应当由委员会与授权机构协商一致后批准。

7. 委员会可以要求授权机构提供不包含在统计指标清单中的成员国其他官方统计。

8. 授权机构应当采取措施保证向委员会提供的诸成员国官方统计的完整、准确和及时,并应当及时通知委员会其不可能提交官方统计信息。

9. 本议定书的规定不应当适用于根据诸成员国法律构成国家秘密(国家机密)或限制性信息的成员国官方统计。

10. 委员会应当收集、存储、系统化、分析、分发本联盟官方统计,经授权机构请求提供相关信息,协调授权机构本议定书下统计领域的信息与方法交互。

11. 委员会应当制定和批准以诸成员国向委员会提交的官方统计为基础的本联盟官方统计的方法。

12. 委员会应采取措施保证诸成员国官方统计的可比性,方式为向授权机构分别发出使用共同的、国际可比标准(包括分类和方法)的推荐建议。

13. 本联盟官方统计应当由委员会按其批准的统计规划、通过在其官方出版物和本联盟官方网站上发布予以分发。

14. 委员会应当会同授权机构制定和批准统计领域的一体化规划。

（郝春来、邓瑞平译，邓瑞平审校）

附件5

划拨和分配进口关税(具有同等效果的其他关税、税费)及其向成员国预算划拨的程序的议定书

I.总则

1. 为了规定自2010年9月1日开始的进口至诸成员国关税区域的货物支付义务下的诸成员国间到期进口关税额的划拨和分配程序,根据《欧亚经济联盟条约》第26条达成本议定书。

本议定书亦适用于对构成本联盟法律和管辖海关法律关系的国际条约、法令规定情形和方式中的进口关税额所计取的罚款(利息)额。

2. 本议定书所使用的术语应当具有下列含义:

"授权机构单独账户",指为了在各成员国预算之间划拨和分配税收,为授权机构在国家(中央)银行开立的一个账户或授权机构在国家(中央)银行拥有的一个相应账户;

"报告日",指在一成员国内的、在该日将进口关税额转移至其授权机构单独账户的营业日;

"不履行的利息",指一成员国就任何违反本议定书规定向其他成员国转移的金额,若该违反行为导致一成员国未能、未完全和/或不合时宜履行向另一成员国转移进口关税分配额的义务;

"外币账户",指为了转移另一成员国来自进口关税分配的收益,为一成员国授权机构在国家(中央)银行开立的该另一成员国货币的账户;

"当日",指一成员国报表日的下一个营业日,在该日实施报表日分配进口关税额的操作;

"授权机构",指一成员国为实施其预算而负责现金服务的国家机构。

本议定书中使用的其他术语应当具有《欧亚经济联盟条约》和《欧亚经济联盟关税法典》确定的含义。

II.成员国之间划拨和分配进口关税的程序

3. 进口关税额应当以该成员国国家货币转移至授权机构单独账户,其依

据构成本联盟法律的管辖海关法律关系的国际条约及法令是可支付的,包括追偿进口关税。

进口关税应当按单独清偿(支付)文件(指示)向授权机构单独账户支付。

依据成员国法律应支付的和授权机构单独账户已收到的税费和支付款(不包括保障税、反倾销和反补贴税)可以抵消进口关税。

在划拨和分配保障税、反倾销税和反补贴税规章(见《欧亚经济联盟条约》附件 8)规定情形中,保障税、反倾销税和反补贴税可以抵消支付人所欠进口关税。

应当依据成员国法律并考虑本议定书中的规定返还(抵消)进口关税额,但构成本联盟法律并管辖海关法律关系的国际条约和法令另有规定除外。

进口关税额不得抵消其他任何付款,但是为了抵消到期海关规费、保障税、反倾销税、反补贴税和罚款(利息)(以下简称"抵消应付欠款")除外。

4. 在执行司法判决或其他情形下,不得从授权机构单独账户返还任何资金,但是为了支付支付人所欠海关规费、保障税、反倾销税、反补贴税和罚款(利息)除外。

5. 诸成员国的授权机构应当分别登记以下收入:

将进口关税付入(退款、抵消欠款)至授权机构单独账户;

将分配的进口关税转移至其他成员国的外币账户;

将成员国从进口关税分配中的收入转移至该成员国预算;

一成员国预算中收到的来自其他成员国的进口关税额;

一成员国预算中收到的本议定书确定的不履行的利息;

已经中止将分得的进口关税转移至其他成员国的外币账户;

上述数额应当在每个成员国预算执行报告中分别报告。

6. 一成员国一授权机构单独账户在日历年最后一个营业日收到的进口关税额,应当包含在该成员国报告年度的预算执行报告中。

一成员国在该日历年最后营业日的分配进口关税应当不迟于该成员国当年第二个营业日转移至该成员国预算和其他成员国的外币账户,且应当包含在报告年度的预算执行报告中。

一成员国预算在日历年最后营业日收到的来自其他成员国授权机构的分配进口关税的收入,应当包含在当年的预算执行报告中。

7. 进口关税额应当在当日从授权机构单独账户中退还给纳税人或抵消欠款,额度为该授权机构单独账户收到的进口关税额、报告日的抵消关税额和报告日执行的中央(国家)银行未批准的进口关税退还额。

应当在报告日将进口关税额从哈萨克斯坦共和国授权机构单独账户中退还给纳税人或抵消欠款,额度为该授权机构在退还(抵消)日单独账户收到(抵消)的进口关税额。

8. 在当日退还和/或抵消欠款的进口关税额,应当在诸成员国之间收到进口关税额的分配之前确定。

9. 若根据本议定书第7款,无充足资金退还进口关税和/或抵消其欠款,一成员国应当在后续营业日实施退还(抵消)。

应当从上述成员国预算中向支付人支付迟延退还进口关税的罚款(利息),且不应当包含在进口关税中。

10. 若进口关税转移至一成员国授权机构单独账户,进口关税额应当在该成员国报告日的下一个营业日由其授权机构在诸成员国之间进行分配。

若进口关税额转移至哈萨克斯坦共和国授权机构单独账户,进口关税额应当由该授权机构在诸成员国之间进行分配。

11. 从一成员国授权机构单独账户转移至该成员国预算和其他成员国外币账户的进口关税额,应当以将在成员国之间分配的进口关税总额乘以按百分比建立的分配系数来计算。

在成员国之间分配的进口关税总额应当按以下方法确定:从(该授权机构)按照为转移退还国家(中央)银行在报告日未批准执行的进口关税的清偿(支付)文件(指示)在报告日收到(抵消)的进口关税额中,扣除当日退还给支付人和抵消欠款的进口关税额。

若在当日已执行的向支付人退还进口关税的清偿(支付)文件(指示)未经国家(中央)银行批准执行,各自金额应当于该成员国的下一个营业日在诸成员国之间分配。在此情形下,根据本款,未转移至其他成员国外币账户的进口关税额应当认定为逾期1日。

12. 各成员国进口关税额的分配系数应当如下:
白俄罗斯共和国:4.70%;
哈萨克斯坦共和国:7.33%;
俄罗斯联邦:87.97%。

13. 进口关税额应当由该成员国的授权机构在资金转移至该授权机构单独账户之日的该成员国自己的下一个工作日,转移至其他成员国外币账户。

向诸成员国转移进口关税额的清偿(支付)文件(指示)应当由该授权机构向国家(中央)银行发出,以每日为基准,不迟于当地时间下午2点,向其他成员国外币账户转移后续资金。该清偿(支付)文件(指示)应当指明分配进

口关税的日期和以本国货币在诸成员国之间分配的数额。

若在迟于当日当地时间下午 2 点向该成员国国家(中央)银行发出上述清偿(支付)文件(指示),相应的支付应当视为逾期 1 日。

14. 从一成员国授权机构外币账户收到的进口关税额转移至一成员国预算的程序,应当由本议定书第Ⅲ节管辖。

15. 向诸成员国财政分配和转移进口关税的数额,应当由诸成员国授权机构进行核算。

16. 一成员国授权机构应当不迟于下一个日历年开始前的 10 个日历日将按照该成员国法律确定的全部非营业日通知给其他成员国授权机构。

若变更非营业日,各成员的授权机构应当在上述变更生效前不迟于 2 个日历日将该变更通知给其他成员国授权机构。

17. 若用于转移到期进口关税额的外币账户详情发生变更,该相关成员国的授权机构应当在上述变更生效日之前不迟于 10 个日历日,将该账户的新详情通知给其他成员国授权机构。

若要求执行本议定书的其他任何数据发生变化,该授权机构应当在上述变化生效日之前不迟于 3 个日历日将上述变化通知给其他成员国授权机构。

18. 若没有在成员国之间分配的进口关税额,该成员国的授权机构应当在本议定书规定的向国家(中央)银行提交关于向其他成员国外币账户转移资金的清偿(支付)文件(指示)的期间内,使用联盟一体化系统以电子形式,或者在使用上述系统之前通过包含上述信息的文件图形化电子副本的电子通讯渠道,向其他成员国授权机构发送相关信息。

19. 诸成员国中央海关机构应当保证依据委员会批准的规则以自然增长为基准适用核算进口关税的统一原则。

20. 若在本节规定的期限内未或未完全向任何成员国外币账户转移资金,和该成员国授权机构未提供关于无分配进口关税额的信息,外币账户未收到任何资金的该成员国的授权机构应当将上述未转移或未完全转移资金通知给诸成员国授权机构和委员会。

21. 未向其他任何成员国转移任何分配进口关税的成员国,应当向其他成员国支付涉及整体欠款额的不履行利息,利率为逾期每日历日 0.1%,包含未向另一成员国(其他诸成员国)转移分配的进口关税额的日期。

22. 若一成员国通知其他成员国无分配进口关税但实际上相关金额是可获取的,和授权机构单独账户未完全向其他成员国外币账户转移资金,构成上述违反的成员国应当有义务根据本节,以未向其他成员国外币账户转移的金额为基础,不迟于该成员国的下一个营业日,向上述其他成员国财政转移欠其应收的进口关税分配额。

在此情形下,构成上述违反的成员国应当以本议定书第 21 款对每个逾期日历日确立的利率,支付不履行的利息。为此目的,逾期期间应当始于违反日,但不应当包括根据本款向诸成员国转移资金之日。

23. 若任何成员国未收到(未完全收到)资金、该成员国授权机构未通知无进口关税额在成员国之间分配,未收到资金的外币账户成员国的授权机构应当有权在上述未收到(未完成收到)资金之日后的该成员第三个营业日暂停从其单独账户向该不履行成员国外币账户转移进口关税额。

24. 若一成员国决定暂停转移进口关税,向另一成员国外币账户转移的资金应当在撤销暂停转移之前转移至前者成员国预算,且应当在该成员国预算中分别核算。

向另一成员国外币账户暂停转移进口关税额的成员国的授权机构应当立即将其采取的决定通知其他成员国和委员会。

25. 委员会应当在对暂停转移进口关税额采取决定后下一个营业日,与该成员国执行机构磋商,以保证尽快恢复适当分配全部进口关税额。

26. 若本议定书第 25 款中提及的磋商未能形成恢复分配进口关税额的决定,应当将该事项提交至委员会。

若委员会未能恢复分配进口关税额,应当将该事项提交至政府间理事会。

27. 一旦恢复转移进口关税额,本议定书第 24 款规定的金额应当转移,时间不迟于收到向诸成员国(根据本议定书意图向)外币账户转移的相关决定通知之日的下一个营业日。在此种情形下,不应当对上述金额征收不履行的利息。

28. 任何成员国未转移至其他成员国外币账户的分配进口关税额,和该成员国国家(中央)银行未履行本议定书第Ⅲ节规定的以美元转移资金义务的金额,应当包含在该国债务中。

Ⅲ. 从诸成员国授权机构外币账户收到进口关税额以美元转移至一成员国预算的程序

29. 一(第一)成员国的国家(中央)银行应当有责任向另一(第二)成员国的国家(中央)银行以美元出售第一成员本国货币量的资金,额度等于根据本议定书转移至第二成员国授权机构外币账户的第一成员国本国货币额。出售的美元金额应当以第一成员国国家(中央)银行在以本国货币向第二成员国转移资金之日的下一个营业日规定的本国货币与美元的汇率计算。

第一成员国应当不迟于向第二成员国外币账户转移等于第一成员国本国货币金额之日后的下一个营业日,履行以美元出售资金的义务。

每个成员国应当完成以美元出售资金的义务,不考虑其他成员之间关系中行使相似权利和履行义务。

任何两个成员国的国家(中央)银行可以在协议中确定,执行以美元转移资金的相互义务(包括本款第二项规定期间内未执行的任何义务和依据本议定书第 31 款支付罚款的义务)应当由国家(中央)银行履行,方式为向对方国家(中央)银行转移超出该对方国家(中央)银行美元现金的美元相互义务的债务额,数额等于他们相互义务之间的差额。

本款中有关以美元转移资金义务的要求,应当符合以下顺序:

第一,应当依据本议定书第 31 款履行支付罚款的请求;

第二,应履行的涉及未清偿义务的请求未逾期;

第三,涉及本款第二项规定期间内未履行的逾期义务的请求应当履行。

第一成员国应当共同和分别与其国家(中央)银行对第二个成员国负责,按本款规定履行第一成员国国家(中央)银行向第二成员国国家(中央)银行出售美元资金的义务。

30. 为了进一步清算第一和第二成员国之间的第一成员国国家(中央)银行未履行或未适当履行本议书第 29 款规定的向第二成员国国家(中央)以美元出售资金的义务的目的,应当要求第一成员国国家(中央)银行用美元以第一成员国国家(中央)银行在以其本国货币向第二成员国外币账户转移资金之日的下一个营业日确定的官方汇率进行记录。

31. 若第一成员国国家(中央)银行未履行或不适当履行本议定书第 29 款规定的向第二成员国国家(中央)银行以美元出售资金的义务,第一成员国或其国家(中央)银行应根据以下公式计算出的金额支付罚款:

$$罚款 = 金额(美元) \times \frac{伦敦同业拆借利率(美元,O/N) + 2\%}{360} \times 天数,$$

其中,

金额(美元):第一成员国国家(中央)银行应向第二成员国国家(中央)银行转移的金额(美元);

伦敦同业拆借利率(美元,O/N):由英国银行家协会(BBA)为不履行或未适当履行债务的第 1 日确立的对美元(每年)的伦敦同业拆借利率的日利率;

天数:自未履行或未适当履行债务之日(包括)起至适当履行完毕该义务

之日(不包括适当履行债务的当日)计算出的日历天数。

32. 若第一成员国未履行或未适当履行本议定书第29款规定的义务,因上述未履行或未适当履行遭受损失的第二成员国中央银行应当有权在赔偿的基础上不经第一个成员国和其国家(中央)银行同意和事先通知,将涉及未履行或未适当履行义务的请求权转移至第二成员国。

33. 一成员国国家(中央)银行不应当对另一成员国未履行或未适当履行义务[包括其国家(中央)银行未履行或未适当履行义务]向本成员国政府或授权机构承担责任。

34. 第一成员国国家(中央)银行执行本节规定的计算所产生的全部费用和损失,包含从任何汇率波动、其他成员国及其国家(中央)银行未履行或未适当履行义务产生的费用及损失,不应当由其他成员国偿还。补偿第一成员国国家(中央)银行上述费用和损失的条款与程序应当由该第一成员国规定。

35. 为本节的目的,两个成员国之间清偿(包括两成员国国家(中央)银行之间的交易清偿)的营业日应当指既为两成员国又为美国的营业日的一日。

36. 对一(第一)成员国国家(中央)银行根据本议定书在另一(第二)成员国国家(中央)银行开立的实施清偿的代理账户,和该代理账户中拥有的资金,第二个成员国的司法和其他机构不得适用查封、阻碍和其他安全、禁止或限制措施以阻止使用该代理账户中的资金。

37. 除非代理账户协议的条款中另有规定,未经第一成员国国家(中央)银行同意,不得从一(第一)成员国国家(中央)银行依据本议定书在另一(第二)成员国为实施清偿所开立的代理账户中撤除任何资金。

38. 若第一个成员国国家(中央)银行在20个日历日内未全部或部分履行本议定书第29款规定的以美元出售资金的义务,第二成员国的国家(中央)银行应当有权自由使用第二成员国国家(中央)银行为根据本议定书实施清偿而在第一成员国国家(中央)银行开立的代理账户中持有的、以第一成员国货币表示的资金,直至第一成员国国家(中央)银行完全履行其义务。

39. (第一)成员国的国家(中央)银行应当根据本议定书与另一(第二)成员国国家(中央)银行缔结的协议免费行使权利和履行义务。

IV. 成员国授权机构之间信息交换的程序

40. 一成员国的授权机构应当以日为基准在当日当地时间(白俄罗斯共和国为明克斯时间,哈萨克斯坦为阿什塔纳时间,俄罗斯联邦为莫斯科时间)下午4点前向其他成员国授权机构对报告日发送以下信息:

（1）转移至一成员国授权机构单独账户的进口关税额；

（2）授权机构在报告日执行抵消进口关税的金额；

（3）报告日进口关税抵消欠款的金额，和单独地，当日进口关税抵消欠款的金额；

（4）报告日进口关税退还的金额，和单独地，当日退还进口关税的金额；

（5）报告日国家（中央）银行未批准执行的退还进口关税的金额；

（6）诸成员国之间将分配的进口关税额；

（7）转移至其他成员国外币账户的分配进口关税；

（8）从一成员国授权机构单独账户向该成员国预算划拨的分配进口关税的收入金额；

（9）从一成员国授权机构外币账户收到的分配进口关税向该成员国预算划拨的收入金额；

（10）向其他成员国已经暂停的外币账户转移的分配进口关税；

（11）在违反本议定书规定要求的情形下，一成员国收到其他成员国不履行的利息的金额。

41. 在报告月次月的第五个营业日的每个月，一成员国的授权机构应当以自然增长为基准，从本日历年开始，以使用本联盟内一体化信息系统的电子形式和在采用本系统前通过包含信息图象化电子文件副本的电子通讯渠道，向其他成员国的授权机构和委员会在自然增长的基础上于该日历年开始时使用联盟的一体化信息系统以电子形式发送本议定书第40款规定的信息。

42. 本议定书第40和41款要求的信息的提交形式，应当由授权机构协商一致，并经委员会批准。

43. 诸成员国的授权机构应当对根据本议定书第40、41款获得的数据进行操作性验证。

若存有差异，议定的条款应当执行，诸成员国应当采取措施消除识别出的差异。

44. 一成员国授权机构根据本议定书第40、41款向其他成员国授权机构和委员会发送的全部信息，应当由授权机构的首脑或其充分授权的人签名。

V. 交换进口关税支付信息的程序

45. 诸成员国中央海关机构应当定期相互和向委员会提交不构成国家机密（国家秘密）的支付进口关税的电子形式信息。

46. 有关支付进口关税的信息应当从以下途径获得：

(1)诸成员国海关机构执行的货物申报单的电子副本数据库;

(2)若一成员国使用海关信用条形码以反映进口关税支付,该成员国海关机构执行的上述条形码电子副本数据库;

(3)包含进口关税额信息的私人账户、登记簿和其他文件的数据库。根据进口关税统一核算原则,以自然增长为基准和根据委员会批准的规则,该进口关税额已实际支付和转移至各成员国预算,并已由诸成员国海关机构执行了。

47. 本议定书第 46 款提及的信息不应当包括自然人为个人使用所转移货物而进口货物和支付海关规费的信息。

48. 与支付进口关税(参考单位——美元,在报告月中以本国货币表示的金额应当转换为美元,使用与成员国国家(中央)银行本国货币的月平均美元汇率)有关的信息,应当以俄语(对特定项目应当允许使用拉丁语字母)免费提交,且应当在报告期包含以下信息:

(1)报告期开始和结束时的既得剩余进口关税的金额;

(2)关税支付(恢复)文件中列明的进口关税记载金额;

(3)抵消欠款的进口关税额;

(4)退还给支付人的进口关税额;

(5)授予与进口关税有关的支付逾期和展期的金额;

(6)与支付进口关税有关的其他信息。

49. 支付进口关税信息交换的程序规章应当由委员会制定和批准。

上述程序规章应当确定本议定书第 48 款规定信息的结构、格式和信息交换的程序、时间与方法。

50. 诸成员国中央海关机构之间的信息交换和提交至委员会,应当在海关机构和委员会技术准备的基础上电子地进行,其应以书面形式通知相互各方。在采用本联盟一体化信息系统后,诸成员国中央海关机构之间的信息交换和其提交至委员会,应当以使用上述系统的电子形式实施。

51. 在批准涉及支付进口关税的信息交换程序规章之前,诸成员国中央海关机构应当在不迟于报告月次月的最后日经委员会批准的形式相互提交和向委员会提交本议定书第 48 款规定的信息。

52. 诸成员国中央海关机构和委员会应当采取一切必要措施防止依据本节收到的信息未经授权传播。

诸成员国中央海关机构应当限制接触上述信息的人数,并依据诸成员国法律保证其安全。

委员会应当为了本议定书第 54 款的目的,使用根据本节获得的信息。

VI. 监控

53. 在共同监管活动之内,白俄罗斯共和国国家控制委员会、哈萨克斯坦共和国国家预算执行监管委员会和俄罗斯联邦财政部应当每年审查诸成员国授权机构遵守本议定书条款的情况。

54. 委员会应当就划拨和分配进口关税向政府间理事会提交年度报告。

55. 经委员会决定,可以设立由专家、诸成员国海关机构和其他国家机构授权官员组成的特别委员会。该特别委员会应当监控(审计)诸成员国遵守划拨和分配所收进口关税的程序。

(邓瑞平、郝春来译,邓瑞平审校)

附件 6

共同海关关税监管的议定书

I.总则

1. 本议定书依据《欧亚经济联盟条约》第Ⅸ节已经达成,并确定本联盟关税区域适用海关关税监管措施的原则和程序。

2. 本议定书中使用的术语应具有以下含义:

"同类产品",指依据其功能目的、用途、性质与技术特征,与关税配额下进口至本联盟关税区域的货物完全相同的货物,或者(若无完全相同货物)其特征与关税配额范围内进口至本联盟关税区域的货物相似的货物,允许为了与关税配额内进口至本联盟的货物相同功能目的的使用这些货物,其在商业上可以替代此种货物;

"第三国主要供应商",指在货物进口至本联盟关税区域中具有10%或以上份额的货物供应商;

"关税配额量",指关税配额范围内可以进口的货物种类或价值的总量;

"前置期间",指分析本联盟关税区域货物消费率和本联盟关税区域同类产品生产率的期间;

"实际进口量",指在无任何限制时的进口量;

"农业货物",指《欧亚经济联盟对外经济活动商品单独命名》(EAEU FEA的CN)第1—24组中列明的货物,和诸如甘露醇、山梨(糖)醇、D-葡萄糖醇、香精油、干酪素、白蛋白、明胶、淀粉提取糖、改良淀粉、葡萄糖醇、兽皮、植皮、原皮、生丝、丝废料、动物毛、原棉、棉废料、绒棉纤维、生亚麻和生大麻之类的货物。

"关税配额",指对进口至本联盟关税区域的、原产于第三国特定种类农业货物的控制措施,即对涉及规定期限内达到规定总量(种类或价值)和超出该总量的进口货物面临适用《欧亚经济联盟共同海关关税》(EAEU 的 CCT)进口关税差别税率。

II. 关税免除

3. 对从第三国进口至本联盟关税区域的以下货物,应当以免除进口关税形式给予豁免:

(1)在资本(资金)设立的创办文件中确定的时限内代表外国创办人出资法定(股份)资本(资金)的货物。涉及上述货物的适用关税免除的程序应当由委员会确定;

(2)根据委员会批准的清单,在国际合作探索和利用外空领域(含提供发射航空器服务)范围内进口的货物;

(3)成员国船舶深海渔业产品和诸成员国法人和/或自然人租赁(租用)的船舶;

(4)诸成员国货币、第三国货币(用于奖励目的除外)和依据诸成员国法律的证券;

(5)因人道主义援助和/或为了消除自然灾害、意外事件或灾难影响所进口的货物;

(6)应税货物(不包括为了医疗目的特殊设计的小客车)除外,第三国、国际组织和政府为了慈善目的进口和/或根据诸成员国法律确认为无偿援助(协助,包括技术援助、协助)的所有货物。

4. 在《欧亚经济联盟条约》、本联盟与第三方的国际条约和委员会决定所确定的其他情形中,可以对从第三国进口至本联盟关税区域的货物,给予关税免除。

Ⅲ.适用关税配额的条件和机制

5. 进口至本联盟关税区域的源自第三国特定种类农产品的关税配额量,应当由委员会确定,且不应当超过本联盟关税区域内该种货物的消费量与本联盟关税区域内同类产品生产量之间的差额。

若同类产品在单一成员国的生产量等于或超出上述货物的消费量,在计算本联盟关税区域内配额时可以忽略该差额。

6. 若本联盟关税区域内同类产品生产量等于或超过本联盟关税区域上述产品的消费量,不应当准许关税配额。

7. 在确定关税配额时,应满足以下条件:

(1)为一定期间确定关税配额(不考虑在第三国之间分配关税配额的结果);

(2)将分配的关税配额量通知具有利益关系的全体第三国(若作出在第三国之间分配关税配额量的决定);

(3)发布有关确定关税配额、其期限和总量的信息,包括向第三国分配的关税配额量(若作出在第三国之间分配关税配额量的决定),和关于关税配额量范围内适用于进口货物的进口关税税率的信息。

8. 在一成员国对外贸易活动参加者之间进行关税配额量分配,应当基于参与者获取关税配额的平等权利和不因所有权形式、登记地或市场地位而歧视。

9. 成员国之间的关税配额量,应当根据本议定书第5、6款在考虑本联盟关税区域内关税配额量的计算后,在各成员国生产量和消费量的差额范围进行分配。

对世界贸易组织成员的成员国的关税配额量,可以按该成员国对世界贸易组织的义务为基础进行规定。

10. 除非本联盟内国际条约、本联盟与第三国间国际条约或最高理事会决定另有确定,应当由委员会根据委员会的决定,或者在与第三国全体主要供应者磋商后的各成员国,分配关税配额量。

若不可能与第三国主要供应者磋商分配关税配额量,应当在考虑上述国家的前期货物交付量后作出在第三国之间分配关税配额的决定。

为此目的,前期通常应当由能够反映实际进口量信息的前3年代表。

若不能选定前期,应当以最相似分配实际进口量的评估为基准,分配关税配额量。

11. 对关税配额有效期内的货物供应,不得设置任何条件和/或手续阻止任何第三国充分利用向其分配的关税配额量。

12. 经对供应货物有利益关系的第三国请求,委员会应当主持关于以下事项的磋商:

(1)重新分配已分配的关税配额量;

(2)改变已选择的前期;

(3)取消有关分配关税配额或其不受限制使用的任何条件、手续或其他单方确定的规定。

13. 关于确定关税配额,委员会应当:

(1)经对供应货物有利益关系的第三国请求,提供涉及外贸活动参加者之间分配关税配额量的方法和程序的信息,以及涉及关税配额量许可证签发的信息;

(2)公布在已分配关税配额量范围内计划供应的货物总量或总价值、关税配额的生效和届满日期及其任何变化的信息。

14. 在第三国之间分配关税配额除外,委员会应当无权对来自特定第三国的货物要求使用许可证。

(郝春来、邓瑞平译,邓瑞平审校)

附件 7

与第三国有关的非关税监管措施的议定书

I. 总则

1. 本议定书依据《欧亚经济联盟条约》第Ⅸ节达成,并确定本联盟对第三国适用非关税监管措施的程序和情形。

本议定书不应当适用涉及发布技术监管、适用卫生动植物检验检疫要求、出口控制与军事技术合作领域的措施的事项的关系。

2. 本议定书中使用的术语应具有下列含义:

"自动许可(监管)",指为监控特定类型货物出口和/或进口动态所采取的临时措施;

"普通许可证",指授予对外贸易活动参加者在特定许可数额内出口和/或进口特定种类许可货物的权利的许可证;

"禁止",指禁止进口和/或出口特定类型货物的措施;

"进口",指来自第三国的、向本联盟关税区域内的、无再出口义务的货物的进口;

"排他许可证",指授予对外贸易活动参与者出口和/或进口特定类型货物的排他性权利的许可证;

"排他性权利",指在排他许可项下对外贸易活动参与者出口和/或进口某些类型货物的权利;

"数量限制",指通过设定配额对对外贸易货物采取的数量限制;

"许可",指确定发出许可证和/或准许证的一套行政管理措施;

"许可证",指授予出口和/或进口货物的权利的特殊文件;

"单一用途许可证",指以涉及许可货物的对外贸易交易为基础签发给对外贸易活动参与者的、授予其在特定数额内出口和/或进口上述货物的权利的许可证;

"准许证",指以涉及要求自动许可(监管)货物的对外贸易交易为基础签发给对外贸易活动参与者的特殊文件;

"准许证书",指签发给对外贸易活动参与者或自然人的、在委员会相关法令确定情况下进口和/或出口货物的权利的文件;

"授权机构",指一成员国的有权力签发许可证和/或准许证的执行机构;

"对外贸易活动参与者",指法人、在一成员国注册并按该国法律设立的非法人组织、在一成员国领土内具有常住或最初住所的不是该国国民或有权在该永久居住的自然人或者根据该国法律注册为个体经营者的人员;

"出口",指来自本联盟关税区域的、向第三国且无再进口义务的货物的出口。

Ⅱ. 采取和适用非关税监管措施

3. 共同非关税监管措施(以下简称"本措施")应当适用于本联盟区域内与第三国的贸易。

4. 关于本措施的采取、适用、扩展和取消的全部决定,应当由委员会作出。

决定适用本措施的有关货物,应包括在与第三国贸易的、受非关税监管措施约束的货物共同清单(以下简称"货物共同清单")中。

货物共同清单还应当包括涉及委员会已经作出决定作为一种保障措施建立关税配额或进口配额并发出许可证的全部货物。

5. 应当由一成员国和委员会提交采取或取消本措施的提案。

6. 委员会在筹备委员会关于采取、适用、扩展和取消本措施的决定时,应当通知诸成员国的其经济利益可能受上述决定影响的全体对外贸易活动参与者,告知其向委员会提交关于该事项的建议、评论的可能性和举行磋商。

7. 委员会应当决定上述磋商的方法与形式、关于进程和与已提交建议和评论的相关当事方进行磋商的结果的信息交互方法与形式。

未举行磋商不得构成取消委员会影响对外贸易活动权利的任何决议作为无效的理由。

8. 委员会可以决定在以下任何条件下不举行磋商:

(1)若举行磋商将或可能导致不能实现该决定的任何目标,影响从事外贸活动的权利的委员会决定草案拟定的措施;

(2)磋商将导致延期委员会作出影响从事对外贸易活动权利的决定,该延期可能实质性损害诸成员国利益;

(3)影响从事对外贸易活动权利的委员会决定草案规定有排他性权利。

9. 对采取或取消本措施作出提案的程序,应当由委员会确定。

10. 委员会关于采取某项措施的决定,可以具体规定海关机构用于监控遵守本措施的海关程序和不应当适用于受该项措施影响的货物的海关程序。

Ⅲ. 对进出口货物的禁止和数量限制

11. 本议定书第 12 款中的规定除外,应当实施货物的进出口,不得使用禁止和数量限制。

12. 在例外情形下,可以采取以下措施:

(1)为阻止或减轻对本联盟内部市场非常重要的粮食产品或其他货物的内部市场中的任何严重短缺,对出口的临时禁止或临时数量限制;

(2)因适用国际贸易中货物分级、分类和销售的标准或规则所要求的进出口禁止和数量限制;

(3)若需要对以下事项采取措施,限制进口以任何形式进口的水生生物资源:

限制生产或销售源自本联盟的同类产品;

若本联盟不具有同类产品的重要生产能力,限制生产或销售源自本联盟领土的可能被进口货物或间接替代的货物;

以免费或低于市场价格向特定消费者群体提供过剩产品方式,消除市场中源自本联盟领土的同类产品的暂时过剩;

若本联盟不具有同类产品的重要生产能力,以免费或低于市场价格向特定消费者群体提供过剩产品方式,消除市场中可能直接被进口货物替代的源自本联盟领土的货物的暂时过剩。

13. 委员会在本联盟领土内采取的数量限制,要求适用进出口配额。

数量限制应当适用于:

出口——仅对源自诸成员国领土的货物;

进口——仅对源自第三国的货物。

对来自任一第三国的货物进口或拟向任一第三国的货物出口,不应当适用任何数量限制,除非该数量限制适用于来自所有第三国的货物的进口或向所有第三国的出口。本规定不应当排除诸成员国履行其国际条约下的义务。

14. 仅可以对包含在对本联盟内部市场非常重要的货物清单中的货物和例外情形下涉及委员会根据诸成员国提案批准可以采取临时出口限制或出口数量限制的货物,施加出口限制或出口数量限制。

15. 若依据本议定书第 12 款第 1 分款对本联盟内部市场非常重要的农业货物的出口采取禁止或数量限制,委员会应当:

考虑该禁止或数量限制对从本联盟领土进口农业货物的第三国的粮食安全的影响;

在规定时间内,将进口禁止或数量限制的性质和期间通知给世界贸易组织农业委员会;

经任何进口国要求,举行磋商或提供与所涉措施有关的事项的全部要求信息。

本款中,一进口国系指在进口中源自诸成员国领土并受禁止或数量限制约束的农业货物份额至少5%的一国家。

16. 委员会应当在诸成员国之间分配出口和/或进口配额量,明确在诸成员国对外贸易活动参与者之间分配出口和/或进口配额份额的方法,以及经要求,在诸第三国之间分配进口配额量。

委员会应当依赖采取数量限制解决的问题、考虑诸成员国提案和基于各成员国货物产出和/或消费,在成员之间分配出口和/或进口配额量。

17. 委员会在决定适用出口和/或进口配额时,应当:

(1)为特定期限设定出口和/或进口配额(不考虑其是否在第三国之间分配);

(2)将向其分配的进口配额量通知全体利益第三国(若进口配额在第三国间分配);

(3)公布关于适用出口和/或进口配额、其数量和有效期的信息和关于第三国间分配进口配额的信息。

18. 委员会通常应当在与第三国所有主要供应者磋商后在第三国之间分配进口配额。

为了上述目的,第三国主要供应商应当指在向本联盟领土内进口特定货物中具有5%或以上份额的全体供应者。

19. 若与第三国所有主要供应者磋商后不可能分配进口配额,委员会关于第三国之间配额分配的决定应当在考虑上述第三国在前期的货物交付量后作出。

20. 委员会不得设立可能阻止任何第三国充分利用其分配的进口配额的任何条件或手续,只要在进口配额有效期内供应所有相关货物。

21. 为采取出口和/或进口配额而确定货物交付量的前期,应当由委员会选择。作为一项规则,采取的上述期间等于可获得的反映实际出口和/或进口量信息的任何前三年。若不可能选择一个前期,出口和/或进口配额应当以最相似实际出口和/或进口量分配为基础进行分配。

本款中,实际出口和/或进口量指无任何限制中的出口和/或进口量。

22. 经供应货物中有利益关系的任何第三国请求,委员会应当就以下事

项,与该国举行磋商:

(1)重新分配进口配额的需求;

(2)改变选定的前期;

(3)取消与分配进口配额或其不受限使用有关的任何条件、手续或其他单边确定的规定。

23. 诸成员国应当以委员会建立的方法为基准、以对外贸易活动参与者在进出配额份额方面平等和不歧视所有权形式、注册地或市场地位为基础,在对外贸易参与者之间分配出口和/或进口配额的份额。

24. 在第三国之间分配进口配额除外,不应当准许对来自和/向任何特定国家的相关货物的进口和/出口要求使用许可证。

25. 有关使用出口/或进口配额,委员会应当:

(1)经某特定类型货物贸易中有利益关系的第三国请求,提供有关分配出口和/或进口配额、其在对外贸易活动参与者之间分配的机制和许可配额数量的全部信息;

(2)公布有关未来特定期间应当允许出口和/或进口货物的总数量或价值、出口和/或进口配额有效期的起止日期及其任何变更的信息。

IV. 排他性权利

26. 可以采取赋予排他性权利方式限制对外贸易活动。

27. 诸成员国根据委员会决定赋予排他性权利的对外贸易活动参与者名单,应当在本联盟互联网官方网站上公布。

28. 通过授予排他性权利对对外贸易活动施加限制的决定,应当由委员会根据任一成员国提案作出。

采取排他性权利的理由应当包括财经估算和确认该措施可行性的其他信息。

29. 诸成员国根据委员会决定赋予其排他性权利的对外贸易活动参与者,应当按不歧视原则开展相关货物的出口和/或进口交易,并受商业对价(包括购买或销售条款)的指导,应当(根据正常商业实践)充分能使第三国的组织竞争参与上述购买或销售。

30. 与授予排他性权利的对外贸易活动参加者有关的货物,应当按授权机构签发的排他许可证出口和/或进口。

V. 自动许可(监控)

31. 为了监测特定类型货物的出口和/或进口动态,委员会可以实施自动许可(监控)。

32. 经一成员国或委员会动议,应当实施自动许可(监控)。

采取自动许可(监控)的理由应当包括不可能使用其他手段跟踪特定类型货物出口和/或进口数量指标及其变化的信息。

33. 实施自动许可(监控)的特定类型货物清单,和上述自动许可(监控)的有效期,应当由委员会确定。

实施自动许可(监控)的货物应当包含在货物共同清单中。

34. 实施自动许可(监控)的货物应当在取得授权机构按委员会确定的方式签发的准许证时出口和/或进口。

35. 包含在货物共同清单中的出口和/或进口货物准许证,应当依据本议定书附件规定的规则签发。

VI. 基于准许证书的程序

36. 基于准许证书的货物进口和/或出口程序,应当通过采取许可或适用监管对外贸易活动的其他行政措施予以执行。

37. 应当由委员会作出有关采取、实施和取消基于准许证书的程序的全部决定。

VII. 一般例外

38. 对特定类型货物的进口和/或出口,可以采取措施,包括本议定书第Ⅲ、Ⅳ节中规定以外的原因,若上述措施:

(1)要求符合公共道德或公共秩序;

(2)要求保护人类生命健康、环境、动植物;

(3)涉及金或银的出口和/或进口;

(4)用于保护文化价值和文化遗产;

(5)要求阻止耗尽不可再生自然资源,和同时对国内使用不可再生资源有关的生产或消费实施限制;

(6)与作为政府稳定计划的一部分,与源自诸成员国领土的货物的出口限制有关,以保证上述货物在其国内价格低于世界价格期间充分供应国内制造业,以此作为政府稳定计划的结果;

(7)在其普遍或局部短缺的情形下,要求获取或分配货物;

(8)要求履行国际义务;

(9)需要确保国防及安全;

（10）要求保证遵守涉及不与国际义务冲突的海关法律、环境保护、知识产权保护的法令和其他法令。

39. 本议定书第 38 款中提及的措施应当根据委员会的相关决定予以实施，不得作为武断或不公平歧视第三国和变相限制对外货物贸易的手段。

40. 为了以本议定书第 38 款规定的理由为基础对特定类型货物采取或取消限制的目的，成员国应当向委员会提交包含有关产品名称、其在《欧亚经济联盟对外经济活动商品单独命名》中的编码、提议措施的性质及其预定期限和采取或取消该措施原因的信息的文件。

41. 若委员会以本议定书第 38 款规定的理由拒绝实施一成员国提议的措施，动议采取措施的成员国可以依据本议定书第 X 节单方采取上述措施。

VIII. 外部金融地位保护和确保国际收支平衡

42. 若要求保护外部金融地位和确保国际收支平衡，可以在进口特定类型货物时，以本议定书第 III、IV 节规定以外的理由实施措施。

仅可以在其他任何措施不能阻止对外账户清算地位激剧恶化时，采取上述措施。

43. 当且仅当以本议定书第 44 款规定的诸成员国外汇储备中的货币履行进口货物供应的支付已形成时，才可以实施所有措施，包括根据本议定书第 III、IV 节规定以外理由的措施。

44. 任何进口限制应当仅在要求阻止迫近威胁诸成员国外汇储备严重减少或恢复诸成员国外汇储备合理增值率的程度上予以实施。

45. 委员会应当审议任一成员国实施本议定书第 42 款提及措施的每项提议。

46. 若委员会拒绝接受任一成员国采取上述措施的提议，该成员国可以根据本议定书第 X 节单方采取本议定书第 42 款规定的措施。

IX. 对外货物贸易中的许可

47. 若对特定类型货物实施以下措施，应当在委员会确定情形下对此类型货物的出口和/进口适用许可：

数量限制；

排他性权利；

基于准许证书的程序；

关税配额；

作为保障措施的进口配额。

应当通过授权机构向对外贸易活动参与者签发货物出口和/或进口许可证的方式实施许可。

一成员国授权机构签发的许可证,应当得到其他所有成员国承认。

48. 包含在货物共同清单中的货物出口和/或进口许可,应当依据本议定书附件规定的规则实施。

49. 授权机构应当签发以下类型的许可证:

单一用途许可证;

普通许可证;

排他许可证。

普通许可证和排他许可证应当在委员会确定的情形下签发。

X. 单方采取措施

50. 在例外情形下,与第三国贸易的成员国可以根据本议定书第Ⅶ、Ⅷ节规定理由,单方采取临时措施,包括根据本议定书第Ⅲ、Ⅳ节规定以外理由的措施。

51. 实施临时措施的一成员国应当提前且不迟于其实施前3个日历日将该措施通知给委员会,并提交在本联盟关税区域实施该措施的提议。

52. 委员会应当审议成员国采取临时措施的提议,并随后决定在本联盟关税区域内实施该措施。

53. 在此种情形下上述措施的有效期应当由委员会确定。

54. 若委员会对本联盟关税区域内实施临时措施未作出任何决定,应当将该临时措施自实施日起6个月内有效的事实,通知给已经实施临时措施的成员国和诸成员国的海关机构。

55. 委员会基于收到的一成员国采取临时措施的通知,应当及时通知诸成员国海关机构有关诸成员国之一采取了临时措施,指明:

(1)该成员国管辖实施临时措施的监管性法令名称;

(2)货物的名称及其在《欧亚经济联盟对外经济活动货物单独命名》中的编码;

(3)实施临时措施的日期及其有效期。

56. 诸成员国海关机构收到本议定书第55款中规定的信息后,不应当准许:

若无该成员国授权机构签发的许可证,出口源自该成员国领土的已经适

用临时措施的相关货物(其详情包含在该信息中);

若无该成员国授权机构签发的许可证,向已经适用临时措施的成员国进口相关货物(其详情包含在该信息中)。在此情形下,未适用临时措施的成员国应当作出所要求的努力,旨在阻止相关货物进口至采取临时措施的成员国。

(邓瑞平、郝春来译,邓瑞平审校)

附件 7 的附件

货物进出口许可证、准许证的签发规则

I.总则

1. 本规则明确规定与第三国贸易中受非关税监管措施约束的、包含在货物共同清单中的货物出口和/或进口签发许可证和准许证的程序。

2. 本规则使用《与第三国有关的非关税监管措施的议定书》(见《欧亚经济联盟条约》附件 7)中定义的术语和以下术语:

"申请人",指为了实施许可证或准许证向授权机构提交要求的文件的对外贸易活动参与者;

"完成许可证",指实际进口至本联盟关税区域或从本联盟关税区域出口、由海关机构按出示的已签发(已执行)许可证清点货物。

3. 为了签发(实施)许可证和复制许可证,授权机构应当按各成员国法律规定的方式和数额征收国家规费(许可证费)。

4. 应当对受许可或自动许可(监控)约束的、《欧亚经济联盟对外经济活动商品单独命名》中分类的每项货物签发许可证和准许证。

5. 授权机构有权签署许可证和准许证的官员的签名样本和授权机构盖章样本,应当发送给委员会以通知给诸成员国海关机构。

6. 为执行许可证或准许证所提交的文件和确认完成许可证的文件,应当由授权机构自许可证或准许证届满日之后或取消或中止许可证的决定日之后,保存 3 年。

此后,应当依据签发该许可证或准许证的成员国的法律销毁上述文件。

7. 授权机构应当维持已签发许可证和准许证的数据库,应当按委员会规定方式和时间向其提交相关信息。委员会应当向诸成员国海关机构提交已签发许可证的数据。

II.许可证签发程序

8. 应当按照委员会批准的为出口和/或进口特定类型货物实施申请和签发许可证的指令,实施申请许可证和准许证。

可以根据委员会批准的程序和在其批准前按该成员国法律确定的程序,

以电子文件形式签发(实施)许可证。

以电子文件形式签发的许可证的结构和格式应当由委员会批准,和在其批准之前应当根据该成员国法律确定。

9. 单一用途许可证的有效期自其生效之日起不得超过 1 年。单一用途许可证的有效期可以限于对外贸易合同的期限或作为签发该项许可证基础的文件的有效期。

对受出口和/或进口主动数量限制或作为保障措施采取的进口配额,或关税配额约束的全部货物,许可证的有效期应当在设定该配额的日历年内终止。

普通许可证的有效期不得自其生效之日起超过 1 年,对受出口和/或进口主动数量和关税配额限制约束的货物,应当在设定该配额的日历年内终止,除非委员会另有规定。

排他许可证的有效期应当由委员会以一事一议为基础确定。

10. 为了实施许可证,申请人或其持有书面确认相关授权的代理人,应当向授权机构提交以下文件和信息:

(1)根据申请和签发特定类型货物出口和/或进口许可证执行指令填写和安排的许可证申请书(以下简称"申请书");

(2)委员会批准格式和其批准前诸成员国法律确定程序的申请书电子副本;

(3)对外贸易协议(合同)、附件和/或其修正的副本;若无对外贸易协议(合同),确认当事双方意图的文件副本;

(4)在税务机构或国家注册登记机构注册登记的文件(信息,若该成员国法律规定)副本;

(5)实施许可活动的许可证副本或获得从事许可活动的许可证信息(若该成员国法律规定)副本,若上述活动与本联盟关税区域内受许可约束的货物的流通关联;

(6)委员会决定所确定的用作相关货物实施许可的基准的其他文件(信息)。

11. 申请人提交的文件副本的每页应当由其签字和盖章,或文件副本应当装订在一起且其最后一页应当由申请人签字和盖章。

申请人提交的文件应当由授权机构登记。

可以按该成员国法律规定程序以电子形式提交申请书和文件(信息)。若该成员国法律有规定,应当准许以经验证的使用申请人数字签名的扫描文件形式提交文件(信息)。

应当在申请人提交确认按该成员国法律规定程序和金额支付了征收签发

(安排)许可证的国家规费(许可证费)之后签发许可证。

12. 在委员会决定规定的情形下,若该成员国法律有规定,申请人或授权机构应当向该成员国指定的相关执行机构发送申请书以获得批准。

申请人在向授权机构提交之前,应由申请人或授权机构发送的申请,若成员国法律有规定,应向该成员国指派的相关行政当局申请批准。

13. 除非委员会决定另有规定,授权机构应当自提交之日起15个营业日内以本规则第10款规定的文件为基础签发或拒绝许可证。

14. 拒绝许可证的理由如下:

(1)申请人提交获取许可证的文件中的信息不完整或不准确;

(2)未遵守本规则第10款至第12款规定的要求;

(3)取消或中止作为签发许可证基础的一项或多项文件;

(4)违反诸成员国的国际义务,该违反会因执行所请求的许可证而履行协议(合同)所致;

(5)用尽配额和关税配额,或无此等配额(在实施配额限制的货物许可证的情形下);

(6)委员会法令规定的其他理由。

15. 拒绝签发许可证的任何决定应当具有激励性;若委员会的决定有规定和无此决定时根据成员国法律,应当将拒绝决定以书面或电子形式提交给申请人。

16. 授权机构应当执行签发给申请人的许可证原件。在向海关申报货物之前,申请人应当向相关海关机构提交许可证原件;若许可证置于其控制,应当向申请人签发有许可证置于其控制的海关机构的印章的许可证副本。

若授权机构已经签发(执行)电子文件形式的许可证,不应当要求申请人向其国内海关机构提交硬副本形式的许可证原件。

授权机构与海关机构之间控制完成以电子文件形式签发的许可证的合作程序,应当由诸成员国法律确定。

17. 不允许对已签发的任何许可证进行变更,包含技术原因。

18. 若在登记为法人的申请人的成立文件中有变化(法律形式、名称或住址变更)或自然人申请人的护照数据中有变化,申请人应当请求终止已签发的许可证和安排新的许可证,提交确认上述变化的申请书和文件。

19. 授权机构可以终止或中止以下情形的任何许可证:

(1)若诸成员国法律有规定,经申请人提交书面或电子形式的请求;

(2)登记为法人的申请人的成立文件中的变化(法律形式、名称或住址)

或自然人申请人护照数据中的变化；

（3）认定申请人为获取许可证所提交的文件中的错误信息；

（4）终止或中止作为签发许可证基础的一项或多项文件；

（5）在履行以其为基准已签发许可证的协议（合同）中,违反该成员国的国际义务；

（6）撤销从事许可活动的许可证,若该活动与实施许可有关的货物的流通有联系；

（7）认定在签发许可证中犯有违规行为,导致签发了按确定程序本不应签发的许可证；

（8）许可证持有人未遵守国际规章或成员国管理性法令确定的任何许可条件；

（9）相关司法判决的有效性；

（10）许可证持有人未遵守本规则第 22 款。

20. 许可证应当在授权机构相关决定之日中止。

授权机构可以在中止原因消除后更新中止的许可证。许可证的中止不应当构成其延期的理由。

中止或终止许可证的程序应当由委员会确定。

21. 若许可证遗失,经申请人书面请求并按该成员国法律规定的程序和金额支付国家规费（许可证费）后,授权机构可以签发执行类似许可证原件并包含"复制"登记的许可证复制本。

可以采取任何形式草拟说明许可证遗失原因和具体情况的申请书。

授权机构应当自请求之日起 5 个营业日内签发许可证复制本。

22. 应当要求普通许可证和排他许可证的持有人在报告季次月第 15 日前,以季度为基准,向授权机构提交完成许可证的报告。

单一用途许可证的持有人应当在该许可证到期后的 15 个日历日内向授权机构提交完成许可证的证书。

23. 一成员国适格海关机构在注销许可证登记时,应当根据书面请求,在 15 个营业日内,向申请人签发完成许可证的证书。

签发证书的形式和程序应当由委员会确定。

24. 若成员国法律规定由海关机构提交完成许可证的信息,海关机构应当以电子形式直接向授权机构提交上述信息。

若由海关机构以电子形式直接向授权机构提交完成许可证的信息,不应当要求许可证持有人向授权机构提交完成许可证的报告和证书。

Ⅲ.准许证签发程序

25. 应当依据委员会批准的准许出口和/或进口特定类型货物的执行指令,实施准许证。

可以根据委员会批准的程序和其批准前成员国法律确定的程序,以电子文件形式签发(安排)准许证。

以电子形式签发的准许证的结构及格式应由委员会批准,和其批准前,应当根据成员国法律确定。

其他所有成员国应当承认一成员国授权机构签发的准许证。

26. 签发准许证的期限不得超过自申请之日后的3个营业日。

准许证应当根据提交给授权机构的以下文件签发,且不得限制任何对外贸易参与者:

书面申请;

纸质准许证草案;

委员会批准格式和其批准前成员国法律确定格式的准许证草案电子副本。

27. 准许证应当限于已经签发该准许证的日历年。

28. 授权机构应当安排向对外贸易活动参与者或其出示书面确认相关授权的代表签发准许证原件。

对外贸易活动参与者应当在货物海关申报前,向相关海关机构提交准许证原件;海关机构在准许证置于其控制时应当向对外贸易活动参与者签发控制准许证的海关机构印章的准许证副本。

若授权机构已经签发(安排)电子文件形式的准许证,不应当要求对外贸易活动参与者向其国内海关机构提交准许证纸质原件。

授权机构与海关机构之间控制完成电子文件形式签发的准许证的合作程序,应当由诸成员国法律确定。

29. 不得向对外贸易活动参与者再签发已经签发的准许证。

不准许对已签发的准许证作出变更。

30. 若准许证遗失,经对外贸易活动参与者相关书面请求,授权机构可以在3个营业日内签发安排类似原件并包含"复制"登记的准许证复制本。相关书面请求应当说明准许证遗失原因和具体情况。上述请求可以采取任何形式草拟。

(邓瑞平、郝春来译,邓瑞平审校)

✳ 宋小萍*

WTO"俄罗斯——某些农产品和制成品关税待遇"案简介

2014 年 10 月 31 日,欧盟就俄罗斯联邦(俄罗斯)农产品和制成品关税措施违反《争端解决谅解》第 1 和 4 条、1994 年《关贸总协定》(以下简称 GATT1994)第 22 条和《1994 年〈关贸总协定〉第 7 条实施协定(海关估价协定)》第 19 条提出与俄罗斯进行磋商,正式启动 WTO 争端解决程序(DS485)。2016 年 2 月 24 日专家组发布了给当事双方的临时报告。2016 年 5 月 8 日专家组发布了最终报告(WT/DS485/R)。

一、本案的起因

俄罗斯既是世界大国,也是我国的最大邻国。俄罗斯在我国对外战略中具有举足轻重的地位,经济合作一直是中俄战略协作伙伴关系的重要组成部分。经过 18 年的艰苦谈判,俄罗斯正式成为 WTO 成员。

俄罗斯经济的发展带动了其国民对高质量和高价值农产品以及农产品制成品需求的提高,国内农产品制成品产量远无法满足需求,不得不大量依赖进口。多年来,俄罗斯的农产品制成品进出口结构相对稳定,随着国力的增强,俄罗斯逐年提高农业支持力度,有力地保障其农业发展和提升农产品制成品的国际竞争力。

"入世"后,俄罗斯有义务削减产生贸易扭曲的国内支持,在 WTO 和

---

* 宋小萍[1992—   ],女,贵州遵义人,西南政法大学国际法学院法律硕士(非法学)2015 级硕士研究生。

GATT1994 框架内规范和约束其国内农业支持政策。但是,俄罗斯为了保护和刺激本国农业的发展,需从关税方面下手。俄罗斯农产品及制成品关税的从价税率分为 5 大类 20%、15%、10%、5% 和 0%。平均关税税率是 12.4%,远高于发展中国家的平均税率 10%,也远高于发达国家的平均税率 5%。很明显,主要原因是高关税税率限制了扩大从外国进口到俄罗斯。①

俄罗斯农产品及制成品关税减让程度不高,且关税措施结构复杂,俄罗斯的"入世"农业承诺很大程度上避免了其国内农产品和制成品遭受来自国际市场的冲击。俄罗斯有非常完善的农业和农产品制成品保护政策,针对不同的农产品制成品给予不同的保护和补贴政策。

二、本案的进展简况

2014 年 10 月 31 日,欧盟就俄罗斯农产品及制成品的关税措施违反《争端解决谅解》第 1、4 条,GATT 1994 年第 22 条和 1994 年《海关估价协定》第 19 条提出请求。

2014 年 11 月 6 日和 14 日,乌拉圭、日本、美国、印度尼西亚分别请求加入磋商。

2014 年 11 月 28 日,举行了磋商。

2015 年 2 月 26 日,欧盟请求根据 DSU 第 6 条和标准裁判条款成立专家组。②

2015 年 3 月 25 日,争端解决机构在其会议上,依欧盟请求,根据 DSU 第 6 条决定成立专家组。

2015 年 6 月 8 日,欧盟请求总干事根据《争端解决谅解》第 8 条第 7 款确定专家组的构成。

2015 年 6 月 18 日,总干事组建了专家组。

2015 年 6 月 30 日,专家组与当事双方召开了组织性会议。

---

① 曾寅初、刘君逸、梁筱筱:《俄罗斯加入世界贸易组织对中俄农产品贸易的影响》,载《经济纵横》2012 年 9 月。

② Request for the Establishment of a Panel by the European Union, cited with Russia-Tariff Treatment of Certain Agricultural and Manufacturing Products from the European Union, WT/DS485/6, 27 February 2015.

2015 年 7 月 3 日，争端解决机构与各当事方磋商后，通过其工作程序①和时间表。

2015 年 7 月 27 日，欧盟提交了其第一份书面呈词。

2015 年 8 月 24 日，俄罗斯提交了其第一份书面呈词。

2015 年 9 月 2 日，澳大利亚、加拿大、哥伦比亚、日本、挪威、乌拉圭和美国提交了第三方呈词。

2015 年 9 月 15—16 日，专家组举行了与当事双方的第一次实质性会议。

2015 年 9 月 18 日，专家组根据俄罗斯请求初步裁决，发出其结论。

2015 年 10 月 20 日，当事双方提交了反驳意见。

2015 年 11 月 23—24 日，专家组举行了与当事双方的第二次实质性会议。

2015 年 12 月 22 日，专家组向当事双方发出其报告说明性部分草案。

2016 年 2 月 24 日，专家组向当事双方发出其临时报告。

2016 年 4 月 8 日，专家组向当事双方发出其最终报告。

2016 年 8 月 12 日，专家组作出最终报告（WT/DS485/R）。

2016 年 9 月 26 日，DSB 通过了专家组最终报告。

2016 年 11 月 10 日，俄罗斯和欧盟通知争端解决机构，其已经就为期 7 个半月的合理期限达成协议，合理期限将于 2017 年 5 月 11 日截止。②

2017 年 6 月 8 日，俄罗斯通知争端解决机构，它已通过欧亚经济联盟委员会和欧亚经济委员会理事会的某些决定，在合理期限内执行争端解决机构的建议和裁决。

三、本案的争议焦点

回顾本案，根据双方所提交的书面呈词以及专家组的报告，案件双方的争议焦点主要是围绕俄罗斯关于农产品制成品所实施的关税措施是否符合 GATT1994 第Ⅱ:1 条款的规定。其中，这些受质疑的措施可被分为下列三类：第一，俄罗斯征收的从价税率超过其减让表相关约束税率的规定——关于纸和纸板制品（第一至第六项措施）；第二，俄罗斯征收的组合税率超过其减让

---

① Russia-Tariff Treatment of Certain Agricultural and Manufacturing Products from the European Union, WT/DS485/1, 4 November 2014, See the Panel's Working Procedures in Annex B-1.

② 世界贸易组织官网，http://www.wto.org/english/tratop_e/dispu_e/dispu_status_e.htm，2017 年 12 月 17 日访问。

表相关从价约束税率的规定——关于棕榈油及其分离品、冰箱和冰柜(第七至第十一项措施);第三,俄罗斯系统征收的关税超过约束税率(第十二项措施)。

欧盟质疑俄罗斯实施的上述第一至第十一项措施已经违反 GATT1994 第Ⅱ:1 条款,自然地,第十二项措施也系统地违反了其减让表的规定。特别是,俄罗斯已经超过其减让表批准的进口关税上限。据此,欧盟向俄罗斯提出申索。但是,俄罗斯认为:其减让表中所列的有关约束税率有错误,并试图纠正其减让表中的错误,欧盟所宣称的第十二项措施未真实存在,因此其未违反GATT1994 第Ⅱ:1 条款。然而,俄罗斯未对所有受质疑的措施提出辩驳。

第三方澳大利亚主张的事项包括:(1)在专家组请求中确定所提出的争议中具体措施的合理要求是什么;(2)GATT1994 第Ⅱ:1 条款下的法律标准和 GATT1994 第Ⅱ:1(b)条款中词语"超过"的含义;(3)GATT1994 第Ⅱ:1(a)条款下临时削减税率的关税是否会超过约束税率;(4)GATT1994 下"这样"的请求。澳大利亚认为:首先,为了达到 GATT1994 第Ⅱ:1(b)条款的目的,专家组应当考虑,"超过"词语的含义指成员方减让表中最小量的增量;其次,违反的关税的临时削减不能消除与 GATT1994 第Ⅱ:1(a)条款的不一致。

四、本案的裁决

专家组对本案涉及的十二项措施,裁决如下:

关于第一至第五项措施,俄罗斯对相应五个关税细目(即纸和纸板制品)征收了 10%、15%的进口关税,但根据俄罗斯的减让表,其各自的税率不应超过 5%,故俄罗斯超过了其减让表中规定的限制关税税率。

关于第六项措施(关税细目 6),即关税税率适用于未来,专家组认为:15%比率的进口税是可预测的,因此该项措施的成立没有导致市场上的竞争进一步失真、没有给予不公正待遇;没有发现任何违反 GATT 1994 第Ⅱ:1(a)条款的行为。

关于第七至十一项措施,在设立专家组后消除违反不排除迄今为止第七至十一项措施违反 GATT 第Ⅱ:1 条款的行为。

关于第十二项措施,欧盟没有证据证明与第Ⅱ:1(b)条款第一句不相符。必然地,欧盟也未能得出与第Ⅱ:1(a)条款不相符的结果。

金砖国家法律报告
BRICS LAW REPORT

世界贸易组织

（16—4323）

WT/DS485/R

2016 年 8 月 12 日

原文：英文

俄罗斯——某些农产品和制成品的关税待遇

专家组报告

目 录

1. 导言

1.1 欧盟的申诉

1.2 专家组的成立和组成

1.3 专家组程序

1.3.1 一般原则

1.3.2 商业机密信息（BCI）的工作程序

1.3.3 初步裁决

2. 事实方面

2.1 争议的措施

3. 当事双方请求裁决和建议

4. 当事双方的观点

5. 第三方的观点

6. 中期审查

6.1 GATT 第Ⅱ:1(b)条款第一句下引起的一般解释问题

6.2 关于适用声称超过限制从价关税率的从价关税率的请求（第一项至第六项措施）

6.3 关于适用声称超过限制关税率的组合关税的请求（争议的第七项至第十一项措施）

6.4 关于第十二项措施的请求（"系统关税变量"）

7. 裁决

7.1 请求的概述

7.2 GATT 第Ⅱ:1(b)条款第一句下引起的一般解释问题

7.3 关于适用声称超过限制从价关税率的从价关税率的请求（第一项至第六项措施）

7.3.1　关于第一项至第五项措施的请求

7.3.1.1　争议的措施和适用关税率

7.3.1.2　与 GATT 1994 第Ⅱ:1(b)条款第一句的相符性

7.3.1.3　与 GATT 1994 第Ⅱ:1(a)条款的相符性

7.3.2　关于第六项措施的请求

7.3.2.1　争议的措施和适用关税率

7.3.2.2　初步的问题

7.3.2.3　与 GATT 1994 第Ⅱ:1(b)条款第一句的相符性

7.3.2.4　与 GATT 1994 第Ⅱ:1(a)条款的相符性(间接请求)

7.3.2.5　第六项措施与 GATT 1994 第Ⅱ:1(a)条款的相符性(单独请求)

7.4　关于适用声称超过限制关税率的组合关税的请求(争议的第七项至第十一项措施)

7.4.1　关于第七项至第九项措施的请求

7.4.1.1　争议的措施和适用关税率

7.4.1.2　与 GATT 1994 第Ⅱ:1(b)条款第一句的相符性

7.4.1.3　上限机制

7.4.1.4　结论

7.4.1.5　与 GATT 1994 第Ⅱ:1(a)条款的相符性

7.4.2　关于第十项至第十一项措施的请求

7.4.2.1　争议的措施和适用关税率

7.4.2.2　与 GATT 1994 第Ⅱ:1(b)条款第一句的相符性

7.4.2.3　与 GATT 1994 第Ⅱ:1(a)条款的相符性

7.5　关于第十二项措施的请求("系统关税变量")

7.5.1　争议的措施

7.5.1.1　系统适用

7.5.1.2　关税待遇的特殊种类

7.5.1.3　大量单个关税细目

7.5.1.4　普遍实践

7.5.1.5　关于争议措施之定义的结论

7.5.2　措施的存在

7.5.2.1　欧盟提交的证据

7.5.2.2　证据的评估

7.5.3　关于 SDV 的结论

8. 结论和建议

本报告中援引的 WTO 和 GATT 案件

短标题	案件标题全称和援引
阿根廷——皮革	专家组报告,阿根廷——影响牛皮出口和成品皮革进口的措施,WT/DS155/R,2001 年 2 月 16 日通过,DSR2001：V,第 1779 页
阿根廷——进口措施	上诉机构报告,阿根廷——影响货物的措施,WT/DS438/AB/R、WT/DS444/AB/R、WT/DS445/AB/R,2015 年 1 月 26 日通过
阿根廷——纺织品和服装	上诉机构报告,阿根廷——影响鞋类、纺织品、服装和其他货物的措施,WT/DS56/AB/R,1998 年 4 月 22 日通过,DSR1998：Ⅲ,第 1003 页
阿根廷——纺织品和服装	专家组报告,阿根廷——上诉机构报告,阿根廷——影响鞋类、纺织品、服装等其他货物的措施,WT/DS56/AB/R,1998 年 4 月 22 日通过,经上诉机构报告 WT/DS56/AB/R 变更,DSR1998：Ⅲ,第 1033 页
澳大利亚——三文鱼	上诉机构报告,澳大利亚——影响三文鱼进口的措施,WT/DS18/AB/R,1998 年 8 月 20 日通过,DSR1999：Ⅷ,第 3327 页
巴西——航空器	上诉机构报告,巴西——航空器出口融资计划,WT/DS46/AB/R,1999 年 8 月 20 日通过,DSR1999：Ⅲ,第 1161 页
加拿大——可再生能源/加拿大——并网电价补贴计划	专家组报告,加拿大——影响可再生能源发电产业的措施/加拿大——与并网电价补贴计划相关的措施,WT/DS412/R 及补充 1、WT/DS426/R 及补充 1,2013 年 5 月 24 日通过,经上诉机构报告 WT/DS412/AB/R、WT/DS426/AB/R 变更,DSR2013：I,第 237 页
加拿大——小麦出口和谷物进口	上诉机构报告,加拿大——涉及小麦出口和谷物进口待遇的措施,WT/DS276/AB/R,2004 年 9 月 27 日通过,DSR2004：Ⅵ,第 2739 页
智利——酒精饮料税	专家组报告,智利——酒精饮料税,WT/DS87/R、WT/DS110/R,2000 年 1 月 12 日通过,经上诉机构报告 WT/DS87/AB/R、WT/DS110/AB/R 变更,DSR2000：I,第 303 页
智利——价格区间体系	上诉机构报告,智利——涉及某些农产品的价格区间体系和保障措施,WT/DS207/AB/R,2002 年 10 月 23 日通过,DSR2002：Ⅷ,第 3045 页(修正 1,DSR2006：Ⅻ,第 5473 页)
中国——汽车配件	上诉机构报告,中国——影响汽车配件进口的措施,WT/DS339/AB/R、WT/DS340/AB/R、WT/DS342/AB/R,2009 年 1 月 12 日通过,DSR2009：I,第 3 页

短标题	案件标题全称和援引
中国——电子支付服务	专家组报告,中国——影响电子支付服务的若干措施,WT/DS413/R,2012年8月31日通过,DSR2012:X,第5305页
中国——出版物和音像制品	专家组报告,中国——影响出版物和音像制品贸易权利和分销服务的若干措施,WT/DS363/R,2010年1月19日通过,经上诉机构报告WT/DS363/AB/R变更,DSR2010:Ⅱ,第261页
中国——原材料	上诉机构报告,中国——涉及各种原材料进口的措施,WT/DS394/AB/R、WT/DS395/AB/R、WT/DS398/AB/R,2012年2月22日通过,DSR2012:Ⅶ,第3295页
哥伦比亚——纺织品	专家组报告,哥伦比亚——涉及纺织品、服装和鞋类的进口措施,WT/DS461/R,2015年11月27日向WTO各成员方传阅(上诉/待通过)
多米尼加共和国——香烟进口和销售	上诉机构报告,多米尼加共和国——影响香烟进口和国内销售的措施,WT/DS302/AB/R,2005年5月19日通过,DSR2005:XⅤ,第7367页
欧共体——批准和销售生物技术产品	专家组报告,欧共体——影响批准和销售生物技术产品的措施,WT/DS291、补充1—9和修正1,WT/DS292、补充1—9和修正1,WT/DS293、补充1—9和修正1,2006年11月21日通过,DSR2006:Ⅲ,第847页
欧共体——香蕉Ⅲ	上诉机构报告,欧共体——香蕉进口、销售和分销体制,WT/DS27/AB/R,1997年9月25日通过,DSR1997:Ⅱ,第591页
欧共体——鸡肉削减	上诉机构报告,欧共体——冰冻无骨鸡肉削减的关税分类,WT/DS269/AB/R、WT/DS286/AB/R,2005年9月27日通过,DSR2005:XⅨ,第9157页
欧共体——电脑设备	上诉机构报告,欧共体——若干电脑设备的关税分类,WT/DS62/AB/R、WT/DS67/AB/R、WT/DS68/AB/R,1998年6月22日通过,DSR1998:Ⅴ,第1851页
欧共体——电脑设备	专家组报告,欧共体——若干电脑设备的关税分类,WT/DS62/AB/R、WT/DS67/AB/R、WT/DS68/AB/R,1998年6月22日通过,经上诉机构报告WT/DS62/AB/R、WT/DS67/AB/R、WT/DS68/AB/R变更,DSR1998:Ⅴ,第1891页
欧共体——紧固件(中国)	专家组报告,欧共体——对源自中国若干钢铁紧固件的最终反倾销措施,WT/DS397/R及其修正1,2011年7月28日通过,经上诉机构报告WT/DS397/R变更,DSR2011:Ⅷ,第4289页

续表

短标题	案件标题全称和援引
欧共体——激素	上诉机构报告,欧共体——关于肉和肉制品的措施(激素),WT/DS26/AB/R、WT/DS48/AB/R,1998 年 2 月 13 日通过,DSR1998:Ⅰ,第 135 页
欧共体——IT产品	专家组报告,欧共体——若干信息技术产品的关税待遇,WT/DS375/R、WT/DS376/R、WT/DS377/R,2010 年 9 月 21 日通过,DSR2010:Ⅲ,第 933 页
欧共体——选择海关问题	上诉机构报告,欧共体——选择海关问题,WT/DS315/AB/R,2006 年 12 月 11 日通过,DSR2006:Ⅸ,第 3791 页
欧共体——关税优惠	上诉机构报告,欧共体——给予发展中国家关税优惠的条件,WT/DS246/AB/R,2004 年 5 月 20 日通过,DSR2004:Ⅲ,第 925 页
欧共体和某些成员国——大型民用飞机	上诉机构报告,欧共体和某些成员国——影响大型民用飞机贸易的措施,WT/DS316/AB/R,2011 年 6 月 1 日通过,DSR2011:Ⅰ,第 7 页
日本——酒精饮料Ⅱ	上诉机构报告,日本——酒精饮料征税,WT/DS8/AB/R、WT/DS10/AB/R、WT/DS11/AB/R,1996 年 11 月 1 日通过,DSR1996:Ⅰ,第 97 页
日本——胶片	专家组报告,日本——影响消费者照相胶片和纸的措施,WT/DS44/R,1998 年 5 月 22 日通过,DSR1998:Ⅳ,第 1179 页
韩国——多种牛肉措施	上诉机构报告,韩国——影响新鲜、冻牛肉的措施,WT/DS161/AB/R、WT/DS169/AB/R,2001 年 1 月 10 日通过,DSR2001:Ⅰ,第 5 页
墨西哥——大米反倾销措施	上诉机构报告,墨西哥——牛肉和大米的反倾销措施、关于大米的投诉,WT/DS295/AB/R,2005 年 12 月 20 日通过,DSR2005:XXⅢ,第 10853 页
墨西哥——玉米糖浆(第21.5条款—美国)	上诉机构报告,墨西哥——对美国高果糖玉米糖浆(HFCS)的反倾销调查——美国诉诸 DSU 第 21.5 条款,WT/DS132/AB/RW,2001 年 11 月 21 日通过,DSR2001:XⅢ,第 6675 页
墨西哥——软饮料税	专家组报告,墨西哥——对软饮料和其他饮料的征税措施,WT/DS308/R,2006 年 3 月 24 日通过,DSR2006:Ⅰ,第 43 页
泰国——H型钢	上诉机构报告,泰国——对源自波兰的铁或非合金钢的角钢和型材、H 型钢的反倾销税,WT/DS122/AB/R,2001 年 5 月 5 日通过,DSR2001:Ⅶ,第 2701 页
乌克兰——客车	专家组报告,乌克兰——某些客车最终保障措施,WT/DS468/R,2015 年 6 月 20 日通过

续表

短标题	案件标题全称和援引
美国——碳钢	上诉机构报告,美国——对德国某些耐腐碳钢扁平产品反补贴税,WT/DS213/AB/R,2002 年 12 月 19 日通过,DSR2002:Ⅸ,第 3779 页
美国——某些欧共体产品	上诉机构报告,美国——对欧共体某些产品的进口措施,WT/DS165/AB/R,2001 年 1 月 10 日通过,DSR2001:Ⅰ,第 373 页
美国——标签	专家组报告,美国——某些原产地国标签(COOL)要求,WT/DS384/R、WT/DS386/R,2012 年 7 月 23 日通过,经上诉机构报告 WT/DS384/AB/R、WT/DS386/AB/R 变更,DSR2012:Ⅵ,第 2745 页
美国——持续调零	上诉机构报告,美国——调零方法的持续存在和应用,WT/DS350/AB/R,2009 年 2 月 19 日通过,DSR2009:Ⅲ,第 1291 页

本报告中提及的证据展示

证据展示	标题	短标题
EU-1	来自市场准入、减让表修正和变更委员会的通信,减让表 CLXV-俄罗斯联邦,2015 年 5 月 1 日,G/MA/TAR/RS/406;和欧盟对俄罗斯联邦请求变更/修正其有约束力的 WTO 准入减让表 CLXV 的异议	俄罗斯的修正请求
EU-3	亚欧经济委员会行政局 2012 年 7 月 16 日"关于白俄罗斯共和国、哈萨克斯坦共和国、俄罗斯联邦关税联盟共同海关税则规章"(2012 年 8 月 23 日生效)的第 54 号决定—相关部分为英文和俄文	第 5 号决定
EU-4	欧亚经济委员会行政局 2014 年 1 月 29 日"关于确定关税联盟中某些种类纸和纸板进口关税率"的决定 —英文和俄文	第 9 号决定
EU-5	欧亚经济委员会行政局 2014 年 5 月 26 日根据俄罗斯联邦 WTO 准入承诺就某些货物修正《海关联盟共同对外经济活动单独商品命名》《海关联盟共同海关关税》和批准欧亚经济委员会理事会决议草案的第 77 号决定—相关部分为英文和俄文	第 77 号决定
EU-6	欧亚经济委员会理事会 2014 年 7 月 16 日"关于根据俄罗斯联邦在 WTO 中的义务就某些货物确定《海关联盟共同海关关税》中进口关税率"的第 52 号决定—英文和俄文	第 52 号决定

续表

证据展示	标题	短标题
EU-7	欧亚经济委员会理事会 2014 年 6 月 23 日"根据俄罗斯联邦对 WTO 的义务就某些货物修正《海关联盟对外经济活动单独商品命名》和《海关联盟共同海关关税》"的第 47 号决定—相关部分为英文和俄文	第 47 号决定
EU-8	欧亚经济委员会行政局 2014 年 7 月 7 日莫斯科"关于根据俄罗斯联邦在 WTO 中的义务就某些种类的轮胎、翻新轮胎和鞋确定《海关联盟共同海关关税》中进口关税率"的第 102 号决定—英文和俄文	第 103 号决定
EU-9	俄罗斯联邦减让表 CLXV 摘要,《俄罗斯联邦加入议定书》附件 1,在 WT/ACC/RUS/70/Ad.1 中传阅	俄罗斯减让表
EU-10	2014 年 10 月 28 日货物声明和补充清单	《货物声明》和《货物声明补充清单》
EU-11	2015 年 4 月 19 日、5 月 5 日、6 月 3 日、6 月 16 日和 6 月 17 日分别的货物声明—英文和俄文	《货物声明》和《货物声明补充清单》
EU-12	2015 年 6 月 7 日货物声明和补充清单—英文和俄文	《货物声明》和《货物声明补充清单》
EU-13	2014 年 10 月 15 日货物声明—英文和俄文	《货物声明》和《货物声明补充清单》
EU-14	2014 年 11 月 5 日货物声明和补充清单—英文和俄文	《货物声明》和《货物声明补充清单》
EU-15	2013 年 12 月 6 日货物声明和补充清单—英文和俄文	《货物声明》和《货物声明补充清单》
EU-16	2014 年 9 月 19 日货物声明和补充清单—英文和俄文	《货物声明》和《货物声明补充清单

续表

证据展示	标题	短标题
EU-17	2015 年 4 月 10 日货物声明和补充清单—英文和俄文	《货物声明》和《货物声明补充清单》
EU-18	2015 年 6 月 14 日货物声明和补充清单—英文和俄文	《货物声明》和《货物声明补充清单》
EU-19	与欧盟系统关税变量主张有关的差异说明清单	说明清单
EU-20	俄罗斯联邦对外贸易差异的具体情况、海关统计	海关统计
RUS-9	欧亚经济委员会理事会 2015 年 8 月 21 日"关于根据俄罗斯联邦对 WTO 的承诺就某些货物建立《欧亚经济联盟共同海关关税》进口关税"的第 54 号决定—英文和俄文	第 54 号决定
RUS-10	欧亚经济委员会行政局 2015 年 6 月 2 日"关于根据俄罗斯联邦在 WTO 下的承诺修正适用于某些种类货物的《欧亚经济联盟对外经济活动单独商品命名》"的第 85 号决定	第 85 号决定

本报告中使用的缩写

缩写	描述
1980 年决定	关于变更和修正关税减让表的程序的 1980 年 3 月 26 日决定,理事会通过,C/M/139
BCI	商业机密信息,BCI
CCT	欧亚经济联盟共同海关关税,CCT
柯林斯英语词典在线	柯林斯英语词典在线,http://www.collinsdictionary.com/dictionary/english
海关估价协定	《关于实施〈1994 年关税与贸易总协定〉第七条的协定》
DSB	争端解决机构,DSB
第 9 号决定	欧亚经济委员会行政局第 9 号决定
第 47 号决定	欧亚经济委员会理事会第 47 号决定
第 52 号决定	欧亚经济委员会理事会第 52 号决定
行政局第 54 号决定	欧亚经济委员会行政局第 54 号决定
理事会第 54 号决定	欧亚经济委员会理事会第 54 号决定

续表

缩写	描述
第 77 号决定	欧亚经济委员会行政局第 77 号决定
第 85 号决定	欧亚经济委员会行政局第 85 号决定
第 103 号决定	欧亚经济委员会行政局第 103 号决定
DSU	管辖争端解决的规则和程序的谅解,DSU
EAEU	欧亚经济联盟
EAEU 条约	欧亚经济联盟条约
EU	欧洲联盟,欧盟或 EU
欧元	Euro
GATT 1994	1994 年关税与贸易总协定,GATT 1994
牛津英语词典在线	《牛津英语词典》在线,<http://www.oed.com>
第 313 段	《俄罗斯入世工作组报告》,WT/ACC/RUS/70、WT/MIN(11)/2,第 313 段
俄罗斯	俄罗斯联邦
《俄罗斯入世议定书》	《俄罗斯联邦入世议定书》,2011 年 12 月 17 日,WT/MIN(11)/24、WT/L/839
俄罗斯的修正要求	来自市场准入、修正和变更减让表委员会的通信,俄罗斯联邦减让表 CLXV,2015 年 5 月 21 日,G/MA/TAR/RS/406
俄罗斯减让表	俄罗斯联邦减让表 CLXV,《俄罗斯联邦入世议定书》附件 I,在 WT/ACC/RUS/70/Ad.1 中列明
俄罗斯工作组报告	《俄罗斯入世工作组报告》,WT/ACC/RUS/70、WT/MIN(11)/2
SDV	系统关税变量,SDV
新简明牛津英语词典	《新简明牛津英语词典》(第 6 版),2007 年,第 1、2 卷
维也纳公约	《条约法维也纳公约》,1969 年 5 月 23 日签署于维也纳,1155 UNTS 331,《国际法律资料》第 8 卷第 679 页
WTO	世界贸易组织,WTO

1. 导言

1.1 欧盟的申诉

1.1. 2014 年 10 月 31 日,欧洲联盟(欧盟)就后面所列措施和主张,依据

《管辖争端解决之规则和程序的谅解》(DSU)第 1 和第 4 条、《1994 年关税与贸易总协定》(GATT 1994)第 XXII 条和《实施 GATT 1994 第 VII 条的协定》,要求与俄罗斯联邦(俄罗斯)磋商。①

1.2. 下列成员请求参与磋商:乌克兰(2014 年 11 月 6 日)②、日本(2014 年 11 月 14 日)③、美国(2014 年 11 月 14 日)④和印度尼西亚(2014 年 11 月 14 日)⑤。争端解决机构没有收到俄罗斯接受这些请求的通知函。

1.3. 2014 年 11 月 28 日举行了磋商。⑥

1.2 专家组的成立和组成

1.4 2015 年 2 月 26 日,欧盟请求根据 DSU 第 6 条和标准裁判条款成立一专家组。⑦ 在争端解决机构(DSB)2015 年 3 月 25 日会议上,该机构依据欧盟在 WT/DS485/6 文件中的请求、根据 DSU 第 6 条,成立了专家组。⑧

1.5 专家组的标准裁判条款如下⑨:

依据争端当事双方援引的涵盖协定相关条款,审查欧盟在文件 WT/DS485/6 中提交给 DSB 的事项和作出裁决以协助 DSB 作出此等协定中规定的建议或给出裁决。

1.6 2015 年 6 月 8 日,欧盟请求总干事根据 DSU 第 8.7 条款决定专家组的组成。2015 年 6 月 18 日,总干事据此组成专家组如下⑩:

主席:罗纳德·萨波里奥.索托(Ronald Saborío Soto)先生

成员:埃斯特班.科内霍斯(Esteban Conejos, Jr)先生

古斯塔沃·卢纳兹(Gustavo Lunazzi)先生

1.7 澳大利亚、巴西、加拿大、智利、中国、哥伦比亚、印度、日本、韩国、摩尔多瓦、挪威、乌克兰和美国通知其有利害关系作为第三方参与专家组程序。

---

① 欧盟的磋商请求,WT/DS485/1,2014 年 11 月 4 日。

② 共同磋商的请求——来自乌克兰的通讯,WT/DS485/2,2014 年 11 月 10 日。

③ 共同磋商的请求——来自日本的通讯,WT/DS485/3,2014 年 11 月 18 日。

④ 共同磋商的请求——来自美国的通讯,WT/DS485/4,2014 年 11 月 18 日。

⑤ 共同磋商的请求——来自印度尼西亚的通讯,WT/DS485/5,2014 年 11 月 18 日。

⑥ 欧盟设立一专家组的请求,WT/DS485/6,2015 年 2 月 27 日。

⑦ 欧盟设立一专家组的请求,WT/DS485/6,2015 年 2 月 27 日。

⑧ 2015 年 5 月 1 日在威廉拉帕德中心(the Centre William Rappard)举行会议的纪要,WT/DSB/M/359,2015 年 5 月 1 日,第 6.4 段。

⑨ 应欧盟请求成立专家组的组成—由秘书处通知,WT/DS485/7,2015 年 6 月 19 日。

⑩ 应欧盟请求成立专家组的组成—由秘书处通知,WT/DS485/7,2015 年 6 月 19 日。

1.3 专家组程序

1.3.1 一般原则

1.8 2015年6月30日专家组与当事双方召开了其组织性会议。专家组与当事双方磋商后,于2015年6月3日通过了其工作程序①和时间表。

1.9 2015年7月27日,欧盟提交了其第一份书面呈词。2015年8月24日,俄罗斯提交了其第一份书面呈词。2015年9月2日,收到了来自澳大利亚、加拿大、哥伦比亚、日本、挪威、乌克兰和美国的第三方呈词。

1.10 2015年9月15日至16日,专家组与当事双方举行了第一次实质性会议。2015年9月16日,与第三方举行了一次会议。

1.11 2015年10月20日,当事双方提交了其反驳呈词。

1.12 2015年11月23日至24日,专家组与当事双方召开了第二次实质性会议。2015年12月22日,专家组向当事双方发出了其报告说明部分草案。2016年2月24日,专家组向当事双方发出了其临时报告。2016年5月8日,专家组向当事双方发出了其最终报告。

1.3.2 商业机密信息(BCI)的工作程序

1.13 2015年6月30日,欧盟请求专家组采纳补充工作程序以保护所有当事方可能向其提交的任何BCI。为支持该请求,欧盟提出了一项BCI程序的提案。

2015年7月3日,专家组将其自己的BCI程序草案传递给当事双方。2015年7月8日,欧盟对专家组草拟的草案提供了评论。专家组根据这些评论,于2015年7月14日采纳了关于商业机密信息的补充工作程序。② 在诉讼过程中,任何一方都没有向专家组提交BCI。

1.3.3 初步裁决

1.14 2015年8月24日,俄罗斯向专家组提交了根据DSU第6.2条款作出初步裁决的请求。2015年9月3日,给予了欧盟回复俄罗斯请求的机会。还建议当事双方,他们可以在与其第一次实质性会议上的开审口头陈述期间,评论俄罗斯的请求。此外,专家组通知,第三方可以在其向专家组提交的书面呈词中或在专家组第一次实质性会议背景下进行的第三方会议上的口头陈述中评论俄罗斯的请求。专家组考虑了俄罗斯请求专家组在第一次实质性会议之前发布初步裁决(专家组认为是不可行的)和俄罗斯在第一次实质

---

① 见附件 B-1 专家组工作程序。

② 见附表 B-2 专家组对商业机密信息的补充工作程序。

性会议上重申专家组应当尽快对俄罗斯的请求作出裁决,在第一次实质性会议结束后不久于 2015 年 9 月 18 日发布了其关于俄罗斯请求初步裁决的结论。

1.15 2015 年 11 月 2 日,专家组发出了支持其结论的详细理由。同日,专家组询问当事双方,他们是否反对向各成员方早期传阅详细理由。2015 年 11 月 5 日,欧盟明确支持早期传阅。但同一天,俄罗斯反对传阅,指明它的反对是不损害俄罗斯在向 WTO 成员传阅初步裁决问题上的一般地位,或不损害俄罗斯在其可能是一当事方或第三方的任何其他未来争端中在此等问题上的一般地位。因此,专家组于 2015 年 11 月 10 日通知当事双方,在其最终报告之前不传阅其详细理由。①

2. 事实方面

2.1 争议的措施

2.1 欧盟质疑涉及俄罗斯某些农产品和制成品关税待遇的十二项措施。

2.2 前十一项措施是欧亚经济共同体《共同海关关税》(CCT)规定的涉及以下关税细目的关税②:

a. 4810 22 900 0(某些轻量涂布纸)

b. 4810 29 300 0(卷筒纸和纸板制品)

c. 4810 92 300 0(只有一层外层漂白的多层纸和纸板制品)

d. 4810 13 800 9(卷筒纸和纸板制品)

e. 4810 19 900 0(某些纸和纸板制品)

f. 4810 92 100 0(只有一层外层漂白的多层纸和纸板制品)

g. 1511 90 190 2(皮重 20000 公斤或以下的某些棕榈油产品)

h. 1511 90 900 2(皮重 20000 公斤或以下的某些棕榈油产品)

i. 8418 10 200 1(家用类冰箱)

j. 8418 10 800 1(家用类冰箱)

k. 8418 21 800 0(容量超过 340 升的压缩类冰箱)

2.3 欧盟将争议的第十二项措施给予具有"一种存在于系统关税变量的更一般措施,在这些变量导致适用超过限制税率的关税的范围内"的特

---

① 专家组对俄罗斯请求初步裁决的结论和详细理由载于本报告附件 A-1。

② 欧盟的第一份书面呈词,第 31 段。

性。① 此项措施,欧盟称其为"系统关税变量"②,存在于"系统地给予某些清楚规定关税待遇种类,其在此等关税待遇每个实例中导致以超过限制税率征收关税"③。

3. 当事双方请求裁决和建议

3.1 欧盟请求专家组裁决,争议措施在专家组成立时不符合或曾不符合 GATT 1994 第Ⅱ:1(a)条款和Ⅱ:1(b)条款下俄罗斯的义务。欧盟进一步请求,根据 DSU 第 19.1 条款,专家组建议俄罗斯使其措施在它一直未这样做的范围内遵守其 WTO 的义务。

3.2 俄罗斯请求专家组裁决,欧盟的请求超过了专家组的职权范围。此外,俄罗斯请求专家组裁决,欧盟质疑的第六、七、八、十和十一项措施自专家组成立以来已经被修正或被改变,现在符合 GATT 1994 第Ⅱ:1(a)和(b)下俄罗斯的义务。俄罗斯还请求专家组裁决,就争议的第十二项措施,欧盟没有具体证明确立该措施或其准确内容的规范和法律,或者裁决欧盟没有证明该措施存在且不符合第Ⅱ:1(a)和(b)条款下俄罗斯的义务。④

4. 当事双方的观点

4.1 当事双方的论点反映在其执行摘要中,并根据专家组采纳的工作程序第 19 段提供给了专家组(见附件 C-1、C-2、C-3 和 C-4)。

5. 第三方的观点

5.1 澳大利亚、巴西、加拿大、智利、哥伦比亚、日本、挪威、乌克兰和美国的论点反映在其执行摘要中,并根据专家组采纳的工作程序第 20 段提供给了专家组(见附件 D-1、D-2、D-3、D-4、D-5、D-6、D-7、D-8 和 D-9)。

6. 中期审查

6.1 2016 年 2 月 24 日,专家组向当事双方发出了中期报告。2016 年 3 月 9 日,欧盟和俄罗斯都向专家组递交了要求专家组审查中期报告的书面请求。2016 年 3 月 23 日,欧盟和俄罗斯递交了对彼此请求审查的评论。当事

---

① 欧盟的第一份书面呈词,第 127 段。
② 欧盟的第一份书面呈词,第 127 段。
③ 欧盟的第一份书面呈词,第 95 段。
④ 俄罗斯的第一份书面呈词,第 195 段;第二份书面呈词,第 108 段。

双方皆未要求召开中期审查会议。

6.2 根据 DSU 第 15.3 条款,专家组报告的本部分列出了专家组对当事双方在中期审查阶段提出请求的回应。

6.3 除在下面指明专家组对当事双方请求的回应作了实质性变更外,专家组还更正了本报告中的排字错误和其他非实质性编辑说明,包括当事双方确定的那些事项。

6.1 GATT 第Ⅱ:1(b)条款第一句下引起的一般解释问题

6.4 关于第 7.14 段,欧盟请求专家组增加一项提及,即俄罗斯关于以下的论点:(a)上诉机构在法理上对一项普通关税的定义和(b)要求确立不符合第Ⅱ:1(b)条款的证据。

6.5 专家组认为没有必要提及欧盟确定的俄罗斯在 7.14 段背景下的论点。该段和本报告第 7.2 节不意图对涉及解释第Ⅱ:1(b)条款第一句的所有问题提供全面审查。相反,它处理当事双方提出的某些具体法律问题。据此,我们认为没有必要回顾欧盟在第 7.14 段中提到的论点。但是,我们注意到,第 7.17 段及以下的三个段落讨论了问题(b)。相应地,问题(a)在第 7.93 段中得以解决。依据这些考虑,我们对欧盟评论的回应不作任何改变。

6.2 关于适用声称超过限制从价关税率的从价关税率的请求(第一项至第六项措施)

6.6 关于第 7.34 和第 7.129 段,欧盟指出它没有争辩称,临时关税措施本身违反第Ⅱ:1(b)条款。相反,它依据降低临时关税预示未来超过限制关税率的关税待遇这一事实,质疑降低临时关税这一措施。欧盟请求专家组修改第 7.34 和第 7.129 段以反映此种质疑。欧盟还指出,专家组正确描绘了欧盟在第 7.130 段上的相关主张。

6.7 专家组适当变更了第 7.34 段、第 7.129 段和第 8.1(c)(ⅲ)段。

6.8 关于第 7.42 段至第 7.43 段,欧盟请求专家组反映欧盟在回答专家组第 123 号问题中的某些论点。

6.9 专家组适当改变了第 7.43 段。关于第 7.46 段,欧盟请求专家组删除或限定第四句。欧盟指出它面临两项事实,即 CCT 规定的俄罗斯关税,要求俄罗斯海关当局按每项进口交易征收关税(实际上也是这样做的)。欧盟还建议专家组提及一项假设,即要求俄罗斯海关当局在法律上对每项单独进口交易适用 CCT 中包含的关税。按欧盟观点,用动词"施加"比用动词"适用"更好地体现此种假设。此外,欧盟请求,为了更加清楚,变动该段以考虑俄罗斯在其回应专家组第 34、52 号问题中的某些陈述。根据欧盟观点,这些

答复表明,采纳俄罗斯适用的关税正处于 EAEU 掌控中。

6.10　专家组删除了该段的第四句。但是,为了与裁决剩余部分保持一致,我们认为使用动词"施加"代替动词"适用"是不合适的。第 7.46 段还使此变得清晰,即欧盟质疑俄罗斯海关当局在法律上被要求适用的税率。最后,我们认为不需要以提及俄罗斯认定陈述之要素的方式增加第 7.46 段。我们还注意到,第 7.42 段已经提出了一项相关的观点。

6.11　关于第 7.53 段,欧盟请求专家组增加提及俄罗斯的以下陈述:《条约法维也纳公约》(维也纳公约)和 1980 年 3 月 26 日关于变更、修改关税减让表的程序的决定(1980 年决定)累积适用,以及维也纳公约第 79 条构成一项国际习惯法规则。

6.12　专家组适当改动了第 7.52、第 7.53 段。

6.13　关于第 7.80、第 7.100、第 7.101、第 7.119、第 7.174、第 7.175、第 7.198、第 7.215、第 7.261、第 7.262 段和脚注 290、295、296、343,欧盟请求,鉴于俄罗斯可能不止一个海关当局,这些段落和脚注中的"海关当局"改变为"诸海关当局"。

6.14　俄罗斯反对欧盟的此项请求。根据俄罗斯观点,俄罗斯有一个海关当局——"联邦海关总署"。俄罗斯指出,该术语已经在《俄罗斯工作组报告》第 306 段中使用了。

6.15　专家组在其报告中保留了对"海关当局"的提法。但是,我们希望澄清,此术语一般用来指俄罗斯境内负责适用 CCT 中规定的进口关税的海关当局或诸海关当局。

6.16　关于第 7.100 段,欧盟提出,俄罗斯海关当局现在和过去都不能自由地修改关税率,但现在和过去被要求适用 CCT 中规定的关税。欧盟因此请求,争议中的段落阐明要求诸海关当局自 2016 年 1 月 1 日开始"适用"某一关税率,而不是要求他们自 2016 年 1 月 1 日起开始"提高"某一关税率。

6.17　俄罗斯同意欧盟的意见,即它的海关当局现在和过去不能自由变更关税率。在这方面,俄罗斯再次提及其工作组报告第 306 段。俄罗斯因此请求专家组考虑欧盟的评论。

6.18　专家组适当改动了第 7.100 段。

6.19　关于第 7.107 段,欧盟请求专家组澄清,俄罗斯提议专家组在仅涉及第六项措施遵守第Ⅱ:1(b)条款第一句时应当遵循欧盟—IT 产品案中专家组采取的方法。

6.20　专家组适当改动了第 7.107 段。

6.21 关于第7.114段,欧盟请求专家组采取提及本报告具体段落取代提及第7.3.2.3节的方式阐明交叉援引。

6.22 专家组适当改动了第7.114段。

6.3 关于适用声称超过限制关税率的组合关税的请求(争议的第七项至第十一项措施)

6.23 关于第7.161段,欧盟阐明,它不认为第七、第八项措施具有已经过期措施的特性,而是认为,这些措施自2015年9月1日起停止适用且没有被其他关税取代。因此,欧盟请求专家组澄清该段的措辞。

6.24 专家组适当改动了第7.161段。

6.25 关于第7.168至7.169段和同一节中的其他相关段落,欧盟请求专家组修改这些段落以提及俄罗斯提出的论点。针对欧盟观点,俄罗斯辩称,为了确立适用相关组合税不符合第Ⅱ:1(b)条款,申诉方应当提供对争议产品的特定价格范围适用超过限制税率的关税的证据,因为某些产品实际上可以不超过限制税率的价格区段进行交易。

6.26 专家组认为,俄罗斯的此论点已由其在关于一般解释问题的第7.2节中的裁决解决了。我们没有看出,俄罗斯关于如何证明不符合第Ⅱ:1(b)条款的论点和关注我们应当作出裁决的准确措施问题的第7.168、7.169段的论点之间存在联系。因此,我们对包含第7.168段和第7.169段的节不作任何变动。但是,我们修改了作为第7.2节之部分的第7.14段、第7.17段,以反映俄罗斯的论点。

6.27 关于第7.175段,欧盟称,它没有争辩俄罗斯在过去任何时间点对任何关税细目没有适用上限。欧盟据此请求专家组澄清这一段。

6.28 专家组适当改动了第7.175段。

6.29 关于第7.187段,欧盟请求专家组明确提及俄罗斯第二份书面呈词第33段中的论点,即《俄罗斯工作组报告》第313段告知了第Ⅱ:1条款下俄罗斯义务的内容。

6.30 专家组适当改动了第7.187段,并相应改动了第7.183段。

6.31 关于第7.194段最后一句,欧盟请求专家组澄清,它正在审查第313段的明确措辞。

6.32 专家组适当改动了第7.194段。

6.33 关于第7.198段,欧盟指出,《俄罗斯工作组报告》第313段的目的是,确保一项适用组合关税的具体要素不得超过同一关税对三年计算的平均海关价值的从价税要素,而不是寻求确保在每项具体交易中或总体上征收相

同税额。欧盟据此请求专家组澄清其在第 7.198 段的陈述。

6.34 专家组适当变动了第 7.198 段,并相应改动了第 7.197、第 7.200 段。

6.35 关于第 7.202 段,欧盟请求专家组甚至在缺乏实际进口交易的情况下嵌入关于第 Ⅱ:1(b)条款可适用性的具体语言,并提及专家组在本报告第 7.15 至第 7.17 段中的分析。

6.36 专家组适当改动了第 7.202 段,包括脚注 271。

6.37 关于第 7.205 段的前两句,欧盟注意到,俄罗斯在其回答专家组第 70、90 和 97(c)号问题中明确肯定了专家组的理解。欧盟请求专家组提及这些陈述。

6.38 专家组增加了提及俄罗斯对脚注 260 的陈述,其包括了专家组对俄罗斯在此问题上论点的概要。

6.39 关于脚注 272,欧盟请求专家用"遵守"文字替代"基于"文字,以避免给人留下此印象:海关估价协定构成了专家组在本节中推理的基础。

6.40 专家组适当改动了脚注 272。

6.41 关于第 7.215 段,欧盟请求用"超过"文字替代"以上"文字。

6.42 专家组注意,其在第 7.215 段中使用"以上"文字与其整个报告中普遍使用这一术语相一致。我们还注意到,我们已经在我们的结论部分使用了"超过"这一表述。因此,我们对欧盟评论的回应不作任何变动。

6.43 关于第 7.215 和第 7.217 段,欧盟请求修改这些段落和其他相关段落。据欧盟称,专家组应当在第 7.168、第 7.169 段和第 1.171 段部分中重复或提及此项更一般的裁决,即以"x% 但不少于每衡量单位 y"形成(在此限制税简单地为"x%")的一项适用税的设计和结构标示不符合第 Ⅱ:1(b)条款。

6.44 俄罗斯反对欧盟的请求。俄罗斯认为,专家组在第 7.215 和第 7.217 段中的裁决不能视为一项此种一般性裁决,即以"x% 但不少于每衡量单位 y"形式(在此限制税为 x%)的一项税的设计和结构标示不符合第 Ⅱ:1(b)条款。相反,俄罗斯认为,这些段落仅涉及争议的第九项措施,因为与第九项措施相关的"y"值在该措施修改前后是相同的。

6.45 专家组注意到,专家组报告第 7.168、第 7.169 和第 7.171 段没有就某一具体设计或结构的税率的相符性作出任何"一般性裁决"。这些具体段落没有认定这些税仅依据其设计或结构是不符的。这些段落更关注专家组是否应当考虑争议措施在专家组成立时是否存在或予以修正。第 7.168 段至第 7.169 段仅表明,相关适用税率的设计和结构没有随修正而改变。整体阅读第 7.171 段,该段表明,在决定裁决何种精确措施中,我们没有仅依赖于该措施的设计和结构,而是着眼于相关期间对税率的从价要素分配的精确值。事实上,专家组在详细审查了当事双方提交的证据后,才在之后的报告中对这些措施的相符性作出了裁决。因此,我们不改动第 7.215 段或第 7.217 段,以回应欧盟的请求。

6.46 关于报告中的第 7.216 段和其他相关段落,欧盟请求修改这些段落,以考虑欧盟第一份书面呈词第 85 和第 87 段中盈亏平衡价可以在数学上确定的陈述,以及其第二份书面呈词第 58 段的陈述,即只要不存在类似于上限的附加机制,以"x% 但不少于每衡量单位 y"表示的适用税将超过对低于"x% 除以 y"的每项完税价值以"x%"表示的限制税率。

6.47 专家组注意到,其报告的脚注 245 已经反映了欧盟的相关陈述。但是,我们适当修改以澄清第 7.216、第 7.219 和第 7.265 段。

6.48 关于第 7.216、第 7.220、第 7.264 和第 7.265 段中的表 1 至表 4,欧盟请求专家组指明较低轴的盈亏平衡价格,因为,在它看来,需要提供低轴上的全部其他相关价值,并根据对盈亏价格的某一价值清楚描绘数字。

6.49 专家组不接受欧盟关于编制数字基础的断言。但是,正如第 7.216、第 7.220、第 7.264 和第 7.265 段中表 1 至表 4 可以进一步简化而不失去其说明性价值,我们这样做了。

6.50 关于第 7.222、第 7.267 段,欧盟指出,要求专家组审查向其提交的所有证据,因此请求专家组用"基于我们的推理"文字替代"考虑到"。

6.51 专家组适当改变了第 7.222 段,并相应改变动了第 7.267 段。

6.4 关于第十二项措施的请求("系统关税变量")

6.52 关于第 7.357 段,俄罗斯请求专家组反映俄罗斯在专家组第二次会议上开审陈述中提出的论点。俄罗斯就此效果提出了措辞。

6.53 欧盟反对俄罗斯的请求。根据欧盟观点,俄罗斯提议的修改是不相关的,因为它们中的任何一项都不涉及"大量"关税细目问题。

6.54 专家组认为,在俄罗斯请求中的一些论点与第 7.357 段确定的问题有关。据此,我们适当改动第 7.357 段。

6.55 关于 7.372 段,俄罗斯请求专家组反映其对第 106 和第 107 号问题的回复。俄罗斯就此效果提出了措辞。

6.56 欧盟反对俄罗斯的请求。欧盟认为,俄罗斯提议的修改会削弱专家组报告的清晰度。

6.57 专家组认为,俄罗斯请求中的一些论点与第 7.372 段中已经反映的讨论有关。因此,我们适当改动了该段。

6.58 关于第7.395段,俄罗斯请求专家组反映其在专家组第二次会议开审、闭审陈述中提出的论点和对欧盟第117号问题答复的评论。俄罗斯就此效果提出了措辞。

6.59 欧盟反对俄罗斯的请求。根据欧盟的观点,俄罗斯的请求中指明的论点与第7.395段脚注所提到的论点没有明显不同,且这些论点在任何情况下不保证这样的结论,即他们归属于SDV是否可以称为"一般"的问题。

6.60 专家组认为,俄罗斯请求中指明一些论点与第7.395段确定的问题有关。据此,我们适当修改第7.395段,且因为不再有必要审查此种变更,故删除了随附的脚注。

6.61 关于第7.408段,欧盟认为,报告其他节确认和分析了包含在说明清单中的关税与欧盟关于系统关税变量(SDV)的请求之间的关系。根据欧盟观点,这些关税"不涉及专家组要求涵盖的争议具体措施"是不正确的。欧盟进一步指出,若此短语是指SDV以外的其他某些事项,似乎对专家组就其关于SDV结论上的推理是不合时宜和不必要的。因此,欧盟请求删除本句。

6.62 俄罗斯反对欧盟的请求。按俄罗斯观点,争议的句子正确反映了这样的事实,即欧盟作为一项单独措施质疑SDV,但没有质疑构成SDV的单项关税。按俄罗斯说法,专家组作出必要裁决以确保积极解决本争端。

6.63 专家组删除了第7.408段中的相关句子,因为这不是至关重要的。

7 裁决

7.1 请求的概述

7.1 欧盟在其设立专家组的请求中确定了争议的十二项措施,主张这十二项措施中的每一项都不符合GATT 1994第Ⅱ:1(a)和(b)条款第一句。①

7.2 第Ⅱ:1(a)和(b)条款第一句在相关部分规定如下:

(a)每一缔约方应当给予其他缔约方商业的待遇,不低于本协定附件适当减让表中适当部分规定的待遇。

(b)减让表中规定的涉及任何缔约方的产品,若是其他缔约方领土的产品,应当根据其进口至减让表涉及的领土和受该减让表规定条款、条件、资格的约束,免除超过该减让表所列或规定通常关税的部分。

---

① 在欧盟成立专家组的请求(专家组请求)中,欧盟声称俄罗斯的行为不符合GATT 1994第Ⅱ:1(b)条款第二句。欧盟在其后续呈词和陈述中没有提出此主张。因此,专家组在这些裁决中不处理该主张。

7.3 质疑的前 11 项措施包括俄罗斯要求适用的涉及 11 种不同关税细目的关税:

质疑的措施	关税细目	产品分类
第一项措施	4810 22 900 0	纸和纸板制品
第二项措施	4810 29 300 0	纸和纸板制品
第三项措施	4810 92 300 0	纸和纸板制品
第四项措施	4810 13 800 9	纸和纸板制品
第五项措施	4810 19 900 0	纸和纸板制品
第六项措施	4810 92 100 0	棕榈油和其分离品
第七项措施	1511 90 190 2	棕榈油和其分离品
第八项措施	1511 90 900 2	棕榈油和其分离品
第九项措施	8418 10 200 1	组合冰箱冰柜
第十项措施	8418 10 800 1	组合冰箱冰柜
第十一项措施	8418 21 800 0	冰箱

7.4 此外,欧盟质疑第十二项措施,其为一项声称不成文的术语为"系统关税变量"(SDV)的措施。

7.5 欧盟的 12 项请求①可以分为三类:

a. 第一至第六项请求均涉及适用声称超过限制从价税率的从价税率;

b. 第七至第十一项请求均涉及适用声称超过限制税率的组合关税率,其中:

ⅰ. 第七至第九项请求均涉及适用声称超过限制从价税率的组合关税率;

ⅱ. 第十至第十一项请求均涉及适用声称超过限制税率的组合关税率;

c. 第十二项请求涉及 SDV,声称其导致不确定数量适用超过限制税率的组合税率。

7.6 专家组注意到,当事双方在本争端中使用了"组合"税率术语,此术语在《俄罗斯入世工作组报告》(《俄罗斯工作组报告》)中使用,有时描述为"混合"税率。②《俄罗斯工作组报告》第 311 段解释称,以选择性税率表述"组合(混合)税",一为从价税率,另为作为一种最低税率使用的一种具体税率。③ 这些税采取的形式是"x% 但不少于每衡量单位 y"。为了本报告的目

---

① 为了回顾每项"主张",欧盟请求第Ⅱ:1(a)和(b)条款第一句下的裁决。

② 《俄罗斯入世工作组报告》(《俄罗斯工作组报告》),WT/ACC/RUS/70、WT/MIN(11)/2,第 311 段。

③ 《俄罗斯工作组报告》,第 311 段。

的,我们也使用"组合"税率来指包括附加从价税要素在内的组合税。这些税的形式是"z%;或 x% 但不少于每衡量单位 y;以较低者为准"。就所有 12 项请求,欧盟要求专家组裁决,现在或过去要求俄罗斯适用超过俄罗斯减让表(减让表)①中相关限制税率的税率和俄罗斯行事因此不符合第 Ⅱ:1(b)条款第一句。欧盟另外请求专家组裁决,作为结果,俄罗斯采取给予从其他成员方进口的待遇低于其减让表中规定的待遇的方式行事,也不符合第 Ⅱ:1(a)条款。欧盟质疑上述所有 12 项措施,但不限于上述措施。②

7.7　关于第六项措施,欧盟提出了两项截然不同的请求。第一项请求涉及专家组成立时已经规定了的从价税率,但其自 2016 年 1 月 1 日起生效。欧盟请求专家组,就自 2016 年 1 月 1 日起适用该税率,裁决与第 Ⅱ:1(b)条款第一句不相符并因此与第 Ⅱ:1(a)条款不相符。欧盟第二项请求涉及将适用税率临时降低到限制税率的水平。此降低税率声称在专家组成立时已经生效。欧盟请求专家组裁决,在专家组成立时,要求俄罗斯行事不符合第 Ⅱ:1(a)条款,原因是它仅将适用税率降低到限制税率的水平。

7.8　正如前述第 1.14 段指出,俄罗斯提交请求,要求根据 DSU 第 6.2 条款作出初步裁决。俄罗斯对欧盟的专家组请求的许多方面提出质疑。俄罗斯要求专家组裁决,欧盟的所有请求超过了专家组的职权范围。③ 专家组的初步裁决载于本报告附件 A-1,并构成本裁决的一个组成部分。正如本报告中所指出的,我们得出的结论是,欧盟在其专家组请求中所确定的任何请求或措施没有超出专家组的职权范围。

7.9　关于欧盟请求的是非曲直,俄罗斯最初请求专家组驳回欧盟在本争端中的所有主张。随后,俄罗斯仅请求专家组驳回欧盟涉及争议的第六至第十二项措施的请求。④

7.10　专家组分三部分处理了欧盟的主张,与前述第 7.5 段中的三种分类相一致。第一,我们应当处理欧盟关于适用⑤声称超过限制从价税率的从价税率的请求(第一至第六项措施);第二,我们处理欧盟关于超过限制税率

---

① 俄罗斯联邦减让表 CLXV,《俄罗斯联邦入世议定书》附件 Ⅰ,在 WT/ACC/RUS/70/Ad.1 中传阅,(俄罗斯的减让表,证据展示 EU-9)。

② 附件 A-1,初步裁决,第 2.25—2.26 段。

③ 俄罗斯请求初步裁决,第 67 段。

④ 俄罗斯的第二份书面呈词,第 108 段。又见俄罗斯在专家组第一、二次会议上的开审和闭审陈述。

⑤ 我们用"适用的"税率这一术语指代"实际适用的"或"可适用的"税率。

的组合税率的请求(第七至第十一项措施);第三,我们处理欧盟关于 SDV 的请求(第十二项措施)。

7.2　GATT 第Ⅱ:1(b)条款第一句下引起的一般解释问题

7.11　由于主张所有被质疑的十二项措施违反了第Ⅱ:1(b)条款第一句,我们将作为一个最初事项处理第Ⅱ:1(b)条款第一句引起的两个一般解释问题。

7.12　首先,欧盟辩称,由于第Ⅱ:1 条款保护进口产品的竞争机会而不是此等贸易流动,不符合第Ⅱ:1 条款的裁决不取决于市场地争议措施的实际效果。① 欧盟还注意到,上诉机构的法理指明,第Ⅱ:1(b)条款第一句下不符性的裁决可能直接产生于适用关税的结构和设计。② 因此,根据欧盟观点,被要求确立不符合第Ⅱ:1 条款的一项裁决的全部事项是,存在超过相关减让表规定普通关税的普通关税。③

7.13　其次,欧盟注意到,"超过"短语不仅出现在第Ⅱ:1(b)条款第一句,而且出现在 GATT1994 第Ⅲ:2 条款第一句④。在此,它被解释为禁止最小额的超过,而是不对贸易影响检测附加条件、由细微判定合格或对出示在"超过"中适用税收或关税的实际交易证据施加条件。⑤ 欧盟争论称,第Ⅱ:1(b)条第一句同样适用于超过限制税率的关税,即使它们超过这些关税率的边际很小,他们在某些类别交易中超过了这些关税率甚至不能十分肯定地确定实际交易已经发生。⑥

7.14　俄罗斯提出,欧盟没有解释"[对第Ⅲ:2 条款的]这种类推是……适当的原因"。按俄罗斯观点,欧盟的解释仅仅是一项"未经证实的断言"。⑦ 因此,俄罗斯认为,欧盟没有履行其举证责任。俄罗斯还就实际进口交易的证

---

① 欧盟的第一份书面呈词,第38段。参见上诉机构报告,美国——FSC(第21.5条款-欧共体),第215、第221段;专家组报告,阿根廷——皮革和皮革制成品,第11.20;美国——持续调零,第7.571段;欧共体——IT 产品,第7.762段。

② 欧盟的第一份书面呈词,第40段。参见上诉机构报告,阿根廷——纺织品和服装,第53—54段。

③ 欧盟的第一份书面呈词,第38段。参见专家组报告,阿根廷——皮革和皮革制成品,第11.20段;美国——持续调零,第7.571段;欧共体——IT 产品,第7.762段。

④ 第Ⅲ:2条款第一句要求,各成员方不得对进口自其他成员方的产品征收超过适用于国内相同产品的国内税(或其他国内费用)。

⑤ 欧盟的第一份书面呈词,第40段。参见上诉机构报告,日本——酒精饮料Ⅱ,第23段,DSR1996:I,第97页115;专家组报告,墨西哥——软饮料税,第8.52和第8.57段。

⑥ 欧盟的第一份书面呈词,第40段。

⑦ 俄罗斯的第一份书面呈词,第19段。

据辩称,若申诉方声称一项适用的关税率仅在某价格区段内超过了限制关税率,申诉方应当提供超过限制税率的实际适用税率的证据,因为实际上可以在适用税率不超过限制税率的价格区段内交易相关产品。①

7.15 专家组首先讨论的问题是,在涉及此类请求的争端中,不符合第Ⅱ:1(b)条款第一句的裁决是否是对所涉产品属于相关关税细目范围的实际进口交易证据或对"贸易影响"检测(也就是,产生于质疑措施的负面贸易影响的证据)附条件的。

7.16 关于实际进口交易的证据,我们注意到,在哥伦比亚——纺织品案中②,被申诉方辩称,申诉方未曾建立起初步证据,因为它没有"提供任何证据证明,服装和鞋类正在以违反[被申诉方]约束的水平的价格进口。"③该争端中的专家组指出:

在阿根廷—纺织品和服装案中,在作出不符合GATT 1994第Ⅱ:1条款的裁决时,专家组和上诉机构自身需以争议措施"非常本质"(专家组的措词)或"结构和设计"(上诉机构的措词)为依据。关于适用专家组在[阿根廷—纺织品和服装]案所审查的措施的实验证据对其分析没有构成必要证据,而是有助于证实关于该措施的"性质"的以前结论。

在[哥伦比亚——纺织品]案的背景下,……第456号法令本身足以证明巴拿马是否已经建立表面证据确凿的案件,即组合关税不符合GATT 1994第Ⅱ:1(a)条款和第Ⅱ:1(b)条款第一句。④

7.17 我们认为没有任何理由在这一问题上采取不同的方法。因此,我们将以下列为根据进行我们的分析:不符合第Ⅱ:1(b)条款第一句的裁决不要求申诉方证明存在所涉产品属于声称关税细目内的实际交易。由此,申诉方也不需要证明存在属于特定价格区间内的所涉相关产品的实际交易。事实上,我们注意到价格会随时变化。因此,我们不认为,在给定价格区间内缺乏实际交易存在的证据证明该价格区间内的交易永远不会或不可能存在。

---

① 俄罗斯的第一份书面呈词,第18—19段;第二份书面呈词,第75段。

② 我们注意到,哥伦比亚——纺织品案的专家组报告后来在本争端专家组与当事双方第二次会议上传阅。

③ 专家组报告,哥伦比亚——纺织品,第7.113段。参见上诉机构报告,阿根廷——纺织品和服装,第53、第55和第62段,并引自哥伦比亚在专家组第一次会议上的开审陈述,第60段。

④ 专家组报告,哥伦比亚——纺织品,第7.122—7.123段(脚注略);又见第7.113—7.124段。

7.18 关于负面贸易影响,上诉机构已经解释,贸易影响与 GATT 1994 第Ⅲ条下的裁决"无关",因为"第Ⅲ条保护预期值,不是任何特定贸易量,而是国内产品和进口产品之间的平等竞争关系"①。专家组在欧共体—IT 产品案中解释称,同样地,第Ⅱ条若没有提及任何特定段落,则通常保护某一竞争关系(或诸竞争条件)的期望值,但不是任何特定贸易量的期望值。② 这记录在阿根廷—纺织品和服装案中的专家陈述中:"第Ⅺ:1 条款,类似第Ⅰ、Ⅱ、Ⅲ条……保护进口产品的竞争机会而非贸易流动。"③对贸易影响不是至关重要的观点的进一步支持,可以在上诉机构的此种意见中找到,即"GATT、WTO 的纪律和争端解决体系,旨在不仅保护现存贸易而且保护从事未来贸易所需要的安全性和可预测性"④。由于第Ⅱ:1(b)条款第一句与关税约束和市场准入条件相关,很难想象 GATT 1994 有如下功能的其他纪律:对该纪律,会更真实地认为,它旨在不仅保护现存贸易而且保护从事未来贸易所需要的安全和可预测性。因此,根据上文所引法理,我们认为,第Ⅱ:1(b)条款第一句保护竞争条件而非贸易量。

7.19 这一观点与阿根廷—纺织品和服装案中上诉机构的方法是一致的。正如以上所述,上诉机构指明,能够根据一项被指责关税的结构和设计作出符合第Ⅱ:1(b)条款第一句的裁决。⑤ 上诉机构在作出其不符性的裁决中,没有依赖任何负面贸易影响的证据。同样地且如上文所述,哥伦比亚——纺织品案中的专家组仅根据相关措施的"文本"作出了不符性的裁决。⑥

7.20 为了这些理由,我们将根据以下进行我们的分析:第Ⅱ:1(b)条第一句下不符性的裁决不要求申诉方证明属于相关关税细目内的所涉产品的负面贸易影响。

7.21 关于第二个问题,第Ⅱ:1(b)条款第一句是否允许一项适用关税超过相关限制关税率达到某最低水平,我们记得,第Ⅱ:1(b)条款第一句禁止征收超过减让表中规定关税的普通关税。⑦ 上诉机构在这方面阐明,"一成员

---

① 上诉机构报告,日本——酒精饮料Ⅱ,第 15 页,DSR1996:Ⅰ,第 97 页的 110。
② 专家组报告,欧共体——IT 产品,第 7.757 段。
③ 专家组报告,阿根廷——纺织品和服装,第 11.20 段(省略脚注)。
④ 上诉机构报告,美国——耐腐钢最后审查,第 82 段(省略脚注)。
⑤ 上诉机构报告,阿根廷——纺织品和服装,第 53、第 55 和第 60 段。
⑥ 专家组报告,哥伦比亚——纺织品,第 7.123 段。
⑦ 我们在前面已经解释,不符合第Ⅱ:1(b)条款第一句的裁决不需要证明负面贸易影响。因此,它与审查是否可能存在最小负面贸易影响无关。

方减让表中一项有约束力的关税对可以征收的关税额规定上限,并允许一成员方征收低于其减让表规定的关税"①。同样地,欧共体—IT产品案中的专家组阐明,"若我们要确定适用税率超过限制税率,那么……适用的关税会'超过'欧盟减让表规定的关税"②。这些陈述没有明确解决细微例外的问题,他们同样没有提出诸成员方可以超过限制税率甚至细微税率。因此,在秩序上需要一项更具体的调查。

7.22 名词"超过(excess)"的字典定义是指"一个数字或数量超过另一个的数额"③。更具体言之,"超过(in excess of)"是指"多于(more than)"④。因此,作为一个文本问题,若一个具体数字或数量更大,不考虑其更大的程度,该数字或数量"超过"另一个数字或数量。

7.23 考察第Ⅱ:1(b)条款第一句的语境,我们注意到,GATT 1994第Ⅲ:2条款第一句以非常相似术语予以安排,且实际上使用了短语"超过(in excess of)":

进口至其他任何缔约方领土的一缔约方领土产品不应当受……超过适用于……同类国内产品的任何种类国内税或其他国内费用的约束(增加强调)。

7.24 上诉机构已经解释此条款意指:

甚至"超过"的最小数额也是太多。第Ⅲ:2条款第一句禁止歧视性税收既不是对"贸易影响检测"附加条件,也不由细微确定其合格。⑤

7.25 俄罗斯事实上请求我们在第Ⅱ:1(b)条款第一句下的解释性分析中不要在意涉及第Ⅲ:2条款第一句的此种陈述。毫无疑问,存在具有不同适用范围的两种不同条款。第Ⅲ:2条款第一句关注适用于进口货物的国内税,而第Ⅱ:1(b)条款第一句与适用于在边境的进口的关税。但是,第Ⅱ:1(b)条款和第Ⅲ:2条款都关注对产品征收费用,且这两种条款都要求评估一项征收的费用是否"超过"其他收费(在一成员方减让表中规定的关税或适用于同类国内产品的国内税)。进而,从经济学视角,关税和国内税都能够用作为保护国内生产的手

---

① 上诉机构报告,阿根廷——纺织品和服装,第46段(强调)。

② 专家组报告,欧共体——IT产品,第7.102段。

③ A.史蒂文森主编:《简明牛津英语词典》,第六版,牛津出版社2007年,第2卷,第886页。

④ A.史蒂文森主编:《简明牛津英语词典》,第六版,牛津出版社2007年,第2卷,第886页。

⑤ 上诉机构报告,日本——酒精饮料Ⅱ,第23页,DSR1996:Ⅰ,第97页的115(脚注省略)。

段。考虑到上诉机构关于第Ⅲ:2条款第一句的解释,若一项国内税不能用于向第Ⅲ:2条款下国内"同类"产品提供轻微水平的保护,但可以通过适用轻微超过限制关税率的一项关税率向此等产品提供额外保护,则它是不相称的。

7.26　根据第Ⅱ:1(b)条款第一句和第Ⅲ:2条款第一句的上述实质性相似性,在我们看来,上诉机构对第Ⅲ:2条款第一句"超过"的解释与第Ⅱ:1(b)条款第一句的解释相关,应当和谐地解释这两个条款。我们还注意到,这是一个解释问题,我们不同意俄罗斯的此种看法,即要欧盟证明其依赖涉及第Ⅲ:2条第一句的法理的法律正确性。①

7.27　最后我们转到GATT 1994的目标和宗旨。上诉机构已经阐明,其是"保护一成员方与其贸易伙伴谈判的关税减让价值,并在该成员方减让表中具有约束力"②。上诉机构已经进一步解释称,"'指向实质性削减关税和其他贸易壁垒的互惠互利安排之安全和可预见性'是WTO协定和GATT 1994的一项目的和宗旨"③。按我们的观点,对不超过关税约束的义务的细微例外(远离保护关税减让价值),会允许各进口成员方减少其价值,即使是轻微的。此种例外也会削弱关税减让的安全和可预测性,因为它会因此事先不能准确清楚将给予进口何种关税待遇。

7.28　根据第Ⅱ:1(b)条款第一句的文本、上下文、目标和目的,我们裁决,第Ⅱ:1(b)条款第一句承认无细微例外。因此,按我们的观点,一进口成员方不得超过关税约束,即使超过的程度仅仅是细微的。

7.29　作为一个补充但单独的事项,在本节中处理第Ⅱ:1(b)条款第一句下产生的一项补充解释问题是有益的,即使它仅涉及第七至第十一项措施的请求。在这种背景下,欧盟已经主张,根据第Ⅲ:2条款第一句,诸成员方不得平衡一些情况下的进口产品更优待遇和其他情况下相同产品的不利待遇。④欧盟辩称,此种解释在第Ⅱ:1条款背景下同样适用。

7.30　俄罗斯未曾质疑这项特别论点。但是,我们记得俄罗斯关于第Ⅲ:

---

① 上诉机构报告,欧共体——关税优惠,第105段("牵涉[WTO某条款的成员方]没有责任向我们提供对该特定条款给予的法律解释")。

② 上诉机构报告,阿根廷——纺织品和服装,第47段。

③ 上诉机构报告,欧共体——电脑设备,第82段(参见专家组报告,欧共体——电脑设备,第8.25段)。另见上诉机构报告,欧共体——鸡肉削减,第243段;和专家组报告,哥伦比亚——纺织品,第7.128段。

④ 欧盟的第二份书面呈词,第73段(参见专家组报告,阿根廷——皮革和皮革制成品,第11.260段)。

2 条款向第Ⅱ:1 条款转换法理的适当性的总体关注。①

7.31　在这方面,我们注意到,按阿根廷—皮革和皮革制成品案中专家组观点:

根据某些情况下的进口更优待遇不得平衡其他情况下的进口更低待遇这一根深蒂固原则,某些情形下以比国内销售更低的税率对进口征税这一单纯事实不足以排除违反第Ⅲ:2 条款第一句。②

7.32　而且,我们认为关联上诉机构的以下意见,其特别提到以超过限制关税率征收关税:

没有任何迹象显示:处理反倾销协定或协调系统的以前上诉机构报告中表明,对某产品进口征收超过限制税率的关税可以通过低于限制税率对该产品的其他进口征收关税的方式予以"抵消"或证明是合理的。③

7.33　在这方面,我们记得第Ⅱ:1(b)条第一句不受细微例外的约束。在逻辑上,此种裁决还必须涵盖偏离特定进口交易的一个次要的(或主要的)限制税率,即使在其他进口交易中伴随或随后适用一种较低的系统性税率。我们认为,我们在前述 7.21 至第 7.28 段中形成的推理同样适用于目前的解释问题。因此,我们裁决,第Ⅱ:1(b)条款第一句禁止以超过限制关税方式征收关税,即使以低于限制关税对相同产品征收的关税平衡或抵消了(同时或以后)这些关税。

7.3　关于适用声称超过限制从价关税率的从价关税率的请求(第一项至第六项措施)

7.34　专家组现在转到评估欧盟的第一组请求,其涉及到争议的第一至第六项措施。欧盟主张,CCT 要求俄罗斯就这些措施超过俄罗斯减让表载明的限制从价关税率适用从价关税率。按欧盟观点,这些措施因此不符合诸如 GATT 1994 第Ⅱ:1(b)条款第一句和 GATT 1994 第Ⅱ:1(a)条款。正如前述提及的④,第六项措施涉及临时削减适用的关税率。按欧盟观点,此项临时关税削减还提供了独立地不符合诸如 GATT 1994 第Ⅱ:1(a)条款的第六项措施,因为该项措施同时提供了超过限制关税率的未来关税率。因此,在我们单

---

① 见前述第 7.14 段。

② 专家组报告,阿根廷——皮革和皮革制成品,第 8.176 段(参见 GATT 专家组报告,美国——烟草,第 98 段;美国——第 337 节,第 5.14 段;和专家组报告,美国——汽油,第 6.14—6.15 段)。

③ 上诉机构报告,美国——软木材 V(第 21.5 条款—加拿大),第 115 段。

④ 见前述第 7.7 段。

独处理第六项措施之前,一起处理第一至第五项措施。

7.3.1 关于第一项至第五项措施的请求

7.35 我们首先转至欧盟关于争议的第一项至第五项措施的主张,其涉及要求俄罗斯就关税细目 4810 22 900 0、4810 29 300 0、4810 92 300 0、4810 19 900 0和4810 13 800 9适用从价关税率。

7.36 欧盟主张,要求俄罗斯就这些关税细目适用的关税率超过了相应关税率,是第一至第五项措施因此不符合 GATT 1994 第Ⅱ:1(b)条款第一句且据此不符合诸如第Ⅱ:1(a)条款。①

7.37 俄罗斯最初提出,其减让表中写明的相关限制关税率反映出了错误,其企图更正减让表中的这些错误。按俄罗斯观点,欧盟没有以反对这种企图的方式善意地行事。② 其后俄罗斯阐明,它没有提出将此作为一种抗辩。③ 俄罗斯没有提出具体针对欧盟这些主张的补充论点。

7.38 专家组将继续其进程,描述争议的这些措施和适用关税率,然后评估第Ⅱ:1 条款下质疑措施的相符性。

7.3.1.1 争议的措施和适用关税率

7.39 根据欧盟观点,俄罗斯按 CCT 要求,对经欧亚经济委员会行政局第 54 号决定(第 54 号决定)修正的关税细目 4810 22 900 0 和 4810 92 300 0 下进口的产品施加 15%的从价关税率。此外,根据欧盟观点,俄罗斯按 CCT 要求,对经欧亚经济委员会行政局第 9 号决定(第 9 号决定)、欧亚经济委员会行政局第 77 号决定(第 77 号决定)修正的关税细目 4810 29 300 0、4810 13 800 9和4810 19 900 0下进口的产品施加 10%的从价关税率。④

7.40 俄罗斯没有特别质疑它按 CCT 要求施加这些关税率。

7.41 专家组注意到,当事双方之间对俄罗斯就首先五项措施被要求适用的从价关税率没有任何分歧。我们根据所出示的证据裁决,相关适用关税率如下:

---

① 欧盟的第一份书面呈词,第50段。

② 俄罗斯的第一份书面呈词,第47—64 和第80—86 段。

③ 俄罗斯对专家组第40 和第59 号问题的回复。

④ 欧盟指明,要求俄罗斯适用的并在这些程序中质疑的全部关税率可能位于经欧亚经济委员会理事会和行政局某些决定修正的《欧亚经济联盟共同海关关税(CCT)》内。欧盟的第一份书面呈词,第33 段。

被质疑措施	关税细目	俄罗斯适用的税率
第一项措施	4810 22 900 0	15%①
第二项措施	4810 29 300 0	10%②
第三项措施	4810 92 300 0	15%③
第四项措施	4810 13 800 9	10%④
第五项措施	4810 19 900 0	10%⑤

7.42 关于这些措施,我们还注意到,它们不是由俄罗斯而是由俄罗斯对其一成员国的国际组织即欧亚经济联盟(EAEU)采取的。

7.43 欧盟辩称,俄罗斯应当对质疑的措施负责,原因是俄罗斯在其《工作组报告》中承诺保证 EAEU 采取的措施与俄罗斯的 WTO 义务匹配。欧盟提到了《俄罗斯工作组报告》的各种条款以支持这种断言。根据欧盟观点,EAEU 是一个关税联盟,土耳其—纺织品案中的专家组支持这一论点,即一关税联盟的诸成员方在 WTO 争端解决中可以对该关税联盟的行为负责,至少在某些情况下是如此。按欧盟观点,EAEU 各机构通过的属于给予本争端中争议关税待遇种类的法律文书这一事实,不意味着争议措施不是 DSU 第3.3条款含义内俄罗斯的措施。欧盟指出,CCT 是俄罗斯的海关关税。欧盟还指出,俄罗斯已经将质疑措施作为犹如它们是俄罗斯的措施对待,且俄罗斯没有否认这一点,它实际上适用了 EAEU 制定的关税率,或者依据 EAEU 各机构制定的法律文书这已经发生了。⑥

7.44 俄罗斯没有评论此事项。

7.45 专家组在审议此事项中,首先注意到了《俄罗斯工作组报告》,其

---

① CCT 第48章第X节,经欧亚经济委员会行政局第54号决定修正(行政局第54号决定,证据展示 EU—3)。

② CCT 第48章第X节,经欧亚经济委员会行政局第9号决定修正(第9号决定,证据展示 EU—4)。

③ 行政局第54号决定(证据展示 EU—3)。

④ 第9号决定(证据展示 EU—4);CCT 第48章第X节,经欧亚经济委员会行政局第77号决定修正(第77号决定,证据展示 EU—5)。

⑤ 第9号决定(证据展示 EU—4);第77号决定(证据展示 EU—5)。

⑥ 欧盟的第一份书面呈词,第22—27段(参见《俄罗斯工作组报告》,第154—第155、第185、第214和275段)和脚注14(参见专家组报告,土耳其——纺织品,第9.6段);对专家组第111、123号问题的回复。

载明俄罗斯有义务按一般国际法和其国内法适用载于 CCT 的关税率。① 我们还注意到了欧盟提交的证据,包括大量涉及具体进口交易的关税声明,包含本争端中争议的关税细目下的交易。这些关税声明证明,为了相关关税细目,俄罗斯已经适用了 CCT 中规定的关税率。② 关税声明已经提交,以支持第一至第五项、第七至第十一项措施。

7.46 对我们,这是清楚的,即适用关税率的行为(也就是在进口时征税)直接归于俄罗斯。但是,正如我们已经指出的,欧盟质疑争议的"诸如(such as)"措施独立于任何适用行为。更具体言之,它质疑 CCT 要求俄罗斯适用的关税率。然而,我们认为,前述两项因素,即涉及 CCT 的俄罗斯国际法、国内法义务和涉及包含在 CCT 中关税率的俄罗斯显示行为,证明此一推断是合理的,即俄罗斯适用了包含在 CCT 中的本争端争议的关税率。我们认为,在我们面前的证据范围内,CCT 相关要求归于俄罗斯,可以推测 CCT 的要求将导致俄罗斯适用相关关税率。俄罗斯没有试图反驳此推定。俄罗斯也没有在其他情况下争辩欧盟的这一断言:质疑措施归于俄罗斯。事实上,俄罗斯已经请求专家组,考虑 EAEU 后来修正的一些措施,并作出肯定性裁决:这些修正措施符合俄罗斯的 WTO 义务。③ 俄罗斯在请求我们裁决争议措施符合其 WTO 义务中,似乎要我们依赖 CCT 要求俄罗斯适用的修正关税率,以企图

---

① 正如《俄罗斯工作组报告》第 157 段中阐述(引自欧盟对专家组第 123 号问题的回复):俄罗斯联邦代表解释称,[关税联盟]诸协定一旦生效即为俄罗斯联邦的国际条约,若在俄罗斯联邦与联邦法律和其他规范性法律行为的规定相冲突,《俄罗斯联邦宪法》和联邦宪法性法律除外,会优先适用。关于[关税联盟]委员会的决定,他解释称,若在 CU 代表相关当局之时由负责规制主题的联邦行政机构已经作出一项决定,俄罗斯联邦法律体系内的此等决定之地位与该项决定本应具有的地位一致。《俄罗斯工作组报告》第 157 段。正如欧盟在其他处解释的,白俄罗斯共和国、哈萨克斯坦共和国和俄罗斯联邦关税联盟先于 EAEU 成立。欧盟的第一份书面呈词,第 22 段。

② 见《货物声明》和《货物声明补充清单》(证据展示 EU—10、EU—11、EU—12、EU—13、EU—14、EU—15、EU—16、EU—17 和 EU—18)。

③ 俄罗斯第二份书面呈词,第 108 段。在此关系中,我们记得俄罗斯在专家组第一次会议上的评述:"特别由于在这些程序之前我们收到欧盟本身的请求和其磋商请求,对 CCT 进行了某些修订。即使我们相信这些关税遵守了俄罗斯的义务,但我们满意欧盟的这些请求。"俄罗斯在专家组第一次会议上的开审陈述,第 86 段。在此方面,我们注意到了《俄罗斯工作组报告》第 275 段(以提及《工作组报告》第 1450 段方式将此段并入《俄罗斯入世议定书》第 2 段)。在该段中,俄罗斯承诺,保证"自加入之日起,不论俄罗斯联邦或关税联盟主管机构颁布的影响货物进出口的所有法律、规章和其他措施的适用,均会遵守 WTO 协定的相关条款"。欧盟第一份书面呈词,第 26 段。

证明俄罗斯遵守其 WTO 义务。

7.47 根据前述,我们基于以下对第一至第五项措施进行分析:CCT 设立可适用于争议关税细目的关税率的措施,归于俄罗斯。

7.3.1.2 与 GATT 1994 第Ⅱ:1(b)条款第一句的相符性

7.48 欧盟主张,第一至第五项措施不符合第Ⅱ:1(b)条款第一句和因此不符合第Ⅱ:1(a)条款。若欧盟的第Ⅱ:1(a)条款下的主张是间接性主张,我们开始分析第Ⅱ:1(b)条款第一句下的主张。上诉机构和以前专家组遵循了这种方法:按第Ⅱ:1(a)条款和第Ⅱ:1(b)条款第一句质疑征收关税,原因是第Ⅱ:1(b)条款第一句的措词"是更具体和恰当的"[1]。

7.49 正如第Ⅱ:1(b)条款第一句要求的,为了确定一产品是否已经受"超过俄罗斯减让表中所列或规定的关税"的普通关税约束,有必要首先弄清相关限制税率。接下来,我们必须审查质疑措施是否施加了"超过"限制关税率的适用关税率,导致征收超过减让表规定的关税,并因此不符合第Ⅱ:1(b)条款第一句。

7.3.1.2.1 相关限制关税率

7.50 欧盟主张,俄罗斯减让表中的限制从价关税率对争议的全部五个关税细目是 15%。[2] 欧盟在此方面指出,俄罗斯在专家组成立后,基于声称其《入世议定书》[3]附件的减让表中存在错误,启动了一项程序,正式纠正和变更其减让表(包括对这 5 个关税细目的限制关税率),并通过减让表与俄罗斯在入世前同某些成员方签署的双边协定之间的差异来证明这些错误。按欧盟观点,俄罗斯提出的变更可能对专家组面前的请求没有任何关系,因此减让表的权威文本仍然未改变。[4]

7.51 欧盟还提出,在任何情况下不会发生此类错误。欧盟指出,俄罗斯减让表草案是由俄罗斯草拟和提交的,最后由俄罗斯与其他成员方核实的,且自加入之日起成为俄罗斯的减让表。欧盟认为,在编排俄罗斯减让表中没有犯错误,即使犯有任何错误,也只有归于俄罗斯自己。根据欧盟观点,在某一争端背景下允许俄罗斯修正其减让表,会降低诸成员方承诺的价值和确定性,因此不仅违反 GATT 1994 的基本目标,而且会减少涵盖协定中规定的权利义

---

① 上诉机构报告,阿根廷—纺织品和服装,第 45 段。
② 欧盟第一份书面呈词,第 42—第 47 和 50 段。
③ 《俄罗斯联邦入世议定书》,2011 年 12 月 17 日,WT/MIN(11)/24,WT/L/839,(《俄罗斯入世议定书》)。
④ 欧盟第一份书面呈词,第 17—21、第 62—63 段。

务,是 DSU 第 3.2 条款明确禁止的行为。①

7.52 俄罗斯最初辩称,它曾企图根据《关于变更和修改关税减让表的程序的 1980 年决定》(1980 年决定)②纠正和修改其"货物承诺和减让表"③,纠正其减让表中纯粹形式性错误,欧盟没有善意作出反对此企图。④ 俄罗斯争辩道,按其入世议定书第 325 段,其减让表不可能包含超出其加入期间发生的双边市场准入谈判结果的任何内容。俄罗斯认为,其减让表的现行承诺没有恰当反映双边市场准入谈判的结果。俄罗斯坚称,这些错误发生于将其承诺草案从世界海关组织 1996 年协调系统命名法转换成 2007 年协调系统命名法过程中,这些错误最终被包括在其减让表中。俄罗斯指出,其现行适用关税率(至少涉及第一至第五项措施)没有超过《俄罗斯联邦与欧盟间关于货物和市场准入的双边议定书》中规定的税率。⑤ 俄罗斯还注意到,《条约法维也纳公约》(《维也纳公约》)第 79 条是国际习惯法的一部分,并规定了纠正条约中错误的规则。俄罗斯提出,欧盟以只反对正式的"字符"错误而不是存在错误的方式,暗示承认减让表中存在错误,并因此削弱了第 79 条下俄罗斯的权利。⑥

7.53 俄罗斯在答复专家组随后提出的问题时表示,它没有质疑欧盟反对其修改减让表的请求。俄罗斯指明,其对此问题的陈述仅是"为了信息目的和反映欧盟在其第一份书面呈词中所提问题的反应"⑦。俄罗斯还阐明,按其观点,维也纳公约第 79 条建立了修正错误的一般规则和此一般规则可以累积适用于且可以明确 1980 年决定的条款。⑧ 然而,俄罗斯表示,"俄罗斯现行减让承诺反映在'减让表 CLXV'中"⑨。

---

① 欧盟第一份书面呈词,第 77—78 段。

② 1980 年 3 月 26 日关于变更和纠正关税承诺减让表的程序的决定,L/4962,由理事会通过,C/M/139,(1980 年决定);以及俄罗斯的改正请求(证据展示 EU—1)。

③ 来自市场准入、减让表纠正和修正委员会的通讯,减让表 CLXV—俄罗斯联邦,2015 年 5 月 1 日,G/MA/TAR/RS/406,(俄罗斯的改正请求)(证据展示 EU—1)。

④ 俄罗斯第一份书面呈词,第 47—64 和第 80—86 段。

⑤ 俄罗斯第一份书面呈词,第 45 段。

⑥ 俄罗斯第一份书面呈词,第 94—97 段。又见俄罗斯对专家组第 40 号问题的答复。

⑦ 俄罗斯对专家组第 40 号问题的答复。俄罗斯还指出,"俄罗斯联邦在第一次会议上提出的修改问题是欧盟在其第一份书面呈词中提出的,俄罗斯联邦对此问题的答复只是对欧盟所作陈述的一种反应"。俄罗斯对专家组第 59 号问题的答复。

⑧ 俄罗斯对专家组第 57 号问题的答复。

⑨ 俄罗斯对专家组第 50 号问题的答复。同见俄罗斯在专家组第二次会议上的开审陈述,第 8 段;以及俄罗斯对专家组第 59 号问题的答复。

7.54 基于上述,专家组注意到,为了本程序目的,当事双方对包含在俄罗斯减让表中的相关限制关税率的状况不存在争议。我们在审议本问题时认为,1980 年决定第 2 段允许诸成员方在其减让表认证文本中采取改正,以反映"不改变减让表范围的修改或重排"和"纯粹正式字符的其他纠正"。第 3 段规定,任何提议的"变更……应当由总干事通知给全体缔约方,且应当成为一项证明书,只要一缔约方在 3 个月内不提出任何反对"①。俄罗斯在答复专家组的问题时承认,在其提议的更正依据其请求以 G/MA/TAR/RS/406② 文件传阅中,欧盟和日本反对俄罗斯提出的更正。③ 也没有对俄罗斯的减让表采取进一步行动。特别是,总干事没有颁发证明书。正如所指明的,俄罗斯没有质疑本程序背景下欧盟的反对和没有异议日本的反对。因此,为了我们在本争端中任务的目的,俄罗斯的减让表保持不变。

7.55 我们还注意到,根据《维也纳公约》第 79 条,条约错误能够在以下情形下予以更正:遵循签署国与缔约国之间就存在错误达成的协定(按第 79 条第 1 款),或者没有一项反对条约保管人已通知的更正错误提议(按第 2 款)。④ 依据俄罗斯现状"俄罗斯目前减让承诺反映在'减让表 CLXV'中",且记得俄罗斯在本案中没有援引第 79 条,但仅为了信息而提及它,对我们显示,我们没有任何必要审查第 79 条是否适用于本争端或是否可以与 1980 年决定累计适用。我们认为,在任何情况下,即使如前述所指明的,它确实适用,欧盟和日本都反对俄罗斯的提议更正。在这些情况下,我们没有看到可以认为按 79 条任何一款更正俄罗斯减让表中的声称错误的任何根据。在前述的基础上,我们裁决,俄罗斯现行减让表中的有关限制关税率没有变化。

7.56 依据上述,我们裁决,就对应争议的第一至第五项措施的全部五项

---

① 1980 年决定,第 3 段(强调)。

② 俄罗斯的改正请求(证据展示 EU—1)。

③ 俄罗斯对专家组第 40 号问题的答复;欧盟反对俄罗斯联邦修改/纠正其 WTO 约束减让表 CLXV 的请求(证据展示 EU—1)。

④ 《维也纳公约》第 79 条规定如下:

1. 条约文本经认证后,若签署国和缔约国认为文本有错误,除非各国决定采取一些其他更正方法,此错误应当依下列方式更正……

2. 若该条约是有一保管人的条约,该保管人应当将此错误及其更正提议通知各签署国和缔约国,且应当指定对提议更正提出反对的适当期限。若该期限届满:(a)没有提出任何反对的,保管人应当在该文本中作出和草签更正,制成文本更正的官方记录并将该记录副本传送给当事国及有权成为该条约当事国的国家;(b)已经提出一项反对的,保管人应当将此反对传送给各签约国和缔约国。

关税细目,关税率是 5%。①

7.3.1.2.2　适用关税率和限制关税率的比较

7.57　欧盟主张,要求俄罗斯就第一、第三项措施适用 15% 的关税率,就第二、第四、第五项措施适用 10% 的关税率。欧盟注意到,限制从价关税率对所有五项关税细目均为 5%。根据欧盟观点,属于这五项关税细目下的产品因此受到超过俄罗斯减让表中规定的普通关税的约束,其不符合第Ⅱ:1(b) 条款第一句。②

7.58　俄罗斯没有特别提出质疑这一论点,即其适用关税率就第一至第五项措施超过相应限制关税率。③

7.59　专家组注意到,在第一至第五项措施的情形下,适用关税率和限制关税率对这些措施均以从价术语表示,确定俄罗斯是否已经征收超额关税是明确的。④

7.60　正如上述第 7.3.1.1 节和 7.3.1.2.1 节所解释的,相关的适用关税率和限制关税率如下:

关税细目	俄罗斯的适用关税率	俄罗斯的限制关税率⑤
4810 22 900 0	15%⑥	5%
4810 29 300 0	10%⑦	5%
4810 92 300 0	15%⑧	5%
4810 13 800 9	10%⑨	5%
4810 19 900 0	10%⑩	5%

---

① 俄罗斯减让表,(证据展示 EU—9)。

② 欧盟第一份书面呈词,第 42—47 和第 50 段。

③ 除了上述第 7.53 段注意到俄罗斯的声明外,我们还注意到,俄罗斯联邦在其第二份书面呈词中没有处理第一至第五项措施,也没有就这些措施向专家组提出任何请求。见俄罗斯第二份书面呈词和在专家组第二次会议上的陈述。

④ 哥伦比亚——纺织品案中的专家组在此方面阐明:

审查一项措施是否符合 GATT 第Ⅱ:1(b) 条款第一句,必然要求将质疑措施给予所涉产品进口的关税待遇与相应成员方承诺减让表中确立的限制水平进行比较。若争议措施中规定的关税和减让表中的关税都用相同的术语表达(例如,以从价术语或具体术语表达),比较可以是直接的。专家组报告,哥伦比亚——纺织品,第 7.145 段。

⑤ 俄罗斯减让表(证据展示 EU—9)。

⑥ 行政局第 54 号决定(证据展示 EU—3)。

⑦ 第 9 号决定(证据展示 EU—4)。

⑧ 行政局第 54 号决定(证据展示 EU—3)。

⑨ 第 9 号决定(证据展示 EU—4);第 77 号决定(证据展示 EU—5)。

⑩ 第 9 号决定(证据展示 EU—4);第 77 号决定(证据展示 EU—5)。

7.61 就争议的第一项至第五项措施,直接比较俄罗斯的适用关税率和从价关税率表明,俄罗斯对每项措施征收的普通关税高于其减让表中列明和规定的普通关税。①

7.3.1.2.3 结论

7.62 为了上述所列原因,专家组裁决,对前五项措施的每项措施(即要求俄罗斯就关税细目4810 22 900 0、4810 29 300 0、4810 92 300 0、4810 13 800 9、4810 19 900 0适用的关税),适用的从价关税率高于俄罗斯减让表中载明的限制从价关税率,导致征收的普通关税超过俄罗斯减让表中所列和规定的普通关税。因此,我们得出结论:俄罗斯被要求适用关税超过了其减让表中所列的关税,违反了第Ⅱ:1(b)条款第一句。

7.3.1.3 与GATT 1994第Ⅱ:1(a)条款的相符性

7.63 现在转至欧盟的第Ⅱ:1(a)条款下的请求:欧盟主张,第Ⅱ:1(b)条款第一句禁止一直不符合第Ⅱ:1(a)条款的某一特殊种类做法。欧盟辩称,第1(a)条款禁止对进口的优惠待遇低于一成员方减让表中的规定,而第1(b)条款第一句禁止征收超过减让表中规定的普通关税。按欧盟观点,若对某一产品征收超过某一成员方减让表中规定的关税,这会负面影响该产品的竞争条件,意味着存在更低优惠待遇。② 欧盟主张,既然要求俄罗斯征收超过其减让表中规定的关税,与第Ⅱ:1(b)条款第一句相悖,它还正在不符合第Ⅱ:1(a)条款行事。③

7.64 俄罗斯对欧盟此项主张没有作出具体答复。

7.65 专家组忆及上诉机构的以下阐述:

司法经济原则"允许专家组避免作出相同措施不符合多种条款的多重裁决,若一项单独的或某些数量的不符性裁决足以解决争端"。因此,专家组仅需要处理那些"必须处理以解决争端中争议事项"的请求,且专家组"只要不导致'部分解决该事项',可以避免裁决每项请求"。尽管如此,上诉机构警告

---

① 我们注意到,欧盟提供证据声称显示,实际进口受高于俄罗斯减让表中规定的关税的约束。见《货物声明》和《货物声明补充清单》(证据展示EU—10和EU—11)。然而,鉴于我们在前述第7.2节中此项裁决,即为了作出第Ⅱ:1(b)条款第一句下不符性的裁决,不需要证明贸易影响或实际进口交易,我们认为没有必要处理这项证据。这种做法与哥伦比亚——纺织品案中的专家组做法一致。见专家组报告,哥伦比亚——纺织品,第7.124段。

② 欧盟第一份书面呈词,第37—38段(参见上诉机构报告,阿根廷——纺织品和服装,第45段)。

③ 欧盟第一份书面呈词,第50段。

称,"仅提供部分解决争议事项会是错误的司法经济",且"专家组必须解决对一项裁决是必要的那些请求,以能使 DSB 作出有效准确的建议或裁决,以便允许一成员方迅速遵守这些建议和裁决,'目的是保证有效解决所有成员方利益之争'"①。

7.66　我们已经在前述第7.3.1.2.3节中写出结论:俄罗斯被要求适用超过其减让表中所列的关税,与第Ⅱ:1(b)条款第一句相悖。据此,我们认为,为了解决本争端,没有任何需要就该结论的后果即俄罗斯是否还正在不符合第Ⅱ:1(a)条款行事作出追加裁决。② 因此,我们运用司法经济,拒绝就此项请求作出裁决。

7.3.2　关于第六项措施的请求

7.67　专家组现在转至涉及争议的第六项措施的请求,即俄罗斯就关税细目4810 92 100 0被要求适用从价关税率。回顾一下,欧盟关于第六项措施的请求不同于第一至第五项措施的请求,而且评估更复杂。

7.68　欧盟主张,在专家组成立时,俄罗斯被要求对不符合其 GATT1994第Ⅱ:1(a)条款和(b)条款第一句下之义务的关税细目4810 92 100 0适用一关税率。根据欧盟观点,在专家组成立时,CCT 规定了关税细目4810 92 100 0的税率为15%,但当时存在的关税体制暂时将关税率从15%降至5%。欧盟争辩称,临时关税削减会在2016年1月1日停止,关税率会恢复到15%。欧盟提出,在专家组成立时,第六项措施在两种方式上与第Ⅱ:1(a)条款和(b)条款第一句不相符。第一,欧盟声称,该关税率的临时削减"不能充分保证遵守"第Ⅱ:1(a)条款,至少在关税减让期结束时征收的关税率将超过限制关税率。③ 按欧盟看法,争议的临时关税削减给予的待遇低于俄罗斯减让表中规定的欧盟进口待遇。第二,欧盟提出,关税细目4810 92 100 0下俄罗斯对产品的关税待遇不符合第Ⅱ:1(b)条款第一句,据此不符合第Ⅱ:1(a)条款,因为它存在于适用一种高于俄罗斯减让表中规定限制关税率的关税率,导致征

---

① 上诉机构报告,阿根廷——进口措施,第5.190段(引自上诉机构报告,加拿大——小麦出口与谷物进口,第133段;美国——羊毛衫与衬衫,第19页,DSR 1997:I,第340页;美国——金枪鱼Ⅱ(墨西哥),第403—404段;美国——山地棉,第732段;澳大利亚——三文鱼,第223段)(省略脚注;原文强调)。

② 我们注意到,以前专家组在以下情形中遵循了这种方法:就另外请求仅作为不符性之裁决的一种结果提出一项请求。例如,见专家组报告,乌克兰——乘用车,第7.109段。另见专家组报告,美国——山地棉,脚注1061。

③ 欧盟第一份书面呈词,第54段。

收超过俄罗斯减让表中规定的普通关税。①

7.69 俄罗斯就欧盟第Ⅱ:1(b)条款第一句下的主张辩称,欧盟没有证明该措施的存在。按俄罗斯观点,声称不符合 WTO 关税率的 15% 实际上从未适用于关税细目 4810 92 100 0 下进口的产品。俄罗斯提出,据此欧盟描述的措施"根本不存在",专家组因此应当避免对此作出裁决。俄罗斯选择性地辩称,专家组应当对经欧亚经济委员会行政局第 85 号决定(第 85 号决定)修正的本项措施作出裁决。② 关于欧盟第Ⅱ:1(a)条款下的主张,俄罗斯质疑欧盟提议的评估临时关税削减的法律标准,并质疑欧盟是否履行了举证责任。③

7.70 专家组将首先处理争议的本项措施和适用关税率,然后转到俄罗斯提出的初步问题。再后,我们处理欧盟第Ⅱ:1(b)条款第一句下的请求和第Ⅱ:1(a)条款下的间接请求,最后转到欧盟第Ⅱ:1(a)条款下的独立请求。

7.3.2.1 争议的措施和适用关税率

7.71 根据欧盟观点,在专家组成立时,俄罗斯按经欧亚经济委员会行政局第 77 号决定(第 77 号决定)修正的 CCT 要求,对关税细目 4810 92 100 0 下的进口产品征收 15% 的从价关税率。④ 然而,正如欧盟指出的,第 77 号决定的脚注 14C 规定,从 2013 年 4 月 20 日至 2015 年 12 月 31 日,将从价关税率暂时削减至 5%。⑤ 欧盟同意,在专家组成立时,因此要求俄罗斯适用的关税率等于 5% 的限制关税率。但是,欧盟强调,在专家组成立时,经第 77 号决定修正的 CCT 要求自 2016 年 1 月 1 日征收 15% 的关税率。⑥ 欧盟请求专家组对第六项措施从专家组成立的"有利点"起作出裁决。⑦

7.72 俄罗斯没有反驳欧盟关于专家组成立时规定了相关关税率的描述。

7.73 专家组注意到,当事双方对俄罗斯在专家组成立日适用的关税率

---

① 欧盟第一份书面呈词,第 53—58 段。在专家组第一次会议上的开审陈述,第 30 段;第二份书面呈词,第 41 段;在专家组第二次会议上的开审陈述,第 9 段。

② 俄罗斯第一份书面呈词,第 29—30 段;第二份书面呈词,第 13 段;在专家组第二次会议上的开审陈述,第 17 段。欧亚经济委员会行政局第 85 号决定(第 85 号决定),(证据展示 RU—10)。第 85 号决定将在后方第 7.67—7.78 段中进一步讨论。

③ 俄罗斯第一份书面呈词,第 21—22 和第 25 段。

④ 第 77 号决定(证据展示 EU—5)。

⑤ 第 77 号决定(证据展示 EU—5)。

⑥ 欧盟第一份书面呈词,第 51—52 段。

⑦ 欧盟第二份书面呈词,第 42 段。

没有争议,该关税率载于经第 77 号决定修正的 CCT 中。① 根据所提交的证据,我们认定,专家组成立日对第六项措施的适用关税率如下:

质疑措施	关税细目	俄罗斯在专家组成立日的适用关税率
第六项措施	4810 92 100 0	5%(2015 年 12 月 31 日止);15%(2016 年 1 月 1 日起)②

7.3.2.1.1 对其作出裁决的相关措施

7.74 关于争议的措施,我们还必须解决第六项措施在专家组成立时是否实际存在,若如此,我们是否应当对专家组成立时已经存在的该项措施或以其修正形式的该措施作出裁决。

7.75 俄罗斯争辩称,由于第 77 号决定的脚注规定了截至 2015 年 12 月 31 日的 5%关税率,从未以不符合俄罗斯减让表的方式适用第六项措施。俄罗斯认为,由于临时关税削减和第 85 号决定,欧盟描述的第六项措施"根本不存在"。③ 俄罗斯因此请求专家组裁决第六项措施是符合 WTO 的,或者"替代性"地考虑以其"修改"形式的第六项措施,并裁决该措施符合俄罗斯的第 Ⅱ:1(a)条款下的义务。④ 俄罗斯在此方面注意到欧亚经济委员会行政局第 85 号决定⑤自 2015 年 9 月 1 日起建立一个"5%的不变关税"。⑥

7.76 欧盟对此没有争论,即自 2015 年 9 月 1 日起包含在经第 85 号决定修正的 CCT 中的现行适用关税率是 5%。⑦ 然而,欧盟坚持认为,专家组成立时未来的适用关税率(15%)和其本身临时减让率(5%)均存在,且载于一项有约束力的法律文书中。按欧盟看法,在某一确定的未来日期之前不适用永久关税率的事实,不意味着该关税率不存在,或者甚至它还没有生效。相反,欧盟辩称,即使此关税率将仅自未来某日期起适用,其仍然是有效的。⑧

7.77 而且,欧盟提出,它正在请求专家组对专家组成立时或者自专家组

---

① 我们还注意到当事双方之间没有争议,且我们同意,建立可适用于争议关税细目的 CCT 要求归于俄罗斯。见本报告前述第 7.42 和第 7.47 段。

② CCT 第 48 章,第 X 节,经第 77 号决定修正(证据展示 EU—5)。

③ 俄罗斯第一份书面呈词,第 30 段。

④ 俄罗斯第二份书面呈词,第 108 段。

⑤ 第 85 号决定(证据展示 RU—10)。

⑥ 俄罗斯第一份书面呈词,第 29 段和脚注 9;俄罗斯第二份书面呈词,第 17 段。

⑦ 欧盟对专家组第 10 号问题的答复;第二份书面呈词,第 42 段。

⑧ 欧盟在专家组第二次会议上的开审陈述,第 28 段;对专家组第 120 号问题的答复;第二份书面呈词,第 40 段。

成立时的"有利点"起已经存在的第六项措施发布裁决。① 欧盟辩称,第85号决定不能影响专家组的职权范围。按欧盟观点,欧盟至少有权得到一项裁决:专家组成立时存在的本措施不符合第Ⅱ:1条款。②

7.78 专家组注意,当事双方对以下问题存在分歧:第一,争议的第六项措施在专家组成立时是否存在,第二,即使该项措施确实存在,专家组是否应当对经第85号决定修正或者专家组成立时已经存在的本项作出裁决。我们按照这一顺序处理这些事项。

7.79 我们注意到,专家组成立时生效的第77号决定规定:"欧亚经济委员会行政局已经决定如下:……a)自2014年9月1日起:根据附件第3号……从《关税联盟共同海关关税》中建立进口关税率。"③附件第3号对关税细目4810 92 100 0规定了15%的关税率。④ 然而,值得注意的是,脚注14C涉及关税细目4810 92 100 0,规定:"从2013年4月20日至2015年12月31日的期间,适用海关价值5%的进口关税率。"⑤因此,第77号决定对关税细目4810 92 100 0列明了建立15%永久关税率的一项规则和将该关税率临时削减至5%的一项脚注。

7.80 从第77号决定的法律构架——建立一项永久关税率的一般规则和建立一项临时的更低关税率的附带性脚注——我们很清楚,在专家组成立日,俄罗斯海关被要求适用5%的临时关税率和被要求自2016年1月1日起适用15%的关税率。因此,要求未来适用关税率(15%)的该规则自专家组成立日起已生效,即使该关税率尚未适用。

7.81 我们根据上述基础裁决,欧盟质疑的措施(即自2016年1月1日起适用15%的关税率)从专家组成立日起存在。⑥ 我们不能同意俄罗斯的这一观点,即在专家组成立日生效措施"不存在",仅因为它将在后来的时间实施。

---

① 欧盟第二份书面呈词,第42段。

② 欧盟在专家组第一次会议上的开审陈述,第36—37段;第二书面呈词,第42和第52段。

③ 第77号决定(证据展示EU—5)。

④ 第77号决定(证据展示EU—5)。

⑤ 第77号决定(证据展示EU—5)。

⑥ 在我们的初步裁决中处理了一项类似的问题。在该初步裁决中,我们阐明,欧盟的专家组请求就第六项措施"仅提出,在当时还未适用15%税率,且规定15%税率的规则未生效。因此,我们不同意俄罗斯这一意见,即[专家组请求]提到了一项在专家组成立日不存在的措施"。见附件A—1,第6.10段。如上述指明的,我们在审查证据后现在裁决,该措施在专家组成立时已存在。

7.82　我们现在转到专家组是否仍然应当按俄罗斯请求,仅就"以其修正形式"的措施作出裁决。① 我们注意到第77号决定修正了CCT。第85号决定在专家组程序期间于2015年9月1日生效。② 它同样修正了CCT,但不包括对第77号决定的任何明确提及。因此,它似乎没有修正或正式废止诸如第77号决定。由于俄罗斯确认从2015年9月1日起关税率为5%,我们明白,关于修正CCT,第85号决定优先于第77号决定。③

7.83　在审议是否仅就CCT所载的经第85号决定修正后的关税率作出裁决时,我们注意到,上诉机构重复指出,在一项措施于专家组程序期间被修正的情况下,申诉方仍然有权就专家组成立时已存在的措施寻求和获得裁决。④ 我们还注意到,在智利——价格区间体系案中,上诉机构对专家组程序期间修正的措施作出了裁决。该上诉机构解释称,在那种情况下,此类裁决"对保证积极解决争端和作出充分准确建议、裁决,以便准许迅速遵守"是必要的。⑤

我们进一步注意到,那项争端中的申诉方同意此观点:专家组对修正后的措施作出裁决是适当的。⑥ 上诉机构详细阐明,此类方法不"宽恕争端解决程序期间修正各种措施的做法,若为了防止一项措施不受详细审查作出此类改变……[和]正当程序的要求是这样的:申诉方不应该在整个争端解决程序期间调整其诉状作为一个'移动目标'处理一项争议措施"。⑦

7.84　在本争端中,作为申诉方的欧盟请求仅对专家组成立时存在的措施作出裁决。⑧ 由于我们的职权范围包括那时已存在的措施和DSU第11条要求我们作出"对事项的客观评估",我们能够审查那时已存在的措施符合WTO。关于我们是否应当对现行形式的第六项措施作出裁决,我们认为,为

---

① 俄罗斯第二份书面呈词,第108段。

② 第85号决定规定,"欧亚经济委员会行政局已决定:1. 将……欧亚经济联盟《共同海关关税》(CCT)……修正如下:a)自2015年9月1日起……根据附件第3号,建立欧亚经济联盟《共同海关关税》进口关税率"。第85号决定(证据展示RU—10)。

③ 按俄罗斯观点,根据第85号决定,"截至2015年9月1日,适用5%税率的永久进口税"。俄罗斯对专家组第28号问题的答复。

④ 上诉机构报告,EC——选择海关事项,第187段;中国——原材料,第360段。

⑤ 上诉机构报告,智利——价格区间体系,第143段(脚注省略)。

⑥ 上诉机构报告,智利——价格区间体系,第133段。

⑦ 上诉机构报告,智利——价格区间体系,第144段。

⑧ 我们注意到,欧盟的专家组请求指出,"对每项[质疑]措施……本请求还包括[相关机构]采取的任何修正、替代、扩展、实施措施或其他相关措施"。欧盟的专家组请求,第3页。因此,若欧盟希望这样做,它可以寻求将第85号决定提交专家组在裁判条款内裁决。

了智利——价格区间体系(涉及防止某项措施不受详细审查的可能性、正当程序要求和上文提及的)案中上诉机构解释的原因,在缺乏欧盟具体请求的情况下,这样做是不合适的。依据上述,我们拒绝俄罗斯就第85号决定确立关税率的基础作出裁决的请求。

7.85 我们仍然注意到,根据该上诉机构观点,若专家组提出 DSU 第19条下的建议,专家组必须考虑相关修正和其他相关发展。① 该上诉机构在这方面已经解释:"一般而言,若争议措施包括一项专家组程序期间已被废止的法律或规章,专家组似乎没有必要提出一项目的是解决该争端的建议。"② 尽管第77号决定表面上没有被正式废止,但相关适用关税率已被第85号决定修正。我们将在作出第19条下的任何建议中适当考虑此种变化。

7.3.2.2 初步的问题

7.86 在转至审议第六项措施与第Ⅱ:1(a)条款和(b)条款第一句的相符性之前,处理一些与该措施有关的初步问题是有益的。

7.3.2.2.1 对争议产品"进口"的"实际适用"关税

7.87 我们审议的第一个问题是俄罗斯的此论点:一项关税仅构成专家组可以据此作出第Ⅱ:1(b)条款第一句下裁决的"普通关税",若其实际适用于进口时的某产品。

7.88 俄罗斯辩称,当且仅当一项关税现在或过去适用于进口时的产品,该项关税是第Ⅱ:1(b)条款第一句含义内的"关税"。③ 为了支持其立场,俄罗斯提到了澳大利亚——三文鱼案的上诉机构报告。按俄罗斯观点,该争端中的上诉机构确定,一项措施必须"实际适用"于争议产品。④ 俄罗斯还指向第Ⅱ:1(b)条款第一句本身,其规定产品不得"在进口时"受超出一成员减让表中规定的关税的约束。⑤ 俄罗斯由此推断,专家组按第Ⅱ:1(b)条款第一句审查的关税是在进口时对货物征收的关税,"若发生此类进口"。⑥ 俄罗斯坚

---

① 例如,上诉机构报告,美国——某些 EC 产品,第81段;多米尼加共和国——香烟的进口和销售,第129段。

② 上诉机构报告,中国——原材料,第264段。

③ 俄罗斯在专家组第一次会议上的开审陈述,第11—13段(参见上诉机构报告,澳大利亚——三文鱼,第103段);第二份书面呈词,第12段;在专家组第二次会议上的开审陈述,第16段。

④ 俄罗斯在专家组第一次会议上的开审陈述,第11—13段(参见上诉机构报告,澳大利亚——三文鱼,第103段)。

⑤ 俄罗斯在专家组第二次会议上的开审陈述,第15段。

⑥ 俄罗斯在专家组第二次会议上的开审陈述,第17段。

持认为,由于15%的关税率从来没有适用且将永远不会适用(若第85号决定规定了5%的永久关税率),欧盟根据第Ⅱ:1(b)条第一句质疑的第六项措施不构成专家组能够据此作出裁决的一项措施。进而俄罗斯提出,若存在从欧盟进口的争议产品,这些进口会受到完全符合俄罗斯关税承诺的某项关税的约束。①

7.89 欧盟辩称,澳大利亚——三文鱼案的上诉机构阐明,因争议措施根据某一具体争议产品被界定,它不可能包括适用于不同产品的规则。欧盟断言,在该措施实际适用之前,本问题与一项措施的相符性是否能够由专家组确定的问题毫无关系。②

7.90 专家组注意到,澳大利亚——三文鱼案中的上诉机构在相关部分阐明,"本争端中的争议措施只能是实际适用于争议产品的措施"③。该上诉机构接着阐述:

> 争议产品是新鲜、冷藏或冷冻三文鱼,可适用于新鲜、冷藏或冷冻三文鱼的SPS措施是QP86A中列明的进口禁止。1988年条件中规定的热处理要求仅适用于熏三文鱼和三文鱼籽,而不适用于新鲜、冷藏或冷冻三文鱼。④

7.91 因此我们清楚,上诉机构提到"实际适用",正如俄罗斯所依赖的,涉及该争端中争议产品是否在被质疑措施的产品范围内的问题。换言之,本问题是质疑措施是否实际被适用——或正如上诉机构在上述援引的第二项阐述中所称,是"可适用的"——于争议产品(而不是不同产品),而不是该项措施是否适用于进口时的那些产品。⑤

7.92 关于本项争议措施,我们已经确定,很清楚,从专家组成立日起的有利点,自2016年1月1日起,适用于关税细目4810 92 100 0范围内的某产品的关税率是15%。⑥ 进而,正如我们上文所指出的,申诉方不必提供实际进口交易的证据,以证明关税率的征收不符合第Ⅱ:1条款之类的主张。⑦ 由此主张推断,即专家组可以就某一关税率即使在专家组设立之日作出裁决,质疑关税率尚未"实际适用"于相关产品的进口。由于这些原因,我们无法接受俄

---

① 俄罗斯第一份书面呈词,第32段;对专家组第61号问题的答复;在专家组第二次会议上的开审陈述,第14—17段。
② 欧盟第二份书面呈词,第46段。
③ 上诉机构报告,澳大利亚——三文鱼,第103段(原文强调)。
④ 上诉机构报告,澳大利亚——三文鱼,第103段。
⑤ 见附件A—1。
⑥ 见本报告前述第7.73、第7.80—第7.81段。
⑦ 见本报告前述第7.16—7.17段。

罗斯的此论点:澳大利亚——三文鱼案中的上诉机构报告支持第六项措施在其规定未来关税率15%的范围内不是专家组能够对其作出裁决的结论。

7.93 关于第Ⅱ:1(b)条款第一句中的"在他们进口时"短语,我们同意俄罗斯的意见,即第Ⅱ:1(b)条款第一句适用于对"在他们进口时"的产品征收的关税。俄罗斯辩称,被要求按第77号决定征收的关税率不是受第Ⅱ:1(b)条款第一句约束的关税率,因为它从来没有而且将永不实际适用于相关产品"进口时"。俄罗斯辩称,它将反而适用第85号决定下征收的关税率。在审议此论点时,我们忆及,作为一个最初的问题,我们正在评估专家组成立日已存在的状况。在当时,第85号决定不存在,且从2016年1月1日起将适用于相关产品进口时的关税率是15%。虽然第85号决定随后修正了该关税率,在专家组成立日,经第77号决定修正的CCT规定了一项涉及自2016年1月1日起对相关产品"进口时"征收的关税率。① 换言之,第77号决定涉及第Ⅱ:1(b)条第一句含义内的一项未来适用的"关税"。第85号决定在专家组成立时不存在,并因此与评估当时已存在的措施无关。我们因此认为,第六项措施涉及第Ⅱ:1(b)条款第一句含义内的"普通关税"。

7.3.2.2.2 被质疑关税率的未来适用

7.94 我们现在转至审议专家组是否可以就15%的适用关税率作出裁决,即使在专家组成立时该关税率将只适用于未来,即2016年1月1日起。

7.95 按欧盟观点,就未来征收超过限制关税的关税,任何事由都不能阻止专家组对不符性作出一项裁决。根据欧盟意见,在专家组成立日存在的经第77号决定修正的CCT已经要求自2016年1月1日起适用该关税率。欧盟注意到,美国——超级基金案中的GATT专家组裁决,允许对尚未生效的强制性措施提出质疑,至少其在将来某日自动生效且不依赖于进一步立法行动。欧盟辩称,某关税可能因此违反第Ⅱ:1(a)条款"不管它是否曾被征收"。② 欧盟因此提出,专家组"能够(程序上的术语)和应当(实体上的术语)"③裁决,俄罗斯以规定自未来某日适用超过其减让表中规定的关税的方式行事不符合

---

① 我们认为,这种解释符合上诉机构在中国——汽车配件案中的阐述,即"一项普通关税是对产品在其进口时征收的一项费用"。上诉机构报告,中国——汽车配件,第153段。(原文强调)此阐述仅提及第Ⅱ:1(b)条款第一句所载义务,且没有暗示对产品在其进口时不得不适用的关税不是该项义务含义内的一项"关税"或者在适用该关税前不能受专家作出的裁决的约束。

② 欧盟在专家组第二次会议上的开审陈述,第13段。

③ 欧盟第一份书面呈词,第61段。

第Ⅱ:1(b)条款第一句和第Ⅱ:1(a)条款。①

7.96 俄罗斯回应称,接受欧盟的方法会"导致这样一种可能性,即要求任何未来专家组确定目前符合 WTO 的任何措施在其以不符合 WTO 方式变更后实际上不符合 WTO"②。根据俄罗斯观点,此种裁决类似于裁决:等于一成员方限制关税率的一项适用关税率,仍然是"现在不符合的,若在未来以超过限制关税率征收该关税率"③。

7.97 欧盟反对称,它没有质疑这种"纯粹可能性",即俄罗斯的行为可能不符合第Ⅱ:1(b)条款第一句。相反,欧盟解释称,它正在质疑在专家成立时实际存在的这项措施。根据欧盟观点,俄罗斯提到的未来发展(即自 2016年 1 月 1 日起适用 15% 的关税率)既不是假设的,也不是与受质疑措施相分离的。相反,该质疑措施规定了自未来某日起的一种特殊关税待遇。④

7.98 作为一个初始问题,专家组回顾,正如上述第 7.15 至 7.17 段、第7.20 段所述,申诉方不必证明存在"实际"进口以证明诸如征收关税之类不符合第Ⅱ:1 条款的主张。因此,我们没有看到将已经生效但还没有适用的一项措施排除于争端解决程序的任何根据。

7.99 我们进一步回顾,根据上诉机构意见,可以裁决"授权"特殊行动的普遍和预期适用的规则或规范不符合 WTO。⑤ 我们认为,第 77 号决定在其具体规定可适用于相关关税细目下全部进口交易的范围内列出了一般性和前瞻性适用的关税率。情况既然这样,我们着手审查第 77 号决定是否授权未来征收该关税率。

7.100 字典将"授权"定义为"具有、属于或传达一项命令或(上级对下级正式下达)命令性质的"或"一项行动的:一项命令结果的义务性的,强制性的"。⑥ 因此,一项强制性法律规定是一项使它强制性采取某项行动的规定,即它要求采取该项行动。我们在上述已经确定了,在专家组成立日第 77 号决

---

① 欧盟第一份书面呈词,第 58、第 60—61 段;在专家组第一次会议上的开审陈述,第 30 段;第二份书面呈词,第 41、第 44—47、第 52 段;在专家组第二次会议上的开审陈述,第 9—10、第 12—13 段。

② 俄罗斯第一份书面呈词,第 38 段。

③ 俄罗斯第一份书面呈词,第 38 段。

④ 欧盟在专家组第二次会议上的开审陈述,第 38 段;第二份书面呈词,第 41 段。

⑤ 上诉机构报告,美国——拨款法第 211 节,第 259 段;美国——1916 法,第 88 段;阿根廷——进口措施,第 5.101 段。

⑥ A. Stevenson 主编:《简明牛津英语词典》(第 6 版),第 1 卷,牛津出版社 2007 版,第 1694 页。

定要求俄罗斯海关当局从 2016 年 1 月 1 日起适用一项提高至 15% 的关税率。在第 77 号决定中没有任何语言就是否适用 15% 关税率授予俄罗斯海关当局"自由裁量权"。① 关税率的增加是确定性的,表示为自动发生,并凭借该措施本身,不需要执行行为或其他干预行为。EAEU 能够且实际上确实采取了一项修改争议关税细目之关税率的新决定的事实,不能证明专家组成立时规定的有争议的未来适用关税率是无条件的。相反,新决定的采取似乎确认了第 77 号决定没有赋予俄罗斯海关当局在 2015 年 12 月 31 日后适用更低关税率 5% 的任何自由裁量权。实际上,但对采取第 85 号决定而言,从 2016 年 1 月 1 日起适用关税率会是 15%。

7.101 我们因此裁决,在俄罗斯海关当局在专家组成立时被要求自 2016 年 1 月 1 日起适用 15% 关税率的范围内,第六项措施是强制性的。

7.102 我们下一步处理此问题:尽管第六项措施是强制性的,是不能认定该措施不符合 WTO,原因是该强制性行为(即自 2016 年 1 月 1 日起适用 15% 关税率)依赖于未来。此问题已经在先前两个专家组报告(包括一项已采纳的 GATT 专家组报告)中处理了。② 美国——超级基金案中,GATT 专家组在 GATT 1947 第Ⅲ:2 条款背景下裁决,可以裁决"授权"不符合 GATT 行为的"现行立法"是不相符的,即使"执行它的行政行为"还没有实施。③ 同样地,智利——酒精饮料案中的 WTO 专家组在第Ⅲ:2 条款背景下对"已经颁布但还没有实施"的一项措施作出了裁决。④ 专家组在解决该项措施评论道,似乎"没有允许其执行的自由裁量权……法律是确定的和明确的"。⑤ 我们还认为,再次回顾上诉机构的以下评论是有益的:

GATT、WTO 和争端解决体系的纪律,旨在不仅保护现有贸易而且保护从事未来贸易所需的安全性和可预测性。若规定与一成员方义务相冲突的规则或规范的文书在其已经颁布且不顾及适用此等规则或规范的任何特殊情况时,不能将此文书提交专家组审查,本目标就会落空。⑥

---

① 上诉机构报告,美国——拨款法第 211 节,第 259 段。
② 根据上诉机构观点,"已采纳的[GATT]专家组报告是 GATT 法律的一个重要组成部分。……他们……应当考虑他们与任何争端有关之处"。上诉机构报告,日本——酒精饮料Ⅱ,第 13 页,DSR 1996:Ⅰ,97,at 108。
③ GATT 专家组,美国——超级基金,第 5.2.2 段。
④ 专家组报告,智利——酒精饮料,脚注 413。
⑤ 专家组报告,智利——酒精饮料,脚注 413。
⑥ 上诉机构报告,美国——耐腐钢日落审查,第 82 段(增加强调)。

7.103 正如我们上面所言①，除了第Ⅱ:1(b)条款第一句外，很难想到GATT 1994另一条款更恰当地称，它不仅要保护现有贸易而且要保护从事未来贸易所需要的安全性和可预测性。基于此根据且明显类似于美国—超级基金案中的GATT专家组②，我们认为，专家组原则上能够裁决一项措施不符合诸如第Ⅱ:1(b)条款第一句之类的条款，即使该措施授权仅在未来发生的不符合WTO的行为。③

7.104 将此适用于第六项措施，随后便是，我们能够就经第77号决定修改的CCT要求的自2016年1月1日征收的未来适用关税率15%是否会导致不符合第Ⅱ:1(b)条款第一句的关税，作出裁决。进而我们认为，即使专家组成立时被要求适用的关税率不高于相关限制关税率，我们也能够就未来适用的关税率作出裁决。关于以下说法不存在任何非逻辑性：在涉及其现行适用关税率的范围内，一项措施没有产生符合WTO的任何问题，但是在涉及其未来强制适用关税率的范围内确实产生了符合WTO的问题。

7.105 我们因此认为，我们能够就经第77号决定修订的CCT要求的15%未来关税率是否不符合第Ⅱ:1(b)条款第一句作出裁决，甚至考虑了该关税率在专家组成立后大约9个月才适用。

7.3.2.2.3 临时关税削减

7.106 我们现在转至审查临时削减税率至5%是否可能消除涉及未来适用15%关税率的不相符作出一项可能的裁决。

7.107 俄罗斯辩称，EC—IT产品案中，专家组正确地裁决不符合第Ⅱ:1

---

① 见本报告前述第7.18段。

② 即GATT专家组根据GATT 1947第Ⅲ和Ⅺ条而不是第Ⅱ条处理此问题。GATT专家组报告，美国——超级基金，第5.2.2段。

③ 我们注意到，GATT专家组在美国——超级基金案中分析了授权未来不符合WTO的行为是否会"在所采税收可能影响贸易和投资决定的时间段内"发生。GATT专家组报告，美国——超级基金，第5.2.2段。本争端的当事双方没有直接处理这项法律问题。为了处置我们面前请求的目的，没有必要确定是否要求分析未来关税率适用中适用的延误时间。事实上，甚至假设为了争辩需要此种分析的缘故（正如GATT专家组在美国—超级基金案中似乎已经审议的那样），这项因素会在这里得到满足。我们注意到，经第77号决定修正的CCT要求的较高税率将于2016年1月1日开始适用，专家组于2015年3月25日成立。相反，美国——超级基金案中争议的国内税在GATT专家组成立后22个月才生效，且GATT专家组将这视为一个影响贸易和投资决定的时间期限。GATT专家组报告，美国——超级基金，第1.3段和5.2.1段。鉴于本争端中实质上较短的时间段，我们认为，截至专家组成立日，15%的强制性未来税率可能影响贸易和投资计划、俄罗斯境外的生产者和出口商，包括欧盟的生产商和出口商。

(b)条款第一句,因为不符合 WTO 关税率的争议措施已暂时中止。① 按俄罗斯观点,第 77 号决定中的脚注 14C 同样地充当关税暂时中止,且为此原因专家组应当遵循 EC—IT 产品案在这方面采取的方法。②

7.108　欧盟答复指出,EC—IT 产品案中的专家组将其自身限于裁决关税中止已生效的情形。欧盟断言,只要按 15% 税率开征关税,第六项措施会违反第Ⅱ:1(b)条款第一句并因此也会违反第Ⅱ:1(a)条款。欧盟认为,没有任何理由不能让专家组对自其成立时有利点起的此种违反作出一项前瞻性裁决。具体言之,欧盟认为,通篇阅读 EC—IT 产品案中的专家组报告,会完全支持此项主张:一项暂时中止或削减关税率(在其他情况下存在超过)在该中止自动失效时会不符合第Ⅱ:1 条款。③

7.109　专家组理解俄罗斯的此项辩称:暂时削减关税采取将实际适用关税率降低至符合 WTO 水平的方式能够"消除"与第Ⅱ:1(b)条款第一句的任何不符。④ 我们在审议此论点时忆及:根据 EC—IT 产品案专家组意见,该争端中争议措施征收超过减让表中规定的关税但不符合第Ⅱ:1(b)条款第一句,并通过将适用关税率降低到相关减让表限制的关税水平的一项临时关税中止而被消除。⑤ 专家组阐述道:

必须牢记,现行有效的理事会第 179/2009 号规章中止了适用某些列表上的关税……在理事会第 179/2009 号规章中止对……征收 EC 有义务提供免税待遇的产品的关税的范围内……没有一项[争议措施]实际征收超过 EC 减让表规定的关税。据此,该关税中止消除了 EC 第Ⅱ:1(b)条款下承诺义务的不符性。换言之,但对该关税中止,争议措施不符合 GATT 1994 第Ⅱ:1(b)条款。⑥

7.110　申诉方没有请求 EC—IT 产品案中的专家组就中止期结束后未来适用的任何强制关税率作出裁决。⑦ 相反,EC—IT 产品案中专家组的裁决针对中止期间适用的关税率。⑧ 进而专家组解释称,"在关税中止不可适用的

---

① 俄罗斯第一份书面呈词,第 33 段。
② 俄罗斯第一份书面呈词,第 33、第 34 段。
③ 欧盟第二份书面呈词,第 44 段;在专家组第二次会议上的开审陈述,第 9 段;对专家组第 89 号问题的答复。
④ 俄罗斯第一份书面呈词,第 33—34 段(参见专家组报告,EC—IT 产品,第 7.758 和第 7.763 段)。
⑤ 专家组报告,EC—IT 产品,第 7.740 和第 7.744—7.745 段。
⑥ 专家组报告,EC—IT 产品,第 7.744 段。
⑦ 专家组报告,EC—IT 产品,第 3.2 段。
⑧ 专家组报告,EC—IT 产品,第 3.2 段。

范围内……或若中止措施被废止或无效",该措施会导致以不符合第Ⅱ:1(b)条款第一句的方式征收关税。① 这表明,按该专家组观点,若或当该关税中止结束,所适用的关税率是根本的永久关税率,它们的适用会导致征收超过限制关税的关税,不符合第Ⅱ:1(b)条款第一句。

7.111 在此基础上,似乎对我们而言,EC—IT 产品案中的专家组关注中止期间适用的关税率,而我们关注第77号决定脚注14C中规定的减税期届满后适用的关税率。因此,按我们观点,EC—IT 产品案中的专家组采取的方法与我们评估我们争端中争议的未来适用关税率没有直接关系。我们也不认为此方法阻止就一项未来强制适用关税率的相符性或不符性作出任何裁决。

7.3.2.3 与 GATT 1994 第Ⅱ:1(b)条款第一句的相符性

7.112 现在转至评估第六项措施与第Ⅱ:1 条款的相符性。如上所述,我们认定,首先解决欧盟第Ⅱ:1(b)条款第一句下的请求、声称间接不符合第Ⅱ:1(a)条款,再转向欧盟第Ⅱ:1(a)条款下的独立请求。② 我们在此方面还注意到,欧盟在本顺序中提出了涉及其他措施的全部请求,并指出,依据阿根廷——纺织品和服装案中上诉机构的评论,本"分析应当开始且聚焦"第Ⅱ:1(b)条款第一句。③

7.113 欧盟主张,在专家组成立时已经存在的第六项措施不符合第Ⅱ:1(b)条款第一句,因为它统辖关税细目 4810 92 100 0 下进口产品的关税超过了自 2016 年 1 月 1 日起的限制关税。

7.114 俄罗斯基于前述第 7.3.2.2 节专家组对俄罗斯论点概括中所描述的理由,拒绝欧盟的主张。

7.115 专家组已经在前述第 7.3.2.2 节中拒绝了俄罗斯的论点。值得注意的是,我们认定,我们能够对未来强制适用关税率 15%是否导致适用不符合第Ⅱ:1(b)条款第一句的关税作出裁决。因此,我们直接比较适用关税率和限制关税率。

7.3.2.3.1 适用关税率和限制关税率的比较

7.116 欧盟主张,在专家组成立时俄罗斯的未来强制适用关税率是15%,而限制从价关税率是5%。按欧盟观点,属于相关关税细目的产品因此

---

① 专家组报告,EC—IT 产品,第 7.745 段。

② 为了本报告前述第 7.48 段所理由,我们遵循这种方法。

③ 欧盟第一份书面呈词,第 37 段(参见上诉机构报告,阿根廷——纺织品和服装,第 45 段)。

受超过俄罗斯减让表中的关税的约束,违反了第Ⅱ:1(b)条款第一句。①

7.117 俄罗斯对此没有具体争辩:未来强制适用关税率超过涉及第六项措施的相应限制关税率。②

7.118 专家组回顾,若适用关税率和限制关税率均以从价术语表达,确定俄罗斯是否已经征收了超额关税是直接的。③ 比较相关的适用关税率和限制关税率,我们注意到当事双方之间对限制关税率5%没有争议。④ 因此,有关的适用关税率和限制关税率如下:

关税细目	专家组成立日规定的俄罗斯适用关税率	俄罗斯的限制关税率⑤
4810 92 100 0	5%(2015年12月31日止);15%(2016年1月1日起)⑥	5%

7.119 直接比较俄罗斯未来适用的从价关税率和其限制关税率表明,在专家组成立日,俄罗斯海关当局被要求自2016年1月1日起征收高于其减让表规定的关税。

7.3.2.3.2 结论

7.120 鉴于上述所列理由,专家组裁决,第六项措施(即涉及关税细目4810 92 100 0的未来强制适用关税率15%)是一项在专家组成立日已存在的措施。该措施授权自2016年1月1日起征收的一项从价关税率高于俄罗斯减让表中规定的限制从价关税率,要求征收超过俄罗斯减让表中所列或规定的普通关税。因此,我们得出结论:就专家组成立时存在的第六项措施,俄罗斯被要求适用超过其减让表规定的关税,违反了第Ⅱ:1(b)条款第一句。

7.3.2.3.3 利益的丧失或损害

7.121 DSU第3.8条款规定:

若存在侵害涵盖协定下的义务,该行为被视为初步构成无效或损害的情形。这意味着通常存在这样的推定,即违反规则对该涵盖协定其他成员方具

---

① 欧盟第一份书面呈词,第51段。又见俄罗斯减让表(证据展示EU—9)。

② 又见俄罗斯第二份书面呈词和在专家组第二次会议上的陈述。

③ 见本报告前述第7.59段。

④ 欧盟指出,正如俄罗斯减让表中提供和规定的,对这项关税细目的限制关税率是5%。欧盟第一份书面呈词,第51段。又见俄罗斯减让表(证据展示EU—9)。俄罗斯对此没有异议。

⑤ 俄罗斯减让表(证据展示EU—9)。

⑥ CCT第48章,第X节,经第77号决定修正(证据展示EU—5)。

有负面影响,且在此情况下,应当针对该成员方提出申诉反驳该指控。

7.122 俄罗斯辩称,自2016年1月1日起被授权适用15%的关税率从未实际适用,特别是因为颁布了征收5%关税率的第85号决定。俄罗斯回顾上诉机构对此影响的阐述:争端解决必然关注一项措施使利益丧失或损害的情形。① 按俄罗斯看法,欧盟未能提供证据证明被质疑措施丧失或损害了产生给欧盟的利益。②

7.123 欧盟回复称,它不是GATT 1994第23.1(b)条款下的"非违反"请求,因此未被要求单独证明争议措施如何损害产生给其利益的。按欧盟观点,违反涵盖协定本身正在损害产生给欧盟和他成员方的利益。因此,按欧盟看法,违反行为一旦成立,就不要求利益损害的进一步证据。③

7.124 专家组观察到,根据第3.8条款规定,由于我们已经裁决违反第Ⅱ:1(b)条款第一句中所载义务,"通常"存在此一推定:该违反对欧盟和其他成员具有负面影响。我们不认为,涉及第六项措施的违反产生于未来强制适用某特定关税率的纯粹事实足以取代负面影响的"通常"推定。④ 俄罗斯也没有另外提出任何论点令我们信服。

7.125 关于颁布第85号决定,我们注意到,专家组面前的问题是,按第77号决定被要求适用的关税率是否造成了利益丧失或损害。虽然在专家组成立时颁布了第85号决定,其随后的颁布不具有消除专家组成立时已存在的任何丧失或损害的效力,因为它不具有溯及力。说到此,正如已经指出的,我们在DSU第19条下的建议考虑了第85号决定的存在。

7.126 依据上述,专家组得出以下结论:其在第Ⅱ:1(b)条款第一句下关于不符性的裁决创建了一项使欧盟利益丧失或损害的推定和俄罗斯未曾反驳该推定。

7.3.2.4 与GATT 1994第Ⅱ:1(a)条款的相符性(间接请求)

7.127 欧盟请求,若专家组裁决俄罗斯行事不符合GATT 1994第Ⅱ:1(b)条

---

① 上诉机构报告,美国——赌博,第121段("DSU对诸成员方认为其涵盖协定下的利益'正在受到另一成员方采取的措施侵害'的情形提供'迅速解决'"……[此类]措施必须是声称损害的来源,其又是'措施'存在或操作产生的后果");美国——耐腐钢日落审查,第86段("只有在另一成员方善意地采取了这一观点即该措施使对其产生的利益无效或损害了该利益的条件,才可以将归于一成员方的[一项]措施提交争端解决")。

② 俄罗斯对专家组第61号问题的答复;第二份书面呈词,第15段。

③ 欧盟对专家组第61号问题的答复;第二份书面呈词,第48—49段。

④ 我们还记得,在这种情况下,违规关税率的未来适用仅几个月而已。

款第一句,专家组作出 GATT 1994 第Ⅱ:1(a)条款下不符性的一项间接裁决。①

7.128　为了达到解决本争端的目的,专家组没有看到以下裁决的任何需要:就是否作为第Ⅱ:1(b)条款第一句下不符性的裁决结果,即俄罗斯行事还不符合第Ⅱ:1(a)条款,作出追加裁决。因此,我们行使司法经济并拒绝就此请求作出裁决。

7.3.2.5　第六项措施与 GATT 1994 第Ⅱ:1(a)条款的相符性(单独请求)

7.129　我们现在转到欧盟的另一项请求,即第六项措施不符合诸如 GATT 1994 第Ⅱ:1(a)条款,因为它规定了临时关税削减且同时确立了超过限制关税率的未来关税率。我们注意到,作为一个初始问题,此项请求不同于欧盟产生于不符第Ⅱ:1(b)条款第一句的裁决的第Ⅱ:1(a)条款下间接不符的请求。通过比较,这项独立请求处理该项措施的不同方面,即要求俄罗斯在 2016 年 1 月 1 日前适用 5% 关税率的临时性质,且我们因此认为在这项请求上行使司法经济是不适当的。

7.130　欧盟提出,在专家组成立时第六项措施规定了超过相关限制关税率的一项关税率,但临时削减了该项关税。欧盟争辩称,此种临时关税削减不能充分保证遵守第Ⅱ:1(a)条款,至少从开始就清楚,一旦临时削减期结束,将继续征收超过限制关税率的关税。欧盟比较本案的事实和 EC—IT 产品案中争议的事实后提出,第六项措施甚至在关税削减期间不符合第Ⅱ:1(a)条款,因为它"对市场地贸易商没有足够的可预见性"②。按欧盟看法,可预见性的这种缺乏"对竞争产生了有害影响,因此是第Ⅱ:1(a)条款下的更低优惠待遇,即使现行适用关税率没有超过限制水平"③。根据欧盟观点,它确实这样做了,因为"面对超过限制关税率的一项未来税率,可能会限制贸易,甚至在更高关税变得可适用之前"④。依欧盟看法,出口商在面临较高关税中可能缩小其现有经营,或限制扩大其生产能力或发展与进口商、分销商的商业关系。总之,欧盟声称,俄罗斯采取其减让表规定限度内的仅临时适用关税待遇和在此同时提供超过限制关税率的一种未来关税的方式,在专家组成立时给予进口待遇低于其减让表中规定的优惠待遇。⑤

---

① 欧盟第一份书面呈词,第 61 段。
② 欧盟第一份书面呈词,第 55 段。
③ 欧盟第一份书面呈词,第 56 段。
④ 欧盟第二份书面呈词,第 44 段。
⑤ 欧盟第一份书面呈词,第 53—57 段;在专家组第一次会议上的开审陈述,第 29—30 段;对专家组第 15 号和第 48 号问题的答复;第二份书面呈词,第 41 段和第 44 段;在专家组第二次会议上的开审陈述,第 9 段;对专家组第 88 号问题的答复。

7.131 俄罗斯答复称,WTO 协定中没有任何规定禁止一成员方适用以临时为基准的关税,只要该关税符合 WTO 协定。根据俄罗斯观点,第Ⅱ:1(a)条款要求 WTO 诸成员按照其减让表征收关税,但该条款中没有任何规定提及所适用的关税的性质。①

7.132 俄罗斯进一步辩称,欧盟的请求实事上引入了对一项措施符合第Ⅱ:1(a)条款的新检测法。根据俄罗斯观点,欧盟引用"充分保证符合第Ⅱ条"和"对市场地贸易商具有充分预见性的措施",意图证明在其他情况下符合俄罗斯承诺的该第六项措施事实上违反了第Ⅱ:1(a)条款。然而,根据俄罗斯观点,欧盟没有提供任何正当理由证明其立场,即这些测试法存在于第Ⅱ:1(a)条款或在本案中有关。②

7.133 俄罗斯最后提出,欧盟没有提供与一项临时关税有关的贸易不确定性的任何证据。事实上,根据俄罗斯观点,难以调和欧盟关于其表达的对确定性贸易商不可预测性的主张,在欧盟第Ⅱ:1(b)条款第一句下请求背景中的自 2016 年 1 月 1 日起永久关税率15% 会取代临时关税率 5%。按俄罗斯看法,欧盟应该"作出选择:该项措施是可预测的还是不可预测的"。③ 总之,俄罗斯的立场是,没有证据证明:就第六项措施,来自欧盟的货物所受的待遇低于俄罗斯减让表规定的待遇。④

7.134 专家组注意到,欧盟在 GATT 1994 第Ⅱ:1(a)条款下的请求是基于 EC—IT 产品案未上诉的专家组报告形成的推理。因此,在审议他们是否阐明欧盟关于争议的第六项措施的主张之前,首先回顾专家组的恰当裁决是有用的。有必要先考虑它们是否清楚欧盟关于第六项措施的请求。

7.135 在 EC—IT 产品案中,专家组裁决,欧洲共同体的某些关税措施不符合第Ⅱ:1(b)条款第一句,但是欧洲共同体适用的一项临时"关税中止"⑤在中止的范围内"消除了该不符性"。⑥ 然后专家组转至审议该关税中止是否还消除了其他情况下产生于不符合第Ⅱ:1(b)条第一句的裁决的间接不符合第Ⅱ:1(a)条款。

---

① 俄罗斯第一份书面呈词,第 22—23 段;第二份书面呈词,第 16 段。
② 俄罗斯第一份书面呈词,第 38 段;第二份书面呈词,第 16 段;在专家组第二次会议上的开审陈述,第 19 段。
③ 俄罗斯在专家组第二次会议上的开审陈述,第 20 段。
④ 俄罗斯第一份书面呈词,第 25 段;在专家组第二次会议的开审陈述,第 20 段。
⑤ 专家组报告,EC—IT 产品,第 7.744 段。
⑥ 专家组报告,EC—IT 产品,第 7.744 段。

7.136 在这方面,专家组首先注意到,该临时关税中止已于 2009 年 3 月 31 日发布,但适用期限追溯至 2009 年 1 月至 3 月。规定该中止于 2010 年 12 月 31 日到期。该次中止是可适用于相关产品的一系列关税中止的第三次。第一次中止于 2005 年 3 月 31 日发布,自 2005 年 1 月 1 日至 2006 年 12 月 31 日有效。第二次于 2007 年 3 月 19 日发布,从当年 1 月 1 日起生效。第三次中止——在 EC—IT 产品案专家组成立时有效的一次中止——扩大了以前中止的适用范围。专家组基于上述评论称,欧洲共同体实施的关税中止制度已经每两年更新一次,每次中止设置了不自动更新的终止。以前中止仅根据 EC 理事会采取的正式行动予以延期。该专家组还注意到,所有三次中止适用期限追溯至相关年份的 1 月至 3 月。[①]

7.137 专家组随后考察:尽管对进口的中止已正式生效至少五年,但中止在性质上是临时性的、受正式延长或修正的约束。另外,执行关税中止的措施没有规定可以撤销或其他情况下不更新的具体条件。因此,根据专家组意见,"在任何特定时间生效的关税中止可以终止、被废止或被修正以增加或减少涵盖范围"[②]。

7.138 最后,专家组注意到,不同于该关税中止制度下的关税待遇,《欧洲共同体共同海关关税》下的关税待遇对续期或延期没有附条件。该专家组认定,这个区别是非常重要的,因为"持续关税待遇为在市场地营运的贸易商提供了可预见性"[③]。此外,《欧洲共同体共同海关关税》中规定的关税待遇是前瞻性的,而关税中止制度追溯适用于大量场合。专家组根据这些考虑裁决,"关税中止措施没有消除与第Ⅱ:1(a)条款的不符性,因为仍然存在有害于竞争的潜在影响"[④]。

7.139 关于此裁决,有两点值得强调。第一,专家组没有裁决欧洲共同体使用临时关税中止本身不符合第Ⅱ:1(a)条款,而是裁决:使用临时关税中止,没有"消除"由不同措施征收不符合 WTO 的关税造成的不符合第Ⅱ:1(b)条款第一句。因此,我们没有读出专家组的此启示,即关税中止本身造成了独立违反第Ⅱ:1(a)条款,但仅读出这种启示,即它没有"消除"由不符合 WTO 关税导致的间接违反该条款。

---

① 专家组报告,EC—IT 产品,第 7.758—7.759 段。
② 专家组报告,EC—IT 产品,第 7.760 段。
③ 专家组报告,EC—IT 产品,第 7.761 段。
④ 专家组报告,EC—IT 产品,第 7.761 段。根据专家组意见,"若一项措施对有权按一项减让表享受的竞争条件产生有不利影响,这会是第Ⅱ:1(a)条款下的更低待遇"。专家组报告,EC—IT 产品,第 7.757 段。

7.140 第二,专家组的该关税中止没有"消除"不符合第Ⅱ:1(a)条款的裁决,是基于仔细分析被质疑措施作为整体的特性,包括违反关税和临时关税中止。① 按专家组看法,特别重要的是以下事实:(a)关税中止制度已经实施了五年,但没有确定关税中止在给定中止期结束后有效中止在该时间会被延长;(b)个别中止未就该中止被终止或其他情况下不予延长的条件提供任何信息;(c)个别中止于12月终止,并于次年3月续期,其追溯效力始于同年1月。这些特征对专家组的此种裁决至关重要,即临时关税中止没有消除由不符合WTO的关税导致的有害影响竞争的潜在性。这些特性难以提前预测:关税中止是否"会到期、被废止或被修改",并因此导致缺乏"对市场地营运的交易商的可预见性"。②

7.141 转至欧盟的请求,欧盟主张,就第六项措施所适用的临时关税削减"对竞争造成有害影响,并因此属于第Ⅱ:1(a)条款含义中的更低优惠待遇。"③欧盟因此请求专家组裁决,"俄罗斯采取将关税待遇处于其减让表临时规定的限制内和同时提供超过限制关税率的一项未来关税的方式,已经给予低于其减让表中规定的优惠待遇"④。我们在审议这一论点时记得,正如我们在上文解释的,EC—IT产品案中的专家组没有裁决该案中关税中止本身不符合第Ⅱ:1(a)条款。我们因此不同意欧盟的这种观点:"EC—IT产品案中的专家组将缺乏'对市场地营运的交易商的可预见性'提及作为裁决更低优惠待遇的一个理由。"⑤专家组的更低优惠待遇的裁决与不符合WTO的关税本身有关且源自于该关税本身。

7.142 此外,我们认为,本案争议的临时关税削减与EC—IT产品案中的临时关税中止有很大不同。首先,在第六项措施的情况下,我们没有处理关税中止。第六项措施没有产生专家组成立时适用的有效关税率是否可以消除产生于同时有效的另一关税率的不符性的问题。当时俄罗斯正在仅适用5%关税率。

7.143 其次,不同于EC—IT产品案,本案中没有任何迹象表明临时关税削减已经或本可以更新或延长。相反,根据第77号决定脚注14C,临时关

---

① 专家组报告,EC—IT产品,第7.763段。
② 专家组报告,EC—IT产品,第7.761段。
③ 欧盟第一份书面呈词,第56段。
④ 欧盟第一份书面呈词,第57段。
⑤ 欧盟对专家组第48号问题的答复(增加强调)(参见专家组报告,EC—IT产品,第7.761段)。

税削减于 2015 年 12 月 31 日终止,可适用的关税率于 2016 年 1 月 1 日恢复至 15%。① 该决定文本中没有任何内容表明关税削减本可以延长到 2015 年 12 月 31 日以后或者本可以在 2015 年 12 月 31 日之前终止。因此,我们没有看到任何依据去裁决:对关税削减是否会延长或何时终止存在任何不确定性。脚注本身表明它只适用至 2015 年 12 月 31 日。

7.144 最后,且再次作为不同于 EC—IT 产品案中争议的措施,规定本处争议的关税削减的第 77 号决定专门在未来适用。

7.145 因此,按我们的看法,这对市场地交易商是可以预见的:直到 2015 年 12 月 31 日,相关关税细目下进口的货物会受从价关税率 5% 的约束,但自 2016 年 1 月 1 日起他们会受到从价关税率 15% 的约束。因此我们裁决,本案争议的临时关税削减没有减少市场地交易商关于可适用关税待遇的可预见性。事实上,我们已经精确依赖关税率于 2016 年 1 月 1 日恢复至 15% 的可预见性来支持我们的此结论:第六项措施在专家组成立时不符合第Ⅱ:1(b)条款第一句。

7.146 至于欧盟辩称"面对超过限制关税率的一项未来关税可能限制贸易,甚至在更高关税变得可适用之前"②,我们认为,任何此种影响不会是一项关税率 5% 临时适用的结果。③ 相反,任何此种影响都会是自 2016 年 1 月 1 日起适用 15% 关税率的结果。按我们的看法,我们已经在前述作出的第Ⅱ:1(b)条款第一句下涉及关税率 15% 的裁决足以解决欧盟的此论点。

7.147 我们最后转到审查欧盟的此论点:根据 EC—IT 产品案的专家组报告,一项临时关税削减不能"充分保证"遵守第Ⅱ:1 条款并因此对竞争产生有害影响,至少从开始就清楚,一旦临时削减期限结束,将继续征收超过限制关税率的关税。④ 我们注意到作为一个最初问题,EC—IT 产品案中的专家组指出,欧盟"依照 CCT 中自治关税率的年度修正在 EC 减让表中规定其关税限制"⑤。在这种情况下观察到,不可能在绝对意义上保证关税待遇。⑥ 我们同

---

① 见本报告前述第 7.73 和第 7.80—7.81 段。

② 欧盟第二份书面呈词,第 44 段。

③ 事实上,似乎对我们而言,即使在专家组成立时没有任何关税已经适用于争议的货物,此类任何效力也不会发生。

④ 欧盟第一份书面呈词,第 54 段。

⑤ 专家组报告,EC—IT 产品,第 7.761 段。

⑥ 专家组报告指出,"在绝对意义上,不能保证自治免税涵盖范围的数额"。专家组报告,EC—IT 产品,第 7.761 段。

意此评论。然而,欧盟质问,争议的临时关税削减是否"足以"保证遵守。

7.148 我们认为,EC—IT 产品案中的专家组报告不能代表此种主张:一项临时关税提供不充分的遵守保证,并因此不符合第Ⅱ:1(a)条款,无论何时,在该时间清楚的是,临时关税是有效的,后来将被超过关税约束的一项关税取代。EC—IT 产品案的专家组报告只表明,缺乏持续性关税待遇可以导致缺乏可预见性。① 然而,我们已经确定,本争端中争议的临时关税削减没有引起缺乏预见性,特别注意,它是前瞻性的且没有追溯适用。而且,欧盟没有认定第六项措施的任何其他方面(按其看法)提出临时关税削减不足以保证遵守第Ⅱ:1 条款。因此,我们拒绝欧盟的此论点。

7.3.2.5.1 结论

7.149 鉴于上述所列理由,专家组裁决,欧盟没有证明:因缺乏可预见性或者不足以保证遵守第Ⅱ:1 条款,要求俄罗斯在专家组成立时适用 5% 临时关税率对竞争产生了有害影响。我们因此得出结论:欧盟没有建立第六项措施给予的进口待遇低于减让表中规定的待遇、违反了第Ⅱ:1(a)条款且独立于第Ⅱ:1(b)条款第一句下不符性的任何裁决。

7.4 关于适用声称超过限制关税率的组合关税的请求(争议的第七项至第十一项措施)

7.150 专家组现在转向欧盟的第二组请求,这涉及争议的第七至第十一项措施。欧盟声称,CCT 要求俄罗斯就这些措施适用的组合关税率超过了俄罗斯减让表规定的限制关税率。根据欧盟的观点,这些措施不符合 GATT 1994 第Ⅱ:1(b)条款第一句,因此也不符合 GATT 1994 第Ⅱ:1(a)条款。

7.151. 我们回顾,争议的第七至第九项措施是声称被要求适用的超过从价关税率的组合关税,而第十项和第十一项措施是声称被要求适用的超过组合关税率的组合关税。认识到这种区别,我们分别处理这两组请求,开始于关于第七至第九项措施的请求。

7.4.1 关于第七项至第九项措施的请求

7.152 我们首先转到欧盟关于俄罗斯就关税细目 1511 90 190 2(第七项措施)、1511 90 990 2(第八项措施)、和 8418 10 200 1(第九项措施)适用关税率的请求。欧盟主张,俄罗斯被要求对属于这些关税细目的货物适用的关税不符合 GATT 1994 第Ⅱ:1(b)条款第一句,因此不符合 GATT 1994 第Ⅱ:1(a)条款。

---

① 专家组报告,EC—IT 产品,第 7.761 段。

7.4.1.1 争议的措施和适用关税率

7.153 欧盟争辩称,就属于第七、第八和第九项措施的货物,要求俄罗斯适用的关税结构和设计导致征收的关税超过有关进口价格某一范围的限制关税率。①

7.154 欧盟声称,在专家组成立时,欧亚经济委员会理事会第 52 号决定对关税细目 1511 90 190 2(第七项措施)和 1511 90 990 2(第八项措施)下的进口货物征收 3%的从价关税率。然而,正如欧盟也注意到的,第 52 号决定脚注 13C 约束 2014 年 8 月 1 日至 2015 年 8 月 31 日期间这些关税细目下关税率至 3%但不低于 0.09 欧元/千克②的进口货物。欧盟接受此观点;俄罗斯被要求就这些关税细目适用 2015 年 9 月 1 日恢复至 3%从价关税率的关税率。③

7.155 欧盟进一步声称,在专家组成立时,经欧亚经济委员会行政局第 103 号决定④和欧亚经济委员会理事会第 52 号决定⑤修正的 CCT,对关税细目 8418 10 200 1(第九项措施)下的进口货物征收"16.7%但不低于 0.13 欧元/升"⑥的组合税率。但是,正如欧盟也注意到的,于 2015 年 9 月 20 日生效⑦的欧亚经济委员会理事会第 54 号决定⑧征收"15%但不低于 0.13 欧元/升"的新关税率。

7.156 俄罗斯没有质疑欧盟描述争议的这三项措施。

7.157 专家组注意到,当事双方之间对专家组成立时或其后俄罗斯被要求就第七至第九项措施适用的关税率没有任何争议。⑨ 我们根据提交的证据裁决,俄罗斯在专家组成立日和现在就第七、八、九项措施被要求适用的关税率如下:

---

① 欧盟第一份书面呈词,第 79 段;第二份书面呈词,第 53 和第 55 段。

② 即每千克 0.09 欧元。

③ 欧盟第一份书面呈词,第 81 段;第二份书面呈词,第 53 段;对专家组第 91 号问题的答复。

④ 欧亚经济委员会行政局第 103 号决定(第 103 号决定)(证据展示 EU—8)。

⑤ 欧亚经济委员会理事会第 52 号决定(第 52 号决定)(证据展示 EU—6)。

⑥ 即每升 0.13 欧元。

⑦ 欧盟第二份书面呈词,第 81 段;俄罗斯对专家组第 94—95 号问题的答复。

⑧ 欧亚经济委员会理事会第 54 号决定(第 54 号决定)(证据展示 RU—9)。

⑨ 我们还注意到当事双方之间没有争议,且我们接受此观点,即设立可适用于争议关税细目的 CCT 要求归于俄罗斯。见本报告前述第 7.42—7.47 段。

措施	关税细目	专家组成立日规定的俄罗斯适用关税率	俄罗斯现行适用关税率
第七项措施	1511 90 190 2	3%但不低于 0.09 欧元/千克①	3%,2015 年 9 月 1 日起②
第八项措施	1511 90 990 2	3%但不低于 0.09 欧元/千克③	3%,2015 年 9 月 1 日起④
第九项措施	841 810 200 1	16.7%但不低于 0.13 欧元/升⑤	15%, 但 不 低 于 0.13 欧元/升,2015 年 9 月 20 日起⑥

7.4.1.1.1　"失效"和修正的措施

7.158　我们在这点上认为,处理已经产生的关于第七、八、九项措施同一性和易受挑战性的两个问题是有益的。第一个问题涉及俄罗斯声称在这些程序期间已经"失效"的第七项、第八项措施是否仍然构成专家组可以作出裁决的措施。第二个问题涉及专家组应当处理程序过程期间被修正的第九项措施的方式。

7.4.1.1.1.1　第七、八项措施是否已"失效"

7.159　我们需要考虑的第一个问题是第七、第八项措施是否已经"失效",若已经失效,会出现什么后果。

7.160　俄罗斯辩称,欧盟的专家组请求属于专家组管辖权"任何修正、替代、延期、执行措施"或与被质疑措施"有关"的其他措施的范围。⑦ 俄罗斯因此

---

①　CCT 第 15 章,第Ⅱ节,经第 52 号决定修订(证据展示 EU—6)(凭借脚注 31C,这项税率适用于 2014 年 9 月 1 日至 2015 年 8 月 31 日)。

②　CCT 第 15 章,第Ⅱ节,经第 52 号决定修订(证据展示 EU—6)(凭借脚注 31C,这项税率自 2015 年 9 月 1 日起适用)。

③　CCT 第 15 章,第Ⅱ节,经第 52 号决定修订(证据展示 EU—6)(凭借脚注 31C,这项税率适用于 2014 年 9 月 1 日至 2015 年 8 月 31 日)

④　CCT 第 15 章,第Ⅱ节,经第 52 号决定修订(证据展示 EU—6)(凭借脚注 31C,这项税率从 2015 年 9 月 1 日起适用)。

⑤　CCT 第 86 章,第ⅩⅥ节,经第 52 号决定修订(证据展示 EU—6);第 103 号决定,(证据展示 EU-6)。

⑥　CCT 第 86 章,第ⅩⅥ节,经理事会第 54 号决定修订,(证据展示 RU-6)(凭借脚注 42C,这项税率自该决定生效之日起至 2016 年 8 月 31 日适用,自此之后它将恢复至 15%)。理事会第 54 号决定于 2015 年 9 月 10 日公布,并根据其第 3 段于 2015 年 9 月 20 日生效。欧盟第二份书面呈词,第 84 段;俄罗斯对专家组第 95 号问题的答复。

⑦　欧盟对成立专家组的请求,第 13 段。

请专家组对俄罗斯包括第七、第八项措施在内的措施作出决定,因为这些措施在程序过程中实际上已经被适用。根据俄罗斯观点,关税细目1511 90 190 2和1511 90 990 2下受质疑的关税率在2015年8月31日到期,每种情形由3%从价关税率取代,与俄罗斯减让表中相应的关税率完全相同。因此,依据俄罗斯看法,专家组不应当审议欧盟质疑的关税率,因为他们在2015年9月1日后确实不具法律效力,因此他们的审查无助于专家组保证积极解决争端。根据俄罗斯观点,这两条关税细目的关税率已符合俄罗斯减让表的事实,意味着专家组"没有对其作出裁决的任何争议措施"。① 因此,俄罗斯请求专家组驳回欧盟的请求。②

7.161 根据欧盟观点,专家组的职权范围在其成立时已规定,因此专家组应当对自该日有效的措施作出裁决。然而,欧盟已经明确,它对已停止适用的包括第七、第八项措施在内的措施不寻求DSU第19条下的建议。③

7.162 专家组回顾了其在争议的第六项措施背景下讨论专家组成立后作出的影响质疑措施的改变的法律意义。④ 正如我们解释的,专家组成立后被修改的一项措施,不能仅依据该修改停止其作为一项为了WTO争端解决目的的措施。即使一项声称不符合WTO的措施在程序过程中得到遵守,仍然可以请求专家组根据其职权范围和DSU第11条,就专家组成立时已经存在的措施作出裁决⑤,至少在申诉方没有请求专家组审议随后变更的措施的情况下。然而,一项措施已在专家组成立后符合涵盖协定的事实,可以具有专家组决定作出建议(若有)的意义。⑥

7.163 将这些原则适用于我们前面的事实,我们不能同意俄罗斯的此观点:在专家组成立时存在的第七、第八项措施不构成我们对其作出裁决的措施。我们在这方面注意到,欧盟只请求我们对当时存在的这些措施作出裁

---

① 俄罗斯第一份书面呈词,第106段。

② 俄罗斯第一份书面呈词,第99、第101、第103、第105—106、第108段;对专家组第24、第68—69号问题的答复;第二份书面呈词,5、第8、第9段;在专家组第二次会议上的开审陈述,第40段。

③ 欧盟在专家组第一次会议上的开审陈述,第70段;第二份书面呈词,第82段;在专家组第二次会议上的开审陈述,第25段。对专家组第91号问题的答复。

④ 见本报告前述第7.3.2.1.1段。

⑤ 专家组报告,智利——价格区间体系,第7.7—7.8段。

⑥ 上诉机构报告,美国——某些EC产品,第81和第129段。又见我们前述第7.85段中对第六项措施下本问题的讨论。

决。① 因此,要求我们作出一项"该事项的评价"的我们职权范围和 DSU 第 11 条,均迫使我们审查在专家组成立时已经存在的这些措施与 WTO 的相符性。在缺乏欧盟具体请求的情况下,要我们以其现行形式而不是专家组成立时已经存在的形式审查第七、第八项措施(用俄罗斯的语言,"他们现在被适用"②),会是不合适的。但是,在作出我们的建议时(如有),我们将适当考虑对争议措施作出的任何相关变更。

7.4.1.1.1.2 专家组是否应当审议经修正的第九项措施

7.164 我们面临的第二个问题是,专家组是否应当审议专家组成立时已存在的第九项措施,因为它于 2015 年 9 月 1 日至 20 日或经修正自 2015 年 9 月 20 日起已存在。

7.165 当事双方均承认俄罗斯的限制关税率从 2015 年 9 月 1 日下降了。他们也同意:在这些程序过程期间修正了第九项措施和修正案于 2015 年 9 月 20 日生效。③ 然而,根据欧盟观点,此项措施仍然不符合第Ⅱ:1(b)条款第一句下俄罗斯的义务。因此,按欧盟观点,经修正的第九项措施继续导致征收的关税超过俄罗斯减让表中的规定。

7.166 鉴于这些发展,欧盟请求专家组就以下存在的第九项措施作出裁决:(ⅰ)专家组设立时;(ⅱ)2015 年 9 月 1 日和 20 日之间,欧盟称,在此期间,此措施的不符程度是"严重的"④;(ⅲ)经修正,自 2015 年 9 月 20 日起。⑤

7.167 俄罗斯没有具体回复欧盟请求裁决的这一方面。但是,按专家组看法,为了确保积极解决本争端,基于以下理由,欧盟请求的广泛裁决可能是不必要的。

7.168 首先处理欧盟的第一、第三项请求(即专家组对第九项措施的裁决,因为其在专家组成立时和经修正自 2015 年 9 月 20 日起已经存在)。我们注意到,声称在专家组成立时已存在的不符性的性质在本质上相同于声称该措施于 2015 年 9 月 20 日修正后存在的状态。具体言之,就仅受 x%(即以从价术语)约束的一项关税细目下的进口产品,两项请求都涉及适用以"x% 但不低于每衡量单位 y"表达的关税率。它仅是这些程序过程期间已经变化了

---

① 欧盟第二份书面呈词,第 82 段。

② 俄罗斯第一份书面呈词,第 101 段。

③ 俄罗斯对专家组第 42 号问题的答复;第二份书面呈词,第 5 段;欧盟第二份书面呈词,脚注 71。

④ 欧盟对专家组第 10 号问题的答复。

⑤ 欧盟第二份书面呈词,第 85 段;对专家组第 92 号问题的答复。

的"x"的数值(正如它在适用关税率和限制关税率中的图表显示)。①

7.169 据此,我们的观点是,对经修正的措施作出的裁决会足以解决本请求提出的诸问题。此种裁决不会对这样的问题留下空间:专家组成立时已存在的本措施是否符合俄罗斯的 WTO 义务。正如我们已经解释的,措施的设计和结构没有改变,但只有数值"x"变化,正如它在适用关税率和限制关税率中的图表显示。因此,基于该设计和结构的一项裁决会明示,在专家组成立时存在的该措施是否符合第 Ⅱ :1(b)条款,即使"x"的价值是不同的。

7.170 我们最后转向欧盟的第二项请求(即专家组就 2015 年 9 月 1 日和 20 日之间存在的第九项措施作出裁决)。根据欧盟观点,截至 2015 年 8 月 31 日,相关限制关税率是 16.7%。按照俄罗斯减让表,限制关税率于 2015 年 9 月 1 日下调至 15%。但是,直到 2015 年 9 月 20 日,俄罗斯才被要求对本关税细目下的进口货物服从"16.7%但不低于 0.13 欧元/升"的适用关税率。欧盟因此辩称,在 2015 年 9 月 1 日和 20 日之间,俄罗斯违反第 Ⅱ :1(b)条款第一句是严重的,因为虽然俄罗斯必须遵守的限制关税率已下降(从 16.7% 降至 15%),但俄罗斯被要求适用的关税率仍然是相同的。因此,按欧盟看法,从 2015 年 9 月 1 日至 20 日,甚至适用组合关税率(16.7%)的从价要素超过了限制关税率(15%)。②

7.171 似乎对我们而言,欧盟对要求俄罗斯 2015 年 9 月 1 日至 20 日适用限制关税率中的变化和该关税率中缺乏变化的描述均是正确的。俄罗斯没有另外争辩。我们仍然认为,对 2015 年 9 月 1 日至 20 日期间已存在措施作出追加裁决,对解决本争端可能是不必要的。若我们裁决,经修正的第九项措施(其从价要素等于俄罗斯的限制从价关税率)不符合第 Ⅱ :1(b)第一句,接下来更有理由的是,第九项措施在 2015 年 9 月 1 日至 20 日期间本不符合 WTO,甚至当第九项措施的从价关税要素(16.7%)高于相应限制关税率(15%)时。在此种情形下,我们不相信追加裁决对保证积极解决本争端会是必要的。相反,若我们裁决经修正的第九项措施不符合第 Ⅱ :1(b)条款第一句,可能有必要审议在 2015 年 9 月 1 日至 20 日期间存在的措施以确保在我们的分析中不留下缝隙。因此,当且仅当我们作出经修正的第九项措施不符

---

① 即适用关税率("x%,但不低于每单位 y")从"16.7%但不低于 0.13 欧元/升"已经改变为"15%但不低于 0.13 欧元/升",而限制关税率(x%)从 16.7%已经改变为 15%。以另一种方式表达,x 的价值(其在适用关税率和限制关税率中均以数字表示)已经从 16.7%下降到 15%。

② 欧盟第二份书面呈词,第 84 段。

合第Ⅱ:1(b)条第一句的结论时,我们将回到2015年9月1日至20日期间存在的第九项措施。

7.172　总之,在这些裁决中,我们将审议专家组设立时已存在的第七、第八项措施。通过对比,根据欧盟的请求,我们将审议自2015年9月20日起修正的第九项措施。但是,若我们得出的结论是经修正的第九项措施不符合第Ⅱ:1(b)条第一句下俄罗斯的义务,我们将返回到2015年9月1日至20日期间存在的第九项措施。

7.4.1.2　与GATT 1994第Ⅱ:1(b)条款第一句的相符性

7.173　现在转向评估第七、第八、第九项措施与GATT1994第Ⅱ:1条款的相符性。鉴于上述阐明的原因①,专家组认定,首先处理欧盟第Ⅱ:1(b)条款第一句下的请求。然后转向欧盟第Ⅱ:1条(a)条款下的间接请求,是适当的。

7.174　据欧盟称,争议的第七、第八、第九项措施不符合第Ⅱ:1(b)条款第一句。按欧盟看法,情况如此,因为就关税细目1511 90 190 2、1511 90 990 2和8418 10 200 1,俄罗斯被要求适用组合关税(根据海关当局就受影响货物的每项进口计算并从一一从价关税或一特定关税中选择较高的一种),而其减让表规定了一种明确的限制从价关税率。欧盟认为,它采取一种对某些种类交易必然导致适用超过限制关税率的方法,如此做了。②

7.175　欧盟注意到,虽然适用成员方减让表规定以外的某类关税本身不是不符合符合第Ⅱ:1条款,但是这类变化在其造成征收超过减让表规定的普通关税的范围内产生不相符。按欧盟看法,"简单的算术"③显示,就第七、第八、第九项措施,存在一个低于以下的盈亏平衡点价格或海关价值(关于受影响进口货物的重量和体积的表述):适用组合关税之特定要素的从价等值必然超过俄罗斯的限制从价关税。④另外,如上文所述,欧盟声称,关于第九项措施,从2015年9月1日至20日(在俄罗斯限制关税率下降之后但在适用关税率降低之前),甚至适用关税率(16.7%)的从价要素超过了限制关税率

---

①　见本报告前述第7.48段。

②　欧盟第一份书面呈词,第79段。

③　欧盟第一份书面呈词,第85段。

④　欧盟第一份书面呈词,第85段。欧盟在其第二份书面呈词中提供了下列数学公式以支持其论点:

用"x%,但不低于每衡量单位y"表述的一项适用关税……将超过对低于"y除以x%"的每项海关价值以"x%"表示的限制关税率,只要不存在类似于防止发生于每项单独进口交易的上限的额外机制。欧盟第二份书面呈词,第58段。

（15%）。因为在此期间，组合关税要求海关当局选择两种价值中较高的一种，要求所有情况下征收的最低关税是 16.7%。这意味着，关于第九项措施，对某些合理海关价值以外的其他全部价值，适用关税率超过了限制关税率。①据欧盟称，俄罗斯在专家组成立时或其后没有采用任何限制或上限机制防止其征收的关税超过限制关税率。②

7.176　欧盟补充称，作为一个法律问题，采取使个别违反仅成为可能的方式设计一项关税的事实，在给定的价格范围内，足以证明违反第Ⅱ:1 条款。但是欧盟强调，其论点不是"纯属假设"。③ 为了证明这一点，欧盟提交了一系列海关声明，按其看法，"非常清楚"④的是，适用组合关税特定要素导致征收超过限制关税率的关税，有时"明显"⑤如此。⑥

7.177　俄罗斯辩称，欧盟关于第七至第九项措施的请求，本质上是关于适用关税的结构和设计而不是关税本身。俄罗斯认为，一成员方适用其减让表规定以外的一种关税的单纯事实与第Ⅱ:1 条款不矛盾。相反，为了成功质疑第Ⅱ:1 条款下的关税，一申诉成员方不得不另外证明征收的关税超过了限制关税率。⑦ 然而，按俄罗斯的看法，欧盟的请求在法律上是有缺陷的，因为涵盖协定中没有任何规定要求一成员方在适用关税时使用立法的限制或上限。⑧ 此外，俄罗斯辩称，欧盟的请求必须失败，因为这些请求没有考虑《俄罗斯工作组报告》第 313 段，按俄罗斯看法，该段包含了评估适用组合关税符合第Ⅱ:1 条款时必须使用的一种方法。⑨

7.178　首先，专家组将审议俄罗斯对欧盟关于第七至第九项措施请求的特性。

---

① 欧盟第二份书面呈词，第 84 段。

② 欧盟第一份书面呈词，第 103 段;专家组第一次会议上的开审陈述，第 69 段;第二份书面呈词，第 58 段。

③ 欧盟第一份书面呈词，第 88 段。

④ 欧盟第一份书面呈词，第 98 段。

⑤ 欧盟第一份书面呈词，第 88 段。

⑥ 欧盟第一份书面呈词，第 85、第 88—89 段;在专家组第一次会议上的开审陈述，第 67 段;第二份书面呈词，第 53 段;在专家组第二次会议上的开审陈述，第 16 段。

⑦ 俄罗斯第一份书面呈词，第 104、第 115、第 118、第 122 段;第二份书面呈词，第 3 段;在专家组第二次会议上的开审陈述，第 25—26 段。

⑧ 俄罗斯第一份书面呈词，第 129、第 132—133 段;在专家组第一次会议上的开审陈述，第 74 段;第二份书面呈词，第 29 段。

⑨ 后文第 7.4.1.2.2 节对当事双方在本问题上的论点作了更详细概要。

7.4.1.2.1　关税种类/结构变量

7.179　如上所述,俄罗斯辩称,欧盟关于第七至第九项措施的主张本质上是关于适用关税的结构和设计而不是关税本身,第Ⅱ:1条款没有禁止其适用其减让表规定以外的一种关税结构和设计。

7.180　专家组注意到,根据上诉机构意见,"适用不同于一成员方减让表规定的一种关税,在其导致征收超过该成员方减让表规定的普通关税的范围内,是不符合 GATT 1994 第Ⅱ:1(b)条第一句的"①。因此,我们同意当事双方的此种观点:一成员方单纯使用其减让表中某种关税或结构以外的一种关税或结构本身不与第Ⅱ:1条款相抵触。问题是,被适用的该特定关税是否超过一成员方减让表中的规定。

7.181　然而,我们认为,欧盟的请求不产生于俄罗斯被要求就关税细目适用具有以从价术语表达的某限制关税率的组合关税这一单纯事实。相反,欧盟关注的是,俄罗斯适用的某些关税在某些情况下导致征收超过俄罗斯减让表中规定的普通关税。正如我们对其理解的,按欧盟看法,欧盟在解释争议的组合关税如何和为何导致征收超过俄罗斯限制关税率的关税的上下文中,使用了"结构和设计"术语。欧盟的请求是,第七至第九项措施不符合第Ⅱ:1(b)条款第一句,不是简单地因为他们的结构和设计不同于俄罗斯减让表中相关限制关税率的类型、结构和设计,而是因为他们的类型、结构和设计导致征收的普通关税超过了俄罗斯减让表的规定。

7.4.1.2.2　比较适用关税率和限制关税率的方法

7.182　我们处理了欧盟请求的性质后现在转至审议欧盟的请求,即第七至第九项措施现在导致(或在专家组成立时曾导致)征收超过俄罗斯减让表规定的关税。

7.183　我们开始我们的本部分分析,考察俄罗斯质疑欧盟使用比较适用关税率和限制关税率的方法。根据俄罗斯观点,欧盟的方法是有缺陷的,因为它没有考虑《俄罗斯工作组报告》第313段中的方法。俄罗斯认为,此种方法在估价一项适用组合关税之特定要素的从价等值时才使用。按俄罗斯看法,作为一个法律问题,欧盟不能确立俄罗斯适用的超过限制从价关税的特定关税违反第Ⅱ:1(b)条款第一句,除非它提出符合第313段方法技术指标的证据。②

---

① 上诉机构报告,阿根廷——纺织品和服装,第55段(增加强调)。
② 俄罗斯第一份书面呈词,第138—143段、第153—158段;第二份书面呈词,第24—46段;对专家组第99号问题的答复。

7.184 欧盟不同意俄罗斯的观点,认为第313段与第Ⅱ:1(b)条款第一句下的分析不相关。①

7.185 专家组注意到,俄罗斯关于第313段的论点提出了这样的问题:为了评估第七、第八、第九项措施与第Ⅱ:1(b)条款第一句的相符性,我们应当如何比较相关的适用关税率和限制关税率。本问题在逻辑上先于欧盟是否证明这些措施实际上不符的问题。因此,我们将首先审议第313段是否与我们评估欧盟的请求有关,特别是它是否规定了在估价一项组合关税之特定要素的从价等值中必须使用的一种方法。

7.4.1.2.2.1 《俄罗斯工作组报告》第313段的相关性

7.186 《俄罗斯工作组报告》第313段规定:

作为这些谈判的结果,俄罗斯联邦代表确认,对受组合关税(例如,以5%但不低于2欧元/千克的形式)约束的货物,无论是俄罗斯联邦还是CU(关税联盟)主管机构会保证,根据以下条款,每项关税细目的特定关税率之从价等值以平均海关价值为基础予以计算,不高于俄罗斯联邦减让表中对该关税细目的选择性从价关税率:

——以每年为基准,由俄罗斯联邦或CU主管机构确定是否有必要降低具体适用关税率,以确保其不高于适用从价关税率;

——在每个日历年结束前两个月完成此计算,自俄罗斯联邦加入日后的第一个日历年开始;

——计算的数据来自每三年一期的期限,由从每最近五年一个代表期限中获取的贸易数据决定,不包括该期间最高和最低贸易年份的数据;

——与俄罗斯联邦有关税联盟或自由贸易协定的国家或地区的贸易数据从该计算中排除;和

——数据从俄罗斯联邦海关官方统计通报给WTO统一数据库(IDB)中抽取,除非此等数据难以获取。在此情况下,使用IDB和COMTRADE的数据。

俄罗斯联邦将以关税细目为基准的这些计算结果通知给诸成员方。若结果显示有必要选择性地削减特定关税率,此削减应当作出并自动生效,自该计算的次年1月1日开始实施。在任何情况下,适用关税(无论以从价术语还是特别术语表示,是否由俄罗斯联邦或关税联盟的主管机构决定)不得超过组合关税的限制关税率。若在以年度重新计算为基础和变化情况下削减之后,

---

① 欧盟第二份书面呈词,第64—79段。

选择的具体关税率明显变得低于关税的从价选择率,俄罗斯联邦保留将关税形式永久变更为单纯从价关税的权利,其水平遵从对相关关税细目的约束。工作组注意到了这些承诺。

7.187　按俄罗斯看法,第313段"告知第Ⅱ:1条款下俄罗斯义务的内容"且特别是对计算组合关税特定要素的从价等值是一种"必要机制"。① 俄罗斯认为,由于第313段,单个关税声明不能作为一项具体适用关税率的从价等值超过了相应从价限制关税率的证据。相反,俄罗斯认为,为了确立已经适用了超过从价限制关税率的组合关税特定要素,申诉方需要"提交以一个三年期和平均海关价值为基础的证据"②。按俄罗斯观点,由于欧盟的证据不能满足这些要求,不能认为已经建立了第七至第九项措施不符合WTO的初步案件。③

7.188　欧盟反驳称,第313段只涉及受俄罗斯减让表中组合关税约束的货物。欧盟认为,第313段不涉及减让表对其规定从价关税率和俄罗斯仍对其适用组合关税的货物。因此,按欧盟称法,第313段与第七至第九项措施无关。④

7.189　欧盟进一步争辩称,无论如何,第313段涉及一项单独组合关税的特定要素与从价要素之间的关系。根据欧盟观点,该段的目的是确保此种组合关税的特定要素不超过该平均海关价值同一关税的从价要素。若实施第313段中的计算后,出现该特定要素导致高于平均关税率,第313段会要求俄罗斯进一步将适用的特定要素削减到其限制水平以下。在此意义上,第313段对俄罗斯施加了不同于且补充第Ⅱ:1条款和俄罗斯减让表所载义务的义务。第313段没有规定解释、改变或限制俄罗斯第Ⅱ:1条款下义务的方法。按欧盟看法,就所涉及俄罗斯而言,接受俄罗斯对第313段的解释会使第Ⅱ:1(b)条款第一句实际上毫无意义,因为只要俄罗斯在某些时候这样做,它会允许俄罗斯自由地超过其关税限制,以征收低于限制关税率的其他关税方式补

---

① 俄罗斯第一份书面呈词,第162段;第二份书面呈词,第33段。

② 俄罗斯第一份书面呈词,第155段。

③ 俄罗斯第一份书面呈词,第136、第142—143、第155—157段;在专家组第一次会议上的开审陈述,第78、第80段;第二份书面呈词,28—30、33—34、39段;在专家组第二次会议上的开审陈述,第29、第31、第34—39段;对专家组第20、第25、第30、第70—71、96和第97(c)号问题的答复。

④ 欧盟在专家组第一次会议上的开审陈述,第73段;第二份书面呈词,第65段;对专家组第75号问题的答复。

偿其超额征收的关税。①

7.190　专家组面前的问题是,第313段是否规定了一种方法,通过该方法,必须计算组合关税率特定要素的从价等值。若情况如此,欧盟关于第七至第九项措施的请求需要得到考虑这种方法的证据支持。

7.191　在审查第313段文本之前,有必要进一步解释本问题对现行程序的重要性。关于争议的第七、第八、第九项措施,相应的限制关税率以明确从价术语表示。然而,CCT要求适用组合关税。回顾已经在这些程序中使用的"组合关税"术语,其指由至少一项从价选择关税率结合一项最低特定选择关税率构成的一种关税。② 若在一项给定进口交易中,从价选择关税率(若其适用)会产生每衡量单位的关税额低于特定选择关税率产生的关税额,CCT要求适用该特定选择关税率。③

7.192　若一项限制关税率以从价术语表达但相应的适用关税以特定术语表达,出现的问题是,为了确定遵守第Ⅱ:1(b)条款第一句的目的,如何比较前者和后者。上诉机构在这方面已经解释了:"对任何特定关税,存在一种减去对进口产品价格征收的绝对额的比率的从价等值。"④换言之,采取将特定关税换算成进口产品海关价值的百分比并将该百分比与从价限制关税率进行比较的方式,可以使此种比较便利化。⑤

7.193　按俄罗斯看法,第313段规定了为在法律上有效比较限制一项从价关税率与一项被计算的适用组合关税率之特定要素所必须遵循的一种方法。如上文解释的,根据俄罗斯观点,转换和比较必须按照第313段设想进

---

① 欧盟在专家组第一次会议上的开审陈述,第74—75、第80段;第二份书面呈词,第64—65、第68—69、第74段;在专家组第二次会议上的开审陈述,第17—21、第23段;对专家组第23、第25、第30、第70、第73、第96—98和第112—113号问题的答复。

② 在本案中,相关组合关税采取了"x%,但不小于每单位y"的形式(第七至第九项措施)或"x%;或y%,但不小于每单位z"(第十、第十一项措施)。

③ 例如,在专家组成立时,涉及第七项措施的关税细目受3%的限制从价关税率的约束。然而在CCT中,关税细目受组合关税率是"3%,但不低于0.09欧元/千克"的约束。若征收海关价值3%的关税会低于0.09欧元/千克,海关当局被要求按0.09欧元/千克的税率征收关税。因此,无论以从价还是具体术语表示,对第七项措施下某进口产品征收的关税永不可能低于0.09欧元/千克的等值。

④ 上诉机构报告,阿根廷—纺织品和服装,第50段。

⑤ 我们注意到,反向转换也可能用于比较目的,因为估价适用一项从价关税率产生的具体关税等值是可能的。虽然取决于某种情况下可用信息的一种或另一种的计算可能更容易,但这两种比较方法在数学上是等效的,因此,应当导致相同的裁决。

行,也就是,涉及某特定产品的"平均海关价值",且以此数据为基准:"来自每三年一期的期限,由从每最近五年一个代表期限中获取的贸易数据决定,不包括该期间最高和最低贸易年份的数据。"①

7.194 我们采取仔细研究第313段内容的方式开始我们的评估。我们注意到,根据《俄罗斯入世议定书》第2段和其《工作组报告》第1450段,第313段是WTO协定不可分割的一部分。然而,我们看到,第313段对其与第Ⅱ:1(b)条款第一句的关系(若有)的性质保持沉默。因此,第313段既没有明确排除也没有明确赞同俄罗斯的解释。

7.195 我们接着注意到,第Ⅱ:1(b)条款第一句和第313段都涉及或可能涉及关税或税率的比较。具体而言,这两项条款,如同这里争议的该种的适用组合关税的情况,都要求计算某特定关税或税率的从价等值和比较该从价等值与另一关税或税率。然而,这两项条款在谈及精确比较什么和为何目的的问题时是明显不同的。

7.196 正如其条款清晰表述的,第Ⅱ:1(b)条款第一句要求,一方面比较一成员减让表中"所列和提供"的关税,另一方面比较对"进口到减让表所涉领土"的货物征收的关税。② 因此,第Ⅱ:1(b)条款第一句下的相关比较是在限制关税或关税率和适用关税或关税率之间进行。该比较的目的是,正如文本清楚表述的,确定进口是否"豁免超出减让表中规定的普通关税"。

7.197 第313段要求不同的比较。第一分段指出了第313段的总体关系,即确保"以平均海关价值为基础计算的每项关税细目之特定税率从价等值不高于俄罗斯减让表中该关税细目的从价选择关税率"。予以确保的此方式在该分段诸破折号中有详细说明。特别是,该分段第一破折号将总体关系转化到一项特定义务:以每年为基准,由俄罗斯联邦或CU主管机构确定"是否有必要削减具体适用关税率,以确保其不高于适用从价关税率"。

7.198 该破折号清晰表明,第313段下的相关比较在一项单独适用组合税的两种要素——从价和特定——之间进行。因此,第313段不涉及俄罗斯的适用关税和限制关税之间的关系,相反,其目的是确保:若俄罗斯海关当局适用一项适用组合关税的特定要素,以平均海关价值为基准确定的该特定关税率之从价等值不超过相应的从价选择关税率。

7.199 转至相关背景,我们认为,紧接着的第312段进一步阐明了第

① 《俄罗斯工作组报告》,第313段。
② 专家组报告,哥伦比亚——纺织品,第7.145段。

313 段中该机制的不同目的。它在相关部分规定：

在回复一些成员方此种评论时，即为了提高透明度和减少贸易扭曲，应当由俄罗斯联邦加入时从价关税替代组合（混合）关税率和特定关税率，俄罗斯联邦代表指出 CCT 对该从价关税率及组合关税率的特定替代保证了类似有效的关税率。

7.200 本段简要包含"组合关税率的从价和特定选择"短语，具有指导意义。（增加第二次强调）对我们，这提供了额外确认：第 313 段要求比较一项单独适用组合关税的两个要素，而不是比较一项适用组合关税和一项相应限制关税。①

7.201 按我们看法，第Ⅱ:1(b)条第一句和第 313 段下要求不仅比较是什么和为何不同，而且比较如何不同。正如我们前面提到的，对受适用组合关税约束的货物，第 313 段指示，以特定产品的平均海关价值为基准计算某特定税率的从价等值。这种计算将使用以下数据来完成：来自每三年一期的期限，由从每最近五年一个代表期限中获取的贸易数据决定，不包括该期间最高和最低贸易年份的数据。如此计算后，从价等值必须与适用组合税率的从价选择要素进行比较。

7.202 比较言之，第Ⅱ:1(b)条款第一句要求简单比较限制关税率与实际适用或可适用关税率。在适用组合关税情况下，可能有必要计算某特定要素的从价等值，以便对其与限制从价关税率进行比较。② 但第Ⅱ:1(b)条第一句文本中没有任何规定表明，这种计算必须或者甚至能够以相关货物进口的平均海关价值或以三年期的数据为基准。第Ⅱ:1(b)条款文本广泛地规定，"产品……应当在其进口时……免除超过一成员方减让表中所列和规定的普通关税"。这种无限制的语言与我们前述的考虑③一起，向我们表明第Ⅱ:1(b)条款第一句下的义务适用于每项进口交易。因此，每项进口交易的适用或可适用关税必须遵守第Ⅱ:1(b)条款施加的上限，不仅仅是以一系列进口交易为基准计算的某些平均关税。

7.203 总之，尽管第 313 段和第Ⅱ:1(b)条款第一句皆要求比较，但是

① 虽然第 312 段谈及俄罗斯入世之前的 CCT，但第 313 段以"作为这些谈判的结果"措词开始，然后再继续说，俄罗斯"会保证"（增加强调）"每项关税细目的具体关税率的从价等值将不高于该关税细目替代从价税率"。《俄罗斯工作组报告》，第 312—313 段。

② 正如上文解释的，在某些情况下，采取计算一项从价关税率的具体关税等值的方式进行比较也是可能的。

③ 关于此点，见本报告前述第 7.15—7.17 段、第 7.21—7.33 段。

就比较什么、如何进行比较和作出这种比较的目的是什么,在这两个条款之间存在重大差异。这些重大差异向我们表明,正如俄罗斯建议的,第313段没有规定或批准将一种方法在计算从价等值时作为第Ⅱ:1(b)条第一句下分析的一部分予以适用。我们没有在第313段中找到对该观点的任何支持。而且,第Ⅱ:1(b)条款第一句文本和其他考虑向我们表明,在该条款下计算从价等值将以适用于或可适用于一项相对于货物海关价值的特定关税率为基础。①

7.204 作为一项额外考虑,因为其含义,我们很难接受俄罗斯对第313段的解释。接受俄罗斯的解释会意味着,俄罗斯可能会使某些进口服从超过限制关税率的关税,除非在相关三年期限结束时在平均海关价值方面适用的关税符合相关限制关税率。换言之,俄罗斯在某些交易中可能超过其关税限制,前提是,随着时间的推移,它征收的关税低于其他中的限制关税率。但是,我们在前述已经裁决第Ⅱ:1(b)条款第一句不允许这种平衡。② 按我们看法,同意第313段的可能导致重大偏离第Ⅱ:1(b)条第一句要求的解释是不恰当的,正如我们对其理解的,没有任何非常明确的迹象表明这是谈判者的意图所在。我们已经找不到任何此种迹象。

7.205 此外,接受俄罗斯对第313段的解释会实际上使一成员方不可能迅速质疑超过俄罗斯减让表中所列限制关税而适用组合关税的个体实列。这是因为仅就以三年期限的数据为基准计算一项平均海关价值而论,需要保证遵守第Ⅱ:1(b)条第一句。在此再次明确,若无明显相反迹象,按我们看法,这是高度怀疑的:第313段的谈判代表意图限制向俄罗斯出口的诸成员方迅速质疑适用某组合关税的单个实例的能力。

7.206   总之,我们认为,第313段不涉及对声称导致征收超过俄罗斯减让表规定关税的一项适用组合关税的分析。更特别的是,我们认为,在计算一项适用组合关税率之特定要素的从价等值时,无须或可以不求助第313段来确定适用组合关税是否超过了俄罗斯减让表所列的相应从价关税。由于这是在评估第七至第九项措施符合第Ⅱ:1(b)条款第一句时必须履行的精确分析,在我们分析这些措施中进一步不考虑第313段。我们已经裁决第313段与我们评估涉及第七至第九项措施的请求无关后,我们认定,正如欧盟声称的,没有必要另行确定第313段是否仅在以组合术语表达的适用关税和限制关税两种情况下确立了对俄罗斯的补充义务。

---

① 我们注意到,该货物的海关价值需要根据《海关估价协定》的条款来确定。
② 见本报告前述第7.33段。

7.4.1.2.3　适用关税率和限制关税率的比较

7.207　我们已经就第七至第九项措施列出我们对相关适用关税率的理解。因此,我们可以转至审议这些适用关税率是否导致征收的关税超过俄罗斯减让表的规定。为了进行这项分析,我们再次需要一方面比较要求俄罗斯适用的关税率,另一方面比较俄罗斯减让表规定的限制关税率。我们记得,为了以上所列原因①,我们将审查专家组成立时存在的第七、第八项措施。但对第九项措施,我们将聚焦该措施,因为它是经修正于 2015 年 9 月 20 日生效后目前仍存在的。仅当我们作出经修正的第九项措施不是不符合 WTO 的结论时,我们将审议第九项措施,因为它存在于 2015 年 9 月 1 日至 20 日期间。

7.208　关于第七、第八项措施,我们根据所提交的证据裁决,专家组成立时的适用关税率和限制关税率如下:

关税细目	专家组成立日规定的俄罗斯适用关税率	俄罗斯的限制关税率②
1511 90 190 2	3%但不低于 0.09 欧元/千克③	3%
1511 90 990 2	3%但不低于 0.09 欧元/千克④	3%

7.209　关于第九项措施,我们根据提交的证据理解,截至 2015 年 9 月 20 日的适用关税率和限制关税率如下:

关税细目	俄罗斯的现行适用关税率	俄罗斯的限制关税率⑤
8418 10 200 1	15%但不低于 0.13 欧元/升⑥	15%

7.210　关于第七、第八、第九项措施,我们不能简单地比较适用关税率和限制关税率,正如我们对第一至第六项措施所做的。相反,我们需要审议组合关税率如何运行,然后才能确定它们是否导致征收超过俄罗斯限制关税率的关税。

7.211　上诉机构在这方面已经评论:"对任何特定关税,都存在一种减去向进口产品价格获取绝对数额的百分比的从价等值。"⑦当争议关税由一特

---

① 见本报告前述第 7.4.1.1.1.1 节。
② 俄罗斯减让表(证据展示 EU—9)。
③ 第 52 号决定(证据展示 EU—6)。
④ 第 52 号决定(证据展示 EU—6)。
⑤ 俄罗斯减让表(证据展示 EU-9)。此限制关税率于 2015 年 9 月 1 日生效。
⑥ 俄罗斯减让表(证据展示 EU-9)。
⑦ 上诉机构报告,阿根廷——纺织品和服装,第 50 段。

定关税和成员方中以从价术语表达的限制水平组成时，这是可能的：计算一"盈亏平衡"价格，对该价格的争议特定关税之从价等值相等于限制从价水平。低于盈亏平衡价格的任何进口价格都会导致该特定关税的从价等值超过限制从价水平，而高于盈亏平衡价格的任何进口价格会导致该特定关税的从价等值低于限制从价水平。①

7.212　这在第七至第九项措施情况下也是真实的，若（ⅰ）相关适用关税率以组合术语表示，由两个选择要素组成，一项具体要素和一项从价要素，和（ⅱ）限制关税率以从价术语表示。② 在这些情况下，关税结构本身表明，特定要素将适用于该结构中的交易。在适用特定要素时，计算一个盈亏平衡价格是可能的。低于盈亏平衡价格的进口将受其从价等值超过相应限制从价关税率的某一特定关税的约束。

7.213　欧盟解释了其对第七、第八、第九项措施的结构、设计和体制的理解。它还提出了算数计算，试图显示适用相关组合关税对以等于或低于某一特定海关价值的进口交易（即上述讨论的盈亏平衡价格）导致征收超过俄罗斯减让表中规定的关税。另外，它还提交了实际海关声明。按欧盟看法，该声明确认，就第七、第八、第九项措施影响的关税细目，事实上已经征收了超过限制关税率的关税。③

7.214　俄罗斯没有质疑欧盟数学解释的准确性；它仅质疑欧盟的计算根基的方法，即该方法没有考虑到《俄罗斯工作组报告》第313段。然而，正如哥伦比亚——纺织品案中的专家组指出的，"审查"已提交的"算术计算并核实它们在解决本争端中是否有价值"是一专家组的责任。④ 因此，我们现在转至更详细地审议欧盟的算术论点。

7.215　我们从第七、第八项措施开始。欧盟认为，专家组成立时已存在的这些措施要求俄罗斯在一项进口的海关价值（以单位价格表示⑤）低于3欧元/千克的任何时间适用组合关税的特定要素。按欧盟观点，这导致了一种高于限制水平的适用关税。为了支持此主张，欧盟提出了假定一货物海关价值为2.90欧元/千克的一项方法。在审查此项计算中时，我们记得，专家组成立

① 上诉机构报告，阿根廷——纺织品和服装，第53段；专家组报告，哥伦比亚——纺织品，第7.146段。
② 专家组报告，哥伦比亚——纺织品，第7.146段。
③ 欧盟第一份书面呈词，第85—87、第91—92段；第二份书面呈词，第97段。
④ 专家组报告，哥伦比亚——纺织品，第7.148段。
⑤ 我们用"单位价格（单价）"术语表述一项商品依据该商品一个衡量单位的价值。例如，以单位价格1欧元/千克表述价格为10欧元和重量10千克的一项货物。

时第七、第八项措施的限制关税率为 3%，而这两项措施的适用关税率为"3%，但不低于 0.09 欧元/千克"。① 因此，假设关税细目 1511 90 190 2 或 1511 90 990 2 下进口 1 千克棕榈油，海关价值为 2.90 欧元，按适用组合关税率的从价要素（即 3%），征收的关税会是 0.087 欧元/千克。② 由于 0.087 欧元/千克低于最低选择特定关税率"0.09 欧元/千克"，俄罗斯海关当局会适用选择特定要素，即"不低于 0.09 欧元/千克"。因此，适用特定关税率是 0.09 欧元/千克。在本例子中，对假设 1 千克重量的货物，结果适用关税因此准确地是 0.09 欧元。正如我们在上文已解释的，适用特定关税率的从价等值是由争议货物总海关价值除以征收的关税额计算出来的（由此产生出所征关税表示的海关价值百分比）。③ 在本例子中，0.09 欧元（征收的关税）除以 2.90 欧元（1 千克棕榈油的海关价值）得出 3.1% 的从价等值。正如所指明的，俄罗斯减让表要求它不征收税率高于 3% 的关税。因此适用特定关税率会是 0.09 欧元/千克。在本例子中，对假定 1 千克重要的货物，结果适用关税因此准确地是 0.09 欧元。显然，适用从价等值关税率 3.1% 会高于限制关税率 3%。④ 从本例中可以清楚地看出，货物的海关价值在任何时间等于或小于 2.90 欧元/千克⑤，适用组合关税率之特定要素会必然适用。

7.216 欧盟断言，适用关税率等于限制关税率的最低海关价值（"盈亏平衡"价格）是 3 欧元/千克而不是 2.90 欧元/千克。根据欧盟观点，对海关价值低于声称的盈亏平衡价格的货物，俄罗斯被要求征收超出其减让表规定的关税。我们同意欧盟的可以在数学上确定某一盈亏平衡价格。但是欧盟没有向俄罗斯和本专家组提供支持其确定盈亏平衡价格的数学演算推理。在这

---

① 见本报告前述第 7.208 段。

② 2.90 欧元的 3% 是 0.087 欧元。

③ 上诉机构报告，阿根廷——纺织品和服装，第 50 段；又见专家组报告，哥伦比亚——纺织品，第 7.146 段。

④ 表达稍有不同，若征收限制关税率，征收的关税会是 2.90 欧元的 3%，即 0.087 欧元。因此，对具有海关价值 2.90 欧元/千克的一货物，超过 0.087 欧元的任何关税额都会高于限制关税。

⑤ 对低于 2.90 欧元/千克的一项海关价值，特定要素产生的从价税（即 0.09 欧元/千克）将不可避免地高于选择从价要素产生的关税（即海关价值的 3%），这意味着俄罗斯海关当局在此类所有情况下征收"0.09 欧元/千克"。海关价值越低于 2.90 欧元/千克，0.09 欧元/千克将代表该海关价值的百分比越高。因此，在数学上正确地称，海关价值越低于 2.90 欧元/千克，适用组合关税率的从价等值将超过 3% 的限制关税率越高。

些情形下并考虑 WTO 争端解决中适当分配举证责任①,我们认定,我们自行确定盈亏平衡价格是不合适的。由于欧盟没有提供计算方法以支持其确定的盈亏平衡价格,我们不处于这种地位:审查这些计算,目的是确定价值 3 欧元/千克的货物是否会或不会受高于俄罗斯减让表中规定的关税的约束。然而,我们满意欧盟已经证明,对价值等于或低于 2.90 欧元/千克的货物,适用最低关税率 0.09 欧元/千克必然会导致从价等值关税率超过 3%,即高于限制关税率的关税率。据此,我们裁决,就第七、第八项措施,只要属于相关关税细目内的货物的海关价值等于或低于某特定海关价值——我们已经能够确定海关价值是 2.90 欧元/千克——该适用组合关税率之特定要素的从价等值会不可避免地高于限制从价关税率,导致适用关税高于限制关税。此裁决在图 1 中生动地体现了。

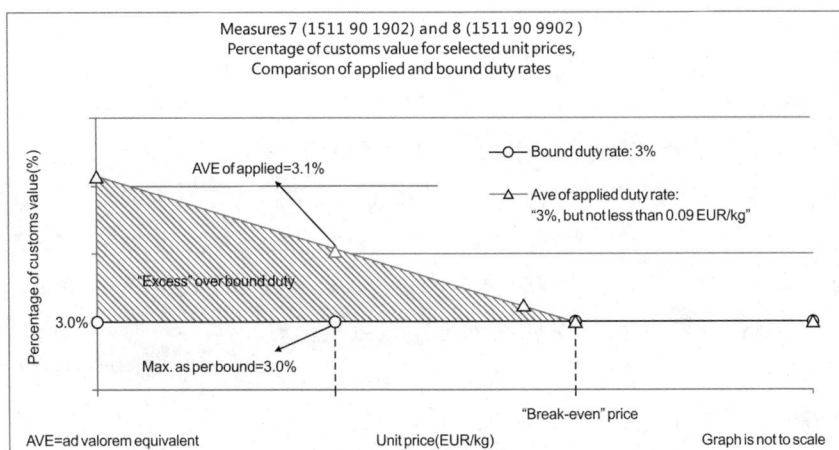

图 1

7.217　我们接着转至被修正的第九项措施。欧盟最初对第九项措施提供了一个数学例子,因为其在专家组成立时已经存在。如上述第 7.166 段所讨论的,按该措施的修正,欧盟要求就专家组成立时已存在的该措施作出裁决,因为它存在于 2015 年 9 月 1 日至 20 日,并于 2015 年 9 月 20 日后修正。② 如上述第 7.172 段所述,专家组决定对 2015 年 9 月 20 日以后修正的该项措施作出裁决。

7.218　我们注意到,欧盟没有对经修正的措施提供数学解释。我们在此方面记得,该修正发生于这些程序期间。然而,欧盟指出,"与第Ⅱ:1(b)条款……的不一致性仍然存在,与专家组成立时已经生效关税的理由相同。低

---

①　上诉机构报告,美国——羊毛衫和衬衫,第 14 页,DSR 1997:Ⅰ,323,at 335。

②　欧盟第二份书面呈词,第 85 段。

于超额征收的关税的'盈亏平衡'海关价值现在不同了,但仍然能够清楚地确立"①。我们在审议此论点中注意到,经修正的该措施的结构和设计与专家组成立时已存在的该措施相同。在这两种情况下,限制关税率是从价形式,而适用组合关税率包含了一从价要素和一特定要素两者。进而,在这两种情况下,该限制关税率在数字上等于该适用组合关税率的从价要素。② 鉴于这点且缺乏对经修正的第九项措施的具体计算,我们将首先审查欧盟关于该措施在专家组成立时已存在的计算。若关于在该时间已经存在的第九项措施的这些计算确认了欧盟的此论点,即在欧盟确定的某海关价值以下,适用组合税率的从价等值会不可避免地高于限制从价关税率,我们将对该相同海关价值方面审查是否能够称经修正的该措施是相同措施。

7.219 欧盟称,就该措施而论,其在专家组成立时已经存在,其低于盈亏平衡海关价值0.77欧元/升,组合关税的特定要素会被适用,会导致征收高于限制水平的关税。正如对第七、第八项措施,欧盟没有就本盈亏平衡价格向俄罗斯和专家组提供其数学演算推理,但是提供关于一假设货物的计算,在此种例子中,为海关价值0.76欧元/升的一货物。虽然我们同意欧盟的对经修正的第九项措施能够在数学上确定一项特定盈亏平衡价格,但我们认为在缺乏欧盟提供具体计算时由我们自己确定平衡价格是不合适的。然而,我们使用第七、第八项措施中采取的相同分析已经审查了欧盟提供的计算。我们满意地认为,在专家组成立时已存在的第九项措施之下,欧盟已经证明,只要属于相关关税细目内的货物的海关价值等于或低于0.76欧元/升,适用组合税率之特定要素的从价等值必然高于限制从价关税率,导致适用关税高于该限制关税。③

7.220 转至经修正的本措施,我们已经将欧盟对专家组成立已经存在的第九项措施的计算和推理适用于经修正的第九项措施,再次使用了海关价值等于0.76欧元/升(海关价值是由欧盟确定的)的一假定货物。这种计算确定和我们因此裁决,关于经修正的第九项措施,只要在相关关税细目内的货物

---

① 欧盟第二份书面呈词,第83段。

② 见本报告前述第7.208—7.209段。

③ 适用关税率是"16.7%,但不低于0.13欧元/升",而限制关税率是16.7%。对海关价值等于或低于0.76欧元/升的任何货物,适用16.7%的从价要素会导致等值为0.127欧元/升的一特定税率,这是低于0.13欧元/升,因此要求俄罗斯海关当局征收组合关税的特定要素,即0.13欧元/升。无论何时海关价值是0.76欧元/升或更低,这会不可避免地导致从价等值税率高于16.7%的限制关税率。对0.76欧元/升的一项海关价值,适用组合关税率的从价等值会是17.1%。

海关价值等于或低于 0.76 欧元/升,适用组合税率之特定要素的从价等值将必然高于限制从价关税率,导致适用关税高于限制关税。① 此裁决在图 2 中生动地体现了。

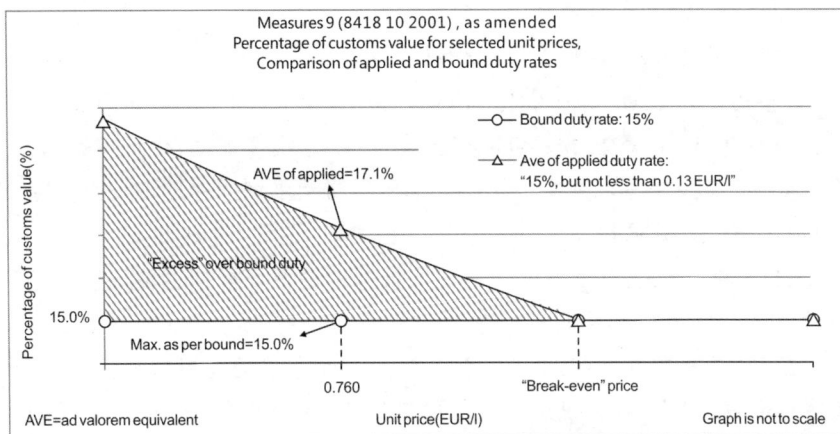

图 2

7.221 总之,关于专家组成立时存在的第七、第八项措施和对自 2015 年 9 月 20 日起修正的第九项措施,欧盟已确定,等于或低于过去或将来受一组合关税之特定选择关税率约束的进口的特定海关价值,其从价等值过去或现在高于俄罗斯减让表中相应的从价关税率。

7.222 正如我们上文已经解释的,能够以一项措施的"结构和设计"为基准确定该项措施与第 Ⅱ:1(b)条款第一句的相符性。② 鉴于对第一至第五项措施已经给出的理由,不存在任何需要由申诉方证明,某项措施在任何给定

---

① 要求的适用关税率是"15%,但不低于 0.13 欧元/升",而限制关税率是 15%。对海关价值等于或低于 0.76 欧元/升的任何货物,适用 15% 的从价要素导致税率为 0.114 欧元/升,这低于 0.13 欧元/升,因此要求俄罗斯海关当局征收组合关税的特定要素,即 0.13 欧元/升。无论何时海关价值为 0.76 欧元/升或更低,这必然会导致从价等值税率高于 15% 的限制关税率。若海关价值为 0.76 欧元/升,适用组合关税率的从价等值会是 17.1%。对低于 0.76 欧元/升的所有海关价值,特定要素产生的关税不可避免地高于选择从价要素产生的关税(即海关价值的 15%),这意味着俄罗斯海关当局在所有此种情况下征收"0.13 欧元/升"。海关价值涉及 0.76 欧元/升越低,0.13 欧元/升将代表该海关价值的百分比越高。因此,在数学上正确地称,海关价值比 0.76 欧元/升越低,适用组合关税率的从价等值将超过 15% 的限制关税率越高。

② 上诉机构报告,阿根廷——纺织品和服装,第 53、第 55 和 62 段;专家组报告,哥伦比亚——纺织品,第 7.122 段。

情形中实际上已经导致征收的关税超过了限制水平。据此,我们认为,没有必要将我们的裁决建立在欧盟提交的证据展示 EU—12、EU—13、EU—14、EU—15、EU—16、EU—17、EU—18 中《货物声明》和《货物声明补充清单》之上。

7.223　另外,我们注意到,一项关税的适用可能不符合第Ⅱ:1(b)条款第一句,即使它没有导致在每笔交易中征收高于限制水平的关税,但仅涉及"进口价格的某一区间"。① 因此,就第七、第八、第九项措施,以下事实足以作出不符合第Ⅱ:1(b)条款第一句的初步案件:欧盟已经证明,无论何时海关价值等于或低于某一水平,俄罗斯的关税本已经高于限制水平。

7.4.1.3　上限机制

7.224　在结束我们对第七、八、九项措施的分析之前,我们需要解决俄罗斯关于缺乏一个声称上限机制的论点。

7.225　根据欧盟观点,俄罗斯没有提供防止争议的适用组合关税之从价等值超过俄罗斯的限制关税水平的任何机制。② 欧盟认为,缺乏上限机制时,相关关税细目下进口的货物将受超过俄罗斯减让表规定的关税的约束。③

7.226　俄罗斯提出,欧盟的主张毫无根据,因为 WTO 协定中没有任何规定要求各成员方采用诸如上限或限额之类的机制,WTO 总理事会或部长级会议也没有采取此类义务。按俄罗斯看法,上诉机构已经阐明,使用上限或限额之类的机制是可能的,但不是义务。④

7.227　欧盟回应中断言,它没有质疑缺乏本身不符合 WTO 的上限机制。根据欧盟观点,缺乏能够确保适用组合关税率之特定要素的从价等值不超过限制从价关税率的任何机制,是本措施设计和结构的一部分。欧盟认为,正是

---

① 上诉机构报告,阿根廷—纺织品和服装,第 55 和第 62 段。

② 我们注意到,欧盟没有争辩这种观点,即争议的第一至第六项措施可能受阻止这些措施导致征收超过俄罗斯减让表中规定的关税的上限或限额的约束。正如我们对其的理解,这是因为一项上限或限额可能仅与以下有关,即以不同于表述相应限制关税的形式表述一项适用关税。一项上限或限额可能特别与以下有关,即就从价术语中有约束力的一项关税细目而论,一成员方适用一具体关税或一组合关税。因此,在阿根廷—纺织品和服装案中,上诉机构讨论了使用这种上限或限额的可能性,即其会"保证实际适用关税的从价等值不会超过成员方减让表中规定的从价关税,即使适用的关税种类不同于该成员方减让表中规定的关税种类"。上诉机构报告,阿根廷—纺织品和服装,第 54 段。

③ 欧盟第一份书面呈词,第 103 段;在专家组第一次会议上的开审陈述,第 74 段;第二份书面呈词,第 58 段。

④ 俄罗斯第一份书面呈词,第 129、第 132—133 段;在专家组第一次会议上的开审陈述,第 74 段;第二份书面呈词,第 29 段。

因为没有上限机制,每当海关价值低于某一门槛时,第七、第八、第九项措施不可避免地导致征收超过限制水平的关税。①

7.228 专家组开始审议欧盟关于缺乏防止俄罗斯征收高于其减让表规定的关税的上限或限额机制的论点。欧盟已经指明,按其了解,俄罗斯没有适用此上限机制。欧盟还主张,不能期望积极证明某种缺乏。② 我们注意到,俄罗斯没有提出显示此上限或限额存在的任何证据。因此,没有任何证据记录俄罗斯已经实施会阻止适用此类关税的一上限或限额。

7.229 关于俄罗斯的WTO协定中没有任何规定要求各成员方使用上限或限额之类机制的论点,我们记得在我们的初步裁决中已经裁决,欧盟本身没有质疑缺乏上限机制。正如我们在那里所解释的,我们理解:欧盟将缺乏上限机制视为欧盟描述第七、第八、第九项措施总体设计和结构的一个要素,或作为欧盟解释这些措施在某些交易中如何、为何导致征收超过俄罗斯减让表规定的关税的一部分。③ 我们认为,欧盟的观点是,简要承认俄罗斯原则上可以采取制定和实施某种上限或限额的方式确保争议的第七、第八、第九项措施从不导致高于俄罗斯减让表规定的水平征收关税。④ 因此,由于欧盟已经主张,俄罗斯没有违反某些声称的实施上限机制的要求,我们驳回俄罗斯关于欧盟的请求毫无根据的论点,原因是第Ⅱ:1(b)条第一句下不存在使用一上限机制的要求。

7.4.1.4 结论

7.230 我们前述已裁决,关于在专家组成立时已存在的第七、第八项措施,俄罗斯被要求适用的关税高于对进口的限制水平或低于特定盈亏平衡价格(海关价值)。我们还注意到,没有证据表明,俄罗斯适用了阻止适用这些关税的一上限或限额。因此,我们的结论是,关于在专家组成立时已存在的第七、第八项措施,俄罗斯被要求在某些情况下适用超过其减让表中规定的关税,违反了第Ⅱ:1(b)条款第一句。

7.231 我们已经还裁决,关于经修正从2015年9月20日起的第九项措施,俄罗斯被要求适用的关税高于对进口的限制水平或低于特定盈亏平衡价

---

① 欧盟第一份书面呈词,第100、第103段;在专家组第一次会议上的开审陈述,第67和第69段;第二份书面呈词,第58、第67、第69段;在专家组第二次会议上的开审陈述,第16段。

② 欧盟第二份书面呈词,第93段;在专家组第一次会议上的开审陈述,第43段。

③ 附件A—1,第2.32段。

④ 如上所述,此种上限正如其以前那样,通过保证在任何情况下不征收超过俄罗斯减让表中限制关税率的关税,会消除不一致的算术必然性。

格。我们还注意到,俄罗斯适用会阻止其适用这些关税的一上限或限额,缺乏证据。因此,我们的结论是,关于 2015 年 9 月 20 日起修订的第九项措施,要求俄罗斯在某些情况下适用超过其减让表规定的关税,违反了第Ⅱ:1(b)条款第一句。根据这项结论,我们不需要就在专家组成立时或者在 2015 年 9 月 1 日至 20 日期间削减了相关限制关税率但在专家组成立日仍然保留适用关税率的不符合 WTO 的第九项措施,作出一项裁决。①

7.4.1.5 与 GATT 1994 第Ⅱ:1(a)条款的相符性

7.232 我们已经在前述第 7.4.1.4 节作出结论:俄罗斯行事不符合第Ⅱ:1(b)条款第一句。根据此结论,我们认为,为了解决本争端的目的,不需要就作为该结论后果的俄罗斯行事是否也不符合第Ⅱ:1(a)条款,作出追加裁决。因此,我们行使司法经济权并拒绝就此项请求作出裁决。

7.4.2 关于第十项至第十一项措施的请求

7.233 我们现在转至欧盟关于俄罗斯被要求对关税细目 8418 10 800 1(第十项措施)和 8418 21 100 0(第十一项措施)适用关税率的请求。欧盟主张,俄罗斯被要求对属于这些关税细目内的货物适用的关税不符合 GATT1994 第Ⅱ:1(b)条款第一句和据此不符合 GATT1994 第Ⅱ:1(a)条款。

7.4.2.1 争议的措施和适用关税率

7.234 欧盟称,就属于第十、第十一项措施下的货物而言,俄罗斯适用的关税率结构和设计导致征收的关税在进口价格的某个区间超过了限制关税率。②

7.235 欧盟称,在专家组成立时,经欧亚经济委员会理事会第 47 号决定③修正的 CCT 对关税细目 8418 10 800 1(第十项措施)下进口的货物征收"16%,但不低于 0.156 欧元/升"的组合关税率。尽管如此,欧盟还注意到,于 2015 年 9 月 20 日生效④的欧亚经济委员会理事会第 54 号决定⑤,征收一项新关税率,即"15%;或 14%,但不低于 0.114 欧元/升;以较低者为准"。

7.236 欧盟还称,在专家组成立时,经第 47 号决定⑥修正的 CCT 对关税细目 8418 21 100 0(第十一项措施)下进口的货物征收"13.3%,但不低于

---

① 见本报告前述第 7.172 段。
② 欧盟第一份书面呈词,第 104 段;第二份书面呈词,第 87、第 89 段。
③ 欧亚经济委员会理事会第 47 号决定(第 47 号决定)(证据展示 EU—7)。
④ 欧盟第二份书面呈词,第 81 段;俄罗斯对专家组第 94—95 号问题的答复。
⑤ 欧亚经济委员会理事会第 54 号决定(证据展示 RU—9)。
⑥ 第 47 号决定(证据展示 EU—7)。

0.12 欧元/升"的组合关税率。尽管如此,欧盟还注意到,于 2015 年 9 月 20 日生效的欧亚经济委员会理事会第 54 号决定①征收一项的新从价关税率 10%。

7.237　俄罗斯没有反驳欧盟对诸争议措施的描述。

7.238　专家组注意到,当事双方之间对俄罗斯无论在专家组成立时还是之后涉及第十、第十一项措施所适用的关税率,没有争议。② 我们根据提交的证据裁决,在专家组成立日和现在,对第十、第十一项措施的适用关税率如下:

措施	关税细目	专家组成立日规定的俄罗斯适用关税率	俄罗斯现行适用关税率
第十项措施	8418 10 800 1	16%但不低于 0.156 欧元/升③	15%;或 14% 但不低于 0.114 欧元/升;以较低者为准④
第十一项措施	8418 21 100 0	13.3%但不低于 0.12 欧元/升⑤	10%⑥

7.4.2.1.1　修正措施

7.239　就欧盟关于第七至第九项措施的请求,俄罗斯辩称,依据于 2015 年 9 月 20 日生效的对第十、第十一项措施作出的修正,在专家组成立时生效的第十、第十一项措施已"失效"。俄罗斯称,现行适用关税率与俄罗斯减让表中规定的完全相同。因此,俄罗斯请专家组裁决,这些措施符合第Ⅱ:1(b)条款第一句的俄罗斯义务,并据此符合第Ⅱ:1(a)条款。⑦

7.240　欧盟回应称,涉及第十、第十一项措施,当前所适用的关税显示与限制关税率相符。然而,根据欧盟看法,专家组应当对在专家组成立时已经存

---

① 理事会第 54 号决定(证据展示 RU—9)。

② 我们还注意到当事双方之间没有争议,我们同意 CCT 设立适用于关税细目的税率的要求归于俄罗斯。见本报告前述第 7.42—7.47 段。

③ CCT 第 84 章,第ⅩⅥ节,经第 47 号决定修正(证据展示 EU—7)。

④ CCT 第 84 章,第ⅩⅥ节,经理事会第 54 号决定修正(证据展示 RU—9)。

⑤ CCT 第 84 章,第ⅩⅥ节,经第 47 号决定修正(证据展示 EU—7)。

⑥ CCT 第 84 章,第ⅩⅥ节,经理事会第 54 号决定修正(证据展示 RU—9)。

⑦ 俄罗斯第二份书面呈词,第 9 段;在专家组第二次会议上的开审陈述,第 40—42 段;对专家组第 115 号问题的答复。

在的不符合 WTO 的这些措施作出裁决。①

7.241 正如前文专家组在处理第六、第七至九项措的背景下所解释的②,根据该修正,在专家组成立后修改了的一项措施不再成为一项为了 WTO 争端解决目的的措施。即使一项声称不符合 WTO 的措施在程序过程期间达到相符性,仍然可以要求专家组根据其职权范围和 DSU 第 11 条对专家组成立时已存在的措施作出裁决③,至少在申诉方未曾要求专家组审议经修正的措施时。

7.242 在本案中,欧盟已经要求仅就专家组成立时已存在的第十、第十一项措施作出裁决。④ 据此,要求我们对"该问题作出一项客观评估"的 DSU 第 11 条和职权范围,迫使我们审查在专家组成立时已存在的这些措施与 WTO 的相符性。在缺乏欧盟具体要求的情况下,要我们审查现在的而不是在专家组成立时存在的第十、第十一项措施,会是不适当的。但是,正如我们已经注意到的,在作出我们的建议(若有)时,我们将适当考虑对这些任何措施作出的任何相关变化。

7.243 在此方面,我们注意到了欧盟的请求,即专家组就 2015 年 9 月 1 日至 20 日期间已存在的第十、第十一项措施作出追加裁决。欧盟称,根据俄罗斯减让表,在 2015 年 9 月 1 日,对关税细目 8418 10 800 1(第十项措施)的限制关税率从"16.7%;或者 16%,但不低于 0.156 欧元/升;或以较低者为准"下降至"15%;或 14%,但不低于 0.114 欧元/升;以较低者为准"。然而,直到 2015 年 9 月 20 日,俄罗斯继续使该关税细目下进口的货物服从适用关税率"16%,但不低于 0.156 欧元/升"。欧盟同样称,对关税细目 8418 21 100 1(第十一项措施)的限制关税率于 2015 年 9 月 1 日从"14.7%;或者 13.3%,但不低于 0.12 欧元/升;以较低者为准"下降至 10%。但是,直到 2015 年 9 月 20 日,俄罗斯继续适用"13.3%,但不低于 0.12 欧元/升"的关税率。欧盟称,2015 年 9 月 1 日至 20 日俄罗斯违反第Ⅱ:1(b)条款第一句是严重,原因在于:虽然限制关税率已经下降,但适用关税率仍然相同。因此,按欧盟看法,2015 年 9 月 1 日至 20 日,适用关税率(关税细目 8418 10 800 1 是 16%和关税细目 8418 21 100 1 是 13.3%)的从价要素甚至超过了相应的限制关税率(关

① 欧盟第二份书面呈词,第 93 段;在专家组第二次会议上的开审陈述,第 29 段;对专家组第 91、第 92 和第 124 号问题的答复。
② 见本报告前述第 7.3.2.1.1 节,第 7.162—7.163 段。
③ 专家组报告,智利——价格区间体系,第 7.7 段。
④ 欧盟第二份书面呈词,第 93 段。

税细目 8418 10 800 1 是 15% 和关税细目 8418 21 100 1 是 10%）。欧盟提出，其结果是，在此期间，第十、第十一项措施导致关税征收超过了限制关税率，而不顾海关价值。①

7.244　它向我们显示，欧盟对组合税率变化和 2015 年 9 月 1 日至 20 日适用关税率没有相应变化的描述是正确的。俄罗斯对此没有其他争辩。然而，按我们看法，对 2015 年 9 月 1 日至 20 日期间已存在的此项措施作出追加裁决，对解决本争端可能不是必要的。若我们裁决，专家组成立时第十、第十一项措施的诸从价要素等于限制关税率较低的诸从价要素，不符合第Ⅱ:1(b)条第一句，接下来更有一项理由认为这些措施在 2015 年 9 月 1 日至 20 日期间不符合 WTO，甚至当这些措施的诸从价要素均高于相关限制关税率的诸从价要素。在此种情况下，我们不相信追加裁决对确保积极解决本争端会是必要的。相反，若我们裁决，第十、第十一项措施在专家组成立时不符合第Ⅱ:1(b)条款第一句，有必要审议 2015 年 9 月 1 日至 20 日的期间，以确保我们在评估被质疑措施中不会留下空隙。据此，只有当我们的最初分析结束时我们作出这些措施在专家组成立时不符合第Ⅱ:1(b)条款第一句，我们再转至 2015 年 9 月 1 日至 20 日期间已经存在的这些措施。

7.4.2.2　与 GATT 1994 第Ⅱ:1(b)条款第一句的相符性

7.245　现在转至评估第十、第十一项措施与 GATT1994 第Ⅱ:1 条款的相符性。鉴于上文给出的诸理由②，专家组认定首先应当处理欧盟第Ⅱ:1(b)条款第一句下的请求是适当，再转至欧盟第Ⅱ:1(a)条款下的间接请求。

7.246　根据欧盟称法，争议的第十、第十一项措施不符合第Ⅱ:1(b)条款第一句。这样，按欧盟看法，正是如此，原因是，在专家组成立时要求俄罗斯就两个相关关税细目适用的关税，在海关价值低于某一盈亏平衡价格的任何时间，都超过了俄罗斯减让表规定的关税。欧盟主张，低于某一盈亏平衡价格每升（能够在算术上确定），组合适用关税的特定要素会被适用（即 0.156 欧元/升或 0.12 元/升）。在该价格范围内的一个子集情况下，其特定适用关税率的从价等值分别高于 16.7% 或 14.7%，尽管俄罗斯减让表（因为公式表达为"以较低者为准"）要求俄罗斯不超过这些从价关税率。对该子集情况，适用关税超过了俄罗斯减让表规定的关税，并据此也不符合第Ⅱ:1(b)条款第一句。按欧盟看法，超过限制关税率的可能性和会超过限制关税率的情形的

---

① 欧盟第二份书面呈词，第 92—93 段。
② 见本报告前述本报告前述第 7.48 段。

准确范围,都能够从该关税的设计和结构推断出来。欧盟还提交了它声称显示已经实际征收超过限制水平的关税的海关声明。欧盟补充称,俄罗斯没有提供诸如对适用关税水平的上限之类的任何机制,此机制会阻止适用关税超过限制关税的水平。①

7.247 俄罗斯辩称,欧盟关于第十、第十一项措施的请求本质上是关于适用关税的结构和设计,而不是关税本身。然而,按俄罗斯看法,适用一成员方减让表规定以外的一种关税的单纯事实,不违背第Ⅱ:1 条款。俄罗斯提出,为了获得第Ⅱ:1 条款下的成功,申诉方不得不补充证明实际征收的关税超过了限制水平。② 而且,按俄罗斯看法,欧盟的请求在法律上是有缺陷的,因为涵盖协定中没有任何规定要求一成员方在适用关税时使用立法上限或限额。③ 另外,俄罗斯辩称,欧盟的请求必须失败,因为它们没有考虑《俄罗斯工作组报告》第 313 段所载的"机制"。④ 正如我们在第七至第九项措施的背景中已经解释的,俄罗斯认为,该段包含了在评估一项适用组合关税与第Ⅱ:1 条款相符性时必须使用的一种方法。⑤

7.4.2.2.1 关税种类/结构变量

7.248 专家组首先处理俄罗斯的此论点,即欧盟关于第十、第十一项措施的主张是关于所适用关税的结构和设计,而不是关于适用关税本身。从俄罗斯关于此论点适用于第十、第十一和第七至九项措施的呈词看,这是不完全清楚的。就其所做的范围看,我们认为,回顾我们在第七至第九项措施背景下关于此论点的推理和结论是充分的。⑥ 我们所说的,适用于本处具有同等效力。

7.4.2.2.2 比较适用关税率和限制关税率的方法

7.249 我们接下来转至审议用于以下比较的正确方法问题:要求俄罗斯在海关价值低于某一盈亏平衡价格的任何时间对第十、第十一项措施适用的

---

① 欧盟第一份书面呈词,第 111—112、第 114、第 117—118、第 121 段;在专家组第一次会议上的开审陈述,第 27 段;第二份书面呈词,第 87 段;在专家组第二次会议上的开审陈述,第 27 段。

② 俄罗斯第一份书面呈词,第 122 段。

③ 俄罗斯第一份书面呈词,第 129、第 132—133 段;在专家组第一次会议上的开审陈述,第 74 段;第二份书面呈词,第 29 段。

④ 俄罗斯第一份书面呈词,第 162、第 167 段;第二份书面呈词,第 46 段;在专家组第二次会议上的开审陈述,第 31 段、第 39 段;对专家组第 99 号问题的答复。

⑤ 对当事双方关于本问题更详细概括,见以下第 7.4.2.2.2 节。

⑥ 见本报告第 7.4.1.2.1 节。

关税率,是否高于俄罗斯减让表中规定的关税率。

7.250 俄罗斯质疑:欧盟用于比较适用关税率和限制关税率的方法,以及欧盟据此得出的结论即第十、第十一项措施导致适用关税超过俄罗斯减让表规定的关税。俄罗斯认为,欧盟的情况是有缺陷的,因为它没有考虑到《俄罗斯工作组报告》第313段。按俄罗斯看法,作为一个法律问题,欧盟不能确立俄罗斯适用的特定税率超过限制从价关税,除非它提出符合第313段方法说明的证据。

7.251 欧盟称,第313段中的方法没有列出解释、改变或限制第Ⅱ:1条下俄罗斯义务的一种方法。① 另外,欧盟主张,第十、第十一项措施不属于第313段的范围,因为相关的限制关税是一种更复杂的形式,包括附加从价要素。②

7.252 按专家组看法,它已经解释了第313段为何不规定或批准(如同俄罗斯提出的)在计算从价等值时适用的一方法作为第Ⅱ:1(b)条款下分析的一部分。我们分析了第313段和第Ⅱ:1条的文本后认定,不支持此论点,即在主张一成员方使进口服从超过其减让表中规定的关税的背景下,第313段中的方法必须或甚至本可能适用。

7.253 我们认为,我们在第七、第八、第九项措施背景下对本问题的推理和裁决,在细节上作必要修改后,适用于目前背景。③ 根据此项裁决,我们认为没有必要补充确定(正如欧盟主张)第十、第十一项措施是否超出了第313段的范围,因为相关限制关税是一个更复杂的形式,包括了一个附加从价要素。

7.254 据上,在审议第十、第十一项措施是否导致征收超过俄罗斯限制关税率的关税时,我们将不考虑第313段中的方法。

7.4.2.2.3 适用关税率和限制关税率的比较

7.255 我们已经就第十、第十一项措施列出了我们对相关适用关税率的理解。因此,我们能够转至审议这些适用关税率是否导致征收超过俄罗斯减让表规定的关税。为了进行本分析,我们再次需要一方面比较俄罗斯的适用关税率,另一方面比较俄罗斯减让表中规定的关税率。我们记得,为了上文给出的诸理由④,我们将审查专家组成立时已存在的第十、第十一项措施。

---

① 见本报告前述第7.188—7.189段对欧盟论点更充分的讨论。
② 欧盟在专家组第二次会议上的开审陈述,第28段。
③ 见本报告前述第7.190—7.206段。
④ 见本报告前述第7.244段。

7.256 我们根据所提交的证据裁决,专家组成立时的适用关税率和限制关税率如下:

关税细目	专家组成立日规定的俄罗斯适用关税率①	俄罗斯的限制关税率②
8418 10 800 1	16%,但不低于 0. 156 欧元/升	16. 7%;或 16% 但不低于 0. 156 欧元/升;以较低者为准
8418 21 100 0	13. 3%,但不低于 0. 12 欧元/升	14. 7%;或 13. 3% 但不低于 0. 12 欧元/升;以较低者为准

7.257 欧盟解释了其对第十、十一项措施的结构、设计和框架的理解。它还提出了算术计算,试图显示这些措施在某些交易中如何征收超过俄罗斯减让表规定的关税。另外,它还提交了实际海关声明,依其看法,该声明确认,对受第十、十一项措施影响的关税细目,事实上征收的关税超过了限制关税率。③

7.258 俄罗斯没有质疑欧盟数学解释的准确性。如上所述,俄罗斯仅质疑欧盟的计算方法,因为这些计算没有考虑《俄罗斯工作组报告》第 313 段。

7.259 正如专家组已经解释的,欧盟认为,在专家组成立时已存在的第十、第十一项措施要求俄罗斯,在属于相关关税细目内的一货物的海关价值少于某特定价值的任何时间,适用超过其减让表中规定的关税。欧盟提供了支持此论点的计算。关于涉及第七至九项措施所提供的计算,我们将审查欧盟对第十、第十一项措施的计算。

7.260 关于专家组成立时已存在的第十项措施,俄罗斯减让表的限制关税率是"16. 7%;或 16%,但不低于 0. 156 欧元/升;以较低者为准"。为了确定按减让表应当征收的关税额,需要三个单独步骤。在第一步骤中,计算海关价值的 16. 7% 是必需的,以获得第一个可能征收的关税。然而,为了本分析的以后步骤,必须将所征收的关税额换算成相应的单价④,以获得从价关税率的某一特定关税率等值。第二步骤涉及计算海关价值的 16%,并将该结果转换为相应的特定关税率等值,以欧元/升表示。若这产生出征收关税额(以单位

---

① 第 47 号决定,(证据展示 EU—7)。
② 俄罗斯减让表,(证据展示 EU—9)。
③ 《货物声明》和《货物声明补充清单》(证据展示 EU—15、EU—16 和 EU—17)。
④ "单价"术语在本报告前述脚注中已讨论。

价格表示)低于0.156欧元/升,则为了第二步骤目的的相关特定关税率0.156欧元/升,因为它不可能是"低于"该比率。第三且最后步骤要求比较第一步骤和第二步骤产生出的特定等值关税率。关税率是较低的那个,是必须征收的那个关税率。

7.261 欧盟提供了海关价值是0.92欧元/升的一个假设货物的例子。我们首先从俄罗斯减让表的视角审议专家组成立时的状态。在第一步骤之后,我们注意到,16.7%的从价唯一要素产生出0.154欧元/升的特定关税率等值。① 按第二步骤,对选择关税要素的计算,我们注意到,16%的从价关税率会产生出0.147欧元/升的特定关税率等值②,其低于0.156欧元/升的特定关税率。由于关税率的此要素要求"不低于0.156欧元/升",相关选择关税率是0.156欧元/升。对第三且最后步骤,有必要比较在第一步骤(即0.154欧元/升)和第二步骤(即0.156欧元/升)中计算出的两种选择特定关税率等值。这种比较显示,第一项选择关税率较低。因此,对海关价值是0.92欧元/升的一货物,俄罗斯减让表会要求其海关当局征收不超过0.154欧元/升(对应16.7%的一项从价等值)。

7.262 下一步,我们审议在专家组成立时俄罗斯的适用关税率,即"16%,但不低于0.156欧元/升"。以相同假设海关价值为在0.92欧元/升考虑某一进口货物,16%的从价要素本会产生0.147欧元/升的特定关税率等值。③ 由于这低于对特定关税要素的比率,关税要求"不低于0.156欧元/升"的比率,俄罗斯海关当局会被要求征收选择特定关税率。因此征收的关税率是0.156欧元/升(相当于16.96%的从价等值)。

7.263 比较适用关税率和限制关税率,很清楚,适用特定关税率等值会高于限制水平(0.156欧元/升与0.154欧元/升比较)。以从价术语,对海关价值0.92欧元/升或更低的一货物征收的0.156欧元/升特定关税率,产生出至少16.96%的从价税等值关税率。④ 这比限制关税率高,其规定了一个绝对最大关税率16.7%。

7.264 欧盟断言,对第十项措施的盈亏平衡海关价值约为0.93欧元/升,但未提供支持其盈亏平衡海关价值的计算。虽然我们同意欧盟的观点,即对第十项措施能够在数学上确定一个特定的盈亏平衡价格,但我们认定,在没

---

① 0.92欧元/升的16.7%是0.1536欧元/升。
② 0.92欧元/升的16%是0.1472欧元/升。
③ 0.92欧元/升的16%是0.1472欧元/升。
④ 0.156欧元/升除以0.8欧元/升是0.195(即19.5%)。

有欧盟具体计算的情况下,我们自行确定盈亏平衡价格是不合适的。但是,基于上述考虑,我们满意地认为,欧盟就第十项措施已经进行了证明,即只要属于相关关税细目内的一货物的海关价值等于或低于 0.92 欧元/升,适用组合关税率之特定要素的从价等值必然会高于限制关税率,导致适用关税高于限制关税。① 此裁决在以下图 3 中生动地呈现了。

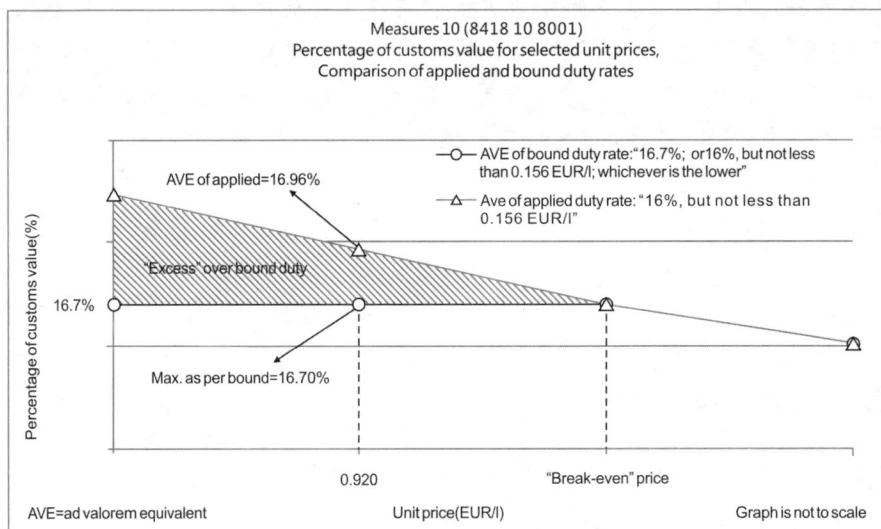

Measures 10 (8418 10 8001)
Percentage of customs value for selected unit prices,
Comparison of applied and bound duty rates

AVE of applied=16.96%

—○— AVE of bound duty rate:"16.7%; or16%, but not less than 0.156 EUR/l; whichever is the lower"

—△— Ave of applied duty rate: "16%, but not less than 0.156 EUR/l"

Percentage of customs value(%)

"Excess" over bound duty

16.7%

Max. as per bound=16.70%

0.920   "Break-even" price

AVE=ad valorem equivalent   Unit price(EUR/l)   Graph is not to scale

图 3

7.265 欧盟断言,对第十项措施的盈亏平衡海关价值约为 0.93 欧元/升,但没有提供其数学演算推理来支持这种盈亏平衡海关价值。虽然我们同意欧盟的观点,即对第十项措施能够在数学上确定一个特定盈亏平衡价格,但我们认为,在没有欧盟具体计算的情况下,我们自行确定盈亏平衡价格是不合适的。然而,基于上述考虑,我们满意地认为,欧盟就第十项措施已经进行证明,即只要属于相关关税细目内的一货物的海关价值等于或低于 0.92 欧元/升,适用组合关税率之特定要素的从价等值必然高于限制关税率,导致适用关

① 对低于 0.92 欧元/升的所有海关价值,产生于特定要素的关税(即 0.156 欧元/升)不可避免地高于产生于选择从价要素的关税(即海关价值的 16%),这意味着需要由俄罗斯海关当局将"0.156 欧元/升"适用于所有此类情况。海关价值越低于 0.92 欧元/升,代表该海关价值 0.156 欧元/升的百分比越高。因此,在数学上正确地称,海关价值越低于 0.92 欧元/升,适用组合关税率之特定要素的从价等值将超过 16.7% 的限制从价关税率越高。我们注意到,对低于 0.92 欧元/升的所有海关价值,限制关税率的从价等值仍然是 16.7%。

税高于限制关税。① 此裁决在图4中生动地呈现了。

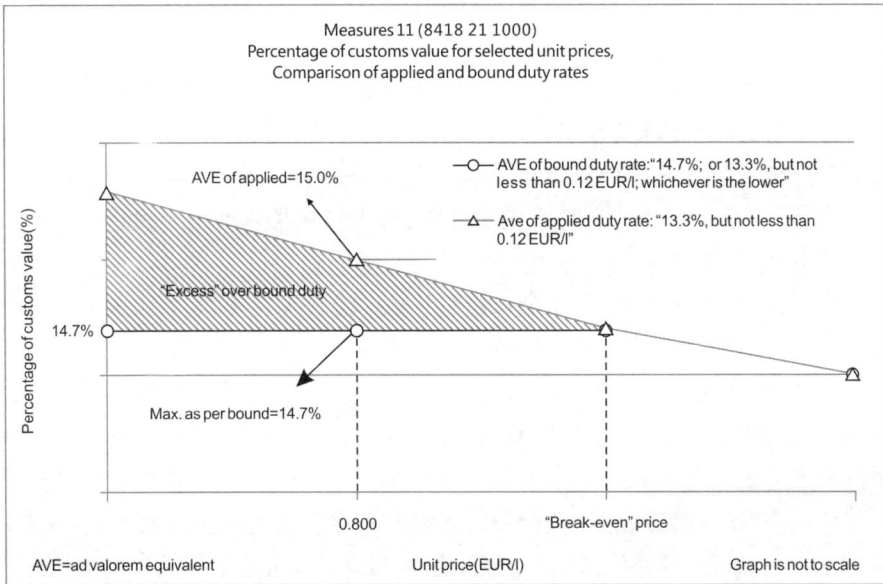

图 4

7.266 总之,关于在专家组成立时已存在的第十、第十一项措施,欧盟已经确定了海关价值,等于或低于该价值的进口会受一组合关税的特定选择关税率约束,其从价等值高于俄罗斯减让表中规定的相应税率,导致适用关税高于限制关税。

7.267 正如我们在上面所解释的,不需要申诉方证明某一特定措施对某一特定交易实际上已经导致征收的关税超过了限制水平。据此和因为我们同意欧盟的意见,即能够以争议的第十、第十一项措施的结构和设计为根据进行我们的评估,以及根据俄罗斯减让表加以考虑,我们认为,没有必要将我们的裁决建立在欧盟提交的证据展示 EU—15、EU—16 和 EU—17 中的海关声明的基础上。

7.268 另外,正如我们已经注意到的,一项关税的适用可以不符合第Ⅱ:

---

① 对低于 0.92 欧元/升的所有海关价值,产生于特定要素的关税(即 0.156 欧元/升)不可避免地高于产生于选择从价要素的关税(即海关价值的 16%),这意味着要求俄罗斯海关当局将"0.156 欧元/升"适用于所有此类情形。海关价值越低于 0.92 欧元/升,代表该海关价值 0.156 欧元/升的百分比越高。因此,在数学上正确地称,海关价值越低于 0.92 欧元/升,适用组合关税率之特定要素的从价等值将超过 16.7% 的限制从价税率越高。我们注意到,对低于 0.92 欧元/升的所有海关价值,限制关税率的从价等值仍然是 16.7%。

1(b)条款第一句,甚至在它没有导致对每项交易征收的关税高于限制水平,但仅"涉及进口价格的某一区间"。① 因此,关于第十、第十一项措施,欧盟已经证明的以下事实足以作出不符合第Ⅱ:1(b)条款第一句的初步案件:在海关价值等于或低于某一水平的任何时间俄罗斯的关税会高于限制水平。

7.4.2.2.4 上限机制

7.269 在我们对第十、第十一项措施的分析作出结论,我们注意到欧盟的此论点,即俄罗斯没有适用会阻止第十、第十一项措施以上述描述方式运作的一上限机制。②

7.270 俄罗斯回应称,WTO 法律中没有任何规定要求使用这种上限机制,因此欧盟的论点在法律上是有缺陷的。③

7.271 专家组在前述对其他质疑措施分析中处理了本问题。那里列出的裁决和分析同等适用于本处。④ 特别是,我们再次注意到,没有任何证据记录俄罗斯已实施了防止适用此类关税的一上限或限额。另外,我们重申我们拒绝俄罗斯的此论点,即欧盟的主张毫无根据,因为不存在使用一上限机制的任何要求。正如我们已经解释的,我们的观点是,欧盟本身没有质疑缺乏一上限机制。

7.4.2.2.5 结论

7.272 我们在上文已经裁决,关于在专家组成立时已存在的第十、第十一项措施,俄罗斯被要求适用的关税高于俄罗斯减让表中对等于或低于特定盈亏平衡价格(海关价值)的进口的限制水平。我们还注意到,没有任何证据显示俄罗斯适用防止适用此类关税的一上限或限额。因此,我们得出如下结论:关于专家组成立时已存在的第十、第十一项措施,俄罗斯被要求在某些情况下适用超过其减让表所列的关税,违反了 GATT 1994 第Ⅱ:1(b)条款第一句。根据此结论,我们不需要对 2015 年 9 月 1 日至 20 日期间存在的第十、十一项措施的 WTO 相符性作出裁决。

7.4.2.3 与 GATT 1994 第Ⅱ:1(a)条款的相符性

7.273 我们上述第 7.4.2.2.5 节中得出的结论是,俄罗斯行事不符合第Ⅱ:1(b)条款第一句。按此结论,我们认为,为了解决本争端的目的,没有任何必要就作为该结论的后果俄罗斯是否也不符合第Ⅱ:1(a)条款行事作出裁决。因此,我们行使司法经济权并拒绝就此请求作出裁决。

---

① 上诉机构报告,阿根廷——纺织品和服装,第 55 和第 62 段。
② 见本报告前述第 7.246 段。
③ 见本报告前述第 7.247 段。
④ 见本报告前述第 7.228—7.229 段。

7.5 关于第十二项措施的请求("系统关税变量")

7.274 专家组现在转至欧盟关于争议的第十二项措施的请求,"系统关税变量"或 SDV。

7.275 欧盟称,CCT 对大量关税细目,以导致适用超过减让表规定关税的方式,系统地提供了从俄罗斯减让表记载的关税种类或结构演变而来的一种关税种类或结构。欧盟声称,分别就第七至第九项措施和第十、第十一项措施而论,这些系统关税变量以前述第 7.210 段至第 7.221 段和第 7.259 至第7.266 段中解释的两种方式之一发生。据欧盟称,系统关税变量因此不符合 GATT 1994 第 Ⅱ:1(b)条款第一句,因为相同于第七至第十一项措施,它导致对来自欧盟的进口征收超过俄罗斯减让表所列和规定的关税,并因此也不符合 GATT 1994 第 Ⅱ:1(a)条款。①

7.276 欧盟主张,第十二项措施要求一个更一般的裁决,而不是要求一项限于大量特定关税细目的裁决。欧盟称,从系统关税变量产生的不相符的实例不是罕见的和零星的,而是在整个 CCT 系统地出现。②

7.277 欧盟进一步称,将 SDV 作为争议的一项不同措施提出质疑,符合DSU 和相关法理。欧盟断言,它已经充分描述了 SDV 的确切内容。特别是,欧盟主张,SDV 由全部载于法律上有约束力的 CCT 中的大量不符性实例组成。另外,欧盟注意到,俄罗斯的适用关税和限制关税都受经常变化的约束,意思是,单个关税细目是一个"移动靶标"。③ 欧盟提出,要求申诉方及时在某一特定时间点对给定关税细目的具体情况"零化",会使以任何实际方式处理大量类似的违反行为成为不可能。④

7.278 俄罗斯回应称,欧盟没有确立 SDV 的存在和其准确内容,因而没有满足美国—归零(EC)案中上诉机构对质疑诸如一项非书面措施所建立的法律门槛检测法。俄罗斯断言,欧盟没有具体说明建立 SDV 的规范和法律,并主张,因此俄罗斯应当消除何种特殊种类的关税待遇或者专家组应当对什么作出精确裁决,是不清楚的。⑤

7.279 俄罗斯进一步辩称,在此类请求的实例中要求一项更高的审查标

---

① 欧盟第一份书面呈词,第 127—129 段。

② 欧盟第一份书面呈词,第 133 段。

③ 欧盟第一份书面呈词,第 134 段。

④ 欧盟第一份书面呈词,第 134 段。

⑤ 俄罗斯第二份书面呈词,第 85 至 107 段(参见上诉机构报告,美国——归零(EC),第 196、第 198 段);在专家组第二次会议上的开审陈述,第 51—55 段。

准,并主张欧盟没有达到该高标准。根据俄罗斯称法,欧盟没有提供构成一项系统实践的不符合WTO关税率之存在的证据。特别是,按俄罗斯看法,欧盟没有提供任何证据证明SDV包含声称的关税是连接在一起的重复行动。俄罗斯阐明,它们全部具有的唯一共同特点是,它们在一份单独文件即CCT中被列出。俄罗斯根据这些考量认为,欧盟没有提供能使专家组确定争议措施之系统"特性"的"证实标准"。①

7.280 俄罗斯最后提出,欧盟没有对专家组作出一项不符性裁决提出充分证据。对将作出的此裁决,俄罗斯声称,应该就声称偏离减让表的每条特定关税细目提供证据,包括超过限制关税征收的某一特定关税的证据、不存在防止以此种方式征收关税的任何机制的证据。进而,俄罗斯主张,将特定适用关税与俄罗斯减让表特别条款连接,对确定在适用关税和限制关税之间是否存不符性是至关重要。②

7.281 专家组注意到,当事双方在三个关键问题上意见分歧:(ⅰ)SDV是否是可以受WTO争端解决约束的措施种类,(ⅱ)是否已经证明SDV存在,和(ⅲ)SDV是否不符合第Ⅱ:1(b)条款第一句并因此也不符合第Ⅱ:1(a)条款。为了维持欧盟的请求,我们需要对所有三个问题作出一项肯定性结论。在我们面前案件的情况下,我们认为,首先审查是否已证明该措施存在,再分析,若它存在它是否是一项能够受争端解决约束的种类的措施。

7.5.1 争议的措施

7.282 与第一至第十一项措施不同,争议的第十二项措施不存在于俄罗斯对某一关税细目适用的关税待遇中。而是声称它存在于更广泛的影响"大量关税细目"的某些事项中。重要的是,按欧盟自己的措辞,在它"不是以一项单独书面措施描述"的意义上,它是非书面的。③ 与此相符,欧盟在其专家组请求中也将SDV描述为一种"普遍实践"。④

7.283 我们记得关于第十二项措施产生的第一个问题是,欧盟是否证明了其存在。在这方面,我们留意了上诉机构此声明,即"为了证明一项质疑措

---

① 俄罗斯第二份书面呈词,第2、第102—103段;在专家组第二次会议上的开审陈述,第57至58段。

② 俄罗斯第二份书面呈词,第57至第82段;在专家组第二次会议上的开审陈述,第56段。

③ 欧盟在专家组第二次会议上的开审陈述,第51段。

④ 欧盟设立专家组请求,第11段。

施存在的必需证据和论点将取决于申诉方如何描述或描绘该措施特性。"①依据此和考虑声称的 SDV 是一项非书面措施,我们将更具体地审查欧盟在程序过程期间描述本措施的方式。这能使我们查明争议措施的特性,并随后评估欧盟是否已经证明它的存在。

7.284 我们首先回顾欧盟成立专家组请求中所载的第十二项措施的描述。该文件界定和限制了我们的管辖权,并规定了争议措施和对其请求的"性质"②。第十二项措施是在专家组请求第 11 段中确定的,其对 SDV 提供了以下描述:

下文援引的法律文书,就大量关税细目而言,以一种导致适用超过减让表对任何时间海关价值低于某一水平的货物规定的关税的方式,系统地规定了从减让表中记载的关税种类/结构变化而来的一种关税种类/结构。前述描述(关于争议的第七、第八、第九、第十、第十一项措施)的两种方式之一中,没有规定阻止超过限制关税水平的适用关税之从价等值的一种机制。这种普遍实践构成了争议的第十二项措施。③

7.285 欧盟在其第一份书面呈词中指出,第十二项措施是:

存在于关税变量中的一项更一般的措施……在此方面,CCT 就大量关税细目,以一种导致适用超过[俄罗斯减让表]的关税的方式,系统地规定了从减让表中记载的关税种类/结构演变而来的关税种类/结构。④

7.286 欧盟进一步指出:

产生于 SDV 的违反行为不是罕见和零星发生的,它们系统地出现在整个CCT 中。依据大量此类违反行为,……它们最好被描述为一种更普遍现象的单个实例。⑤

7.287 另外,欧盟解释称,"SDV……在整个 CCT 中是直接嵌入到大量单个关税细目",并因此认为,"专家组能够将来自 SDV 的诸违反行为确定为一个'组'"。⑥

7.288 在我们与当事双方的第一次实质性会议上,欧盟再次表示,"SDV 的内容是俄罗斯系统给予大量关税细目之关税待遇的一特殊种类"⑦。这次

① 上诉机构报告,阿根廷——进口措施,第 5.108 段。
② 上诉机构报告,美国——持续调零,第 169 段。
③ 欧盟设立专家组请求,第 11 段。
④ 欧盟第一份书面呈词,第 127 段。
⑤ 欧盟第一份书面呈词,第 133 段。
⑥ 欧盟第一份书面呈词,第 142 段。
⑦ 欧盟在专家组第二次会议上的开审陈述,第 89 段。

会议之后,我们要求欧盟回答一些问题,以澄清我们对 SDV 的理解。在一回答中,欧盟解释称,它"质疑 SDV 作为一项单独措施",并阐明,"SDV 适用的每个关税细目……是该措施的一个单个实例"①。在另一回答中,欧盟阐明,SDV 是"明显具有由俄罗斯对重大和变化数量的关税细目施加的该特殊种类关税待遇赋予的特性"②。

7.289　最后,欧盟在其第二份书面呈词中解释称,它是质疑"系统地适用不符合 WTO 的某些明确规定的关税待遇种类,其在此关税待遇的每个单个实例中导致征收超过限制关税率的关税"③。

7.290　俄罗斯辩称,欧盟"未曾界定争议的第十二项措施的确切内容"④。据俄罗斯称,欧盟的质疑实际上是针对关税细目的一种开放式清单⑤。按俄罗斯看法,欧盟对 SDV 的描述开放了该措施的范围和内容,要求专家组或者俄罗斯确认声称不符合第 II :1(b)条款第一句的特殊关税细目⑥。按俄罗斯看法,欧盟对 SDV 的模糊描述阻碍了专家组裁决该措施不符合 WTO 的俄罗斯义务⑦。

7.291　专家组同意俄罗斯的看法,即欧盟在某些方面的描述不是完全清楚的。注意的是,欧盟有时用不同的词语来描述 SDV、CCT 和单个关税细目之间的关系⑧。然而,按我们的看法,上述内容重制的摘录显示,欧盟已经持续性地定义为:包含于给予或涉及 CCT 中大量单个关税细目的关税待遇特别

---

①　欧盟对专家组第 31 号问题的答复。

②　欧盟对专家组第 76 号问题的答复。

③　欧盟第二份书面呈词,第 95 段。

④　俄罗斯第一份书面呈词,第 173 段;第二份书面呈词,第 85、102、103 段;对初步裁决的请求,第 51 段;在专家组第二次会议上的开审陈述,第 51 段。

⑤　俄罗斯第一份书面呈词,第 174 段。

⑥　俄罗斯对初步裁决的请求,第 11 段;第一份书面呈词,第 179 段。

⑦　俄罗斯第二份书面呈词,第 59 段。

⑧　例如,欧盟成立专家组请求指出,它是"系统地提供"关税待遇质疑种类的"下文提及的法律文书"(即 CCT 本身)。欧盟在其第一份书面呈词中再次指出,"CCT 系统地提供"相关关税待遇(第 127 段),但后来指出,声称的违反行为为"产生于 SDV"和"在整个 CCT 中系统地出现"(第 133 段)。欧盟进一步阐明,"SDV 由全部包含在一个在法律上有约束力的、核心公共文书即 CCT 的大量单个违反行为组成(第 139 段)。欧盟再指出,"SDV……被直接嵌入整个 CCT 中大量单个关税细目中"(第 142 段)。欧盟在其回复专家组的问题中使用了这种表述:"SDV 适用每个关税细目(换言之,在定义 SDV 时,欧盟描述的关税待遇种类的每个单个关税细目是一致)"(对专家组第 31 号的答复)。

种类的系统适用。① 因此定义 SDV,其由以下三个关键要素构成,即

a. 系统适用;

b. 关税待遇的某些种类("关税变量");

c. 对或涉及 CCT 中的大量单个关税细目。

7.292 由于欧盟在其成立专家组请求和其整个书面呈词中坚持这三个要素,我们的看法是,它们构成了 SDV 的定义特征。在无这三要素中任何一要素时 SDV 不再是 SDV 而是一种不同措施的意义,这三要素的每个要素都是 SDV 的组成部分。

7.293 我们另外注意到,欧盟成立专家组请求赋予 SDV 为一项"普遍实践"。正如前述指明的,在我们面前的陈述中,欧盟还将 SDV 视为"普遍现象"并指出关税变量的相关种类发生于整个 CCT。② 属于 SDV 范围的这种额外特性能够且应当同样视为 SDV 的一个定义性和组成性要素。③ 由于我们在下文将进一步详细说明,欧盟使 SDV 具有一项"普遍"措施的特性,以其他定义要素没有的方式厘清 SDV 的范围。④

7.294 我们已经将 SDV 的定义特性认定为我们对其的理解后,现在转至更详细地审议它们。由于它们不具有充分的自我解释功能,澄清"系统""关税待遇种类""重要的"和"普遍的"诸术语指什么是适当的,之后我们将评估 SDV 是否已被证明存在。

7.5.1.1 系统适用

7.295 专家组开始审议上面列举的三个要素中的第一个,即特定关税待遇的"系统适用"。

7.296 我们在开始就注意到欧盟在回答专家组的一个问题时提出的论点,即"不存在证明争议措施是具有'系统的'普遍要求"。⑤ 我们同意此。然而在本争端,是欧盟自身将争议措施界定为包含"系统的"适用关税待遇特殊种类,并在整个呈词中坚持 SDV 的系统性质。事实上,欧盟为第十二项措施选择的这个名称——"系统关税变量"(SDV)——突显了这种性质的重要性。

---

① 欧盟还提出,SDV 适用于关税细目的变化量。但是我们观察到,在欧盟设立专家组请求中没有描述或另外谈及此属性。而且,欧盟已确认,它没有主张声称 CCT 的经常修改不符合诸涵盖协定的任何条款。无论如何,欧盟提交的证据表明,对 SDV 范围的任何变化已经是消除欧盟声称具有 SDV 特性的关税变量种类的改变。

② 欧盟在第一次会议上的开审陈述,第 17 段。

③ 附件 A—1,第 4.39 至第 4.41 段。

④ 见本报告前述第 7.5.1.4 节。

⑤ 欧盟对专家组第 109 号问题的答复。

因此,在调查"系统的"术语的含义和在评估欧盟是否已经提交证据支持该措施是"系统的"的断言中,我们没有强加任何普遍要求,而是根据"申诉方具有特性的方式"分析该争议措施。①

7.297 "系统的"术语首先出现在欧盟的专家组请求中,在此没有定义。然而,该术语含义的一些征象可以从对其使用的段落提供的上下文收集到。首先,专家组请求显示,SDV"系统地提供关税待遇的特殊种类,关于大量关税细目……"这句,尤其是介词"关于",表明"系统地提供"词组系指"大量关税细目"以外的某事。换言之,这句话暗示,该措施适用的系统性质存在于其适用或影响大量关税细目这一单纯事实以外的某事。这句的此种阅读确保了给予其每一要素独立的含义和效果。

7.298 欧盟的书面呈词和其对专家组问题的答复都没有提供"系统的"术语的一个明确定义。事实上,欧盟的陈述至少暗示了"系统的"术语的三种可能含义或方法:第一,欧盟的一些陈述暗示"系统的"仅指"涉及或影响大量关税细目……适用";第二,其他陈述暗示了相反的情况,即该措施"系统的"性质在概念上不同于声称它影响大量关税细目的事实;第三,有些陈述暗示,"系统的"术语暗含在给予关税待遇的特殊种类中存在某种行为模式。

7.299 关于第一种方法,各种呈词包括了显示合并"系统的"和"大量关税细目"两术语的大量句子。例如,欧盟声称,"产生于SDV的违反行为不是罕见和零星出现的,它们在整个CCT中系统地出现"②。可以将此陈述解读为暗示SDV是"系统的",因为它适用于"大量"的关税细目。同样地,在对专家组问题的答复中,欧盟解释称:"系统的和一般的术语系指此变化……是宽广的并在整个CCT的大量点出现,因此可以将它们描述为一项更一般的措施的单个实例。"③

7.300 关于第二种办法,尽管引自上述陈述,欧盟也已经重复地在该措施"系统的"性质和它适用于大量关税细目的事实之间进行区分。这是与欧盟在其专家组请求中对该措施的描述保持一致的。因此,欧盟提到"影响大量关税细目的系统关税变量"④,暗示该措施的系统特性和它影响大量关税细目的事实在概念上是不同的。相似的效果是欧盟的此陈述:"在整个CCT中系统给予大量和变化量的关税细目特殊种类上,处理[它们]寻求的裁决。"⑤

---

① 欧盟对专家组第 109 号问题的答复。
② 欧盟第一份书面呈词,第 133 段(强调补充)。
③ 欧盟在专家组第二次会议上的开审陈述,第 17 段。
④ 欧盟在专家组第二次会议上的开审陈述,第 11 段。
⑤ 欧盟对专家组第 32 号问题的答复。

7.301 最后,关于第三种方法,大量陈述暗示,SDV"系统的"性质存在于根据某计划、方法或模式适用关税待遇之相关种类的事实。因此,欧盟提及的SDV指一种"违反行为的模式"①。类似地,欧盟称,"通过审查说明清单,出现了一种模式:俄罗斯没有以在少数孤立实例中征收组合税而非从价关税的方式犯错误,而是重复地、系统地和以相同方式已经这样做"②。

7.302 我们在审议欧盟对"系统的"术语使用这些变异方法中注意到,一方面,我们需要注意欧盟使用该术语的方式,以便我们审议欧盟本身对该措施的描述;另一方面,我们有能力确定一个清晰且无变化的含义是重要的,特别是在处理是某项措施的定义性特性的某个术语时。除此之外,被申请方和专家组本身均不能确定(正如其曾那样)符合诸涵盖协定的该措施是否受到质疑。这可能产生正当程序问题,在此程序中,被申请方不应该在专家组程序期间调整其诉求以回应对该措施的变化性描述。③ 它还可以有效地允许申诉方在提交呈词过程结束后以其不再属于专家组职权范围的方式重新定义一项措施。

7.303 鉴于此,我们有必要确定"系统的"术语的含义,这将构成我们审查已提交的支持SDV存在的证据的基础。正如我们在上文指出的,欧盟的专家组请求包括"系统地"术语,但没有明确定义它。在缺乏欧盟提供一定义的情况下,我们首先考察该术语的普通意义,如词典中所表述的。④

7.304 《简明牛津英语词典》将"系统的"定义如下:

根据一体系、计划或组织方法安排或实施(一文本、阐释、活动等的);(一个人)根据一体系、有规律和有条理、彻底行事的;习惯性的、故意的、有预谋的……⑤

7.305 《牛津英语词典在线》提供了类似的相关定义:

根据一体系、计划或组织方法安排或实施的,牵连或遵守一体系,(一个人)根据一个体系、有规律和有条理行事的。

具有故意(且通常是恶意的)意图行事、实施或表达的;作为一种有规律

① 欧盟第一份书面呈词,第7和第32段。

② 欧盟对专家组第82号问题的答复(强调补充)。

③ 我们注意到,上诉机构在申诉方正当程序权利方面提出了非常类似的观点。上诉机构报告,智利——价格区间系统,第144段。

④ 我们注意到,其他专家组也求助于词典,以便澄清专家组请求中使用术语的一般含义,例如,专家组报告,中国——电子支付服务,第7.42段和脚注91;中国——出版物和音像制品,第7.50段;EC——生物技术产品的批准和零售,第19段。

⑤ A. Stevenson(主编):《简明牛津英语词典》(第六版),第2卷,牛津出版社2007版,第3154—3155页。

且应受谴责的实践实施的;习惯性的、故意的、有预谋的。①

7.306 同样地,《柯林斯英语词典》将"系统的"定义为"具有使用秩序和计划特性的某事;有条理的"。②

7.307 这些定义表明,"系统的"单词与诸如"适用"特定关税待遇之类的活动相结合时,表示按照体系、计划或组织方法所做的某事。因此,当欧盟提到关税待遇之特殊种类"系统的"适用时,我们认为,它正在表示存在对适用关税待遇的这些种类的一项声称的"体系"。我们在这方面还注意到欧盟使用"违反行为的模式"术语。③ 我们认为,当且仅当该术语提到是一体系、计划或组织方法的后果时,该术语能够恰当地用来描述"系统的"违反行为的情况。

7.308 另外,注意到阿根廷—进口措施案上诉机构的以下阐述是有启发意义的:

似乎对我们而言……专家组的裁决表明,TRRs 措施[与贸易有关的争议要求]针对单个 TRRs 零星的、不相关的适用,具有系统的适用。非书面 TRRs 措施的系统性质被这一事实和在这一事实中证明:TRRs 在广泛的各种不同部门作为有组织的行动之一部分被适用于经济营运者,在政府最高层予以协调和执行,目的是在"管理贸易"政策框架内实现进口替代和减少贸易赤字。④

7.309 此段将"系统的适用"短语解释为指这一情形:在广泛的各种不同经济部门的单独适用被连接("相关")到另一适用,因为这些适用都是已从事的支持一特殊"目标"的一项"有组织的行动"的结果。这种理解最接近符合我们从上述字典中已推导出的含义。⑤

----

① 《牛津英语词典在线》,"系统的"的定义,http://www.oed.com/view/Entry/ 196668redirectedFrom=systematic#eid,2016 年 2 月 12 日访问。该字典给出了此种用法的大量例子,包括:"胡比利时的抵抗组织……从事系统破坏铁路、公路桥梁、通讯等。"

② 《柯林斯英语词典在线》,"系统的"定义,http://www.collinsdictionary.com/diction-ary/english/systematic,2016 年 2 月 12 日访问。

③ 欧盟第一份书面呈词,第 7 和 32 段。

④ 上诉机构报告,阿根廷—进口措施,第 5.142 段。

⑤ 欧盟在答复专家组问题中指出,"在阿根廷——进口措施案中,专家组裁决,该争议项措施具有系统的适用,主要原因是它适用于广泛不同部门的经济营运者"。欧盟对专家组第 106 至第 107 和第 119 号问题的答复。然而,我们认为,正如援引上文的段落所示,上诉机构在该案中考虑了一系列因素,得出争议措施具有"系统的"适用的结论。我们没有阅读同一上诉机构报告的第 5.146 段,该段将专家组对"系统的适用"裁决限于上诉机构在其报告中的推理,包括第 5.142 段。无论如何,对以下解释的理由,"系统的"解释仅指或必然包括"在大量案件中发生",按我们的看法,是错误的,在本争端中还提供欧盟专家组请求文本,正如我们所称,是多余的。例如见,欧盟在专家组第一次会议上的开审陈述,第 17 段。

7.310 进而,正如我们所解释的,欧盟专家组请求的文本表明和欧盟自身的一些陈述显示,在第十二项措施背景下,"系统的"术语必须是指"对大量关税细目发生"以外的某事,因为专家组请求已经在其术语中区分了这两个概念。我们还注意到,在讨论有关关税待遇的系统适用时,欧盟在其呈词中使用了"广泛"一词。① 我们不同意该词可以与"系统的"交替使用。事实上,上文提供的字典定义不支持此种解释。肯定的是,一项系统的活动可以是且通常将是一项也是广泛的活动。但是,按我们看法,一项活动可以是系统的但同时不是广泛的。②

7.311 更普遍地,我们认为,一项活动的频繁重复或以有规律的基准重复,本身不是"系统的"活动,因为它不必然暗含根据一个体系、计划或组织方法或行动所从事的一项活动。观察到的重复可以是偶然的、随机的或如此分散或无关联以致不符合系统性的任何细微迹象。然而,根据每个案件的具体情况,重复可以构成支持一项声称系统活动的相关证据。在某些情况下,若重复是如此大量(例如,如此频繁)以致于比一项根本体系存在更可能导致它,从观察到的重复中推定存在系统活动甚至是可能的。③ 基于上述考虑,我们认定,在欧盟表述"系统的适用"和"系统关税变量"中的"系统的"术语,不能恰当地解释为"广泛的"或"在大量情况中"。相反,我们认为它指"按照体系、计划或组织方法或行动做了"。在上述提及的表述中,它是指适用关税待遇某些种类的单个实例或关税变量的单个实例由一体系、计划或组织方法或行动连接在一起的一种情况。④ 据此,我们将审查提交给我们的证据建立在"系统的"术语的此种解释上。

7.5.1.2 关税待遇的特殊种类

7.312 我们将注意力转至我们已经确定的SDV的第二定义的特性,即争议的关税待遇特殊种类。欧盟一直称,SDV涉及受适用组合税率和限制组合关税率或限制从价关税率约束的货物。更特别的是,SDV包含两种不同的关税待遇种类。第一种(我们将其称为"第一种类")发生于以下情形:若限制

---

① 例如见,欧盟在专家组第一次会议上的开审陈述,第17段。

② 例如,对目标群体的攻击可能是系统的,但不需在同时是广泛的。

③ 此证据标准也在专家组报告中被适用,美国——反补贴和反倾销措施(中国),第7.374段。参见上诉机构报告,美国——山地棉(第21.5条-巴西),第301、第321段;美国——持续调零,第335段。

④ 我们认为,"系统""计划"和"有组织的方法或行动"术语暗含追求一特定目标的想法。因此,我们不认定在我们解释"系统的"术语中存在作为一个单独要素的一特定目标。

关税率仅为从价,无论何时特定关税率高于选择从价关税率,CCT 要求征收该特定关税率。换言之,这种关税待遇发生于:相应限制关税率表示为"x%"和适用关税率表述为"x%,但不低于每衡量单位 y"。[1] 第二种(我们将其称为"第二种类")发生于:若"z"价值高于"x",CCT 要求征收以"x%,但不低于每衡量单位 y;以较低者为准"形式的组合关税率(尽管也结合起来)。[2] 在本争端中,争议的第七至第九项措施是第一种类关税待遇的例子;争议的第十和第十一项措施是第二种类的例子。

7.313 俄罗斯在当事双方参加的第二次专家组会议上主张,欧盟已经将一项新的、第三种类关税待遇引入了其 SDV 描述。俄罗斯认为,这附加种类超出了专家组的职权范围,因为它不包括在欧盟的专家组请求中。[3]

7.314 欧盟否认其已经将一项新的、第三种类关税待遇引入其对 SDV 描述。欧盟主张,"欧盟的专家组请求第 11 段和其中提到的各段以提及所描述的'两种方式'的方式涵盖了与第七至第十一项措施有关的三种类关税待遇。第一种'方式'涵盖了 SDV 下的两种类关税待遇,第二种'方式'涵盖第三种类关税待遇"。[4]

7.315 为了解决本问题,有必要仔细考察俄罗斯已经指出支持其主张的段落。第一段来自欧盟第二份书面呈词,内容如下:

首先,欧盟以抽象甚至数学术语方式清晰描述了 SDV 要求的关税待遇特殊种类。扼要重述,该关税待遇种类如下。限制关税是从价(表示为"x%"),并结合适用关税,由一从价要素和一特定要素(表示为"x%,但不低于每衡量单位 y")构成。不存在诸如一种进一步缓和适用关税水平之类的上限的机制能够确保适用关税的从价等值永不超过"x%"。对于给予此待遇的所有关税细目,适用关税对低于"y 除以 x"的每项海关价值将超过限制关税率(表示为 x%)。[5]

7.316 本段以一脚注作为补充,其规定:

此外,欧盟对 SDV 的描述概述了关税待遇的两个更可能种类。第二种与第一种完全相同,但限制从价关税高于组合适用关税的从价要素。在这种情况下(限制关税是"x%";适用关税是"z%但不低于每衡量单位 y",若 x>z),当

---

① 欧盟第一份书面呈词,第 129 段;第二份书面呈词,第 97 段。

② 欧盟第一份书面呈词,第 129 段;第二份书面呈词,脚注 82。

③ 俄罗斯在专家组第二次会议上的闭审陈述,第 17 段。俄罗斯在这方面的申诉聚焦于欧盟第二份书面呈词第 97 段和专家组第二次会议上的开审陈述第 47 段。

④ 欧盟对专家组第 105 号问题的答复。

⑤ 欧盟第二份书面呈词,第 97 段。(脚注略)

海关价值低于"y除以z"时,适用的关税会超过限制关税。第三种与欧盟第一份书面呈词第D节中描述的关税细目相似。当适用关税表示为"x%但不低于每衡量单位y"和限制关税表示为"z;或x%但不低每衡量单位y;或以较低者为准"(其中z高于x)时,在海关价值低于"y除以z%"的任何时间,适用的关税会超过限制关税。①

7.317　俄罗斯的论点是,该脚注中提到的"第二种类"关税待遇实际上是一种新的、欧盟在其专家组请求中没有提出的关税待遇。

7.318　专家组回顾了在欧盟专家组请求中列出的SDV定义。② 重要的是,此定义是指上述描述的"两种方式中一种声称的关税变量"(涉及第七、第八、第九、第十和第十一项措施)。该句子指引读者回到专家组请求的第8、第9段,其界定了声称给予争议的第七至九、第十和第十一项措施的关税待遇种类。关于第七至第九项措施,第8段将相关待遇种类定义如下:"俄罗斯对减让表规定从价关税率(例如'3%')的货物适用组合关税率(从价和特定要素相组合;例如'3%但不低于0.09欧元/千克')。"关于争议的第十、第十一项措施,第9段中将关税待遇的相关种类界定为:"俄罗斯对减让表规定了一公式的货物适用组合关税率(一从价要素和一特定要素相组合,例如'16%,但不低于0.156欧元/升'),即该公式要求征收以下较低的关税额:根据适用从价关税率的数额或根据适用组合关税率的数额(例如'16.7%;或16%但不低于0.156欧元/升;以较低者为准')。"

7.319　对我们的问题是,欧盟在其第二份书面呈词中称为"第二种类"的关税待遇是否包括在其专家组请求的描述中,或者它是否超越了专家组裁判条款的一种新关税待遇。为了避免混淆,我们称这种类为关税待遇的第三种类。

7.320　我们开始观察在欧盟专家组请求中与在第一份书面呈词中和在第二份书面呈词中与第二次开审陈述中对SDV提供的描述似乎缺乏一致性。欧盟第一份书面呈词中的描述支持了SDV包含两种关税待遇(或包含导致以两种方式之一征收超额关税的关税待遇)的见解,该书面呈词区分了两种广

---

① 具有相似效果的是欧盟在专家组第二次会议开审陈述的另外两段,其内容为:说明清单仅提供了第一种类的证据:具有等于限制关税率的从价要素的组合关税。第二种类是紧密相连的,唯一的区别是从价要素低于限制关税率。然而,若已存在特定关税,相同的数学公式能够依赖于准确考察第二种类为何和何时导致超额征收关税。关税待遇的第三种类与前两种类有些不同。但是它也与这两种类具有一个重要特征:对某些关税价值,该关税的结构和设计要求适用超过减让表中规定的从价关税率的某一特定关税。欧盟在专家组第二次会议上的开审陈述,第47—48段。

② 见本报告前述第7.284段。

泛的关税待遇(第一种由该段开头"在许多情况下"文字导入,第二种从该段最后五行由"一种 SDV 可能导致违反"文字引入)。① 然而,在后者呈词中(即欧盟第二份书面呈词及其第二次开审口头陈述),欧盟提到了三种关税待遇。虽然欧盟在其先前呈词中提到了两种"方式",而不是两种"种类",但我们不认为"两种方式"的表达清楚地或明显地表示"三"(或更多)种类。

7.321　但是,更仔细审查表明这种措辞上的差异是文体上的,而不是实质性的。关税待遇的第"三"种类只是上述一种关税待遇的另一种形式,我们称之为"第一种类",欧盟将其描述为"第一种方式"。我们回顾,若 CCT 在一特定关税率高于选择从价关税率且限制关税率仅是从价关税率时要求征收该特定关税率,这种特殊"方式"才存在。事实上,欧盟第一份书面呈词中已经实际讨论了"第三种类"关税待遇,虽然在该文件中欧盟没有把它作为一种单独的关税待遇,而仅作为在专家组请求中所确定的第一种方式的一种可能表现。因此,在第一份书面呈词中,欧盟将第一种方式解释如下:

在许多情况中,CCT 在某一特定关税高于一给定从价关税且限制关税仅为从价关税时要求征收该特定关税。在低于某一盈亏平衡价格(包括以诸如重量或体积之类表示该产品其他特性)时,不可避免地将征收超过限制关税率的此类关税。若限制从价关税率等于该关税的适用从价要素,该关税的特定要素将总是超过限制关税率而予以适用。若限制从价关税率高于适用关税的从价要素,该关税的特定要素在子集情况下仍然超过限制关税率,再次低于某一盈亏平衡价格。无论哪种方式,超过限制关税率征收关税的价格区间是容易计算和预测的,因此准确考察违反第Ⅱ条将何时、如何发生是可能的。②

7.322　由于本段已清晰阐明,第一种方式两种变量之间的唯一差异在于适用组合关税率与限制从价关税率这两者的从价要素。然而,这两种变量的基本结构完全相同,且我们认为这两者都是欧盟专家组请求所涵盖的。③ 因此,用欧盟

---

① 欧盟第一份书面呈词,第 129 段。

② 欧盟第一份书面呈词,第 129 段。

③ 一个例子可以使这一点更加具体。例如,以第七项措施为例,其是关税待遇"第一种类"的一个例子。正如我们已经解释的,若相应的限制关税率仅是从价关税率("3%"),该项措施包含适用一种组合关税率("3% 但不低于 0.09 欧元/千克")。在本例中,所适用的组合关税率和限制从价关税率的从价要素相等(3%)。然而,设想这样一种情形是可能的:若两者不相等,适用组合关税率的从价要素的价值不等于限制从价关税率的价值。例如,这种设想是可能的:若相应的限制关税仅为 3%,一种"2% 但不低于 0.09欧元/千克"的适用组合关税率。这种变化——组合关税从价要素降低以致于其低于从价限制关税率——没有改变该措施的基本结构。

在其专家组请求中所使用的表述,来描述这两种变量是准确的。① 虽然该段中给出的说明性例子具有组合适用关税率的特定要素等于限制从价关税率的地位,但是该示例被指定为"例如",且不限制其例证的抽象描述的通常含义。

7.323   我们认为,欧盟本可以在其专家组请求中更清楚地解释所确定的、提到的关税待遇"两种方式"或并入的"三种类"。但是,鉴于上述原因,我们不同意俄罗斯的这种观点,即欧盟采取包含欧盟专家组请求中没有具体说明的一种关税待遇的方式扩大了第十二项措施的范围。

7.324   总之,我们将 SDV 第二定义的要素(即"某些种类的关税待遇")理解为系指关税待遇的两种类。第一种发生于俄罗斯对限制从价关税率的某一关税细目适用一组合关税率的情形(不考虑适用组合关税率之从价要素的价值是否等于或低于从价限制关税率的价值)。第二种发生于,俄罗斯对受"z%;或 x% 但不低于每单位 y;以较低者为准"形式的一限制组合关税率约束的关税细目,以"x% 但不低于每单位 y"形式适用一组合关税,其中"z"的价值高于"x"。

7.5.1.3   大量单个关税细目

7.325   现在我们转至处理我们在前述已经确定的下一个定义特性,即声称受 SDV 影响的"大量关税细目"。

7.326   欧盟没有在其专家组请求或随后请求中特别界定"大量关税细目"短语中"大量"一词的含义。因此,如上所述处理"系统的"含义时,我们首先审议欧盟在专家组面前的陈述。欧盟在其第一份书面呈词主张:"……SDV 导致的违反不是稀少和分散的",并且指出"欧盟依据此类大量违反提出,最好将它们描述为一个更普遍现象的单个实例"②。欧盟在之后的同一书面呈词中认为,SDV"是直接嵌入到贯穿于 CCT 的大量单个关税细目"③。欧盟在专家组第一次实质性会议的开审陈述中解释称,通过 SDV"重复地"给予此种争议的关税待遇④,并且认为其说明清单反映了 SDV 给予关税待遇特殊种类的"频率"。⑤ 同样地,欧盟在对专家组一问题的答复中指出,SDV 影响了"大量的且正在变化的关税细目"⑥,而且 SDV 是"广泛的"。⑦ 总体言之,这些陈

---

①   前述第 7.318 段中引用的第 8 段。

②   欧盟第一份书面呈词,第 133 和第 138 至 139 段。

③   欧盟第一份书面呈词,第 142 段。

④   欧盟在专家组第一次会议上的开审陈述,第 88 段。

⑤   欧盟在专家组第一次会议上的开审陈述,第 89 段。

⑥   欧盟对专家组第 32 号问题的答复。

⑦   欧盟对专家组第 85 号问题的答复。

述向我们表明,欧盟使用"大量关税细目"短语来指大量关税细目或许多关税细目。

7.327　"大量"术语被定义为"值得注意的足够巨大或重要"或"显著的、实质的、相当多的、大的"。① 鉴于这些含义的首要含义本质上涉及对某人或某事的定性,第二个含义表明还能够在定量意义上解释"重要的"一词。正如上文解释的,欧盟似乎已经在后一种含义上使用了此术语。我们在这一点上注意到,在争议的此短语中,形容词"重要的"限定了"数字"这一词,这表明关注数量。鉴于这种背景和欧盟在我们面前的陈述,我们满意地认为,在第十二项措施的情况下,"重要的"一词已用来强调受影响的关税细目在数量上是重要的。

7.328　基于这些原因并根据相关词典定义,我们认为,关税细目的"大量的"是一个"大的""实质的"或"相当多的"关税细目。因此,要成为"大量的",一个数字不必然需要是非常大的、实质的或相当多的。

7.329　我们在解释"大量关税细目"短语中还需要考察专家组请求中这个短语的相关背景,其包括将 SDV 称为一项"普遍的"实践。② "普遍的"一词除其他外,定义如下:

包括、参与到、介入或影响某一特定整体……的全部或几乎全部部分;在隐含的范围内全部地或近似地全体的;与部分或特殊相反的……共同涉及或属于不同人或事物的……一项规则、法律、公式或描述的;可适用于各种情形;对属于其诸术语下的所有情形或绝大部分情形是真实的或旨在是真实的;(事实上)全体的。在后者的使用频率中,绝大多数情况下是真实的,但不是没有例外……③

7.330　该定义引发了这样的问题:专家组请求中的"普遍的"单词是否应当被用来指明 SDV 是一项影响"所有或者几乎所有"关税细目。但是,按我们看法,对"普遍的"此种解释是有疑问的,正是因为专家组请求也包含了"大量关税细目"短语。正如我们已经解释的,在该短语中出现的"大量的"单词暗含大量关税细目,但不必然是俄罗斯的全部或几乎全部关税细目。④ 进而,

---

①　《牛津英语词典在线》,"大量的"的定义,http://www.oed.com/view/Entry/179569redirectedFrom＝significant#eid,2016 年 2 月 12 日访问。

②　欧盟的成立专家组请求,第 11 段。

③　《牛津英语词典在线》,"普遍"的定义,http://www.oed.com/view/Entry/77489?rskey＝htbn3p&result＝1&isAdvanced＝false#eid,2016 年 2 月 12 日访问。

④　附件 A-1,第 4.38 段。

若欧盟已经意指提议 SDV 涵盖所有或者几乎所有的关税细目,按我们看法,它已经阐述得如此具体,而不是使用"巨大数量"这一更不精确的术语。

7.331　基于这些原因,我们认为,"大量关税细目"不是指全部或几乎全部的关税细目,而仅是一个大的、实质的或相当多的关税细目。

7.5.1.4　普遍实践

7.332　最后,我们转至欧盟将 SDV 描述为具有一项"普遍的"实践的特性。欧盟在此方面注意到,SDV 导致的违反"最好被描述为一项更普遍现象的单个实例"①。欧盟还指出,"系统的和普遍的术语是指……这种事实:……变量是广泛的且在整个 CCT 中许多点上出现,因此最好能够将它们描述为一项更普遍的措施的单个实例"②。

7.333　后一种陈述是有启发性的,因为它阐明了如何和谐地解读"普遍的"和"大量的"概念。这表明,关税待遇的相关种类已经声称给予了大量关税细目("许多点"),且在"整个 CCT"中能够找到受影响的关税细目。依据后一方面,SDV 被声称是普遍的。也就是,在第一至第十二项措施不以 CCT 任何特定关税细目或任何特殊部分为目标的意义上,我们理解欧盟主张第一至十一项措施是不同的、第十二项措施是普遍的。

7.334　我们注意到,"普遍的"单词的此种理解符合上述提供的一种词典定义③,即"与部分或特殊的相反"。另外,以这种方式解释"普遍的"单词将附加的理解特别限制在 SDV 的范围内。它使此做法更加清楚,即声称存在于 CCT 中的称为"SDV"的"现象"④不仅仅限于 CCT 的特殊部分。⑤因此,它赋予"普遍的"术语以独立含义。

7.335　依据上述,我们认为,"普遍的"单词强调 SDV 的范围和以其他三种定义特性不具有的方式厘清其范围。它指明 SDV 不局限于 CCT 的特殊部分。

7.5.1.5　关于争议措施之定义的结论

7.336　我们在仔细审查 SDV 每个"定义特征"、铭记专家组请求文本中描述的限制和欧盟在我们面前的随后描述和解释后认为,能够将争议的第十二项措施本质上描述为:CCT 将关税待遇的两项特定种类适用于大量关税细

---

① 欧盟第一份书面呈词,第 133 和第 138—139 段。
② 欧盟在专家组第一次会议上的开审陈述,第 17 段。
③ 见本报告前述 7.29 段。
④ 欧盟第一份书面呈词,第 133 段。
⑤ 相反,这是有争议的,即"大量关税细目"这一短语提供了 SDV 不限于特定关税细目数量的一项指标。但是,大量关税细目可能是只代表 CCT 一特定部分的一个重要数字。

目。这种现象反映了一种系统的或有组织的方法或行动,是普遍性的而不是仅限于 CCT 的特殊部分。为了再次使用专家组请求的术语,争议的措施包括了将关税待遇的特殊种类系统适用于大量关税细目,产生了普遍的实践。

7.337 我们在解释了我们对欧盟界定的措施的理解之后,现在转至审议欧盟是否已经证明该措施的存在,如同欧盟声称的那样。

7.5.2 措施的存在

7.338 我们转至审议欧盟是否证明了第十二项措施的存在。我们在这方面记得,根据上诉机构观点,申诉方必须"在专家组程序中提出相关的论据和证据,显示这些措施的存在,例如,在非书面措施所带来质疑的情况下"①。

7.339 欧盟认为,由以下证明第十二项措施的存在:(i)对争议的第七至第十一项措施的数学解释;(ii)提供俄罗斯在专家组成立时对 39 条关税细目适用的关税率的一份非详尽清单("说明清单");(iii)说明清单中指明的 6 条关税细目下对交易的贸易统计数字,其肯定地证明了对此 6 条关税细目适用关税率的"不利贸易影响"。②

7.340 俄罗斯认为,欧盟提供的证据不足以证明第十二项措施的存在。③ 俄罗斯提出,欧盟的说明清单仅证明"俄罗斯确实适用了关税的事实"。④ 俄罗斯辩称,欧盟未能提供任何证据证明声称说明 SDV 的关税率是重复行为或联系在一起的。⑤

7.341 专家组回顾,欧盟描述的第十二项措施是一项声称非书面措施,其存在受到质疑。我们注意到上诉机构的此立场,即"必须用证据和论据证明一项受质疑措施的构成要素,取决于申诉方如何描述此措施或如何赋予其特性"⑥。

7.342 既然我们已经确定了上述欧盟描述的关键要素,我们转至审议欧盟提交的支持其描述的证据种类,然后评估该证据是否证明此措施特性要素的存在,如同欧盟所描述的。

7.5.2.1 欧盟提交的证据

7.343 我们现在处理欧盟提交的关于第十二项措施存在的证据。我们

---

① 上诉机构报告,美国——持续调零,第 169 段。
② 欧盟对专家组第 87 和第 174 号问题的答复;第二份书面呈词,第 97—98 段。
③ 俄罗斯在专家组第二次会议上的开审陈述,第 51—58 段。
④ 俄罗斯在专家组第二次会议上的开审陈述,第 53 段。
⑤ 俄罗斯在专家组第二次会议上的开审陈述,第 51—58 段。
⑥ 上诉机构报告,阿根廷——进口措施,第 5.108 段。

注意到,欧盟已经提交了支持其第十二项措施存在的呈词的三种类证据。

7.344 首先,欧盟就争议的第七至第十一项措施提交了适用关税率和限制关税率,并附有数学解释和说明。这些适用关税率的三种(与第七、第八、第九项措施有关)是由一单独从价要素和一最低特定要素构成的组合关税率。① 我们记得欧盟的这一论点,即在限制从价关税率与适用组合税率的从价选择要素相同的情况下出现涉及关税细目的声称不符性。根据欧盟观点,这与具有 SDV 特性的关税待遇"第一种类"相符合。剩余两种适用关税率(与第十、第十一项措施有关)是由多种要素构成的组合关税率:第一,直接从价要素;第二,构成不得低于一特定要素的选择从价要素的一"组合"要素;第三,要求征收各种要素下允许最低关税的一要素。在这两种适用关税率的情况下,欧盟主张,对与适用关税率之"组合"要素相同的限制组合关税率,出现了声称的不符性。根据欧盟观点,这与具有 SDV 特性的关税待遇"第二种类"方面的证据相符。

7.345 其次,欧盟已经提交了一份关税细目"差异的说明清单",该清单指出:包含在 CCT 中的涉及 39 条不同关税细目、专家组成立日已存在的适用关税率和对这些相同关税细目的限制关税率。② 这 39 条关税细目分别来自 CCT 不同的五章,即 6 条关税细目来自第 6 章,2 条关税细目来自第 39 章,1 条关税细目来自第 40 章,8 条关税来自第 84 章,22 条关税细目来自第 87 章。其中每一条细目都涉及欧盟质疑的关税待遇"第一种类",并符合欧盟对第七至第九项措施所描述的关税待遇种类。③ 我们注意到,包括在说明清单中的 39 条关税细目之 3 条是 1511 90 190 2、1511 90 990 2 和 8418 10 200 1。对这 3 条关税细目,欧盟在关于第七、第八、第九项措施的上下文中已经描述了相关的适用关税率和限制关税率。④ 因此,该说明清单证明了涉及 36 条关税细目的适用关税率和限制关税率,此 36 条关税细目是对欧盟描述争议的第七至第十一项措施中已提供的 5 条关税细目的追加。此外,我们观察到,欧盟没有提交 EAEU 建立说明清单中指明的适用关税的全部相关决定的证据。⑤

---

① 见本报告前述第 7.207 至 7.209 段。

② 不符点的说明清单与欧盟对系统关税变量的请求有关(说明清单)(证据展示 EU—19)。

③ 见本报告前述第 7.312 段。

④ 在关税细目 8418 10 200 1 说明清单中指明的适用关税率和限制关税率与欧盟对专家组成立时存在的第九项措施(且未经修正)所指出的相同。

⑤ 相反,就欧盟关于其涉及争议的第一至第十一项措施的主张,欧盟提交了欧亚经济联盟修正 CCT 的相关决定作为证据。

7.346 最后,欧盟提交了贸易统计和随附关于包括在说明清单中的 6 条关税细目的计算。① 其中 2 条关税细目与争议的第七、第八项措施有关。该统计显示了 6 条关税细目中的每条细目下从欧盟原产地某些地点进口至俄罗斯境内某些地区的货物总价值和净重。欧盟的随附计算声称证明了对该 6 条关税细目下的产品征收的平均关税超过了相关限制关税。我们记得,阿根廷——纺织品和服装案中的专家组和上诉机构在作出第Ⅱ:1(b)条第一句下的不符性裁决中,将类似证据用作补充证据。②

7.347 欧盟没有提交任何其他证据以直接或间接支持其关于 SDV 存在的断言。

7.5.2.2 证据的评估

7.348 正如我们已经注意到的,欧盟承认,不同于其声称的单个实例的 SDV 是一项非书面措施。因此,我们不能轻率地接受欧盟的该措施存在的断言。据此,我们现在转至审议欧盟提交的证据是否证明如欧盟所界定的 SDV 实际存在。正如我们前述已经解释的,按欧盟的描述,SDV 有以下定义特性:就"大量关税细目",以产生一项"普遍的"实践的一种方式"系统地"被适用或被给予的"关税待遇的某些种类"。正如我们已经解释的,这些要素中的每个要素都是欧盟界定的 SDV 的构成部分。因此,必须证明每个要素,之后专家组才能裁决 SDV 作为一项单独和决定性的非书面措施存在。

7.349 我们在审查摆在我们面前的证据中,将首先审议欧盟提交的证据是否确立存在关税待遇相关种类。若这样做,我们将着手审议此关税待遇是否给予大量关税细目、是否以一系统方式给予和其是否产生一项普遍实践。

7.5.2.2.1 关税待遇的种类

7.350 我们已经解释了我们对欧盟描述 SDV 中暗含的关税待遇两种类的理解。现在我们转至审查欧盟提交的证据是否证明欧盟描述的关税待遇种类存在于 CCT。在进行这项分析中,我们不关心声称给予该待遇的频率或系统方法。相反,我们的调查聚焦于声称存在的关税待遇种类是否在 CCT 中已经被确定。

7.351 欧盟主张,第七至第九项措施证明了争议的关税待遇第一种类(其存在于俄罗斯适用"x% 但不低于每单位 y"形式的一关税率、相应限制关税率仅以从价术语表示的情形)。相似地,欧盟主张,第十、第十一项措施证

① 差异的具体情况,俄罗斯联邦对外贸易海关统计(海关统计)(证据展示 EU—20)。
② 上诉机构报告,阿根廷——纺织品和服装,第 61 至 62 段。

明了争议的关税待遇第二种类(其存在于俄罗斯适用"x%但不低于每单位y"形式的一关税率、相应限制关税率为"z%，或x%但不低于每单位y，以较低者为准"的情形)。① 另外，欧盟认为，说明清单还包含了关税待遇第一种类的更多例子。②

7.352　专家组首先注意到欧盟在其第二份书面呈词中没有提供描述为关税待遇"第二种类"的任何证据(在我们的裁决中称为"第三"种类)。③ 正如我们前述所解释的，关税待遇的此种类真正地正是第一种类的另一版本或子种类，声称其存在于俄罗斯适用"x%但不低于每单位y"形式的组合关税率、相应限制关税率仅以从价术语表示且高于适用组合关税率的从价要素的情形。④ 由于欧盟没有以CCT相关摘录形式向我们提供关税待遇的这种类的任何实例，我们裁决欧盟没有确立关税待遇第三种类存在于CCT。

7.353　相反，我们裁决，本争端中争议的第七至第九项措施是欧盟描述的关税待遇第一种类的实例。⑤ 同样地，我们裁决，争议的第十、第十一项措施是关税待遇第二种类的实例。正如我们前述所详细解释的，欧盟已经提供了证明所有这些措施存在的证据。特别是，它提交了源自CCT和俄罗斯减让表的相关摘录。

7.354　据上，我们裁决，欧盟采取提交关于第七至第九项措施的证据的方式，已经确立存在SDV中暗含的和欧盟在其专家组请求中描述的关税待遇两种类：第一种类存在于俄罗斯适用"x%但不低于每单位y"形式的关税率、相应限制关税率仅以从价术语表示的情形(第七至第九项措施)；第二种类存在于俄罗斯适用"x%但不低于每单位y"形式的关税率、相应限制关税率为"z%，或x%但不低于每单位y，以较低者为准"的情形(第十、第十一项措施)。虽然对第一种类，我们只看到了欧盟描述的一个子种类的证据，但这足以确立欧盟描述的关税待遇第一种类实际存在于CCT。

7.5.2.2.2　大量关税细目

7.355　我们现在转至评估欧盟是否已经证明前述确定的关税待遇种类

---

① 欧盟第一份书面呈词，第127和第129段。

② 欧盟在专家组第二次会议上的开审陈述，第47段；对专家组第107号问题的答复。

③ 欧盟第二份书面呈词，第97段、脚注82。

④ 正如我们已经解释的，这与争议的第七、第八、第九项措施相对照，在此方面，适用组合关税的限制从价关税率和从价要素是相等的。

⑤ 然而，它们不是我们称之为关税待遇"第三种类"的实例，欧盟没有提供任何证据证明其存在。相反，限制从价关税率的价值与组合关税率的从价要素是相等的。

给予了"大量关税细目"。①

7.356 根据欧盟观点,说明清单清楚地表明俄罗斯将相关关税待遇给予了 CCT 中"大量的"关税细目。②

7.357 俄罗斯答复称,不能认为说明清单是任何事项的证据,但俄罗斯确实适用了关税的事实除外。③

7.358 专家组注意到,欧盟确定了大量适用关税率和限制关税率。根据欧盟观点,它们证明关税待遇的相关种类给予了"大量的"关税细目。如上所述,欧盟提交了一份说明清单,其包括 39 条关税细目的适用关税率、限制关税率和欧盟就第七至第十一项措施提供的证据。正如我们已经解释的,专家组成立时已存在的、对应第七、第八、第九项措施的关税率包括在该说明清单中,但对应第十、第十一项措施的关税率没有包括在内。因此,总之,欧盟已经确定对声称证明 SDV 的 41 条不同关税细目的适用关税率和组合关税率。

7.359 该说明清单表明,俄罗斯的适用关税率是在专家组成立时处在某种水平、具有某一种类和结构。但是,正如前述第 7.345 段中所述,欧盟没有提供源自 CCT 的相关摘录以证明说明清单中声称的适用关税率事实上存在。

7.360 尽管如此,欧盟已经提交了第 52 号决定(证据展示 EU—6)和第 103 号决定(证据展示 EU—8),其涉及欧盟关于争议的第七至第九项措施的请求。第 52 号决定确立了要求俄罗斯自 2014 年 9 月 1 日起必须适用的某些关税率。它显示了对该说明清单中具体列出的、包含在该清单中的 20 条关税细目的相同适用关税率。同样地,第 103 号决定确立了要求俄罗斯自 2014 年 9 月 1 日起适用的关税率,并显示了对未包括在第 52 号决定中的一项追加关税细目的、说明清单中具体列出的相同适用关税率。除了这些与包括在说明清单中关税细目有关的决定外,欧盟还提供了关于第十、第十一项措施的确立关税率的相关决定。因此,总之,欧盟已经提交了涉及声称受 SDV 影响的 23 条关税细目的、确立适用关税率的法律文书,但是欧盟对包括在说明清单中的 18 条关税细目没有其存在的任何文书证据。我们因此将根据证明相关关税待遇已经给予 23 条关税细目的欧盟证据进行审议。

7.361 我们现在审议我们面前的证据是否支持欧盟关于 SDV 影响"大量"关税细目的主张。正如我们在前述第 7.331 段中解释的,我们认为"大量关税细目"短语是指很大、实质或相当多的数量的关税细目。我们还记得在

---

① 见本报告前述第 7.325 至第 7.331 段。
② 欧盟第二份书面呈词,第 98 段;对专家组第 87 号问题的答复。
③ 俄罗斯在专家组第二次会议上的开审陈述,第 53 段。

当初,"大量数量"短语旨在捕获受 SDV 影响的关税税目,而不简单地是包含在说明清单中的关税细目。然而,从某些关税细目的单纯存在和关税待遇相关种类中推论出必然存在其他关税细目,是不恰当的。我们面前的证据确立了 23 条相关关税细目的存在。若没有其他证据支持事实上存在相关增加关税细目的结论,我们能够进行的唯一调查是,23 条关税细目本身是不是"大量的"关税细目。

7.362 我们在开始就注意到,"大量的"短语不是指某个具体的数字。我们进一步观察到,在某些背景下,23 条关税细目可能是一个很大的、实质的或相当多的数字且因而是"大量的"关税细目,但在其他背景下则不是。因此,似乎对我们而言,在某一最小适当点上,在评估 23 条关税细目是否是一个很大的、实质的或相当多的数字中,要考虑某个比较点或参考点。否则,即使上下文表明它不足以构成一个"大量的"数字,将某个数字接受为"大量的"是可能的。

7.363 在欧盟专家组请求和我们面前的欧盟论点中已经使用"关于大量关税细目"短语的具体背景下,要我们保证仔细审查似乎只有两种可选择的方法。一方面,可以将欧盟对影响"大量的"关税细目的措施的描述理解为突出 SDV 和欧盟质疑的其他 11 项措施之间的一个根本区别,其中每项措施都涉及一条单独的关税细目。① 另一方面,将受 SDV 影响的大量关税细目与 CCT 中的关税细目总量进行比较。

7.364 我们从第一种方法开始。容易看到,在确定争议措施中,就欧盟将第十二项措施与前述 11 项措施(其涉及单独的且被确定的关税细目)的范围内,欧盟在其专家组请求中对"大量关税细目"的提及是有用的。因此,按这种方法,适当的比较是在受 SDV 影响的大量关税细目和与其他 11 项措施之每项措施关联的关税细目数量之间进行。如上所述,这些措施中的每项措施都涉及一条单独的关税细目。然而,这不应当指大于 1 的任何数字都是一个大量的数字。要成为本方法下"大量的",某个数字必须大于 1 且同时必须是一个很大的、实质的或相当多的数字。数字 1 仅作确定一个数字是否能够接受为"大量的"一个参考点。

7.365 按另一种选择性方法,我们将受 SDV 影响的关税细目数量与 CCT 中关税细目总量(据当事双方称,约 11000)进行比较。② 在这种方法下,

---

① 我们注意到,第七至第十一项措施特别涉及 SDV 涵盖关税的相同种类和结构。

② 我们注意到,在《俄罗斯工作组报告》中,一位俄罗斯代表指出,在俄罗斯加入前,现在所称的 CCT"由 11170 条关税细目组成"。《俄罗斯工作组报告》,第 310 段。

参考点不是数字 1 而是大约等于 11000 的一个数字。因此,一个数字能否接受为本方法下"大量的",必须牢记由数字 11000 决定。由此,可以是这种情形:即使第一种方法下参考点是可能接受为"大量的"同一数字,本方法下一个具体数字不可能接受为"大量的"。

7.366　正如我们了解欧盟对 SDV 的描述,欧盟断言,关税细目的总量(我们已经说大约 11000)是大于受 SDV 影响的关税细目数量。此观点得到欧盟这一主张的支持,即 SDV 影响了包含在 CCT 中"大量的"而非"全部"的关税细目。就此点而论,并考虑 CCT 中大量关税细目,对我们似乎是,若意图的比较是与 CCT 中关税细目总数进行,欧盟会在专家组请求中更自然地提到受 SDV 影响的关税细目的重要"比例""百分比"或"份额",而不是提及一大量的"数字"。

7.367　由此,我们认定,第一种方法更好地适合于专家组请求中实际用来描述第十二项措施的措辞和其上下文,其显然包括了前 11 项措施的先前识别,这 11 项措施中的每项措施都因其仅涉及一条具体关税细目而区别于第十二项措施。由于我们不能同时接受这两种方法,所以我们将以第一种方法为基础进行分析。

7.368　据上,我们现在着手确定 23 条关税细目是否是一个很大的、实质的或相当多的同时大于 1 的关税细目。显然,23 是比 1 大的一个数字。进而,我们认为在本争端背景下,23 条关税细目能够具有一个很大的、实质的或相当多的关税细目的特性。事实上,若欧盟质疑可以单独适用于争议的 23 条关税细目之每条细目的关税(它本来可以这样做,但没有这样做),我们会不得不对争议的 23 项追加措施作出裁决。若我们不得不处理争议的 23 项追加措施,我们会毫不犹豫地认为,这会构成一个很大的、实质的或相当多的额外措施。由此,我们认为,在专家组请求中描述的第十二项措施的具体背景下,23 条关税细目可视为一个很大的数目。[1]

7.369　基于这些原因,我们裁决,欧盟已经确立其存在的 23 条关税细目能够适当地视为一个"大量的"关税细目。我们因此还裁决,"关于大量的关税细目",欧盟已经证明给予了关税待遇的相关种类。[2]

7.5.2.2.3　系统适用

7.370　我们现在转至欧盟关于系统应用或给予关税待遇相关种类的主张。我们前述已经确定,第十二项措施背景下使用的"系统的"一词是指由一

---

①　我们记得,我们已经在前述第 7.328 段所言,"大量的"数字不必然需要一个很大的、实质的或相当多的数字。

②　见本报告前述第 7.325 至 7.331 段。

系统、计划或有组织的方法或行动联系起来的适用关税待遇某一特殊种类的单个实例的情形。我们牢记此,现在审议欧盟提交的证据,以确定它是否支持此结论,即真实地、系统地适用了上文讨论的关税待遇之种类。①

7.371 欧盟依赖的关键证据包括说明清单所载的关税细目、专家组成立时已存在的第十、第十一项措施。欧盟在其第一份书面呈词中解释称,"详细列出涉及 SDV 导致违反的大量关税细目的说明清单⋯⋯是 SDV 系统适用的证据"②。同样地,欧盟在答复专家组的一个问题中重申,"受影响的大量关税细目也是该措施系统性质的象征"③。欧盟在回复专家组关于说明清单和声称 SDV"系统的"性质之间关系的问题中也表明,阿根廷——进口措施案中的专家组裁决,争议的措施本质上具有系统适用,原因是它适用于不同部门广泛种类的经济运营者。④

7.372 俄罗斯辩称,欧盟"未能提供证据证明违反行为存在且构成一种系统实践"⑤。按俄罗斯看法,欧盟"未能确立争议措施的系统特征"⑥。根据俄罗斯观点,"说明清单仅表明某些关税不同于俄罗斯减让表中规定那些关税的一个种类、结构和设计";它没有"提供此处规定的适用关税不符合 GATT 1994 第 Ⅱ:1(a)、(b)条款的任何证据。⑦ 俄罗斯还辩称,欧盟未能澄清如何

① 欧盟对俄罗斯的此论点发表了评论,即欧盟没有提供"会允许⋯⋯确立争议措施系统性特征的的实质标准"。俄罗斯第二份书面呈词,第28(c)段;对专家组第 109 号问题的答复。根据欧盟观点,俄罗斯的论点是"相当含糊的"。欧盟然后指出:"它还背离了上诉机构确立的法律标准。不存在证明争议措施具有系统性特征的普遍要求。"欧盟对专家组第 109 号问题的答复。对我们而言,欧盟陈述的基准是不清楚,因为正如我们在前述所解释的,是欧盟一直坚持 SDV 具有系统性质。尽管可能不存在确立被质疑措施系统性质的任何普遍要求,但欧盟在其自己描述争议措施中一贯称其为在性质上是系统的。因此,在谈及我们的任务是确定欧盟是否已经确立争议措施具有系统性质中,我们没有施加一项新检测法或额外要求。相反,我们正简单地调查欧盟是否已经"举出足以提出此推定的证据",即被质疑措施具有系统性质。上诉机构报告,美国——羊毛衫和衬衫,第 14 页,DSR 1997:I,第 323 页。这样做完全符合上诉机构的此立场,即"必须用证据和论据证实的以证明被质疑措施存在的各要素将取决于申诉方如何描述该措施或如何赋予该措施特性"。上诉机构报告,阿根廷—进口措施,第 5.108 段。

② 欧盟第一份书面呈词,第 139 段。

③ 欧盟对专家组第 84 号问题的答复;在专家组第二次会议上的开审陈述,第 46 段(说明清单也是该措施具有系统性质的证据)。

④ 欧盟对专家组第 106 至第 107 号问题的答复。

⑤ 俄罗斯第二份书面呈词,第 102 段。

⑥ 俄罗斯第二份书面呈词,第 58 至第 59 段。

⑦ 俄罗斯第二份书面呈词,第 78 段。

评估是否一起采取、系统给予了这三种类关税待遇。按俄罗斯观点,欧盟提出专家组应当根据说明清单对 SDV 作出裁决,但该清单包含了将仅属于关税待遇第一种类例子作为该单一措施即 SDV 不符合 WTO 的证据。① 此外,俄罗斯在回复专家组的一个问题中解释称,虽然可以存在一些"在逻辑上说关税是系统的措施,因为它们是普遍和预期适用的书面措施",但是"SDV 没有达到这些关税的一个简单组合",据此没有任何理由"将一关税的特性转移……至 SDV"。②

7.373　专家组首先审议是否必须证明第十二项措施涉及关税待遇两种类之一时"系统的"性质,或者我们是否能够一起审查关税待遇的这两种类。欧盟主张,对"系统的"提及……应当理解为涵盖了一起审议的关税待遇的……全部种类。③ 我们认为没有理由不接受欧盟的这一论点。欧盟在其专家组请求的相关部分指出,"关于大量的关税细目,该法律文书……系统地规定了以导致适用超过减让表对任何时间关税价值低于某一水平的货物所规定的关税的一种方式从减让表记录的关税种类/结构演变而来的一种关税种类/结构,该种方式是上文述描述的两种方式之一(涉及争议的第七、第八、第九、第十、第十一项措施)"④。该援引句子没有说,相关法律文书就专家组请求中确定的两种方式中各方式系统地规定了关税种类/结构变量。这向我们提出,专家组请求中的"系统地"一词意图将 SDV 描述为一种单独现象而不是描述两种平行的 SDV。因此我们认为,在确定是否系统规定了关税变量两种相关方式时,必须一起审议具有 SDV 特性的这两种方式。据此,我们将决定欧盟是否已确立关税待遇的相关种类(一起审议)被系统地适用了。

7.374　我们已经解释,出现在专家组请求中的"系统的"一词具有不同于"大量的关税细目"短语的含义。因此,重复给予某种类关税待遇的单纯事实不必然表明存在引起该重复的某一系统。事实上,观察到的重复可能是偶然的或如此分散或非结构化的以致于不符合一项根本系统、计划、有组织的方法或行动的任何意义。然而,这在某些情况下是可能的:当观察到的重复是如此大量以致于比一项根本系统、计划、有组织的方法或行动之存在向其提出更大可能性时,推断出一个系统的存在。但是,清楚这一点是重要的,即在这些情况下,重复是源自可以推断出存在某一项根本系统的证据,但它本身不是该

---

① 俄罗斯就欧盟对专家组第 106—107 号问题答复的评论。
② 俄罗斯对专家组第 109 号问题的答复。
③ 欧盟对专家组第 107 号问题的答复。
④ 欧盟的成立专家组请求,第 11 段(增加强调)。

系统。

7.375　欧盟断言关税细目的说明清单本身就是该措施系统性质的"证据"。该断言向我们提议,我们应当采取审议提交作为证据的关税细目是否如此大量以致于使其比一项根本系统存在更有可能性。在此方面,我们回顾我们的前述决定,即欧盟已经证明了 23 条相关关税细目的存在。① 正如我们已经阐述的,这些关税细目中的 21 条细目是争议的关税待遇第一种类的实例(即俄罗斯对其减让表中以从价术语表述的限制关税细目适用组合关税的情况)。其余 2 条关税细目——是欧盟在其关于争议的第十、第十一项措施的请求上下文中提交的关税细目——是关税待遇第二种类的实例。

7.376　我们认为,不能采取以绝对术语审议这 23 条关税细目的方式,进行评估这 23 条关税细目是否合理地推断正在系统给予关税待遇相关种类。相反,为了确定观察到的重复是否是更多或更少常见的和频繁的,我们认为这会是适当的,即作为一个概念问题,将本争端中已经给予关税待遇相关种类的频率与涉及本可能潜在适用的关税细目总量(那就是,所有可能受影响的关税细目的整体)进行比较。若差别很小,可以合理推断已经系统地适用了关税待遇的相关种类。②

7.377　欧盟没有提供关于所有可能受影响的关税细目整体的论据或证据。我们注意到,设想一个以上的潜在相关整体是可能的。一种可能的方法是将声称受 SDV 影响的 23 条关税细目与包含在 CCT 中所有关税细目的数量进行比较。但是,这种方法是不很好地符合欧盟对 SDV 的以下描述:SDV 仅影响受从价形式(x%)或组合形式("z%,或 x% 但不低于每单位 y,以较低者为准")某一特殊种类约束的关税率的关税细目。因此,考虑 CCT 中以特定形式约束的关税率的任何关税细目,是值得怀疑的。③ 据此,我们不认为整个 CCT 是一种适当的比较器。

7.378　另一种选择办法是,将 23 条关税细目与 CCT 中包含的以从价或

---

①　我们记得,欧盟已经提交了仅证明而不是全面囊括 SDV 的说明清单。然而,我们的分析可能只考虑我们有证据证明 SDV 存在的声称受其影响的关税细目。

②　若差异很大,仅根据相关关税待遇实例数量来推断该关税待遇已经系统地适用,通常是不合理的。然而,以其他方式证明系统性适用是可能的,例如采取证明诸单个实例构成一系统、计划或有组织的方法或行动之一部分的方法。

③　我们将重点放在限制关税率上,因为它是第Ⅱ:1条款下要求俄罗斯遵守的关税率。我们还记得,专家组请求在相关部分指出 SDV 涉及的"从减让表中记录的关税种类/结构演变而来的一种关税种类/结构"。欧盟的成立专家组请求,第 11 段。(增加强调)因此,它在 CCT 中是偏离限制关税率种类或结构的关税率种类或结构。

相关组合关税形式表示的关税细目的总数进行比较,其中后者数量是包含在 CCT 中的关于来自可能发生的相关限制关税率之关税变量的全部关税细目的一个子集。然而,最终,我们不需要决定这种选择方法或任何其他方法是否是一个适当的比较器。由于没有 CCT 中全部相关潜在关税细目之整体的证据,我们无法评估争议的此 23 条关税细目是否确立 CCT 如此普遍或频繁地给予关税待遇相关种类使我们合理推断存在一项根本系统、计划或有组织的方法或行动。

7.379 在此背景下,处理欧盟依赖阿根廷—纺织品和服装案中上诉机构的决定是适当的。根据欧盟意见,该案的上诉机构裁决,在适用的争议措施涉及全部相关关税类型方面,不符合第Ⅱ:1 条款,即使申诉方仅提交了涉及约 940 条相关关税细目中 118 条或者最多 124 条的证据。① 按欧盟看法,该案中的上诉机构裁决是基于关于受影响之关税细目的少数细目的证据。② 依欧盟的这种看法,我们应当在审查 SDV 方面遵循该相同方法。③

7.380 我们不是不同意欧盟对阿根廷—纺织品和服装案上诉机构裁决的概要。但是,欧盟所依赖的段落涉及该上诉机构对争议措施不符合涵盖协定的裁决,且不涉及争议措施的存在。事实上,正如欧盟所承认的,在阿根廷—纺织品和服装案中,这两项措施本身及其适用范围都是"在一组不同文件中描述的"④,并据此对措施的存在没有任何不确定性。相反,我们正在处理一项被声称为系统性质的非书面措施。正如我们说过的,我们不能轻易接受关于某一特殊性质的非书面措施的断言。进而,我们认为,能够从关税细目给定数量中得出的推论,必然取决于每个案件的特殊情况。

7.381 本争端中,所要证明的是 SDV 的系统性质。根据定义,系统性质是该措施作为整体的属性,而不是据称由一系统将其与其他此类实例联系在一起的关税变量的每一单个实例。正如我们所说的,若仅根据关税细目的数量来推断,只有当被证明的数字足够大时才能推断出一个根本系统的存在。这种情况与阿根廷—纺织品和服装案中上诉机构面临的情况形成对比。在该案中,上诉机构裁决,由于其"结构和设计"⑤,争议措施在大量特定关税类别

---

① 欧盟第一份书面呈词,第 141 段;第二份书面呈词,第 100 段。
② 欧盟第二份书面呈词,第 100 段。
③ 欧盟第一份书面呈词,第 142 段。
④ 欧盟第一份书面呈词,第 142 段;欧盟在专家组第二次会议上的开审陈述,第 51 段。
⑤ 上诉机构报告,阿根廷—纺织品和服装,第 62 段。

方面导致不符合第Ⅱ:1(b)条第一句,且在此后将其不符合的裁决扩展至所有相关的其他关税类别。显然对我们而言,在该争端中,审议额外关税类别只会进一步提供确认该上诉机构认为已经确立的某些事项,即依据其设计和结构,争议措施会导致不符合第Ⅱ:1(b)条第一句。因此我们认为,阿根廷——纺织品和服装案的上诉机构报告不支持这种主张:受SDV影响的少数关税细目必然足以证明SDV的系统性质。我们认为,必须以个案为基准评估少数关税细目是否足够。

7.382 在本案中,我们无法从23条相关关税待遇的实例中推断出,存在也受争议的关税待遇特殊种类约束的其他关税细目。因此欧盟没有确立23条关税细目是受SDV影响的少数关税细目。进而,虽然我们已经裁决,在本争端的情况下,23条关税细目是一个很大的且因此是"大量的"关税细目,但是我们缺乏关于与23条关税细目对比的CCT中相关潜在关税细目整体的证据和解释。鉴于此,我们认为,欧盟也没有确立相关税待遇的23条实例是足够多的以致于比由一系统、计划或有组织的方法或行动将它们联系在一起的更可能导致它。

7.383 由于我们认为相关关税待遇中所证明的23个实例本身没有确立系统地适用了关税待遇,我们现在转至审议我们面前是否存在证明以下的其他任何证据:关联或涉及能够被描述为证实一根本系统、计划或有组织的方法或行动的这些或其他相关实例。我们在进行此分析中,不考察欧盟是否已确立了设计或实施被质疑的SDV的人(若有)的主观意图,而是,我们调查欧盟是否已证明支持推断构成一根本系统、计划或有组织的方法或行动一部分之相关关税待遇的各确定实例之间存在某种客观联系或关系。

7.384 欧盟在其第一份书面呈词中没有提供解释按其看法是什么导致"系统"适用争议的关税待遇诸种类。为了探讨此问题,我们向欧盟提出了许多问题。欧盟在此背景下表示,"通过审查说明清单,出现了一个清晰的模式:俄罗斯在一些孤立实例中采取征收一组合关税而不是一从价关税的方式没有犯错误,但是重复地、系统地且以相同方式这样做了"①。欧盟随后在此点上以下列内容进行了阐述:

SDV各单个实例之间的关系是明确的:它们都存在于一种特殊关税待遇,它们都是体现于CCT的单个关税细目。这些单个关税细目和CCT两者作为一个整体都是普遍和预期适用的书面法律文书。关税待遇或者其精确内容被清晰地描述来自SDV的单个实例,且说明清单显示它实际上适用于大量实

---

① 欧盟对专家组第82号问题的答复。(原文强调)

例。这种关税待遇是广泛的和持续的,并已经重复地给予了大量关税细目。若不为了其他任何原因,它很可能继续下去,因为它是由 CCT 提供的,是一项普遍和预期适用的措施,即延伸到未来。①

7.385　欧盟以相同方式回答了另一问题:

SDV 的各单个实例——CCT 中的关税细目——本身能够全部被描述为普遍和预期适用的措施。它们授权海关当局以特殊方式征收关税。它们全部载于一项普遍和预期适用的、法律上有约束力的单独文书中,即 CCT。不涉及自由裁量权。②

7.386　专家组注意到,这些段落确定了构成各声称单个实例之间“联系”的四个要素:第一,每个实例都是一种特殊关税待遇的例子;第二,每个实例体现于 CCT(即书写下来);第三,每个实例和 CCT 本身具有法律约束力,具有普遍和预期适用性;第四,已经重复地给予了关税待遇的相关种类。

7.387　我们从第三个要素开始,其涉及声称 SDV 影响的 CCT 中的单个关税细目和 CCT 本身,其是普遍和预期适用的书面和法律约束力的措施。在审议每个实例本身的性质时这些特性是重要的。但是,我们认为,它们没有揭示个别实例之间的关系或联系或显示它们如何组合成一项“最重要的措施”。③ 事实上,甚至没有声称受 SDV 影响的 CCT 中的关税细目展现出了这些特性。

7.388　第一个和第二个要素聚焦此事实,即 SDV 的声称全部单个实例都具有一种特殊形式或种类,并且包含在同一法律文书即 CCT。第四个要素涉及关税待遇特殊种类重复适用于包含在 CCT 中的大量关税细目。我们认为,这些要素真正地是同一现象重复的证据,也就是,关税待遇相关种类在CCT 中重复出现。但是,这些要素无法在 SDV 作为一项明显“首要”措施的身份与其单个实例之间进行区分。SDV 必须有重复的单个实例或补充单个实例以外的内容。关税待遇某些种类的单纯重复没有更多地显示相关关税细目是由一个系统相互连接在一起的。④

---

①　欧盟对专家组第 85 号问题的答复。欧盟沿着相似的细目表示,将 SDV 所有这些实例汇集在一起的(其均会单独具有普遍和预期适用的规则或规范特性)是被给予的关税待遇种类……实际上,它们还均被这样的简单事实结合在一起,即它们全部包含在一个单一的、最重要的书面法律文书即 CCT 中。欧盟对专家组第 117 号问题的答复。

②　欧盟对专家组第 87 号问题的答复。

③　欧盟对专家组第 87 号问题的答复。

④　正如我们已经解释的,只有在它是非常广泛的情况下,重复才可以足以证明一个基础系统的存在。我们在前述已经确定,在没有补充信息的情况下,我们无法同意,23 个被证明的实例构成了一种充分广泛的重复以致于指明存在一个基础系统。

7.389 我们记得我们正在处理包含在 CCT 中关税待遇特殊种类的事实。关税待遇的这些类型当然不是自然地出现在 CCT 中,因此它们不纯粹是偶然的。然而,我们认为,此种单一事实不足以推断,关税待遇各相关实例以显示存在一根本系统、计划或有组织的方法或行动的方式相互关联。我们在这方面注意到了欧盟的此陈述:"至少在 CCT 第 15、39、40、84 和 87 章中"能够找到 SDV 的各实例。① 这些章涵盖了非常不同的农产品和制成品,包括动植物油、塑料、橡胶、冰箱和汽车。欧盟没有解释 SDV 为何影响这些章而不是其他章和在这些章涵盖的 CCT 适用关税待遇相关种类的关税细目这一事实之外,这些章涵盖各部门之间的联系是什么。既然一系统、计划或有组织的方法或行动不仅仅是它所有部分的总和,我们认为,以单纯描述其组成的单个实例以外的方式阐明该系统、计划、组织方法或行动,是重要的。因此,即使接受欧盟确定的关税种类/结构变量的这 23 个实例是建立相关关税率之决定的结果,这个要素本身没有证明关税类型/结构变化实例和制定相关税率的决定,这一要素本身没有证明只可能是关税变量之结果实例相互关联且这些实例构成一共同系统、计划或有组织的方法或行动的一部分。

7.390 最后,我们记得,欧盟已经断言存在 SDV 其他单个实例但没有解释可以在 CCT 中何处找到的这些额外实例。② 欧盟在回答专家组关于此事项的一问题时表示,"根据给予关税待遇的种类,可以识别[SDV]实例的"。③ 然而,这项陈述没有阐释声称受 SDV 影响的各关税细目间的联系(若有),显示出假定被证明的联系。

7.391 总之,欧盟没有向我们提供充分证据或解释以确立很可能由一系统、计划或组织的方法或行动将相关关税待遇的被证明实例联系在一起。由此,我们得出结论:欧盟未能证明已经"系统地"适用了争议的关税待遇诸种类。

7.5.2.2.4 SDV 作为一项"普遍的"实践

7.392 我们现在转至审议我们已经确定为 SDV 定义特性的最后一项。这就是 SDV"普遍的"特征。④

7.393 正如我们在前述已经考察的,欧盟专家组请求将 SDV 称为一项

---

① 欧盟对专家组第 81 号问题的答复。

② 搁置要我们自身从事研究增加的相关实例是否合适的问题,我们注意到欧盟未曾提交作为证据的 CCT。

③ 欧盟对专家组第 81 号问题的答复。

④ 我们注意到,在我们分析的这一阶段,我们不调查声称的 SDV 是否是 WTO 争端解决中是或可能容易受到质疑的措施的种类。

"普遍实践"。① 欧盟在其第一份书面呈词中再次将 SDV 称为一项"更普遍的措施"②,并将其定性为一种"普遍现象"。③ 欧盟在专家组与当事双方第一次实质会议上的开审口头陈述中重申,它正在质疑以"更普遍术语"表示的SDV④,并与"系统的"术语一起解释,称"普遍的"术语指:

首先,此事项,即导致关税超过限制的此等变量广泛存在且在整个 CCT 中大量点出现以致于能够将它们描述为一项更普遍措施的单个实例。其次,那些术语提及欧盟主张的性质——我们要求一项普遍的裁决而不是对单个关税细目清单的裁决。⑤

7.394 欧盟在其与当事双方的专家组第一次实质性会议的开审口头陈述中再次表示,SDV 是一项"更普遍的措施"。⑥ 且欧盟在对专家组一问题的答复中解释称,"可以将 SDV 描述为反映在普遍和预期适用的许多更具体的规则或规范中的一项单独的、普遍的措施"⑦。

7.395 俄罗斯辩称,虽然欧盟质疑的目标是作为一项单独普遍措施的SDV,但欧盟提供的全部证据只涉及 SDV 实例。俄罗斯还辩称,欧盟没有就CCT 中所列某些关税为何构成与其他关税相分离的一项单独管理实践或更普遍的政策提供任何合理理由。⑧

7.396 专家组观察到,欧盟已经使用"普遍的"一词来描述其请求的许多方面。由此,它已经将 SDV 称为一项反映在 CCT 中的"普遍的"实践;它已经表明它正在寻求一项"普遍的"裁决⑨;它还阐明 SDV 本身及其单个实例两者都是"普遍和预期适用"的措施。⑩ 虽然我们承认这些不同方面可以是相互

---

① 欧盟的成立专家组请求,第 11 段。

② 欧盟第一份书面呈词,第 127 段。

③ 欧盟第一份书面呈词,第 133 段。

④ 欧盟在专家组第一次会议上的开审陈述,第 90 段。

⑤ 欧盟在专家组第一次会议上的开审陈述,第 17 段;对专家组第 9 号问题的答复。

⑥ 欧盟在专家组第二次会议上的开审陈述,第 50 段。

⑦ 欧盟对专家组第 117 号问题的答复。

⑧ 俄罗斯对欧盟答复专家组第 117 号问题的评论;俄罗斯在专家组第二次会议上的开审陈述,第 58 段。

⑨ 见例如欧盟第一份书面呈词,第 131 段;第二份书面呈词,第 99 段。

⑩ 见例如欧盟第一份书面呈词,第 139 段;第二份书面呈词,第 101 段。欧盟在其专家组与当事双方第一次实质性会议上的开审口头陈述中表示,"……SDV 涵盖的每个关税细目本身是一项普遍和预期适用的措施。在逻辑上,SDV 作为更普遍的措施可能是不少的"。欧盟在专家组第二次会议上的开审陈述,第 50 段。(增加强调)按我们看法,这种主张不涉及 SDV 的范围和覆盖的问题,即 SDV 是否构成一项普遍的实践。

关联的①,但我们在本部分分析中关注的是第一个方面,即我们根据向我们提交的证据是否能够作出此结论:欧盟描述的 SDV 构成一项"普遍的"实践。

7.397　由于我们在前述已经裁决②,"普遍的"的定义术语指明 SDV 不局限于 CCT 的特殊部分或特定关税细目。我们牢记此解释,现在转至评估 SDV 的此方面是否被我们面前的证据证实。我们已经查明欧盟所依赖的证据。在本背景下,我们认定说明清单特别有益,因为它提供了据称 SDV 的范围一项象征。争议的第十、第十一项措施也与本分析有关,因为它们被声称为 SDV 的实例。

7.398　说明清单包括了声称受 SDV 影响的、来自 CCT 五章的关税细目,即第 15、第 39、第 40、第 84、第 87 章。但是,这些数字显示 CCT 至少由 87 章构成。我们没有看到关税待遇相关种类出现在没有向我们提交实例的其他任何章的任何证据。我们认为,不能恰当地从仅涉及 CCT 五章的确定实例推断出 SDV 是一项其效果被证实"贯穿 CCT"而不是限于该文书特殊部分或诸章的"普遍的"措施。

7.399　同样地,正如我们已经阐述的,尽管说明清单确定了欧盟已证明的许多关税细目,但我们认为,这不足以证明此推断的合理性,即特殊关税细目之外存在受影响的关税细目。说明清单中列出的相关关税细目和涉及第十、第十一项措施的关税细目可以是一个更广泛现象的例子,但它们不是 CCT 中存在其他此类关税细目的证据。我们回顾了我们在上文中的裁决,即关税待遇的相关种类已经给予"大量的"的关税细目。但是,此裁决没有提供假定关税待遇相关种类超越了这些具体关税细目的根据。因此,我们认为,我们面前的证据没有证明已经将关税待遇相关种类"普遍地"给予了 CCT 中的关税细目而不是限于一些特定的关税细目。

7.400　我们不能忽视此事实,即说明清单由欧盟提交以"说明"SDV 的存在而不是全面划定其范围。但是,欧盟没有提供其他证据或解释使专家组或俄罗斯能够确定哪些另外章或关税细目受到了影响。因此,尽管与第十、第十一项措施一起审议的说明清单可以有益于某一更宽广现象,但是我们没有对该效果作出一项裁决的证据依据。

7.401　鉴于前述审议,我们裁决,欧盟没有确立 SDV 是一项反映在 CCT 中"普遍的"实践。

---

①　例如,最好的可以是,涵盖大量关税细目的一项"普遍"措施要求一项"普遍性裁决",而不是对具体关税细目的一系列裁决。

②　见本报告前述第 7.335 段。

7.5.2.2.5 证据的整体评估

7.402 我们已经解释,我们在前述已经审议的每项定义特性是 SDV 的组成部分,我们因此最初分别审查它们。认为上述每个定义性特征构成系统关税变量,因此我们的初步检查是将他们分开的。既然欧盟已将 SDV 界定为一项单独措施,清楚的是,只有在其指出 SDV 存在或不存在的范围内,任何一项定义特性存在或不存在才在法律上具有意义。

7.403 我们在前文有关段落中裁决,欧盟提交的证据确立了 SDV 两种定义特性的存在,即在 CCT 中"关税待遇的某些种类"给予了"大量关税细目"。但是,我们还裁决,证据未证明以"系统的"方式给予了相关关税待遇和以构成反映在 CCT 中的一项"普遍的"实践的方式已经给予了。我们已经解释,不存在一个或多个 SDV 定义特性表明,SDV 作为一项单独的、"最重要的"措施不存在。因此,由于未确立 SDV 的这两个定义特性,我们只能得出此结论:欧盟未能确立作为一项单独、最重要措施的 SDV 存在。

7.5.3 关于 SDV 的结论

7.404 正如我们上文已经解释,欧盟主张 SDV 是能够在 WTO 争端解决中被质疑的一种类的一项措施。欧盟进一步主张,SDV 不符合 GATT 1994 第 Ⅱ:1(b)条款第一句并因此不符合同一协定第 Ⅱ:1(a)条款。

7.405 俄罗斯对这些立场持异议。

7.406 依据专家组前述的欧盟提交的证明没有确立 SDV 存在的结论,专家组不需要也不审议这些主张。因我们已经裁决欧盟没有确立 SDV 存在,故不存在我们对其作出任何追加裁决的措施。

7.407 据上,我们得出结论是,关于争议的第十二项措施,欧盟没有确立不符合第 Ⅱ:1(b)条款第一句。接下来必然是,欧盟也没有确立间接不符合第 Ⅱ:1(a)条款。

7.408 最后,我们观察到,欧盟没有请求我们就说明清单确定的每项单个适用关税率不符合第 Ⅱ:1 条款作出裁决,但对涉及第七至第九项措施者除外。① 因此,我们不单独处理说明清单确定的每项适用关税率的相符性,但对涉及第七至第九项措施者除外。

---

① 欧盟指出,"不需要特别和尽全力认定 SDV 的单个'违反'或单个实例。专家组应当就争议的第十二项措施采取的唯一裁决是对 SDV 作出单独、一般的裁决"。欧盟对专家组第 79 号问题的答复。

8. 结论和建议

8.1 为了本报告中所列诸理由,专家组得出如下结论:

a. 关于俄罗斯的初步裁决请求:

ⅰ. 专家组裁决,俄罗斯未能确立欧盟的专家组请求不符合 DSU 第 6.2 条款、俄罗斯的初步裁决请求中包含的欧盟请求超出了专家组的职权范围。

b. 就欧盟关于争议的第一至第五项措施的请求,其涉及关税细目 4810 22 900 0、4810 29 300 0、4810 92 300 0、4810 13 800 9、和 4810 19 900 0:

ⅰ. 专家组裁决,俄罗斯被要求超出其承诺减让表("减让表")的规定适用普通关税,违反了第Ⅱ:1(b)条款第一句;

ⅱ. 专家组就欧盟的不符合 GATT 1994 第Ⅱ:1(a)条款的间接请求,行使司法经济权。

c. 就欧盟关于争议的第六项措施的请求,其涉及关税细目 4810 92 100 0:

ⅰ. 专家组裁决,在专家组成立之日,俄罗斯被要求自 2016 年 1 月 1 日起适用超出其减让表所列和规定的普通关税,不符合第Ⅱ:1(b)条款第一句;

ⅱ. 就欧盟的不符合 GATT 1994 第Ⅱ:1(a)条款的间接请求,专家组行使司法经济权;

ⅲ. 专家组裁决,欧盟未能确立争议的第六项措施在专家组成立日独立地不符合 GATT 1994 第Ⅱ:1(a)条款,因为它实施了一项临时关税削减和在同一时间提供了自 2016 年 1 月 1 日起实施的会超过限制关税率的一项未来关税率。

d. 就欧盟关于第七、第八项措施的请求,其涉及关税细目 1511 90 190 2 和 1511 90 900 2:

ⅰ. 专家组裁决,在专家组成立日俄罗斯被要求在某些情况下适用超出其减让表中所列和规定的普通关税,违反了第Ⅱ:1(b)条款第一句;

ⅱ. 就欧盟关于不符合 GATT 1994 第Ⅱ:1(a)条款的间接请求,专家组行使司法经济权。

e. 就欧盟关于第九项措施的请求,其涉及关税细目 8418 10 200 1:

ⅰ. 专家组裁决,在专家组成立日俄罗斯被要求在某些情况下适用超出其减让表中所列和规定的普通关税,违反了第Ⅱ:1(b)条款第一句;

ⅱ. 就欧盟关于不符合 GATT 1994 第Ⅱ:1(a)条款的间接请求,专家组行使司法经济权。

f. 就欧盟关于第十、第十一项措施的请求,其涉及关税细目 8418 10 800 1

和 8418 21 800 0:

ⅰ. 专家组裁决,在专家组成立之日俄罗斯被要求在某些情况下适用超出其减让表所列和规定的普通关税,违反了第Ⅱ:1(b)条款第一句;

ⅱ. 就欧盟关于不符合 GATT 1994 第Ⅱ:1(a)条款的间接请求,专家组行使司法经济权。

g. 就欧盟关于争议的第十二项措施的请求(声称"系统关税变量"):

ⅰ. 专家组裁决,欧盟未能确立不符合第Ⅱ:1(a)条款和(b)条款第一句的请求,因为它没有证明"系统关税变量"存在,那就是,一项措施构成一项普遍实践,并在系统适用中包含与大量关税细目相关的、以一种导致适用超出俄罗斯减让表所列和规定的关税的方法从减让表中记载的关税类型或结构变化而来的一种关税类型或结构。

8.2　根据 DSU 第 3.8 条款,若不能遵守一项涵盖协定下设定的义务,该不能被视为构成该协定下所生利益丧失或损害的情节。因此,专家组裁决,在俄罗斯不能遵守 GATT 1994 某些条款的范围内,该不能构成该协定下对欧盟产生的利益的丧失或损害的情节。

8.3　根据 DSU 第 19.1 条款,在第一至第十一项措施持续不符合 GATT 1994 第Ⅱ:1(b)条第一句范围内,专家组建议,俄罗斯使这些措施符合其 GATT 1994 下的义务。①

(邓瑞平、宋小萍译,邓瑞平审校)

---

① 正如在前述第 7.85、7.157 和 7.238 段中专家组裁决所示,专家组成立后,争议的第六、第七、第八、第九、第十、第十一项措施已修正、替换或其他更改。

✱姜莉*

印度—东盟 2014 年《全面经济合作框架协定内投资协定》简介

印度是世界上发展最快的经济体之一。据世界银行的数据,2017 年印度实际 GDP 增速为 6.7%,仅次于中国的 6.9%。② 据《世界投资报告(2018年)》,印度的外国直接投资近十年来发展迅猛,从 2007 年的 177 亿美元增长到 2017 年的 399 亿美元,相较于外国直接投资,印度对外投资则无明显增长。③ 不难看出,印度吸引投资的能力是很强劲的。

自 20 世纪 90 年代起,印度与东盟一直保持着长期的双边对话关系,印度试图与东盟建立多方面的合作关系。近年来,东盟在亚太地区的经济、政治方面发挥着日益重要的战略地位,印度因此开始调整其对外政策,开始重视对印度以东的东盟国家的经济、政治和安全联系,产生了印度的东进行动政策(Act East Policy)。1993 年至 2003 年 10 年间,印度与东盟的双边贸易额以每年 11.2% 的速度增长,到 2016 年,其双边贸易额已达到 584.5 亿美元,印度对东盟的直接投资达 10 亿美元。④ 2003 年,在第二届印度—东盟峰会上,双方签

---

* 姜莉[1990—　],女,四川宜宾翠屏区人,西南大学法学院经济法学专业 2017 级硕士研究生。

② "印度",世界银行网站,https://data.worldbank.org.cn/country/india,2018 年 7 月 17 日访问。

③ UNCTAD,Country Fact Sheet-India,in World Investment Report 2018:Investment and New Industrial Policies,http://unctad.org/sections/dite_dir/docs/wir2018/wir18_fs_in_en.pdf, last visited on 10 July 2018.

④ https://asean.org/storage/2012/05/Overview-ASEAN-India-as-of-16-Jan-2018-FN.pdf, last visited on 26 Sept.2018.

订了《东盟—印度全面经济合作框架协定》,为在东盟—印度建立涵盖货物、服务和投资的自由贸易区奠定了良好的基础。在此基础上,于 2014 年 11 月正式签署《东南亚国家联盟—印度共和国全面经济合作框架协定内投资协定》(以下简称"本协定")。

一、本协定签订的背景

本协定是在印度—东盟全面经济合作的框架协定下签署的,其目标是在印度与东盟国家之间建立一个高度自由、便利、透明、竞争的投资环境。[①] 2003 年,印度与东盟在巴厘岛举行的第二届印度—东盟峰会上签署了东盟—印度全面经济合作框架协定,各缔约国承诺建立一个区域性的自由贸易区。在此基础上,2010 年,《东盟—印度贸易协定》签订并生效,该协定旨在促进区域间商品流通,减少贸易壁垒。[②] 为加强投资合作,2012 年 11 月第十届东盟—印度峰会期间,东盟—印度各国领导人继续达成共识,希望加强东盟—印度贸易协定的灵活性,各方于 2014 年签署本协定。

1991 年,印度提出了"向东看政策"(Look East Policy),目的是希望与东南亚联盟建立起全面的经济合作伙伴关系。随着亚太地区经济的发展,印度总理莫迪在 2014 年上任后,为加强与东盟国家的联系,将"向东看政策(Look East Policy)"强化为"东进行动政策(Act East Policy)",体现了印度对与东盟关系的重视程度。"东进行动政策"不只是印度的对外政策,更是其应对全球经济发展,实施的战略转移,即在东南亚和东亚邻国之间建立一个强大的纽带。

二、本协定的主要内容

本协定于 2014 年 11 月 24 日由印度国防部长西塔拉曼与东盟各国政府签署,共 30 条。本协定的首要目标是促进和保护各缔约方的投资者及其投

---

① Preamble, Agreement on Investment under the Framework Agreement on Comprehensive Economic Cooperation Between the Association of Southeast Asian Nations and the Republic of India.

② "India", http://asean.org/asean/external-relations/india/, last visited on 10 July 2018.

资,创造一个自由、便利、透明、竞争的投资环境,高度自由的投资以加强投资合作、便利的投资以提高投资规则和条例的透明度、提供对投资的保护。本协定主要包括序文条款(范围、定义),缔约方义务(国民待遇、保留、保留审议、工作计划、投资待遇、征收补偿、损失补偿、代为、转移、临时保护、利益拒绝、投资促进、投资便利化),投资者母国的义务(透明度、信息披露、特殊待遇),争端解决(缔约方之间争端解决、投资者与缔约方之间争端解决),例外条款(一般例外、安全例外),其他条款和最后条款(投资联合委员会、通信、退出与终止、交存、生效)。

本协定对投资的定义为,投资者在他国拥有或控制和具有投资性质的各种资产,诸如资本承诺、预期收益或利润和风险自担性质的投资。按此规定,受保护的投资比较宽泛。① 除此之外,本协定第 17②、18③ 条有关投资促进、投资便利化的规定也呼应了这种宽泛的投资定义,体现了本协定的促进投资的目标。

在投资待遇方面,本协定规定了投资者及其投资的主要待遇,即国民待遇。此规定体现了各缔约方对投资者及其投资享受国民待遇的重视,符合投资者及其投资从设立到清算、转让整个过程都受到本协定的保护。④ 本协定没有单独设置最惠国待遇条款(MFN)和公平公正待遇条款。

在征收补偿部分,本协定作了相当详尽的规定。对征收的认定,应当逐案审查⑤、以事实为依据;对补偿标准,应当与征收公布时或征收发生时被征收

① Article 2(e), Agreement on Investment under the Framework Agreement on Comprehensive Economic Cooperation Between the Association of Southeast Asian Nations and the Republic of India.

② Article 17, Agreement on Investment under the Framework Agreement on Comprehensive Economic Cooperation Between the Association of Southeast Asian Nations and the Republic of India.

③ Article 18, Agreement on Investment under the Framework Agreement on Comprehensive Economic Cooperation Between the Association of Southeast Asian Nations and the Republic of India.

④ Article 3.1, Agreement on Investment under the Framework Agreement on Comprehensive Economic Cooperation Between the Association of Southeast Asian Nations and the Republic of India.

⑤ Article 8.3, Agreement on Investment under the Framework Agreement on Comprehensive Economic Cooperation Between the Association of Southeast Asian Nations and the Republic of India.

投资的公平市场价值相当①。

在投资者—国家争端解决方面,本协定②用大篇幅作了细致规定,内容涵盖从程序到实体的全部过程,包括仲裁庭选择、仲裁员选定、仲裁裁决的执行等。这体现了投资协定已成为解决国际投资争端解决的重要方式,印度亦重视投资协定对解决国际投资争端的积极作用。

三、对本协定的简评

印度迄今已经签署 84 个双边投资协定(含本协定)。③ 这是印度自 1994 年实行经济自由化政策的结果。但是,近年来,大量外国投资者引用双边投资协定对印度发展中的公共政策调整提起索赔,使印度不得不开始重新思考双边投资协定计划,从单一促进、保护投资的价值导向转至平衡投资保护和维护印度政府管制权的新导向。政府的价值导向使得印度民间对外国投资的态度发生了巨大的转变,可以说是从不情愿的提供投资促进到带有一些敌意。④

印度政府的价值导向的转变体现在其 2015 年双边投资条约范本中。⑤ 虽然本协定签署于 2014 年,但是从内容上已经可以看出印度 2015 年 BIT 范本的端倪,主要体现在两个层面:

其一,本协定对投资者与国家间争端解决方面,规定的十分详细,第 20 条

---

① Article 8. 4(b), Agreement on Investment under the Framework Agreement on Comprehensive Economic Cooperation Between the Association of Southeast Asian Nations and the Republic of India.

② Article 20, Agreement On Investment Under The Framework Agreement On Comprehensive Economic Cooperation Between The Association Of Southeast Asian Nations And The Republic Of India.

③ Prabhash Ranjan, "India and Bilateral Investment Treaties—A Changing Landscape", ICSID Review, Vol. 29, No. 2, 2014, pp. 419 – 450; "India: Bilateral Investment Treaties(BITs) and Treaties with Investment Provisions(TIPs)", http://investmentpolicyhub.unctad.org/ⅡA/CountryBits/96#iiaInnerMenu, last visited on 26 May 2018.

④ Prabhash Ranjan, "India and Bilateral Investment Treaties—A Changing Landscape", ICSID Review, Vol. 29, No. 2, 2014, pp. 419-450.

⑤ 陶立峰:《印度投资条约之投资者与国家争端解决机制的最新发展与中国的应对》,载《社会科学》2017 年第 12 期。

有 31 款规制投资者与缔约方之间争端解决。概括言之,有三个特点:一是仲裁庭选择不能并用而只能作出排他选择;①二是对仲裁员的选择作了明确规定,要保证仲裁员的独立性与公正性,且没有利益冲突;②三是对仲裁透明度和缔约方的共同解释权作了具体规定,提交仲裁的任何机密信息不得向公众披露③、缔约各方对本协定条款作出的共同解释对仲裁庭及其仲裁裁决有约束力④。这体现了印度和东盟对 ISDS(投资者—国家争端解决)条款的高度重视、对国际仲裁的有条件充分利用、同时蕴含着防止投资者滥用仲裁请求权侵蚀东道国公共政策空间的价值导向。

其二,本协定没有单独设置最惠国待遇条款和公平公正条款,这与印度 2015 年 BIT 范本相吻合,体现了印度近年来的惯常立场,即印度针对近年来增多的投资争端所作的改变,反映了投资者及其投资的待遇与东道国主权下公共政策之间平衡的世界投资法发展趋势。⑤ 这种设置一定程度上剥夺了投资者利用最惠国待遇条款维护其权利,降低了投资者对印度投资的信心,其消极影响亦不容忽视;总的来说,本协定既体现了印度在投资者权利和东道国政府义务之间求取平衡的价值导向,又超越了利益平衡的限度。但总体上,本协定的宗旨依然是促进投资和保护投资的。

在过去 10 年间,东盟与印度的双向投资达到了 430 亿美元,无论是从能源到农产品、原料到机械、电子产品到信息技术,印度和东盟之间建立起了全

---

① Article 20. 7, Agreement On Investment Under The Framework Agreement On Comprehensive Economic Cooperation Between The Association Of Southeast Asian Nations And The Republic Of India.

② Article 20. 11, Agreement On Investment Under The Framework Agreement On Comprehensive Economic Cooperation Between The Association Of Southeast Asian Nations And The Republic Of India.

③ Article 20. 18, Agreement On Investment Under The Framework Agreement On Comprehensive Economic Cooperation Between The Association Of Southeast Asian Nations And The Republic Of India.

④ Article 20. 20, Agreement On Investment Under The Framework Agreement On Comprehensive Economic Cooperation Between The Association Of Southeast Asian Nations And The Republic Of India.

⑤ 王彦志、王菲:《印度 2015 年双边投资条约范本草案评析——White Industries v. India 案裁决阴影下的重大立场变迁》,载《国际经济法学刊》2015 年第 2 期。

新而紧密的贸易和投资伙伴关系。① 本协定是以东盟—印度全面经济合作框架协定为基础、基于建设一个区域性自由贸易区（RTIA）而签订的。对印度，本协定带来的影响不是短期就能凸显的，而是一个中长期才能显现其效果。但是，印度和东盟通过本协定将迎来一个越来越自由化的投资环境是不容置疑的，一方面，可以预见将有越来越多的印度公司在东盟国家投资，以降低印度公司在国外投资的限制；另一方面，东盟国家亦能充分利用印度高素质劳动力、健康医疗卫生等国际生产要素。②

　　2018 年，为纪念印度与东盟建立对话伙伴关系 25 周年，印度总理莫迪邀请东盟十国领导人出席了在新德里举行的印度—东盟峰会。会后发表了《德里宣言》，③强调印度—东盟深化战略合作伙伴关系的宗旨，在现有对话关系的框架下，提高合作的水平，建立东盟—印度贸易与投资中心。因此，尽管印度调整了其投资协定的目标，但对与东盟的区域全面经济合作仍是持积极态度的，因为本协定不仅是要建立印度与东南亚及南亚市场之间的桥梁，更是印度进入日本、韩国、澳大利亚的通道，是其东进战略的重要一步，是符合印度的亚太地区战略远景。④

---

① R. Rajesh Babu, "India-ASEAN Free Trade Agreement: Ramifications for India", Asian J. WTO & Int'l Health L & Poly, 2013, Vol.8, p.461.

② ASEAN-INDIA, "Emerging Economic Opportunities", www.cpdsindia.org/emergingeconomic.htm, last visited on 20 June 2018.

③ "Delhi Declaration of The ASEAN-India Commemorative Summit to Mark the 25th Anniversary of ASEAN-India Dialogue Relations", http://asean.org/storage/2018/01/Delhi-Declaration_Adopted-25-Jan-2018.pdf, last visited on 10 June 2018.

④ He Ping, "India's Policy Orientation on RCEP: Problems and Way out", 60 China Int'l Stud, 2016, p.112.

东南亚国家联盟和印度共和国
全面经济合作框架协定内投资协定[*]

目　录

序言

第 1 条　范围

第 2 条　定义

第 3 条　国民待遇

第 4 条　保留

第 5 条　保留的审查

第 6 条　工作计划

第 7 条　投资待遇

第 8 条　征收与补偿

第 9 条　损失赔偿

第 10 条　代位

第 11 条　转移

第 12 条　临时保障措施

第 13 条　利益的拒绝

第 14 条　透明度

第 15 条　特殊手续和信息披露

第 16 条　东盟新成员国的特殊和差别待遇

第 17 条　投资促进

第 18 条　投资便利化

---

* 译自本协定英文本,可从 http://investmentpolicyhub.unctad.org/ⅡA/CountryOtherIias/96#iiaInnerMenu 获得。目录系本卷编辑增加。

第 19 条　缔约方之间的争端

第 20 条　缔约一方与一投资者之间的投资争端

第 21 条　一般例外

第 22 条　安全例外

第 23 条　投资联合委员会

第 24 条　通信

第 25 条　附件、脚注和附表

第 26 条　修正

第 27 条　退出和终止

第 28 条　审查

第 29 条　保存人

第 30 条　生效

附件 1:安全例外

附件 2:安全例外的不可审理性

序　言

文莱达鲁萨兰国、柬埔寨王国(柬埔寨)、印度尼西亚共和国(印度尼西亚)、老挝人民民主共和国(老挝)、马来西亚、缅甸联邦(缅甸)、菲律宾共和国(菲律宾)、新加坡共和国(新加坡)、泰王国(泰国)和越南社会主义共和国(越南)(统称东南亚国家联盟成员国)的政府,和印度共和国政府:

忆及 2003 年 10 月 8 日在巴厘岛签署的《东南亚国家联盟和印度共和国全面经济合作框架协定》(以下简称"《框架协定》");

再忆及《框架协定》第 2 条反映他们建立一个包括货物、服务和投资自由贸易区在内的一个东盟—印度区域性贸易投资区(RTIA)的承诺;

认可促进投资、建立自由、便利、透明和竞争的投资体制、逐步投资自由化、加强投资合作、便利投资、提高投资法律规章透明度和为投资提供保护的诸目标;

重申其在东盟—印度 RTIA 内建立便利和保护的自由竞争投资体制的承诺;

考虑到不同发展水平、需要向东盟新成员国提供灵活性和特殊与差别

待遇;

兹达成协定条款如下:

第1条 范围

1. 本协定应当适用于缔约一方采取或维持的与以下有关的措施:

(a)任何缔约另一方的投资者;和

(b)该缔约方已准许①的受其可适用的法律、规章和政策约束的本协定生效日存在的或本协定生效后设立、取得、扩大的缔约另一方投资者在其领土内的投资。

2. 本协定不应适用于:

(a)政府采购;

(b)缔约一方提供的补贴或资助;

(c)缔约一方相关组织或机构在行使政府职权中提供的服务。为了本协定的目的,在行使政府职权中提供的服务,指不是按商业基准或不与一个或多个服务供应者竞争下所提供的任何服务;和

(d)任何税收措施,但第11条(转移)下的措施除外。

3. 本协定不应当适用于产生于已发事件的请求或本协定生效前已经提出的请求。

4. (a)本协定不应当适用于缔约一方采取和维持《东盟—印度服务贸易协定》涵盖范围的措施。

(b)尽管有第4款(a)项规定,为了保护的目的,第7条(投资待遇)、第8条(征收与补偿)、第9条(损害赔偿)、第10条(代位)、第11条(转移)和第20条(缔约一方与投资者之间的投资争端)应当参照适用于影响缔约一方服务提供者依据《东盟—印度服务贸易协定》通过在任何缔约另一方领土内的商业存在提供服务的任何措施,但是仅限于此等任何措施与第1条(范围)第1款(b)项中提及的一项投资和在本协定下的一项义务有关的范围,不论上述一服务行业是否列入缔约一方按《东盟——印度服务贸易协定》作出的服务

---

① 为进一步明确,(a)在泰国,应当按本条第1款(b)项的规定对投资给予本协定下的保护,主管机构已经书面特别批准对其保护;(b)在柬埔寨和越南,"已经准许",指"已经专门注册或书面批准,视情况而定"。

特别承诺表。①

5. 为自由化的目的并受第 4 条(保留)约束,本协定不适用以下行业:

(a)制造业;

(b)农业;

(c)渔业;

(d)林业;和

(e)采矿和采石业。

第 2 条 定义

为了本协定的目的:

(a)本协定,指《东南亚国家联盟和印度共和国全面经济合作框架协定内投资协定》;

(b)ASEAN,指东南亚国家联盟(或简称"东盟"),包括文莱达鲁萨兰国、柬埔寨王国、印度尼西亚共和国、老挝人民民主共和国、马来西亚、缅甸联邦、菲律宾共和国、新加坡共和国、泰王国、越南社会主义共和国和本协定将其诸成员统称为东盟诸成员国、单独称为东盟一成员国;

(c)可自由使用货币,指国际货币基金组织(IMF)根据《IMF 协定》条款及其任何修正确定的某种可自由使用货币;

(d)《IMF 协定》条款,指《国际货币基金组织协定》的条款;

(e)投资②,指投资者在缔约另一方领土内拥有或控制的具有投资特征的任何资产,包括诸如承诺资本投入、预期收益或利润、承担风险之类的特征;

可以采取的投资形式包括但不限于:

(ⅰ)股东权益参与法人的股份、股票、其他形式及其派生权利;

(ⅱ)法人的债券、公司债券、贷款或其他债务工具及其派生权利;

(ⅲ)动产、不动产和诸如抵押、留置或质押之类的其他财产权;

(ⅳ)按各缔约方法律和规章认可的且与该缔约方法人实质商业营运有关的知识产权;

(ⅴ)金钱请求权,或对与法人经营有关且具有金融价值的任何合同履行

---

① 为进一步明确,第 4 款(b)项不排除缔约一方对其领土内的此种服务提供者适用第 13 条(利益的拒绝)规定。

② 为进一步明确,投资的定义应当根据第 1 条(范围)第 1 款(b)项解释。"投资"术语,不包括进入司法或行政程序的命令或判决。

的请求权。为了进一步明确,投资不是指仅产生于以下的金钱请求权:(a)货物或服务销售的商事合同;(b)与上述商事合同有关的信用扩张;

投资将不包括不涉及本条(e)(ⅰ)至(ⅶ)条款的任何金钱请求权;

(ⅵ)合同下的权利,包括承包、建设、管理、生产或收益分享的合同;

(ⅶ)法律或按合同授予的要求从事经济活动并具有金融价值的特许经营权,包括与自然资源有关的特许权。

为了本条中投资定义的目的,从事投资的收益应当按投资对待,从事投资或再投资的形式的任何变化不影响其作为投资的性质。

(f)缔约一方投资者,指正在或已在缔约另一方领土内投资的缔约一方自然人或法人;

(g)法人,指依据缔约一方可适用的法律适当组建或组织的任何法律实体,无论是否以营利为目的,无论私营还是政府所有,包括任何公司、信托、合伙、合资企业、个人独资企业、协会或合作社;

(h)缔约一方法人,指依据该缔约方可适用的法律组建或组织的法人;

(i)措施,指缔约一方不论以法律、规章、规则、程序、决定、行政行为形式采取的任何措施,包括以下者采取的措施:

(ⅰ)中央、地区或地方政府和机构;和

(ⅱ)行使中央、地区或地方政府或机构授权权力的非政府机构;

(j)缔约一方自然人,指依据缔约一方法律和规章拥有该缔约方国籍或公民身份的任何人。

在文莱达鲁萨兰国的情况下,根据其法律、规章和国家政策,"缔约一方自然人"指拥有文莱达鲁萨兰国国籍的人或不拥有缔约另一方或非缔约方国籍的文莱达鲁萨兰国永久居民。文莱达鲁萨兰国应当根据个案向缔约另一方请求磋商是否将上述永久居民认可为文莱达鲁萨兰国投资者的事项;

(k)东盟新成员国,指柬埔寨王国、老挝人民民主共和国、缅甸联邦共和国和越南社会主义共和国;

(l)诸缔约方,指东盟诸成员国和印度的统称;

(m)缔约一方,指东盟一成员国或印度;

(n)收益,指投资产生的或派生的金额,包括利润、股息、利息、资本所得、特许权使用费、酬金或与知识产权相关的支付;

(o)WTO,指世界贸易组织;和

(p)WTO 协定,指 1994 年 4 月 15 日在摩洛哥马拉喀什订立的《建立世界贸易组织马拉喀什协定》。

第 3 条　国民待遇

1. 各缔约方应当在投资的设立、获取、扩大、管理、经营、运营、清算、出售、转让或其他处置形式方面,给予缔约另一方投资者和本协定第 1 条(范围)第 1 款(b)所述投资的待遇,不低于其在同等情形给予本国投资者及其投资的待遇。①

2. 缔约一方按本条第 1 款给予的待遇是指,涉及地区或地方层级时,在同等情形下,不低于按地区或地方水平给予投资者和构成该缔约一方一部分的投资的最惠国待遇的待遇。

3. 缔约一方应当无义务将产生于其是或可能成为成员的关税同盟、自由贸易协定或类似双边、区域或国际协定或安排(包括东盟诸成员国之间或内部的任何安排)的利益或特权,扩展至缔约另一方投资者。

4. 投资或投资者是否处于"同等情形"的确定,应当以个案为基准根据客观评估全部情况作出,其中包括:

(a)投资者所处的行业;

(b)投资的位置;

(c)所涉措施的目的;和

(d)与所涉措施有关的普遍适用的监管过程。

审查不应当限于或偏好任何一项因素。

5. 缔约一方根据合法公共目的(包括保护健康、安全、环境)采取扩大有利于本国投资者及其投资的财政支持或措施,不应当视为违反本条。

第 4 条　保留②

1. 第 3 条(国民待遇)不应当适用于:

(a)缔约一方维持以下层级的现存不符措施:

(ⅰ)缔约一方在其清单 1 保留表中所列的中央政府层级;

(ⅱ)缔约一方在其清单 1 保留表中所列的地区政府层次;或

---

① 该缔约方不应当对缔约另一方投资者及其投资采取任何歧视。缔约另一方是指一东盟成员国或印度。

② 为进一步明确,印度应当提供一份将在东盟诸成员国中无歧视适用的单独共同保留表;东盟诸成员国应当提供其各自保留表。

（ⅲ）地方政府层级。

（b）上述（a）项所述任何不符措施的持续或及时更新；或

（c）上述（a）项所述任何不符措施的修正，但限于修正不降低该措施符合第 3 条（国民待遇），如同其在该缔约方清单 1 保留表生效日已经存在。

2. 第 3 条（国民待遇）不应当适用于缔约一方对清单 2 所列现有或新的和新兴产业、行业或活动采取或维持的任何保留措施。

3. 依据修改保留表的任何程序除外，缔约一方不得按本协定生效日以后采取的且清单 2 涵盖的任何措施，要求缔约另一方投资者以其国籍为由出售或另行处置在该措施即将生效时存在的任何投资。

4. 本条第 3 款所述保留表修改程序按第 6 条（工作计划）规定。

5. 本协定中的任何规定，不应当解释为减损诸缔约方是缔约方的国际协定下的权利义务，包括《WTO 与贸易有关的知识产权协定》（TRIPS 协定）和和世界知识产权组织主持下缔结的其他条约。

6. 缔约一方可以将组合投资的准许、设立、获得、扩大、管理、经营、运营、清算、出售、转让或其他处置排除在本协定利益之外，采取保留。应当在本协定生效时通报此保留。

第 5 条　保留的审查①

1. 若缔约一方在本协定生效后与一非缔约方缔结任何投资协定，可以考虑缔约另一方的请求，将不低于上述协定下给予的待遇与本协定的待遇合并。上述任何合并将相互约定，且应当维持各缔约方本协定下所作承诺的总体平衡。

2. 作为根据第 28 条（审查）本协定审查的一部分，诸缔约方同意审查各自保留表，以改善对投资设立、获得、扩大的国民待遇保留。

第 6 条　工作计划

1. 各缔约方应当展开磋商：

（a）本协定的保留表；和

（b）保留表的修改程序。

2. 除非诸缔约方另有约定，自本协定生效日起三（3）年内，诸缔约方应当完成本条第 1 款所述的磋商。这些磋商应当受到按第 23 条（投资联合委员

---

① 为进一步明确，印度应当提供一份单独共同保留表，不歧视地在东盟诸成员国中适用；东盟诸成员国应当提供其各自的保留表。

会)设立的投资联合委员会的监督。

3. 本条第 1 款所述保留表,自诸缔约方协商一致的日期生效。

4. 尽管本协定中有任何相反规定,在诸缔约方保留表根据本条第 3 款生效前,第 3 条(国民待遇)、第 28 条(审查)和第 4 条(保留)第 1—5 款不应当适用。

5. 为了第 2 条(定义)第(j)项的目的,诸缔约方确认,可以在上述双边磋商期间建立承认文莱达鲁萨兰国永久居民的标准。

第 7 条　投资待遇

1. 各缔约方应当给予第 1 条(范围)第 1 款(b)项所述投资以公平公正待遇和全面保护与安全。

2. 为进一步明确①:

(a)公平公正待遇,要求每一缔约方不否认任何法律或行政程序中的公平正义;

(b)全面保护与安全,要求每一缔约方采取合理必要措施确保第 1 条(范围)第 1 款(b)项所述投资的保护与安全;和

(c)"公平公正待遇"和"全面保护和安全"概念,不要求增加或超出国际习惯法下的待遇,也不创设增加实质性权利。

3. 对存在已违反本协定其他条款或某一单独国际协定的确定,不构成已存在违反本条。

第 8 条　征收与补偿

1. 缔约一方不应当征收或国有化第 1 条(范围)第 1 款(b)项所述的投资,或采取其他同等措施征收或国有化("征收"),但以下除外:

(a)为了公共目的;

(b)以非歧视方式;

(c)支付及时、充分和有效的补偿;和

(d)根据正当法律程序。

2. 缔约一方采取的一项或一系列相关措施不能构成一项征收,除非该措施妨碍了第 1 条(范围)第 1 款(b)项所述投资中的有形或无形财产权利。此类措施有两种情形:

①　在印度尼西亚,印度尼西亚是本协定下给予待遇的缔约方时,第 2 款(a)和(b)项才适用。

(a)第一种情形是直接征收,即通过正式转移所有权或直接没收形式,对第1条(范围)第1款(b)项所述的一项投资国有化或其他直接征收;和

(b)第二种情形是,缔约一方的一项措施或一系列相关措施没有正式转移所有权或直接没收,但具有等同直接征收的效果。

3. 确定缔约一方的一项措施或一系列相关措施在一具体事实情形下是否构成本条第2款(b)项所述的一项征收,要求进行逐案的、以事实为依据的调查,此调查考虑的因素包括:

(a)政府措施的经济影响,尽管缔约一方的一项或一系列相关措施对一项投资的经济价值具有负面影响这一事实不能单独确立已经发生此类征收;

(b)政府措施是否违反政府以前以合同、许可证或其他法律文件方式对投资者的约束性书面承诺;和

(c)政府措施的性质,包括该措施的目标,和该措施是否与公共目的不相称。

4. 本条第1款(c)项中所述的补偿应当:

(a)无延迟地支付;①

(b)等于被征收投资在公开宣布征收时或即刻前②或征收发生时的公平市场价值,以可适用者为准;

(c)不反映事先意图征收的任何变化;和

(d)是可有效实现和可自由转移的。

5. 若迟延,补偿应当包括按现行商业利率计算的适当利息。补偿,包括任何应计利息,应当以最初作出投资的货币或经投资者请求以可自由使用货币支付。③

6. 若投资者请求以可自由使用货币支付,本条第1款(c)中所述的补偿,包括应付利息,应当按支付日外汇市场现行汇率兑换为支付货币。

7. 本条不应当适用于根据《TRIMS 协定》签发授予与知识产权有关的强制许可证。

---

① 诸缔约方谅解,在能够作出支付前可能存在需要遵守的法律和行政程序。

② 在菲律宾,公开宣布征收时或即刻前的时间,系指对征收的诉求的登记日。

③ 对柬埔寨、马来西亚、缅甸、菲律宾、泰国和越南,在迟延情况下,应当根据其法律、规章和政策确定对缔约另一方投资者投资之征收补偿的利率和利息支付,前提是此等法律、规章和政策的适用以非歧视为基准。

8. 尽管有本条第 1、4、5、6 款的规定,与土地有关的任何征收措施,应当在征收缔约国现行国内法律、规章及其任何修正中界定,且应当是为了上述法律规章的目的并根据此等法律规章支付补偿。

9. 缔约一方的非歧视性管制措施或缔约一方司法机构的措施和裁决,依据公共政策被设计和适用于实现合法公共利益或公共福利,诸如保护公共健康、安全和环境,不构成本条第 2 款(b)中所述种类的征收。

第 9 条 损失补偿

缔约一方投资者在缔约另一方领土内第 1 条(范围)第 1 款(b)项中所述的投资因该缔约另一方内领土内的战争或其他武装冲突、国家紧急状态、民变遭受损失,该缔约另一方在恢复原状、赔偿、补偿和其他解决措施方面,应当给予该投资者的待遇不低于其给予本国投资者及其投资、或其他任何缔约方或非缔约方投资者的待遇。

第 10 条 代位

1. 若缔约一方或其代理机构按其对一项投资的非商业风险的一项担保、保险合同或其他赔偿形式向该缔约方投资者作出了支付,缔约另一方应当承认该投资权利和请求权的代位或转移。被代位或转移的权利或请求权不应当大于该投资者原始的权利或请求权。

2. 若缔约一方或其代理机构已向该缔约方投资者作出了支付,并已接管该投资者的权利和请求权,该投资者不应当针对缔约另一方继续行使这些权利或请求权,除非被授权代表该缔约方或作出支付的代理机构行事。

3. 在涉及一项投资争端的任何程序中,缔约一方不应当作为一项抗辩、反请求、抵消权或其他权利,主张投资者或第 1 条(范围)第 1 款(b)项中所述的投资已经或将依据保险或担保合同接受任何声称损失的全部或部分赔偿或其他补偿。

4. 在行使代位权或请求权中,行使此种权利或请求的缔约一方或其代理机构应当向相关缔约方披露请求权安排的范围和其投资者。

第 11 条 转移

1. 每一缔约方应当允许自由且无迟延地作出与第 1 条(范围)第 1 款(b)项中所述投资有关的转移。此转移包括:

(a)初始投资和用于保持或扩大投资的增资;

(b)第 1 条(范围)第 1 款(b)项中所述任何投资产生的利润、资本所得、

股息、特许权使用费、许可费、技术援助与技术及管理费、利息及其他当前收入;

(c)全部或部分出售或清算第 1 条(范围)第 1 款(b)项中所述任何投资的收益;

(d)按合同(包括贷款协议)作出的付款;

(e)依据第 8 条(征收与补偿)和第 9 条(损失补偿)作出的付款;

(f)以任何手段解决争端所产生的付款,包括司法审判、仲裁和争端当事方的协议;

(g)根据合同受雇或从事工作的来源于海外与第 1 条(范围)第 1 款(b)项中所述投资有关的职工收入或其他报酬。

2. 每一缔约方应当允许按转移时现行市场汇率自由地作出与第 1 条(范围)第 1 款(b)项中所述投资有关的转移。

3. 尽管有本条第 1、2 款的规定,缔约一方可以通过公平、非歧视和善意适用其与以下有关的法律规章阻止或迟延转移:

(a)破产、无力偿付和保护债权人的权利;

(b)有价证券、期货、期权或衍生品的发行、买卖和交易;

(c)犯罪和刑事违法行为和追缴犯罪所得;

(d)在有必要协助执法或金融监管机构时,转移的金融报告或记录保存;

(e)确保遵守司法或行政程序中的命令或判决;

(f)税收;

(g)社会保障、公共退休或强制储蓄计划,包括公积金、退休金计划和雇员保险计划;

(h)雇员遣散费;

(i)进行注册的要求,符合缔约一方中央银行或其他相关机构施加手续的要求;和

(j)对印度,可适用时,《印度外国直接投资政策》中规定的锁定初始资本投资的要求,但是要求投资锁定期的任何新措施不应当适用于现存投资。

4. 本协定的任何规定不应当影响诸缔约方作为 IMF 成员《IMF 协定》条款下的权利义务,包括使用符合《IMF 协定》条款的汇兑行动。但是,按第 12 条(临时保障措施)或经 IMF 请求除外,缔约一方不应当对任何资本交易实施与其有关此交易的具体承诺不符的限制。

第 12 条　临时保障措施

1. 若发生国际收支严重不平衡和外部金融困难或其威胁,缔约一方可以采取或维持不符合第 3 条(国民待遇)关于跨境资本交易下或第 11 条(转移)下义务的措施。

2. 在特殊情形下,若资本移动导致或威胁导致缔约一方严重经济或金融动荡、或实施货币或汇率政策严重困难,该缔约一方可以采取或维持不符合第 11 条(转移)义务的措施。①

3. 本条第 1、2 款中所述措施应当:

(a)符合《IMF 协定》条款及其修正;

(b)避免对缔约另一方商业、经济和金融利益造成不必要的损害;

(c)不超出对处理第 1、2 款规定情形所必要的措施;

(d)是临时性的,且随第 1 款规定情形的改善而逐步取消;和

(e)适用于此情形,即对待其他诸缔约方的任何人不低于对待任何缔约另一方或非缔约方的任何人。

4. 本条第 3 款(a)—(e)项除外,依据本条第 2 款采取或维持的措施还应当:

(a)在条件使其建制或维持不再具有合理性时,取消;

(b)在国民待遇基础上适用;和

(c)避免对缔约另一方的投资者和第 1 条(范围)第 1 款(b)项中所述的投资造成不必要的损害。

5. 按本条第 1、2 款采取或维持的任何限制或其任何变化,应当立即通知给其他缔约方。

6. 在不复制 WTO、IMF 下的程序或其他任何类似程序的范围内,采取本条第 1 款下任何限制的缔约方应当按缔约另一方要求,开始磋商,以审查其采取的限制。

第 13 条　利益的拒绝

1. 缔约一方可以拒绝将本协定的利益给予是缔约另一方法人的其他缔约另一方的投资者及其投资,若一非缔约方的投资者拥有或控制该缔约另一方此法人,且拒绝缔约方:

(a)未与该非缔约方保持外交关系;或

---

① 为进一步明确,不应当为了保护某一特定部门的目的采取或维持确保汇率稳定性的任何措施,包括防止投机性资本移动的措施。

(b)对禁止与该法人交易或将本协定利益给予该法人或其投资会导致违反或规避该非缔约方采取或维持的措施。

2. 缔约一方受事先通知或与缔约另一方磋商的约束,还可以拒绝将本协定的利益给予是该缔约另一方法人的投资者及其投资,且拒绝缔约方认证:

(a)该法人在该缔约另一方领土内没有任何实质业务经营;或

(b)一非缔约方或拒绝缔约方的投资者拥有或控制该法人。

3. 一法人是:

(a)由一投资者根据每一缔约方法律规章和国内政策"拥有";

(b)由一投资者"控制",若该投资者有权力决定其大多数董事或其他情况下合法指令其行动。

4. 在菲律宾,经通知且不影响本条第 1 款,菲律宾可以拒绝将本协定的利益给予任何缔约另一方的投资者及其投资,若其证实该投资者作出的投资违反了经第 715 号总统令修正的《第 108 号联邦法》(惩治规避某些权利、特许权或特权国有化法律的一项法案)和其他情况下被称为"反挂名法"及其修正的规定。

第 14 条　透明度

1. 为了实现本协定的目标,每一缔约方应当:

(a)在尽可能范围内使属于或影响其领土投资的全部相关法律、规章、政策和普遍适用的行政指南可以获取;

(b)建立或指定一咨询点,在此,经其他诸缔约方的任何自然人、法人或其他任何人请求,可以立即获得与要求按上述(a)项公布或可以获取有关的全部信息;和

(c)至少每年一次通过东盟秘书处向其他诸缔约方通告给予任何优惠且其为一缔约方的涉及投资的任何协定或安排。

2. 每一缔约方应当经缔约另一方请求,尽力立即回复特定问题,并向该缔约另一方提供涉及本条第 1 款所述事项的信息。

3. 本协定中的任何规定,不应当要求缔约一方提供或准许获取机密信息。该信息的披露会妨碍执法、违反公共利益、损害特定公私法人的合法商业利益。

4. 根据本条第 1 款作出的所有通报和通信应当是英文。

第 15 条　特殊手续和信息披露

1. 第 3 条(国民待遇)的任何规定不应当解释为,阻止缔约一方采取或维

持与投资有关的特别手续,包括要求一项投资按该缔约一方法律规章合法构成,前提是,上述手续不得实质减少该缔约一方根据本协定给予其他缔约方投资者及其投资的权利。

2. 尽管有第 3 条(国民待遇)规定,缔约一方可以要求缔约另一方投资者或其投资提供仅为了投资和统计目的的信息。该缔约一方应当在尽可能范围内保护其披露会损害投资者或投资合法商业利益的任何机密信息。本款中的任何规定不应当解释为,阻止该缔约一方在其他情况下获取或披露与公平、善意适用其法律有关的信息。

第 16 条　东盟新成员国的特殊和差别待遇

为提升本协定对东盟新成员国的利益,并根据本协定序文的目标和《框架协定》第 2 条(经济合作措施)的目标,诸缔约方应当在尽可能范围内通过以下措施,给予东盟新成员国特殊和差别待遇:

(a)技术援助,以加强他们与投资政策和促进有关的能力,包括在诸如人力资源开发之类的领域;

(b)获取其他诸缔约方投资政策信息、商业信息、相关数据库和投资促进机构联系点;

(c)在东盟新成员国利益诸领域的承诺;和

(d)承认东盟每一新成员国可以根据其不同发展阶段作出承诺。

第 17 条　投资促进

诸缔约方应当通过包括以下措施,在建立于现有协定或安排的已计划经济合作的促进投资活动中开展合作,旨在提升诸缔约方之间的投资关系:

(a)鼓励东盟—印度投资;

(b)组织投资促进活动;

(c)促进商业匹配活动;

(d)组织和支持举行形式多样的投资机会和投资法律规章政策的发布会和研讨会;和

(e)从事与投资促进和便利化有关的互相关心的其他事项的信息交流。

第 18 条　投资便利化

诸缔约方应当按照其法律规章,通过包括以下措施,开展合作以便利东盟和印度之间的投资:

(a)尽力为所有投资形式创造必要环境;

（b）简化投资申请和批准程序；

（c）促进传播投资信息，包括投资规则、规章、政策和程序；和

（d）在各自东道缔约方建立一站式投资中心，为商业界提供协助和咨询服务，包括许可证和准许证操作便利化。

第 19 条　缔约方之间的争端

2009 年 8 月 13 日在泰国曼谷签署的《东南亚国家联盟和印度共和国全面经济合作框架协定内争端解决机制协定》的规定，应当适用于本协定下诸缔约方之间或其中的争端解决。

第 20 条　缔约一方与一投资者之间的投资争端

范围

1. 本条适用于缔约一方与缔约另一方投资者之间因指控该缔约一方违反本协定第 3 条（国民待遇）、第 7 条（投资待遇）、第 8 条（征收与补偿）、第 9 条（损失补偿）和第 11 条（转移）下的义务导致投资者第 1 条（范围）第 1 款（b）项所述投资在管理、经营、运营、出售或其他处置方面遭受损失或损害的投资争端。

2. 本条不应当适用于：

（a）本协定生效前，已发生事件引起的投资争端，或者已解决或已进入司法或仲裁程序的投资争端；和

（b）争端投资者拥有争端缔约方的国籍或公民身份的情形。

3. 本条中的任何规定不应当解释为，阻止争端投资者寻求争端缔约方领土可适用的行政或司法解决途径。

4. 为了本条的目的：

（a）争端缔约方，指按本条作出的请求所针对的缔约一方；

（b）争端一方，指一争端投资者或者一争端缔约方；

（c）争端当事双方，指一争端投资者和一争端缔约方；

（d）争端投资者，指依据本条代表自身针对缔约另一方提出请求的缔约一方投资者，且包括代表投资者拥有或控制争端缔约方一法人提出请求的缔约一方投资者；

（e）ICSID，是指解决投资争端国际中心；

（f）《ICSID 公约》，指 1965 年 3 月 18 日在华盛顿订立的《解决国家与他国国民间投资争端公约》；

（g）《ICSID 附加便利规则》，指《解决投资争端国际中心秘书处支配程序管理附加便利规则》；

（h）《纽约公约》，指 1958 年 6 月 10 日订于纽约的《承认和执行外国仲裁裁决公约》；

（i）非争端缔约方，是指争端投资者的缔约方；和

（j）《UNCITRAL 仲裁规则》，指 1976 年 12 月 15 日联合国大会批准的《联合国国际贸易法委员会仲裁规则》。

磋商和谈判

5. 若发生本条第 1 款所述投资争端，争端缔约方为了达成友好和解，应当尽快通过磋商和谈判解决该争端。此磋商、谈判可以包括使用无约束力的第三方程序，应当以争端投资者向争端缔约方书面请求磋商和谈判的方式启动。

6. 为了通过磋商和谈判解决投资争端的目标，争端投资者应当在磋商、谈判开始前，向争端缔约方提供所涉争端法律和事实依据的信息。

法庭的选择

7. 若自磋商和谈判的书面请求日起 180 天内未能按本条第 5 款规定解决该争端，除非争端当事双方另有协议，可以按争端投资者的选择将该争端提交：

（a）争端缔约方的法院或行政法庭；①

（b）根据《ICSID 公约》和《ICSID 仲裁进程程序规则》的调解或仲裁②，前提是争端缔约方和非争端缔约方均是《ICSID 公约》的缔约方；

（c）按《ICSID 附加便利规则》的调解或仲裁，前提是缔约争端方或非缔约争端方其一而非两者是《ICSID 公约》的缔约方；

（d）按《UNCITRAL 仲裁规则》设立的临时仲裁庭；或

（e）若争端当事双方同意，其他任何仲裁机构，或根据其他任何仲裁规则。

但是，争端投资者按上述第 7 款（a）—（e）项下争端提交任何法院、行政法庭、法庭或任何仲裁规则，应当排除诉诸其他。

---

①　此项规定应当适用于提交具有管辖权的法院或行政法庭。

②　在菲律宾，若发生投资争端，按《ICSID 公约》和《ICSID 仲裁进程程序规则》的提交争端应当受争端当事双方之间书面协议的约束。

提交请求的条件和限制

8. 根据本条规定将争端提交本条第7款(b)、(c)、(d)或(e)项下的调解或仲裁,应当具备以下条件:

(a)自争端投资者知晓或应当合理知晓本协定下被指控违反行为造成投资者与第1条(范围)第1款(b)项中所述投资有关的损失或损害时起3年内,将争端提交举行的上述调解或仲裁;和

(b)争端投资者在提交请求前至少90日将书面意图通知提交给争端缔约方。该意图通知应当列明:

(ⅰ)第7款(b)、(c)、(d)或(e)项之一作为争端解决法庭,和在第7款(b)项情况下,是否将寻求调解或仲裁;

(ⅱ)该争端投资者及其法定代表人的名称和地址;

(ⅲ)在本条第7款中所述的与争端事项有关的其他任何争端解决法庭面前,放弃启动或继续任何程序,但排除本条第30款所述的临时保护措施程序;

(ⅳ)充分清楚表明本问题的事实和法律依据的简明概要,包括指控已经违反的本协定条款和相关争议措施,视其可适用而定;和

(ⅴ)寻求的救济措施,和若适当,所主张的损害赔偿大约数额。

9. 可适用的仲裁规则应当支配本条所述的仲裁,但经本条约中诸缔约方修改的内容除外。

仲裁员的选定

10. 除非争端当事双方另有协议,按本条第7款(b)、(c)、(d)或(e)项设立的仲裁庭应当由三(3)名仲裁员组成。争端当事双方的每一方自投资争端提交仲裁之日起七十五(75)日内指定一(1)名仲裁员。第三名仲裁员应当是首席仲裁员,应当由争端当事双方协议指定。若争端投资者或争端缔约方自投资争端提交仲裁之日起七十五(75)日内未指定各自的仲裁员,经争端当事双方中的任何一方请求,ICSID秘书长在本条第7款(b)项或(c)项所述仲裁的情况下,或常设仲裁院(PCA)秘书长在本条第7款(d)项或(e)项所述仲裁的情况下,应当按其酌情权,分别从ICSID或PCA仲裁员小组指定还未指定的一名或多名仲裁员,但受本条第11款要求的约束。

11. 除非争端当事双方另有协议,第三名仲裁员应当:

(a)与争端投资者不是同一国籍,也不是争端缔约方的国民;

(b)在争端缔约方或非争端缔约方领土内没有经常居住地;

(c)既未受雇于、也不附属于争端缔约方、非争端缔约方或争端投资者；

(d)没有在任何资格内处理过所称的投资争端；和

(e)具有国际公法、国际贸易与国际投资规则的专业知识和经验。

仲裁的进行

12. 若作为初步异议提出了与管辖权或可仲裁性有关的事项,仲裁庭应当在进行实质程序之前决定此事项。

13. 争端缔约方可以在仲裁庭组成后至少三(3)个月内,提交关于一项请求明显没有实体内容或不可仲裁的异议。争端缔约方还可以提交关于一项请求超出了该仲裁庭管辖权或职权的异议。争端缔约方应当尽可能准确说明该异议的依据。

14. 仲裁庭应当处理作为初步问题的任何上述异议,并与实体请求分开。应当给予争端当事双方合理机会以向仲裁庭阐明其观点和意见。若仲裁庭决定该请求明显没有价值或不属于本庭管辖权或职权的范围,应当对该效力作出裁决。

15. 仲裁庭可以经担保,裁定胜诉争端当事方在提交或反对该异议中发生的合理费用。仲裁庭在确定是否担保上述裁定中,应当考虑该请求或异议是否是不必要的或明显无价值,并应当向争端当事双方提供其提交意见的合理机会。

16. 除非争端当事双方另有协议,应当根据可适用的仲裁规则确定仲裁地,但是该地应当位于是《纽约公约》缔约方的一国家领土内。

透明度

17. 受本条第18款约束,争端缔约方可以使仲裁庭作出的最终裁决和决定公开获得。

18. 将提交给仲裁庭或争端当事双方的特别指定为机密的任何信息,应当防止向公众披露。

共同解释

19. 仲裁庭应当依其自身考量或经争端缔约方请求,应当共同解释一争端中有争议的本协定任何条款。诸缔约方应当在该请求的六十(60)日内向仲裁庭书面提交声明其解释的共同决定。在不影响本条第20款的情况下,若诸缔约方未在六十(60)日内提交上述决定,缔约一方单独提交的任何解释应当提交给争端当事双方和仲裁庭,仲裁庭应当依据其自身考量决定该事项。

20. 诸缔约方宣布其对本协定条款解释的共同决定,应当约束仲裁庭,仲裁庭发出的任何决定或裁决必须符合上述共同决定。

裁决

21. 裁决应当包括:

(a)对是否已经存在争端缔约方违反本协定给予争端投资者及其投资任何权利的判决;和

(b)已经存在上述违反的救济措施。该救济措施应当限于以下一种或两种:

(ⅰ)支付金钱损害赔偿和适当利息;和

(ⅱ)恢复原状,在此情形下,裁决应当规定争端缔约方可以支付金钱损害赔偿和任何适当利息替代恢复原状。

22. 仲裁庭不得裁决惩罚性损害赔偿。

23. 仲裁庭作出的裁决应当是终局的且对争端当事双方有约束力。裁决应当没有约束力,但对争端当事双方和涉及特殊情况除外。

24. 依据本条第21款作出的裁决是终局的且约束争端当事双方。争端缔约方应当无迟延地提供该裁决的执行并完成该裁决。①

25. 受本条第26款和对中间裁决可适用的审查程序的约束,争端当事一方应当无迟延地履行和服从裁决。②

26. 争端当事一方在以下之前不得寻求执行终局裁决:

(a)在《ICSID 公约》下终局裁决的情况下:

(ⅰ)自宣告裁决之日起已届满一百二十(120)日且无任何争端当事方已请求修正该裁决或宣告该裁决无效;或

(ⅱ)已经完成修正或宣告无效程序;

(b)在《ICSID 附加便利规则》、《UNCITRAL 仲裁规则》或依据本条第7款(e)项选择的规则下终局裁决的情况下:

(ⅰ)自宣告裁决之日起已届满90日且无任何争端当事方启动修正、撤消该裁决或宣告该裁决无效的程序;或

(ⅱ)法院已经驳回或准许修改、撤消该裁决或宣告该仲裁无效的申请且无任何进一步上诉。

27. 每一缔约方应当在其领土内提供执行裁决。

---

① 诸缔约方谅解,在能够遵守一项裁决前可能存在需要遵从的国内法律和行政程序。

② 诸缔约方谅解,在能够遵守一项裁决前可能存在需要遵从的国内法律和行政程序。

费用

28. 还可以根据可适用的仲裁规则对费用作出裁决。

29. 除非争端缔约方未遵守和服从争端中宣告的裁决,非争端缔约方不应当就其一投资者已根据本条第 7 款提交调解或仲裁的争端,给予外交保护或在其他法庭提起国际索赔请求。为了本款的目的,外交保护不应当包括仅为了促进解决本争端的目的的非正式外交交涉。

30. 任何缔约方不应当阻止争端投资者,在向本条第 7 款所述任何争端解决法庭启动程序之前,为了保护其权利和利益,寻求临时保护措施,该措施不涉及损害赔偿的支付或争端缔约方法院或行政法庭对实体争端事项的决定。

准据法

31. 仲裁庭应当根据本协定、可适用的国际法规则和可适用的争端缔约方任何相关国内法律,决定争议事项。

第 21 条　一般例外

1. 遵从不得以对诸缔约方、其投资者或其投资在同等条件优先的构成任性或不合理歧视手段的方式或对任何缔约方投资者或其投资构成变相限制的方式适用各种措施的要求,本协定中的任何规定不应当解释为阻止任何缔约方采取或实施以下措施:

(a)保护公共道德或维护公共秩序所必需的;

(b)保护人类、动物或植物的生命或健康所必需的;

(c)保证遵守不与本协定规定冲突的法律或规章所必需的,包括涉及以下的措施:

(ⅰ)防止欺骗和欺诈行为以处理合同不履行后果的;

(ⅱ)保护与个人信息处理和传播有关的个人隐私、保护个人记录和账户机密的;和

(ⅲ)安全的;

(d)保护具有艺术、历史或考古价值的国宝所采取的;或

(e)与保护不可再生自然资源有关的,若在限制国内生产或消费中使这些措施有效。

2. 关于影响所涉金融服务供给的措施,《WTO 协定》附件 1B《服务贸易总协定》之《金融服务》附件第 2 款(国内规章),经必要变通后并入本协定,并构成本协定的有机组成部分。

第 22 条　安全例外

1. 本协定中的任何规定不应当解释为：

(a)要求任何缔约方提供其认为披露会违背其根本安全利益的任何信息；或

(b)阻止任何缔约方采取其认为对保护根本安全利益所必需的任何行动，包括但不限于：

(ⅰ)与裂变和聚变物质或其提炼物质有关的行动；

(ⅱ)战时或其他紧急事件时在国内或国际关系中采取的行动；

(ⅲ)与武器、弹药和战争物资运输有关的行动，和与为了供应军事机构目的直接或间接进行其他货物和物质的此种运输有关的行动；

(ⅳ)为保护包括通信、电力和水利基础设施在内的关键公共基础设施免受意图使其丧失或降低功能的故意企图所采取的行动；或

(c)阻止缔约一方根据《联合国宪章》下其维护国际和平与安全义务采取任何行动。

2. 每一缔约方应当在最大可能范围内，将按本条第 1 款(b)和(c)项采取的措施及其终止，通知给缔约另一方。

3. 本协定中的任何规定不应当解释为，要求缔约一方在采取和维持其认为对其根本安全利益所必要的任何法律或规章中的措施时，在将本协定的利益给予一非缔约国或其投资者会出现违反或规避行为的方面，将本协定的利益给予是缔约另一方法人的投资者。

4. 应当根据附件 1 所列诸缔约方关于《安全例外》谅解解释本条第 3 款，该谅解应当构成本协定的有机组成部分。

5. 应当根据附件 2 所列诸缔约方关于《安全例外不可审理性》谅解解释本条，该谅解构成本协定的有机组成部分。

第 23 条　投资联合委员会

1. 应当自本协定生效日起一(1)年内，设立一投资联合委员会。

2. 联合委员会的职能应当是：

(a)审查本协定的执行和运行；

(b)向诸缔约方提交本协定执行和运行报告；

(c)向诸缔约方考虑或建议本协定的任何修正；

(d)监督和协调按本协定设立的全部分委员会的工作；

(e)履行诸缔约方可以约定的其他职能。

3. 投资联合委员会：

(a)应当由各缔约方的代表组成；

(b)可以设立分委员会并委派其职责。

第 24 条　通信

每一缔约方应当指定一联系点，以便利诸缔约方之间就本协定任何事务进行通讯。此方面的所有官方通讯应当是英文。

第 25 条　附件、脚注和附表

本协定的附件、脚注和附表应当构成本协定的有机组成部分。

第 26 条　修正

诸缔约方可以经书面协定修正本协定。此修正应当自诸缔约方之间约定的某日或诸日生效。

第 27 条　退出和终止

1. 任何缔约方可以采取提前十二(12)个月书面通知其他缔约方的方式，退出本协定。

2. 若依据本条第 1 款有以下情形，本协定应当终止：

(a)印度退出；或

(b)本协定对少于四(4)个东盟成员国生效。

3. 任何其他缔约方可以自收到本条第 1 款的通知之日起 60 日内，就退出产生的任何事项，书面请求磋商。被请求缔约方收到该请求后，应当真诚地进入磋商。

第 28 条　审查

除非另有约定，诸缔约方应当自本协定生效日起三(3)年内就推进本协定的目标进行一般审查，以后每三(3)年审查一次。

第 29 条　保存人

对东盟诸成员国，本协定应当交存东盟秘书长。秘书长应当迅速将经认证的本协定副本提供给东盟各成员国。

第 30 条　生效

1. 每一缔约方应当将完成本协定生效所必要的国内要求①书面通知其他

---

① 为进一步明确，"国内要求"术语包括依据国内适用的法律获得政府或议会批准。

诸缔约方。本协定应当自 2015 年 7 月 1 日起对已经作出上述通知的任何缔约方生效,前提是,截止该日印度和至少四(4)个东盟成员国已经作出上述通知。

2. 若本协定未在 2015 年 7 月 1 日生效,对已经作出本条第 1 款所述通知的任何缔约方,应当自印度和至少四(4)个东盟成员国已作出本条第 1 款所述通知之日起 60 日生效。

3. 本协定依据本条第 1、2 款生效后,应当自本条第 1 款所述通知之日后 60 日对任何缔约方生效。

兹见证,以下签字者经各自政府正式授权,已签署《东南亚国家联盟成员国政府和印度共和国全面经济合作框架协定内投资协定》。

2014 年 11 月 12 日订于缅甸内比都,英文原始副本两份。

文莱达鲁萨兰国代表:外交与贸易第二部长 LIM JOCK SENG

柬埔寨王国代表:国务资政和商务部长 SUN CHANTHOL

印度尼西亚共和国代表:贸易部长 MUHAMMAD LUTFI

老挝人民民主共和国代表:工商部长 KHEMMANI PHOLSENA

马来西亚代表:国际贸易与工业部长:MUSTAPA MOHAMED

缅甸联邦共和国代表:国家规划与经济发展联邦部长 KANZAW

菲律宾共和国代表:工商部长 GREGORY L. DOMINGO

新加坡共和国代表:工商部长 LIM HNG KIANG

泰王国代表:代表商务部的常任国务卿 CHUTIMA BUNYAPRAPHASARA

越南社会主义共和国代表:工商部长 VU HUYHOANG

印度共和国代表:国家工商部长 NIRMALA SITHARAMAN

附件 1

安全例外

诸缔约方确认其对本协定解释和/或执行的谅解如下：

（a）第 22 条（安全例外）第 3 款所述措施是该缔约方采取的为保护其根本安全利益的意图和目的的措施。应当以非歧视为基准采取这些措施，可以在其任何法律或规章中找到这些措施：

（ⅰ）在印度的情况下，第 22 条（安全例外）第 3 款所述的可适用措施目前列于按《1999 年外汇管理法》（1999 年第 42 号法）（简称 FEMA）制定的规章中。印度应当经缔约另一方请求，提供所涉措施的信息。

（ⅱ）在东盟诸成员国的情况下，他们目前在其法律和规章中对非缔约方或其投资者不采取或维持任何单边措施。这不排除东盟任何成员国对任何非缔约方或其投资者采取类似措施；

（b）缔约一方对非缔约方或其投资者采取或维持的措施，不应当侵犯缔约另一方实施对外政策的主权权利，也不应当禁止受上述措施约束的外国法人投资者在缔约另一方的自身设立。

附件 2

安全例外的不可审理性

关于本协定的解释和/或执行，诸缔约方确认其对依据第 20 条（缔约一方与一投资者之间的投资争端）第 7 和 8 款提交仲裁的争端的谅解：若争端缔约方作为一种抗辩声称，被指控违反行为属于第 22 条所列安全例外范围，该争端缔约方基于安全考虑所采取的任何决定应当是不可审理的，据此不应当向任何仲裁庭开放审查上述任何决定的是非曲直，甚至仲裁程序涉及评估任何损害赔偿和/或补偿请求，或提交仲裁庭的其他事项的情形下也如此。

✳ 何美玉*

WTO"印度——与太阳能电池和组件有关的若干措施"案简介

对美国向 WTO 争端解决机构(简称"DSB")起诉印度的"印度——与太阳能电池和组件有关的若干措施"案(DS456,以下简称"本案"),专家组于2016 年 2 月 24 日发布了《专家组报告》,上诉机构于 2016 年 9 月 16 日发布了《上诉机构报告》。鉴于本案对中国具有重要启发意义,我们翻译了本案的《上诉机构报告》正文(WT/DS456/AB/R)和有关附件。以下简要介绍本案的基本情况。

一、本案的起因

随着传统能源的日益紧张,多数国家高度重视大力发展诸如太阳能之类的可再生能源,制定了一系列法律和政策以保障国内相关产业的发展。但这些国内法律和政策容易引发国家间的贸易争端。各国对国内诸如太阳能之类的可再生能源产业的扶持性措施②,可能不符合现在的国际贸易规则,侵犯了其他国家的利益。

印度于 2010 年 1 月制定了《印度贾瓦哈拉尔·尼赫鲁国家太阳能计划》(India's Jawaharlal Nehru National Solar Mission ,简称"NSM"),其目标是"通过创造尽快在全国扩散的政策条件,使印度成为全球太阳能领域的领先国家",

---

* 何美玉[1995—],女,重庆开州区人,西南政法大学国际法学院法律硕士(法学)专业涉外经贸法律实务方向 2016 级硕士研究生。

② Yuka Fukunaga,Renewable Energy Trade and Governance,Proceedings of the Annual Meeting — American Society of International Law,2012,pp.381-385.

同意以长期的合同保证率向太阳能开发商(solar power developer,简称"SPD")购买电力,并为 SPD 提供其他经济利益。通过 NSM 计划,印度计划在 2022 年前达到 2 万兆瓦并网太阳能发电能力。为了实现这一目标,印度正在分三个独立"阶段"实施 NSM 计划。[①]

第Ⅰ阶段分为两批:第 1 批(2010—2011)和第 2 批(2011—2012)。目前正在进行的第Ⅱ阶段于 2013 年 10 月开始,计划于 2019 年完成。迄今,已经在第Ⅱ阶段开展了一个批次(第 1—A 批)。第Ⅱ阶段(第 1—A 批)的目标是生产 750 兆瓦的太阳能发电量。计划在 2017—2022 年间的第三阶段结束时达到 20 000 兆瓦的目标。印度尚未发布第三阶段的任何准则草案或详细计划。[②]

在 NSM 计划的每个阶段,印度都征求和评估 SPD 的投标建议,以建立"太阳能发电项目"。印度选择若干开发商,与这些开发商签订购电协议(power purchase agreement,简称"PPA")。根据 PPA,印度同意以合同保证的长期比率购买 SPD 太阳能发电项目生产的电。印度再将该电出售给下游"分销公司",后者再转售给商业和家庭消费者。

NSM 计划生产电的基本运行流程如下[③]:

SPD 发电→通过 PPA 出售给印度政府→政府分配(转售)给公共事业公司(电力分销公司)→电力分销公司再转售给最终用户(商业和家庭消费者)。

印度在执行 NSM 计划过程中,制定了一系列文件为每阶段和每批(包括 DCR 措施)列出计划的相关方面。第Ⅰ阶段(第 1 批)、第Ⅰ阶段(第 2 批)和第Ⅱ阶段(第 1—A 批)分别由类似的一组关键文件来管理。具体言之,NSM 每阶段的措施包括:准则文件、遴选要求文件、PPA 范本和单独执行的 PPA。[④]

《第Ⅰ阶段第 1 批准则》规定,太阳能光伏项目、基于晶体硅技术的项目使用印度制造的组件。《第Ⅰ阶段第 2 批准则》规定,2011—2012 财年第 2 批选择的全部太阳能光伏项目必须使用印度生产的电池和组件。《第Ⅱ阶段准

---

① Report of the Appellate Body, India-Certain Measures Relating to Solar Cells And Solar Modules, AB-2016-3, WT/DS456/AB/R, September 16, 2016, para.7. 16.

② Report of the Panel, India-Certain Measures Relating to Solar Cells And Solar Modules, AB-2016-3, para.7. 21.

③ Report of the Panel, India-Certain Measures Relating to Solar Cells And Solar Modules, AB-2016-3, para.7. 21.

④ Report of the Panel, India-Certain Measures Relating to Solar Cells And Solar Modules, AB-2016-3, , para.7. 18.

则》规定:根据国内成份要求(简称"DCR")措施(以下简称"DCR措施"),电厂使用的太阳能电池和组件必须是在印度制造的。在每份遴选要求文件中逐字重述DCR措施。此外,作为根据遴选要求文件提交的投标申请的一部分,SPD有义务在第Ⅰ阶段签署后180天内为满足适用的DCR提供具体计划,必须遵守第Ⅰ阶段(第1批)、第Ⅰ阶段(第2批)和第Ⅱ阶段(第1—A批)的相关要求。根据该计划可能有利于签订PPA,SPD必须符合必要的国内成份要求。争端中的争议措施还包括将NSM计划下的DCR纳入分别签署的PPA。每份PPA都基于PPA范本执行的,该范本包含来自准则的DCR和该阶段和该批的遴选要求。每份PPA包含了DCR措施。美国认为,根据JNNSM计划,印度签署了太阳能开发商("SPDs")的购电协议,但是,SPD要签订这些合同并获得其他支持,必须使用印度制造的太阳能电池和组件。本案争端各方关注的焦点问题是,印度的DCR措施对进口太阳能电池和组件的待遇比对国内太阳能电池和组件的待遇处于不利状态,因为国产产品不能与相同条件下的进口电池和组件竞争。因此,美国认为,NSM计划下的DCR措施,包括单独执行的太阳能项目合同,不符合《1994年关税与贸易总协定》(简称"GATT 1994")第Ⅲ:4条款和《与贸易有关的投资措施协定》(简称"TRIMs协定")第2.1条款下印度承担的义务。针对印度DCR措施,美国通过DSB向印度提出磋商请求。双方磋商无果后,DSB组建专家组审理本案。

二、本案的进展简况

2013年2月6日和2014年2月10日,美国根据GATT1994第22条、《关于管辖争端解决的规则与程序的谅解》(简称"DSU")第1条和第4条、TRIMs协定第8条,就印度NSM第1阶段和第2阶段中规定的本地成分要求向WTO提出与印度磋商的申请。

2013年3月20日和2014年3月20日,美国分别与印度就争议事项进行了磋商,但未达成共识。

2014年4月14日,美国根据DSU第6.2条款,就印度与太阳能电池和组件有关的DCR措施向DSB提出成立专家组的申请(DS456)。

2014年5月23日,DSB在例会上基于美国的第二次申请,就印度太阳能电池和组件的DCR措施案(DS456)作出成立专家组的决定。巴西、加拿大、中国、欧盟、日本、韩国、马来西亚、挪威、俄罗斯联邦、土耳其作为第三方参与该案专家组议程。

2016 年 2 月 24 日,专家组发布《专家组报告》(WT/DS456/R)。

2016 年 4 月,印度对《专家组报告》中的裁决不服,向上诉机构提出上诉。

2016 年 9 月 16 日,上诉机构发布《上诉机构报告》,裁决印度改正若干措施。

三、本案的争议焦点

综观专家组和上诉机构的报告,本案的争议焦点有以下方面①:

(一)印度 NSM 计划中包含"国内成份要求"的 DCR 措施是否违反 GATT1994 第Ⅲ:4 条款、TRIMs 协定第 2.1 条款中有关国民待遇的规定

美国认为,NSM 计划中的国内成份要求不符合 1994 GATT 第Ⅲ:4 条款下印度国民待遇义务,因为 DCR 的作用是对进口太阳能电池和组件给予"不太有利"的待遇,印度不能通过 GATT 1994 第Ⅲ:8(a)条款援引"政府采购"例外进行解释;进口的和国内的太阳能电池和组件是"同类产品";对"影响"太阳能电池和组件的"销售""购买"或"使用"的美国 SPD 施加"要求",美国 SPD 提供的进口太阳能电池和组件与印度产的产品同类,NSM 方案下的措施区分了进口和国产的太阳能电池和组件。

(二)印度包含"国内成份要求"的 DCR 措施是否违反了 GATT1994 第Ⅲ:8 条款规定

美国认为,GATT1994 第Ⅲ:8(a)条款免除了第Ⅲ:4 条款规定的国民待遇义务。但是,争端中涉及的 DCR 措施不能获得这项豁免,因为印度根据 PPA 获得电力而影响到了销售要求的产品和购买或使用的太阳能电池和组件。这些产品(电力)与太阳能电池和组件不相同,也不具有竞争关系,换言之,印度在通过购电协议按 NSM 采购电力的同时不采购太阳能电池或组件。因此,第Ⅲ:8(a)条款能不能免除对进口太阳能电池或组件的歧视要求具有争议。

(三)印度 DCR 是否必要以确保遵守法律或规章,是否符合 GATT1994 第 XX(d)条款的含义

印度引用的许多文件是广泛的政策文件,不具约束力或仅具有一定作用,

---

① Report of the Panel, India-Certain Measures Relating to Solar Cells And Solar Modules, AB-2016-3, para.7.25.

也即,它们不是在第XX(d)条款所称的"遵守"的印度法律或规章。美国认为,"遵守"是指"履行义务"而不是"确保达到法律和规章的目标"。因此,即使DCR措施旨在追求引用文件所反映的可持续发展目标,但仍然不足以证明DCR是"必须遵守"文件本身的必要条件。仅就此而论,印度未能证明为了第XX(d)条款的目的,DCR必须遵守任何法律或规章。

(四)印度DCR措施是否是解决了GATT 1994第XX(j)条款含义范围内太阳能电池和组件短缺问题的"根本"

印度并不太在乎太阳能电池和组件的获取能力,而且印度制造的太阳能电池和组件明显缺乏。印度认为DCR旨在"激励国内制造电池和组件",对解决印度制造的电池和组件明显短缺的问题是"必不可少的"。换言之,印度承认,DCR是鼓励本地供应(生产)的"必要",而不是"获取"太阳能电池或组件的关键。

四、本案的裁决

(一)专家组的裁决

《专家组报告》中裁决:印度NSM中有关"国内成份要求"的措施违反了GATT 1994和TRIMs协定的相关规定,并对美国企业构成了歧视性待遇;印度在NSM中采取的部分措施违反了WTO规则。具体裁决内容如下:

1. 印度DCR措施不符合TRIMs协定第2.1条款、GATT 1994第Ⅲ:4条款的规定,不属于GATT 1994第Ⅲ:8(a)条款的减损范围。

2. 按GATT 1994第XX(j)条款或第XX(d)条款的一般例外,印度DCR措施是不合理的。

3. 根据DSU第3.8条款,违反了涵盖协定规定义务行为被视为证明构成初步无效或损害的情形,不符合TRIMs协定第2.1条款和GATT 1994第Ⅲ:4条款规定的本案所涉措施已使这些协定下的美国利益应当无效或受到减损。

4. 根据DSU第19.1条款,建议印度采取措施使其符合TRIMs协定和GATT 1994规定的义务。

(二)上诉机构的裁决

《上诉机构报告》中对以下事项作出了裁决。

1. 关于 GATT 1994 第Ⅲ:8(a)条款

针对专家组按 GATT 1994 第Ⅲ:8(a)条款作出的结论,上诉机构裁决:

(1)印度 DCR 措施不在第Ⅲ:8(a)条款规定的减损范围内;

(2)驳回印度提出的专家组在评估印度 GATT 1994 第Ⅲ:8(a)条款适用范围的观点中不符合 DSU 第 11 条的主张;

(3)维持专家组的以下结论:DCR 措施不在 GATT 1994 第Ⅲ:8(a)条款的减损范围内,该措施不符合 TRIMs 协定第 2.1 条款和 GATT1994 第Ⅲ:4 条款;

(4)没必要处理印度关于第Ⅲ:8(a)条款下其余要素的进一步主张和相关论点。

2. 关于 GATT 1994 年第 XX(j)条款

针对专家组根据 GATT 1994 年第 XX(j)条款作出的裁决,上诉机构裁决:

(1)不同意印度关于可以确定其"供应短缺"而不考虑所有来源的供应是否足以满足相关市场的需求的主张;

(2)驳回印度声称专家组的行为不符合 DSU 第 11 条的主张;

(3)维持专家组的这一结论,即印度采取的 DCR 措施在 GATT 1994 第 XX(j)条款下是不合理的;

(4)没必要进一步审查印度关于专家组对"印度 DCR 措施对于为了第 XX(j)条款目的采购太阳能电池和组件是否至关重要的'有限审查和分析'的上诉请求",没有必要研究印度的论点。

3. 关于 GATT 1994 第 XX(d)条款

针对专家组根据 GATT 1994 第 XX(d)条款的裁决,上诉机构的主要裁决如下:

(1)印度没有证明其"确定的国内文书的段落和条款一起解读时提出在确保生态可持续增长的同时解决印度能源安全挑战并确保遵守其义务与气候变化有关"的主张;

(2)专家组在裁定印度未证明其确定的国际文书属于本争端中第 XX(d)条款"法律或规章"的范围时没有犯错;

(3)维持专家组裁决印度未证明 DCR 措施是"确保遵守不违反 GATT 1994 规定的法律或规章的措施"的结论和专家组"按 GATT 1994 第 XX(j)条款,DCR 措施是不合理的"的最终结论;

(4)维持专家组的这一结论,即印度未证明 DCR 措施是"确保遵守不违反 GATT 1994 年规定的法律或规章的措施";

(5)没有必要进一步审查印度关于专家组对第 XX(d)条款"DCR 措施是

否必要"予以有限审查和分析的上诉主张,也无必要研究印度的相应论点;

(6)建议 DSB 要求印度按照本报告中的裁决和经本报告变更后的专家报告中的裁决,使其不符合 TRIMs 协定和 GATT 1994 的措施符合其在这些协定下的义务。

世界贸易组织　　　　　　　　　　　　　　　WT/DS456/AB/R

(16—4918)　　　　　　　　　　　　　　　　　2016 年 9 月 16 日

正本:英文

印度——与太阳能电池和组件有关的若干措施

AB-2016—3

上诉机构报告

目　录

1. 导言

2. 上诉诸当事方的观点

3. 第三方参与者的观点

4. 本上诉中提出的问题

5. 上诉机构的分析

5.1　GATT 1994 第Ⅲ:8(a)条款

5.1.1　专家组的裁决

5.1.2　印度的上诉主张

5.1.3　GATT 1994 第Ⅲ:8(a)条款的适用范围

5.1.4　印度质疑专家组对 GATT 1994 第Ⅲ:8(a)条款下印度主张的方法

5.1.5　结论

5.1.6　GATT 1994 第Ⅲ:8(a)条款下的其余要素

5.2　GATT 1994 第ⅩⅩ(j)条款——"一般或本地供应短缺"

5.2.1　专家组的裁决

5.2.2 印度的上诉主张

5.2.3 GATT 1994 第 XX(j) 条款下的法律标准

5.2.4 专家组在裁决太阳能电池和组件不是印度境内短缺产品中是否犯下错误

5.2.5 专家组在评估印度涉及国内制造能力的论点和证据中行事是否不符合 DSU 第 11 条

5.2.6 结论

5.3 GATT 1994 第 XX(d) 条款

5.3.1 专家组的裁决

5.3.2 GATT 1994 第 XX(d) 条款下的法律标准

5.3.3 专家组在评估印度确定的国内文书中是否犯了错误

5.3.4 专家组在评估印度确定的国际文书中是否犯了错误

5.3.5 结论

5.4 GATT 1994 第 XX(j)、(d) 条款下的"至关重要性""必要性"和第 XX 条首部分

5.5 上诉机构一成员的单独观点

6. 裁决和结论

6.1 GATT 1994 第Ⅲ:8(a) 条款

6.2 GATT 1994 第 XX(j) 条款

6.3 GATT 1994 第 XX(d) 条款

附录

附件 A 上诉通知书

附件 A-1 印度的上诉通知

附件 B 上诉当事方参与者的观点

附件 B-1 印度的上诉方呈词执行概要

附件 B-2 美国的被上诉方呈词执行概要

附件 C 第三方参与者的观点

附件 C-1 巴西的第三方参与者呈词执行概要

附件 C-2 欧盟的第三方参与者呈词执行概要

附件 C-3 日本的第三方参与者呈词执行概要

附件 D 程序性裁定

附件 D-1 关于变更提交书面呈词日期的 2016 年 5 月 4 日程序性裁定

本报告中使用的缩略语

缩略语	描述
c-Si	晶体硅
DCR 措施	《印度贾瓦哈拉尔·尼赫鲁国家太阳能计划》第 I 阶段(第 1 批)、第 I 阶段(第 2 批)和第 II 阶段(第 1—A 批)施加的国内成份要求
DSB	争端解决机构
DSU	关于管辖解决争端的规则和程序的谅解
《2003 年电力法》	印度议会《2003 年电力法》(第 2003 年第 36 号法,2003 年 5 月 26 日),专家组证据展示 USA—20
GATT 1994	《1994 年关税与贸易总协定》
《气候变化国家行动计划》	印度政府:《气候变化国家行动计划》(2008 年 6 月),专家组证据展示 IND—2
《国家电力计划》	印度政府电力部中央电力局:《国家电力计划》第 1 卷—发电(2012 年 1 月),专家组证据展示 IND—16
《国家电力政策》	印度政府电力部:《国家电力政策》,第 23/40/2004—R&R 号决定(第 II 卷)(2005 年 2 月 12 日),专家组证据展示 IND—14
《国家太阳能计划》,或 NSM	《贾瓦哈拉尔·尼赫鲁国家太阳能计划》
专家组	是本案中诸程序的专家组
专家组报告	专家组报告:《印度——与太阳能电池和太阳能组件有关的若干措施》,WT/DS456/R
PPA	购电协议
PV	光伏
SPD	太阳能开发商
TRIMs 协定	《与贸易有关的投资措施协定》
WTO	世界贸易组织
WTO 协定	《建立世界贸易组织的马拉喀什协定》

专家组在本报告中引用的证据

专家组证据	描述
IND—2	印度政府:《气候变化国家行动计划》(2008 年 6 月)
IND—3	1992 年 5 月 2 日在纽约签署的《联合国气候变化框架公约》,《联合国条约集》第 1771 卷第 107 页
IND—14	印度政府电力部:《国家电力政策》,第 23/40/2004—R&R 号决定(第 II 卷)(2005 年 2 月 12 日)
IND—16	印度政府电力部中央电力局:《国家电力计划》,第 1 卷—发电(2012 年 1 月)
IND—28	联合国大会 2012 年 7 月 27 日通过的 A/RES/66/288 决议(里约 +20 文件:《我们想要的未来》)
IND—35	《环境与发展里约宣言》,联合国大会 1992 年通过
IND—36	G. Sundarrajan v. 印度联盟和其他成员,2013(6)SCC 620(节选)
USA—4	印度新能源和可再生能源部第 5/14/2008 号决议:《贾瓦哈拉尔·尼赫鲁国家太阳能计划》(2010 年 1 月 11 日)
USA—20	印度议会:《2003 年电力法》(2003 年第 36 号,2003 年 5 月 26 日)

本报告中援引的案件

短标题	案件标题全称和援引
阿根廷——金融服务	上诉机构报告:阿根廷——有关货物和服务贸易的措施,WT/DS453/AB/R 和 Add.1,2016 年 5 月 9 日通过
澳大利亚——三文鱼	上诉机构报告:澳大利亚——影响鲑鱼进口的措施,WT/DS18/AB/R,1998 年 11 月 6 日通过,DSR 1998:VIII,第 3327 页
巴西——翻新轮胎	上诉机构报告:巴西——影响进口轮胎翻新的措施,WT/DS332/AB/R,2007 年 12 月 17 日通过,DSR 2007:IV,第 1527 页
加拿大——期刊	上诉机构报告:加拿大——与期刊有关的若干措施,WT/DS31/R 和 Corr.1,1997 年 7 月 30 日通过,经上诉机构报告 WT/DS31/AB/R 变更,DSR1997:I,第 481 页
加拿大——可再生能源/加拿大——并网电价补贴计划	上诉机构报告:加拿大——影响再生能源发电部门的若干措施/加拿大——与并网电价补贴计划有关的措施,WT/DS412/AB/R、WT/DS426/AB/R,2013 年 5 月 24 日通过,DSR 2013:I,第 7 页

短标题	案件标题全称和援引
加拿大——可再生能源/加拿大——并网电价补贴计划	专家组报告:加拿大——影响再生能源发电部门的若干措施/加拿大——与并网电价补贴计划有关的措施,WT/DS412/R 和 Add.1、WT/DS426/R 和 Add.1,2013 年 5 月 24 日通过,经上诉机构报告 WT/DS412/AB/R/WT/DS426/AB/R 予以变更,DSR 2013:I,第 237 页
加拿大——小麦出口和谷物进口	上诉机构报告:加拿大——与小麦出口和谷物进口待遇有关的措施,WT/DS276/AB/R,2004 年 9 月 27 日通过,DSR 2004:VI,第 2739 页
加拿大——小麦出口和谷物进口	专家组报告:加拿大——与小麦出口和谷物进口待遇有关的措施,WT/DS276/R,2004 年 9 月 27 日通过;上诉机构报告 WT/DS276/AB/R 维持专家组报告,DSR 2004:VI,第 2817 页
智利——价格区间体系(第 21.5 条——阿根廷)	上诉机构报告:智利——与若干农产品有关的价格区间体系和保障措施——阿根廷求助 DSU 第 21.5 条,WT/DS207/AB/RW,2007 年 5 月 22 日通过,DSR 2007:II,第 513 页
中国——汽车零部件	上诉机构报告:中国——影响进口汽车零部件的措施,WT/DS339/AB/R、WT/DS340/AB/R、WT/DS342/AB/R,2009 年 1 月 12 日通过,DSR 2009:I,第 3 页
中国——汽车零部件	专家组报告:中国——影响进口汽车零部件的措施,WT/DS339/R、Add.1 和 Add.2,WT/DS340/R、Add.1 和 Add.2,WT/DS342/R、Add.1 和 Add.2,2009 年 1 月 12 日通过;上诉机构报告 WT/DS339/AB/R、WT/DS340/AB/R、WT/DS342/AB/R 维持了 WT/DS339/R,变更了 WT/DS340/R、WT/DS342/R339/R,DSR 2009:I,第 119 页
中国——稀土	上诉机构报告:中国——与稀土、钨和钼出口有关的措施,WT/DS431/AB/R、WT/DS432/AB/R、WT/DS433/AB/R,2014 年 8 月 29 日通过,2014:III,第 805 页
中国——稀土	专家组报告:中国——与稀土、钨和钼出口有关的措施,WT/DS431/R 和 Add.1、WT/DS432/R 和 Add.1、WT/DS433/R 和 Add.1,2014 年 8 月 29 日通过,获得上诉机构报告 WT/DS431/AB/R、WT/DS432/AB/R 和/WT/DS433/AB/R 维持,DSR 2014:IV,第 1127 页
中国——原材料	上诉机构报告:中国——与各种原材料出口有关的措施,WT/DS394/AB/R、WT/DS395/AB/R、WT/DS398/AB/R,2012 年 2 月 22 日通过,DSR 2012:VII,第 3295 页

短标题	案件标题全称和援引
哥伦比亚——入境口岸	专家组报告:哥伦比亚——入境口岸指示性价格和限制,WT/DS366/R 和 Corr.1,2009 年 5 月 20 日通过,DSR 2009:Ⅵ,第 2535 页
哥伦比亚——纺织品	上诉机构报告:哥伦比亚——与纺织品、服装和鞋类进口有关的措施,WT/DS461/AB/R 和 Add.1,2016 年 6 月 22 日通过
多米尼加共和国——进口和销售卷烟	(上诉机构报告:多米尼加共和国——影响卷烟进口和国内销售的措施,WT/DS302/AB/R,2005 年 5 月 19 日通过,DSR 2005:ⅩⅤ,第 7367 页
EC——紧固件(中国)	上诉机构报告:欧共体——源自中国的若干钢铁紧固件的最终反倾销措施,WT/DS397/AB/R,2011 年 7 月 28 日通过,DSR 2011:Ⅶ,第 3995 页
EC——激素	上诉机构报告:欧共体——有关肉类和肉制品(激素)的措施,WT/DS26/AB/R、WT/DS48/AB/R,1998 年 2 月 13 日通过,DSR 1998:Ⅰ,第 135 页
EC——家禽	上诉机构报告:欧共体——影响若干家禽产品进口的措施,WT/DS69/AB/R,1998 年 7 月 23 日通过,DSR 1998:Ⅴ,第 2031 页
EC——密封产品	上诉机构报告:欧共体——禁止密封产品进口和销售的措施,2014 年 6 月 18 日通过的 WT/DS400/AB/R/WT/DS401/AB/R,DSR 2014:Ⅰ,第 7 页
EC——商标和地理标志(美国)	专家组报告:欧共体——保护农产品和食品商标和地理标志,美国上诉,WT/DS174/R,2005 年 4 月 20 日通过,DSR 2005:V3,第 3499 页
EC——零部件	关贸总协定专家组报告:欧洲经济共同体——关于进口零部件的法规,L/6657,1990 年 5 月 16 日通过,BISD 37S,第 132 页
印度——太阳能电池	专家组报告:印度——与太阳能电池和太阳能组件有关的若干措施,WT/DS456/R 和 Add.1,2016 年 2 月 24 日分发 WTO 各成员
日本——酒精饮料Ⅱ	上诉机构报告:日本——酒精饮料税,WT/DS8/AB/R、WT/DS10/AB/R、WT/DS11/AB/R,1996 年 11 月 1 日通过,DSR 1996:Ⅰ第 97 页
韩国——诸牛肉措施	上诉机构报告:韩国——影响进口新鲜、冷藏和冷冻牛肉的措施,WT/DS161/AB/R、WT/DS169/AB/R,2001 年 1 月 10 日通过,DSR 2001:Ⅰ,第 5 页

续表

短标题	案件标题全称和援引
韩国——诸牛肉措施	专家组报告:韩国——影响进口新鲜、冷藏和冷冻牛肉的措施,WT/DS161/R、WT/DS169/R,2001 年 1 月 10 日通过,被上诉机构报告 WT/DS161/AB/R、WT/DS169/AB/R 变更,DSR 2001:Ⅰ,第 59 页
墨西哥——软饮料税	上诉机构报告:墨西哥——软饮料和其他饮料的税收措施,WT/DS308/AB/R,2006 年 3 月 24 日通过,DSR 2006:Ⅰ,第 3 页
墨西哥——软饮料税	专家组报告:墨西哥——软饮料和其他饮料的税收措施,WT/DS308/R,2006 年 3 月 24 日通过,被上诉机构报告 WT/DS308/AB/R 变更,DSR 2006:Ⅰ,第 43 页
菲律宾—蒸馏酒	上诉机构报告:菲律宾——蒸馏酒税,WT/DS396/AB/R、WT/DS403/AB/R,2012 年 1 月 20 日通过,DSR 2012:Ⅷ,第 4163 页
美国——碳钢(印度)	上诉机构报告:美国——对来自印度若干热轧碳钢平板产品的反补贴措施,WT/DS436/AB/R,2014 年 12 月 19 日通过,DSR 2014:Ⅴ,第 1727 页
美国——持续调零	上诉机构报告:美国——调零方法的持续存在和应用,WT/DS350/AB/R,2009 年 2 月 19 日通过,DSR 2009:Ⅲ,第 1291 页
美国——耐腐钢日落审查	上诉机构报告:美国——对日本耐腐蚀碳钢平板产品反倾销税的日落审查,WT/DS244/AB/R,2004 年 1 月 9 日通过,DSR 2004:Ⅰ,第 3 页
美国——反补贴和反倾销措施(中国)	专家组报告:对来自中国若干产品的反补贴和反倾销措施,WT/DS449/R 和 Add.1,2014 年 7 月 22 日通过,被上诉机构报告 WT/DS449/AB/R 变更,DSR 2014:Ⅷ,第 3175 页
美国——赌博	上诉机构报告:美国——影响博彩和博彩服务跨境供应的措施,WT/DS285/AB/R,2005 年 4 月 20 日通过,DSR 2005:Ⅻ,第 5663 页(和 Corr.1,DSR 2006:Ⅻ,第 5475 页)
美国——汽油	诉机构报告:美国——重新制定和常规汽油标准,WT/DS2/AB/R,1996 年 5 月 20 日通过,DSR 1996:Ⅰ,第 3 页
美国——热轧钢	上诉机构报告:美国——日本若干热轧钢产品的反倾销措施,WT/DS184/AB/R,2001 年 8 月 23 日通过,DSR 2001:Ⅹ,第 4697 页
美国——大型民用飞机(第二次投诉)	上诉机构报告:美国——影响大型民用航空器贸易的措施(第二次投诉),WT/DS353/AB/R,2012 年 3 月 23 日通过,2012 年 DSR:Ⅰ,第 7 页

续表

短标题	案件标题全称和援引
美国——虾	上诉机构报告:美国——禁止进口若干虾和虾产品,WT/DS58/AB/R,1998 年 11 月 6 日通过,DSR 1988:Ⅶ,第 2755 页
美国——软木木材Ⅳ	上诉机构报告:美国——关于加拿大若干软木木材的最终反补贴税决定,WT/DS257/AB/R,2004 年 2 月 17 日通过,DSR 2004:Ⅱ,第 571 页
美国——不锈钢(墨西哥)	上诉机构报告:美国——对来自墨西哥不锈钢的最终反倾销措施,WT/DS344/AB/R,2008 年 5 月 20 日通过,DSR 2008:Ⅱ,第 513 页
美国——钢铁保障措施	上诉机构报告:美国——对若干进口钢铁产品的最终保障措施,WT/DS248/AB/R、WT/DS249/AB/R、WT/DS251/AB/R、WT/DS252/AB/R、WT/DS253/AB/R、WT/DS254/AB/R、WT/DS258/AB/R、WT/DS259/AB/R,2003 年 12 月 10 日通过,DSR 2003:Ⅶ,第 3117 页)
美国——轮胎(中国)	上诉机构报告:美国——影响进口自中国若干乘用车和轻型卡车轮胎的措施,WT/DS399/AB/R,2011 年 10 月 5 日通过,DSR 2011:Ⅸ,第 4811 页

世界贸易组织上诉机构

印度——与太阳能电池和组件有关的若干措施	AB-2016-3
	上诉机构审理部门:
上诉方:印度	
被上诉方:美国	首席成员:范·登·博斯切
	成　　员:金铉宗
第三方参与者:巴西、加拿大、中国、厄瓜多尔、欧盟、日本、韩国、马来西亚、挪威、俄罗斯、沙特阿拉伯、中国台湾(含澎湖、金门、马祖)单独关税区、土耳其	成　　员:托马斯·雷厄姆

1. 导言

1.1　印度就专家组报告《印度——与太阳能电池和太阳能组件有关的若干措施》①("专家组报告")中出现的法律问题和法律解释,提出上诉。专

---

①　WT/DS456/R,2016 年 2 月 24 日。

家组于 2014 年 5 月 23 日成立,审议美国就印度对向《印度贾瓦哈拉尔·尼赫鲁国家太阳能计划》(NSM)①下的政府机构出售电力的太阳能开发商(SPDs)施加若干国内成份要求(DCR 措施)提出的控告。② 争议的 DCR 措施要求 SPD 使用在印度制造的若干种类太阳能电池和组件。③

1.2　NSM 由印度中央政府于 2010 年制定,旨在到 2022 年实现 10 万兆并网太阳能发电容量。④ NSM 宣称的目标是"通过创造尽快在全国推广的政策条件,使印度成为全球太阳能领域的领导者"。⑤ NSM 正在连续几个"阶段"实施,到目前为止,每个阶段都进一步分为"诸批"。

1.3　第Ⅰ阶段(第 1 批)、第Ⅰ阶段(第 2 批)和第Ⅱ阶段(第 1—A 批)中的 DCR 措施在一系列不同的文件中均被提出、规定或反映,包括所谓的"准则"和"遴选要求"文件⑥、示范购电协议(PPA)和在印度政府机构⑦与 SPD 之间单独执行的 PPAs。⑧ 每项单独执行的 PPA 规定了 25 年期限的保证电比率,由中央政府购买 SPD 生产的电。政府将其购买的电转售给下游分销公司,后者再将电转售给最终消费者。⑨

1.4　专家组在审查了提供的有关每批的全部证据后,对以下理解进行了分析:就每一批,争议的措施是反映在或纳入每批的各种文件中的 DCR 措施,并以一种"全部"方式一起进行阅读。⑩ 因此,专家组没有将每批中的单独文

---

① 专家组报告,第 2.1 段。

② 美国要求 2014 年 4 月 14 日成立专家组,WT/DS456/5。

③ 太阳能电池是太阳能组件组件的光伏(PV)设备,也被称为太阳能电池板。太阳能光伏技术直接将太阳光转换成电力。

④ 专家组报告,第 7.1 段。

⑤ 专家组报告,第 7.1 段[引自印度政府新能源和叮再生能源部第 5/14/2008 号决议《贾瓦哈拉尔·尼赫鲁国家太阳能计划》(2010 年 1 月 11 日);专家组证据 USA-4,第 2段]。

⑥ 专家组报告,第 7.8 段及其脚注 81。

⑦ 在第Ⅰ阶段(第 1 批)和第Ⅰ阶段(第 2 批)中,Vidyut Vyapar Nigam Limited 是负责实施太阳能项目选择过程的机构。在第Ⅱ阶段(第 1—A 批)中,印度太阳能公司(Solar Energy Corporation of India)被选定执行相同的功能。专家组报告,第 7.4 段。

⑧ 专家组报告,第 7.2 段。

⑨ 专家组报告,第 7.2 段。

⑩ 美国在回应印度要求对有关措施的范围作出初步裁决中确认,关于第Ⅰ阶段(第 1 批)、第Ⅰ阶段(第 2 批)和第Ⅱ阶段(第 1—A 批),争议的措施仅是每批下的具体 DCR,不包括 NSM 的其他任何要素。专家组报告,第 7.22 段。

件视为不同的措施。①

1.5 对参与 NSM 第 I 阶段(第 1、2 批)和第 II 阶段(1—A 批)的 SPD 施加强制性 DCR 措施。但是,不同批 DCR 的规模和覆盖范围有所不同。② 在第 I 阶段(第 1 批)中,基于晶体硅(c-Si)技术的所有项目强制性使用印度生产的 c-Si 组件,但同时允许使用国外 c-Si 电池和国外薄膜组件或集中器光伏(PV)电池。③ 在第 I 阶段(第 2 批)中,基于 c-Si 技术的所有项目强制性使用在印度生产的 c-Si 电池和组件,同时允许使用由薄膜技术或聚光光伏电池制造的国内或国外组件。④ 在第 II 阶段(1—A 批)中,SPD 使用的任何太阳能电池和组件必须是在印度制造,而不考虑使用技术的类型。⑤

1.6 美国向专家组主张,印度实行 DCR 措施不符合《1994 年关税与贸易总协定》(GATT 1994)第 III:4 条款和《与贸易有关的投资措施协定》(TRIMs 协定)第 2.1 条款。美国进一步要求专家组建议,印度根据《关于解决争端的规则和程序的谅解》(DSU)第 19.1 条款,使其措施符合 WTO 的义务。⑥

1.7 印度要求专家组裁决,争议的 DCR 措施未违反 GATT 1994 第 III:4 条款或 TRIMs 协定第 2.1 条款的规定。印度进一步要求专家组裁决,GATT 1994 第 III:8(a)条款规定的减损适用于本争端中争议的措施。若专家组裁决争议的措施不符合 GATT 1994 第 III:4 条款或 TRIMs 协定第 2.1 条款下的任何义务,印度要求专家组确定上述任何不符在 GATT 1994 第 XX(j)条款和/或第 XX(d)条款下是合理的。⑦

1.8 专家组在 2016 年 2 月 24 日分发给世界贸易组织(WTO)成员的专家组报告中裁决:

a. DCR 措施不符合 TRIMs 协定第 2.1 条款和 GATT 1994 第 III:4 条款;⑧

---

① 专家组报告,第 7.29—7.31 段。

② 专家组报告,第 7.7 段。

③ 专家组报告,第 7.8 段。

④ 专家组报告,第 7.9 段。

⑤ 专家组报告,第 7.10 段。在第 II 阶段(第 1-A 批)中,SPD 可以投标 PPA"A 部分"(受 DCR 限制)、"B 部分"(不受 DCR 限制)或两者。美国只质疑 A 部分下施加的 DCR 措施。

⑥ 专家组报告,第 III.1 段。

⑦ 专家组报告,第 III.2 段。

⑧ 专家组报告,第 8.2.a.段

b. GATT 1994 第Ⅲ:8(a)条款的减损不包括 DCR 措施;①

c. 按 GATT 1994 第 XX(j)条款或第 XX(d)条款中的一般例外,DCR 措施是不合理的。②

1.9 2016 年 4 月 20 日,印度根据 DSU 第 16.4 条款和第 17 条,将其就专家组报告中的若干法律问题和专家组形成的若干法律解释提出上诉的意图,通知给争端解决机构(DSB),并分别依据《上诉复审工作程序》("工作程序")规则 20 和 21 提交了上诉通知书③和上诉方呈词④。

1.10 2016 年 5 月 2 日,美国致函审理本上诉的上诉机构审理部门,请求将提交被上诉方呈词的截止日期以每日方式予以延长。美国指出,其在另一待决上诉程序即美国——对韩国大型居民洗衣机采取反倾销和反补贴措施(DS464)案中提交被上诉方呈词也是 2016 年 5 月 9 日,也就是,与本上诉中提交被上诉方呈词的截止日期为同一日。美国在提及这两起争端中的上诉范围时表示,其提交呈词内容可能是至关重要的。美国还指出,其在这两起上诉中,为上诉机构审理部门准备被上诉方呈词有大量印刷副本,且要送达给当事参与者和第三方参与者。因此,美国请求将本上诉中被上诉方提交呈词的截止日期以每日方式予以延长,上述截止日期将是 2016 年 5 月 10 日。

1.11 2016 年 5 月 3 日,听审本上诉的上诉机构审理部门邀请印度和第三方评论美国的请求。审理部门没有收到对美国请求的异议。挪威提出,若美国的请求获得批准,第三方提交呈词的截止日期应当同样地延长,以确保第三方参与者能够在上诉程序中以被通知和有效的方式提交呈词。

1.12 2016 年 5 月 4 日,本部门发出程序性裁定,将美国提交被上诉方呈词的截止日期以每日方式延长至 2016 年 5 月 10 日。⑤ 本部门考虑到了美国确定的理由,特别是美国需要在同一日的两个独立上诉程序中提交被上诉方呈词,以及在其依据《工作程序》规则 16(2)评估"若严格遵守时限……会导致明显不公平,例外情况"中的相关因素。本部门还注意到,印度和第三方参与者均未对美国的请求提出任何反对意见。此外,为了向第三方参与者提供充足时间以将对被上诉方呈词的反馈并入第三方参与者呈词中,本部门根据《工作程序》规则 16(2),决定将第三方参与者提交呈词和发出通知书的截

① 专家组报告,第 8.2.a.段
② 专家组报告,第 8.2.b.段
③ WT/DS456/9。
④ WT/AB/WP/6,2010 年 8 月 16 日。
⑤ 包含在本报告附录附件 D-1 中(WT/DS456/AB/R/Add.1)。

止日期延长至 2016 年 5 月 12 日。

1.13　2016 年 5 月 10 日,美国提交了被上诉方呈词。① 2016 年 5 月 12 日,巴西、欧盟和日本各自提交了第三方参与者的呈词。② 同日,加拿大、中国、马来西亚、挪威、俄罗斯和沙特阿拉伯通知其有意作为第三方出席口头聆讯。③ 其后,台湾(含澎湖、金门、马祖)单独关税区、厄瓜多尔、韩国和土耳其各自通知其作为第三方参加者出席口头聆讯的意图。④

1.14　上诉机构主席以 2016 年 6 月 17 日信函通知 DSB 主席称,上诉机构不能根据 DSU 第 17.5 条款在 60 日或依照同一条款在 90 日的期限内分发其报告。上诉机构主席解释称,这是由于许多因素造成的,包括上诉机构 2016 年大量工作、听审不同上诉的审理部门组成重叠所产生的排期困难、本上诉程序和同时进行的上诉程序中所提出问题的数量和复杂性、这些同时上诉对 WTO 秘书处翻译服务的需求以及上诉机构秘书处职员短缺。⑤ 上诉机构主席以 2016 年 7 月 8 日信函通知 DSB 主席称,这些程序中的上诉机构报告将不迟于 2016 年 9 月 16 日分发。⑥

1.15　本上诉的口头聆讯于 2016 年 7 月 4 日至 5 日举行。上诉各当事方和第三方参与者三成员(欧盟、日本和挪威)作了开审和/或闭审口头陈述。上诉各当事方和第三方参与者回应了审理本上诉的上诉机构审理部门各成员提出的问题。

2. 上诉诸当事方的观点

2.1　上诉诸当事方的主张和论点反映在其提交给上诉机构的书面呈词的执行概要中。⑦ 上诉通知书和上诉诸当事方书面呈词之执行概要分别载于

---

①　依据《工作程序》规则 22。

②　依据《工作程序》规则 24(1)和规则 16(2)。

③　依据《工作程序》规则 24(2)。

④　2016 年 6 月 28 日、6 月 30 日、6 月 30 日和 6 月 29 日,台湾(含澎湖、金门、马祖)单独关税区、厄瓜多尔、韩国、土耳其各自分别向上诉机构秘书处和本争端的上诉当事方、第三方参加者提交了其参加口头聆讯的代表名单。为了本上诉的目的,我们将这些行为解释为表达台湾(含澎湖、金门和马祖)单独关税区、厄瓜多尔、韩国和土耳其依据《工作程序》规则 24(2)出席口头聆讯意图的通知。

⑤　WT/DS456/10。

⑥　WT/DS456/11。

⑦　依据上诉机构关于《上诉程序中呈词执行概要》和《上诉程序中呈词执行概要准则》的通讯。WT/AB/23,2015 年 3 月 11 日。

本报告附录附件 A 和附件 B 中。①

3. 第三方参与者的观点

3.1 作为第三方参与者的巴西、欧盟和日本的理由,反映在提交给上诉机构的书面呈词的执行概要中,②并载于本报告附录附件 C 中。③

4. 本上诉中提出的问题

4.1 本上诉中提出了以下问题:

a. 关于 GATT 1994 第Ⅲ:8(a)条款:

ⅰ. 专家组在本裁决本争端中争议的 DCR 措施时的行为与 DSU 第 11 条不符,是否被第Ⅲ:8(a)条款下的减损所涵盖,和印度后续是否不能依靠该条款将 GATT 1994 第Ⅲ:4 条款和 TRIMs 协定第 2.1 条款排除适用于 DCR 措施;和

ⅱ. 若上诉机构撤销专家组裁决 GATT 1994 第Ⅲ:8(a)条款下的减损不涵盖 DCR 措施,上诉机构是否可以完成法律分析并裁决它们符合该条款下的其余法律要素。

b. 关于 GATT 1994 第 XX(j)条款:

ⅰ. 专家组在其解释和适用第 XX(j)条款中,和按 DSU 第 11 条在裁决太阳能电池与组件不是印度境内"一般或本地供应短缺的产品"和 DCR 措施由此按第 XX(j)条款是不合理的中,是否犯错;和

ⅱ. 若上诉机构撤销专家组裁决太阳能电池和组件不是第 XX(j)条款含义内印度境内"一般或本地供应短缺的产品",上诉机构是否可以完成法律分析并裁决 DCR 措施符合第 XX(j)条款下临时合理性的要求且符合 GATT 1994 第 XX 条首部分的要求;和

c. 关于 GATT 1994 第 XX(d)条款:

ⅰ. 专家组在裁定 DCR 措施不是第 XX(d)条款含义内的"确保遵从不与[GATT 1994]规定冲突的法律或规章"时解释、适用第 XX(d)项中和 DCR 措施据此按该项规定不具合理性中,是否犯错;

ⅱ. 若上诉机构撤销专家组裁决 DCR 措施不是第 XX(d)条款含义内的"确保遵从不与[GATT 1994]规定冲突的法律或规章"的措施,上诉机构是否

---

① WT/DS456/AB/R/Add.1.

② 依据上诉机构关于《上诉程序中呈词执行概要》和《上诉程序中呈词执行概要准则》的通讯。WT/AB/23,2015 年 3 月 11 日。

③ WT/DS456/AB/R/Add.1.

可以完成法律分析并裁决 DCR 措施符合第 XX(d) 条款下的临时合理性要求、符合 GATT 1994 第 XX 条首部分的要求。

5. 上诉机构的分析

5.1 GATT 1994 第Ⅲ:8(a)条款

5.1 印度就专家组裁决 GATT 1994 第Ⅲ:8(a) 条款下的政府采购减损未涵盖 DCR 措施,提起上诉,理由是印度政府采购的是电力,而且 DCR 措施下的区别对待与太阳能电池和组件有关。① 印度认为,专家组行事违反了 DSU 第 11 条义务,采取了不客观评估其面前的事项的方式,包括印度的如下主张和相关证据:(ⅰ)难以区分太阳能电池和组件与太阳电力发电;(ⅱ)太阳能电池和组件能够具有太阳能发电投入的特征;(ⅲ)第Ⅲ:8(a) 条款不能以要求直接获取所有情况下购买产品的狭义方式予以适用。② 印度请求我们撤销专家组的裁决,且裁决第Ⅲ:8(a) 条款下的减损涵盖了 DCR 措施。③

5.2 若我们裁决第Ⅲ:8(a) 条款下的政府采购减损涵盖了 DCR 措施,印度会进一步要求我们完成本条款下其余要素的法律分析。④ 特别是,印度要求我们重申专家组的裁决,即:DCR 措施是“管辖”采购的法律、规章或要求,DCR 措施下的采购是“由政府机构”进行的,以及要求我们裁决 DCR 措施下的采购是“为了政府目的”和“不以商业转售为目的”所购买的产品。⑤

5.3 我们从概要专家组裁决和上诉的问题开始,然后讨论 GATT 1994 第Ⅲ:8(a) 条款的解释,再审议印度在上诉中质疑的专家组分析。

5.1.1 专家组的裁决

5.4 专家组开始审查 GATT 1994 第Ⅲ:8(a) 条款规定的要求,以寻求一项措施免除 GATT 1994 第Ⅲ:4 条款和 TRIMs 协定第 2.1 条款国民待遇义务。⑥ 专家组注意到,除了这些因素外,就 DCR 措施下的“所购产品”而言,还

---

① 印度的上诉方呈词,第Ⅲ5(a)段。
② 印度的上诉方呈词,第Ⅲ5(b)段。
③ 印度的上诉方呈词,第Ⅲ5(c)段。
④ 印度的上诉方呈词,第Ⅲ6段。
⑤ 印度的上诉方呈词,第61—62段。
⑥ 专家组报告,第7.105段(参见上诉机构报告,加拿大——可再生能源/加拿大—并网电价补贴计划,第5.57、5.69 和 5.74 段)。

存在第Ⅲ:8(a)条款可适用性的"门槛问题"。① 对专家组,这是在加拿大——可再生能源/加拿大——并网电价补贴计划案中上诉机构分析的"决定性"因素,上诉机构在这些案件中裁决和推理的针对性或可区分性是该争端中专家组议程期间当事方之间争执的主要问题。② 在此方面,专家组注意到,上诉机构"根据受歧视约束的特定产品是否与争议措施下采购的产品具有'竞争关系'",建构第Ⅲ:8(a)条款的可适用性。③ 专家组忆及本争端中受歧视约束的产品是原产于美国的太阳能电池和组件、印度购买的是太阳能电池和组件生产的电力而不是太阳能电池和组件本身,注意到"与加拿大——可再生能源/加拿大——并网电价补贴计划案中上诉机构的方法相平行的一种方法,将太阳能电池和组件与所购电力进行比较,以确定这些产品是否处于'竞争关系'"。④

5.5 专家组进一步注意到,印度没有主张一方面的电力与另一方面的太阳能电池和组件处于竞争关系,也没有要求专家组抛弃加拿大——可再生能源/加拿大——并网电价补贴计划案中上诉机构的推理。相反,印度申辩,中央政府通过采购太阳能电池和组件生产的电力的方式正在"有效获取"此等太阳能电池和组件,试图区分DCR措施与那些案件中的争议措施。⑤

5.6 就印度主张GATT 1994第Ⅲ:8(a)条款不要求在所有情形下获得的产品与歧视针对的产品之间存在"竞争关系"而论,专家组注意到,上诉机构在加拿大——可再生能源/加拿大——并网电价补贴计划案中将"考量生产投入和生产过程"称为可能与"构成产品间竞争关系的事项"有关。⑥ 对专家组,"生产投入和生产过程"的这种提及似乎是详细说明而非取代上诉机构所称的"竞争关系"标准,留下了开放此种可能性,即:考量生产投入和生产过程会引发评估受歧视约束的产品是否是与争议措施下采购的产品"同类"、

① 专家组报告,第7.106段。
② 专家组报告,第7.106段。
③ 专家组报告,第7.113段。
④ 专家组报告,第7.113段。
⑤ 专家组报告,第7.114段。引自印度在专家组第一次会议上的开审陈述,第26段。印度尤其认为,太阳能电池和吸收光能的组件的基本特性,释放电从而产生电力,这些特性决定了它们在太阳能发电中的整体作用。专家组报告,第292至第7.114段(参见印度向专家组提交的第一份书面呈词,第110段;向专家组提交的第二份书面呈词,第19段;美国对专家组第43个问题的回复,第11段。
⑥ 专家组报告,第7.118段(引自上诉机构报告,加拿大——可再生能源/加拿大——并网电价补贴计划,第5.63段)。

和/或是否"与争议措施下采购的产品直接竞争或予以替代"。① 专家组不理解印度不同意这种论点。② 相反,它理解印度的此种主张:"当上诉机构……提到(并明示拒绝决定)'第Ⅲ:8(a)条款的范围是否也可以扩展至政府采购方式购买的产品方面所使用的、涉及生产投入和生产过程的歧视'时,不再提及'什么构成产品间竞争关系'的问题,而是在涉及歧视'生产投入和生产过程'的情形中引入替代'竞争关系'标准的可能性"。③ 但是,专家组不认为"解决上诉机构是否给替代'竞争关系'标准留有空间"是必要的,考虑到了"在第Ⅲ:8(a)条款适用于涉及购买电力和歧视发电设备的事实中,上诉机构阐明了减损'扩展'至处于'竞争关系'的产品,并以'电力'和'发电设备'不处于上述关系为根据处理本案。"④

5.7 就太阳能电池和组件是否具有与电力有关的"投入"特性,专家组忆及了美国的以下论点:印度"依赖于这样一项事实臆断,即太阳能电池板和组件是太阳能电力发电的投入,但它们实际上是没有消耗或纳入所发电力的资本设备"。⑤ 专家组进一步注意到,美国的"投入"应当是在成品中被"纳入或其他情形下可以实际检测到"的立场,和印度的它可能"指要求获得希望产出的任何资源或原料"的立场。⑥ 专家组认为,双方的分歧体现在上诉机构不认为有必要涉及加拿大——可再生能源/加拿大——并网电价补贴计划案的问题上,并裁决同样不必要在本争端中解决这些问题。⑦

5.8 专家组指出,印度的论点还取决于"太阳能电池和组件是否是发电系统的整体投入",与"可以归类为辅助设备的其他所有光伏发电厂组成部

---

① 专家组报告,第7.118段(引自上诉机构报告,加拿大——再生能源/加拿大——并网电价补贴计划,第5.63段)。专家组提到美国的建议,即可以将这理解为"当产品A和产品B由相似投入物(或通过相似过程制造)组成时,这可能表明产品A和产品B是'同类产品'或处于"竞争关系"。同上,第7.118段脚注300(引自美国对专家组第41个问题的回复,第4段)。

② 专家组报告,第7.118段。

③ 专家组报告,第7.119段。

④ 专家组报告,第7.120段(引自上诉机构报告:加拿大——可再生能源/加拿大—并网电价补贴计划,分别见第5.63和5.79段)。

⑤ 专家组报告,第7.121段(引自美国向专家组提交的第二份书面呈词,第17段)。

⑥ 专家组报告,第7.121段(参见美国向专家组提交的第二份书面呈词,第XX段;引自印度对专家组第42号问题的答复,第8、10段)。

⑦ 专家组报告,第7.121段。

分"形成对照。① 专家组指出,加拿大——可再生能源/加拿大——并网电价补贴计划案中争议的"发电设备"包括了"精确相同"产品,也就是,用于生产政府采购电的太阳能电池和组件。② 专家组认为,值得注意的是,上诉机构"没有给出这些或其他任何类型的设备是与 GATT 1994 第Ⅲ:8(a)条款下的分析有关的投入的任何标志,也没有对'整体'或'辅助'性质的投入作任何区分。"③而且,那些案件中的措施有效地施加了使用国内来源的"货物"或"发电设备和部件"的要求,以达到必要的国内成份水平。④

5.9 专家组以此为基础得出结论,"加拿大——可再生能源/加拿大——并网电价补贴计划案需要辨别本争端中争议的相同'发电设备'即太阳能电池和组件。"⑤专家组虽然参考了那些争端中的专家组报告和上诉机构报告,但未使专家组相信,印度在本案中的论点上升到了"在那些程序中被上诉机构拒绝作为第Ⅲ:8(a)条款下相关标准的、发电设备与电力之间'密切关系'以外的任何事情"。⑥ 专家组补充认为,"第Ⅲ:8(a)条款无论在何种程度上适用于与采购方式购买的产品无竞争关系的投入(无论怎样定义该术语)……上诉机构未发现上述考量对其评价包括太阳能电池和组件在内的电力和发电设备是恰当的"。⑦

5.10 专家组还讨论了印度的以下关切:将第Ⅲ:8(a)条款中的"采购"读作要求"直接获取该产品"会不必要地曲解政府采购太阳能行为的性质和行使。⑧ 专家组推断认为,决不自证印度提及的涉及政府机构"直接获取"太

① 专家组报告,第7.122段(引自印度向专家组提交的第二份书面呈词,第XX段)。

② 专家组报告,第7.123段。

③ 专家组报告,第7.123段。

④ 专家组报告,第7.125段(引自专家组报告,加拿大——可再生能源/加拿大——并网电价补贴计划,第7.163段)。对专家组而言,尽管加拿大——可再生能源/加拿大——并网电价补贴计划案中的要求属于开发和建设该争端中DCR措施未涵盖的设施的其他活动,但是上述其他活动不能单独满足国内成份最低要求水平的"合格百分比"。(同上)

⑤ 专家组报告,第7.126段。

⑥ 专家组报告,第7.128段。

⑦ 专家组报告,第7.128段。相似地,专家组拒绝了印度的以下观点:由于购电协议下购买电力的补贴纳入了太阳能电池和组件的成本,"印度购买太阳能电池和组件生产的电力……构成了有效购买电池和组件本身",认为该论点似乎与印度的主要论点相冲突,即"有效采购"成本可以反映在电力补贴中的"整体投入"而非其他"辅助设备"(专家组报告,第7.129段;引自印度对专家组第41号问题的答复,第7段)。

⑧ 专家组报告,第7.130段(参见印度向专家组提交的第一份书面呈词,第118和120段;专家组第一次会议上的开审陈述,第29段)。

阳能电池和组件的情形会符合第Ⅲ:8(a)条款的其他要求,①特别是"为了政府目的和不是为了商业转售目的或不是为了用于商业销售之商品生产目的"采购产品的要求。②

5.11　专家组审议了印度试图区分本争端事实和情形的"具体基础",但专家组不相信 DCR 措施"在任何相关方面可区别于"上诉机构在加拿大——可再生能源/加拿大——并网电价补贴计划案中审查的措施。③ 专家组将"上诉机构对第Ⅲ:8(a)条款的法律解释视为适用于政府购买电力和歧视外国发电设备"后认为,"第Ⅲ:8(a)条款的减损不涵盖 DCR 措施下与太阳能电池和组件有关的歧视。"④

5.1.2　印度的上诉主张

5.12　印度对专家组的以下结论提出上诉:GATT 1994 第Ⅲ:8(a)条款下的减损不涵盖争议的 DCR 措施。印度上诉的中心是其以下主张,即:专家组"机械地适用上诉机构"在加拿大——可再生能源/加拿大—并网电价补贴计划案中形成的"竞争关系检测法"⑤且"拒绝考虑印度"⑥在本案中"提出的事实、证据和法律理由",⑦故专家组的行为不符合其 DSU 第 11 条下的义务。

5.13　印度提出了支持其主张的几个论据。印度坚持认为,专家组"忽

---

①　据印度称,对按第Ⅲ:8(a)条款有效获取太阳能电池和组件的一政府而言,需要自身购买这些产品并从中生产电力,或购买产品并将其提供给发电的各 SPD。专家组报告,第 7.130 段(引自印度向专家组提交的第一份书面呈词,第 117 段)。

②　专家组报告,第 7.132 段。印度还认为,鉴于上诉机构在加拿大——可再生能源/加拿大——并网电价补贴计划案中声明,"若采购被理解为仅仅指任何获取,除了该'采购'一词已经表达的含义外,对第Ⅲ:8(a)条款不会增加任何含义","采购"不应当被解释为要求直接获取。但是,专家组认为,此种提法是错位的,以将"购买"概念置于更广泛的"采购"范畴的方式"颠覆了上诉机构的逻辑"。专家组报告,第 7.133 段(引自上诉机构报告,加拿大——可再生能源/加拿大——并网电价补贴计划,第 5.59 段;欧盟向专家组提交的第三方呈词,第 40 段)。

③　专家组报告,第 7.135 段。

④　专家组报告,第 7.135 段。

⑤　印度的上诉方呈词,第 6 段,另见第 17、26 段。

⑥　印度的上诉方呈词,第 24 段。

⑦　因此,我们理解印度的以下观点:因依靠上诉机构在那些争端中的裁决且对印度有关太阳能电池和组件的主张和观点未得出任何结论,专家组没有"对本案的事实、各涵盖协定相应条款的可适用性和遵守性作出客观评估"(印度的上诉方呈词,第 24 和 28 段;在口头聆讯中对提问的回应)。

视了印度论据的一项基本准则",即太阳能电池和组件与太阳能发电"无法区分"。① 印度还提出,专家组"在其不必要考虑太阳能电池和组件是否符合太阳能发电'投入'的事实和法律评估中"和"在其运用相关检测法审查涉及太阳能电池和组件是否具有'投入'特性中",犯下了错误。② 印度进而声称,专家组在驳回其以下论据中犯下了错误:仅依赖"竞争关系"检测法会不当限制第Ⅲ:8(a)条款的范围;在任何情形下,第Ⅲ:8(a)条款不应解释为面对直接获取所购买的产品。③ 最后,印度主张专家组在以下中犯下了错误:"推理认为它不能超越上诉机构在加拿大——可再生能源/加拿大——并网电价补贴计划案中所适用的检测法,因为印度未曾请求它偏离此推理"④,因此未保证"对第Ⅲ:8(a)条款有意义的解释"。⑤

5.14 就美国方而论,美国认为,DSU 第 11 条下的印度论据"是无价值的,因为……专家组全程参与了印度提出的全部证据和论据",即使它不赞同"印度认为其本应具有权重的此类证据"。⑥ 美国还提出,专家组对第Ⅲ:8(a)条款的解释符合其文本且符合上诉机构在加拿大——可再生能源/加拿大——并网电价补贴计划案中清楚表达的法律标准,专家组正确地将该条款理解为"仅对与受歧视约束的进口有直接竞争的产品购买豁免第Ⅲ条"。⑦ 按美国的观点,"已经拒绝了印度可能被理解为'获取'太阳能电池和组件而不实际购买、获得或在其他情况下监管任何太阳能电池和组件的主张,专家组没有必要考虑或解决太阳能电池和组件能否与太阳能发电相区分的理论问题。"⑧

5.15 我们忆及,DSU 第 11 条对专家组施加了一项全面义务,要求其对"该事项作出客观评估",这项义务涵盖了一专家组审查该"事项"事实和法律的全部方面。⑨ 因此,要求各专家组对"诸事实"、各涵盖协定的"适用性"、争

---

① 印度的上诉方呈词,第 6 和 8 段。特别是,印度主张:"第Ⅲ:8(a)条款适用于以下情况:政府购买产品的实物形式与受歧视产品不同,确立受歧视产品(也就是太阳能电池和组件)与购买的产品(也就是太阳能电)之间确实没有区别。"同上。

② 70 印度的上诉方呈词,标题ⅡB 和第 10 段。

③ 印度的上诉方呈词,第 21—23 段。

④ 印度的上诉方呈词,标题ⅡE。

⑤ 印度的上诉方呈词,第Ⅲ4 段。

⑥ 美国的被上诉方呈词,第 47 段。

⑦ 美国的被上诉方呈词,第 62 段。

⑧ 美国的被上诉方呈词,第 52 段。

⑨ 上诉机构报告,哥伦比亚——纺织品,第 5.17 段(参见上诉机构报告,美国——热轧钢,第 54 段)。

议措施与诸涵盖协定的"相符性"作出客观评估。① 就"诸相关涵盖协定的适用性和相符性"而论,要求专家组客观评估诸涵盖协定中的义务(凭其提出不符性的主张)是否与手上的案件有关和是否可适用于本案件、争议的措施是否符合或不符合那些协定中规定的具体义务。② 那是说,专家组对以下事项有自由处置权:"只处理其认为对解决某特定请求所必要的那些论据","与专家组报告'裁决'部分中未明确讨论的那项主张有关的具体论据在内部及本身不会得出这一结论的事实,即该专家组未按 DSU 第 11 条要求对'面前的事项作出客观评估'"。③ 最后,不能以简单断言专家组未同意已提交其面前的论据或证据的方式支持对专家组事实评估的质疑,但必须清楚表达并证明具体论据,包括解释被质疑的错误影响专家组事实评估的客观性的原因。④

5.16   如上所述,专家组认为,在本争端中没有必要解决"上诉机构是否留出替代竞争关系"标准的空间,或者概要地决定上诉机构在加拿大——可再生能源/加拿大——并网电价补贴计划案中所使用的"生产投入和生产过程"含义。⑤ 这是因为专家组得出以下结论:本争端中争议的 DCR 措施在任何相关方面与那些较早争端中"上诉机构审查的措施没有区别"。⑥ 根据 DSU

---

①   上诉机构报告,哥伦比亚——纺织品,第 5.17 段(参见上诉机构报告,美国——热轧钢,第 54 段)。

②   上诉机构报告,哥伦比亚——纺织品,第 5.17 段。为了"客观评估诸涵盖协定具体规定对其面前的措施的可适用性",专家组必须"在其设计和操作中彻底审查其面前的措施,并识别出主要特性"(上诉机构报告,中国——汽车零部件,第 171 段)。

③   上诉机构报告,欧共体——家禽,第 135 段。另见上诉机构报告,EC——紧固件(中国),第 511 段。此外,关于专家组对证据的评价,要求专家组"考虑提交给它的所有证据,评估其可信度,确定其权重,并保证其事实裁决在该证据中具有适当的基础"。上诉机构报告,巴西——翻新轮胎,第 185 段(参见上诉机构报告,欧共体——荷尔蒙,第 132 和 133 段)。但是,在这些参数中,"总体上,专家组决定选择何项证据用于作出裁定是其自由处置权范围内的事情",专家组在其推理中未明确提及每项证据这一单纯事实,不足以支持违反了 DSU 第 11 条的主张(上诉机构报告,欧共体——激素,第 135 段)。另见上诉机构报告,欧共体——紧固件(中国),第 442 段。

④   上诉机构报告,中国——稀土,第 5.227 段(参见上诉机构报告,智利——价格区间体系(第 21.5 条——阿根廷),第 238 段;美国——钢铁保障措施,第 498 段;美国——轮胎(中国),第Ⅲ21 段;欧共体——紧固件(中国),第 499、500 段)。另见上诉机构报告,美国——大型民用飞机(第二次投诉),第 722 段(参见上诉机构报告,欧共体——紧固件(中国),第 442 段)。

⑤   专家组报告,第 7.120 段。

⑥   专家组报告,第 7.120 段和第 7.134—7.135 段。

第 11 条,要求专家组在对其面前的事项作出客观评估中考虑各当事方的全部事实和法律论据,此对裁决第Ⅲ:8(a)条款下的减损是否涵盖 DCR 措施是恰当的。作为讨论印度质疑专家组分析中的第一步,我们将审查 GATT 1994 第Ⅲ:8(a)条款的适用范围。

5.1.3　GATT 1994 第Ⅲ:8(a)条款的适用范围

5.17　GATT 1994 第Ⅲ:8(a)条款规定:

本条的规定不应当适用于管辖政府机构为了政府目的和非为了商业转售目的或非为了用于商业销售的商品生产目的购买产品之采购的法律、规章或要求。

5.18　我们忆及,第Ⅲ:8(a)条款规定了 GATT 1994 第Ⅲ条所载国民待遇义务的减损,豁免了若干含有政府机构购买产品规程之规则的若干义务性措施。第Ⅲ:8(a)条款范围内的措施是"管辖……采购的法律、规章或要求",购买产品的实体需是"政府机构"。进而,第Ⅲ:8(a)条款的范围限于"为了政府目的和非为了商业转售目的或非为了用于商品销售的商品生产目的购买的产品"。①

5.19　如上所述,当事各方之间在专家组程序中争论的一项主要问题是,上诉机构在加拿大——可再生能源/加拿大——并网电价补贴计划案中就"购买的产品"对 GATT 1994 第Ⅲ:8(a)条款范围的推理和结论的关联性、针对性。对印度而言,受歧视的产品与购买的产品之间竞争关系检测法"不是一种适用于所有情况下根据第Ⅲ条审议的单一不灵活规则"。② 印度忆及,在这方面,上诉机构明确指出,"第Ⅲ:8(a)条款中的减损是否还能够扩展至[涉及采购方式购买用于生产投入和生产过程的产品的]歧视,是我们在本案中不能决定的事项。"③根据印度观点,这"给投入问题的法律推理留下了空间"。④

5.20　美国方强调,上诉机构已经裁决,"在一成员购买一种产品而歧视另一种不同产品时,第Ⅲ:8(a)条款不适用",且正如与第Ⅲ条其他条款共同理解的那样,"受歧视"的产品和政府"采购的产品"必须是:"(1)同一产品;(2)'同类'产品;或者(3)直接竞争的或可替代的产品",或者换言之,是"处于竞争关系的产品"。⑤ 美国坚定认为,本案专家组受到上诉机构在加拿大——可再生能源/

---

① 上诉机构报告,加拿大——可再生能源/加拿大——并网电价补贴计划,第5.74段。

② 印度的上诉方呈词,第9段。另见第44段。

③ 上诉机构报告,加拿大——可再生能源/加拿大——并网电价补贴计划,第5.63段。

④ 印度的上诉方呈词,第4段,另见第9段(引自上诉机构报告,加拿大——可再生能源/加拿大——并网电价补贴计划,第5.63段)。

⑤ 美国的被上诉方呈词,第Ⅲ8、42段(参见上诉机构报告,加拿大——可再生能源/加拿大——并网电价补贴计划,第5.63段)。

加拿大——并网电价补贴计划案中对第Ⅲ:8(a)条款解释的正确指导,裁决那些争端和本争端都属于政府购买电力但歧视外国发电设备的措施。①

5.21 正如上诉机构在加拿大——可再生能源/加拿大——并网电价补贴计划案中所注意到的,第Ⅲ:8(a)条款以"本条的规定不适用于……"词句开头。第Ⅲ:8(a)条款的导入条款确立了"与第Ⅲ条其余部分的联系","本条的规定"文字包含了第Ⅲ.1条款的总体原则,即内在措施"不应当适用于……以保护国内生产"。② 对不属于其范围内的政府采购活动,第Ⅲ:8(a)条款确立了第Ⅲ条下国民待遇义务的减损。③ 正如上诉机构指出,那就是第Ⅲ:8(a)条款中的减损"当且仅当对第Ⅲ条义务涵盖的外国产品存在歧视待遇时才成为相关性"的原因。④ 在此方面,上诉机构指出:

由于第Ⅲ:8(a)条款是对第Ⅲ条其他各条款所载义务的减损……涉及第Ⅲ条的义务和第Ⅲ:8(a)条款的减损,都必须考虑相同歧视待遇。据此,第Ⅲ:8(a)条款中"购买的产品"一词的范围由第Ⅲ条其他各条款义务中提及的"产品"的范围确定。因此第Ⅲ:8(a)条款首先关注受歧视的产品。⑤

5.22 因此第Ⅲ:8(a)条款的涵盖范围扩展至歧视第Ⅲ:2条款和第4条款下"同类"产品的购买的产品,或者根据第Ⅲ:2条款补充注释,扩展至与这些产品"直接竞争"或"可替代"的产品。它就是上诉机构描述为"具有竞争关系的产品"的那些产品⑥,将"竞争关系"术语用作描述"同类"或"直接竞争或可替代"范围的表达方法。⑦ 换言之,由于"第Ⅲ:8(a)条款的减损必须理解为与第Ⅲ条中的义务有关",外国来源产品必须是与"购买的产品"的"同类"或"直接竞争"或"可替代"——即具有"竞争关系"。⑧ 我们不认为减损的范围可以超出要求减损的义务范围。

---

① 美国的被上诉方呈词,第66段(参见专家组报告,第7.120段)和第69段(参见专家组报告,第7.135段)。

② 上诉机构报告,加拿大——可再生能源/加拿大——并网电价补贴计划,第5.55段(参见上诉机构报告,日本——酒精饮料Ⅱ,第18页,DSR 1996:Ⅰ,第111页;参见上诉机构报告,欧盟——石棉,第93段)。

③ 上诉机构报告,加拿大——可再生能源/加拿大——并网电价补贴计划,第5.56段。

④ 上诉机构报告,加拿大——可再生能源/加拿大——并网电价补贴计划,第5.63段。

⑤ 上诉机构报告,加拿大——可再生能源/加拿大——并网电价补贴计划,第5.63段。

⑥ 上诉机构报告,加拿大——可再生能源/加拿大——并网电价补贴计划,第5.62—5.63段。

⑦ 上诉机构报告,加拿大——可再生能源/加拿大——并网电价补贴计划,第5.74段。

⑧ 上诉机构报告,加拿大——可再生能源/加拿大——并网电价补贴计划,第5.74段。

5.23 印度提出,专家组在以下中犯了错误,即将印度的太阳能电池和组件构成太阳能发电"投入"观点等同于加拿大——可再生能源/加拿大——并网电价补贴计划案中专家组使用的"密切关系"标准。① 在那些争端中,专家组裁决,"需要并用于生产宣称采购的电力"的"完全相同设备",且"可再生能源发电设备与购买的产品(电)之间存在着非常明显的密切关系"。② 虽然上诉机构认为,"密切关系"可能与第Ⅲ:8(a)条款中的一个单独要素有关——即评估一项措施是否可以被认为"管辖""购买"产品的采购——它没有考虑到第Ⅲ:8(a)条款是否适用的这种决定性,原因是所购买的产品与被歧视的产品没有"竞争关系"。③

5.24 根据印度在本争端中的上诉,印度主张,上诉机构在加拿大——可再生能源/加拿大——并网电价补贴计划案中建议,第Ⅲ:8(a)条款的范围在若干情况下可以扩展至"投入"和"生产过程",而不论被歧视的产品是否与所购买的产品具有竞争关系。我们不同意印度对加拿大——可再生能源/加拿大——并网电价补贴计划案上诉机构报告的解读。④ 该案上诉机构明确指出,"它不决定第Ⅲ:8(a)条款保护范围是否也可以扩展至与采购方式购买产品方面所使用的生产投入和生产过程有关的歧视"。⑤ 本问题仅在裁决被歧视的产品与购买的产品同类、直接竞争或可替代——换言之,具有竞争关系——之后才产生。关于后一个问题,尽管对生产投入和生产过程的考虑可能会影响到购买产品与受歧视产品之间是否存在竞争关系的问题,但它不会取代竞争关系标准。根据 GATT 1994 第Ⅲ:8(a)条款,受歧视的外国产品必须必然与采购方式购买的产品具有竞争关系。

5.1.4 印度质疑专家组对 GATT 1994 第Ⅲ:8(a)条款下印度主张的方法

5.25 印度 GATT 1994 第Ⅲ:8(a)条款下的上诉在很大程度上取决于其

---

① 印度的上诉方呈词,第19段。
② 专家组报告,加拿大——可再生能源/加拿大——并网电价补贴计划,第7.127段。
③ 上诉机构报告,加拿大——可再生能源/加拿大——并网电价补贴计划,第5.78—5.79段。
④ 上诉机构报告,加拿大——可再生能源/加拿大——并网电价补贴计划,第5.63段。
⑤ 上诉机构报告,加拿大——可再生能源/加拿大——并网电价补贴计划,第5.63段(省略脚注)。在有关购买产品生产投入和生产过程的政府采购背景下施加的条件即关于"特定产品可能包含环境概况或环境属性的条件……可能合法地构成与合同主题密切相关的购买产品的部分要求"。因此,此等条件在其以可能称为"管辖"相关采购程序的范围内,可能与第Ⅲ:8(a)条款下的分析有关(同上,脚注499至第5.63段)。

对该条款的解读,特别是取决于印度所认为的竞争关系标准有限范围,此有限范围为上诉机构在加拿大——可再生能源能源/加拿大——并网电价补贴计划案中所形成的。我们已经拒绝了印度对第Ⅲ:8(a)条款的上述解读,并裁决,在所有情况下必须确立被歧视的产品与所购买的产品之间的竞争关系。我们进一步忆及,印度在专家组面前对以下未予以争辩:电力与太阳能电池和组件之间存在竞争关系,或者政府取得太阳能电池和组件的所有权或监管权。① 这足以在以下范围内解决印度的诉求,即:其论点依赖于存在竞争关系标准的另一种选择。但是,为了完全处理印度在上诉中提出的问题,我们着手在以下范围内审查印度的论点,即:它们与专家组在审查印度按第Ⅲ:8(a)条款提出的主张中所采取的方法有关。

5.26 我们忆及,专家组认为在本争端中没有必要解决上诉机构在加拿大——可再生能源/加拿大——并网电价补贴计划案中是否已经留下了替代"竞争关系"标准的空间,因为上诉机构在将第Ⅲ:8(1)条款适用于"非常类似"的事实中,以"电力"和"发电设备"不具有竞争关系为由处理了那些争端中的相关问题。② 专家组还裁决,没有必要决定太阳能电池和组件是否具有电力的"投入"特性的问题。专家组注意到,在这方面,印度提出的考虑没有产生出"上诉机构在那些争端中拒绝作为第Ⅲ:8(a)条款下相应标准的发电设施与电力间'密切关系'以外的任何事项"。③ 专家组最终裁决:

无论在何种程度上,第Ⅲ:8(a)条款适用于与采购方式购买的产品之间不存在竞争关系的"投入"(尽管定义了该术语),显然上诉机构没有裁决上述考虑与包括太阳能电池和组件在内的电力和发电设备的评估密切相关。因此,我们拒绝第Ⅲ:8(a)条款下的印度论点:太阳能电池和组件"不能被视为与太阳能不同"以及"[印度]通过购买上述电池和组件生产的电力有效获得了电池和组件"。④

5.27 专家组将其分析聚焦在"上诉机构根据第Ⅲ:8(a)条款的裁决和推理应当如何适用于本争端中争议的 DCR 措施",⑤而不是"上诉机构是否对

---

① 专家组报告,第 7.114 段(参见印度在专家组第一次会议上的开审陈述,第 28 段),另见 7.129 段。

② 专家组报告,第 7.120 段(参见上诉机构报告:加拿大——可再生能源/加拿大——并网电价补贴计划,第 5.79 段)。

③ 专家组报告,第 7.128 段。

④ 专家组报告,第 7.128 段(省略脚注)。

⑤ 专家组报告,第 7.115 段。

'竞争关系'标准留出了一项选择(替代)的空间"。① 专家组的方法似乎是由各当事方的论点引起的,这些论点的焦点在于划出与加拿大——可再生能源/加拿大——并网电价补贴计划案的相似处或不同处。② 专家组还认为,本案中的事实与加拿大——可再生能源/加拿大——并网电价补贴计划案中上诉机构面前的事实"在任何相关方面均没有区别"。③

5.28 印度提出,专家组没有考虑"太阳能电池和组件的基本特性",并且忽视了印度关于太阳能电池和组件"与太阳能发电无法区分"的论点,因此没有客观评估其面前的该事项。④ 与印度表面上的意见相反,专家组注意到了印度的以下解释:虽然政府"没有取得太阳能电池和组件的所有权或监管权,但通过购买电池和组件生产的电力,其有效地采购"它们。⑤ 专家组注意到,印度的论点取决于印度将什么认为"是与加拿大——可再生能源/加拿大——并网电价补贴计划"案涉及争议产品性质的"关键事实区别"。⑥ 专家组开始审查加拿大——可再生能源/加拿大——并网电价补贴计划案中争议的发电设备,并解释了它认为那些案件"蕴含歧视本争端中争议的相同'发电设备'"的原因。⑦ 专家组在这样做时,明确拒绝了印度的此种论点,即:"太阳能电池和组件'不能被视为与太阳能不同'"⑧,以及"通过购买此等电池和组件生产的电力,[政府]正在有效获取电池和组件。"⑨

5.29 专家组还确认了印度的太阳能电池和组件与太阳能发电"无法区分"和/或太阳能发电"投入"的论点之间的密切联系。专家组特别注意到,印

① 专家组报告,第7.120段。
② 专家组报告,第7.107—7.109和7.115段。
③ 专家组报告,第7.135段。
④ 印度的上诉方呈词,第6段和标题ⅡA。
⑤ 专家组报告,第7.114段(引自印度在专家组第一次会议上的开审陈述,第28段)。
⑥ 专家组报告,第7.114段(省略脚注)。
⑦ 专家组报告,第7.126段。
⑧ 专家组报告,第7.128段(引自印度对专家组第19号和第41号问题的答复,第7段;在专家组第二次会议上的开审陈述,第8段;在专家组第一次会议上的开审陈述,第28段)(进一步省略了脚注中的文字)。
⑨ 专家组报告,第7.128段(引自印度在专家组第一次会议上的开审陈述,第28段)。印度的以下论点没有相应地说服专家组,即"购电协议下购买电力的补贴合并了太阳能电池和组件的成本"和"印度购买太阳能电池和组件生产的电力构成有效购买电池和组件本身"。同上,第7.129段。引自印度对专家组第41号问题的答复,第7段)(专家组增加了强调)。

度"在描述太阳能电池和组件特性中使用了各种不同的表述,例如将其称为'对发电如此基本、不可或缺和固有,它们不能视为不同于或区别于购买电力本身'"。① 尽管专家组详细提到了印度的太阳能电池和组件可能具有太阳能发电"投入"特性的论点,但对我们而言,似乎专家组充分考虑了印度关于这些产品的基本特性及其"难以与太阳能发电区分"的性质。②

5.30 在一项相关论证中,印度主张,专家组的以下方式犯有错误,即:概要地驳回了印度的太阳能电池和组件能够具有太阳能发电"投入"特性的论点,以及特别是与"能够分类为辅助设备的 PV 发电厂其他所有组件"相对照它们是"发电系统的整体投入"的论点。③ 但是,专家组注意到,加拿大——可再生能源/加拿大——并网电价补贴计划案中争议的"发电设备"包括了完全相同的产品,即用于生产政府购买的电力的太阳能电池和组件。④ 专家组进一步忆及,加拿大——可再生能源/加拿大——并网电价补贴计划案中争议的措施,与本案类似,涉及使用国内来源"发电设备和组件"以达到成份含量必要水平;⑤且注意到,那些案件中的专家组或上诉机构均未发现"是可能与第Ⅲ:8(a)条款下的分析有关的'投入'的任何种类设备"。⑥

5.31 专家组还讨论了各当事方对"整体"和"辅助"投入性质的论点,指出了印度将若干设备归类为"辅助"设备与其对太阳能发电的描述之间的紧张关系。⑦ 专家组进一步解释,没有"说服它相信加拿大——可再生能源/加拿大——并网电价补贴计划案措施下的其他设备和服务的内容与上诉机构的以下明确裁决具有任何相关性,即:受该措施约束的太阳能电池和组件不构成

---

① 专家组报告,脚注 326 至第 7.128 段(引自印度向专家组提交的第二份书面呈词,第 23 段)。

② 专家组报告,第 7.114 和 7.120—7.129 段。

③ 专家组报告,第 7.122 段(引自印度向专家组提交的第二份书面呈词,第 XX 段(强调原件))。在这方面,印度指出,太阳能电池和组件对太阳能发电的"必不可少性"和为其此目的的功能排他性。专家组报告,第 7.122 段(参见印度向专家组提交的第二份书面呈词,第 21 段)。

④ 专家组报告,第 7.123 段。

⑤ 专家组报告,第 7.125 段(引自专家组报告,加拿大——可再生能源/加拿大——并网电价补贴计划,第 7.163 段)。

⑥ 专家组报告,第 7.123 段。另见第 7.126 段。

⑦ 见专家组报告,脚注 320—第 7.127 段(参见印度对美国就专家组第 41—43 号问题回应的评论,第 11 段)。专家组特别观察到,印度关于"硅"和"硅锭和硅片"是"辅助"设备的论点"与其关于太阳能发电的描述紧紧相关",包括"硅"对太阳能电池和组件运行的本质性和"难以区分'整体'和'辅助投入'的反应"(同上,脚注 320 至 7.127 段)。

为了第Ⅲ:8(a)条款的目的的"生产投入和生产过程"。① 因此,我们认为,专家组充分考虑了印度这个方面的论点。

5.32 印度还主张,专家组"选择性地引用"了各当事方的论点,并简单地驳回了印度的论点,理由是上诉机构没有区分加拿大——可再生能源/加拿大——并网电价补贴计划案中争议措施下指定的特定类别的设备或货物。② 与印度意见相反,专家组认可了双方对"投入"概念的分歧但认为,这种分歧"取决于上诉机构认为没有必要解决加拿大——可再生能源/加拿大——并网电价补贴计划案中的问题"和专家组相应地认为没有必要为了本争端的目的予以解决的问题。③ 专家组正确地依赖于上诉机构在加拿大——可再生能源/加拿大——并网电价补贴计划案中形成的第Ⅲ:8(a)条款解释,因此恰当驳回了印度关于分析第Ⅲ:8(a)条款下竞争关系的"投入"的相关性的论点。④

5.33 印度还主张,专家组错误地驳回了印度的以下观点:对第Ⅲ:8(a)条款过度的限制性解释会导致对政府行为施加"不必要的羁绊",和"采购"术语不应当理解为要求"直接获取"所有情况下购买的产品。⑤ 印度特别指出了它涉及以下方面的关注:以"意指为了政府按第Ⅲ:8(a)条款有效获取太阳能电池和组件"方式理解第Ⅲ:8(a)条款的后果,其需要购买这些产品,并由其自身发电或者提供给诸SPD发电。⑥

5.34 专家组在驳回印度关于"直接获取"的论点中认为,没有证据证明印度提供的情景"会必然符合第Ⅲ:8(a)条款的所有要求"⑦,尤其是因为,"不属于第Ⅲ:8(a)条款的范围,必须为'政府目的购买产品,且不是为了商业转售或为了用于商品销售的生产的目的'。"⑧我们理解专家组简单地指出:即使"采购"不被解读为要求"直接获取产品",竞争关系标准也只是第Ⅲ:8(a)条款下其他要求之一,因此印度的关切不必然以更广泛解读该条款的范围来解决。

----

① 专家组报告,第7.128段(省略脚注)。
② 印度的上诉方呈词,第11—14段和16段。
③ 专家组报告,第7.121段。
④ 我们忆及,在这方面,专家组认为,电力、太阳能电池和组件处于竞争关系不是印度在专家组面前的论点。此外,政府没有获得太阳能电池和组件的所有权或监管权是毫无争议的。专家组报告,第7.114段(参见印度在第一次专家组会议上的开审陈述,第28段;另见第7.129段)。
⑤ 印度的上诉方呈词,第21—23段。
⑥ 专家组报告,第7.130段。
⑦ 专家组报告,第7.132段。
⑧ 专家组报告,第7.132段。

5.35. 印度在进一步支持其论点中,依赖上诉机构在加拿大——可再生能源/加拿大——并网电价补贴计划案中的以下阐述:"若将采购理解为简单地指任何获取,除了'购买'词汇已经表达的,它不会对第Ⅲ:8(a)条款增加任何含义"。① 印度认为,"采购"一词因此不应当解读为要求在所有情况下直接获取产品。② 专家组拒绝了印度的论点,指出上诉机构在"采购"和"购买"之间所作的概念区分简单地是一种对条约有效解释原则的表达。③ 正如专家组所指出的,上诉机构已经解释"'采购'和'购买'的概念是不等同的",第Ⅲ:8(a)条款中的"采购"术语系指政府依其获取产品的过程,而"购买"的概念涉及"用于使该采购有效的交易类型"。④ 因此,"采购"可以指"获取产品的过程,而不是……获取本身"这一事实并不意味着,为了被涵盖在第Ⅲ:8(a)条款下,可以采取"采购"以外的合同安排方式实现政府采购,尤如印度似乎认为的那样。⑤

5.36 而且,正如我们看到的,印度在主张"采购"术语不应被解读为要求"直接获取"某种产品中⑥,本质上重申其这一论点:第Ⅲ:8(a)条款应当涵盖歧视涉及生产投入或生产过程的情形,不管被歧视的产品是否与所购买的产品处于"竞争关系"。但是,我们忆及,为了适用第Ⅲ:8(a)条款,所购买的产品应当始终与被歧视的产品处于竞争关系。⑦

5.37 印度还主张,由于其依赖加拿大——可再生能源/加拿大——并网电价补贴计划案,专家组拒绝考虑为何有必要分别审查太阳能电池和组件与其他发电设备的问题。⑧ 正如我们所看到的,专家组阐明"印度的结果论者观点没

---

① 印度的上诉方呈词,第22段(引自上诉机构报告,加拿大——可再生能源/加拿大——并网电价补贴计划,第5.59段)。

② 另见专家组报告,第7.133段(参见上诉机构报告,加拿大——可再生能源/加拿大——并网电价补贴计划,第5.59段)。

③ 专家组报告,第7.133段。

④ 专家组报告,第7.133段(引自上诉机构报告,加拿大上—可再生能源/加拿大——并网电价补贴计划,第5.59段)。

⑤ 印度的上诉方呈词,第21—23段。另见欧洲联盟的第三方参与者呈词,第Ⅲ6段。我们注意到,尽管加拿大——可再生能源/加拿大——并网电价补贴计划案中的上诉机构未裁决"购买"概念所涵盖的合同安排的确切范围,但在本案中,印度的情况是,政府未"购买"太阳能电池和组件,因为它"没有物理地获取或者监管太阳能电池和组件,而是选择购买此种太阳能电池和组件所发的太阳能电"。专家组报告,第7.113段(引自印度向专家组提交的第一份书面呈词,第114段)。

⑥ 专家组报告,第7.130段(参见印度向专家组提交的第一份书面呈词,第120段)。

⑦ 见本报告第5.24段。

⑧ 印度的上诉方呈词,第24段。

有确立本案中争议措施在任何相关方面可区别于上诉机构考虑的那些措施"①，正确地裁决,印度的论点与正确确定 GATT 1994 第Ⅲ:8(a)条款范围没有关系。②

5.38　最后,印度认为,专家组在其以下推理中犯有错误:"印度没有提出按专家组面前的事实应当考虑加拿大——可再生能源/加拿大——并网电价补贴计划案中的方法以外的一种不同方法的理由",因此它不得"超越上诉机构在那些案件中适用的检测法"。③　我们注意到,专家组就其面前的本问题详细阐述如下:

……各当事方在本案中提出的关于解释第Ⅲ:8(a)条款的论点似乎是基于他们对上诉机构在加拿大——可再生能源/加拿大——并网电价补贴计划案中的裁决和推理的相反理解。因此,我们不展示我们是否应当偏离上诉机构在上述案件中的裁决和推理的问题④;相反,我们展示的问题是,上诉机构在第Ⅲ:8(a)条款下的裁决和推理应当如何适用于本争端中争议的 DCR 措施。⑤

5.39　在上述援引的脚注中专家组提及的诸案件涉及专家组是否应当"在以后案件中以相同方式解决相同法律问题",以及它是否可以允许上诉机构对相同法律解释问题的先前裁决成为"强有力的理由"。⑥　正如我们所理解的,印度试图区分加拿大——可再生能源/加拿大——并网电价补贴计划案关于那些案件的事实,而不是让专家组重新评估上诉机构的法律标准和推理的优点。⑦　与印度的观点相反,我们不理解专家组已经将"上诉机构形成的原则作为'有约束力'"予以适用,或者专家组因印度没有要求"专家组全部搁置竞争关系原则"而无视印度的论点。⑧　相反,如上所述,专家组得到了上诉机构在加拿大——可再生能源/加拿大——并网电价补贴计划案中的澄清和适用第Ⅲ:8(a)条款的正确指导,裁决印度的论点不足以区分本案中争议的事实与上诉机构在加拿大——可再生能源/加拿大——并网电价补贴计划案中面临的那些

---

①　专家组报告,第7.134段。
②　见专家组报告,第7.130段。
③　印度的上诉方呈词,第32段和标题ⅡE。
④　[原始脚注]²⁹⁵本案因此不同于争端当事一方辩称专家组应当偏离上诉机构对达成的涵盖协定进行法律解释的其他案件。例如,见上诉机构报告,美国——不锈钢(墨西哥),第154—162段;美国——持续调零,第Ⅲ358—365段;和专家组报告,中国——稀土,第7.55—7.61段;美国——反补贴和反倾销措施(中国),第7.311—7.317段。
⑤　专家组报告,第7.115段。
⑥　上诉机构报告,美国——不锈钢(墨西哥),第160段(省略脚注)。
⑦　印度对口头聆讯提问的回应。
⑧　印度的上诉方呈词,第34段。

事实。

5.1.5 结论

5.40 据上,我们裁决,按第Ⅲ:8(a)条款,采购方式购买的产品必须必然与受歧视的外国产品是"同类的"或"直接竞争的"或"可替代的",换言之,处于"竞争关系"。虽然考虑生产投入和生产过程可能会导致购买产品与受歧视产品之间是否处于竞争关系的问题,但它不取代竞争关系标准。第Ⅲ:8(a)条款的涵盖范围是否也可以扩展至与涉及购买产品所使用的生产投入和生产过程有关的歧视问题,仅产生于购买的产品已经被裁决与受歧视的产品处于竞争关系之后。根据我们对专家组的分析和方法的审查,我们认为,专家组恰地处理了印度的论点和客观评估了其面前的事项,包括案件的事实、第Ⅲ:8(a)条款下的减损是否涵盖DCR措施。正如我们理解专家组,它基于其对面前的事实分析,包括太阳能电池和组件、双方当事人的法律论点,作出了其最终结论:印度的论点"没有确立本案中争议措施在任何相关方面区别于加拿大——可再生能源/加拿大——并网电价补贴计划案中上诉机构考虑的那些措施"。我们因此裁决,专家组在裁定第Ⅲ:8(a)条款下的减损未涵盖DCR措施中受到了加拿大——可再生能源/加拿大——并网电价补贴计划案中专家组报告的正确指导。

5.41 依据上述,我们驳回印度关于专家组在评估印度有关GATT 1994第Ⅲ:8(a)条款适用范围的论点中不按DSU第11条行事的主张。因此,我们维持专家组在其报告第7.135和7.187段中的裁决:GATT 1994第Ⅲ:8(a)条款下的减损不涵盖DCR措施。

5.1.6 GATT 1994 第Ⅲ:8(a)条款下的其余要素

5.42 我们忆及,关于"购买的产品",除了GATT 1994第Ⅲ:8(a)条款的适用性,还必须符合该规定下的其他几项累积要求①:(ⅰ)争议措施是"管辖……采购的法律、规章或要求";②(ⅱ)采购是"由政府机构"进行;③(ⅲ)

---

① 见专家组报告,第7.105段(参见上诉机构报告,加拿大——可再生能源/加拿大——并网电价补贴计划,第5.57、5.69和5.74段)及第7.106段。

② 关于此要素,加拿大——可再生能源/加拿大——并网电价补贴计划案中的上诉机构裁决,第Ⅲ:8(a)条款要求"在法律、法规或要求的约束性结构内从事采购行为的意义上,法律、法规或要求与采购之间有明确的联系。"上诉机构报告,加拿大——可再生能源/加拿大——并网电价补贴计划,第5.58段。

③ 加拿大——可再生能源/加拿大——并网电价补贴计划案中的上诉机构断定,"政府机构"是"在授予其职权范围内为政府或代表政府行事并履行政府职能的一实体"。上诉机构报告,加拿大——可再生能源/加拿大——并网电价补贴计划,第5.61段。

采购是"为了政府目的"所购买的产品;①(ⅳ)购买的产品不是"为了商业转售目的或者为了用于商品销售的商品生产"所购买的。② 尽管专家组裁决,由于购买的产品和受歧视的产品之间缺乏竞争关系,与DCR措施下太阳能电池和组件有关的歧视未被第Ⅲ:8(a)条款下的政府采购减损所涵盖,但它认为继续进行有限分析该规定下其余法律要素是有益的。③ 特别是专家组裁决,DCR措施是"管辖电力采购的法律、规章或要求",④且电力采购"是由政府机构进行的"。⑤ 专家组还概括了当事双方的论点——但没有作出相关法律裁决,并以有限方式解决了是否为"政府目的"和"不是为了商业转售目的"购买DCR措施下电力的问题。⑥

5.43 印度要求我们完成对上述描述的第Ⅲ:8(a)条款其余要素的法律分析,若我们裁决该规定下的减损涵盖了DCR措施。⑦ 特别是,印度请求我们重申专家组的DCR措施是"管辖……采购的法律、规章或要求"的裁决,DCR措施下的采购是"由政府机构"进行的,我们以认定采购是"为了政府目的"所购买的产品的方式完成法律分析,以及产品的采购"不是以商业转售为目的"。⑧

5.44. 我们注意到,印度要求完成法律分析的前提条件是,我们推翻专家组的以下裁决:GATT 1994第Ⅲ:8(a)条款下的政府采购减损不涵盖DCR措施。⑨ 我们维持专家组的此项裁决,不需要和不处理印度关于专家组解释和适用GATT 1994第Ⅲ:8(a)条款下其余要素的进一步主张和相关论点。我们对专家组在此方面的推理和分析不发表任何意见。

---

① 加拿大——可再生能源/加拿大——并网电价补贴计划案中的上诉机构裁决,"为了政府目的购买的产品"词组"系指政府在履行其公共职能中消费的或提供给接受者的产品",且应当存在"产品与履行的政府职能之间的合理关系"。上诉机构报告,加拿大——可再生能源/加拿大——并网电价补贴计划,第5.68段。

② 加拿大——可再生能源/加拿大——并网电价补贴计划案中的上诉机构将"商业转售"术语理解为系指"在自愿销售者和自愿购买者之间完全独立地转售产品",并解释说,从销售者和购买者两方角度,其"必须被评估,考虑整个交易"。上诉机构报告,加拿大——可再生能源/加拿大——并网电价补贴计划,第5.70—5.71段

③ 专家组报告,第7.137段。

④ 专家组报告,第7.145段。

⑤ 专家组报告,第7.151段。

⑥ 专家组报告,第7.162、7.186段。

⑦ 印度的上诉方呈词,第36段。

⑧ 印度的上诉方呈词,第61段。

⑨ 印度的上诉方呈词,第36段。

5.2 GATT 1994 第 XX(j) 条款——"一般或本地供应短缺"

5.45 我们已经维持了专家组的这一裁决,即 GATT 1994 第Ⅲ:8(a)条款下的政府采购减损不涵盖本案中争议的 DCR 措施,因此转至处理印度对专家组以下裁决的附条件上诉:按 GATT 1994 第 XX(j) 条款的一般例外规定,"采购或分销一般或本地供应短缺的产品"的措施是不合理。在此上诉中,印度声称专家组在解释和适用第 XX(j) 条款方面犯了错误,并且行事与 DSU 第 11 条下的义务不一致。① 下面我们概括专家组的裁决和上诉的问题,然后处理第 XX(j) 条款的解释,再转到审议印度上诉质疑的专家组分析。②

5.2.1 专家组的裁决

5.46 作为一般问题,关于 GATT 1994 第 XX(j) 条款的范围,印度向专家组主张,在国际上可以获得的产品仍然"在若干本地市场供应短缺"的情况下可能存在供应短缺③,在"产品不在特定市场生产或"的情况下可能存在"一般或本地供应短缺"。④ 具体言之,在本争端背景下,印度解释称,它不试图争辩第 XX(j) 条款"可适用于解决一国任何产品本地制造能力低下的任何情形"。⑤ 相反,印度认为,"援引第 XX(j) 条款的理由会需要信赖于一项措施对解决此等一般或本地供应短缺情况是否是至关重要的"⑥,对于印度,这是一个"在获取或分配本地制造的太阳能电池和组件是至关重要的之能源安全和生态可持续增长总体目标的背景下予以审查"的问题。⑦ 印度进一步提出,"唯一依赖进口太阳能电池和组件带来关联供应方面漏洞和波动的风险"⑧,和"为了达到能源安全,印度需要实现对此等风险的国内抵御能力"。⑨

5.47 专家组决定,第 XX(j) 条款下评估的逻辑起点是识别被指称为"一

---

① 印度的上诉方呈词,第 90、99 段。
② 我们的分析聚焦于印度的论点,因为它涉及专家组对 GATT 1994 第 XX(j) 条款中"一般或本地供应短缺的产品"词组的解释和适用。我们在本报告最后部分处理印度关于 DCR 措施在第 XX(j) 条含义内是否是"至关重要的"的论点,我们还处理印度关于那些措施在 GATT 1994 第 XX(d) 条款含义内是否是"必需"的论点。
③ 专家组报告,Add.1,附件 B-3,第 41 段。
④ 专家组报告,Add.1,附件 B-3,第 42 段。
⑤ 专家组报告,Add.1,附件 B-3,第 42 段。
⑥ 专家组报告,Add.1,附件 B-3,第 43 段(原文强调)。
⑦ 专家组报告,Add.1,附件 B-3,第 43 段。
⑧ 专家组报告,Add.1,附件 B-3,第 49 段。
⑨ 专家组报告,Add.1,附件 B-3,第 49 段。

般或本地供应短缺"的产品①,专家组注意到印度已经将其确定为"太阳能电池和组件"。② 专家组然后解释了第XX(j)条款"一般或本地供应短缺的产品"词组。关于"供应短缺"的概念,专家组认为,"'……供应短缺的产品'术语指可用供应量不能满足需求的产品"。③ 关于"一般或本地"供应短缺的术语,专家组指出,"这些文字涉及产品可用供应量不能满足需求的地理区域或市场的范围",因此这些术语赋予"第XX(j)条款广泛范围,包括一个国家内的一个地区、作为一个整体的一个单独国家、包括几个国家的一个区域的产品短缺,甚至产品的全球短缺"。④ 专家组因此得出结论:"'一般或本地供应短缺的产品'术语的通常含义是指,产品的可用供应量不能满足相关地理区域或市场需求的情况。"⑤

5.48 专家组接着转到决定国内制造能力缺乏是否相当于太阳能电池和组件处于第XX(j)条款含义内的"一般或本地供应短缺"。专家组回应印度关于"其太阳能电池和太阳能电池组件制造能力不足相当于印度境内太阳能电池和太阳能电池组件本地和一般供应短缺的局面"的论点⑥,指出,"'一般或本地供应短缺的产品'文字不是指'一般或本地供应短缺中的本国原产地产品'"。⑦ 专家组指出,不同于GATT 1994其他条款,如第Ⅲ:4条款⑧、第Ⅱ:1(b)和Ⅱ:1(c)条款⑨、第XX(g)条款⑩和第XX(i)条款⑪,它没有看到第XX(j)条款中说到相关产品来源或那些产品生产地问题的任何语言。⑫ 专家组进一步指出,"印度对第XX(j)条款的解释相当于解释'一般或本地供应短缺的产品'文字……似乎这些文字意指'一般或本地生产短缺的产品'",其相当于"一项意义深远的原则,即所有成员在供应短缺产品的国际生产中有权公平分享"。⑬

---

① 专家组报告,第7.199段。
② 专家组报告,第7.199—7.200段。
③ 专家组报告,第7.205段。
④ 专家组报告,第7.206段。
⑤ 专家组报告,第7.207段(省略脚注)。
⑥ 专家组报告,第7.220段(引自印度向专家组提交的第一份书面呈词,第213段)。
⑦ 专家组报告,第7.223段(原文强调)。
⑧ 第Ⅲ:4条款提到"任何成员方领土的产品"。
⑨ 第Ⅱ:1(b)条款指明"其他成员方领土的产品"和第Ⅱ:1(c)条款提到"第1条下有权接受进口优惠待遇的领土的产品"。
⑩ 第XX(g)条款规定"国内生产或消费"。
⑪ 第XX(i)提到"限制出口国内材料"。
⑫ 专家组报告,第7.223段。
⑬ 专家组报告,第7.224段(原文强调)。

5.49 专家组还认为,为了按 GATT 1994 第 XX(j) 条款作出决定的目的,"必须有一些客观参照点用作客观评估'可获得'产品'数量'中是否存在'短缺'或'总量短缺'的基础。① 但是,"印度对第 XX(j) 条款的选择性解释没有提出用作客观评估产品是否处于'供应短缺'的基准的客观参考点",而是给出"印度没有充分解释什么会构成相当于'供应短缺'的国内制造能力'不足'"。② 专家组得出此结论,即"'一般或本地供应短缺的产品'词组是指全部来源的产品可用供应量不能满足相关地理区域或市场的需求的情况。"③

5.50 专家组回应了印度针对专家组认为是印度提出的一项选择性论点,即"进口中的中断风险、对印度 SPD 导致的太阳能电池和组件短缺风险,使这些'产品处于一般或本地供应短缺'"④,并确定,"'处于……供应短缺的产品'词组的直接上下文不支持它们涵盖处于供应短缺风险的产品的观点"。⑤ 专家组进一步确定"即使为了论点的缘故,假设第 XX(j) 条款中'一般或本地供应短缺的产品'概念可以解释为包括处于供应短缺风险的产品",认为"只涵盖此种短缺的紧迫风险"⑥,专家组注意到印度对此没有证明成立。⑦ 由于这些原因,专家组得出此结论,即 DCR 措施不涉及获取第 XX(j) 条款含义内印度境内的"一般或本地供应短缺的产品",因此它们在该条款中一般例外下是不合理的。⑧ 然而专家组注意到了其裁决涉及第 XX(j) 条款下的"法律和法律解释的新型问题"和上诉机构可能会在上诉中推翻上述裁决,进行了有限的分析和审查,目的是向上诉机构提供关于 DCR 措施是否是 GATT 1994 第 XX(j) 条款含义内的"至关重要"的实际裁决。⑨

5.2.2 印度的上诉主张

5.51 印度对专家组 GATT 1994 第 XX(j) 条款下的分析和裁决提出上诉,要求我们裁决:印度境内太阳能电池和组件制造能力不足"相当于本地和

---

① 专家组报告,第 7.225 段(省略脚注)。
② 专家组报告,第 7.226 段。
③ 专家组报告,第 7.234 段。
④ 专家组报告,第 7.237 段(省略强调)。
⑤ 专家组报告,第 7.245 段。
⑥ 专家组报告,第 7.255 段。
⑦ 专家组报告,第 7.263 至 264 段。
⑧ 专家组报告,第 7.265 段。专家组裁决太阳能电池和组件不是印度境内的"一般或本地供应短缺中的产品",认为没有必要审查 DCR 措施是否涉及"获取或分销"这些产品。同上,脚注 629 至第 7.265 段。
⑨ 见专家组报告,第 7.335 段。

一般供应短缺的情况",DCR 措施是与为了第 XX(j)条款的目的获取此类产品有关的措施。① 印度主张,专家组在其解释"一般或本地供应短缺的产品"词组中犯了错误,因为它没有"在第 XX(j)条款中使用特定术语(即'一般或本地')背景下解读该条款中的'供应短缺'",而是采用了一种"孤立'供应短缺'词组来解释'一般或本地'词组"的方法。② 根据印度说法,第 XX(j)条款中使用"一般或本地供应短缺"术语"预示着不同于'国际供应'能够解决的情形的供应短缺"。③ 印度提出,"对第 XX(j)条款不能适用于可以利用进口情形的解释,在根本上转向到了只有出口限制而不是进口限制符合第 XX(j)条款下审议的状态",以及若起草者已经意图这样解释,他们"会像 GATT 1994 第 XI:2 条款背景下所做的那样明确表明这一点"。④ 关于与依赖进口有关的风险问题,印度认为,专家组将其论点错误赋予"选择性论点"的特性,⑤并补充认为,它不打算"将'风险'概念作为其抗辩的中心,正如专家组作出的结论那样。"⑥相反,印度"重申其基本论点:由于国内制造业低下首先存在'一般或本地供应短缺'",和其"应对与国际供应和市场波动有关的风险"的脆弱性。⑦

5.52 印度进一步声称,专家组在以下中的行事不符合 DSU 第 11 条:拒绝印度关于"充分制造能力"概念的论点和印度提及的该概念所处的背景,即主张 DCR 措施不寻求"最大化"自给自足或"最小化"依赖进口,而是"减少"与此种依赖相连的风险。⑧ 印度主张,它提出了什么构成"能使 DCR 措施停止"的"充分制造能力"的证据,⑨并坚持"印度无意图无限期适用 DCR 措施"。⑩ 据印度称,"专家组拒绝考虑印度的论点"相当于违反了 DSU 第 11 条下专家组的义务。⑪ 印度最后要求我们裁决:"印度太阳能电池和组件制造能力不足相当于印度境内此等产品本地和一般供应短缺的状态,和 DCR 措施是

---

① 印度的上诉方呈词,第 106 段。
② 印度的上诉方呈词,第 73 段。
③ 上诉方印度的陈述,第 86 段。
④ 印度的上诉方呈词,第 87 段(省略脚注)。
⑤ 印度的上诉方呈词,第 100 段(引自专家组报告,第 7.237)。
⑥ 印度的上诉方呈词,第 102 段。
⑦ 印度的上诉方呈词,第 104 段(原文强调)。
⑧ 见印度的上诉方呈词,第 91—101 段。
⑨ 印度的上诉方呈词,第 94 段。
⑩ 印度的上诉方呈词,第 94 段(省略脚注)。
⑪ 印度的上诉方呈词,第 99 段。

与为了第XX(j)条款目的获取此类产品有关的措施。"①

5.53 对本案另一当事方,美国要求我们维护专家组的裁决。按美国观点,专家组在"一般或本地供应短缺"术语背景下并根据这些术语的目的和宗旨,正确解释了这些术语,②且正当拒绝了印度关于国内生产不足可以构成第XX(j)条款含义内的"供应短缺"的论点。③ 美国提出,第XX(j)条款中的"产品"术语"不由原产地确定其合格性,指明其解决该产品供应不涉及原产地或'供应来源'",④以对比方式增加"GATT 1994处理特定原产地产品的其他条款明确识别该事实",例如第Ⅲ:4条款、第Ⅱ:1(b)和Ⅱ:1(c)条款、第XX:1条款。⑤ 美国也不同意印度的以下主张:专家组在评估印度关于太阳能电池和组件国内生产能力不足的论点中犯有DSU第11条下的错误。⑥

5.54 我们接下来讨论印度的上诉,因为它涉及专家组对GATT 1994第XX(j)条款的解释,特别是"一般或本地供应短缺的产品"的解释。我们从审查法律标准适用于决定一项措施在GATT 1994第XX条下是否暂时合理的关键方面开始。

5.2.3 GATT 1994第XX(j)条款下的法律标准

5.55 第XX(j)条款在相关部分规定,GATT 1994中的任何规定均不应当解释为阻止任何成员采取或执行以下措施:

对获取或分销一般或本地供应短缺中的产品至关重要;但是此等任何措施应当符合所有成员有权公平分享国际供应该产品的原则,且与本协定其他规定不一致的任何此等措施应当尽快在对其产生的条件停止存在时终止。⑦

5.56 上诉机构已经解释,GATT 1994第XX条下抗辩评价涉及两级分析。在其中,一项措施必须首先在第XX条任何条款下是暂时合理的,然后显示符合第XX条开头的要求。⑧ 在分析第XX条下的请求中,这种"系列步骤"反映了"不

---

① 印度的上诉方呈词,第106段。
② 请参阅美国的被上诉方呈词,第88段。
③ 美国的被上诉方呈词,第93—94段。
④ 美国的被上诉方呈词,第91段。
⑤ 美国的被上诉方呈词,第91段。
⑥ 美国的被上诉方呈词,第103段。
⑦ 原文强调。
⑧ 见上诉机构报告,美国——汽油,第22页,DSR 1996:Ⅰ,第XX页。另见上诉机构报告,多米尼加共和国——卷烟进口和销售,第64段;美国——虾,第119—120段;和EC——密封产品,第5.169段。

是无意或随意的选择"而是 GATT 1994 第XX条的基本结构和逻辑。①

5.57 关于分析的第一部分,很好确立的是,对临时证明一项措施在第XX条下具有合理性的被申请方而言,必须显示出两个要素:第一,该措施符合该条款中具体规定的特定利益;②第二,在该措施与受保护的利益之间有充分的联系,其通过使用诸如第XX(d)条款中"必要的"和第XX(j)条款情形中"至关重要的"术语来具体规定。③

5.58 由于这是要求上诉机构解释 GATT 1994 第XX(j)条款的第一个案件,我们简要审查第XX条其他条款下我们的管辖权,特别是第XX(d)条款下我们最近的管辖权,目的是评估其与第XX(j)条款的可能相关性。就第XX(d)条款下规定的分析的第一项要素,上诉机构指出,被申请方有责任证明:存在"法律或规章";此等"法律或规章"与 GATT 1994 的规定"不符";和寻求合理的措施旨在"确保遵守"此等"法律或规章"。因此,第XX(d)条款下对抗辩的审查包括了对质疑措施和不符合 GATT 的"法律或规章"之间的关系的初步、门槛审查,以确定前者是否设计为"遵守"此等"法律或规章"相关规定下的具体规则、义务或要求。④ 若对某项措施设计的评估(包括其内容、结构和预期运作)显示,该项措施"不能"确保遵守此等不符合 GATT 的"法律或规章"之相关规定下的具体规则、义务或要求,则该措施在第XX(d)条款下不可能是合理的,且这会导致终止本调查。⑤

5.59 关于第XX(d)条款下分析的第二项要素,上诉机构已经指出,确定一项措施是否"必要"蕴含更深入、全面审查不符措施与相关法律或规章之

① 上诉机构报告,美国——虾,第 119 段。
② 这在第XX(d)条款情况下包括"确保遵守法律或规章",在第XX(j)条款情况下包括"获取或分销一般或本地供应短缺中的产品"。
③ 上诉机构报告,阿根廷——金融服务,第 6.202 段。另见上诉机构报告,哥伦比亚——纺织品,第 5.67 段;EC——密封产品,第 5.169 段;美国——赌博,第 292 段;韩国——诸牛肉措施,第 157 段。
④ 上诉机构报告,哥伦比亚——纺织品,第 5.126 段(参见上诉机构报告,阿根廷——金融服务,第 6.203 段)。另见上诉机构报告,哥伦比亚——纺织品,第 5.68—5.69段(参见上诉机构报告,阿根廷——金融服务,第 6.203 段;墨西哥——软饮料税,第 72段;美国——虾,第 135—142 段;欧共体——海豹产品,第 5.144 段)。
⑤ 见上诉机构报告,哥伦比亚——纺织品,第 5.126 段。但是,正如上诉机构指出的,"[一]专家组不必……以导致贸然缩短分析的方式构建其['设计'步骤]分析和由此阻止审议被申请方涉及'必要性'分析的抗辩的重要方面"。上诉机构报告,哥伦比亚——纺织品,第 5.126 段(引自上诉机构报告,阿根廷——金融服务,第 6.203 段)。

间的关系。这涉及各种情况下"衡量和平衡"一系列因素的过程,包括:寻求合理性的该措施对实现追求的目标作出贡献的程度(即确保遵守不符合GATT的"法律或规章"的相关规定下具体规则、义务或要求);"法律或规章"旨在保护社会利益或价值的相对重要性;被质疑措施的贸易限制性。① 在大多数情况下,应当对质疑措施和可合理应用的替代措施进行比较。②

5.60 对第XX(d)条款下规定的"设计"和"必要性"要素分析的分析框架经必要细节修改后还与第XX(j)条款下的相关。与第XX(d)条款相同,对第XX(j)条款下的抗辩审查显然包含对争议措施的"设计"的初步、门槛审查,包括其内容、结构和预期运作。在第XX(j)条款情况下,被申请方必须识别该措施与"获取或分销一般或本地供应短缺的产品"之间的关系,但在第XX(d)条款情况下,专家组必须审查该措施与"确保遵守"不符合GATT的法律或规章的相应规定之间的关系。③ 若对一项措施的设计的评估(包括其内容、结构和预期运作)显示,该措施在第XX(j)条款情况下"不能"处理"获取或分销一般或者本地供应短缺的产品",或者在第XX(d)条款情况下"确保遵守不符合GATT 1994的法律或规章[之相应规定]",则不存在满足"设计"要素要求的关系。在上述任一情况下,都不会要求进一步分析该措施是否是"必要的"或"至关重要的"。④ 这是因为,对不"设计"处理"获取或分销一般或本地供应短缺中的产品"的一项措施,可能不存在第XX(j)条款下的任何合理性,如同对不"设计"确保遵守不符合GATT的法律或规章之相应规定的一项措施,可能不存在第XX条(d)条款下的任何合理性。⑤

5.61 我们忆及,"设计"和"必要性"要素可以为评估一项措施是否具有

---

① 见上诉机构报告,哥伦比亚——纺织品,第5.71—5.73、5.77段;韩国——诸牛肉措施,第162—164段。

② 上诉机构已经解释:在大多数情况下,专家组必须将质疑措施和可能替代的措施进行比较,以达到相同的保护水平和减少贸易限制(上诉机构报告,哥伦比亚——纺织品,第5.74段)。另见上诉机构报告,EC——海豹产品,第5.169段(参见上诉机构报告,美国——赌博,第307段,再参见上诉机构报告,韩国——诸牛肉措施,第166段)。

③ 见上诉机构报告,哥伦比亚——纺织品,第5.126段。上诉机构已经注意到:相关法律或规章的目标或其保护的共同利益或价值可以协助阐明此等法律或规章中具体规则、义务或要求的内容。上诉机构报告,哥伦比亚——纺织品,第272至第5.126段(参见上诉机构报告,阿根廷——金融服务,第495至第6.203段)。

④ 见上诉机构报告,哥伦比亚——纺织品,第5.126段。

⑤ 见上诉机构报告,哥伦比亚——纺织品,第5.126段(参见上诉机构报告,阿根廷——金融服务,第6.203;墨西哥——软饮料税,第72段)。

第XX(d)条款下暂时合理性提供了有用的分析框架,它们"在概念上是截然不同的"。① 然而,它们涉及从事以下整体调查的相关方面:被申请方是否已经确立争议措施"对确保遵守符合GATT 1994的法律或规章是必要的"②,和第XX(d)条款下的分析结构因此不必遵循"严格路径"。③ 故专家组组织审查这些要素的方法,不仅可能受到争议措施或被申请方识别的法律或规章的影响,而且可能受到当事人各自提出的论点和证据的方式的影响。④ 这些考虑对评估一项措施是否"对获取或分销一般或本地供应短缺中的产品是至关重要的"的第XX(j)条款下分析,是同等相关的。

5.62　本案中各当事方参与者不同意第XX(j)条款中"至关重要的"术语是否采用比第XX(d)条款下的必要性分析更严格的法律门槛。⑤ 上诉机构在这方面已经解释:在从"必不可少的"到"做出贡献"的连续统一体范围界定中,一项"必要的"措施位于"必不可少的"的极点比仅仅'作出贡献'的对立极点明显更近。⑥ 反过来,"至关重要的"一词被定义为"绝对地必不可少的或必要的"。因此该术语清晰含义表明⑦,这个词至少位于离连续统一体的"必不可少的"目标与"必要的"术语的一样近。

5.63　关于这点,我们忆及,第XX(d)条款下的"必要性"分析涉及"衡量和平衡"系列因素的过程。我们认为,在评估一项措施是否是第XX(j)条款含义内"至关重要的"中,衡量和平衡的同一过程是相关的。特别是,我们认为,它与评估寻求一项措施合理地作出以下贡献的程度有关:"获取或分销一般或本地供应短缺中的产品";该措施旨在保护的社会利益或价值的相对重要性;质疑措施的贸易限制性。在大多数情况下,应当对质疑措施和可合理应用

---

① 上诉机构报告,哥伦比亚——纺织品,第5.125段。

② 见上诉机构报告,哥伦比亚——纺织品,第5.125段;阿根廷——金融服务,第6.205段。

③ 上诉机构报告,阿根廷——金融服务,第6.205段。

④ 上诉机构报告,阿根廷——金融服务,第6.205段。

⑤ 印度根据字典的定义认为,"必要的"术语与"至关重要的"术语是同义词;对一项"至关重要的"措施的要求"不限于是'绝对必不可少的',还包括是'必要的'情形"(印度的上诉方呈词,第120段)。另一方当事方美国方面提出,"至关重要的"暗含比"必要的"术语"更高水平的必不可少";一项措施是"必要的"的证明因此"要求比证明一项措施仅仅是'必要的'更高的门槛(美国的被上诉方呈词,第122段)。

⑥ 上诉机构报告,韩国——诸牛肉措施,第161段。

⑦ See W. R. Trumble and A. Stevenson (eds.), Shorter Oxford English Dictionary, 6th edn, Vol.1, Oxford University Press, 2007, p.865.

的替代措施进行比较。①

5.64 正如所注意到的，第 XX(j)条款"对获得或分销一般或本地供应短缺中的产品至关重要的"措施确立了一般例外。争议"产品"是那些必须是'……供应短缺中'"的产品、质疑措施对"获取或分销该产品是至关重要的"。我们还注意到，第 XX(j)条款规定，第 XX(j)条款下一般例外所涵盖的诸措施受以下要求的约束：它们"应当符合所有成员方有权公平分享该产品国际供应的原则"；②成员方可以采取不符合 GATT 的对获取或分销"一般或本地供应短缺中"的产品至关重要的措施，但受此种措施"应当尽快在对其产生的条件停止存在时终止"的要求的约束。根据第 XX(j)条款中这种用语，我们认为，对该项规定(包括"一般或本地供应短缺中的产品"短语)的恰当解释，要求仔细审议该条款中使用的不同用语如何相互依存，并因此应当在性质上是整体性的。

5.65 从"……供应短缺中的产品"一词开始，我们注意到，此语言通常指"仅在有限数量、稀缺情形下可获取"的产品。③ 我们理解"……供应短缺中的产品"短语因此指存在"短缺"的那些产品，即"数量缺少、总量不足"的产品。④ 这种理解由此事实得到加强，即第 XX(j)条款法文和西班牙文本分别提到了"pénurie"和"penuria"，其最好的英文翻译是"短缺"。

5.66 我们注意到，"供给"被定义为"实际生产和购买可获取的任何商品的数量"，和"供应"一词在通常含义上与"需求"一词是"相互依存的"。⑤ 评估可获取的某产品在"数量"上是否存在"数量不足"或"总量不足"因此会显然涉及对"供应"和"需求"进行比较，以便在可获取的某产品不能满足该产品"需求"时可以被认为是"处于供应短缺中"。

5.67 这给我们带来了一个问题，即应当与需求量进行比较的产品"可

---

① 见上诉机构报告，EC——海豹产品，第 5.169(参见上诉机构报告，美国——赌博，第 307 段；再参见上诉机构报告，韩国——诸牛肉措施，第 166 段)。

② 增加强调。

③ W.R. Trumble and A. Stevenson(eds.)，Shorter Oxford English Dictionary，6th edn，Vol. 2，Oxford University Press，2007，p. 3115. 另见上诉机构报告，中国——原材料，第Ⅲ25 段。

④ W.R. Trumble and A. Stevenson(eds.)，Shorter Oxford English Dictionary，6th edn，Vol. 2，Oxford University Press，2007，p. 2813. 另见上诉机构报告，中国——原材料，第Ⅲ25 段。

⑤ W.R. Trumble and A. Stevenson(eds.)，Shorter Oxford English Dictionary，5th edn，Vol. 2，Oxford University Press，2002，p. 3118. (增加强调)。

获取"供应量所在地理区域或市场的范围与程度。在此方面,第XX(j)条款系指处于"一般或本地"供应短缺的产品。"本地"的字典定义包括"在某特定地或相邻地,特别是作为国家整体对象的镇、县等"和"限于或独特于某特定地或诸特定地"。① 而"一般"一词相应地被定义为"作为一个领土、社区、组织等一个(具体规定的或隐含的)整体的全部或几乎全部;完全或几乎全体的;不是部分的、特殊的、当地或部分的"。② 因此,他们的普遍含义表明,"一般或本地"术语系指产品短缺的范围,其可以涵盖某国境内一区域内或一领土内当地出现的短缺,或超越某特定国家国界持续发生的短缺。然而,在第XX(j)条款上下文中,我们理解的是,"一般或本地供应短缺中的产品"这一短语聚焦在援引第XX(j)条款的成员的领土内存在供应短缺情况的产品上。这不意味着,若"一般"供应短缺情况在该领土内发生就不能超出该领土边界。我们进一步将"一般"和"本地"术语与"或"这一分离词一起解读后表明,不存在要求一成员方证明短缺扩展至其领土的所有部分,但是根据实际情况,可以充分证明此种短缺形势的存在发生于当地或限于其领土的若干部分。

5.68　继续考量第XX(j)条款是否提到在特定地理区域或市场上是可以"可获得的"的产品的原产地。我们注意到,"一般或本地供应短缺中的产品"短语的前面直接是"获取或分销"术语。"获取"一词通常指"获取某物的行为"③,"分销"被定义为"遍及一地区扩散或分散的行为"。④ 因此,第XX(j)条款注视这些措施,即寻求采取提供"获取或分销"给定产品的方式纠正"供应短缺"。第XX(j)条款以其诸术语,未将供应潜在来源的范围限于特定国家生产的"国内"产品,这些产品是可以在某给定市场上通过购买"可获得的"。它未排除这种可能性,即还可以"获得"来源于某特定地理区域或市场以外的产品以满足需求。在此意义上,第XX(j)条款中的语言(不规定可以"获取"或"分销"的产品的原产地)可以与GATT 1994第Ⅲ:4条款对比,后一条款明确提及"任何成员方领土的产品"和"国家原产地的同类产品";和与GATT

① 专家组报告,第 7.206 段(引自 W. R. Trumble and A. Stevenson(eds.),Shorter Oxford English Dictionary,5th edn,Vol.1,Oxford University Press,2002. p. 1619)。

② 专家组报告,第 7.206 段(引自 W. R. Trumble and A. Stevenson(eds.),Shorter Oxford English Dictionary,6th edn,Vol.1,Oxford University Press,2007. p.1081)。

③ W.R. Trumble and A. Stevenson(eds.),Shorter Oxford English Dictionary,6th edn,Vol.1,Oxford University Press,2007,p. 20.

④ W.R. Trumble and A. Stevenson(eds.),Shorter Oxford English Dictionary,6th edn,Vol.1,Oxford University Press,2007,p.720.

1994 第 XX(g) 条款对比,其提及"国内生产或消费"的。①

5.69　在确定产品是否是一般或本地供应短缺时,其与考虑声称存在短缺的特定地理区域或市场上产品生产量有关。然而,没有任何理由不适当考虑某特定国家其他部分和其他国家的产品生产量,只要此等数量在相关地理区域或市场上是以购买方式"可获得的"。进而,若特定地理区域的制造能力或生产的增长可能导致在该区域购买可获得的某产品总量增长,其不会产生于此种增长:国内制造商必定会将其产品销售给国内购买者而不是以销售给国外购买者方式出口其产品。"一般或本地供应短缺中的产品"形势的评估,不应当专门聚焦在"国内"供应的可获得性上,而应该聚焦在外国或"国际"来源上。

5.70　转至考量"一般或本地供应短缺中的产品"这一短语是否存在时间范围。我们忆及,第 XX(j) 条规定,按(j)条款采取的任何措施"应当尽快在对其产生的条件停止存在时终止"。我们解读第 XX(j) 条款中的这段语言,其注视可以超时继续但不期望无期限持续的"供应短缺"情况。因此,我们认为,对被申请方是否已经识别"一般或本地供应短缺中的产品"的分析,不能仅通过考量在某特定地理区域或市场中以购买"可获得的"供应量与需求之间在某单一时间点是否存在数学差异来使人满意。相反,第 XX(j) 条款要求小心详细审查以全面考量供需趋势(当此趋势随时间演化时)为基础的供需关系,以及产生短缺的条件是否已经停止存在。

5.71　依据上述,我们将 GATT 1994 第 XX(j) 条款解读为:反映在评估产品是否处于"一般或本地供应短缺中"时予以考虑的不同考量的一种平衡。特别是,专家组应当审查某特定产品在某特定地理区域或市场购买"可获得的"程度以及这是否充分满足相关区域或市场的需求。在适当情况下,这种分析不仅可以考虑某特定产品的国内生产水平和声称"一般或本地供应短缺中"的产品的性质②,还可以考虑诸如相关产品和地理市场③、相应市场的潜

----

①　我们进一步注意到,第 XX(j) 条款要求,本例外下被认为合理的措施"应当符合所有成员有权公平分享国际供应该产品的原则"。此语言进一步支持了这一看法:对"一般或本地供应短缺中的产品"的评估是否要考虑在给定地理区域或市场上可以"可获得的"所有供应来源并排除考虑"国际供应"。

②　例如,它可能与考虑该措施是否涉及易腐货物或食品,或可能难以运输的产品有关。

③　对诸如产品同质性、供方和需方可替代性等因素的考虑也可能是相关的,以便恰当评估给定市场中某特定产品是否短缺。

在价格波动、外国和国内消费者的购买力、外国和国内生产者在特定市场中所起的作用之类的因素,包括国内生产者在国外销售产品的程度。应当适当考虑可以在某特定地理区域或市场"可获得的"以满足需求的进口总量。因此,它与考量某产品国际供应稳定和准入的程度有关,包括审查诸如某特定地理区域或市场与生产地点之间的距离、本地或跨国供应链的可靠性之类的因素。是否和何种因素相关,取决于每个情况的特殊性。正如可能存在对某特定情况下进口的"可获得性"产生影响的因素,还有可能的是:尽管存在制造能力,但国内产品在特定国家的所有部分不是"可获得的",或者不是"可获得的"满足需求的足够数量。在所有情况下,被申请方都有责任证明:在相关地理市场上从国内和国际来源"可获得的"供应量不足以满足需求。

5.72 我们对 GATT 1994 第 XX(j)条款的解释符合《建立世界贸易组织马拉喀什协定》(WTO 协定)的序言。该序言提到"根据可持续发展目标最佳利用世界资源,寻求保护与维护环境,和以符合各成员在不同经济发展水平上各自的需求和关切的方式增强这种做的手段"。诸成员方的不同经济发展水平可以视具体情况影响某给定市场产品供应的可获得性。例如,发展中国家可能拥有较少的国内生产,可能比发达国家更容易遭受供应中断。此等因素可能与评估某特定情况下某产品"可获得性"并因此评估某产品是否处于"一般或本地供应短缺"有关。

5.2.4 专家组在裁决太阳能电池和组件不是印度境内短缺产品中是否犯下错误

5.73 我们忆及,专家组认为"'……供应短缺中的产品'短语……系指与可获得供应量不满足需求有关的产品"。① 专家组因此得出结论:"'一般或本地供应短缺中的产品'短语的通常含义是指某产品的可获得供应量不满足有关地理区域或市场需求的情形。"②专家组根据其分析 GATT 1994 第 XX(j)条款的文本、背景和相关法理,裁决:"'一般或本地供应短缺中的产品'术语系指从所有来源的某产品可获得供应量不满足相关地理区域或市场的需求的情形"③和这些术语"不是指涉及仅存在缺乏国内制造能力的产品"。④ 专家组补充认为,"印度未提出理由证明,从所有来源(即国际和国内)可获得的

---

① 专家组报告,第 7.205 段。

② 专家组报告,第 7.207 段。然后专家组通过诉诸 GATT 1994 的谈判历史,确认了其对"一般或本地供应短缺中的产品"这一短语的解释。

③ 专家组报告,第 7.234 段(增加强调)。

④ 专家组报告,第 7.236 段。

太阳能电池和组件数量没有充分满足各 SPD 或其他购买者的需求。"①

5.74　正如我们上面所解释的,评估一成员方是否已经识别"一般或本地供应短缺中的产品",需要个案分析以全面考量全部相关因素为基础的供需关系。② 我们在以下范围内同意印度的看法:其认为国内制造业"能力"的增长可以导致某产品可获供应总量的增长。但是,我们不同意印度似乎认为的以下看法:缺乏"足够"国内制造"能力"将必然构成特定市场的产品"短缺"。它不产生于国内制造商必然将其产品销售给国内购买者而不是出口给国外购买者的增长。

5.75　这给我们带来了印度的这一论点:继续依赖进口太阳能电池和组件使其面临继续依赖进口的风险。印度在专家组面前提出,"任何依赖进口会对其带来与供应方脆弱性和波动有关的风险"③,和由于"印度的太阳能 PV 装置主要依赖进口的电池和组件",这使印度面临国际供应中市场波动的风险"。④ 根据印度说法,因此要求政府干预达到"最低化依赖进口"和"确保面临任何供应方中断的国内应对能力"。⑤ 印度在上诉中重申了涉及与继续依赖进口太阳能电池和组件有关的风险的这些论点。⑥

5.76　我们理解印度关于继续依赖进口太阳能电池和组件固有的、涉及供应可获得性问题的固有风险的论点,并同意这种考虑原则上与评估"供应短缺"情形是否存在有关。因考量某给定产品供应中断之潜在风险可能会引起"供应短缺"情况是否存在的问题,我们注意到了专家组的以下裁决:印度"未曾识别太阳能电池和组件进口中至今的任何实际中断",和印度各 SPD "在有能力承担外国太阳能电池和组件供应中未曾经历过实际中断"。⑦

5.77　我们在以下范围内也不同意印度的观点,即它似乎假定:首先,所有进口本身都蕴含与供应有关的风险并在此意义上不能满足需求;⑧其次,只要太阳能电池和组件国内生产能力达不到足够水平,此等风险是无法容忍的,只要

---

①　专家组报告,第 7.236 段。

②　见本报告,第 5.71 段。

③　专家组报告,Add.1,附件 B-3,第Ⅲ 3 段。

④　专家组报告,Add.1,附件 B-3,第Ⅲ 5 段。

⑤　专家组报告,Add.1,附件 B-3,第Ⅲ 5 段。

⑥　我们注意到,印度"重申其基本论点,即:由于国内生产率低,'一般或本地供应短缺'首先存在",且其脆弱"风险与国际供应和市场波动关联"。印度的上诉方呈词,第 104 段(原文强调)。

⑦　专家组报告,第 7.262 段。

⑧　见印度的上诉方呈词,第 101 段。

国内制造能力处在低于这种水平,"短缺"情形就存在。① 无论如何,即使假设某特定市场的进口供应中可能存在中断风险,它可能同等于此等风险存在相关国内生产中的情形。因此,在评估某特定区域或市场上的产品是否"可获得的"时,必须考虑到所有相关因素,例如,以个案为基准对涉及的每个供应来源(包括外国和国内供应)实施分析被申请方是否已经识别"供应短缺"的情况。

5.78 我们还注意到,在本争端期间,印度已经寻求以基本政策目标为基础证明其DCR措施的合理性。印度已经坚决主张,应当根据以下政策目标来理解DCR措施:"(i)能源安全与可持续发展;(ii)生态可持续增长的政策目标来看待DCR措施,同时应对气候变化的挑战。"②例如印度主张:"它不是印度的情况……即第XX(j)条款是一种例外情况,其允许各国对其自身不能生产或制造的任何和所有产品施加进口限制";但一项"援引第XX(j)条款的合理性需要依赖一项措施对纠正一般或本地供应短缺的此种情况是否是至关重要的",其涉及"一项措施与获取或分销一般或本地供应短缺产品的该措施目标之间的关系"。③ 印度进一步主张,DCR措施符合第XX(j)条款,因为它们"需要在能源安全和生态可持续增长的总体目标背景下予以审查,获取或分销本地制造的太阳能电池和组件对这些总体目标是至关重要的"。④

5.79 虽然诸如印度提到的那些政策考虑可以说明供需的性质和范围,但它们不免除援引第XX(j)条款例外的被申请方负责证明满足需求的进口产品是不"可获得的"和争议产品"处于一般或本地供应短缺中",表明进口产品"不可获得的"负担,以满足需求,所涉及的产品处于"一般或本地供应短缺中"。

5.80 印度进一步主张,按专家组对第XX(j)条款的解释,在该条款下,进口限制是不合理的。⑤ 印度提出,若起草者意图达到这种结果,他们"本会清晰阐明,如同其在GATT 1994第XI:2条款"⑥和第XX(a)条款"背景下"所做的。⑦ 对专家组提供的可能在第XX(j)条款下是合理的有关非出口措施的例证⑧,印度主张,专家组提供的例子"未面临该产品进口限制如何适用于本

---

① 见印度的上诉方呈词,第93段。
② 专家组报告,Add.1,附件B-3,第Ⅲ4段。
③ 印度的上诉方呈词,第68段(原文强调,省略脚注)。
④ 印度的上诉方呈词,第68(原文强调,省略脚注)。
⑤ 印度的上诉方呈词,第87段。
⑥ 印度的上诉方呈词,第87段(省略脚注)。
⑦ 印度的上诉方呈词,第88段。
⑧ 见专家组报告,第7.230和脚注566。

案情况的问题"。① 正如我们所理解的,印度主张,按专家组对"一般或本地供应短缺中的产品"短语的解释,对纠正供应短缺情况采取的措施只能采取出口限制形式,因此专家组对第 XX(j)条款的解释不可能是正确的。

5.81　正如印度正确指出的,GATT 1994 第 XI:2(a)条款和第 XX(a)条款的文本含有提及出口限制的明示语言。与之对照,第 XX(j)条款不包含提及进口或出口限制的明示语言。对"一般或本地供应短缺中的产品"短语的解释必须从第 XX(j)条款的文本开始,并根据该短语所处位置的实质性要求进行。与印度表面主张的相反,对"一般或本地供应短缺中的产品"短语的正当解释不能仅仅基于第 XX(j)条款和 GATT 1994 一些其他条款之间的文本差异或相似性。

5.82　无论如何,我们不同意印度产生于以下的观点:专家组对"一般或本地供应短缺中的产品"此种解释,即出口限制是可以用于纠正"供应短缺"情况的唯一一种措施;或者此种解释,即第 XX(j)条不能涵盖采取进口限制形式的措施。例如,专家组指出,"若某一产品的可获得供应量不满足某一给定成员方对该产品的需求量,可以相信的是,该成员方可以在该产品销售方面建立临时垄断作为在其领土内分销此种产品的至关重要措施"和此种"垄断可以通过限制相关产品私人贸易商品的出口和进口予以实施和被赋予效力"。②

5.83　基于上述,我们在以下范围内不同意印度的看法:它主张,可以确定"供应短缺"而不考虑所有来源的供应是否充分满足相关市场的需求。相反,如前所注意到的,我们将 GATT 1994 第 XX(j)条款解读为,在评估产品是否"处于一般或本地供应短缺中"时,反映考虑不同考量因素的一种平衡。这种分析在适当情况下不仅可以考虑某一特定产品国内生产水平和被声称"处于一般或本地供应短缺中"的产品的性质,而且可以考虑诸如相关产品的地理市场、相关市场的潜在价格波动、外国和国内消费者的购买力、外国和国内生产者在特定市场中的作用(包括国内生产者向国外销售产品的程度)之类的因素。应适当关注可能"可获得的"以满足特定地理区域或市场需求的进口总量。是否和何种因素是相关,将必然取决于每个案件的特殊性。

5.2.5　专家组在评估印度涉及国内制造能力的论点和证据中行事是否不符合 DSU 第 11 条

5.84　印度还根据 DSU 第 11 条质疑专家组处理印度关于"充分的国内

---

①　印度的上诉方呈词,第 89 段。
②　专家组报告,第 7.230 段脚注 566。专家组还认为,即使没有垄断,一成员也可能"采取作为产品配额计划一部分的其他措施控制产品的进口和分销"。同上。

制造能力"概念的论据和论据的方式。① 印度主张,专家组在评估印度提出证明其目前不具备"充分制造能力"的论点和证据中犯了错误。例如,印度主张,它已经解释,"它不能承受继续依赖进口太阳能开发固有的组件……[因为]能源对其长期能源安全至关重要,以及若印度没有太阳能电池和组件的本土制造能力……[这种能力]对减少产生于完全依赖进口关键部件的风险是必要的,这种目标是不可能实现的]。"②

5.85 印度主张,它提交了相关证据指明"何种要素将构成充分制造能力",在此点,不再需要 DCR 措施,因为"对其产生的条件已经停止存在"。③印度进一步主张,"专家组的印度未力求最大化'自给自足'或'自力更生'的结论否定了印度维持'充分制造能力'需要,该结论没有基于客观评估提交给它的事实和法律论据……并违背了 DSU 第 11 条的基本授权:专家组必须考虑提交给它的所有证据、评估其可信度、确定其权重,并确保其实际裁决具有适当的证据基础。"④美国的答复是,"印度论点中缺乏以证据为基础的底线和合理比较,阻止了对是否存在供应短缺情况的任何结论",并且"它是在印度解释中导致专家组拒绝印度第 XX(j)条款抗辩的缺点但不是这种错误结论,即印度已忽视了提供其认为充分的能力等级的任何评估"。⑤

5.86 我们忆及,专家组就印度的属于"充分的国内制造能力"要求的论点作出了以下裁决:为了评估"供应短缺"情况是否在 GATT 1994 第 XX(j)条款含义内存在,"必须有一些客观参照点作为客观评估'可获得的'产品的'数量'是否存在'数量不足'或'总量短缺'的基础"。⑥ 在这方面,专家组确定:"印度对第 XX(j)条款的替代性解释没有提出任何客观参照点作为客观评估某一产品是否处于'供应短缺'的基础,[因为]印度没有充分解释何种因素构成相当于其第 XX(j)条款解释下的国内制造能力'短缺'。"⑦专家组进一步裁决,"印度本身没有明确说明在其替代性解释该条款之下何种要素构成为了第 XX(j)条款的目的'充分制造能力',并且"也不清楚印度是否正在主张认为每个相关成员方按

① 印度的上诉方呈词,第ⅠVA.5 节。
② 印度的上诉方呈词,第 93(a)段(省略脚注)。
③ 印度的上诉方呈词,第 94 段。
④ 印度的上诉方呈词,第 98 段(参见上诉机构报告,巴西——翻新轮胎,第 185 段;又参见上诉机构报告,欧共体——激素,第 132—133 段)。
⑤ 美国的被上诉方呈词,第 102 段(省略脚注)。
⑥ 专家组报告,第 7.205 段(省略脚注)。
⑦ 专家组报告,第 7.226 段。

其自由处置权确定'充分制造能力'会是什么、或者评估'充分'制造能力的参考点是否会依赖于所追求的政策目标随不同案件而变化。"① 因此,专家组确定,印度对第XX(j)条款的解释是"有问题的,因为它未反映为了客观评估某产品是否处于第XX(j)条款含义内"短缺"的目的可能使用的客观参照点。②

5.87 如上所述,DSU 第 11 条下要求专家组"考虑向其提交的所有证据,评估其可信性、确定其权重,并确保其实际裁决有适当的证据基础"。③ 同时,专家组"不被要求记录各当事方具有相同意义和重要性的实际证据"。④ 此外," 参与者以第 11 条主张为幌子在专家组面前有效地重新提出论点,是不可接受的",上诉方"必须指明与专家组评估客观性有关的具体错误"。⑤

5.88 印度 DSU 第 11 条下的主张依赖于印度解读 GATT 1994 第XX(j)条款的有效性,特别是印度的这种主张:以参考是否有某一给定产品"充分的"国内制造能力的方式专门确定第XX(j)条款含义内的"供应短缺"情况的存在。印度不同意专家组达成的结论这一事实不意味着专家组犯下了相当于违反DSU 第 11 条的错误。印度"只是"以一项第 11 条主张的幌子重新向专家组提出论点。因此,我们拒绝印度关于专家组行事不符合 DSU 第 11 条的主张。

5.2.6 结论

5.89 我们在前述已经裁决,GATT 1994 第XX(j)条款反映了在评估产品是否处于"一般或本地供应短缺中"时考虑的不同考量因素之间的一种平衡。特别是,专家组应当审查在特定地理区域或市场上购买"可获得的"某特定产品的程度、这是否充分满足相关区域或市场的需求。在适当的情况下,这种分析不仅可以考虑某一特定产品的国内生产水平和被声称处于"一般或本地供应短缺中"的产品的性质,而且可以考虑诸如相关产品与地理市场、相关市场的潜在价格波动、外国和国内消费者的购买力、外国和国内生产者在特定市场中的作用(包括国内生产者在国外销售产品的程度)之类的因素。应当适当关注可以在某特定地理区域或市场"可获得的"满足需求的进口总量。因此,它可以与以下方式考量某一产品国际供应稳定和准入的程度有关:审查诸如特定地理区域或市场与生产地点之间的距离、本地或跨国供应链的可靠

---

① 专家组报告,第 7.226 段(省略脚注)。
② 专家组报告,第 7.227 段。
③ 上诉机构报告,菲律宾——蒸馏酒精,第 135 段(引自上诉机构报告,巴西——翻新轮胎,第 185 段;再参见上诉机构报告,EC——激素,第 132—133 段)。
④ 上诉机构报告,澳大利亚——三文鱼,第 267 段。
⑤ 上诉机构报告,欧共体——紧固件(中国),第 442 段。

性之类的因素。是否和何种因素是相关的,将必然依赖于每个案件的特殊性。正如可能存在与特定情况下进口"可获得性"有关系的因素一样,也存在这种可能:尽管存在制造能力,但国内产品在特定国家的所有地区都不是"可获得的",或者不"可获得"充足数量来满足需求。在所有情况下,被申请方有责任证明在相关地理市场上源自国内和国际的"可获得的"供应量不足以满足需求。为了这些原因,我们在以下范围内不同意印度的看法:它主张可以确定"供应短缺"而不考虑国内和国际供应是否足以满足相关市场的需求。我们也拒绝印度的专家组行事不符合DSU第11条的主张。

5.90　根据我们对第XX(j)条款的解释和向专家组提出的证据与论据,我们裁决,印度尚未确立太阳能电池和组件是印度境内"一般或本地供应短缺中的产品"。因此,我们维持专家组在其报告第7.265段中的裁决:在GATT 1994第XX(j)条款含义内太阳能电池和组件不是印度境内"一般或本地供应短缺中的产品",DCR措施因此在GATT 1994第XX(j)条款下是不合理的。

5.3　GATT 1994 第XX(d)条款

5.91　我们维持专家组的以下裁决:GATT 1994第Ⅲ:8(a)条款下的政府采购减损不适用于本案中争议的DCR措施。① 我们还维持专家组的这一裁决,即太阳能电池和组件不是GATT 1994第XX(j)条款含义范围的印度境内"一般或本地供应短缺中的产品"和DCR措施在该条款下是不合理的。② 我们因此转至处理印度对以下的有条件上诉:第一,专家组裁决,印度没有证明DCR措施是在GATT 1994第XX(d)条款含义内"确保遵守不违反[GATT 1994]规定的法律或规章的措施";第二,专家组最终裁决,DCR措施在该条款下是不合理的。③

5.92　印度主张专家组在以下方面犯有错误:解释和适用第XX(d)条款时裁决印度确定的国际文书在印度境内没有直接效力并因此不是第XX(d)条款含义内的"法律或规章"。④ 印度还认为,专家组在以下中犯有错误:第

---

①　见本报告,第5.41段。

②　见本报告,第5.90段。

③　印度的上诉通知书,第3节,第1段(参见专家组报告,第7.284—7.333和7.337—7.390段);上诉方的呈词,第164段。

④　印度的上诉方呈词,第166、170—173段。印度确定了以下国际文书:(ⅰ)WTO协定的序言;(ⅱ)1992年5月9日在纽约签署的《联合国气候变化框架公约》,《联合国条约汇编》,第1771卷,第107页(专家组证据展示IND-3);(ⅲ)联合国大会1992年通过的《关于环境与发展的里约宣言》(专家组证据展示IND-35);(ⅳ)联合国大会第A/RES/66/288决议(2012年7月27日通过)(里约+20文件:"我们希望的未来")(专家组证据展示IND-28)。见专家组报告,第7.269—7.274段。

一,印度制定的三项国内文书,即《国家电力政策》①《国家电力计划》②和《气候变化国家行动计划》③不构成"法律或规章";第二,将其结果性分析聚焦在第四项国内文书上,即《2003 年印度电力法》第 3 节④,抛开其他三项文书。⑤印度要求我们:撤销专家组的裁决、完成法律分析和裁决相关文书是第 XX(d)条款含义内的"法律或规章";DCR 措施对"确保遵守这些法律或规章是至关重要的";它们符合第 XX 条首部分的要求。⑥

5.93   印度的上诉因此集中在专家组评估印度确定的国际和国内文书是否是第 XX(d)条款含义内的"法律或规章"。我们首先总结专家组的裁决,再列出 GATT 1994 第 XX(d)条款下可适用的法律标准,和考量印度在上诉中质疑的专家组分析。

5.3.1   专家组的裁决

5.94   在专家组面前,印度主张,它有义务"在确保生态可持续增长的同时解决印度的能源安全挑战,并确保遵守与气候变化有关的义务"。⑦ 根据印度观点,这项义务"反映在四项国际文书和四项国内文书中"⑧,这两套文书均符合 GATT 1994 第 XX(d)条款含义内的"法律或规章"。印度声称,其 DCR措施"确保遵守"这些"法律或规章",因为它们"在印度各 SPD 获取所需生产

---

①   印度政府电力部:《国家电力政策》,第 23/40/2004-R&R 号决议(第 Ⅱ 卷)(2005年 2 月 12 日)(专家组证据展示 IND-14)。

②   印度政府电力部中央电力管理局:《国家电力计划》,第 1 卷——发电,2012 年 1月(专家组证据展示 IND-16)。

③   印度政府:《气候变化国家行动计划》(2008 年 6 月)(专家组证据展示 IND-2)。

④   印度议会:《2003 年电力法》[第 2003 年第 36 号法](2003 年 5 月 26 日)(专家组证据展示 USA-20)。

⑤   见印度的上诉方呈词,第 164—167、171 段。印度在口头聆讯会上确认,它不质疑专家组 DSU 第 11 条下的裁决。

⑥   印度的上诉方呈词,第 178、180—181 段。

⑦   专家组报告,第 7. 268 段(引自印度向专家组提交的第一份书面呈词,第 240 段;在专家组第一次会议上的开审陈述,第 54 段;在专家组第二次会议上的开审陈述,第 35 段)。

⑧   专家组报告,第 7. 268 段。专家组注意到,"本案中的中心问题是印度确定的材料是否属于第 XX(d)条款含义内的'法律或规章'",并解释称,在将这些材料称为"文书"中,其意图是"采用对该问题中立的一种命名法"。同上,第 7. 268 段脚注 635。我们看到了专家组这种方法的优势,并继续使用"文书"术语来指代印度确定的材料。

太阳能电力的太阳能电池和组件持续性和能负担的供应方面,降低了中断风险"。① 印度进一步认为,其DCR措施是"必要的"措施,因为它们是激励太阳能电池和组件本地制造的唯一手段,并因此降低了此种风险。② 另一当事方美国主张,印度没有证明:为了第XX(d)条款的目的,DCR措施是遵守任何法律或规章所必要的。③

5.95　专家组开始审查印度确定的国际文书是否属于第XX(d)条款含义范围内的"法律或规章",然后审议印度确定的国内文书。专家组解释道,"它会以这种方式进行,因为印度已经区分了其国际和国内义务",还"因为关于这两组不同的文书,提出了不同的问题"。④

5.96　专家组忆及,印度曾主张其"国际法义务"体现在以下国际文书中:(i)WTO协定的序言;(ii)《联合国气候变化框架公约》;(iii)《关于环境与发展的里约宣言》(1992年);(iv)联合国A/RES/66/288(2012)号决议(里约+20文件:《我们希望的未来》)。⑤

5.97　专家组审查了印度确定文书的相关文本后,转到审议第XX(d)条款含义内的"法律或规章"是否包括国际文书而非国内文书。专家组以其复审墨西哥——软饮料税案中上诉机构的推理和裁决为基础而忆及第XX(d)条款中的"法律或规章"术语是指"构成一WTO成员方国内法律体系一部分

---

① 专家组报告,第7.191段(引自印度向专家组提交的第一份书面呈词,第255段。其载明:设计"DCR措施确保遵守印度在其法律和规章下的义务,这些法律和规章要求印度确保生态可持续增长和可持续发展。DCR措施寻求通过为太阳能PV电池和组件创建一个本地制造基地实现这项目标,以确保满足对此等电池和组件要求的能力而不受诸如价格波动和地缘政治因素之类进口风险的影响")。

② 专家组报告,第7.191段(引自印度向专家组提交的第一份书面呈词,第262段。其在第XX(d)条款背景下载明:"印度没有任何可获得的合理替代措施来实现其建设国内太阳电池和组件制造基地以确保对有关进口波动和不确定性的国内应对能力的目标")。

③ 专家组报告,第7.194段(参见美国在专家组第一次会议上的开审陈述,第48—52段)。

④ 专家组报告,第7.284段。

⑤ 见专家组报告,第7.269—7.274段。更具体言之,印度提及:(i)WTO协定序言的最先叙述;(ii)《联合国气候变化框架公约》第3条、第4(1)(b)本款、第4(1)(f)条款(专家组证据展示IND-3);(iii)1992年联合国大会通过的《环境与发展里约宣言》(专家组证据展示IND-35);和(iv)联合国大会A/RES/66/288号决议(2012年7月27日通过,里约+20文件:《我们希望的未来》)第3、4和127段(专家组证据展示IND-28)。

的规则"。① 专家组补充道,"国际协定"(或国际法的其他渊源)只有在其并入一成员方国内法律体系或在该体系内具有"直接效力"的范围内,才可以构成"法律或规章"。②

5.98　专家组转至审查印度确定的国际文书是否构成印度国内法律体系的一部分时回顾了印度的此立场,即:这些文书在印度有"直接效力",因为国际法规则纳入了印度的国内法律体系,但没有明确的立法认可,只要不与议会颁布的法律发生冲突。③ 专家组还注意到印度的这种解释:"按印度宪法,行政机关的行为不限于预先存在法律的领域",这类行为"延伸到议会有权力制定法律的方面"。④ 专家组接受了印度对其国内法律体系如何运行的解释。⑤然而,专家组根据印度的解释裁决,"国际法义务不是'自动纳入'印度法律,而是可以由若干国内当局对其采取行动和实施",因此印度没有证明相关国际文书在印度有"直接效力"。⑥ 专家组进一步注意到了印度的这一主张:国际环境法原则和可持续发展概念"在印度对环境与发展治理是基本的","可持续发展概念是习惯国际法的一部分"。⑦ 但是,专家组认为,这没有谈及"国际义务是否自动纳入国内法并在印度具有'直接效力'的问题"。⑧ 专家组因此裁决,印度没有证明其已经确定的国际文书是本争端中第 **XX**(d)条款含义内的"法律或规章"。⑨

5.99　专家组然后转至审议印度已经确定的国内文书是否适合作为"法律或规章"。专家组忆及了印度的此种主张:其"确保生态可持续增长"的义务体现在印度《2003 年电力法》第 3 节,并与《国家电力政策》第 5.12.1 段"共

---

① 专家组报告,第 7.290 和 7.293 段(引自上诉机构报告,墨西哥——软饮料税,第 69—70 和 79 段)(删除强调)。

② 专家组报告,第 7.293 段。

③ 专家组报告,第 7.285 段(引自印度对专家组第 35 号问题的答复;向专家组提交的第一份书面呈词,第 180 段)。

④ 专家组报告,第 7.295 段(引自印度在专家组第一会议上的开审陈述,第 60 段)。相同语言在第 7.926 中再现(引自印度对专家组第 35 号问题的答复)。

⑤ 专家组报告,第 7.297 段。

⑥ 专家组报告,第 7.298 段。

⑦ 专家组报告,第 7.298 段[参见印度向专家组提交的第一份书面呈词,第 180 段;再参见印度最高法院在韦洛尔公民福利论坛诉印度联盟和其他人(Vellore Citizens Welfare forum v. Union of India and Others)的判决,(1996 年)5 SCC 647,第 10—15 段]。

⑧ 专家组报告,第 7.298 段。

⑨ 专家组报告,第 7.301 和 7.333 段。

同解读";《国家电力计划》第 5.2.1 分节;和《气候变化国家行动计划》。①

5.100　专家组首先注意到,"法律"和"规章"两个术语的词典定义清楚表明它们是指"规则"②,和上诉机构通过其在墨西哥——软饮料税案的整个报告中理解"法律或规章"是指"规则"。③ 专家组进一步注意到第 XX(d)条款在确保其被"遵守"方面以其术语方式提及"法律和规章"规定,并认为,"以必要暗示方式,第 XX(d)条款中提及的'法律或规章'因此必须是行为会是或不会是处于'遵守'中的规则。"④专家组参考第 XX(d)条款中说明性清单提供的"背景"后裁决,这意味着第 XX(d)条款下的"法律或规章""必须是法律上可执行的"。⑤ 专家组根据其分析得出以下结论:第 XX(d)条款中的"法律或规章"是指"WTO 相关成员方国内法律体系内法律上可执行的行为规则,不包括总体目标"。⑥

5.101　关于印度确定的国内文书,专家组首先评估《2003 年电力法》第 3 节是否构成第 XX(d)条款含义范围内的"法律或规章"。专家组指出,《2003 年电力法》在"其包含生效日期、界定该文书使用术语的一节"和其"被分解为以约束性语言安排的包含规则的被编号的部分、节、分节"的意义上,"具有与一部制定法正式关联的形式特性"。⑦ 专家组进一步指出,《2003 年电力法》第 3 节在其为《国家电力计划》《国家电力政策》的发展"确立法律基准"和"在定期草拟、发布和复审《国家电力政策》《国家电力计划》中确定相关实体"的意义上⑧,"似乎构成了印度国内法律体系下一项法律上可执行的行为规则"。⑨ 但是专家组补充称,第 3 节"没有规定《国家电力政策》或《国家电力计划》的内容或实质,而是阐明不时草拟的该政策将'基于最佳利用的资源,如煤炭、天然气、核物质或材料、水和可再生能源'。"⑩

---

①　专家组报告,第 7.275—7.283 段。
②　专家组报告,第 7.308 段。
③　专家组报告,第 7.308 段。
④　专家组报告,第 7.308 段(参见上诉机构报告,墨西哥——软饮料税,第 69—70、75、77 和 79 段)。
⑤　专家组报告,第 7.309 段。
⑥　专家组报告,第 7.311 段。
⑦　专家组报告,第 7.312 段(省略脚注)。
⑧　305 专家组报告,第 7.327 段。
⑨　306 专家组报告,第 7.312 段。
⑩　专家组报告,第 7.276 段(引自《2003 年电力法》(专家组证据展示 USA-20),第 3(1)节。

5.102 专家组描绘了与《2003年电力法》第3节的对照后注意到,《国家电力政策》《国家电力计划》和《气候变化国家行动计划》明确被称为"政策"或"计划",印度确定的这些文书中的条款和段落的措词"不会使人想到存在任何法律上可执行的规则",而是"鼓励的、理想的、宣示性的和有时仅仅是描述性的"。① 专家组进一步指出,印度未曾提议《国家电力政策》《国家电力计划》或《气候变化国家行动计划》"具有法律约束力",或者它们在实质上与其国内法律体系下的立法行为或其他文书相似。② 专家组"毫不怀疑"地认为中央政府在行使其《印度宪法》下的权力中制定了这些文书③,但不认为在确定这些文书是否合格成为第XX(d)条款含义内"法律或规章"中这是决定性标准。④ 专家组根据其分析裁决,"《电力法》特别是其第3节构成第XX(d)目的的'法律'"⑤,但印度确定的其他国内文书不能合格成为该条款含义内的"法律或规章"。⑥

5.103 关于《2003年电力法》第3节,专家组提到了GATT/WTO的以前法理,并忆及,第XX(d)条款中的"确保遵守法律或规章"短语是指"法律或规章下执行义务"的措施而不是"确保实现法律和规章之目标"的措施。⑦ 但专家组看到DCR措施与《2003年电力法》第3节之间"没有联系或联结"。⑧ 专家组特别认为,它未"见到如何可以称DCR措施确保遵守《电力法》第3节中定期草拟《国家电力政策》和《国家电力计划》的义务。"⑨专家组补充称,"印度未曾提议DCR措施的目的是防止印度中央政府或中央电力管理局不符合其定期草拟《国家电力政策》和《国家电力计划》义务的行为。"⑩因此专家组裁决,印度未能证明其DCR措施是"确保遵守"《2003年电力法》第3节法律

---

① 专家组报告,第7.313段。
② 专家组报告,第7.314段。
③ 专家组报告,第7.317段。
④ 专家组报告,第7.317段。
⑤ 专家组报告,第7.312段。
⑥ 专家组报告,第7.318段。
⑦ 专家组报告,第7.330段(参见GATT专家组报告,EEC-零部件,第5.17段;专家组报告,加拿大——期刊,第9段;加拿大——小麦出口和谷物进口,第6.248段;EC——商标和地理标志(美国),第7.447段;墨西哥——软饮料税,第81.75段;哥伦比亚——入境口岸,第7.538段)。
⑧ 专家组报告,第7.329段。
⑨ 专家组报告,第7.329段。
⑩ 专家组报告,第7.329段。

义务的措施。① 为了所有这些原因,专家组作出结论:印度没有证明其 DCR 措施在 GATT 1994 第 XX(d)条款下是暂时合理的。②

5.3.2 GATT 1994 第 XX(d)条款下的法律标准

5.104 我们回顾专家组的分析和裁决后,转至考量 GATT 1994 第 XX(d)条款下适用的法律标准。第 XX(d)条款规定了以下措施的一般例外:

> 对确保遵守与本协定规定不抵触的法律或规章是必要的措施,包括与海关执法、按第Ⅱ条第 4 款和第 XVII 条运行的垄断执法、保护专利、商标和版权以及防止欺骗行为有关的措施。

5.105 我们在上下文讨论 GATT 1994 第 XX(j)中已经调查了第 XX(d)条款③下适用的一般分析框架,现立即转至审查第 XX(d)条款中"确保遵守法律或规章"短语背景下的"法律或规章"术语的适当解释。

5.106 我们从"法律"和"规章"术语的通常含义开始。我们注意到,"法律"这一术语一般被理解系指"由权威施加的行为规则"④,而"规章"这一术语被定义为"管辖行为或实践的规则或原则,特别是由一当局建立和维持的此种指令"。⑤ 墨西哥——软饮料税案的上诉机构认为,第 XX(d)条款中的"法律或规章"术语是指"构成 WTO 成员方国内法律体系一部分的规则,包括已经纳入 WTO 一成员方国内法律体系的国际协定衍生出的规则或者依据该 WTO 成员的法律体系具有直接效力的规则"。⑥ 关于包含在第 XX(d)条款中的说明性清单,上诉机构认为,第 XX(d)条款中作为例子列出的事项——即海关执法、垄断执法、保护专利、商标和版权以及防止欺骗行为——涉及政府规制各种经济行为者(如私营公司和国有企业)和政府机构从事的活动。⑦ 包含在第 XX(d)条款中的说明性清单加强了此种观念,即"法律或规章"系指管辖行为或实践的、构成一成员方国内法律体系一部分的行为规则和原则。⑧

---

① 专家组报告,第 7.332 段。

② 专家组报告,第 7.333 段。

③ 见本报告,第 5.56—5.61 段。

④ 牛津英语词典在线(Oxford English Dictionary online),"法律(Law)"术语的定义,http://www.oed.com/view/Entry/106405,2016 年 8 月 23 日访问。

⑤ 牛津英语词典在线(Oxford English Dictionary online),"规章"(regulation)单词的定义,http://www.oed.com/view/Entry/161427,2016 年 8 月 23 日访问(原文斜体)。

⑥ 上诉机构报告,墨西哥——软饮料税,第 79 段。

⑦ 上诉机构报告,墨西哥——软饮料税,第 70 段。

⑧ 上诉机构报告,墨西哥——软饮料税,第 70 段。

5.107　进而,正如上诉机构注意到的,"法律或规章"包含"WTO 成员方政府立法或行政部门通过的规则"。① 为了第 XX(d)条款的目的,在查明一项声称的规则是否属于"法律或规章"范围时,它可能因此涉及评估一主管当局按相关成员方国内法律体系是否已经通过或认可争议的规则。

5.108　转到"法律或规章"这些术语的直接上下文,我们注意到,第 XX(d)条款文本在涉及"确保"其能够被"遵守"时提到"法律或规章"。因此,第 XX(d)条款提到的"法律或规章"必须是与行为会或不会处于"遵守"有关的那些法律或规章。关于"确保"这一术语,我们的理解是,在"墨西哥——软饮料税"案中,上诉机构不同意专家组的这种解释:"'确保遵守'将被解读为强制执行遵守的意思"。② 该上诉机构解释称,在实现一项措施给定目标和使用强制性中的绝对确定性,不是第 XX(d)条款含义内旨在"确保遵守"的一项措施的必要组成部分。③ 相反,当一项措施寻求确保遵守具体规则时,即使不能保证该措施达到具有绝对确定的此种结果,可以称该措施"确保遵守""法律或规章"。④

5.109　我们不认为"法律或规章"的范围限于法律上可强制执行的文书(包括例如在法院面前),或者在不遵守的情形下由适用的惩罚和制裁伴随的文书。相反,正如我们所看到的,该概念是较广泛的,在适当情况下可以包括一成员方寻求"确保遵守"的规则,即使遵守不是强迫(例如通过施加惩罚或制裁)的。在评估一项规则是否属于第 XX(d)条款下"法律或规章"范围时,一专家组应当考虑包含所称规则的文书在性质上是规范性的程度。因此,它涉及专家组审查一项规则是否是法律上可强制执行的,因为这可能证明这种范围:它规定一成员方国内法律体系内将遵守的行为规则或行动过程规则。它还可能与以下有关,即专家组审查该文书是否规定了在不遵守的情况下将适用的处罚或制裁。

5.110　上诉机构已经指出,当一项措施设计去显示确保遵守法律或规章下的具体规则、义务或要求时,能够"认为该措施'确保遵守'法律或规

---

①　上诉机构报告,墨西哥——软饮料税,第 69 段。

②　上诉机构报告,墨西哥——软饮料税,第 73—74 段(引自专家组报告,墨西哥——软饮料税,第 8.175 段)(增加强调)。

③　上诉机构报告,墨西哥——软饮料税,第 74 段。

④　见上诉机构报告,哥伦比亚——纺织品,第 5.69、5.126、5.131 段;阿根廷——金融服务,第 6.203 段。

章"。① 在这方面,重要的是,要在一项措施寻求确保遵守的具体规则、义务或要求和相关"法律或规章"的目标之间进行区分,此目标可以有助于阐明该"法律或规章"的具体规则、义务或要求的内容。② 被申请方能"更精确地"确定包含在相关"法律或规章"中的具体规则、义务或要求,它就能够"更可能地"阐明不符措施如何和为何确保遵守此等"法律或规章"。③ 因此,专家组在评估一项文书是否构成第XX(d)条款含义内的"法律或规章"中,还应当考量相关文书规定一成员方国内法律体系内的特定行为规则或行动过程规则的具体性或精确性的程度而不是简单地为可能符合若干目标的行动提供法律依据。

5.111 在若干情况下,被申请方可以有能力确定一项包含被申请方为了第XX(d)条款的目的寻求"确保遵守"给定规则、义务或要求的单独国内文书的具体规定。然而,面对以下情形也是可能的:被申请方以提及或援引其国内法律体系下一个或多个文书的若干要素或部分的方式,寻求确定一项给定的规则、义务或要求。在阿根廷——金融服务案中,上诉机构承认了此种可能性,它认为被申请方"可以选择证明该措施的设计和必要性以确保遵守产生于作为综合框架一部分一起实施的多个法律或规章的一项或多项义务"。④ 事实上,我们在第XX(d)条款文本中没有看到此种任何内容:从"法律或规章"范围中排除未包含在单独国内文书或其条款中的规则、义务或要求。在一个给定的国内法律体系中,一个或多个文书的若干要素可以共同履行规定一项行为或行动过程规则。在这种情况下,为了正确理解一项给定规则的内容、实质和规范性,可以要求一专家组共同审查被申请方确定的一项或多项文书的不同要素。当然,若被申请方寻求依赖源自于多个文书或其部分的一项规则,它仍然会负责确立它实际指明的文书或其部分规定了该声称规则。

5.112 最后,专家组对被申请方是否已经确定第XX(d)条款含义内的"法律或规章"的详细审查应当聚焦在争议文书的具体特点和特性上,包括它们可能包含的该声称规则。尽管给予文书的形式和标题可以清楚显示其法律状况和内容,但不能以提及按一成员方国内法给予文书标签的方式简单地确

---

① 上诉机构报告,阿根廷——金融服务,第6.203段(增加强调,省略脚注)。
② 上诉机构报告,阿根廷——金融服务,第6.203段脚注495。
③ 上诉机构报告,阿根廷——金融服务,第6.203段。
④ 上诉机构报告,阿根廷——金融服务,第6.208段脚注505。

定一项声称规则是否属于为了第XX(d)条款目的的"法律或规章"范围。①

5.113　总之,专家组在确定被申请方是否确定了属于GATT 1994第XX(d)条款下"法律或规章"范围内的规则中,应当评估和适当考虑有关文书的全部特性,且应当避免专门或不适当地聚焦在任何单独特性上。特别是,专家组可以考量以下其他因素:(ⅰ)该文书的规范性程度,和该文书规定在一成员方法律体系内将被遵守的一项行为规则或行动过程规则的范围;(ⅱ)该规则具体性的程度;(ⅲ)该规则是否在法律上可执行,包括例如在法院面前;(ⅳ)该规则是否已由拥有一成员方国内法律体系下必要权力的主管当局采纳或认可;(ⅴ)按一成员方国内法律体系给予包含该规则的任何文书或诸文书的形式和标题;(ⅵ)可以伴随相关规则的处罚或制裁。

5.114　在若干情况下,例如涉及国内立法法单独条款下具体的、在法律上可执行的规则,确定被申请方是否已确定第XX(d)条款含义内的"法律或规章"可能是相对简单的工作。但在其他情况下,评估可能是更复杂的工作。重要的是,必须一直以个案为基础,根据争议文书的具体特性和特点、声称存在的该规则和涉案成员方的国内法律体系,实施此种评估。

5.115　我们已经识别了第XX(d)条款下的法律标准,现转到处理印度的上诉请求,开始于印度针对专家组以下分析的主张:印度确定的国内文书及其之下的声称规则是否属于第XX(d)条款下"法律或规章"的范围。我们注意到,专家组采取了不同的顺序:首先考量印度确定的国际文书是否是"法律或规章",然后转至印度确定的国内文书。然而,我们认为,从我们评估专家组对印度国内文书的分析开始是有用的,因为它是本分析过程中这样的问题,即专家组形成了其在第XX(d)条款下的"法律或规章"解释。②

5.3.3　专家组在评估印度确定的国内文书中是否犯了错误

5.116　关于专家组对印度确定的国内文书中规定的声称规则的分析,印度对专家组的以下裁决提出上诉:印度未曾证明其DCR措施被设计"确保遵守"GATT 1994第XX(j)条款下的"法律或规章"。正如我们所见,印度的上诉基于以下三项主要理由。

5.117　首先,印度主张,专家组在裁决《国家电力政策》《国家电力计划》和《气候变化国家行动计划》不构成"法律或规章"中犯了第XX(d)条款下的

---

① 上诉机构报告,美国——耐腐钢日落审查,第87段脚注87。另见专家组报告,第7.314段脚注749。

② 见专家组报告,第7.306—7.311段。

错误。① 根据印度的观点,这些确实"不具约束力"的文书依然是印度国内法律体系下第XX(d)条款含义内的"法律",因为"印度的法律框架"包括了"有约束力"的法律和提供"执行行动框架"的政策与计划。②

5.118 其次,印度在以下范围内不同意专家组:印度主张"确保遵守"这一短语将第XX(d)条款范围限于"阻止"按争议法律或规章会是"非法"的行动的措施。③

5.119 第三,印度提出,专家组在审查《2003年印度电力法》第3节中犯下将其与印度确定的其他"无约束力"文书"孤立"的错误,印度已经给出了其曾主张它已确定的共同采用的所有国内文书规定了确保"生态可持续增长"的义务④以及要求采取DCR措施以确保遵守此项义务。⑤ 印度在这方面补充称,它提及的文书"为印度设计其实施措施留下开放灵活性的事实不意味着它们构成了不需要遵守的目标或者不需要确保遵守这些义务"。⑥

5.120 美国回应称,印度已确定的国内文书展示了重要甚至"关键"的目标的事实并不使它们成为第XX(d)条款含义内的"法律或规章"。美国断言,第XX(d)条款下的"确保遵守"是指"执行"法律和规章下的义务,而不是"确保"达到法律和规章的目标。⑦ 根据美国观点,印度甚至没有试图主张其DCR措施对遵守印度任何法律或规章"本身"是必需的,而仅限于印度确定的法律中体现的目标。⑧ 此外,美国忆及,专家组认为《2003年电力法》第3节要求中央政府制定《国家电力政策》和DCR措施不会执行此法律要求。⑨ 美

---

① 印度的上诉方呈词,第171段。
② 印度的上诉方呈词,第171段。
③ 印度的上诉方呈词,第174段(参见专家组报告,第7.328段和第770段;印度向专家组提交的第二份书面呈词,第131—133段)。
④ 根据印度观点,"生态可持续增长"系指"以生态可持续方式的经济增长"。在印度观点中,"'可持续发展'概念"……包含"生态可持续增长"概念。印度还澄清称,"生态可持续增长对印度实现其能源安全目标的战略是基本的",且"它们不能被看作彼此不同"。印度的上诉方呈词,第176段(参见印度向专家组提交的第二份书面呈词,第138、140和其脚注172)。
⑤ 印度的上诉方呈词,第173段。
⑥ 印度的上诉方呈词,第173段(省略脚注)。
⑦ 美国的被上诉方呈词,第158段(参见专家组报告,加拿大——小麦出口和谷物进口,第6.248段)。
⑧ 美国的被上诉方呈词,第158段。
⑨ 美国的被上诉方呈词,第159段(参见专家组报告,第7.330段)。

国注意到了印度关于上诉的论点,即它不是指其本身要引用第 3 节而是作为其法律或规章的一个要素,进一步提出,印度未直接对专家组关于《2003 年电力法》第 3 节的裁决提出上诉。①

5.121 我们以下处理印度的论点,开始于印度此种主张,即专家组在其解释第 XX(d)条款"法律或规章"中犯有错误,该条款提及一成员方"国内法律体系下法律上可执行的行为规则"。② 正如上面所讨论的,确定一项文书是否有资格成为第 XX(d)条款含义内的"法律或规章",包括了评估被申请方是否已经确定了其国内法律体系下以规范性充分程度运行的以制定行为规则或行动过程规则的具体规则、义务或要求。一成员方国内法律体系下一项文书的法律可执行性,可能是在该文书于该成员方法律体系内高度规范运行之证明中的重要甚至决定性的因素。然而,依靠一成员方国内法律体系和争议文书的特性,还可能有其他方式证明一项文书以规范性充分程度运行。关于第 XX(d)条款容许适用于广泛种类的"法律或规章"③,我们忆及,一项文书的规范性程度是评估该文书是否符合第 XX(d)条款下"法律或规章"的相关因素之一。专家组以此种方式承认这一点:其指出,在确定一项文书是否能够具有为了第 XX(d)条款目的的"法律或规章"特性中,应考虑各成员方国内法律体系的多样性。④ 但是,我们在以下范围内不同意专家组:它可能已经暗示第 XX(d)条款下"法律或规章"范围限于一成员方"在国内法律体系下法律上可执行的行为规则"。⑤

5.122 我们接下来审议专家组对第 XX(d)条款中"确保遵守"短语的解释。专家组总结以前专家组的立场后⑥,"认为没有必要解决将要求何种精确关系或连结种类去建立 DCR 措施'确保遵守'[《2003 年电力法》第 3 节]的问题",因为专家组看到了"DCR 措施与《电力法》第 3 节之间没有任何关系或连结点"。⑦ 与印度上诉的主张相反,我们因此没有看到专家组已经裁决第 XX(d)条款中的"确保遵守"仅限于该条款为"阻止"争议"法律或规章"下可能

---

① 美国的被上诉方呈词,第 159 段。
② 专家组报告,第 7.311 段。另见印度的上诉方呈词,第 171—172 段。
③ 上诉机构报告,韩国——诸牛肉措施,第 162 段。
④ 参见专家组报告,第 7.314 段脚注 749。
⑤ 专家组报告,第 7.31 1 段。
⑥ 专家组报告,第 7.328 段(引自 GATT 专家组报告,EEC——零部件,第 5.15 段;专家组报告,中国——汽车零部件,第 7.315 段及其脚注 572),又引自专家组报告,韩国——诸牛肉措施,第 655、658 段)。
⑦ 专家组报告,第 7.329 段脚注 773。

是非法的措施范围。

5.123　我们现在转到考虑印度的下列主张:尽管印度曾主张其已确定的国内文书(在一起考量时)"授权实现生态可持续增长"、且需要采取 DCR 措施确保遵守这项规则,但专家组通过孤立审查《2003 年印度电力法》第 3 节方式在其适用第 XX(d)条款中犯了错误。①

5.124　我们忆及,专家组以总结印度以下立场方式开始其分析:

印度还提出,其"确保生态可持续增长同时应对印度能源安全挑战和确保遵守其与气候变化有关的国内……义务"体现在:(a)"一起解读"的《电力法》;(b)《国家电力政策》;(c)《国家电力计划》;和(d)《气候变化国家行动计划》。②

5.125　专家组注意到,印度第 XX(d)条款下的抗辩是基于反映在与《国家电力政策》《国家电力计划》和《气候变化国家行动计划》一起解读的印度《2003 年电力法》中的"国内义务"为根据的。随后,专家组以这样一种方式建构了其分析,即它单个评估每项文书的相关段落和条款以确定它们任何之一是否属于第 XX(d)条款下"法律或规章"的范围。专家组裁决,《国家电力政策》《国家电力计划》和《气候变化国家行动计划》的相关段落和条款超出了"法律或规章"的范围。通过对比,专家组裁决《2003 年电力法》第 3 节是第 XX(d)条款含义内的"法律",并因此继续分析 DCR 措施是否被设计"确保遵守"《2003 年电力法》第 3 节,最终裁决这不是此种情况。

5.126　印度力求确定 DCR 措施寻求遵守的规则,是"确保生态可持续增长同时解决印度能源安全挑战以及确保遵守其与气候变化有关的义务"的规则。③ 印度声称,这项规则包含在其确定的国内文书的段落和条款中,属于第 XX(d)条款下被寻求确保遵守的"法律或规章"的范围。

5.127　正如上述所讨论的,被申请方可以有能力确定包含一项给定规则、义务或要求的单独国内文书的具体条款,该文书为了第 XX(d)条款的目的寻求"确保遵守"此等规则、义务或要求。但是,被申请方也可以采取提及或源自其国内法律体系中的一项或多项文书或其部分的若干要素,确定一项给定规则、义务或要求。在后一种情况下,被申请方将承担举证责任,证明其实际确定的文书或其部分规定了其声称的规则。此外,被申请方还必须采取提及可

---

①　印度的上诉方呈词,第 173 段(参见印度对专家组第Ⅲ4(a)问题的回应;向专家组提交的第二份书面呈词,第 136—137 段)。

②　专家组报告,第 7.275 段(参见印度向专家组提交的第一份书面呈词,第 240 段)(增加强调)。

③　专家组报告,第 7.275 段(参见印度向专家组提交的第一份书面呈词,第 240 段)。

能与此等评估相关的全部因素的方式,证明此等规则属于第XX(d)条款下"法律或规章"的范围。正如上述所解释的,此等因素可以包括:(i)文书的规范性程度,文书运作制定一成员方国内法律体系内将被遵守的行为规则或行动过程的范围;(ii)相关规则具体性的程度;(iii)该规则是否在法律上可执行,包括例如在法院面前;(iv)该规则是否已由一成员方国内法律体系下拥有必要权力的主管当局采纳或承认;(v)给予包含一成员方国内法律体系下的规则的任何文书或诸文书的形式和标题;(vi)可以伴随有关规则的处罚或制裁。

5.128　我们忆及,专家组分析了印度已经确定的每一项国内文书以评估它们是否符合第XX(d)条款含义内的"法律或规章"。专家组裁决,鉴于《国家电力政策》《国家电力计划》和《气候变化国家行动计划》的段落和条款不属于第XX(d)条款含义内的"法律或规章",《2003年电力法》是为该条款的目的的一项"法律"。依我们之见,若给予印度如何提交其声称存在确保源自于一些文书的生态可持续增长义务的情况,对专家组而言采取这种方式予以开始可能是适当的,即:评估印度曾经确定的国内文书的段落和条款(在一起审议时)是否规定了印度声称的规则。若专家组认为印度已经确立了一项此类规则,它可以考量体现在印度确定的国内文书中这项规则是否有资格成为第XX条(d)条款下的"法律或规章"。

5.129　虽然我们承认专家组可能以不同方式实施了其分析,但我们不认为,我们在上述概括的方法(即一起考量不同文书)会最终导致专家组对DCR措施是否是为了下列原因"确保遵守"第XX(d)条款含义内"法律或规章"的措施。[1]

5.130　我们忆及,关于《国家电力政策》,印度将本政策第5.12.1段确定为包含设计DCR措施确保遵守的"具体义务"。[2]《国家电力政策》第5.12.1段的内容如下:

非传统能源是最环保、友善的,迫切需要促进以此种能源为基础的发电。为此目的,需要作出努力降低以非传统能源和可再生能源为基础的项目的资本成本。还可以通过促进这些项目内竞争的方式降低能源成本。同时,还必须采取充分的适当促进措施发展技术和这些资源的持续增长。[3]

5.131　关于《国家电力计划》,印度提到了该计划第5.2.1分节,其中包含了设计DCR措施确保遵守的义务。[4]第5.2.1分节的内容如下:

---

① 专家组报告,第7.333段。
② 专家组报告,第7.279段。
③ 《国家电力政策》(专家组证据展示IND-14),第5.12.1段。
④ 专家组报告,第7.281段(参见印度对专家组第34(a)号问题的答复)。

5.2.1 可持续发展

我国的可持续发展是我们实现经济发展、维护环境质量和社会公平的最终目标。这也将确保促进发展以满足我们目前的需求,而不会影响我们子孙后代的需求。在清洁和绿色电力范围内电力发展的重要性和相关性是最基本的要素。这种增长取决于选择合适的发电燃料/技术。据此,本计划考虑以可再生能源为基础的项目的发展和促进本国可持续发展的其他措施和技术。

最重要的《低碳战略倡议》是为发电选择资源。选择本计划中以传统资源即水电、核电和热力为基础的项目作为使用《能力扩展软件》规划实施研究之结果,以满足 EPS 第 18 次报告草案规定需求。开展这些研究时也已经考虑了可再生能源的电力。

为规划目的通过的需求是 EPS 第 18 次草案的需求预测。这种需求是基于使用将来使用的节能技术和将来采用的能源保护措施。因此,所采取的计划战略符合低碳战略增长。①

5.132　最后,关于《气候变化国家行动计划》,专家组以印度提供的概要为基础,确定了来自该计划的三项摘要以理解印度提交的该计划。② 在上诉中,印度未反对专家组的这些摘录。这些摘录的内容如下:

印度认识到气候变化是全球性挑战,将以积极、建设性和前瞻性方式积极参与《联合国气候变化框架公约》的多边谈判。我们的目标是,建立以[《联合国气候变化框架公约》]中神圣的共同但有区别的责任原则和各自能力为基础的有效、合作和公平的全球方法。……最后,我们的方法还必须与我们作为国际社会负责任和开明的成员的作用相一致,准备为解决影响整个人类的全球挑战作出我们的贡献。

———

《国家太阳能计划》将促进使用太阳能发电和其他应用。……

以太阳能为基础的电力技术是一种极端清洁的发电形式,在发电点几乎没有排放形式。这些技术将通过替代煤和石油来实现能源安全。

在可行的情况下,还会追求公私合伙下的农村太阳热应用。在合意的情况下,会建立相应的本地制造能力和必要的技术合作以达到这种部署水平。而且,任务(使命)会是实现本时间框架内综合设施的本地光伏(PV)生产达

———

① 《国家电力计划》(专家组证据展示 IND-16),第 5.2.1 分节,第 90—91 页。
② 专家组报告,7.283 段。

到 1000 兆瓦/年水平的目标。

它还会实现在规定时间框架内建立至少 1000 兆瓦的聚光太阳能(CSP)发电能力的目标,并再次具有作为至关重要的此种技术合作。①

5.133 我们察看印度确定的《国家电力政策》《国家电力计划》和《气候变化国家行动计划》的段落和条款后,没有看到共同考虑的这些文件如何能够解读为列出了确保印度声称的生态可持续增长的"规则"。②《国家电力政策》规定,它"旨在为实现若干目标确定准则"。③《国家电力计划》被描述为"参考文件"。④《气候变化国家行动计划》"更新了印度与应对气候变化有关的国家计划";它"确定了促进印度发展目标的措施,并为有效应对气候变化产生共同效益";它"列出了同时提高印度发展、两者适应性和温室气体(GHG)减排的相关气候目标的具体机会。"⑤我们注意到,这三项文书的段落和条款的实质内容与印度声称它们包含的规则的实质内容之间存在差异。另外,无论是单独看还是一并阅读,这些文书的相关文本都没有像印度声称的那样具有足够水平的规范性和特殊性、列出了一项确保生态可持续增长的"规则"。相反,与专家组一样,我们注意到,这些段落和条款的文本"是激励的、理想的、宣示性的和有时仅仅是描述性的"。⑥

5.134 我们现在转至《2003 年电力法》第 3 节,其内容如下:

3.(1)为了开发基于最佳利用诸如煤炭、天然气、核物质或材料、水和可再生能源之类的资源,中央政府应当会商邦政府[和中央电力局]不时草拟国家电力政策和电价政策。

(2)中央政府应当不时公布国家电力政策和电价政策。

(3)中央政府可以不时地会商邦政府[和中央电力局],审查或修订第(1)分节所述的国家电力政策和电价政策。

(4)[中央电力局]应当根据国家电力政策,每五年一次草拟和公布国家电力计划:

但是,[中央电力局]在草拟国家电力计划中应在规定的时间内公布国家

① 《气候变化国家行动计划》(专家组证据展示 IND-2),第 1、20、22 页。

② 印度承认,《国家电力政策》《国家电力计划》和《气候变化国家行动计划》本身是"不具约束力的法律文书"。印度的上诉方呈词,第 172 段;另见专家组报告,第 7.314 段。

③ 《国家电力政策》(专家组证据展示 IND-14),第 1.8 段。

④ 《国家电力政策》(专家组证据展示 IND-14),第 3.1 段。

⑤ 《气候变化国家行动计划》(专家组证据展示 IND-2),第 13 页。

⑥ 专家组报告,第 7.313 段。

电力计划草案,并邀请被许可人、发电公司和公众对其提出建议和反对意见:

但是,[中央电力局]应当——

(a)获得中央政府批准后公告该计划;

(b)若有,按中央政府依(a)条款赋予批准时发出的与该计划有关的指令,修改并将其纳入该计划。

(5)[中央电力局]可以根据国家电力政策审查或修订国家电力计划。①

5.135.《2003年电力法》第3(1)节规定中央政府"应当"草拟国家电力政策。第3(2)节要求中央政府不时公布本政策。第3(3)节允许中央政府审查和修改本政策。第3(4)节要求中央电力局"应当"根据国家电力政策每五年一次草拟国家电力计划,并公告该计划。因此,第3节规定了义务,并授权有关实体定期草拟、公布和审查国家电力政策和国家电力计划。② 此项义务在内容上不同于印度寻求《2003年电力法》第3节衍生的这项规则,即:在应对印度能源安全挑战和确保遵守与气候变化有关的义务的同时确保生态可持续增长。③

5.136 虽然第3节规定了国家电力政策和国家电力计划形成的法律基础和权威,但它没有谈到这些文书的规范性程度。例如,第3节没有谈及在印度国内法律体系下遵从或遵守这些文书的程度。鉴于国家电力政策和国家电力计划很可能已经由印度国内法律体系下的主管部门颁布,我们不清楚《2003年电力法》第3节会具有怎样提高另外情形下这些"不具约束力"的国内文书的规范性程度的效力。

5.137 为了所有这些原因,我们不同意印度的这种主张:印度确定的国内文书的段落和条款在一起阅读时规定了"在应对印度能源安全挑战和确保遵守与气候变化有关的义务的同时确保生态可持续增长"的规则,正如印度所声称的。

---

① 《2003年电力法》(专家组证据展示USA-20),第3节。

② 见专家组报告,7.312和7.327段。

③ 关于《2003年电力法》第3节要求"……基于最佳利用诸如煤炭、天然气、核物质或材料、水和可再生能源之类的资源,中央政府应当……不时草拟国家电力政策和电价政策"(增加强调),印度在口头聆讯上同意专家组的此种观点,即"最佳利用煤炭、天然气、核物质或材料、水和可再生能源之类资源是《2003年电力法》第3节中提及的目标"。见专家组报告,第7.330—7.332段。我们还注意到上诉中未质疑的专家组此种裁决:印度没有提出设计DCR措施确保遵守《2003年电力法》第3节下的定期草拟国家电力政策和国家电力计划的义务的主张。专家组还指出,"它没有看到如何能够称DCR措施确保遵守《电力法》第3节中定期草拟国家电力政策和国家电力计划的义务"。同上,第7.329段。

5.3.4 专家组在评估印度确定的国际文书中是否犯了错误

5.138 印度对专家组的以下裁决提出上诉:印度未能证明,其确定的国际文书在印度具有"直接效力"并因此是 GATT 1994 第 XX(d) 条款含义内的"法律或规章"。① 首先,印度提出,专家组的分析是基于"完全误解"了印度关于"实施"法律义务的论点。② 印度断言,它确定的国际文书在印度具有"直接效力",因为中央政府行政部门能够采取行动"实施"或"执行"这些国际文书,无需立法机构制定将国际文书纳入的国内法。③ 对印度,这是因为要求该行政部门采取实施行动的这些国际文书在印度具有"直接效力"。④ 其次,印度提出,已确定的国际文书在其国内法律体系下的"直接效力"由以下事实确立:"印度最高法院已经将国际环境法下的可持续发展原则承认为印度境内环境和发展治理的一部分"。⑤ 印度因此要求我们撤销专家组的以下裁决:印度确定的国际文书不属于第 XX(d) 条款下"法律或规章"范围。印度还要求我们裁决,"因为这些国际法律文书在印度有直接效力,……行政部门需要确保遵守这些法律。"⑥

5.139 美国答复称,在墨西哥——软饮料税案中,上诉机构裁决,若一成员法律体系要求"国内立法性或规制性行为"实施一项国际协定,该协定不是第 XX(d) 条款下的一项"法律或规章"。⑦ 根据美国观点,"若一项规制性行为进行干预,国际协定本身不是一成员方法律和规章的一部分。"⑧美国强调印度承认其确定的国际文书需要行政"执行"后断言,这些国际文书在印度没有"直接效力"并因此在第 XX(d) 条款范围之外,因为该条款在实施国际法问题上没有区分行政性或立法性行动。⑨ 美国进而提出,印度未履行第 XX(d)

---

① 印度的上诉方呈词,第 170 段。
② 印度的上诉方呈词,第 167 段。
③ 印度的上诉方呈词,第 167—168 段。根据印度观点,只有当存在一项"冲突性"国内立法时才要求纳入国际文书的立法行动,但其不是关于印度在本案中已确定国际文书的情形。
④ 印度的上诉方呈词,第 167 段。
⑤ 印度的上诉方呈词,第 168 段(参见印度向专家组提交的第一份书面呈词,第 180 段和其脚注 172)。
⑥ 印度的上诉方呈词,第 170 段。
⑦ 美国的被上诉方呈词,第 155 段。
⑧ 美国的被上诉方呈词,第 155 段(参见上诉机构报告,墨西哥——软饮料税,第 69 段)。
⑨ 美国的被上诉方呈词,第 155 段。

条款下的举证责任,因为其论点由"关于印度法律的广泛概括且没有任何证据"组成。① 关于印度依赖的印度最高法院决定,美国指出,其中一项决定仅叙述"与可持续发展有关的国际协定的历史",且"未对提及的国际协定在印度法律中起着何种作用提供任何指南"。② 美国还提出,印度在其向专家组提交的第一份书面呈词中没有提供最高法院决定的副本,由此防碍了评估其支持印度立场的程度。③

5.140 如上所述,要求寻求第XX(d)条款下一项其他情况下不符合GATT的措施具有合理性的被申请方确立存在构成其国内法律体系一部分的规则且此等规则不属于该条款下"法律或规章"的范围。④ 在墨西哥——软饮料税案中,上诉机构指出,"'法律或规章'术语涵盖构成一WTO成员方国内法律体系一部分的规则,包括已经纳入一WTO成员方国内法律体系或者根据该成员方法律体系具有直接效力的国际协定所衍生的规则。⑤ 因此国际协定衍生的规则至少可以通过两种方式成为一成员方国内法律体系的一部分。例如,诸成员方可以纳入此等规则,包括通过旨在实施国际协定的国内立法或行政行为;⑥若干国际规则可以在一些成员方国内法律体系中具有直接效力而不需采取实施此等规则的具体国内行动。⑦ 依据一成员方国内法律体系,可以有国际文书或规则能够成为该法律体系一部分的其他方式。评估一项给定国际文书或规则是否构成一成员方国内法律体系一部分,必须以个案为基准、根据该文书或规则的性质和争议法律的主题予以实施,并考虑所涉成员方国内法律体系的运作。

5.141 我们强调,即使可以说一项给定国际文书是构成一成员方国内法律体系一部分,但这本身不能确立在该成员国内法律体系内存在一项不属于第XX(d)条款下"法律或规章"范围内的规则、义务或要求。相反,如上所述,

---

① 美国的被上诉方呈词,第156段。
② 美国的被上诉方呈词,第156段(省略脚注)。
③ 美国的被上诉方呈词,第156段。
④ 见前注,第5.106—5.114段。
⑤ 上诉机构报告,墨西哥——软饮料税,第79段(增加强调)。
⑥ 上诉机构报告,墨西哥——软饮料税,第69段。
⑦ 上诉机构报告,墨西哥——软饮料税,第69段脚注148。

评估一项文书是否在一成员方①国内法律体系下具有充分规范性和特殊性以便制定行为规则或行为过程从而有资格成为"法律或规章",必须以个案为基础予以实施,并考虑与该文书有关的所有其他相关因素和该成员方国内法律体系。

5.142 我们现在转至印度的这种主张:它确定的国际文书在印度有"直接效力",属于第XX(d)条款下"法律或规章"的范围,因为在行政部门能够采取行动"实施"或"执行"国际文书之前,印度立法机关"不被要求将国际法纳入国内法进行一项国内法立法"。② 根据印度观点,只有存在"冲突性"国内立法时才要求采取立法行动将国际文书纳入,前者不是关于本案印度确定国际文书的情形。③ 印度断言,行政部门能够采取行动例如采取颁布DCR措施方式"执行"争议国际文书的这项事实表明,这些国际文书和规则已经是其国内法律体系的一部分,因此可由行政部门采取行动。④ 根据印度解读第XX(d)条款,在一特定成员方国内法律体系内专门通过行政行为而无需以任何先前立法为基础就能"实施"或"执行"的国际文书,在所涉该成员方法律体系内具有"直接效力",构成该法律体系的一部分,并因此属于第XX(d)条款下"法律或规章"的范围。

5.143 我们忆及,专家组接受了印度关于其国内法律体系如何运行和《印度宪法》下权力分配的解释:

我们仔细地注意到印度对其国内法律体系如何运行的解释。我们接受印度对《印度宪法》下权力分配的解释,和我们接受其以下解释,即行政部门可以采取实施行动以确保遵守上述文书下印度的国际法义务。我们也接受印度的此种解释,即行政部门可以不经立法部门明确认可而采取实施行动,只要这

---

① 在印度主张"DCR措施......被设计确保遵守国际法下印度义务"的背景下(印度的上诉方呈词,第169段),我们注意到,一个成员方国内法律体系下的一项国际文书或规则的规范性程度可能不同于国际公法下此等文书或规则的规范性程度。因此,例如,编纂在《维也纳条约法公约》第26条(1969年5月23日在维也纳签署,《联合国条约集》第1155卷,第331条)中的国际公法下条约必守原则要求"每项有效条约约束其各当事方,且必须由他们真诚地履行",但这不意味着它本身在一成员方国内法律体系内存在一项属于"法律或规章"范围内的规则、要求或义务。

② 印度的上诉方呈词,第167段。

③ 印度的上诉方呈词,167—168段。印度在专家组面前解释称,"按印度法律,国际法规则不经明确的立法认可并入国内法,但它们不得与议会颁布的法律相冲突"。专家组报告,第7.294段(引自印度向专家组提交的第一份书面呈词,第180段)。

④ 印度在口头聆讯中对提问的回应。

些实施行动不与议会颁布的法律相冲突。①

5.144　然而,按专家组观点,印度的解释表明,按其国内法律体系,作为适当机构的行政部门或立法部门或两者必须采取"实施行动"将印度的国际义务纳入其国内法律体系并实施之。② 专家组考虑了印度关于确立印度境内若干国内当局可能会对印度国际法义务采取行动和实施的解释后认为,这表明这些义务在印度没有"直接效力"。③ 专家组无论在第XX(d)条款文本中还是在墨西哥——软饮料税案的上诉机构报告中,均没有看到描述区分立法部门和行政部门采取实施行动的任何根据,诸如,裁决一项国际协定是否为了第XX(d)条款的目的具有"直接效力"的问题取决于"行政部门而非立法部门是否采取了实施措施将其纳入国内法律体系"。④

5.145　与专家组相同,我们没有看到质疑印度关于《印度宪法》下行政和立法部门之间权力分配的解释的任何理由。我们还注意到印度的此种呈词:行政部门能够以颁布DCR措施之类的方式采取行动"执行"与国内立法不冲突的争议国际文书或规则的事实显示,这些国际文书可能已经成为其国内法律体系的一部分并因此可以由行政部门对其采取行动。⑤ 但是,中央政府的何部门有权力在国内法律体系内实施、执行国际文书或以其他方式赋予其效力的问题,本身不是此等一项文书是否属于第XX(d)条款下"法律或规章"范围的决定因素。相反,如上述解释,国际文书中列出的规则是否属于一成员方国内法律体系一部分,和是否属于第XX(d)条款下"法律或规章"的范围,不得不根据某给定情形中的全部相关因素来决定,包括争议文书的特性和所涉成员方国内法律体系的特点。

5.146　我们现在转至审议印度的此种主张:在其国内法律体系下确定的国际文书的"直接效力"由这样的事实确立,即"国际环境法下的可持续发展

---

① 专家组报告,第7.297段。
② 专家组报告,第7.298段。
③ 专家组报告,第7.298段。
④ 专家组报告,第7.299段(引自上诉机构报告,墨西哥——软饮料税,第79段)。
⑤ 印度对口头聆讯中提问的回应。另见印度的上诉方呈词,第167段:"行政部门采取'实施'行动的事实不意味着国际法律文书没有直接效力。相反,正是因为国际法具有直接效力,要求政府行政部门首先采取实施行动。"

原则已被印度最高法院承认为印度境内环境和发展治理的一部分"。①

5.147　专家组注意到印度的这一呈词,即印度最高法院"已经判决,国际环境法的原则和可持续发展的概念'对印度境内环境和发展治理是根本的',且'还指出,可持续发展是习惯国际法的一部分'"。② 但是按专家组观点,印度的论点和证据没有谈及"国际义务是否自动纳入国内法并在印度具有'直接效力'的问题"。③ 专家组还忆及印度在专家组第一次会议上的开审陈述,在此印度提及印度最高法院的一项决定时解释称:

印度最高法院在行使中央政府建立发电厂行政权力的背景下最近裁定,行政部门在该情形中的决策权力以可持续发展标准及其对遵循国家和国际环境原则的生态平衡的影响为基础。此情形中的可持续发展原则是从若干国际环境法文书的条款中推导出来的,包括《联合国气候变化框架公约》、1992 年联合国环境与发展会议上缔结的其他公约所达成的原则,含"21 世纪议程"、《生物多样性公约》和通过《进一步执行 21 世纪议程方案》的 1997 年里约+5 峰会。该法院没有考虑这些条款或原则在性质上是否具有法律上的约束力或不具有约束力。正如各国在行使其主权中坚持的一些法律文书中铭记的那样,它简单地指出了国际环境法的相关性。它是在行使政府制定印度呈词中提及的政策(包括《气候变化国家行动计划》《国家电力政策》)的这些权力。④

5.148　尽管最高法院的这些决定和意见可以用于突出印度为了解释印度国内法规定和指导中央政府行政部门行使决策权力的目的所确定的国际文书和规则的相关性,但我们认为,这不足以证明印度确定的国际文书是构成其国内法律体系一部分并属于第 XX(d) 条款下"法律或规章"范围内的规则。在印度依靠最高法院的这些决定加强其行政部门以颁布 DCR 措施方式"执行"印度确定的国际文书或赋予这些文书以效力的观点的范围内,我们忆及,

①　印度的上诉方呈词,第 168 段(参见印度向专家组提交的第一份书面呈词,第 180 段和其脚注 172)。在口头聆讯中,印度似乎表明,它确定的国际文书可能在印度国内法院面前构成一诉因的一项独立和专门的基础。但是,这一立场没有得到专家组裁决或专家组记录的支持。

②　专家组报告,第 7.298 段。引自印度向专家组提交的第一份书面呈词,第 180 段;又参见印度最高法院在 Vellore Citizens Welfare Forum v. Union of India and Others 案中的判决,(1996)5 SCC 647,第 10—15 段。

③　专家组报告,第 7.298 段。

④　专家组报告,第 7.295 段脚注 715。引自印度在专家组第一次会议上的开审陈述,第 61 段;又参见印度最高法院在 G. Sundarrajan v. Union of India and Others 案中的判决(2013 年),(6)SCC 620(专家组证据展示 IND—36(节选),第 161—174 段)。

行政部门根据争议国际文书采取行动的单纯事实不足以证明这些国际文书属于第XX(d)条款下"法律或规章"的范围。

5.149 为了上述原因,我们维持专家组在其报告第7.301段中的裁决:印度未证明其确定的国际文书——即 WTO 协定序言、《联合国气候变化框架公约》、《环境与发展里约宣言》(1992年)和联合国 A/RES/66/288 号决议(2012年)(里约+20文件:《我们希望的未来》)——合格成为本争端中GATT 1994 第XX(d)条款下的"法律或规章"。

5.3.5 结论

5.150 我们在上面已经裁决,在确定被申请方是否确定了属于GATT 1994 第XX(d)条款"法律或规章"范围内的规则中,专家组应当评估并适当考虑相关文书的所有特性,并应当避免专门或不适当地聚焦任何单一特性。特别是,专家组考虑以下其他因素可能是相关的:(i)文书的规范性程度、文书运作制定在一成员方国内法律体系内被遵守的行为规则或行为过程的范围;(ii)相关规则的具体性程度;(iii)该规则是否在法律上可执行,包括在法院面前;(iv)该规则是否已由拥有一成员方国内法律体系下必要权力的主管当局采纳或认可;(v)按一成员方国内法律体系,给予包含该规则的任何或诸文书的形式和标题;和(vi)可以伴随该相关规则的处罚或制裁。在若干情况下,诸如涉及国内立法行为单独条款下的具体的、法律上可执行的规则的那些情况,决定被申请方是否已经确定第XX(d)条款含义内的"法律或规章"可能是相对简单的操作。但在其他情况下,评估可能更为复杂。重要的是,此种评估必须总是以个案为基准,根据争议文书的具体特性和特点、声称存在的规则和所涉成员方的国内法律体系,予以实施。

5.151 我们忆及,印度没有证明其确定的国内文书段落和条款一起阅读时规定了正如印度声称的"在应对印度能源安全挑战和确保遵守其与气候变化有关的义务的同时确保生态可持续增长"。① 我们还得出这一结论,即专家组在裁决印度没有证明其已确定的国际文书属于本争端中第XX(d)条款下"法律或规章"范围时没有犯错误。② 因此,我们维持专家组在其报告第7.333段中的这一结论,即印度没有证明DCR措施是"确保遵守不与GATT 1994 条款冲突的法律或规章"的措施,和专家组在其报告第8.2.b段中的这一最终裁决,即DCR措施在GATT 1994 第XX(d)条款下是不合理的。

---

① 见本报告,第5.137段。我们澄清,虽然印度国内法律体系下可能存在此项义务,但我们的结论仅限于印度未证明其确定的国内文书的段落和条款规定了其声称的义务。
② 见本报告,第5.149段。

5.4 GATT 1994 第 XX(j)、(d) 条款下的"至关重要性""必要性"和第 XX 条首部分

5.152 我们忆及专家组的以下裁决:DCR 措施不涉及 GATT 1994 第 XX(j)条款含义内的获取"一般或本地供应短缺中的产品",① 印度没有证明其 DCR 措施是"确保遵守"GATT 1994 第 XX(d)条款含义内符合 GATT 的"法律或规章"的措施。② 因此,专家组认为没有必要对以下事项作出补充裁决:相同措施在第 XX(j)条款含义内对获取太阳能电池和组件是否是"至关重要的",或者在第 XX(d)条款含义内对确保遵守是否是"至关重要的"。③ 专家组解释称,若其裁决争议措施在这些条款含义内不是"至关重要的"或"必要的",这纯粹会"为总体结论"确立一项"分离和额外的基础",专家组已经得出总体结论,即"DCR 措施在第 XX(j)条款或第 XX(d)条款下是不合理的"。④ 但是,专家组决定继续审查和作出补充裁决,若后来要求上诉机构完成第 XX(j)条款或第 XX(d)条款下的法律分析,该补充裁决可以帮助上诉机构。⑤ 正如专家组指出的,其方法符合其他专家组过去采取的方法。⑥

5.153 关于第 XX 节首部分的要求,专家组进一步忆及以下事项:"印度没有证明 DCR 措施属于第 XX(j)条款或第 XX(d)条款范围";"印度提出的关于第 XX 条首部分要求的论点实质上[是]其提出的这些论点的重复,即太阳能电池和组件'对获取或分销一般或本地短缺中的产品是否至关重要的'、和'对确保遵守第 XX(d)条款下法律或规章'是否是必要的。⑦ 因此,专家组认为"无任何强制性理由对 GATT 1994 第 XX 条首部分下 DCR 措施作出任何

---

① 专家组报告,第 7.265 段。

② 专家组报告,第 7.333 段。

③ 专家组报告,第 7.334 段。

④ 专家组报告,第 7.334 段。

⑤ 专家组报告,第 7.335 段。

⑥ 正如专家组注意到的,上诉机构已经确认,"正如专家组有权酌情仅处理必须处理的那些请求,专家组也有权酌情仅处理它认为对解决一特定请求所必要的那些论点"。上诉机构报告,欧共体——家禽,第 135 段(原文强调)。专家组注意到,"此主张合乎逻辑的推论是,专家组拥有基于每个案件情形的酌情权处理若干请求和争论,即使这样做以解决争议事项不是绝对必要",和"上诉机构已确认,专家组有作出选择性裁决的酌情权,包括选择性事实裁决。"专家组报告,第 7.76 段脚注 214(参见上诉机构报告,美国——软木木材Ⅳ,第 118 段;加拿大——小麦出口和谷物进口,第 126 段;中国——汽车零部件,第 208 段;和美国——碳钢(印度),第 4.274 段)(原文强调)。

⑦ 专家组报告,第 7.389 段(省略脚注)。

进一步审查,并且因此阻止其这样做。①

5.154　我们已经解决了前述印度对专家组涉及 GATT 1994 第XX(j)条款和第XX(d)条款下门槛法律要素的裁决的上诉,并维持了专家组在其报告中的以下裁决:第 7.265 段中太阳能电池和组件在印度不是第XX(j)条款含义内"一般或本地短缺中的产品",第 7.333 段中印度没有证明 DCR 措施是"确保遵守符合[GATT 1994 条款]的法律或规章"的措施。我们还维持了专家组在其报告第 8.2.b 段中的结论,即 DCR 措施在 GATT 1994 第XX(j)条款或第XX(d)条款下是不合理的。

5.155　鉴于这些裁决,我们认为,没有必要进一步审查属于专家组以下事项的印度上诉请求:"限于审查和分析"DCR 措施对了为了第XX(j)条款目的而获取太阳能电池和组件是否是"至关重要的",或者它们在第XX(d)条款含义内是否是"必要的"。我们也不认为有必要研究印度的涉及 GATT 1994 第XX条首部分之要求的论点。

5.5　上诉机构一成员的单独观点

5.156　审理本上诉的本审理部门维持了专家组在 GATT 1994 第Ⅲ:8 (a)条款、第XX(j)条款和第XX(d)条款下的裁决后确定,没有必要进一步处理上述条款下印度有关剩余法律要素的主张。本人在此方面完全同意我的同事们,但希望就以下事项提出一些意见和评论:我为何认为结束我们的分析而不进一步处理印度在上诉中提出的其他问题是恰当的。我的评论主要涉及上诉机构总体上的裁判职能,因此我首先反思 DSU 下规定的上诉机构职能。

5.157　DSU 第 17.1 条款以广泛术语描述了上诉机构的职能:"审理对专家组的上诉"。特别是,DSU 第 17.12 条款规定,上诉机构"应当处理"上诉程序中争端各方提出的每项问题,且第 17.6 条款将上诉范围界定为"专家组报告中涵盖的法律问题和专家组形成的法律解释"。因此,要求上诉机构审查专家组分析的各方面,包括专家组的法律推理,前提条件是上诉各当事方根据第 17.6 条款已经适当地提出。DSU 中的这种语言将上诉审查的范围限于诸当事方在给定争端背景下提出的问题。但是,上诉诸当事方一旦提出,上诉机构"处理"每项问题是其法定"责任"。

5.158　上诉机构在决定如何"处理"诸当事方提出的每项问题中受若干总体原则指导。首先,作为 WTO 争端解决机制一部分的上诉机构致力于

---

① 专家组报告,第 7.390 段。

DSU 中详细阐明的"迅速解决"争端或"积极解决争端"的目标。① 因此,上诉机构可以拒绝就上诉中提出的一事项作出具体裁决,和仅处理以下范围内的事项:对确定依据不同但相关的上诉主张中的用于解决本争端的其他裁决是必要的,不需要裁决争议的特定补充问题。② 作出此种补充裁决是否有助于促进迅速解决和有效解决争端的目标,是上诉机构根据以下作出决定的事项:每个案件的具体情况,包括相关上诉请求的性质、相关上诉请求之间的关系和其对实施的影响。

5.159　另外,赋予上诉机构裁判职能的必要事件是,它必须确保诸当事方有充分机会陈述其论点、证据和他们在整个上诉程序中享有"正当程序权利"。③ 因此,在例如专家组没有充分考察某具体问题的案件中,需要保障诸当事方正当程序权利是对上诉机构裁决上诉中提出的具体问题的能力的一项重要限制。④

5.160　那是说,上诉机构如何"处理"每项上诉问题的决定,应被理解为其适当履行其裁判职能的责任延伸。鉴于 DSU 第 17. 12 条款中包含了明确语言即"应当处理",不要求上诉机构根据 DSU 第 17.6 条款提供其裁判诸当事方正当提出的某具体事项的理由。但是,例如,若上诉机构认为,为了促进

---

① 在这方面,DSU 第 3. 3 条款规定,WTO 争端解决体系的目的是"迅速解决一成员方认为涵盖协定下对其直接或间接产生的任何利益因另一成员方采用措施而受到损害的情况"。第 3. 4 条款规定,DSB 的建议或裁决"应当旨在达到满意解决审议的事项。"DSU 第 3. 7 条款进一步指出,"争端解决机制的目的是确保积极解决争端"。

② 在美国——山地棉案中,上诉机构阐述如下:"虽然我们承认可能存在对我们审查某问题是有用的案件,不考虑我们的裁决不会导致 DSB 裁决或建议的事实,但我们没有发现在本案中这样做的任何强制性理由。"上诉机构补充道,解释 SCM 协定中一特定短语对"解决本争端的目的是不必要的"。上诉机构报告,美国——山地棉,第 510—511 段。关于此案中的另一项主张,上诉机构指出,它没有看到审查该"主张会有助于'迅速'或'满意解决'本事项,或者有助于'确保积极解决'本争端。上诉机构报告,美国——山地棉,第 747 段。

③ 按 DSU 第 10 条,第三方被授予相对更有限的权利。

④ 例如见上诉机构报告,欧共体——糖出口补贴,第 339 段。在此,上诉机构指出,"SCM 协定对本争端中出口补贴的可适用性问题产生了大量复杂问题",和"在缺乏充分考察这些问题的情况下,完成分析可能会影响到诸参与方的正当程序权利"。另见上诉机构报告,EC——海豹产品,第 5. 69 段。

迅速和有效解决争端,没有必要裁决某上诉问题,它将在报告中对此予以解释。①

5.161 这给我带来了 DSU 第 3.2 条款,其规定"WTO 争端解决体系……服务于……根据解释国际公法的习惯规则澄清[涵盖]协定的现存规定"。正如上诉机构已注意到的,第3.2条款中没有任何规定会鼓励"上诉机构在解决某特定争端背景之外以澄清 WTO 协定现存条款方式'制定法律'"。② 不能期望上诉机构超出特定争端所要求的范围以抽象方式就涵盖协定的条款提供解释性指导。若要这样做,会超出 DSU 下设定的上诉机构裁判职能。

5.162 同时,包括某争端第三方在内的 WTO 诸成员方在接收适当澄清涵盖协定现存条款的上诉机构报告方面具有系统性利益。③ 进而,适当处理争议事项、最终有助于澄清涵盖协定相关条款的一上诉机构报告,不仅是 DSU 下所要求的,而且是重要的。在此点上,它允许 DSB 作出充分精确的建议和裁决,"以确保有效解决惠及全体成员方的争端"。④

5.163 通过本单独观点,无论是在本次上诉的背景下,还是在我与上诉机构杰出同事工作的其他情形下,我希望能够阐明我如何看待上诉机构的职能及其局限性。

6. 裁决和结论

6.1 为了本报告中列出的理由,上诉机构作出以下裁决和结论。

6.1 GATT 1994 第Ⅲ:8(a)条款

6.2 关于专家组按 GATT 1994 第Ⅲ:8(a)条款作出的裁决,我们认为,根据第Ⅲ:8(a)条款,以采购方式购买的产品必须必然与受歧视约束的外国产品是"同类的"或"直接竞争的"或"可替代的"——换言之,处于"竞争关

---

① 413 例如见上诉机构报告,澳大利亚——鲑鱼,117—118 段;美国——小麦面筋,第 80—92 段;和加拿大——飞机(第 21.5 条款—巴西),第 43—52 段。另外,若上诉机构认为它无法按上诉一方的要求完成法律分析,例如由于专家组缺乏充分的实际裁决,它将在其报告阐明此项原因。

② 上诉机构报告,美国——羊毛衫和衬衫,第 19 页,DSR 1997:I,第 323 页第340项。

③ 上诉机构已经解释,"若某项条款的适用可以被视为限于其发生的背景,包含在上诉机构报告中的澄清的相关性不限于某具体案件某特定条款的适用。"上诉机构报告,美国——不锈钢(墨西哥),第 160 段。

④ DSU 第 21.1 条款。

系"。虽然对生产投入和生产过程的考虑可能会影响购买产品与受歧视产品是否处于竞争关系的问题,但它不会取代竞争关系标准。仅在已经裁决购买产品与受歧视产品处于竞争关系之后,才会产生第Ⅲ:8(a)条款的范围是否也可以扩展至与用于购买产品的生产投入和生产过程有关的歧视的问题。根据我们复审专家组的分析和方法:

a. 我们裁定,专家组在裁决第Ⅲ:8(a)条款下的减损不涵盖 DCR 措施时受到加拿大——可再生能源/加拿大—并网电价补贴计划案上诉机构报告的正确指导。

b. 我们驳回印度的此项主张:专家组在评估印度关于 GATT 1994 第Ⅲ:8(a)条款适用范围的论点中的行事不符合 DSU 第 11 条。

c. 因此,我们维持专家组的以下裁决:专家组报告第 7.135 和 7.187 段中 GATT 1994 第Ⅲ:8(a)条款下的减损不涵盖 DCR 措施,和因此 DCR 项措施不符合 TRIMs 协定第 2.1 条款和 GATT 1994 第Ⅲ:4 条款。

6.3　印度要求完成法律分析的前提条件是,我们撤销专家组的此项裁决:GATT 1994 第Ⅲ:8(a)条款下的减损不涵盖 DCR 措施。我们在已经维持了专家组的此项裁决后,不需要和没有处理印度有关第Ⅲ:8(a)条款下剩余要素的进一步主张和相关论点。因此,我们在此方面对专家组的推理和分析表明无任何看法。

6.2　GATT 1994 第 XX(j)条款

6.4　关于专家组在 GATT 1994 第 XX(j)条款下的裁决,我们认为,专家组在评估产品是否处于第 XX(j)条款含义内的"一般或本地供应短缺中"时,应当审查某一特定产品在特定地理区域或市场上购买"可获得的"范围和这是否充分满足相关区域或市场的需求。在适当情况下,这种分析不仅可以考虑某一特定产品的国内生产水平和声称处于"一般或本地供应短缺中"的产品的性质,而且可以考虑诸如相关产品和地理市场、相关市场中的潜在价格波动、外国和国内消费者的购买力、外国和国内生产者在特定市场中的作用(包括国内生产者在国外销售产品的程度)。应当适当考虑可能"可获得的"满足特定地理区域或市场需求的进口总量。因此,它可以是相关的:考虑某一产品国际供应是稳定的和可获得的程度,包括采取检查诸如特定地理区域或市场与生产地点之间的距离、本地或跨国供应链的可靠性之类的因素的方式。是否和哪些因素是相关的,将必然取决于每个案件的特殊性。正如在特定情况下可能存在与进口"可获得性"有关系的因素那样,它也是可能的:尽管存在制造能力,但国内产品在特定国家的所有地区不是"可获得的",或者不是"可获得的"足够数量以满足需求。在所有情况下,被申请方有责任证明在相关地域市场上国内和国际来源的"可获取的"供应量不足以满足需求。

a. 因此,我们在以下范围内不同意印度观点:其辩称,可以确定"供应短缺",不考虑所有来源的供应是否充分满足相关市场的需求。

b. 我们驳回印度的这项请求:专家组行事不符合 DSU 第 11 条。正如我们所看到的,印度在 DSU 第 11 条下的请求依赖于其阅读第 XX(j)条款的有效性,特别是印度主张以专门参考是否存在国内"充分"制造某给定产品的方式确定第 XX(j)条款含义内的"供应短缺"。印度不同意专家组作出结论的事实不意味着专家组犯下了达到违反 DSU 第 11 条的错误。

c. 因此,我们维持专家组报告中专家组的以下裁决:第 7.265 段中,太阳能电池和组件在印度不是 GATT 1994 第 XX(j)条款含义内的"一般或本地供应短缺中的产品";第 8.2.b 段中,最终裁决,DCR 措施在 GATT 1994 第 XX(j)条款下是不合理的。

6.5　我们维持了专家组报告第 7.265 段中太阳能电池和组件在印度不是第 XX(j)条款含义内"一般或本地供应短缺中的产品"的专家组裁决后认为,没有必要进一步审查印度关于以下事项的上诉请求:专家组"限于审查和分析"印度 DCR 措施对为了第 XX(j)条款目的采购太阳能电池和组件是否是至关重要的。我们还认为,没有必要审查涉及 GATT 1994 第 XX 条首部分之要求的印度论点。

6.3　GATT 1994 第 XX(d)条款

6.6　关于专家组在 GATT 1994 第 XX(d)条款下的裁决,我们认为,在确定被申请方是否确定了属于第 XX(d)条款下"法律或规章"范围内的一项规则时,专家组应当评估和适当考虑有关文书的所有特性,应当避免专门或不适当地聚焦在任何单独特性上。具体而言,它可能与专家组考虑以下其他因素相关:(ⅰ)该文书的规范性程度、该文书运行制定在一成员方国内法律体系内遵守的一项行为规则或行动过程的范围;(ⅱ)该相关规则的具体性程度;(ⅲ)该规则是否在法律上可执行,包括例如在法院面前;(ⅳ)该规则是否已由拥有成员方国内法律体系下必要权力的主管当局采纳或认可;(ⅴ)给予包含一成员方国内法律体系下的规则的任何文书或诸文书的形式和标题;(ⅵ)可以伴随相关规则的处罚或制裁。重要的是,必须一直以个案为基础,根据争议文书的具体特性和特点、声称存在的该规则和涉案成员方的国内法律体系,实施此种评估。

a. 因此,我们裁决,印度没有证明其确定的国内文书(一起阅读时)的段

落和条款规定了"在应对印度能源安全挑战的同时确保生态可持续增长和确保遵守其有关气候变化的义务"的规则。

b. 我们裁决,专家组在裁决印度在本争端中没有证明其确定的国际文书属于第XX(d)条款下"法律或规章"的范围时没有犯错误。

c. 因此,我们维持专家组在专家组报告中的以下裁决:第7.333段中,印度没有证明DCR措施是"确保遵守符合[GATT 1994]条款的法律或规章的措施";第8.2.b段中的最终裁决,DCR措施在GATT 1994第XX(d)条款下是不合理的。

6.7 我们在维持专家组在专家组报告第7.333段的印度没有证明DCR措施是"确保遵守符合[GATT 1994]条款的法律或规章"的措施的裁决后认为,没有必要进一步审查印度关于以下事项的上诉主张:专家组"限于审查和分析"DCR措施是否是第XX(d)条款含义内"必要的"。我们还认为,没有必要考察涉及GATT 1994第XX条首部分之要求的印度论点。

6.8 本上诉机构建议,DSB要求印度使本报告中裁决的和经本报告变更的专家组报告中裁决的与TRIMs协定和GATT 1994冲突的措施,符合其上述协定下的义务。

以下者于2016年8月22日在日内瓦签署原件:

———————————————

主席:皮特·范·登·博斯切

成员:金铉宗

成员:托马斯·格雷厄姆

附录:

世界贸易组织
（16-4917）

WT/DS456/AB/R/Add.1
原件:英文

印度——与太阳能电池和组件有关的若干措施

AB-2016-3

上诉机构报告附录

本附录载有作为 WT/DS456/AB/R 号文件分发的上诉机构报告的附件 A 至 D。

. 收到来自上诉当事方参与者和第三方参与者的上诉通知书和书面呈词执行概要,作为附件载于在本附录中。上诉机构未修改或编辑内容,但原始文件中未从 1 开始的段落号和脚注号会被重新编号,且文本会被格式化以符合 WTO 风格。在上诉机构审查本上诉中,执行概要不能替代上诉机构上诉当事方参与者和第三方参与者的呈词。

附录清单

附件 A　上诉通知书

附件 A-1　印度的上诉通知书

附件 B　上诉当事方参与者的观点

附件 B-1　印度的上诉方呈词执行概要

附件 B-2　美国的被上诉方呈词执行概要

附件 C　第三方参与者的观点

附件 C-1　巴西的第三方参与者呈词执行概要

附件 C-2　欧盟的第三方参与者呈词执行概要

附件 C-3　日本的第三方参与者呈词执行概要

附件 D　程序性裁定

附件 D-1 关于变更提交书面呈词日期的 2016 年 5 月 4 日程序性裁定

附件 A 上诉通知书

附件 A-1 印度的上诉通知书①

根据《争端解决规则与程序谅解》("DSU")第 16.4 条款、第 17 条和《上诉审查工作程序》(WT/AB/WP/6)("《工作程序》")规则 20,印度在此通知其对专家组报告——"与太阳能电池和太阳能电池组件有关的若干措施"(WT/DS456/R)("专家组报告")中涉及的若干法律问题和专家组在本争端中形成的法律解释予以上诉的决定。

根据《工作程序》规则 20(1)、21(1),印度将上述通知书和其上诉方提交的呈词一起提交给上诉机构秘书处备案。

为了在其向上诉机构提交呈词中详细说明的理由,印度对专家组报告中包含的以下法律和法律解释之错误提出上诉,请求上诉机构撤销专家组的相关裁决、结论和建议,并在指明的地方完成分析。②

I. 专家组在其裁决 1994 GATT 第Ⅲ:8(a)条款不适用于 DCR 措施中犯下错误

1. 印度对专家组的 GATT 1994 第Ⅲ:8(a)条款下的减损不涵盖 DCR 措施的结论提出上诉,理由如下:

ⅰ. 专家组在没有审议印度的以下论点中犯了错误:太阳能电池和组件与太阳能发电没有区别③;在事实和法律评估中,没有必要审议太阳能电池和组件是否合格作为太阳能发电的"投入"。专家组推理的基础是上诉机构在加拿大——可再生能源/加拿大—并网电价补贴计划案没有审议这个问题④,同时忽视该问题在那项争端中没有提交上诉机构审议的事实。

ⅱ. 专家组在其以下结论中犯了错误:GATT 1994 第Ⅲ:8(a)条款下的减损不涵盖与太阳能电池和组件有关的差别,不属于 GATT 1994 第Ⅲ:8(a)条

---

① 本通知书(落款日期 2016 年 4 月 20 日)作为 WT/DS456/9 号文件分发给各成员方。

② 根据《工作程序》规则 20(2)(d)(ⅲ),本"上诉通知书"提供了专家组报告中包含的声称专家组关于法律和法律解释错误的段落标志清单,不影响印度在其上诉中依赖专家组报告其他段落的能力。专家组报告,第 6.24、7.114 和 7.116 段。

③ 专家组报告,第 7.100—7.187 段,特别是第 7.135 和 7.187 段。

④ 专家组报告,第 6.24 段、7.116—7.135 段,特别是第 7.116、7.118、7.123、7.125、7.126 和 7.128 段。

款下的减损范围。①

2. 印度请求上诉机构裁决,专家组在没有审议和客观评价印度以下主张中的行事不符合DSU第11条:(ⅰ)太阳能电池和组件与太阳能发电没有区别;(ⅱ)太阳能电池和太阳能电池组件能够具有太阳能发电投入的特性。②

3. 印度进一步请求上诉机构撤销专家组的此项裁决,即GATT 1994第Ⅲ:8(a)条款的减损不适用于太阳能电池和组件,因为政府购买的是此等电池和组件生产的电力③,上诉机构取而代之的是,完成裁决GATT 1994第Ⅲ:8(a)条款下的减损涵盖DCR措施的分析。

4. 若上诉机构支持GATT 1994第Ⅲ:8(a)条款下的减损涵盖DCR措施,印度请求上诉机构完成GATT 1994第Ⅲ:8(a)条款下的分析并裁决:

ⅰ. DCR措施是管辖采购的法律、规章或要求;

ⅱ. DCR措施下的采购是由政府机构作出的;

ⅲ. DCR措施下的采购是为政府目的的购买产品;

ⅳ. DCR措施下的采购和购买产品不是为了商业转售目的。

5. 根据上述,印度请求上诉机构裁决:DCR措施不与TRIMs协定第2.1条款和GATT 1994第Ⅲ:4条款冲突。

Ⅱ. 专家组在裁决GATT 1994第XX(j)条款下的例外不适用于DCR措施中犯下错误

1. 如果上诉机构维持专家组的GATT 1994第Ⅲ:8(a)条款减损不涵盖DCR措施的裁决,印度请求上诉机构裁决专家组在其DCR措施在GATT 1994第XX第(j)款一般例外下是不合理的结论中犯下错误。④

2. 印度还请求上诉机构裁决专家组在以下方面的行事不符合DSU第11条:其评估印度关于"充分制造能力"的论点⑤;无视印度关于DCR措施的正当理由,并用印度呈词中根本没有的一项根据替代它;⑥以两份报告零碎和选择

① 专家组报告,第7.135和7.187段。
② 专家组报告,第6.24、7.116—7.135段,特别是第7.116、7.118、7.123、7.125、7.126和7.128段。
③ 专家组报告,第7.135和7.187段。
④ 专家组报告,第6.30—6.31、7.188—7.265、7.337—7.390段,特别是第7.189、7.190、7.207、7.218、7.236、7.237、7.265、7.337—7.342、7.346、7.350、7.354、7.360—7.368、7.380、7.382、7.389和7.390段。
⑤ 专家组报告,第7.226段。
⑥ 专家组报告,第7.189、7.190、7.237、7.337—7.342、7.350、7.351、7.354、7.360—7.363、7.366—7.368和7.380段。

性的分析为基础得出各种结论,而不向印度提出回应其结论的正当程序权利。①

3. 印度请上诉机构撤销专家组的 DCR 措施在 GATT 1994 第 XX(j)条款下是不合理的的结论,并在完成第 XX(j)条款下的分析后,裁决:

ⅰ. 印度缺乏太阳能电池和组件制造能力等同于印度境内本地和一般供应短缺该产品的情形,且第 XX(j)条款下的抗辩可适用于此情形;

ⅱ. DCR 措施对解决太阳能电池和组件本地和一般供应短缺是至关重要的;

ⅲ. DCR 措施在 GATT 1994 第 XX(j)条款下是合理的,因为它们符合第 XX 条首部分的要求。

Ⅲ. 专家组在 DCR 措施在 GATT 1994 第 XX(d)条款下是不合理的裁决中附带地犯下错误

1. 若上诉机构裁决 GATT 1994 第Ⅲ:8(a)条款下的减损不适用于印度和 DCR 措施在 GATT 1994 第 XX(j)条下是不合理的,印度请求上诉机构裁决:专家组在其这种结论中犯了错误,即 DCR 措施在 GATT 1994 第 XX(d)条款一般例外下是不合理的。②

2. 印度请求上诉机构撤销专家组的 DCR 措施在 GATT 1994 第 XX(d)条款下是不合理的结论,并在完成第 XX(d)条款下的分析后裁决:

ⅰ. 印度确定的国际和国内法律和规章构成了第 XX(d)条款目的的法律和规章;

ⅱ. DCR 措施对确保遵守印度实现生态可持续增长和可持续发展的法律和规章下的授权是必要的;和

ⅲ. DCR 措施在 GATT 1994 第 XX(d)条款下是合理的,因为它们符合第 XX 条首部分的要求。

附件 B　上诉当事方参与者的观点

附件 B-1　印度的上诉方呈词执行概要

GATT 1994 第Ⅲ:8(a)条款下的问题概要

(ⅰ)专家组在没有审议印度的太阳能电池和太阳能电池组件与太阳能发电没有区别的论点中犯了错误

---

① 专家组报告,第 7. 364—7. 365 和 7. 367 段。
② 专家组报告,第 7. 284—7. 333、7. 337—7. 390 段,特别是第 7. 298—7. 301、7. 318、7. 319、7. 333、7. 337—7. 342、7. 350、7. 354、7. 360—7. 368、7. 380、7. 382、7. 389 和 7. 390 段。

1. 印度在专家组面前的呈词是基于太阳能电池和组件的固有物理特性,这种特性使其与由其产生的电力无法区分。这方面没有提出请求,因此加拿大——可再生能源/加拿大—并网电价补贴计划案中的上诉机构没有给予考虑。

2. 专家组基于这种推理驳回了印度的论点,即"……上诉机构没有裁决与其评价电力和包括太阳能电池和组件在内的发电设备有密切关系的此类审议",①忽视了印度关于太阳能电池和组件为何处于不同地位的论点的实质。专家组的推理表明,仅仅因为这些论点未被提出所以在另一争端中——加拿大——可再生能源/加拿大——并网电价补贴计划案——没有予以审议,它也不能审议相同者。

(ⅱ)专家组在其评估的没有必要审议太阳能电池和组件是否符合太阳能发电"投入"中犯了错误

3. 印度辩称,太阳能电池和组件也可以被看作"太阳能发电投入",并且推断加拿大——可再生能源/加拿大——并网电价补贴计划案中的上诉机构报告对投入问题的法律推理留下了空间。②

4. 专家组驳回了印度的此论点,即没有必要评估太阳能电池和组件能否作为太阳能发电的投入,因为加拿大争端案上诉机构在其整个分析中提到了"发电设备"且没有区分"太阳能电池和组件"和其他"发电设备"。③ 专家组的推理无视加拿大——可再生能源/加拿大——并网电价补贴计划案中任何一方没有提出的论点或推理。

(ⅲ)专家组在驳回印度的仅依靠竞争关系检测法的后果会是不正当限制解释第Ⅲ:8(a)条款的论点中犯了错误

5. 印度辩称,过度限制解释第Ⅲ:8(a)条款将意味着诸政府只能以某种方式利用其利益行事,例如:(a)它们需要自行购买太阳能电池和组件,并从中生产电力,或者(b)购买太阳能电池和组件,并将其提供给太阳能开发商发电。④ 专家组驳回了此论点,且没有考虑第Ⅲ:8(a)条款下印度论点的优点,但是因为按其观点,争议措施在相关方面与上诉机构在加拿大——可再生能源/加拿大——并网电价补贴计划案中审议的那些措施是不可区分的。⑤

(ⅳ)专家组行事不符合DSU第11条下此项义务,即在评估第Ⅲ:8(a)

---

① 专家组报告,第7.128段。
② 上诉机构报告,加拿大——可再生能源/加拿大——并网电价补贴计划,第5.63段。
③ 专家组报告,第7.126段。
④ 印度的第一份书面呈词,第117—119段。
⑤ 专家组报告,第7.134段。

条款下的问题中对其面前的事项作出客观评估

6. 专家组似乎简单地采取了加拿大——可再生能源/并网电价补贴计划案中上诉机构裁决下的保护,无论何种情况下它不可能找到该案中推理范围内某具体问题或论点的答案,它简单地将其作为上诉机构未曾审查的相关事项而予以驳回,且只为了这个原因,它也不会审议这些论点。

7. 印度请求上诉机构裁决,放弃作出客观评估其面前的事实和论据的责任等同于不符合 DSU 第 11 条下专家组对本案事实作出客观评估之责任的行为,诸涵盖协定相关条款的可适用性和遵守性。

（Ⅴ）与 GATT 1994 年第Ⅲ:8(a)条款有关的裁决和结论

8. 印度请求上诉机构撤销专家组关于 GATT 1994 第Ⅲ:8(a)条款下的减损不适用于太阳能电池和组件的裁决①,完成分析以便裁决 GATT 1994 第Ⅲ:8(a)条款下的减损涵盖了 DCR 措施。

9. 若上诉机构裁决第Ⅲ:8(a)条款的减损可以适用于印度的 DCR 措施,印度还请求上诉机构完成 GATT 1994 第Ⅲ:8(a)条款下的分析,并裁决:

ⅰ. DCR 措施是管辖采购的法律、规章或要求;

ⅱ. DCR 措施下的采购由政府机构作出;

ⅲ. DCR 措施下的采购是为政府目的所购买的产品;

ⅳ. DCR 措施下的产品采购和购买不是为了商业转售目的。

GATT 1994 第 XX(j)条款下的问题概要

10. 若上诉机构维持专家组的 GATT 1994 第Ⅲ:8(a)条款下的减损没有涵盖 DCR 措施的裁决,印度请求上诉机构裁决:专家组在其 DCR 措施按 GATT 1994 第 XX(j)条款一般例外是不合理的结论中犯了错误。

（ⅰ）专家组在其对第 XX(j)条款使用的"一般或本地供应短缺"术语进行法律解释中犯了错误

11. 专家组在其解释中所犯的错误是,没有采取在第 XX(j)条款中使用具体术语即"一般或本地"的背景下阅读该条款中"供应不足"的方式,而是采取了一种孤立"供应短缺"文字来解释"一般或本地"的零碎方法。专家组作出结论,当"一般或本地市场"供应不能满足相关产品的需求时,该市场上会出现"供应短缺"。②专家组在此条款中加入了新文字,其效果是将第 XX(j)款第一句改写如下:

---

① 专家组报告,第 7.135 段和 7.187 段。
② 专家组报告,第 7.207 段。

"当一产品的供应量不能满足相关本地或一般地理区域或市场的需求时,对获取或分销产品是至关重要的"。

12. 使用"一般或本地"术语来限定"供应短缺"术语,是将供应来源界定为"一般或本地"而不是第XX(j)条但书中"国际供应"之意图的一种清晰反映。因此,不赋予完整短语"一般或本地供应短缺"含义,就不能解读第XX第(j)条款中"供应短缺"文字。

13. "供应"术语涵盖了实际生产的内容,因此可供购买。为了评估"一般或本地供应",因此需要审议在一般或本地水平上实际生产的任何商品总量。

14. 专家组在评估第XX(j)条款谈判历史时进一步犯了错误①,因为它没有考虑到1947年一个关键事件,即在该条款中用"一般或本地供应短缺"取代了原措词"公平分销供应短缺产品"。与"国际供应"相关的公平分销概念转变为主要条款的但书条款。专家组没有注意到,使用"一般或本地供应短缺"术语是注视区别于能够由"国际供应"解决的情况的供应短缺。若谈判者的意图是在第XX(j)条款第一句中提及国际短缺,本可以采取限定"供应短缺"短语与"国际"或"毫不相干"的方式来实现。

15. 专家组的第XX(j)条款不能用于包括进口在内的所有来源能够满足本地或一般需求情况的解释②,会导致XX(j)条款不能用作进口限制的手段。为了第XX(j)条款可有效适用于进出口限制的情形,需要审议在一般或本地水平上的供应来源。

16. 印度请求上诉机构撤销专家组演化了的"一般或本地供应短缺"术语的解释,因为在该条款中没有任何根据,并且违背了作为依据的《维也纳条约法公约》第31条中规定的固定解释原则。印度还要求上诉机构完成以解释第XX(j)条款中所用术语的通常含义为基础的分析,并裁决,缺乏太阳能电池和组件制造的情况因此构成第XX(j)条款下的"一般或本地供应短缺"。

(ii)专家组在其DCR措施对获取太阳能电池和组件不是至关重要的评估中犯了错误

17. 专家组在评估第XX(j)条款下DCR措施是否是至关重要的时,错误地将印度DCR措施确定为具有能够确保印度SPD"获取持续和能负担的太阳能电池和组件供应"特性。③ 专家组的结论绝对没有其面前的任何事实和论

---

① 专家组报告,第7.209—7.213段。
② 专家组报告,第7.236段。
③ 专家组报告,第7.189、7.190、7.337—7.342、7.350—7.351、7.354、7.360—7.363、7.366—7.368和7.380段。

据根据。印度对 DCR 措施的合理性是,这些措施是至关重要的,因为它们减少了关联显著依赖进口的风险。

18. 差异是决定性的:印度 DCR 措施不是关于向印度诸 SPD"能负担的太阳能电池和组件供应",而是印度太阳能政策中能源安全目标要求印度减少关联显著依赖进口的风险。印度请求上诉机构撤销专家组根据错误评估的裁决和结论,并完成有关 DCR 措施合理性的分析。

19. 专家组阐明,获取或分销产品对实现一项政策目标是否是至关重要的问题,是不相关的。印度不同意此,原因是,不能以孤离"获取或分销"为何是至关重要的方式来理解为了第 XX 第(j)条款目的的此种"获取或分销"。① 印度请求上诉机构撤销专家组的裁决,并裁决:不能仅以存在供应短缺的方式判定第 XX(j)条款下获取的合理性,而是以该获取为何对解决供应短缺是至关重要的一项正当理由来判定;这可以只参考一政策目标来完成,该目标在印度情况下是实现能源安全和生态可持续发展。

20. 专家组在评估中错误地认为,为了评估 DCR 措施的贡献,需要评估印度所有制造的电池和组件是否专门由印度全体 SPD 消费。② 印度请求上诉机构撤销此裁决,并裁决:需要在 DCR 措施如何解决进口依赖风险的背景下评估 DCR 措施的贡献,而不是从印度诸 SPD 专门使用的角度来评估。

21. 专家组注意到了与各当事方为了 GATT 1994 第 XX 条目的合理可用选择方案的论点相关的一些论点。在这方面,印度已经在其呈词中提出了一些专家组没有记录的关键要素,能够使上诉机构完成涉及替代方案可用性的分析。

(ⅲ)专家组行事不符合 DSU 第 11 条

22. 印度还请求上诉机构裁决专家组在以下方面的行为不符合 DSU 第 11 条:错误解释印度关于"充分制造能力"的论点;③忽视印度对 DCR 措施的合理性,用印度呈词中没有的一项根据对其替代;④基于两份报告零碎的和选择的分析为基础作出各种结论,而不向印度提供回应其结论的正当程序权利。⑤

(ⅳ)与 GATT 1994 第 XX(j)条款有关的裁决和结论

---

① 专家组报告,第 7.346 段。

② 专家组报告,第 7.366 段。

③ 专家组报告,第 7.226 段。

④ 专家组报告,第 7.189、7.190、7.237、7.337—7.342、7.350、7.351、7.354、7.360—7.363、7.366—7.378 和 7.380 段。

⑤ 专家组报告,第 7.364—7.365 和 7.367 段。

23. 印度请求上诉机构撤销专家组的 DCR 措施在 GATT 1994 第 XX(j) 条款下是不合理的的结论、完成第 XX(j) 条款下的分析以裁决:

ⅰ. 印度缺乏太阳能电池和组件生产能力,等同于印度境内的此种产品处于本地和一般供应短缺的状态。

ⅱ. DCR 措施对解决太阳能电池和组件本地和一般供应短缺是至关重要的,且这些措施在 GATT 1994 第 XX 第(j) 条款下是是合理的,因为它们符合第 XX 条首部分的要求。

第 XX(d) 条款下的问题概要

24. 若上诉机构裁决 DCR 措施在第 XX(j) 条款下是不合理的,印度则请求上诉机构裁定,专家组在其 DCR 措施在 GATT 1994 第 XX(d) 条款一般例外下是不合理的的结论中犯了错误。

25. 印度抗辩的前提是需要确保遵守授权其采取适当行动保证生态可持续增长和可持续发展的国际和国内法律文书。专家组在其此种评估中犯了错误,即这些文书中没有一项有合理理由使用 DCR 措施以确保遵守这些文书。[①]

26. 关于国际法文书,专家组错误地作出以下结论:因为政府通过其执行机构根据实施源自国际法律文书的义务采取行动,这些文书在印度没有"直接效力",且不能为了第 XX(d) 条款的目的将其作为法律或规章予以审议。这忽略了它是因为国际法具有直接效力、首先要求政府执行机构采取实施行动这一根本方面。

27. 专家组否决了印度确定的国内法律文书构成"法律和规章",因为这些文书在性质上是行动计划和政策,而不是由立法机构颁布的法律。[②] 这忽略了印度法律框架包含有约束力的法律和为执行行动提供框架的政策和计划。

28. 印度请求上诉机构撤销专家组的印度确定的国际和国内法律与规章不是第 XX(d) 条款下的法律和规章的裁决。印度进一步请求上诉机构完成分析以便裁决印度确定的法律文书构成 GATT 1994 第 XX(d) 条款下的法律和规章、DCR 措施对确保遵守有关生态可持续增长和可持续发展的法律和规章下的授权是至关重要的。

---

① 专家组报告,第 7.333 段。
② 专家组报告,第 7.318 段。

附件 B-2 美国的被上诉方呈词执行概要①

1. 印度对专家组在印度——太阳能电池案中的以下裁决没有提出上诉:包括若干电力供应商使用印度太阳能电池和组件的《尼赫鲁国家太阳能计划》("JNNSM")中的要求,在初步证据上不符合 GATT 1994 第Ⅲ:4 条款和 TRIMs 协定第 2.1 条款。它的上诉限于专家组驳回了印度根据 GATT 1994 第Ⅲ:8(a)条款、第 XX(j)条款和第 XX(d)条款提出的各种抗辩。

2. 专家组正确地拒绝了印度抗辩 WTO 不符合性的努力。首先,印度断言,DCR 措施是管辖政府机构为了政府目的采购购买产品的法律、规章或要求,第Ⅲ:8(a)条款将其置于第Ⅲ条范围之外。但是专家组裁决,由于印度采购 DCR 措施下的电力,第Ⅲ:8(a)条款下的豁免不适用于印度对某一种不同产品即太阳能电池和组件的差别。

3. 其次,印度以对获取一般或本地供应短缺产品是至关重要的措施的方式寻求第 XX(j)条款例外中的庇护。专家组拒绝了此论点,因为它作出的结论是,印度太阳能开发商("SPDs")准备获取进口太阳能电池意味着不存在求助第 XX(j)条款下合理性的一般或本地供应短缺。

4. 最后,印度辩称,DCR 措施符合第 XX(d)条款的例外,因为它们对确保遵守与生态可持续增长和可持续发展有关的国际协定下之印度各种义务是必要的。专家组拒绝了此论点,因为第 XX(d)条款适用于确保遵守一成员方国内法律和规章的措施,印度没有确立这些国际承诺在印度法律体系中具有直接适用性。

5. 印度在上诉中断言,专家组在其评估印度抗辩中犯了法律错误和没有履行其 DSU 第 11 条下的责任。作为一般问题,印度的第 11 条上诉依赖于专家组没有"审议"印度提出的若干证据或论点的辩解。专家组没有处理一当事方提供的每项证据,不会产生第 11 条下之错误的主张。第 11 条也没有对施加义务,要求其在报告中处理一当事方提出的每项论点。② 为了这些原因,印度没有指明专家组未对其面前事项作出客观评估的任何方式。据此,撤销第 11 条下专家组的结论没有任何根据。

6. 印度法律论点的进展不会更好。专家组裁决,印度对进口太阳能电池

---

① 根据《书面呈词执行概要准则》,WT/AB/23(2015 年 3 月 11 日),美国指明本执行概要总词数为 2146 个单词(包括脚注),本美国被上诉方呈词(不包括本执行概要文本)文字包含 21480 个单词(包括脚注)。

② 中国——稀土(上诉),第 5.178 段。

和组件的歧视在 GATT 1994 第Ⅲ:8(a)条款下不可能是合理的,因为太阳能电池和组件不属于本争端中争议 DCR 措施下的印度购买的"产品"。专家组的裁决遵循了加拿大——可再生能源/加拿大——并网电价补贴计划案中上诉机构展示的推理,该上诉机构裁决,若一成员方采购一产品但歧视某一不同产品,第Ⅲ:8(a)条款不适用。① 具体言之,专家组裁决:(1)政府按 DCR 措施购买的"产品"是电力,而这些措施下面临歧视的产品是发电设备,即太阳能电池和组件;(2)电力和太阳能电池和组件不处于竞争关系。印度承认,政府没有实际购买、物理上获得其 DCR 措施下的任何太阳能电池和组件或者取得此等电池和组件的所有权或监管权。因此,政府采购电力不能免除印度在第Ⅲ条下关于太阳能电池和组件的国民待遇义务。

7. 印度在上诉中断言,专家组没有审议其关于电力与太阳能电池和组件没有区别的论点。但是专家组明确处理了该论点,并且裁决,根据以下更广泛的结论,它是不适当的:当印度从来没有实际购买、获取或占有太阳能电池和组件时,不可能理解印度为了第Ⅲ:8(a)条款的目的采购了此种电池和组件。

8. 印度还断言,专家组没有审议其有关论点:太阳能电池和组件是对印度采购的电力的投入,这种关系使第Ⅲ:8(a)条款适用于针对太阳能电池和组件的歧视。专家组再次明确地审议了此论点。但是它裁决:印度 DCR 措施"在任何相关方面"与上诉机构在加拿大——可再生能源/加拿大——并网电价补贴计划案中裁决的超出第Ⅲ:8(a)条款范围的 DCR 措施难以区分。因此,专家组清楚地看出,上诉机构在加拿大——可再生能源/加拿大——并网电价补贴计划案中形成和清楚阐述的第Ⅲ:8(a)条款解释没有任何理由不应当指导专家组审查印度 DCR 措施。

9. 根据这些裁决,专家组裁决,没有必要评估印度的第Ⅲ:8(a)条款下剩余要素的 DCR 措施。印度要求,若上诉机构在门槛问题上撤销专家组的裁决,由上诉机构完成涉及这些问题的专家组分析。

10. 但是,专家组的裁决和印度引用的无可争议事实不支持它主张的结论。电力采购未满足第Ⅲ:8(a)条款"政府目的"的标准,因为政府机构只是购买之电力的附带用户,印度没有提供任何根据可以作出向商业实体或私人家庭户出售是一项政府目的的结论。此外,电力的直接购买者是牟利实体,他们将电力转售给消费者以寻求自身利益最大化并排除政府采购"不是为了商业转售目的"的结论。

---

① 见加拿大——可再生能源/加拿大——并网电价补贴计划,第5.63段。

11. 专家组还驳回了印度有关 GATT 1994 第 XX(j)条款的论点。该条款规定,GATT 1994 中的任何规定不应当解释为阻止任何成员方采取或执行"对获取或分销处于一般或本地供应短缺中的产品至关重要的"措施。专家组正确地裁决,鉴于印度准备获取进口太阳能电池和组件,印度不能将其 GATT 1994 第 XX(j)款下 DCR 措施抗辩为对"获取短缺中的产品"是"至关重要的"措施。

12. 印度辩称,太阳能电池和组件在印度是处于"本地供应短缺"中,因为其"缺乏太阳能电池和组件制造能力"。专家组作出的结论是,"处于一般或本地供应短缺的产品"短语,是指"来自所有来源的产品供应量不能满足某一相关地理区域或市场需求"的情形。专家组观察到,印度对此没有争论,即在印度存在从所有来源可获得的满足印度消费者需求的足够数量太阳能电池和组件(即进口和国内生产)。

13. 印度在上诉中声称,专家组错误地采取以下裁决方式:若一成员方的消费者能够通过进口获取某一产品,该产品对该成员方不可能处于"一般或本地供应不足"。但是,第 XX 第(j)条款通过其术语只关注与处于声称供应短缺中的产品的获取能力有关的情形。它对判定供应是否是"短缺",不区分国内生产和进口。因此,若一成员方的消费者正在通过进口或通过进口和本地生产相结合的方式满足对某一产品的需求,该产品则不可能处于第 XX(j)条款含义内的"一般或本地供应短缺"。因此,专家组作出印度太阳能电池和组件在印度不是处于"一般或本地供应短缺的产品"的结论是正确的。

14. 印度还断言,专家组在其"有限分析"印度 DCR 措施是否是第 XX(j)款含义内"至关重要的"中犯下若干法律错误。专家组观察到,"第 XX(j)条款下的相关问题,是[印度]DCR 措施对'获取'短缺供应产品是否是'至关重要的',而不是获取这些产品对实现若干更广泛政策目标是否是至关重要的"。印度在上诉中辩称,本问题必须"在此种获取的政策目标背景下予以考察"。印度的主张没有任何优点,因为第 XX 第(j)条款以其术语的方式关注争议措施对"获取"某一产品是否是"至关重要的",而不是该产品本身——或者甚至获取该产品——是否是"至关重要的"。

15. 最后,专家组还驳回了印度关于第 XX(d)条款的论点。该条款规定,本协定中的任何规定不应当解释为阻止任何成员方采取或执行"对确保遵守不与本协定条款冲突的法律或规章……是必要的"措施。为了第 XX(d)条款的目的,印度引用了一些国际和国内文书作为"法律或规章"。专家组正确地裁决,这些文书(《印度电力法》第 3 节例外)均不是第 XX(d)条款含义内的

"法律或规章"。关于《电力法》第3节，专家组裁决，印度未能证明其DCR措施是"确保遵守"该法法定条款的措施。专家组据此作出以下裁决：没有必要审查印度DCR措施是否是第XX(d)条款含义内的"必要的"。

16. 印度在上诉中主张，专家组在以下裁决中犯了错误：印度引用的国际文书在印度没有直接效力，印度引用的国内文书不构成第XX(d)条款含义内的"法律和规章"。印度的此种断言没有任何优点。

17. 印度没有争论印度行政部门必须在国际法义务在印度发生法律效力之前采取若干"执行"行动，但认为国际文书确实具有"直接效力"，因为"不要求立法机关采取一项立法将国际法纳入国内法"。但是，墨西哥——软饮料税案中的上诉机构裁决已经澄清，若一项"规制行为"对一项国际义务具有国内效力是必要的，该义务本身则不是一成员方为了第XX(d)条款目的的法律和规章的一部分。由于那是涉及印度执行"实施"措施的情形，印度的论点没有提出任何根据来撤销专家组裁决。

18. 专家组裁决，印度引用的国内法律文书（一项例外）不是为了第XX(d)条款的目的"法律和规章"，因为印度只引用了"法律上不可强制执行的鼓励、理想和宣言性语言"。① 印度辩称，专家组犯下了错误，因为这些措施虽不具有约束力但是印度法律体系的一部分；虽然他们没有规定具体行动但确实"授权实现生态可持续增长"，这已经超出了"一项单纯目标"。② 这些断言不危及专家组的结论。专家组一致裁决，第XX(d)条款含义内的"确保遵守"是指"强制执行法律和规章下的义务"，而不是指"确保达到法律和规章的目标"。③ 印度在其上诉中显示出的大多数意见是，这些国内措施是重要的甚至是决定性的目标。这没有使它们成为第XX(d)款对其适用的法律和规章的类型。

19. 专家组裁决印度提及的《电力法》第3节是无效的，因为这项规定要求政府草拟《国家电力政策》和电价政策、DCR对执行这项法律要求没有做任何事。④ 印度在上诉中称，它不是指独自引用这部法律，而是指包含其他援引措施（统称实现"生态可持续增长"的"授权"行动）的立法计划的一个要素。⑤ 因此，印度没有对专家组有关第3节的裁决直接提出上诉。

---

① 印度——太阳能电池（专家组），第7.313段。
② 印度的上诉方呈词，第174—175段。
③ 加拿大——小麦出口和粮食进口（专家组），第6.248段。
④ 印度——太阳能电池（专家组），第7.330段。
⑤ 印度——太阳能电池（专家组），第7.173段。

20. 若上诉机构撤销专家组的"法律或规章"裁决,印度已经请求上诉机构完成专家组关于印度 DCR 措施是否是第 XX(d)条款含义内"必要的"的分析,但是印度未确立其 DCR 措施甚至有助于印度"遵守"其所确定的任何法律文书,更没有确立 DCR 措施对确保遵守是"必要的"。因此,印度没有找到上诉机构裁决 DCR 措施是"必要"的任何依据。

附件 C 第三方参与者的论点

附件 C-1 巴西的第三方参与者呈词执行概要

1. 巴西在本呈词中提出了对诸成员方具有的、涉及政府采购的政策空间最重要的一个问题:GATT 1994 第Ⅲ:8(a)条款的范围和讨论上诉机构在加拿大——可再生能源/FIT 案中的相关裁决。

2. 巴西理解上诉机构没有接受加拿大 FIT 计划在第Ⅲ:8(a)条款下是合格的论点,基本原因是:加拿大机构购买的产品"与其受到较低待遇的产品不是相同产品",且他们之间不处于竞争关系。巴西强调此项事实:在加拿大——可再生能源/FIT 案中,不存在上诉机构关于包含第Ⅲ:8(a)条款下投入或生产过程的裁决。

3. 巴西认为,没有任何理由推理地排除第Ⅲ:8(a)条款下的减损可以涵盖投入的可能性。巴西明白,竞争关系检测法不适用于所有情况。购买组装在政府所购某一最终产品上的投入,可以等同于购买该最终产品。若上诉机构认为本争端中的争议产品是对生产政府机构为了第Ⅲ:8(a)条款下之政府目的购买产品所必需的投入,上诉机构还应当考虑此种可能性,即这些投入的购买也可以属于第Ⅲ:8(a)条款范围。

附件 C-2 欧盟的第三方参与者呈词执行概要[①]

1. 印度主要基于 DSU 第 11 条就 GATT 1994 第Ⅲ:8(a)、XX(j)和XX(d)条款提出了若干项错误的辩解。

2. 欧盟首先回顾称,正如上诉机构阐明的,DSU 第 11 条要求专家组有义务"对其面前的事项作出客观评估"。由于印度主张的错误是基于 DSU 第 11 条,上诉机构应当首先且主要审议声称专家组未"审议"印度若干论点是否达到了违反 DSU 第 11 条的程度。

---

① 呈词的总字数(包括脚注但不包括执行概要)= 12227;执行概要总字数=1182。

3. 关于 GATT 1994 年第Ⅲ:8(a)条款,专家组似乎已经基于此项事实作出其裁决,即未使专家组确信争议措施区别于加拿大—FIT 案中的那些措施。专家组在如此做的过程中拒绝了印度在本上诉中提出的一些论点。上诉机构同意专家组最终裁决的范围内,欧盟没有看到,声称的没有审查若干论点等同于 DSU 第 11 条下的错误。

4. 在此背景下,上诉机构可能想要回顾其以前在加拿大—FIT 案中的裁决,即 GATT 1994 第Ⅲ:8(a)条款不适用于施加给可再生能源生产商使用的发电设备的 DCR 措施,因为正在采购的产品是电力。那些产品不处于竞争关系。欧盟认为,本案中的情况是相同的,上诉机构应当作出相同的结论,不管 DCR 措施是否涵盖用于发电的全部或仅若干设备种类。

5. 欧盟进一步不同意印度形式主义地依赖加拿大—FIT 案上诉构报告的脚注 523,其涉及投入方面的歧视。政府在采购产品时可以对投入或生产方法施加若干增加所购产品基本性质和与此等性质相关的条件。但是,正如上诉机构所概要的,相关检测法是具有"竞争关系"而不是具有"密切关系"。第Ⅲ:8(a)条款不允许在货物采购中涉及其他货物时包含有关原产地歧视要求,该其他货物不是争议中的实际采购产品的标的和不具有竞争关系。

6. 欧盟进一步不同意印度对加拿大—FIT 案中上诉机构作出的"采购"和"购买"之间区别的解释。按第Ⅲ:8(a)条款,"采购""管辖"采购的"要求"和"采购的产品"之间的联系是极重要的,目的是避免对第Ⅲ:8(a)条款的解释可能导致规避国民待遇义务,类似于印度提出的那一种解释。

7. 欧盟也不同意 DCR 措施下的采购是针对为了诸如能源安全之类"政府目的"购买的所有产品。"政府目的"或"政府需要"术语不是指公共政策目标本身,而是指购买政府将用于自身消费或在履行其职能中使用的货物。

8. 最后,欧盟不同意印度对"和不是为了商业转售目的或不是为了用于商业销售目的的生产"短句的解释。欧盟也不同意印度依赖与第Ⅲ:8(a)条款中最后要素相关的无获利性。

9. 印度还主张,专家组在裁决 DCR 措施按第XX(j)条款一般例外是不合理的时犯了错误。

10. 印度关于涉及 GATT 1994 第XX(j)条款的错误的一些呈词属于 DSU 第 11 条。因此,上诉机构应该审议:声称的不审议印度提出的一些论点或者声称的印度论点中的错误特性是否达到了违反 DSU 第 11 条的程度。

11. 第XX(j)条款没有赋予 WTO 诸成员享有某产品全球或本地生产的"公平份额"。相反,它能使诸成员采取一定措施以解决该产品可获取性中的

一般或本地供应短缺。考虑到此,专家组在参考第XX(j)条款中的某产品供应和对该产品的要求之间所勾划的联系似乎是适当的。一个单独问题是,一项产品在何地理区域被称为处于供应短缺。在此方面,专家组正确地采取了解释第XX(j)中的"一般或本地"术语。

12. 印度责备专家组的此种分析:DCR措施是否是至关重要的,并错误地裁决此等措施的目标是确保"印度诸SPD获取连续和能负担的太阳能电池和组件供应",而不是实现"能源安全、可持续发展和生态可持续增长"。欧盟原则上同意:更广泛的目标取决于更具体的目标,应该在本分析中对此予以体现。但是,在分析GATT 1994第XX条下措施的必要性或"至关重要性"背景下,规制目标越窄,援引的当事方将占优势的可能性越大。

13. 关于国际文书,似乎印度没有争论专家组对第XX(d)条款之法律要求的解释,而是争论专家组的事实评估。若这种理解是正确的,欧盟则认为,将此类请求提交上诉机构是不适当的,因为印度似乎没有对DSU第11条下的错误提出辩解。

14. 关于国内文书,欧盟就专家组对第XX(d)条款中"法律或规章"术语的一般解释予以评论。

15. 墨西哥——软饮料税案中的上诉机构裁决,"法律和规章"仅指"构成WTO一成员方国内法律体系一部分的规则"。在措施的效率或使用强制措施方面,上诉机构也没有要求绝对确定。因此,欧盟不相信"法律或规章"术语应当仅包括"法律上可执行的行为规则"或"全面适用的强制性规则"。国内法律或规章可以由立法机构或行政机构采取。它们可能有不同的法律效力,不需要在所有情况下都具有完全约束力,但要求涉案成员方的各政府机构采取遵守行动。最后,即使不同级别的政府或政府机构采纳了若干法律或规章,一起阅读这些法律或规章可能是适当的。

附件C-3　日本的第三方参加者呈词执行概要①

1. 日本在第三方参与者呈词中提出,对印度恳求的GATT 1994第Ⅲ:8(a)条款中"政府采购豁免"、GATT 1994第XX条(d)和(j)条款中一般例外进行正当法律解释。

2. 关于GATT第Ⅲ:8(a)条款下"购买的产品"术语的范围,专家组在本

---

① 根据《书面呈词执行概要准则》(WT/AB/23,2015年3月11日),日本表明本概要共计435个单词,日本的第三方参与者呈词有4508个单词(包括脚注)。

争端中正确地确定:正如在加拿大——可再生能源/加拿大——并网电价补贴计划案中,印度根据产品原产地所歧视的产品是发电设备(即太阳能电池和组件),而电力是"购买的产品"。与印度的情况相反,太阳能电池和组件与电力是有区别的。没有根据使太阳能电池和组件具有太阳能发电"投入"特性。

3. 日本提出,即使专家组裁决电力与太阳能电池和组件都是"购买的产品",印度政府按 JNNSM 计划购买电力不可能视为第Ⅲ:8(a)条款下的"为了政府目的"的购买。

4. 第XX(j)条款不适用于 DCR 措施。根据第XX(j)条款的术语、背景和谈判历史,本条款仅解决限制获取和确保公平分享某一产品供应的出口措施。

5. 印度关于获取太阳能电池和组件对印度能源安全政策目标是"至关重要的"的论点是基于以下错误主张作为前提的:"一般或本地供应短缺"适用于缺乏国内制造能力,且简单地假设 DCR 措施是为了获取某一短缺产品。该产品的"获取"是与必须确立的 DCR 措施有"至关重要"关系的目标;不需要显示该产品的获取对若干其他更广泛的政策目标是"至关重要的"。

6. 关于合理可用的替代性方案,即使假定,在确保太阳能开发不完全依赖进口电池和组件中,印度为了 GATT 1994 第XX条的目的正在追求合法的政策目标,它本可以提供对此等电池和组件制造商符合 WTO 的补贴措施,而不是施加 DCR 要求。

7. 第XX(d)条款也不能适用于 DCR 措施。第一,一项国际文书在 WTO 一成员方"构成执行行为依据"的事实,不能决定该文书是否对该成员方国内法律体系具有直接效力。第二,一项特定国内文书是否构成第XX(d)条款下的"法律规章"是 WTO 法的一个问题。

附件 D 程序性裁决

附录 D-1 关于变更提交书面呈词日期的 2016 年 5 月 4 日程序性裁决

1. 2016 年 4 月 20 日,印度在上述程序中正式提交了上诉通知书。根据《上诉审查工作程序》(《工作程序》)规则 26,上诉机构审理本上诉的部门制定了《上诉工作时间表》,并于 2016 年 4 月 22 日分发给上诉当事方和第三方。

2. 2016 年 5 月 2 日,审理部门收到了美国的来函,要求在这些程序中延长提交其被上诉方呈词的截止日期。美国阐明,其在另一待决上诉程序即"关于源自韩国大型居民洗衣机的反倾销和反补贴措施"(DS464)中正式提交呈词的截止日期是 2016 年 5 月 9 日,即与本程序中正式提交被上诉方呈词

的截止日期是同一天。参考这两起争端中的上诉规模,美国指明提交其呈词在范围上可能是非常巨大的。美国还指出了为各部门准备的和送达给这两起争端中的当事方和第三方的被上诉方呈词大量打印副本。因此,美国请求提交被上诉方呈词的截止日期延长一日,以便于 2016 年 5 月 10 日到期。

3. 2016 年 5 月 3 日,我们邀请印度和第三方今天中午 12 时就美国的请求发表评论。我们没有收到针对美国请求的任何异议。挪威提出,若美国的请求获得批准,第三方呈词的提交截止日期应当相应延长,以确保第三方参与者能够在上诉程序中以知情和有效方式作出贡献。

4. 我们审议了美国确定的理由,特别是要求美国在同一日的两个独立上诉程序中提交被上诉方呈词,此为在我们根据《工作程序》细则 16(2) 评估"严格遵守时限……会导致明显不公平时的例外情形"中的相关因素。作为进一步的相关考虑,我们注意到印度和第三方参与者对美国的请求没有提出任何异议。①

5. 在这些情况下,审理部门已经决定对美国提交被上诉方呈词的截止日期延长 1 日至 2016 年 5 月 10 日(星期二)。

6. 此外,我们记得最初《工作计划表》下第三方参与者提交呈词的本应到期日是 2016 年 5 月 11 日(星期三),即被上诉方提交呈词的修改截止日期的下一日。为了向第三方参与者提供充足时间以便将被上诉方呈词纳入他们第三方参与者的呈词中,审理部门根据《工作程序》规则 16 已经决定延长将第三方参与者提交呈词和第三方参与者通知的截止日期延长至 2016 年 5 月 12 日(星期四)。

(邓瑞平、何美玉译,邓瑞平审校)

---

① 见在此方面的上诉机构报告,智利——价格区间体系(第 21.5 条——阿根廷),第 5.11 段。

《2016 年印度标准局法》简介

✻ 祁纪运✻

为了配合 20 世纪 90 年代初印度经济改革和随后的金融及部门改革,同时印度国内经济迅猛发展引起的印度经济环境巨大变革导致《1986 年印度标准局法》已不能适应新时代下印度的经济社会需求,印度政府决定制定新的《印度标准局法》以推进标准化进程,保护消费者权益。

一、2016 年法的立法背景

(一)印度标准组织立法的发展历程

早在独立之前,印度国内制造业已认可标准化在市场中的地位。早期制造业开始遵循当时殖民政府制定的规格和质量监控标准。为了促进标准化和质量控制,并考虑到实业家、科学家、管理人员和消费者等多方利益团体,印度政府于 1947 年 1 月 6 日成立印度标准机构(ISI)[②]。该机构的基本职能是通过制定标准,确保经济、社会中各种货物、物品的质量。

印度政府根据《1952 年印度标准机构(认证标志)法》[③]设立了印度标准机构。随着制定的标准数量不断扩大,经济生活中制造的产品种类日益繁多,

---

✻ 祁纪运[1994—   ],男,江苏连云港市人,西南政法大学国际法学院国际法学专业 2016 级硕士研究生。

② ISI,Indian Standards Institution.

③ "Bureau of Indian Standards Annual Report(2015—2016)",http://www.bis.org.in/ org/ANNUALREPORT2015-16.pdf,last visited on 1 March,2018.

印度政府考虑引入标志认证计划①,并于 1955 年正式实施该计划。随着标志认证计划的发展和普及,相应地产生了许多不良影响。如:部分市场主体通过滥用印度标准机构标志,以不道德方式不择手段地获取市场支配地位。但因立法者的疏忽,应对此种不良行为的立法和监管措施缺失。

为了应对《1954 年印度标准机构法》造成的市场不良等问题,印度制定《1986 年印度标准局法》②。与《1954 年印度标准机构法》比较,《1986 年印度标准局法》的任务范围更宽,防止滥用印度标准机构标志的权力更具实效性。根据当时印度社会以及市场的需要,《1986 年印度标准局法》侧重点是标准化、标志和货物质量认证以及其他相关事项的协调发展。③

(二) 2016 年法的生效

2015 年 7 月 17 日,《印度标准局法案》(Bill No.224 of 2015)作为议案在人民院(Lok Sabha)提出。2015 年 9 月 23 日第 25 届印度主管部门会议(The 25th Governing Body meeting)执行委员会提交《印度标准局法草案》。2015 年 12 月 2 日,由 Shri Ram Vilas Paswan 推进的 2015 年《印度标准局法草案》审议工作的进一步讨论工作完成,次日,人民院通过了《印度标准局法案》(Bill No. 224-c of 2015)。2016 年 3 月 8 日,议会联邦院(Rajya Sabha)通过了《印度标准局法案》。2016 年 3 月 14 日,人民院通过了联邦院对本法案的修改意见,议会于 2016 年 3 月 21 日通过《2016 年印度标准局法》(2016 年第 11 号法),同日总统签署该法,次日由立法与司法部予以公布,于 2017 年 10 月 12 日生效。

二、2016 年法的亮点

(一) 扩大标准局的管辖范围

本法扩大印度标准局管辖范围主要体现在有关定义上。例如:"物品",指在印度境内或进口至印度的、不论是否未加工或部分或全部加工、

---

① The Certification Marks Scheme.

② Bureau of Indian Standards (BIS) Act, 1986.

③ Bureau of Indian Standards Annual Report, 2015-2016, http://www.bis.org.in/org/ANNUALREPORT2015-16.pdf, last visited on 1 March, 2018.

制造或手工制作的、人造或天然或者部分人造或部分天然的任何物质。① 与《1986 年印度标准局法》规定相比,该定义的创新在于,物品包括了印度境内的本地或进口的天然和加工物品,由此扩大了印度标准局对物品监管的权力范围。

又如:"诸标准",指包含一致用作规则、指南或特征界定以保证货物、物品、工艺、系统、服务符合其目的的技术规格和其他精确准则的诸文件化协议。② "印度标准",指涉及任何货物、物品、工艺、系统或服务时,包含标准局设定和公布的任何试验或临时标准在内的标准,上述货物、物品、工艺、系统或服务的质量和规格说明。③ 按此规定,标准所适用的范围已经不再是简单的局限于物品或商品,对生产过程中的"工艺"(投入转化为产出、相互关联或相互作用的一系列活动)④、"系统"(相互关联或相互作用的一系列要素⑤)和"服务"(为满足消费者要求,由一组织与一消费者之间相互作用的活动和组织的内部活动所产生的结果)⑥都将受到标准所控制,受印度标准局监管。

(二)设立印度标准局

为了本法目的,中央政府应当根据本法设立一国家组织,即印度标准局,其权力自设立日被赋予。⑦ 该局的法律地位为法人团体,以上述名称拥有永久继承性和法人印章,拥有本法规定的权力,取得、持有和处置包括动产和不动产在内的财产,订立合同,和以上述名称起诉和被起诉。⑧

按本法设立的印度标准局是国家机构,主要职责是规划、落实和保证有关货物、物品、工艺、系统和服务的质量标准,基本职权为:允许在境内或境外设立分支机构、办事处或专门机构;⑨具有认可其他境外或国际组织标准标志的

---

① Section 2(1),The Bureau of Indian Standards Act,2016,India.
② Section 2(39),The Bureau of Indian Standards Act,2016,India.
③ Section 2(17),The Bureau of Indian Standards Act,2016,India.
④ Section 2(29),The Bureau of Indian Standards Act,2016,India.
⑤ Section 2(41),The Bureau of Indian Standards Act,2016,India.
⑥ Section 2(36),The Bureau of Indian Standards Act,2016,India.
⑦ Section 3(1),The Bureau of Indian Standards Act,2016,India.
⑧ Section3(2),The Bureau of Indian Standards Act,2016,India.
⑨ Section 9(1)(a),The Bureau of Indian Standards Act,2016,India.

权力;①具有搜查、检查和扣押货物或物品的权力;②提供培训服务;③公布印度标准、分发本国和国际组织的相关出版物;④参与制定国际标准的权力;⑤进行合格评定和法定计量活动。⑥

(三)实施合格评定方案

该标准局在必要时,应当组建若干技术专家委员会制定货物、物品、工艺、系统或服务的相关标准⑦,公布标准的合格评定方案⑧,允许多种形式的合格评定计划。该标准局还应该依照本法设立管理委员会,总负责标准局的监督、导向和管理工作。

(四)适用许可证制度

若货物、物品、工艺、系统或服务符合印度标准,(视情况而定)一人员可以申请许可证或合格证书。⑨ 标准局为了实现合格评定和质量保证以及其他根据其职能所需目的,可以设立、支持和认可测试实验室。⑩ 允许标准局以外的机构核准和颁发许可证。

(五)销售者召回义务

若标准局按本法规定确定使用一标准标志的货物、物品、工艺、系统或服务不符合相关标准的要求,标准局可命令已认证的组织、许可证持有人或其代表停止不合格货物或物品的供应和出售;召回市场上或待售地点标有此类标志的不合格货物或物品;或禁止其提供服务。⑪

---

① Section 9(1)(b), The Bureau of Indian Standards Act, 2016, India.
② Section 9(1)(d), The Bureau of Indian Standards Act, 2016, India.
③ Section 9(1)(e), The Bureau of Indian Standards Act, 2016, India.
④ Section 9(1)(g), The Bureau of Indian Standards Act, 2016, India.
⑤ Section 9(1)(ⅰ), The Bureau of Indian Standards Act, 2016, India.
⑥ Section 9(1)(j),(k), The Bureau of Indian Standards Act, 2016, India.
⑦ Section 10(1), The Bureau of Indian Standards Act, 2016, India.
⑧ Section 12(1), The Bureau of Indian Standards Act, 2016, India.
⑨ Section 13(1), The Bureau of Indian Standards Act, 2016, India.
⑩ Section 13(4), The Bureau of Indian Standards Act, 2016, India.
⑪ Section 18(6), The Bureau of Indian Standards Act, 2016, India.

(六)珠宝和特定货物或物品采用特定的销售渠道

中央政府会商标准局后,可以公告标有一纯度标志或一标准标志的其认为有必要的贵金属制品或其他货物或物品。[1] 公告的货物或物品经标准局认证的检验与标志中心评定为符合相关标准,在标有纯度标准或标准标志后(视情况而定),通过标准局认证的零售网点销售。[2] 中央政府会商标准局后可以命令、强制所公告的货物或物品的销售者仅通过符合规章规定条件且经认证的销售网点销售。[3] 对此类商品或物品,印度政府采取严格的监管措施。

(七)强制适用标准标志

基于公众利益或保护人类、动物或植物的健康、安全的环境,或防止不公平的贸易做法,或国家安全,中央政府可以会商标准局后,强制适用标准。[4] 本法的特色之一,赋予中央政府根据社会和公共需要强制适用标准标志的权力。

(八)对违反行为的处罚力度大

违反本法第 11 节或第 26 节第(1)分节规定的任何人员应当被处以最高 50 万卢比的罚金。[5] 违反第 14 节第(6)分节或第(8)分节或第 15 节规定的任何人员应被处以最高 1 年的监禁或者最低 10 万卢比的罚金,但罚金可扩大至生产或出售或待售中或标有或应用一标准标志,包括纯度标志的货物或物品的 5 倍价值,或两项处罚并罚。[6] 违反第 17 节规定的任何人员应被处以最高两年的监禁或者首次违反行为最低 20 万卢比的罚金,第二次及随后的违反行为应处以不少于 50 万卢比的罚金,但罚金可扩大至生产或出售或待售中或标有或应用一标准标志,包括纯度标志的货物或物品的 10 倍价值,或并处。[7]

(九)公司实施违法行为时公司主管负连带责任

当一公司实施本法规定的一犯罪行为时,在实施犯罪行为时为公司主管

---

[1] Section 14(1),The Bureau of Indian Standards Act,2016,India.
[2] Section 14(2),The Bureau of Indian Standards Act,2016,India.
[3] Section 14(3),The Bureau of Indian Standards Act,2016,India.
[4] Section 16,The Bureau of Indian Standards Act,2016,India.
[5] Section 29(1),The Bureau of Indian Standards Act,2016,India.
[6] Section 29(2),The Bureau of Indian Standards Act,2016,India.
[7] Section 29(3),The Bureau of Indian Standards Act,2016,India.

和负责公司经营行为的每个董事、经理、秘书或其他高级职员或授权的公司代表,公司本身,应被视为有罪,应当予以起诉并且因此承担处罚,不管已实施的犯罪有无公司部分董事、经理、秘书、公司其他职员或授权的公司代表同意、纵容、或其任何疏忽。① 本法要求公司的主管人员对标准标志是否正确使用负更大的责任,要求其尽最大的勤勉义务。

(十)不符合标准的产品的连带赔偿责任

当许可证或合格证书持有人或其代理人出售标有一标准标志或其伪造但不符合相关标准的任何货物、物品、工艺、系统或服务,经认证的组织或许可证持有人或其代理人应按规定方式负责赔偿因此类不符合标准的货物、物品、工艺、系统或服务造成损失的消费者。② 按此规定,凡是对标准标志是否符合标准负有责任的人,都应当赔偿因此造成的损失。此举可以防止各责任主体相互推卸责任。

(十一)允许和解违反行为

对依据本法应当受到处罚但不被判处监禁或并处监禁和罚金的第一次实施的任何违法犯罪行为,可以在提起任何公诉程序之前或之后,依照规定方式与标准局局长授权的一官员和解。③ 此项规定赋予当事人和解的权利,使当事人免于被起诉或被判刑。但是当事人再犯或者以前已经进行了和解,和解不再适用。

三、对 2016 年法的简要评价

本法将更多产品和服务,包括珠宝在内,纳入强制标志制度之下。消费者事务部部长 Ram Vilas Paswan 称,"本法对于国家的商业发展有长远的帮助",将刺激"印度制造"运动,保证消费者消费获得质量可靠的产品或服务。④

---

① Section 30, The Bureau of Indian Standards Act, 2016, India.

② Section 31, The Bureau of Indian Standards Act, 2016, India.

③ Section 33(1), The Bureau of Indian Standards Act, 2016, India.

④ "Bureau of Indian Standards Act comes into force from October 12: Government", https://economictimes. indiatimes. com/news/economy/policy/bureau-of-indian-standards-act-comes-into-force-from-october-12-government/articleshow/61079794. cms, last visited on 1 March, 2018.

本法是印度为适应市场的变化、规范市场秩序而制定,是根据对市场的观察和预估做出的立法创新,但不可避免存在不足。

本法的先进性主要表现在:(1)依法设立的印度标准局是一国家机构,代表国家行使权力,履行义务。(2)标准局被授权公告任何货物、物品、工艺、系统或服务的合格认证计划,以展示任何货物、工艺、系统、服务、个人或组织的要求①。(3)提供制造商自我认证机制,从而为制造商提供简化选项,有利于实施标准。(4)对贵金属制品实施强制性认证制度,中央政府还可基于必要利益考量,强制要求使用标准标志。(5)建立不符合标准标志商品返修或召回制度,并要求补偿消费者,扩大制造商的责任范围,有效地保护消费者的合法权益。(6)实行公司违法行为时相关责任人员负有连带责任的制度,扩大公司责任人的责任范围,要求其做到更多的勤勉义务。(7)建立某些犯罪和解制度,对犯罪但不至于被判处监禁的人员允许和解。②

本法的不足主要体现在:(1)允许中央政府任命代表政府、工业、科研机构的其他成员组成管理委员会,但是对此类成员在数量上未做明确的界定,也未对管理委员会成员总量上做固定数额限制。③(2)管理委员会是永久性机构还是临时性机构未做明确界定。(3)由标准局局长制定有关侵害某主体权益的命令所指向的上诉提交至标准局局长审议,对于行政类侵权案件的救济难以保证公平。④

虽然本法存在不足,但是积极作用远大于消极作用,将对印度社会发挥巨大积极效应。

---

① Ministry of Law and Justice, "Bureau of Indian Standards Act, 2016", Published on April 1, 2016, http://blog. scconline. com/post/2016/04/01/bureau-of-indian-standards-act-2016/, last visited on 1 March, 2018.

② "Sixteenth Loksabha", Prof. K. V. Thomas (Ernakulam) to Speak, http://164. 100. 47. 194/Loksabha/Debates/Result16. aspx? dbsl=5317, lastvisited on 1 March, 2018.

③ "Sixteenth Loksabha", Prof. K. V. Thomas (Ernakulam) to Speak, http://164. 100. 47. 194/Loksabha/Debates/Result16. aspx? dbsl=5317, last visited on 1 March, 2018.

④ "Sixteenth Loksabha", Prof. K. V. Thomas (Ernakulam) to Speak, http://164. 100. 47. 194/Loksabha/Debates/Result16. aspx? dbsl=5317, last visited on 1 March, 2018.

2016 年印度标准局法 *

立法与司法部

（立法部门）

新德里,2016 年 3 月 22 日

　　兹收到总统于 2016 年 3 月 21 日批准议会的以下法律,兹公布基本信息如下:

2016 年印度标准局法

2016 年第 11 号

［2016 年 3 月 21 日］

目　录

第 I 章　序言

1. 简标题、适用范围和生效日

2. 定义

第 II 章　印度标准局

3. 标准局的设立和管理委员会的组成

4. 标准局执行委员会

5. 标准局咨询委员会

6. 空缺等不使行为或程序无效

7. 局长

8. 标准局的官员和雇员

9. 标准局的权力和职能

第 III 章　印度标准、合格证书和许可证

10. 印度标准

11. 禁止未经标准局授权的发布、复制或记录

---

　　* 译自《印度公报》特别号第 II 部分第 1 节、法律与司法部（立法部门）2016 年 3 月 22 日第 22 号英文本,该文本可从 http://www.indiacode.nic.in/acts-in-pdf/2016/201611.pdf 获得,其另一文本可从 http://lawmin.nic.in/ld/P-ACT/2016/A2016-11.pdf 获得。

12. 合格评定方案

13. 许可证或者合格证书的授予

14. 珠宝商和特定货物或物品之销售商的标准标志证书

15. 禁止进口、出售、展览等

16. 中央政府指令强制使用标准标志

17. 禁止制造、销售无标准标志的特定货物

18. 许可证持有人、销售商等的义务

第Ⅳ章　财务、账目和审计

19. 标准局的财务管理

20. 标准局的基金

21. 标准局的借款权力

22. 预算

23. 年度报告

24. 账目和审计

第Ⅴ章　杂项

25. 中央政府发布指令的权力

26. 限制使用标准局和印度标准的名称

27. 认证官的任命和权力

28. 搜查和扣押的权力

29. 违反行为的处罚

30. 公司违法行为

31. 对不合格货物的赔偿

32. 法院审理违法行为

33. 违法行为的和解

34. 上诉

35. 标准局的成员、官员和雇员是公职人员

36. 保护善意采取的行动

37. 标准局命令和其他法律文书的认证

38. 制定规则的权力

39. 制定规章的权力

40. 规则和规章呈报议会

41. 本法不影响特定法的实施

42. 清除障碍的权力

43. 废止和保留

为了规定设立一国家标准机构以促进货物、物品、工艺、系统、服务的标准化、合格评定和质量保证的活动和谐发展,和规定相关事宜或附带事项,

制定一项法律。

议会于印度共和国第六十七年制定本法,内容如下:

第 I 章　序言

1. 简标题、适用范围和生效日

(1)本法可称为《2016 年印度标准局法》。

(2)本法适用于印度全境。

(3)本法应当于中央政府在《官方公报》中以公告方式指定的日期生效。

2. 定义

在本法中,除非上下文另有要求——

(1)"物品",指在印度境内或进口至印度的、不论是否未加工或部分或全部加工、制造或手工制作的,人造或天然或者部分人造或部分天然的任何物质。

(2)"检测标志中心",指经标准局认可的按规章确定方式确定贵金属物品纯度并在该贵金属物品上适用纯度标志的检测标志中心。

(3)"标准局",指按第 3 节设立的印度标准局。

(4)"认证官",指根据第 27 节第(1)分节任命的认证官。

(5)"被认证主体",指就符合标准的任何货物、物品、工艺、系统和服务,第 13 节第(2)分节下合格证书或许可书的持有者。

(6)"被认证珠宝商",指标准局已颁发证书准许其在获得以规章确定方式标明纯度的同一者后,为销售而获得任何贵金属制品或销售任何贵金属物品的珠宝商。

(7)"合格评定",指证明有关物品、工艺、系统、服务、人员或团体符合规定要求。

(8)"合格评定方案",指与标准局按第 12 节公告的货物、物品、工艺、系统或服务有关的方案

(9)"消费者",指《1986 年消费者保护法》(1986 年第 68 号法)中定义的人员。

(10)"包装物",包括任何阻塞物、桶、瓶、器皿、箱、篓、盖、压缩舱、盒、架、封皮、包、麻袋、囊或其他容器。

(11)"局长",指按第 7 节第(1)分节任命的局长。

(12)"执行委员会",指按第 4 节第(1)分节组建的执行委员会。

(13)"基金",指按第 20 节设立的基金。

(14)"货物",包括《1930 年货物销售法》(1930 年第 3 号法)下的全部动产种类,但可诉请求权、货币、股票和股份除外。

(15)"管理委员会",指按第 3 节第(3)分节设立的管理委员会。

(16)"纯度标志",涉及贵金属时,指标明该物品中每项相应印度标准的贵金属含量比例的标准标志。

(17)"印度标准",指涉及任何货物、物品、工艺、系统或服务时,包含标准局设定和公布的任何试验或临时标准在内的标准,上述货物、物品、工艺、系统或服务的质量和规格说明,且包括——

(ⅰ)标准局按第 10 节第(2)分节采用的任何标准;和

(ⅱ)按本法生效前有效的《1986 年印度标准局法》设立的印度标准局所制定和公布或认可的任何标准。

(18)"印度标准机构",指按《1860 年社团注册法》(1860 年第 21 号)注册的印度标准机构。

(19)"珠宝商",指从事为销售而获得贵金属制品或销售贵金属物品之业务的人员。

(20)"许可证",指按第 13 节授予的准许使用与符合标准的任何货物、物品、工艺、系统或服务有关的规定标准的许可证。

(21)"制造商",指负责货物或物品设计和制造的人员。

(22)"标志",包括图案、品牌、标题、标签、票证、图示、名称、签名、文字、字母或数字,或上述任何组合。

(23)"成员",指管理委员会、执行委员会的一成员或咨询委员会的任何成员。

(24)"公告",指在《官方公报》中发布的公告,动词"公告"和被动词"公告"的表述应当据此解释。

(25)"人员",指货物或物品的制造商、进口商、分销商、零售商、销售者、出租者或服务的提供者,或对货物或物品使用或运用其名称、商标或其他任何特色标识、或在提供服务期间为了任何对价、或为了商业目的作为奖品或赠品给予货物、物品或提供服务的其他任何人员,包括上述人员的代表和不能认定

制造商、进口商、分销商、零售商、销售者、出租者或服务提供者时从事上述活动的任何人员。

(26)"贵金属",指金、银、铂、钯。

(27)"贵金属物品",指全部或部分从贵金属或其合金中制成的任何物品。

(28)"规定的",指按本法所订规则予以规定的。

(29)"工艺",指将投入转化为产出、相互关联或相互作用的一系列活动。

(30)"认可检测标记中心",指标准局按第 14 节第(5)分节认可的测试标记中心。

(31)"认证检测实验室",指标准局按第 13 节第(4)分节认可的检测实验室。

(32)"注册机构",指按任何现行有效法律主管注册任何公司、企业或其他人员团体、或任何商标或设计、或授予专利的任何机构。

(33)"规章",指标准局按本法制定的规章。

(34)"销售",指为了任何对价或商业目的,出售、分销、使用、出租或交换货物、物品、工艺、系统或服务。

(35)"销售者",是指从事销售任何货物、物品、工艺、系统或服务的人员。

(36)"服务",指为满足消费者要求,由一组织与一消费者之间相互作用的活动和组织的内部活动所产生的结果。

(37)"规格",指以提及货物、物品、工艺、系统或服务的性质、质量、强度、纯度、成分、数量、尺寸、重量、等级、耐久性、来源、使用年限、原料、制造或加工模式、服务交付的一致性和可靠性、或其他特征的方式使其与其他任何货物、物品、工艺、系统或服务相区别的尽可能描述。

(38)"具体规定的",指由规章具体规定的。

(39)"诸标准",指包含一致用作规则、指南或特征界定以保证货物、物品、工艺、系统、服务符合其目的的技术规格和其他精确准则的诸文件化协议。

(40)"标准标志",指标准局具体规定的表示货物、物品、工艺、系统或服务符合某项特定印度标准的标志,包括纯度标志。该标志已由标准局设定、采纳或认可,并作为一项标准标志标记在该物品或货物上,或标记在其包装物上,或以上述标记作为标签附属于该货物或物品。

(41)"系统",是相互关联或相互作用的一系列要素。

(42)"检测实验室",指为了针对一系列要求检测货物或物品的目的所设立的并报告其裁断的机构。

(43)"商标",指在货物、物品、工艺、系统或服务(视情况而定)的贸易过程中,为了标明或意图标明与某人的一种关系,用于或拟用于有关货物、物品、工艺、系统或服务的标志,该某人作为所有权人或注册使用人具有使用该标志的权利,不论有无认定该人的任何标记。

第 II 章 印度标准局

3. 标准局的设立和管理委员会的组成

(1)为了本法目的,应当设立一个被称为印度标准局的国家机构,自中央政府采取《官方公报》中公告方式在此方面指定的日期起生效。

(2)标准局应当是以上述名称具有永久存续和持有公章的法人团体,按本法规定具有取得、持有和处置财产(动产与不动产)、缔结合同的权力,和应当以上述名称起诉和应诉。

(3)管理委员会诸成员组成标准局,标准局事务的总监管、方向和管理应当归属于由以下诸成员组成的管理委员会,即:

(a)对标准局具有行政控制的中央政府部门的主管部长,其应当是标准局的当然主席;

(b)若存在,对标准局具有行政控制的中央政府部门的政务部长或者一名副部长,其应当是标准局的当然副主席。若无上述政务部长或副部长,由中央政府提名的人员担任标准局副主席;

(c)对标准局具有行政控制的中央政府部门或部的印度政府秘书,其为当然成员;

(d)标准局局长,当然成员;

(e)中央政府依照规定数量任命的代表政府、行业、科研机构、消费者和其他利益的其他人员。

(4)第(3)分节第(e)条款中提及的成员的任期、填补空缺的方式和诸成员履行其职能所遵循的程序,应当按规定:

但是,按《1986 年印度标准局法》(1986 年第 63 号法)组成印度标准局的非当然成员,应当在本法生效后继续持有成员职位,直至其任期届满。

(5)管理委员会可以以规定方式和为了规定目的与自身、和协助或建议期望执行本法任何规定的人员联合。为了已经联合的目的,上述联合人员应当有权利参与管理委员会的相关目的的讨论,但应当无投票权。

(6)管理委员会认为必要,可以采取一般或特别书面命令方式,将其本法下的权力和职能指派给任何成员、局长或受命令中规定(若有)条件约束的其

他任何人,但第 37 节下的权力除外。

4. 标准局执行委员会

(1)管理委员会可以经中央政府事先批准,采取《官方公报》中公告方式,组建一个由以下成员组成的执行委员会,即:

(a)标准局局长,其应当是本委员会的当然主席;和

(b)规定数量的成员。

(2)按第(1)分节组建的执行委员会,应当履行、行使和执行管理委员会向其指派的标准局职能、权力和职责。

5. 标准局咨询委员会

(1)为了有效履行标准局职能,管理委员会受此方面制定的任何规章约束,可以不时地和其认为必要时,组建以下咨询委员会,即:

(a)财务咨询委员会;

(b)合格评定咨询委员会;

(c)标准咨询委员会;

(d)检测与校准咨询委员会;

(e)规章规定数量的其他委员会。

(2)各咨询委员会应当由一名主席和规章具体规定的其他诸成员组成。

6. 空缺等不使行为或程序无效

管理委员会第 3 节下的任何行为或程序,不应当仅因以下原因无效:

(a)管理委员会中的任何空缺或其组建中的任何缺陷;或

(b)任命一人员担任管理委员会成员中的任何缺陷;或

(c)管理委员程序中的不影响案件实质的任何不当行为。

7. 局长

(1)中央政府应当任命标准局一名局长。

(2)标准局局长的任期和服务条件应当按规定。

(3)受管理委员会总监管和控制的约束,标准局局长应当是标准局的首席执行机构。

(4)标准局局长应当行使和履行规章明确规定的标准局权力和职责。

(5)标准局局长认为必要,可以采取一般或特别书面命令方式,将按规章指派给他的或管理委员会授权给他的部分权力和职能,委派给标准局的受上述命令中规定条件约束的任何官员。

8. 标准局的官员和雇员

(1)标准局可以任命其认为对有效履行本法下职能所必要的其他官员和

雇员。

(2)按第(1)分节任命的标准局官员和雇员的任期和服务条件,应当按规章的具体规定。

9. 标准局的权力和职能

(1)管理委员会应当行使和履行按本法指派给标准局的权力和职责。特别是,上述权力可以包括以下权力:

(a)在印度境内或境外设立分支机构、办事处或代理机构;

(b)以互惠或其他方式为基准,经中央政府事先批准,可以就任何货物、物品、工艺、系统或服务,按对上述货物、物品、工艺、系统或服务的标准标志比价,根据标准局相互协议达成的条款和条件,认可任何国际组织或机构的标志;

(c)根据标准局与任何国家境内的任何相应机构或组织或者与任何国际组织相互协议达成的条款和条件,在印度境外寻求承认标准局和印度标准;

(d)进入和搜查场所、房屋或车辆,检查和扣押货物或物品和文件,以执行本法规定;

(e)根据相互协议达成的条款和条件,向遵守标准的货物、物品或工艺的制造商或消费者提供服务;

(f)就质量管理、标准、合格评定、实验室检测与校准和其他任何相关领域,提供培训服务;

(g)公布印度标准,出售上述出版物和国际组织出版物;

(h)授权印度境内外代理人履行标准局的任何或全部活动和按其认为合适条款和条件的其他必要目的;

(i)在具有与标准局类似目标的地区、国际和国外组织机构中获得成员资格,和参与制定国际标准的进程;

(j)为了合格评定以外目的,从事样品检测;和

(k)从事与法定计量有关的活动。

(2)标准局应当采取所有必要措施,促进、监控和管理货物、物品、工艺、系统和服务的质量,必要时保护消费者和其他各种利害关系拥有人的利益,其可以包含以下措施,即:

(a)对任何货物、物品、工艺、系统或服务实施市场监控或调查,以监管其质量和发布上述监控或调查结果;

(b)通过在消费者和行业中树立意识,就涉及任何货物、物品、工艺、系统和服务对其进行质量教育,促进与任何货物、物品、工艺、系统或服务有关的

质量；

（c）促进有关任何货物、物品、工艺、系统或服务的安全；

（d）为了创立新印度标准或修改现有印度标准的需要，甄别任何货物、物品、工艺、系统或服务；

（e）推广印度标准的使用；

（f）认可或委托印度境内外任何机构从事任何货物、物品、工艺、系统或服务或者检测实验室的合格认证和检验；

（g）就有关任何货物、物品、工艺、系统或服务涉及改善质量或实施任何质量保证活动，协调和促进制造商或消费者的任何协会或其他任何机构的活动；和

（h）为促进、监督和管理货物、物品、工艺、系统或服务的质量和保障消费者及其他利害关系所有人的利益所必要的其他职能。

（3）标准局应当根据中央政府作出的指令并受其制定的规则的约束，通过管理委员会履行其本法下的职能。

第Ⅲ章　印度标准、合格证书和许可证

10. 印度标准

（1）标准局设立的标准应当是印度标准。

（2）标准局可以：

（a）按照规定方式，设置、公布、审查和改进与任何货物、物品、工艺、系统或服务相关的印度标准；

（b）按照规定方式，将印度境内或其他地方的任何其他机构设立的与任何货物、物品、工艺、系统或服务有关的任何标准，采纳为印度标准；

（c）认可或授权印度境内或境外从事标准化的任何机构；

（d）实施、支持和推动为制定印度标准所必要的研究。

（3）为了本节目的，标准局在其认为必要时，应当为货物、物品、工艺、系统或服务相关标准的制定，组建若干技术专家委员会。

（4）应当公布印度标准并在标准局撤销前一直有效。

（5）尽管其他任何法律另有规定，在《印度标准》或标准局任何其他出版物中的版权应当归属标准局。

11. 禁止未经标准局授权的发布、复制或记录

（1）任何个人未经标准局授权，不得以任何方式或形式发布、复制或记录任何印度标准或其部分或标准局的任何其他出版物。

(2)任何人员不得发布使人认为其是或包含本法规定的印度标准的文件。

但是,本分节中的任何规定不应当禁止任何个人为其个人目的复制印度标准。

12. 合格评定方案

(1)标准局可以依照规章规定方式公告涉及任何印度标准或任何其他标准的有关任何货物、物品、工艺、系统、服务或一组货物、物品、工艺、系统、服务(视情况而定)的一特定或者个别的合格评定方案。

(2)标准局可以对其每项合格评定方案创建一标准标志,该标志应当具有规章规定的或包含规章规定的代表一特定标准的设计或详情的属性。

13. 许可证或者合格证书的授予

(1)若货物、物品、工艺、系统或服务符合印度标准,任何人员可以申请许可证或合格证书,视情况而定。

(2)凡货物、物品、工艺、系统或服务符合标准的,局长可以以命令方式:

(a)依照规章规定方式授予合格证书;或

(b)依照规章规定方式授予使用或应用一标准标志的许可证,但在运行合格证书或许可证之前或者期间受规章决定的条件和支付费用的约束,包括滞纳金或罚金。

(3)标准局在授予使用标准标志的合格证书或许可证期间,可以随时以命令方式具体规定应当粘贴标记和标签的要求。

(4)标准局为了合格评定、质量保证和为履行其职能所要求的其他目的,可以设立、支持和认可检测实验室。

14. 珠宝商和特定货物或物品之销售商的标准标志证书

(1)中央政府会商标准局后,依照第(2)分节指明的方式,可以公告标有一纯度标志或一标准标志的其认为有必要的贵金属制品或其他货物或物品。

(2)第(1)分节公告的货物或物品,可以按照规章规定,在此类货物或物品经标准局认证的检验标志中心评定为符合相关标准时,标有纯度标准或标准标志后(视情况而定),通过标准局认证的零售网点销售。

(3)中央政府可以会商标准局后,在《官方公报》中发布命令,强制第(1)分节公告的货物或物品的销售者仅通过符合规章规定条件且经认证的销售网点销售此类货物或物品。

(4)标准局可以依照规章规定的方式,通过命令授予、恢复、暂停或撤销珠宝商或其他任何销售者销售第(1)分节下公告的货物或物品的标准标志认

证或纯度标志认证。

(5)标准局可以依照规章规定的方式,对第(1)分节公告的货物或物品的标准标志(包括纯度标志),合格评定和应用,建立、支持和认可检测标记中心,包括测定纯度标记中心。

(6)标准局认可以外的检测标记中心或测定纯度标记中心不应当以任何方式就第(1)分节公告的货物或物品在任何货物或物品上使用、粘贴、浮雕、雕刻、印刷或应用标准标志(包括纯度标志),或模仿其色彩;不应当通过广告、促销传单、价格表或类似手段对标准标志(包括纯度标志)的使用和应用提出任何申索。

(7)任何经认证的检测标记中心,包括测定纯度标记中心,应当以指定方式在准确确定同一相符性后,在第(1)分节公告的货物或物品上使用和应用标准标志(包括在贵重金属上的纯度标志)。

(8)尽管按第(5)分节已经被认证,任何经认证的检测标记中心(包括纯度标记中心)不应当对第(1)分节公告的任何货物或物品使用或应用标准标志(包括纯度标志),或任何模仿其色彩,除非该货物或物品符合相关标准。

15. 禁止进口、出售、展览等

(1)依照标准局颁发的合格证书除外,任何人员不应当进口、分销、出售、贮存或展览第14节第(1)分节公告的任何货物或物品。

(2)经标准局认证以外的任何人员不应当出售、展览或供出售按第14节(3)分节公告并标有标准标志(包括纯度标志)的货物或物品,不应当通过广告、促销传单、价格表或类似手段对该标准标志(包括纯度标志)提出申索。

(3)已被授予合格证书的经认证的珠宝商或销售者不应当出售、展览或供出售经公告的标有标准标志(包括纯度标记)或其任何色彩模仿的货物或物品,除非此等货物或物品按照规章规定方式标有标准标志或纯度标志和此等货物或物品符合相关标准。

16. 中央政府指令强制使用标准标志

(1)若中央政府基于公众利益、保护人类与动植物健康、环境安全、防止不公平贸易或国家安全认为有必要或有益,可以会商标准局后采取在《官方公报》中发布命令方式,公告:

(a)任何计划行业、工艺、系统和服务的货物或物品;或

(b)对此等货物、物品、工艺、系统或服务的基本要求,应当符合某一标准和直接使用许可证或合格证书下对该货物、物品、工艺、系统或服务强制性标准标志。

[解释]为了本分节的目的：

（ⅰ）"计划行业"词组应当具有《1951 年行业（发展与规制）法》（1951 年第 65 号法）对其指定的含义；

（ⅱ）兹澄清，"基本要求"，是以达到的参数术语表示的要求，或者以有效确保任何货物、物品、工艺、系统或服务符合健康、安全和环境的目标的技术术语表示的标准的要求。

（2）中央政府可以以命令方式授权标准局或拥有必要委派或认证和有效批准的其他任何代理人认证和执行与相关标准或第（1）分节下规定的基本要求的相符性。

17. 禁止制造、销售无标准标志的特定货物

（1）任何人员不应当制造、进口、分销、出售、租用、租赁、贮存或展览第 16 节第（1）分节下的下列任何货物、物品、工艺、系统或服务：

（a）没有标准标志，但按有效许可证者除外；

（b）尽管已经赋予其许可证，应用某一标准标志，除非此类货物、物品、工艺、系统或服务符合相关标准或规定的基本要求。

（2）任何人员不应当通过广告、促销传单、价格表或类似者对其符合印度标准的货物、物品、工艺、系统或服务提出公共申索，或者对没有持有标准局或中央政府按第 16 节第（2）分节批准的其他任何机构颁发的有效合格证书或许可证的货物或物品作出类似声明。

（3）按标准局颁发的有效许可证者除外，任何人员不应当在生产、分销、出售、出租、租赁、展览或供出售任何货物、物品、工艺、系统或服务中，或者任何专利、商标或设计的权益中，使用标准标志或其任何色彩模仿。

18. 许可证持有人、销售商等的义务

（1）许可证持有人应当在任何时间对实施标准标志的货物、物品、工艺、系统或服务的相符性负责。

（2）经销商或销售者（视情况而定）应当负责确保从认证机构或许可证持有人处购买实施标准标志的货物、物品、工艺、系统或服务。

（3）销售者应当在货物或物品被出售、要求被出售、展览或供出售之前，负责确保——

（a）实施标准标志的货物、物品、工艺、系统或服务按标准局随时规定具备必要标签和标记细节；

（b）产品或包装上的标记和标签要求应当按标准局已规定的方式显示。

（4）每一被认证的机构或许可证持有人应当按标准局对质量监管和合格

证书或许可证规定费用的要求,将有关任何货物、物品、工艺、系统或服务(视情况而定)中使用的原材料或物质的信息和样品递交至标准局。

(5)(a)标准局可以检查和取样任何必要的原材料或物质,以检查已经使用标准标志的任何货物、物品、工艺、系统或服务是否符合相关标准的要求,或者有或没有许可证的任何货物、物品、工艺、系统或服务是否已正确使用标准标志。

(b)标准局可以公布其调查结果和据此发出指令。

(6)若标准局按第(4)、(5)分节认为,已经使用标准标志的货物、物品、工艺、系统或服务不符合相关标准的要求,标准局可以命令被认证的机构、许可证持有人、或其代表停止供应和销售不合格货物或物品,召回已经供应或供出售的不合格货物或物品,标出市场和可能供销售的任何地点,或者禁止提供服务。

(7)若被认证的机构、许可证持有人、或其代表已出售标有标准标志或其任何色彩模仿的不符合有关标准的货物、物品、工艺、系统或服务,标准局应当命令该被认证的机构、许可证持有人,或其代表:

(a)按照规定方式修理、更换或返修标有标准标志的货物、物品、工艺、系统或服务;或

(b)按照标准局规定,向消费者支付赔偿;或

(c)依照第 31 节各条款,对标有标准标志的不合格货物或物品造成的损害负责。

第Ⅳ章　财务、账目和审计

19. 标准局的财务管理

中央政府在议会就此方面按法律作出适当拨款后,可以向标准局拨付其认为必要金额的拨款和提供贷款。

20. 标准局的基金

(1)设立名称为印度标准局基金的一基金,并应当向其贷记:

(a)中央政府向标准局作出的任何拨款和贷款;

(b)标准局依据本法接收的所有费用和收费;

(c)标准局接收的所有罚金;

(d)标准局从中央政府决定的其他途径接收的全部款项。

(2)基金应当用于满足:

(a)标准局成员、局长、官员和其他雇员的薪金、津贴和其他报酬;

(b)标准局履行其本法下职责中的支出;和

(c)为本法授权的目标和目的的支出：

但是,第(1)分节(c)条款中接收的罚金应用于消费者观念、消费者保护和提高本国国内货物、物品、工艺、系统或服务的质量。

21. 标准局的借款权力

(1)标准局经中央政府同意或根据中央政府赋予其任何一般或特别权力的条款,认为对履行本法下全部或任何职能是适当,可以从任何途径借款。

(2)中央政府可以按其认为适当的方式,保证偿还标准局第(1)分节下所借贷款的本金并支付其利息。

22. 预算

标准局应当在每个财政年度以规定的时间和形式,草拟反映标准局下一财政年度收支估算情况的预算,并向中央政府呈报相同预算。

23. 年度报告

(1)标准局应当在每个财政年度以规定的时间和形式,草拟充分说明其上一财政年度活动的年度报告,并向中央政府呈报其副本。

(2)中央政府应当在收到该年度报告后尽快呈报至议会每院。

24. 账目和审计

(1)标准局应当按中央政府会商印度审计长和审计总长后规定的形式,维持正当的账目和其他相关记录,并草拟年度账目报表。

(2)标准局的账目应当由印度审计长和审计总长按其规定的时间间隔审计,所发生的与此审计有关的各项开支应当由标准局支付给印度审计长和审计总长。

(3)印度审计长、审计总长和其任命的与审计标准局账目有关的任何人员应当拥有印度审计长、审计总长审计政府账目普遍拥有的相同权利、特权和权威,特别是拥有要求提供账簿、账目、关联凭证、其他文档文件和检查标准局任何办公室的权利。

(4)经印度审计长、审计总长或其在此方面任命的其他任何人员核实的标准局账目,连同其审计报告,应当每年报送中央政府,中央政府应将同一材料呈报议会每院。

第 V 章　杂项

25. 中央政府发布指令的权力

(1)在不妨碍本法前述条款的情况下,标准局在行使其本法下的权力或履行其本法下的职能过程中,应当受中央政府随时以书面形式向其发出的关于政策问题的指令的约束。

但是,在发布本分节下的任何指令之前,应当在切实可行范围内给予标准局表达其意见的机会。

(2)中央政府对一问题是否是一项政策的决定应当是最终的。

(3)中央政府可以采取必要的其他行动,以促进、监控、管理货物、物品、工艺、系统或服务的质量,保护消费者和其他各种利益相关者的利益,为了第16节第(1)分节的目的公告任何其他货物、物品、工艺、系统或服务。

26. 限制使用标准局和印度标准的名称

(1)任何人员在涉及欺骗或可能欺骗公众方面,未经标准局事先许可,不应当使用:

(a)欺骗或可能欺骗公众的非常类似于标准局名称或者包含"印度标准"表述的名称或其任何缩写的任何名称;或

(b)与任何货物、物品、工艺、系统或服务相关的、包含"印度标准"或"印度标准规范"表述或该表述任何缩写的任何专利、标志、商标或设计的任何称号。

(2)尽管任何现行有效法律中包含任何规定,若下述名称或标志的使用违反第(1)分节,任何注册机构不应当:

(a)注册拥有任何名称和标志的任何公司、企业或其他个人团体;或

(b)注册拥有任何名称和标志的商标或设计;或

(c)对拥有包含任何名称和标志的发明授予专利。

(3)若在注册机关面前出现使用任何名称和标志是否违反第(1)分节的问题,该注册机构可以将此问题呈报中央政府,中央政府对该问题的决定应当是最终的。

27. 认证官的任命和权力

(1)标准局为了检查已使用标准标志的货物、物品、工艺、系统或服务是否符合相关标准的目的,或标准标志是否正当使用于有或无许可证的任何货物、物品、工艺、系统或服务的目的,和为了履行委派给他们的其他职能,可以任命必要数量的认证官。

(2)受按本法制定的规则的约束,认证官应当有权力:

(a)检查已使用标准标志的任何货物、物品、工艺、系统或服务实施的任何运行;

(b)对已经使用标准标志的任何货物、物品、工艺、系统或服务中使用任何原材料和物质的任何货物、物品取样。

(3)标准局应当向每位认证官提供任命为认证官的委任书,该委任书应当按要求由认证官制作。

(4)每个被认证的机构或许可证持有人应当:

(a)为认证官提供合理设施,确保其能履行其所负的职责;

(b)在颁发合格证书或许可证时由认证官或标准局宣布或核准的条件中,将其任何变化通知给认证官或标准局。

(5)认证官或标准局从作出的任何声明、提供的任何信息、提供的任何证据中或从按本法进行检查中获得的任何信息,应当视为机密。

但是,上述任何规定不应当适用于为了检控和保护消费者利益目的的任何信息披露。

28. 搜查和扣押的权力

(1)若认证官员有理由相信,已经发生违反第 11 节、第 14 节第(6)或(8)分节、第 15 节或第 17 节的任何货物、物品、工艺、系统或服务在任何场所、建筑物或车辆是秘密的,他可以为了该货物、物品、工艺、系统或服务,进入和搜查此场所、建筑物或车辆,视情况而定。

(2)若认证官根据第(1)分节进行任何搜查的结果,发现已经违反第 11 节、第 14 节第(6)或(8)分节、第 15 节或第 17 节的任何货物、物品、工艺、系统或服务,可以扣押其认为有利于或相关于本法下任何程序的此货物或物品和其他物资、文件。

但是,若扣押此货物、物品、物资或文件不可行,认证官可以向所有权人送达命令:未经认证官事先批准,他不应当移动、分散或另行处理该货物、物品、物资或文件。

(3)《1973 年刑事诉讼法典》(1974 年第 2 号法)中涉及搜查和扣押的条款,在其可以的范围内,应当适用于按本节作出的每次搜查或扣押。

29. 违反行为的处罚

(1)违反本法第 11 节或第 26 节第(1)分节规定的任何人员,应当被处以最高 50 万卢比的罚金。

(2)违反第 14 节第(6)或第(8)分节或者第 15 节规定的任何人员,应当被处以最高 1 年监禁,或者最低 10 万卢比、最高至生产、销售、供销售、标有或应用标准标志(含纯度标志)的货物或物品的价值的 5 倍的罚金,或者两者并处。

但是,若不能确定生产、销售或供销售的货物、物品的价值,应当推定 1 年的生产量处于上述违反行为状态,且上一财政年的年营业额应当作为上述违

反行为的货物或物品的价值。

(3)违反第17节规定的任何人员,应被处以最高2年的监禁,或者首次违反行为最低20万卢比、第二次及随后的违反行为最低50万卢比但最高至生产、销售、供销售、标有或应用标准标志(含纯度标志)的货物或物品的价值的10倍的罚金,或者两者并处。

但是,若不能确定生产、销售或供销售的货物、物品的价值,应当推定1年的生产量处于上述违反行为状态,且上一财政年的年营业额应当作为此违反行为的货物或物品的价值。

(4)第(3)分节下的违法行为应当受到审理。

30. 公司违法行为

若公司犯有本法下的违法行为,在犯该违法行为时就公司经营行为对公司负责的每位公司董事、经理、秘书或其他官员,公司的授权代表和公司,应当视为犯下该违法行为,并据此被起诉和承担处罚,不考虑所犯违法行为是否是该公司任何董事、经理、秘书或其他官员、或公司授权代表的同意、纵容或归因于上述部分人员任何疏忽的事实。

[解释]为了本节的目的:

(a)"公司",指法人团体和包括个人的企业或其他社团;和

(b)"董事",涉及企业时,指该企业中的合伙人。

31. 对不合格货物的赔偿

若许可证或合格证书的持有人或其代表已出售标有不符合相应标准或仿造标准标志的任何货物、物品、工艺、系统或服务,被认证的机构、许可证持有人、或其代表应当按规定方式负责赔偿消费者因上述不符货物、物品、工艺、系统或服务所遭受的损害。

32. 法院审理违法行为

(1)都市司法官或第一级司法长官(特别是在此方面授权的法院)以下的任何法院,不应当审理本法下的任何应受处罚的违法行为。

(2)任何法院不应当审理本法下应受处罚的任何违法行为,但以下作出的控告予以保留:

(a)由标准局作出的或按标准局授权作出的;或

(b)不低于副警长或同等级别的任何警官;或

(c)按第16节第(2)分节公告的任何机构;或

(d)政府机构授权下的任何官员;或

(e)任何消费者;或

(f) 任何社团。

(3) 若不低于副警长或同等级别的警官确信,已经、正在或可能犯下第 29 节第(3)分节规定的任何违法行为,无论在何处发现,可以不经许可地搜查和扣押涉及从事该违法行为的货物、模具、模块、机器、印版或其它仪器或物件,并应当尽快将扣押的全部物品提交给第(1)分节规定的司法官。

(4) 法院可以指令,应当由标准局没收与已发生的违反行为有关的任何财产。

(5) 法院可以指令,按本法应支付的任何罚金应当全部或部分支付给标准局。

33. 违法行为的和解

(1) 尽管《1973 年刑事诉讼法典》(1974 年第 2 号法)包含任何规定,按本法应当受处罚的首次任何违法行为不是仅应处以监禁或并处监禁和罚金的违法行为,可以在提起任何公诉之前或之后,以规定方式由局长授权的官员进行和解。

但是,上述具体规定的数额在任何情况下不应当超过第 29 节下对该和解违法行为施加罚金的最高额。自该违法行为和解之日起届满 3 年后所犯的任何第二次及后续违法行为,应当视为首次犯下的违法行为。

(2) 第(1)分节中提及的每位官员应当行使和解违法行为的权力,但受标准局指令、控制和监管的约束。

(3) 和解违法行为的每项申请应当以规定方式作出。

(4) 若在提起任何公诉之前和解任何违法行为,不应当对涉及该违法行为的、与和解违法行为有关的违法者,提起任何公诉。

(5) 若在提起任何公诉之后进行和解违法行为,应当由第(1)分节中提及的官员将该和解书面通知给未决公诉的法院;该法院不得发出和接受和解该违法行为的任何通知,应当释放上述和解违法行为所针对的人员。

34. 上诉

(1) 不服本法第 13 节或第 14 节第(3)分节或第 17 节下作出的命令的任何人员,可以在规定期限内向标准局局长提出上诉。

(2) 不准许受理规定期限届满后提出的任何上诉。

但是,若上诉人使局长相信他未在规定期限内提出上诉有充分理由,可以准许在规定期限届满后提出上诉。

(3) 依据本节提起的每项上诉应当以规定形式提出,且应当随附上诉所针对的命令的副本和规定的费用。

（4）应当按规定处理上诉的程序。

但是，在处理上诉之前，应当给予上诉人听证的合理机会。

（5）局长可以以自己名义或者根据按规定方式提出的申请，审查其授予权力的任何官员发布的命令。

（6）不服按第（1）分节或第（5）分节作出的命令的任何人员，可以在规定的期限内，向对标准局具有行政控制的中央政府提起上诉。

35. 标准局的成员、官员和雇员是公职人员

标准局全体成员、官员和其他雇员在其依据本法任何规定采取或意图采取行动时，应当视为《1860 年印度刑法典》（1860 年第 45 号法）第 21 节含义内的公职人员。

36. 保护善意采取的行动

不应当就依本法或据此所订规则或规章善意作出或宣称作出的任何事情，针对政府、政府任何官员、或标准局任何成员、官员或其他雇员提起任何诉讼、公诉或其他任何法律程序。

37. 标准局命令和其他法律文书的认证

标准局发出的所有命令、决定和其他所有文书，应当以标准局在此方面授权的官员签名的方式予以认证。

38. 制定规则的权力

中央政府可以采取《官方公报》中公告的方式，制定为实现本法目的的规则。

39. 制定规章的权力

执行委员会经中央政府事先批准，可以采取《官方公报》中公告的方式，制定与本法相符的规章和实现本法目的的规则。

40. 规则和规章呈报议会

根据本法制定的每项规则和每项规章，应当在其制定后尽快呈报议会每院。在会期，总期限为 30 日，包括一次、两次或多次连续会议。若在该次会议期限届满前立即召开上述会议或连续会议，两院均同意对该规则或规章作出任何修改，或者两院均同意不应当制定该规则或规章，该规则或规章因此应当仅以上述修订形式具有效力，或者无效力，视情况而定。但是，上述任何修改或者无效不应当损害以前按该规则或规章所作任何事情的有效性。

41. 本法不影响特定法的实施

本法中的任何规定不应当影响实施《1937 年农业生产（分级和标记）法》（1937 年第 1 号法）、《1940 年药品与化妆品法》（1940 年第 23 号法），或者任

何货物、物品、工艺、系统或者服务任何标准化或质量监控的其他任何现行有效法律。

42. 清除障碍的权力

(1)若在赋予本法规定以效力中出现任何障碍,中央政府可以采取在《官方公报》中发布命令的方式,制定对清除该障碍所必要的、与本法规定不冲突的规定。

但是,自本法实施届满 2 年后,不应当按本节作出任何命令。

(2)依据本节作出的命令应当尽快在其作出后呈报至议会各院。

43. 废止和保留

(1)兹废止《1986 年印度标准局法》(1986 年第 63 号法)。

(2)尽管有上述废止,但已经或宣称已做的任何事情或采取的任何行动,包括作出、发出或通过的任何规则、规章、公告、计划、规格、印度标准、标准标志、检验命令或通知,或任何任命或作出的声明,或赋予的任何许可、准许、授权或豁免,或执行的任何文件、文书,或发出的任何指令,或采取的任何程序,或豁免按本法施加的任何罚款或罚金,在其不与本法规定抵触的范围内,应当视为已经按本法相应规定作了或采取了。

(3)在涉及废止的效力上,第(2)分节中对特别事项的提及不应当妨碍或影响《1897 年一般条款法》(1897 年第 10 号法)第 6 节的一般适用。

(邓瑞平、祁纪运译,邓瑞平审校)

✳ 黄周军*

印度《2016 年破产倒闭法典》简介

为了统一破产领域的立法,印度议会于 2016 年 5 月制定了《破产倒闭法典》(Insolvency And Bankruptcy Code,2016,以下简称"本法典")。为了向与印度企业从事经贸活动或在印度从事投资活动的中国企业或个人提供印度破产领域的法律参考,我们翻译了本法典。以下简要介绍本法典。

一、本法典的的制定背景和执行

在本法典诞生之前,印度破产立法呈"多龙治水"局面。独立前,主要有《1909 年英属印度城镇破产法》[2]和《1920 年英属印度省破产法》[3]。独立后,还有数部法律规制企业破产事项[4],例如:《1985 年经营不善工业公司法》[5]、《1993 年追偿银行和金融机构逾期债务法》[6]、《2002 年金融资产证券化与重组和执行担保权益法》[7]、《2003 年经营不善工业公司(特别条款)废止法》[8]、

---

* 黄周军[1993—],男,四川内江人,西南政法大学国际法学院国际法学专业 2016 级硕士研究生。

② The Presidency Towns Insolvency Act,1909.

③ The Provincial Insolvency Act,1920.

④ The Report of the Bankruptcy Law Reforms Committee Volume I: Rationale and Design,November 2015,para3. 3.

⑤ The Sick Industrial Companies Act,1985.

⑥ The Recovery of Debts Due to Banks and Financial Institutions Act,1993.

⑦ The Securitisation and Reconstruction of Financial Assets and Enforcement of Security Interest Act,2002.

⑧ The Sick Industrial Companies(Special Provisions)Repeal Act,2003.

《2008 年有限责任合伙法》①和《2013 年公司法》②等。

由于上述立法不适应印度经济发展新形势,或者规定分散,没有形成单独的统一立法,印度政府于 2014 年底正式成立破产法改革委员会。2015 年 12 月 21 日,印度财政部长将本法典草案提交印度议会人民院(Lok Sabha,即下院)。2015 年 12 月 23 日将其提交议会联合委员会,该委员会予以推荐。人民院于 2016 年 5 月 5 日通过,联邦院(Rajya Sabha,即上院)于 5 月 11 日通过,5 月 28 日总统签署本法典并于同日在《印度公报》上发布,于同年 12 月生效。本法典的目的是废止上述立法中的《1909 年英属印度城镇破产法》和《2003 年经营不善工业公司(特别条款)废止法》。③

印度国家公司法法庭(NCLT)于 2017 年 8 月 14 日在 Synergies-Dooray Automotive Ltd 案中签发了本法典下的第一项破产解决令。在 Poweress International Private Limited 案中,律师 Akhilesh Shrivastava 和 Akash Sharma 代表该公司提交了本法典下的第二个解决计划。该公司于 2017 年 1 月 23 日提交破产请求状。上述解决计划在本法典规定的 180 日期限内提交给国家公司法法庭。2017 年 8 月 2 日收到该法庭对此解决计划的批准,其最终命令于 2017 年 8 月 14 日上传至该法庭网站。④

二、本法典的亮点

本法典的特色内容较多,亮点如下:

(一)结束过去多部破产立法各自为政的局面

作为殖民地时代的遗产,全印度有若干部法律涉及破产。本法典的诞生终结了过去多部破产法并存的局面,以单独立法,统一了以前的分散性破产立法。

本法典由 5 部分、计 255 条组成。结构为序言,法人的破产解决和清算,个人和合伙企业的破产解决与破产,规制破产专业人员、代理机构和信息公用单位,杂项。

序言部分规定了本法典的适用地域范围、适用对象和相关术语的定义。

---

① The Limited Liability Partnership Act,2008.

② The Companies Act,2013.

③ "Insolvency And Bankruptcy Code, 2016", https://en. m. wikipedia. org/wiki/Insolvency_and_Bankruptcy_Code,_2016,last visited on 23 Aug.,2018.

④ "Insolvency And Bankruptcy Code, 2016", https://en. m. wikipedia. org/wiki/Insolvency_and_Bankruptcy_Code,_2016,last visited on 23 Aug.,2018.

本法典的适用地域范围是印度全境,但是第三部分"个人和合伙企业的破产解决与破产"不适用于查谟和克什米尔邦①。本法典的适用对象包括:(a)按《2013年公司法》(2013年第18号法)或以前任何公司法律成立的任何公司;(b)受其他任何现行有效特别法支配的其他任何公司,但所述条款与该特别法规定相冲突者除外;(c)按《2008年有限责任合伙法》(2009年第6号法)成立的任何有限责任合伙;(d)按中央政府以公告方式特别规定的任何现行有效法律成立的其他组织;和(e)合伙企业和个人。②

"法人的破产解决和清算"部分有七章,分别是前言、企业破产的解决程序、清算程序、法人破产解决程序的快速程序、法人的自愿清算、对法人的裁判机构、违法行为与处罚。

"个人和合伙企业的破产解决与破产"部分有七章,分别是前言、重新开始程序、破产解决程序、个人和合伙企业的破产令、破产财产的管理和分配、对个人和合伙企业的裁判机构、违法行为与处罚。

"对破产专业人员、代理机构和信息公用单位的规制"部分有七章,分别是印度破产倒闭管理局、破产倒闭管理局的权力和职能、破产专业代理机构、破产专业人员、信息公用单位、检查和调查、财务与账目及审计。

"杂项"部分对破产基金、中央政府权力等作出规定,并修正了某些涉及破产事项的立法。

在旧立法的相关制度下,破产由诸多平行乃至冲突的法律予以规制,产生了多机构重叠管辖的局面。在过去,高等法院、公司法律局(Company Law Board)、工业和金融重组局(Board for Industrial and Financial Reconstruction)以及债务追偿法庭(Debt Recovery Tribunal)都有权管理破产事项。本法典在一部立法内详细规定了法人、个人和合伙企业的破产实体和程序性事项,界定了国家破产倒闭管理局的权力和职责③,避免了以往不同监管机构出现互相推诿的情形,堪称是印度破产立法的"集大成者"。

(二)力求时效

根据世界银行对各国破产程序所耗时间的统计,印度过去的破产程序平均耗时4.3年,在全世界189个国家的排名中排第136名。④ 本法典力求时效,例如,对企业法人破产的时效作出以下规定:破产程序应当自准许启动法

---

① Section 1(2),The Insolvency And Bankruptcy Code,2016,India.

② Section 2,The Insolvency And Bankruptcy Code,2016,India.

③ Section 196,The Insolvency And Bankruptcy Code,2016,India.

④ "Time to resolve insolvency(years)", https://data.worldbank.org/indicator/IC.ISV.DURS,last visited on 23 Aug.,2018.

人破产解决程序之日起 180 日内完成;若在债权人委员会会议上经投票权份额 75% 表决通过的决议指示将法人破产解决程序期限延长至 180 日以上,解决专业人员应当向裁判机构提交延长申请,若裁判机构收到该申请后认为,本案的主题事项法人破产解决程序不可能在 180 日内完成,它可以命令将此程序期限延长至其认为适当的但不超过 90 日的追加期限,但是,法人破产解决程序期限的任何延长应当仅给予一次。① 上述规定体现了本法典缩短公司破产所需的程序时间和追债时间的目标。

(三) 区分金融性债权人和经营性债权人

《2013 年公司法》中只有债权人术语,未对债权人的种类作进一步细分。本法典引入了金融性债权人(Financial Creditor) 和经营性债权人(Operational Creditor) 两个新概念。

按本法典,金融性债权人,指对其欠金融性债务的任何人,包括在法律上已经向其转让或转移该债务的人;②而金融性债务是指根据对货币时间价值的对价而支付的与利息有关的一种债务③。经营性债权人,指欠其经营性债务的人,包括合法向其转让或转移该债务的任何人;④而经营性债务,是指基于提供货物或者服务产生的债务,包括因雇佣或者按照当时有效法律应当给付中央政府、任何邦政府或任何地方当局而产生的债务。⑤ 经营性债务并非界定为除金融性债务以外的债务,本法典及国家公司法法庭判例将经营性债务严格限定为"基于提供货物、服务、雇佣和税费产生的债务"。⑥ 例如,国家公司法法庭在 Col.Vinod Awasthy v.AMR Infrastructure Limited 案⑦中认定,公寓购买者不属于本法典的经营性债权人,并引用了破产法改革委员会(Bankruptcy Law Reforms Committee) 此观点,即:经营性债权人是指债务人实体对其

---

① Section 12,The Insolvency And Bankruptcy Code,2016,India.

② Section 5(7),The Insolvency And Bankruptcy Code,2016,India.

③ Section 5(8),The Insolvency And Bankruptcy Code,2016,India.

④ Section 5(20),The Insolvency And Bankruptcy Code,2016,India.

⑤ Section 5(21),The Insolvency And Bankruptcy Code,2016,India.

⑥ "Financial Creditor And Operational Creditor Under The Insolvency And Bankruptcy Code,2016", http://www.mondaq.com/india/x/607738/Insolvency + Bankruptcy/Financial + Creditor+And+Operational+Creditor+Under+The+Insolvency+And+Bankruptcy+Code+2016,last visited on 23 Aug.,2018.

⑦ "Col.Vinod Awasthy v.AMR Infrastructure Limited",National Company Law Tribunal Principal Bench,(18)-1 O(PB)/2017,paras.8-9.

所负担的责任源自日常经营交易的一类债权人。①

金融性债权人和经营性债权人在启动法人破产解决程序、任命临时解决专业人员、是否参加债权人委员会及享有投票权、提交财务信息等方面存在差异。

在启动法人破产解决程序方面,当法人债务人发生不履行时,金融性债权人可以自行或联合其他金融性债权人,针对法人债务人向裁判机构提交启动法人破产解决程序的申请②,但是经营性债权人没有直接向裁判机构请求启动破产解决程序的权利。发生不履行时,经营性债权人应当按照规定的形式和方式,将要求支付所涉不履行金额的未付经营性债务人之发票副本的要求通知,递交给法人债务人。若经营性债权人没有收到法人债务人的付款通知或争端通知,经营性债权人方可向裁判机构提出申请,以启动法人破产解决程序。③ 经营性债权人启动破产解决程序的条件较金融性债权人严苛。

在任命临时解决专业人员方面,提交申请启动破产解决程序的金融性债权人应当随同申请书提交提议担任临时解决专业人员的解决专业人员的名称;④提交申请启动破产解决程序的经营性债权人仅可以提名解决专业人员担任临时解决专业人员⑤。

在参加债权人委员会及享有投票权方面,债权人委员会应当包含且仅包含所有金融性债权人⑥,金融性债权人在债权人委员会中所占的投票权份额基于债务人对该金融性债权人所欠金融性债务的比例确定⑦,但经营性债权人不参加债权人委员会、也没有投票权。

在提交财务信息方面,金融性债务人应当按照规定的形式和方式提交财务信息和已创设担保权利的资产的信息⑧,而经营性债权人可以提交此等信息。⑨

(四)加强保护普通债权人

根据世界银行统计,2015 年,印度的债务回收率只有 25.7%,不仅远低于

---

① The Report of the Bankruptcy Law Reforms Committee Volume Ⅰ: Rationale and Design, November 2015, para5. 2. 1.

② Section 7(1), The Insolvency And Bankruptcy Code, 2016, India.

③ Section 8(1), The Insolvency And Bankruptcy Code, 2016, India.

④ Section 7(3), The Insolvency And Bankruptcy Code, 2016, India.

⑤ Section 9(4), The Insolvency And Bankruptcy Code, 2016, India.

⑥ Section 21(2), The Insolvency And Bankruptcy Code, 2016, India.

⑦ Section 5(21), The Insolvency And Bankruptcy Code, 2016, India.

⑧ Section 215(2), The Insolvency And Bankruptcy Code, 2016, India.

⑨ Section 215(3), The Insolvency And Bankruptcy Code, 2016, India.

美国 80% 的回收率,也低于中国 36% 的回收率。① 上述数据反映了印度旧破产法体系的低效。

在旧破产法体系下,印度各高等法院和国家公司法法庭对破产清算具有主要发言权。本法典则赋予了债权人更大的主动权和发言权。

在启动破产程序方面,包括金融性债权人和经营性债权人在内的债权人,可以按照法律规定的方式启动公司债务人的公司破产程序。② 在决定破产解决程序时限方面,经债权人委员会 75% 以上的份额表决通过,解决专业人员应向裁判机关提出申请,将公司破产解决程序的期限延长至 180 日以上。③ 在提名临时解决专业人员和解决专业人员方面,债权人对此等人员享有提名权。④

本法典对债权人权益的保护不仅体现在上述程序性事项上,更体现在清偿顺序这一涉及债权人实体权利的规定上。本法典第 53 节规定:尽管议会或任何邦立法机关的任何现行有效法律中可能有任何相反规定,出售清算资产的收益应当按以下顺序分配,并在规定期限内和按指定的方式进行,即:(a)破产清算程序费用和清算费用全额支付;(b)下列债务应当在以下各项之间平等排列:(i)在清算开始日期前 24 个月的工人工资;和(ii)若担保债权人以第 52 节所述方式放弃担保,欠担保债权人的债务;(c)在清算开始日前 12 个月期间内欠工人以外的其他雇员的工资和任何未付费用;(d)欠无担保债权人的金融性债务;(e)下列费用应在以下各项之间平等排列:(i)应付中央政府及邦政府的任何款项,包括在清算开始日前 2 年内印度统一基金及邦统一基金(若有)而应当就全部或部分期间收取的款项;(ii)在担保权益执行后尚欠担保债权人的债务;(f)任何剩余的债务和应付款项;(g)优先股股东(若有);(h)股东或合伙人(视情况而定)。⑤ 法人债务人欠无担保债权人的金融性债务清偿优先于其欠政府的款项。

(五)设立管理破产事务的国家管理机构和建立破产信息的国家系统

根据本法典,印度设立破产倒闭管理局(Insolvency and Bankruptcy Board of India)作为破产领域的监管者。破产倒闭管理局主要职责是监管所有破产

---

① "Resolving insolvency: Recovery rate", https://tcdata360.worldbank.org/indicators/hdd7ce341? country = BRA&indicator = 480&viz = line_chart&years = 2003, last visited on 23 Aug.,2018.

② Section 6,The Insolvency And Bankruptcy Code,2016,India.

③ Section 12,The Insolvency And Bankruptcy Code,2016,India.

④ Section 7(3)(b),Section 9(4),The Insolvency And Bankruptcy Code,2016,India.

⑤ Section 53(1),The Insolvency And Bankruptcy Code,2016,India.

程序的进行,负责破产执业者的准入、登记及退出的管理和信息公用单位(information utility)信息的存储与管理。为确保信息公用单位发挥本法典规定的功能,破产倒闭管理局可要求每家信息公用单位设立理事会。[1]

印度还根据本法典建立新的破产信息系统。新破产信息系统将通过收集、分类、存储并分配相关数据,建立印度全部企业的财务信息储存库,创建并存储债权人提供的财务信息,使之成为破产案件主审法官决策的直接依据。[2]

三、对本法典的简要评价

莫迪政府提出"印度制作"计划并决心通过大刀阔斧的改革以改善营商环境。本法典无疑将极大地缩短破产所需的时间。本法典旨在通过单一的破产法典形式为破产提供一站式解决方案,以期结束过去漫长、受人诟病的破产程序。本法典还能提供一个强大的破产制度框架,以最小的经济和时间成本实现企业清算。普遍认为本法典能有效保护中小投资者的利益,并且简化企业经营过程。[3]

印度金融界是印度旧破产体制的受害者之一。数据显示,2015年12月,印度金融机构的不良资产率接近6%,严重威胁着印度的金融体系安全。[4] 本法典加强了对普通债权人尤其是金融性债权人的保护。正因如此,其受到印度金融界的热烈欢迎。舆论认为"印度欺骗和抢劫银行的商业文化开始改变"、"得益于新《破产法》,印度的借贷文化正在发生变化"。[5]

然而,如同硬币的两面,本法典明显向金融性债权人利益倾斜,意味着除金融性债权人以外的其他普通债权人的利益会受到损害。

结合中国当前破产制度和破产法实施现状,本法典有关设立专门的破产监管机构、建立破产信息系统、设立专门的破产法庭、政府税费的清偿顺位居于无担保金融性债务之后等制度的安排和设计,对我国有明显的启发作用。

---

[1]　Section 212, The Insolvency And Bankruptcy Code, 2016, India.

[2]　陈夏红:《印度新〈破产法〉"新"在哪里》,载《法制日报》2016年7月13日,第12版。

[3]　"The Bankruptcy Code for India – A step to ease 'Doing Business'?", https://www.cppr.in/article/the-bankruptcy-code-for-india-a-step-to-ease-doing-business/, last visited on 23 Aug. , 2018.

[4]　"Bank nonperforming loans to total gross loans(%)", https://data.worldbank.org/indicator/FB.AST.NPER.ZS? locations=IN, last visited on 23 Aug. , 2018.

[5]　"Over 2,100 companies settle Rs 83,000 crore bank dues", https://timesofindia.indiatimes.com/business/india-business/owners-settle-rs-83k-crore-bank-dues/articleshow/64279946.cms, last visited on 23 Aug. , 2018.

2016 年破产倒闭法典(上) *

法律与司法部

(立法部门)

2016 年 5 月 28 日,新德里

   兹收到总统于 **2016 年 5 月 28 日**批准议会的以下法律,兹公布基本信息如下:

2016 年破产倒闭法典

2016 年第 31 号

目 录

第 I 部分   序言

1. 短标题、适用范围和生效

2. 本法典的适用

3. 定义

第 II 部分   法人破产的解决和清算

第 I 章   前言

4. 本部分的适用

5. 定义

第 II 章   法人破产的解决程序

6. 可以启动法人破产解决程序的人

7. 金融性债权人启动的法人破产解决程序

8. 经营性债权人提出的破产解决

9. 经营性债权人申请启动法人破产解决程序

---

   * 译自《印度公报》2016 年 5 月 28 日特别号第 II 部分第 1 节本法英文本。目录系译者所加。

10. 法人申请人启动法人破产解决程序

11. 无权作出申请的人

12. 完成破产解决程序的时限

13. 暂停宣告与公告

14. 暂停

15. 法人破产解决程序的公告

16. 临时解决专业人员的任命和任期

17. 临时解决专业人员对法人债务人事务的管理

18. 临时解决专业人员的职责

19. 与临时解决专业人员合作的员工

20. 法人债务人日常经营管理处于持续状态

21. 债权人委员会

22. 解决专业人员的任命

23. 解决专业人员参与法人破产解决程序

24. 债权人委员会会议

25. 解决专业人员的职责

26. 申请撤销交易不影响程序

27. 债权人委员会替换解决专业人员

28. 债权人委员会批准某些行动

29. 拟定信息备忘录

30. 提交解决计划

31. 批准解决计划

32. 上诉

第Ⅲ章　清算程序

33. 清算的启动

34. 清算人的任命与应付的费用

35. 清算人的权力和职责

36. 清算财产

37. 清算人获取信息的权力

38. 合并申索

39. 核实申索

40. 承认或拒绝申索

41. 确定申索估值

42. 对清算人决定的上诉

43. 优先交易和相关时间

44. 优先交易下的命令

45. 撤销低估交易

46. 可撤销交易的相关期限

47. 低估交易下的债权人申请

48. 低估交易下的命令

49. 欺诈债权人的交易

50. 高利贷交易

51. 高利贷交易下的裁判机构命令

52. 清算程序中的担保债权人

53. 资产的分配

54. 法人债务人的解散

第Ⅳ章　法人破产解决快速程序

55. 法人破产解决快速程序

56. 完成法人破产解决快速程序的时限

57. 启动法人破产解决快速程序的方式

58. 第Ⅱ章对本章的适用性

第Ⅴ章　法人的自愿清算

59. 法人的自愿清算

第Ⅵ章　对法人的裁判机构

60. 对法人的裁判机构

61. 上诉和上诉机构

62. 上诉至最高法院

63. 无管辖权的民事法院

64. 迅速处置申请

65. 欺诈或恶意启动程序

66. 欺诈性交易或不法交易

67. 第66节下的程序

第Ⅶ章　违法行为与处罚

68. 对隐匿财产的处罚

69. 对欺诈债权人交易的处罚

70. 对法人破产解决程序中不当行为的处罚

71. 对伪造法人债务人账簿的处罚

72. 对法人债务人事务陈述中故意和重大遗漏的处罚

73. 对向债权人作虚假陈述的处罚

74. 对违反暂停偿付或解决计划的处罚

75. 对申请中提供虚假信息的处罚

76. 对经营性债权人不披露争端或偿还债务的处罚

77. 对法人债务人在申请中提供虚假信息的处罚

为了及时以约束方式合并和修正涉及法人、合伙企业和个人之重组和破产解决的法律以使此等人的资产价值最大化;为了促进企业家精神、信贷可利用性和平衡全部相关利益者的利益,包括改变优先支付政府债款顺序;为了设立印度破产倒闭管理局;和规定相关事宜或附带事宜,制定一项法律。

议会于印度共和国第 67 年颁布以下法律:

第 I 部分　序言

1. 短标题、范围和生效

(1)本法典可以称为《2016 年破产倒闭法典》。

(2)本法典扩展至印度全境:

但是,本法典第Ⅲ部分不应当扩展至查谟和克什米尔邦。

(3)本法典应当于中央政府在《官方公报》中以公告方式指定的日期生效。

但是,可以对本法典不同条款指定不同日期,且在此类任何条款中对本法典生效的提及应当视为对该条款生效的提及。

2. 本法典的适用

本法典的规定应当适用于——

(a)按《2013 年公司法》(2013 年第 18 号法)或以前任何公司法律成立的任何公司;

(b)受其他任何现行有效特别法支配的其他任何公司,但本法典所述条款与该特别法规定相冲突者除外;

(c)按《2008 年有限责任合伙法》(2009 年第 6 号法)成立的任何有限责任合伙;

(d)按中央政府以公告方式在此方面特别规定的任何现行有效法律成立

的其他组织;和

(e)合伙企业和个人,

涉及其破产、清算、自愿清算或倒闭,视情况而定。

3. 定义

除非上下文另有要求,本法典中,

(1)"破产局",指按第 188 节第(1)分节设立的印度破产倒闭管理局。

(2)"合议庭",指裁判机构的合议庭。

(3)"章程",指破产专业代理机构按第 205 节制定的章程。

(4)"负担",指在任何人的财产或资产或其任何经营或两者(视情况而定)上设立的作为保证的一项权益或优先权,包括抵押。

(5)"主席",指破产局的主席。

(6)"申索",指——

(a)支付的权利,无论该权利是否处于判决、固定、争端、不争端、法律、公正、有担保或无担保的状态;

(b)按任何现行有效法律对不履行的救济权利,若该不履行产生一项支付权利,不论该权利是否处于判决、固定、到期、未到期、争端、无争端、有担保或无担保的状态。

(7)"法人",指《2013 年公司法》(2013 年第 18 号法)第 2 节第(20)分节所定义的企业,或者《2008 年有限责任合伙法》(2009 年第 6 号法)第 2 节第(1)分节第(n)条款所定义的有限责任合伙,或按任何现行有效法律成立的具有有限责任的其他任何人,但不应当包括任何金融服务提供者。

(8)"法人债务人",指对任何人欠债的法人。

(9)"核心服务",指由信息公用单位提供的以下服务:

(a)以规定形式和方式接受财务信息的电子提交;

(b)财务信息的安全和准确记录;

(c)认证和核实人员提交的财务信息;和

(d)向规定人员提供获取储存于信息公用单位的信息。

(10)"债权人",指对其欠债的任何人,包括金融性债权人、经营性债权人和判令持有人。

(11)"债务",指与申索任何人欠债有关的责任或义务,包括金融性债务和经营性债务。

(12)"不履行",指在已经到期且应支付的全部、部分或分期的债务额但债务人或法人债务人没有偿还时的不支付债务,视情况而定。

(13)"财务信息",涉及人员时,指下列类型信息的一种或多种,即:

(a)该人的债务记录;

(b)该人有偿付能力时的债务记录;

(c)在该人资产上已经设立担保的资产记录;

(d)若有,该人履行任何债务的实例记录;

(e)该人的资产负债表和现金流量表的记录;和

(f)可以规定的其他信息。

(14)"金融机构",指:

(a)列表银行;

(b)《1934年印度储备银行法》(1934年第2号法)第45-I节中界定的金融机构;

(c)《2013年公司法》(2013年第18号法)第2节第(72)分节中界定的公共金融机构;和

(d)中央政府以公告方式规定为金融机构的其他机构。

(15)"金融产品",指证券、保险合同、存款、信贷安排(包括银行和金融机构贷款与垫款)、退休金计划、小额储蓄凭证、一货币(不论是否是印度货币)兑换另一货币的立即结算的合同以外的外汇合同和规定的其他任何凭证。

(16)"金融服务",包括以下任何服务,即:

(a)接受存款;

(b)保护和管理由属于他人金融产品构成的资产,或者同意这样做;

(c)执行保险合同;

(d)提供、管理或同意管理由他人金融产品构成的资产;

(e)提供或同意以对价提供咨询,或为了以下目的的招揽:

(ⅰ)购买、出售或认购金融产品;

(ⅱ)利用金融服务;或

(ⅲ)行使与金融产品或金融服务有关的任何权利;

(f)设立或营运投资计划;

(g)维持或转移金融产品的所有权记录;

(h)承销金融产品的发行或认购;或者

(ⅰ)出售、提供或发行储值或支付凭证,或提供支付服务。

(17)"金融服务提供者",指依据金融业监管机构颁发的授权或给予的注册,从事提供金融服务业务的人员。

(18)"金融业监管机构",指按任何现行有效法律设立的管理金融部门服务或交易的机构或组织,包括印度储备银行、印度证券交易委员会、印度保险监管与发展局、退休基金管理局和中央政府公告的其他管理当局。

(19)"破产专业人员",指按第 206 节入册、作为破产专业代理机构成员之人员和按第 207 节在破产局注册为破产专业人员的个人。

(20)"破产专业代理机构",指按第 201 节在破产局注册为破产专业代理机构的人。

(21)"信息公用单位",指按第 210 节在破产局注册为信息公用单位的单位。

(22)"公告",指在《官方公报》中发布的公告,主动词和被动词"公告"术语作相应理解。

(23)"人",包括——

(a)自然人;

(b)未分家的印度家庭;

(c)公司;

(d)信托;

(e)合伙;

(f)有限责任合伙;和

(g)按制定法设立的其他任何实体,

并包括非印度居民。

(24)"印度居民",应当具有《1999 年外汇管理法》(1999 年第 42 号法)第 2 节(v)条款中对该术语指定的含义。

(25)"非印度居民",指印度居民以外的任何人。

(26)"规定的",指中央政府所订规则规定的。

(27)"财产",包括位于印度境内外的货币、货物、可诉申索、土地、财产每项说明,和包含现在或将来赋予的或偶然的、产生于或附属于财产的利益的每项说明。

(28)"规章",指破产局按本法典制定的规章。

(29)"附表",指本法典所附的附表。

(30)"担保债权人",指为其创立担保权益的债权人。

(31)"担保权益",指由保证支付或履行债务的交易、为了担保债权人利益所设立或提供的对财产的权利、物权或申索,包括抵押、负担、质押、转让和留置,或保证支付和履行任何人之任何债务的其他任何协议或安排:

但是,担保权益不应当包括履约担保。

(32)"规定的",指由破产局按本法典制定的规章所规定的,主动词"规定"应当据此予以理解。

(33)"交易",包括为将资产、资金、货物或服务从法人债务人处转让或转让至法人债务人的书面协议或安排。

(34)"转让",包括出售、购买、交换、抵押、质押、赠予、贷款,或转让权利、物权、占有或留置的其他任何形式。

(35)"财产转让",指任何财产的转让,包括该财产中的任何利益、在该财产上设立的任何负担。

(36)"工人",应当具有《1947年工业争端法》(1947年第14号法)第2节第(s)条款中对其指定的含义。

(37)本法典中已使用但未界定而在《1872年印度合同法》(1872年第9号法)、《1932年印度合伙法》(1932年第9号法)、《1956年证券合同(管理)法》(1956年第42号法)、《1992年印度证券交易委员会法》(1992年第15号法)、《1993年追偿欠银行和金融机构债务法》(1993年第51号法)、《2008年有限责任合伙法》(2009年第6号法)和《2013年公司法》(2013年第18号法)中界定的单词和词组,应当分别具有这些法中对它们指定的含义。

第Ⅱ部分 法人破产的解决和清算

第Ⅰ章 前言

4. 本部分的适用

(1)本部分适用于最低不履行金额10万卢比的涉及法人债务人破产和清算的事项。

但是,中央政府可以以公告方式具有规定较高但不应当超过1000万卢比的最低不履行金额。

5. 定义

除非上下文另有要求,本部分中——

(1)"裁判机构",为了本部分目的,指按《2013年公司法》(2013年第18号法)第408节设立的国家公司法法庭。

(2)"审计师",指由印度特许会计师协会按《1949年特许会计师法》(1949年第38号法)第6节认可从业的特许会计师。

(3)"章",指本部分下的某章。

(4)"设立文件",涉及法人时,包括公司章程、公司成立备忘录和有限责任合伙成立文件。

(5)"法人申请人",指:

(a)法人债务人;或

(b)按法人债务人设立文件授权申请法人破产解决程序的成员或合伙人;或

(c)负责管理法人债务人的营运和资源的个人;或

(d)控制和监督法人债务人财务的人。

(6)"争端",包括涉及以下事项的诉讼或仲裁程序:

(a)债务金额的存在;

(b)货物或服务的质量;或

(c)违反声明或保证。

(7)"金融性债权人",指对其欠金融性债务的任何人,包括在法律上已经向其转让或转移该债务的人。

(8)"金融性债务",指针对对价支付该时间货币价值的债务及其利息(若有),包括:

(a)支付利息所供的货币;

(b)按任何接受信贷设施以接受方式所产生的任何金额或其非物化等价物;

(c)根据任何票据购买设施或发行债券、票据、公司债券、贷款债券或其他类似工具所产生的任何金额;

(d)涉及视为印度会计标准或可以规定的其他会计标准下融资或资本租赁的租赁或租购合同的任何责任的金额;

(e)以无追索权为基准卖出的任何应收账款以外的卖出或贴现的应收账款;

(f)具有借款商业效果的其他任何交易(包括任何远期买卖协议)下所产生的任何金额;

(g)涉及以任何比例或防止价格波动或从波动中获利所进行的任何衍生交易和为了计算任何衍生交易的价值,仅应考虑该交易的市场价值;

(h)涉及银行或金融机构签发的担保、补偿、信用证或其他任何凭证的任何反向补偿义务;

(i)与对本条款第(a)至(h)分条款中提及的任何名目的任何担保或补偿有关的任何责任的金额。

(9)"财务状况",涉及任何人时,指该人在某特定日期的财务信息。

(10)"信息备忘录",指解决专业人员按第 29 节第(1)分节编制的备忘录。

(11)"启动日",指金融性债权人、法人申请人或经营性债权人(视情况而定)向裁判机构申请启动法人破产解决程序的日期。

(12)"破产开始日",指裁判机构按第 7、9 或 10 节(视情况而定)准许申请启动法人破产解决程序的日期。

(13)"破产解决程序费用",指:

(a)任何临时融资的金额和在产生该融资中发生的费用;

(b)向担任解决专业人员的任何人应支付的费用;

(c)解决专业人员在履行使法人债务人营业处于正常状态的职能中所发生的任何费用;

(d)以政府支出便利破产解决程序所发生的任何费用;和

(e)破产局可以规定的其他任何费用。

(14)"破产解决程序期限",指始于破产启动日、终于第 180 日的 180 日期间。

(15)"临时融资",指解决专业人员在破产解决程序期间筹集的任何金融性债务。

(16)"清算费用",指清算人在清算期间发生的任何费用,但受破产局制定的规章的约束。

(17)"清算开始日",指根据第 33 节或第 59 节(视情况而定)清算程序开始的日期。

(18)"清算人",指根据本部分第 Ⅲ 章或第 Ⅴ 章(视情况而定)规定任命为清算人的破产专业人员。

(19)"官员",为了本部分第 Ⅶ 章的目的,指《2013 年公司法》(2013 年第 18 号法)第 2 节第(60)条款中界定的不履行的官员,或《2008 年有限责任合伙法》(2009 年第 6 号法)第 2 节(j)条款中指定的合伙人,视情况而定。

(20)"经营性债权人",指欠其经营性债务的人,包括合法向其转让或转移此债务的任何人。

(21)"经营性债务",指与货物或服务供给(包括雇佣)有关的申索,或与偿还按任何现行有效法律产生的到期债款有关的债务,和应向中央政府、任何邦政府或任何地方当局支付的债务。

(22)"个人担保人",指在担保合同中向法人债务人担保的自然人。

(23)"职员",包括法人债务人的董事、经理、关键管理性员工、指定合伙人和雇员(若有)。

(24)"关联方",涉及法人债务人时,指:

(a)法人债务人的董事或合伙人或其亲属;

(b)法人债务人的关键管理性员工或其亲属;

(c)法人债务人董事、合伙人、经理或其亲属为合伙人的有限责任合伙或合伙企业;

(d)法人债务人董事、合伙人或经理为董事并与其亲属共同持有超过其股份资本 2% 的私人公司;

(e)法人债务人董事、合伙人或经理为董事并与其亲属共同持有超过其实缴股份资本 2% 的公众公司;

(f)其董事会、常务董事或经理在日常营业过程中根据法人债务人董事、合伙人或经理的建议、指示或指令行事的任何法人团体;

(g)其合伙人或雇员在日常营业过程中根据法人债务人董事、合伙人或经理的建议、指示或指令行事的任何有限责任合伙或合伙企业;

(h)法人债务人董事、合伙人或经理习惯于根据其建议、指示或指令行事的任何人;

(i)是法人债务人的控股公司、附属公司或关联公司的任何法人团体,或法人债务人是附属公司的控股公司的附属公司;

(j)根据所有权或投票协议对法人债务人拥有超过投票权 20% 的任何人;

(k)法人债务人根据所有权或投票协议拥有超过其投票权 20% 的任何人;

(l)能够控制法人债务人董事会或相应管理机构之组成的任何人;

(m)基于以下事项与法人债务人关联的任何人:

(i)参与法人债务人的政策决策过程;或

(ii)在法人债务人与该人之间共同拥有超过两名董事;或

(iii)在法人债务人与该人之间互换关键管理性员工;或

(iv)向法人债务人提供关键技术信息或接受法人债务人提供的关键技术信息。

(25)"解决申请人",指向解决专业人员提交解决计划的任何人。

(26)"解决计划",指任何人根据第 II 部分对法人债务人持续经营的破产解决所提出的计划。

(27)"解决专业人员",为了本部分的目的,指被任命从事法人破产解决

程序的破产专业人员,包括临时解决专业人员。

(28)"投票份额",指一单独金融性债权人在债权人委员会中所占投票权利的份额,该份额在涉及法人债务人所欠金融性债务时以法人债务人欠该金融性债权人金融性债务的比例为基础。

第Ⅱ章　法人破产的解决程序

6. 可以启动法人破产解决程序的人

若法人债务人犯有不履行,金融性债权人、经营性债权人或法人债务人本人,可以按照本章规定的方式就该法人债务人启动法人破产解决程序。

7. 金融性债权人启动的法人破产解决程序

(1)若已发生不履行,金融性债权人可以自行或联合其他金融性债权人,针对法人债务人向裁判机构提交启动法人破产解决程序的申请。

[解释]为了本分节的目的,不履行包括欠申请人金融性债权人金融性债务和欠该法人债务人之其他任何金融性债权人金融性债务的不履行。

(2)金融性债权人应当以规定方式提出第(1)分节下的申请,并随附规定的费用。

(3)金融性债权人应当随同申请书提交:

(a)在信息公用单位记录的不履行记录,或规定的不履行的其他记录或证据;

(b)提议担任临时解决专业人员的解决专业人员的姓名;和

(c)破产局规定的其他任何信息。

(4)裁判机构应当在收到第(2)分节下的申请14日内,根据信息公用单位的记录或者金融性债权人按第(3)分节提供的其他证据,查明存在不履行。

(5)若裁判机构认为——

(a)不履行已经发生且第(2)分节下的申请是完整的、对提议的解决专业人员不存在待决的纪律程序,裁判机构可以采取命令方式准许该申请;或

(b)不履行未发生、第(2)分节下的申请不完整、或对提议的解决专业人员的纪律程序待决,裁判机构可以以命令方式驳回该申请:

但是,裁判机构应当在驳回第(5)分节第(b)条款下的申请前,向申请人发出通知,要求其在收到裁判机构通知7日内更正其申请中的缺陷。

(6)法人破产解决程序应当自准许第(5)分节下的申请之日起开始。

(7)裁判机构应当在准许或驳回申请(视情况而定)的7日内,

(a)将第(5)分节第(a)条款下的命令传达给金融性债权人和法人债

务人;

(b)将第(5)分节第(b)条款下的命令传达给金融性债权人。

8. 经营性债权人提起的破产解决

(1)经营性债权人可以在发生不履行时,按照规定的形式和方式,将要求支付所涉不履行金额的未付经营性债务人之发票副本的要求通知,递交给法人债务人。

(2)法人债务人应当在收到第(1)分节所述发票副本或要求通知的 10 日内,将以下事项通知给该经营性债权人:

(a)存在争端(若有),和在收到该通知或发票之前提起的与该争端有关的诉讼或仲裁程序待决的记录;

(b)按以下方式偿还了未付经营性债务:

(i)发送从法人债务人银行账户电子转移未付金额记录的核实无误副本;或

(ii)发送经营性债权人已兑现法人债务人签发的支票的记录的核实无误副本。

[解释]为了本节目的,"要求通知"指经营性债权人向法人债务人送达的要求偿还涉及已发生不履行的经营性债务的通知。

9. 经营性债权人申请启动法人破产解决程序

(1)自递交第 8 节第(1)分节下要求支付的通知或发票之日起届满 10 日的期限后,若经营性债权人没有收到第 8 节第(2)分节法人债务人的付款通知或争端通知,经营性债权人可向裁判机构提出申请,以启动法人破产解决程序。

(2)应当以规定方式和随附规定的费用提交第(1)分节下的申请。

(3)经营性债权人应当随同申请书提交:

(a)经营性债务人向法人债务人递交的要求支付的发票或要求通知的副本;

(b)证明不存在法人债务人给予与未付经营性债务争端有关的通知的宣誓书;

(c)维持经营性债权人账户的金融机构证实法人债务人没有支付未付经营性债务的证明书副本;和

(d)可以规定的其他信息。

(4)启动本节下法人破产解决程序的经营性债权人,可以提议一名解决专业人员担任临时解决专业人员。

(5)裁判机构应当在收到第(2)分节下申请的 14 日内,以命令形式——

(ⅰ)在以下情形下,准许申请,并将该决定传递给经营性债权人和法人债务人:

(a)第(2)分节下的申请是完整的;

(b)不存在未偿还未付经营性债务;

(c)经营性债权人已向法人债务人递交了要求支付的发票或通知;

(d)经营性债权人没有收到争端通知,或信息公用单位不存在任何争端记录;和

(e)不存在对按第(4)分节提议的任何解决专业人员(若有)的任何待决纪律程序;

(ⅱ)在以下情形下,驳回申请,并将该决定传递给经营性债权人和法人债务人:

(a)第(2)分节下作出的申请是不完整的;

(b)存在偿还未付经营性债务;

(c)债权人未向法人债务人递交要求支付的发票或通知;

(d)经营性债权人已经收到争端通知,或信息公用单位存在争端记录;或

(e)对任何被提议的解决专业人员的任何纪律程序待决:

但是,裁判机构应当在驳回第(ⅱ)条款第(a)分条款下的申请之前,通知申请人自收到裁判机构上述通知之日起 7 日内更正其申请中的缺陷。

(6)法人破产解决程序应当自本节第(5)分节下准许申请之日起开始。

10. 法人申请人启动法人破产解决程序

(1)若法人债务人犯有不履行,法人申请人据此可以向裁判机构提出启动法人破产解决程序的申请。

(2)应当以规定形式(包括详情)提出第(1)分节下的申请,并随附规定的费用。

(3)法人申请人应当随同申请书提供涉及以下的信息:

(a)其与规定期间有关的账薄或其他文件;和

(b)提议任命为临时解决专业人员的解决专业人员。

(4)裁判机构应当在收到申请的 14 日期限内,以命令方式——

(a)若申请是完整的,准许该申请;或

(b)若申请是不完整的,驳回该申请:

但是,裁判机构应当在驳回申请前,通知申请人自收到该裁判机构上述通知 7 日内更正其申请中的缺陷。

(5)法人破产解决程序应当自准许本节第(4)分节下的申请之日起开始。

11. 无权作出申请的人

下列人员应当无权作出启动本章下法人破产解决程序的申请:

(a)正处于法人破产解决程序的法人债务人;或

(b)申请作出日之前 12 个月正在实施法人破产解决程序的法人债务人;或

(c)本章下申请作出日之前 12 个月违反经批准的解决计划任何条款的法人债务人或金融性债权人;或

(d)已对其作出清算命令的法人债务人。

[解释]为了本节的目的,法人债务人包括与该法人债务人有关的法人申请人。

12. 完成破产解决程序的时限

(1)受第(2)分节约束,应当自准许启动法人破产解决程序之日起 180 日内完成该程序。

(2)若在债权人委员会会议上经投票权份额 75% 表决通过的决议指示将法人破产解决程序期限延长至 180 日以上,解决专业人员应当向裁判机构提交延长申请。

(3)若裁判机构收到第(2)分节下的申请后认为,本案主题事项的法人破产解决程序不可能在 180 日内完成,它可以采取命令方式将此程序期限延长至其认为适当的但不超过 90 日的追加期限:

但是,本节下法人破产解决程序期限的任何延长应当仅给予一次。

13. 暂停宣告与公告

(1)裁判机构准许第 7、9 或 10 节下的申请后,应当以命令方式,

(a)为了第 14 节中提及的目的,宣告暂停;

(b)发布启动法人破产解决程序的公告,和要求呈报第 15 节下的申索;和

(c)按第 16 节规定的方式任命临时解决专业人员。

(2)应当在任命临时解决专业人员后立即作出第(1)分节(b)条款提及的公告。

14. 暂停

(1)受第(2)和(3)分节规定的约束,在破产开始日,裁判机构应当以命令方式宣布暂停禁止以下全部事项:

(a)对法人债务人提起诉讼或继续未决诉讼,包括任何法院、法庭、仲裁

庭或其他类似机构作出的任何判决、决定或命令的执行;

(b)转移、削减、转让或处置法人债务人的任何资产或其中的任何合法权利或受益权;

(c)旨在消除、追讨或执行法人债务人为其财产所设定的任何担保权益的任何行动,包括《2002年金融资产证券化和重组法》(2002年第54号法)下的任何行动;

(d)财产被法人债务人占有,物主或出租人收回该财产的行为。

(2)可以规定的向法人债务人提供必要的货物或者服务,不应当在暂停期间终止、中止或者中断。

(3)第(1)分节的规定不适用于经中央政府会商相关金融监管机构后通知的交易。

(4)暂停令应当自该命令发布之日起至法人破产解决程序完成日止:

但是,在法人破产解决程序处理期间的任何时间,若裁判机构根据第31节第(1)分节批准解决计划或者根据第33节通过法人债务人的清算命令,暂停令自批准该解决计划或发布清算令生效之日起终止效力(视情况而定)。

15. 法人破产解决程序的公告

(1)根据第13节所述命令作出的破产程序公告应当包括以下信息:

(a)法人破产解决程序下法人债务人的名称和地址;

(b)批准该法人债务人合并或注册的当局的名称;

(c)提交申索的最后日期;

(d)被授权管理法人债务人和负责接收申索的临时解决专业人员的详细信息;

(e)对虚假或误导性声明的处罚;和

(f)法人破产解决程序结束的日期,即根据第7、9或10节(视情况而定)提出申请之日起第180日以内。

(2)本节下的公告应当以规定方式作出。

16. 临时解决专业人员的任命和任期

(1)裁判机构应当在破产开始日起14日内任命一名临时解决专业人员。

(2)若金融性债权人或法人债务人(视情况而定)提出法人破产解决程序申请,应当任命第7节或第10节下申请中分别提名的解决专业人员为临时解决专业人员,若对其无待决纪律程序。

(3)若经营性债权人提出法人破产解决程序申请,且——

(a)没有提出临时解决专业人员的名单,裁判机构应当向破产局推荐一

名可以胜任临时解决专业人员的破产专业人员;

(b)按第9节第(4)分节作出临时解决专业人员的提议,应当任命提议的解决专业人员为临时解决专业人员,若对其无待决纪律程序。

(4)破产局应当在收到裁判机构第(3)分节下的推荐函后10日内,将无待决纪律程序的破产专业人员姓名推荐给裁判机构。

(5)临时解决专业人员任期自任职之日起不应当超过30日。

17. 临时解决专业人员对法人债务人事务的管理

(1)自任命临时解决专业人员之日起,

(a)法人债务人的事务管理应当赋予给临时解决专业人员;

(b)法人债务人董事会或合伙人(视情况而定)的权力应当暂停,并应当由临时解决专业人员行使;

(c)法人债务人的官员和管理人员应当向临时解决专业人员报告,并向临时解决专业人员提交后者可以要求的法人债务人的文件和记录;

(d)持有法人债务人账户的金融机构应当按照临时解决专业人员的指示就相关账户进行操作,并向其提供与法人债务人有关的、必要的所有信息。

(2)被任命管理法人债务人的临时解决专业人员应当——

(a)以法人债务人的名义和代表法人债务人行事,执行所有契据、收据和其他文件(若有);

(b)按照破产局规定的方式并受其限制,采取此类行动;

(c)有权从拥有法人债务人财务信息的信息公用单位获取法人债务人的电子记录;

(d)有权获取政府机构、法定审计师、会计师和可以规定的其他人员处可获取的法人债务人帐簿、记录和其他相关文件。

18. 临时解决专业人员的职责

临时解决专业人员应当履行以下职责:

(a)收集与法人债务人的资产、财务和营运有关的所有信息,以判定法人债务人财务状况,包括与以下有关的信息:

(ⅰ)过去2年的业务运作;

(ⅱ)过去2年的金融性和经营性支付;

(ⅲ)截止启动日的资产和负债表;和

(ⅳ)可以规定的其他事项。

(b)根据第13、15节作出的公告,接收和整理债权人提交给他的所有申索;

(c)组建债权人委员会;

(d)监督法人债务人的资产并管理其营运,直至债权人委员会任命解决专业人员;

(e)必要时,将收集的信息提交给信息公用单位;和

(f)控制和保管法人债务人的资产负债表所记录的或在信息公用单位、证券托管人或其他任何记录资产所有权的登记处登记的法人债务人拥有所有权的任何资产,包括:

(ⅰ)法人债务人拥有所有权的可能位于国外的资产;

(ⅱ)可能属于或可能不属于法人债务人的资产;

(ⅲ)有形资产,无论是动产还是不动产;

(ⅳ)无形资产,包括知识产权;

(ⅴ)证券,包括法人债务人的任何附属机构持有的股份、金融工具、保险单;

(ⅵ)根据法院判决或当局确定的拥有所有权的资产。

(g)履行破产局可以规定的其他职责。

[解释]为了本分节的目的,"资产"一词不包括以下资产:

(a)法人债务人因信托或合同安排(包括寄售)持有的由第三方拥有产权的资产;

(b)法人债务人的任何印度或外国附属机构的资产;和

(c)经中央政府会商金融监管机构后认定的其他资产。

19. 与临时解决专业人员合作的员工

(1)法人债务人的全体员工及其发起人或其他任何与法人债务人管理有关的人员,在临时解决专业人员管理法人债务人事宜时,应尽可能满足他的要求,协助和配合他的工作。

(2)若法人债务人任何员工,其发起人或其他任何需要协助或配合临时解决专业人员的人员不协助或不合作,临时解决专业人员可以向裁判机构申请必要的指示。

(3)裁判机构在收到第(2)分节所指的申请后,应当以命令形式指示该员工或其他相关人员遵从临时解决专业人员的指示,并与他合作收集资料及管理法人债务人。

20. 法人债务人日常经营管理处于持续状态

(1)临时解决专业人员应尽一切努力保护和维护法人债务人的财产价值,并管理法人债务人的经营活动使其处于持续经营状态。

（2）为了第（1）分节的目的，临时解决专业人员有权：

（a）在必要时任命会计师、法律或其他专业人员；

（b）代表法人债务人缔结合同，修正或修改法人破产解决程序启动前缔结的合同或交易；

（c）为筹集临时融资，未事先经以担保财产为担保的债权人一致同意，不应当在该法人债务人任何已设立担保权益的财产上再设定担保权益。

但是，若上述财产的价值不低于相当于债务数额两倍的数额，不应当事先征得有关债权人的一致同意。

（d）向法人债务人的全体员工发出指示，以使法人债务人处于持续经营状态；

（e）采取一切必要行动，使法人债务人处于持续经营状态。

21. 债权人委员会

（1）临时解决专业人员在核实所有针对法人债务人的债权申索并确定法人债务人的财务状况后，应当组建债权人委员会。

（2）债权人委员会应当包括法人债务人在内的全体金融性债权人。

但是，属于法人债务人所欠金融性债务的关联方，无权出席、参与债权人委员会和投票。

（3）若法人债务人欠一财团或一协议之部分的两个或多个金融性债权人金融性债务，上述每位金融性债权人应当是债权人委员会的成员，其投票权份额应当按欠其金融性债务为基准确定。

（4）若任何人既是金融性债权人又是经营性债权人：

（a）应当包括在债权人委员会中，并具有在法人债务人欠其金融性债务范围内的投票份额比例；

（b）该人应当在法人债务人欠此债权人经营性债务范围内，被认为是经营性债权人。

（5）若经营性债权人已经将经营性债权指派或合法转让给金融性债权人，该受托人或受让人应当在上述委派或合法转让的范围内，被认为是经营性债权人。

（6）若作为财团安排或银团设施一部分或作为证券发行的金融性债务的条款向全体金融性债权人提供了一单独受托人或者代其行事的代理人，每位金融性债权人可以——

（a）授权该受托人或代理人在债权人委员会中以其投票份额代其行事；

（b）在其投票份额范围内亲自出席出席债权人委员会；

(c)自费任命一名破产专业人员(不是解决专业人员)在其投票份额范围内代表其出席债权人委员会;或

(d)在投票份额范围内与一名或多名金融性债权人共同或分别行使投票权。

(7)破产局可以规定第(6)分节下以证券发行的金融性债务的投票份额。

(8)债权人委员会的一切决定应当以不低于金融性债权人投票份额的75%通过。

但是,若法人债务人没有任何金融性债权人,债权人委员会应当按破产局规定的方式组建并由上述人员履行上述职能。

(9)债权人委员会应当有权利要求解决专业人员在法人破产解决过程期间提供有关法人债务人的任何财务信息。

(10)解决专业人员应当在债权人委员会按第(9)分节提出要求的7日内,使所要求的任何财务信息可以获得。

22. 解决专业人员的任命

(1)债权人委员会应当自其组建之日起7日内召开第一次会议。

(2)债权人委员会可以在第一次会议上以不低于金融性债权人投票份额75%的多数票通过,以决定任命临时解决专业人员为解决专业人员,或重新任命解决专业人员。

(3)若债权人委员会按第(2)分节决定——

(a)临时解决专业人员继续为解决专业人员,应当将其决定通知临时解决专业人员、法人债务人和裁判机构;或者

(b)更换临时解决专业人员,应当向裁判机构提出申请,任命提名解决专业人员。

(4)裁判机构应当将第(3)分节(b)条款下提议解决专业人员的姓名转呈破产局确认,并应当经破产局确认后作出任命。

(5)若破产局在收到提议解决专业人员的姓名后10日内未确认提议解决专业人员,裁判机构应当以命令方式指示临时解决专业人员继续履行作为解决专业人员的任职,直至破产局确认并任命提议解决专业人员。

23. 解决专业人员参与法人破产解决程序

(1)受第27节规定的约束,解决专业人员应当参加法人破产解决全过程,并在法人破产解决程序期间管理法人债务人的营运。

(2)解决专业人员行使本章下赋予或授予给临时解决专业人员的权力和履行相应义务。

(3)若按第 22 节第(4)分节任命解决专业人员,临时解决专业人员应当将其占有和知悉的属于法人债务人的所有信息、文件和记录移交给解决专业人员。

24. 债权人委员会会议

(1)债权人委员会成员可以现场或以规定的电子手段召开会议。

(2)债权人委员会的所有会议应当由解决专业人员主持。

(3)解决专业人员应当将债权人委员会的每次会议通知给——

(a)债权人委员会的全体成员;

(b)法人被中止董事会的成员或合伙人,视情况而定;

(c)经营性债权人或其授权代表,若其债务总额不少于该项债务 10%。

(4)第(3)分节所述经营性债权人的董事、合伙人和一名代表可以出席债权人委员会会议,但在该会议上不享有任何投票权。

但是,经营性债权人的上述董事、合伙人或代表(视情况而定)缺席债权人委员会会议,不应当使该会议的程序无效。

(5)债权人委员会成员的任何债权人,可以任命解决专业人员以外的一名破产专业人员代表该债权人出席债权人委员会会议。

但是,应付给代表任何个人债权人的破产专业人员的费用由该债权人承担。

(6)每位债权人应当根据欠其金融债务分配给他的投票份额投票。

(7)解决专业人员应当按破产局规定的方式向各债权人分配投票份额。

(8)债权人委员会会议应当按规定方式进行。

25. 解决专业人员的职责

(1)解决专业人员的责任应当是保存和保护法人债务人的资产,包括法人债务人的持续业务经营。

(2)为了第(1)分节的目的,解决专业人员应当采取下列行动:

(a)立即照管和控制法人债务人的所有资产,包括法人债务人的持续业务经营;

(b)代表和为了法人债务人利益与第三方行事,在司法、准司法或仲裁程序中代表法人利益行使权利;

(c)按第 28 节经债权人委员会批准,筹集临时融资;

(d)按破产局规定方式任命会计师、法律或其他专业人员;

(e)维护申索更新清单;

(f)召集和出席债权人委员会的所有会议;

(g)根据第29节编制信息备忘录;

(h)邀请未来贷款人、投资者和其他任何人员提出解决计划;

(ⅰ)将全部解决计划提交债权人委员会会议;

(j)根据第Ⅲ章提交撤销交易(若有)的申请;和

(k)破产局可以规定的其他行动。

26. 申请撤销交易不影响程序

解决专业人员按第25节第(2)分节提交撤销申请,不应当影响法人破产解决程序的进程。

27. 债权人委员会替换解决专业人员

(1)若债权人委员会在法人破产解决程序期间的任何时间认为,要求替换第22节下任命的解决专业人员,可以按本节下规定方式由另一名解决专业人员替换他。

(2)债权人委员会可以在债权人会议上以投票份额75%的投票,提议由另一解决专业人员代替按第22节任命的解决专业人员。

(3)债权人委员会应将其提议的破产专业人员姓名提交给裁判机构。

(4)裁判机构应当将提名解决专业人员的姓名提交破产局确认,并以第16节中规定的相同方式任命解决专业人员。

(5)若对第(3)分节下提议解决专业人员的纪律程序待决,第22节下任命的解决专业人员应当继续履职,直至任命本节下的另一解决专业人员。

28. 债权人委员会批准某些行动

(1)尽管其他任何现行有效法律中有任何规定,未经债权人委员会事先批准,解决专业人员在法人破产解决过程期间不应当采取以下任何行动:

(a)筹集超过债权人委员会在会议上可以决定的数额的临时资金;

(b)在法人债务人资产上设定任何担保权益;

(c)改变法人债务人的资本结构,包括在法人债务人是公司的情况下发行增加证券、创设新种类证券、回购或赎回已发行证券;

(d)记录法人债务人所有权利益中的任何变化;

(e)指示维持法人债务人账户的金融机构从此类任何账户进行超出债权人委员会在其会议上可以决定数额的债务交易;

(f)与任何关联方从事交易;

(g)修改法人债务人的任何组织文件;

(h)将其授权委派给其他任何人;

(i)将法人债务人任何股东的股份或其被指定人处置或准许处置给第

三方;

(j)对法人债务人或其附属机构的管理作出任何变更;

(k)转让重要合同下的非日常经营过程中的权利、金融性债务或经营性债务;

(l)变更债权人委员会规定的员工的任命或合同条款;或者

(m)变更法人债务人的法定审计师或内部审计师的任命或合同条款。

(2)解决专业人员在采取第(1)分节下的任何行动之前,应当召集债权人委员会会议,并寻求债权人的投票。

(3)除非经债权人委员会投票份额 75% 投票批准,债权人委员会不应当批准第(1)分节下的任何行动。

(4)若解决专业人员未以本节要求方式寻求债权人委员会批准采取第(1)分节下的任何行动,此等行动应当无效。

(5)债权人委员会可以将第(4)分节下解决专业人员的行动报告给破产局,以寻求按本法典对其采取必要行动。

29. 拟定信息备忘录

(1)解决专业人员应当以破产局可以规定的阐明解决计划之相关信息的形式和方式,拟定信息备忘录。

(2)解决专业人员应当向解决申请人提供实体和电子形式的全部有关信息,但是解决申请人承担——

(a)遵守与保密和内幕交易有关的现行有效法律的规定;

(b)保护可以获取的法人债务人的任何知识产权;和

(c)不与第三方共享相关信息,但是遵守本分节(a)和(b)条款的除外。

[解释]为了本节的目的,"相关信息"指解决申请人为法人债务人制定解决计划所要求的信息,其应当包括法人债务人的财务状况、与由法人债务人引起的或针对法人债务的争端有关的全部信息和可以规定的涉及法人债务人的其他任何事项。

30. 提交解决计划

(1)解决申请人可以向解决专业人员提交根据信息备忘录拟定的解决计划。

(2)解决专业人员应当审查其收到的每份解决计划,以确认每份解决计划——

(a)规定以破产局规定方式提供了支付破产解决程序费用优先于偿还法人债务人的其他债务;

(b)规定以破产局可以规定的方式偿还经营性债权人的债务,该债务金额不应当少于第 53 节下法人债务人清算时向经营性债权人支付的金额;

(c)规定解决计划批准后法人债务人事务的管理;

(d)执行和监督解决计划;

(e)不违反现行有效法律的任何规定;

(f)符合破产局可以规定的类似其他要求。

(3)解决专业人员应当向债权人委员会提交符合第(2)分节所述条件的解决计划,以获得后者批准。

(4)债权人委员会可以经不低于金融性债权人投票份额 75% 的投票批准解决计划。

(5)解决申请人可以出席审议申请人解决计划的债权人委员会会议。

但是,解决申请人应当无权利在债权人委员会会议上投票,该解决申请人也是金融性债权人的除外。

(6)解决专业人员应当将债权人委员会批准的解决方案提交裁判机构。

31. 批准解决计划

(1)若裁判机构确信债权人委员会按第 30 节第(4)分节批准的解决计划符合第 30 节第(2)分节中规定的要求,应当以命令方式批准该解决计划,该解决计划应当约束法人债务人及其雇员、成员、债权人、担保人和该计划中所涉及的其他利益相关者。

(2)若裁判机构确信解决计划不符合第(1)分节所述要求,可以采取命令方式驳回该解决计划。

(3)在第(1)分节下批准令之后——

(a)裁判机构按第 14 节发布的暂停令应当停止效力;和

(b)解决专业人员应当将涉及实施法人破产解决程序和解决计划的全部记录提交给破产局以录入其资料库。

32. 上诉

批准解决计划的命令引起的任何上诉,应当是第 61 节第(3)分节规定的方式和理由。

第Ⅲ章　清算程序

33. 清算的启动

(1)若裁判机构——

(a)在破产解决进程期限、准许完成第 12 节下法人破产解决程序最长期

限或第 56 节下法人破产解决快速程序期限(视情况而定)届满前,未收到第 30 节第(6)分节下的解决计划;或者

(b)驳回不符合对其规定要求的第 31 节下的解决计划,

裁判机构应当——

(ⅰ)发布命令,要求以本章规定方式清算法人债务人;

(ⅱ)发布公告,阐明法人债务人正处清算中;和

(ⅲ)要求将此命令递送给法人债务人登记注册的当局。

(2)若解决专业人员在法人破产解决程序期间任何时间但在确认解决计划之前将债权人委员会清算法人债务人的决定通知给裁判机构,裁判机构应当发布第(1)分节(b)条款(ⅰ)、(ⅱ)和(ⅲ)分条款中所述的清算令。

(3)若所涉法人债务人违反裁判机构批准的解决计划,该法人债务人以外的利益受到此违反损害性影响的任何人可以向裁判机构申请第(1)分节(b)条款(ⅰ)、(ⅱ)和(ⅲ)分条款所述的清算令。

(4)裁判机构收到第(3)分节下的申请后,若确定法人债务人违反了解决计划的规定,应当发布第(1)分节(b)条款(ⅰ)、(ⅱ)和(ⅲ)分条款所述的清算令。

(5)受第 52 节规定约束,若已经发布清算令,不应当由该法人债务人或针对该法人债务人提起任何诉讼或其他法律程序:

但是,清算人可以经裁判机构事先批准,代表法人债务人提起诉讼或其他法律程序。

(6)第(5)分节规定不应当适用于涉及中央政府会商任何金融业监管机构后公告交易的法律程序。

(7)本节下的清算令应当视为对法人债务人的官员、雇员和工人的解雇通知,但是清算人在清算程序期间继续法人债务人经营时除外。

34. 清算人的任命与应付的费用

(1)若裁判机构发布第 33 节下的法人债务人清算令,第Ⅱ章下为法人破产解决程序任命的解决专业人员应当为了清算目的担任清算人,但是被裁判机构按第(4)分节替换者除外。

(2)一经按本节任命清算人,法人债务人的董事会、关键管理性员工和合伙人(视情况而定)的全部权力应当停止效力并赋予给该清算人。

(3)法人债务人员工应当按清算人在管理法人债务人事务中的要求,向清算人提供一切协助和合作。第 19 节的规定适用于清算程序时,应当适用于自愿清算程序,并应提及清算人替换提名临时解决专业人员。

(4)具有以下情形的,裁判机构应当以命令形式替换解决专业人员:

(a)解决专业人员提交第30节下的解决计划因不符合第30节第(2)分节所述要求被驳回;或者

(b)破产局建议裁判机构基于书面记录理由替换解决专业人员。

(5)为了第(4)分节(a)条款的目的,裁判机构可以指示破产局提名另一名破产专业人员被任命为清算人。

(6)破产局应当在裁判机构按第(5)分节发出指示的10日内,提名另一名破产专业人员。

(7)裁判机构收到破产局任命破产专业人员为清算人的提议后,应当以命令方式任命该破产专业人员为清算人。

(8)被提名任命为清算人的破产专业人员应当就实施清算程序收取费用,数额为破产局可以规定的清算财产价值的比例。

(9)第(8)分节下实施清算程序的费用应当按第53节从清算资产收益中支付给清算人。

35. 清算人的权力和职责

(1)受裁判机构指令的约束,清算人应当具有以下权力和职责:

(a)核实全体债权人的申索;

(b)保管或控制法人债务人的所有资产、财产、财物和可诉求偿权;

(c)以破产局规定的方式评估法人债务人的资产和财产,并拟定报告;

(d)采取其认为必要的措施保护、保存法人债务人的资产和财产;

(e)实施其认为对有益清算所必要的法人债务人业务;

(f)受第52节约束,在清算中以公开拍卖或私人合同方式出售法人债务人的不动产、动产和可诉求偿权,有权力将上述财产转让给任何个人或法人团体、或者以规定方式分批出售上述财产;

(g)以法人债务人名义并代表法人债务人开具、承兑、制作和背书任何流通票据,包括汇票、信贷证券或本票,并具有法人债务人在其日常营业过程中由或代表其开具、承兑、制作或背书上述票据的相同效力;

(h)以其官方名义向任何已故出资人发出管理函,并以其官方名义采取其他任何必要行为从出资或已故出资人资产中获得通常不能以法人债务人名义进行的任何到期且应付款项的付款,且在上述所有情况下,为了使清算人能够发出管理函或收回款项的目的,到期且应付的款项应当视为欠清算人本人;

(i)从任何人获得专业协助,或任命任何专业人员履行其职责、义务和责任;

(j)根据本法典规定,邀请债权人、申索人并解决其申索,分配收益;

(k)以法人债务人名义起诉或应诉、检举或其他法律程序,包括民事或刑事的;

(l)调查法人债务人的财务以确定低估或优先交易;

(m)采取对清算、分配资产和履行作为清算人的职责、义务和职能所必要的一切行动、步骤,或签署、执行和审核任何文件、契据、收据、申请书、请愿书、宣誓书、债券或文书,并为了上述目的使用公章(若有);

(n)向裁判机构申请对清算法人债务人所必要的命令或指令,以破产局规定的方式报告清算程序的进展;和

(o)履行破产局规定的其他职能。

(2)清算人应当有权力按第53节向有权分配收益的任何利益相关者咨询:

但是,上述任何咨询不应当约束清算人:

但是,上述任何咨询的记录应当以破产局规定方式使未曾咨询的其他所有利益相关者可以获得。

36. 清算财产

(1)为了清算目的,清算人应当编制第(3)分节规定的破产资产,其以下被称为与法人债务人有关的清算财产。

(2)清算人应当作为代表全体债权人的受托人,持有清算财产。

(3)受第(4)分节约束,清算财产应当包括含有以下的全部清算破产资产:

(a)法人债务人拥有所有权的任何资产,包括法人债务人资产负债表、信息公用单位、注册处记录、记载法人债务人证券记录或破产局规定的其他任何手段在此所证明的一切权利和利益,含在法人债务人附属机构中持有的股份;

(b)法人债务人可以或不可以占有的资产,包括但不限于有担保的资产;

(c)有形资产,无论是动产还是不动产;

(d)无形资产,包括但不限于知识财产、证券(含在法人债务人附属机构中持有的股份)、金融工具、保险单、合同权利;

(e)遵从法院或当局所有权决定的资产;

(f)根据本章通过撤销交易程序追回的任何资产或其价值;

(g)担保债权人已放弃担保权益的法人债务人任何资产;

(h)在破产开始日属于或赋予给法人债务人的其他任何财产;和

(i)实现的全部清算收入。

(4)清算破产资产不应当包括以下内容,且不应当用于清算中的追偿:

(a)第三方所有的法人债务人占有的资产,包括:

(ⅰ)信托中为任何第三方持有的资产;

(ⅱ)寄托合同;

(ⅲ)公积金、退休基金、抚恤基金欠任何工人或雇员的全部款项;

(ⅳ)不规定权利转让但仅使用资产的其他合同安排;和

(ⅴ)中央政府会商任何金融业监管机构后公告的其他资产;

(b)金融服务提供者持有的属于附属担保物的资产,且在多边贸易或清算交易中受净额结算和抵消的约束;

(c)法人债务人任何股东或合伙人的个人资产,若情况表明此等资产因按本章可以撤销的撤销交易而未被持有;

(d)法人债务人的任何印度或外国附属机构的资产;或

(e)破产局规定的其他任何资产,包括因法人债务人与任何债权人之间相互交易而可能抵销的资产。

37. 清算人获取信息的权力

(1)尽管其他任何现行有效法律中有任何规定,清算人为了承认、证明申索和识别与法人债务人有关的清算破产资产的目的,应当有从以下渠道进入任何信息系统的权力:

(a)信息公用单位;

(b)按任何现行有效法律管理的信用信息系统;

(c)中央、邦或地方政府的任何机构,包括任何注册机构;

(d)按任何现行有效法律管理的金融与非金融负债信息系统;

(e)按任何现行有效法律管理的发布担保权益的证券与资产信息系统;

(f)破产局维护的任何数据库;和

(g)破产局规定的其他任何渠道。

(2)债权人可以要求清算人以规定方式向其提供有关法人债务人的任何财务信息。

(3)清算人应当自第(2)分节所述要求之日起7日内,将要求的信息提供给提出要求的债权人,或提供不予提供此等信息的理由。

38. 合并申索

(1)清算人应当自清算程序开始日起30日内接收或搜集债权人的申索。

(2)金融性债权人可以采取提供在信息公用单位的申索记录的方式,向清算人提出申索。

但是,若有关申索信息未在信息公用单位记录,金融性债权人可以按第(3)分节规定的经营性债权人提交申索的相同方式提交申索。

(3)经营性债权人可以按破产局规定的形式和方式向清算人提交申索,并随附要求证明申索的支持文件。

(4)是部分金融性债权人和部分经营性债权人的一债权人,应当按第(2)分节规定方式在其金融性债务范围内和在第(3)分节下其经营性债务范围内,提交申索。

(5)债权人可以在其提交的 14 日内撤回或变更其本节下的申索。

39. 核实申索

(1)清算人应当在破产局规定的时间内核实第 38 节下提交的申索。

(2)清算人可以要求任何债权人、法人债务人或其他任何人出示其认为对核实该申索全部或任何部分所必要的其他任何文件或证据。

40. 承认或拒绝申索

(1)清算人在核实第 39 节下的申索后,可以全部或部分承认或拒绝申索(视情况而定)。

但是,若清算人拒绝申索,应当书面记录拒绝的理由。

(2)清算人应当在承认申索或拒绝申索的七日内,将其承认或拒绝申索的决定传达给债权人和法人债务人。

41. 确定申索估值

清算人应当按破产局规定方式确定按第 40 节承认的申索的价值。

42. 对清算人决定的上诉

债权人可以在收到清算人拒绝申索决定的 14 日内,对清算人的上述决定向裁判机构上诉。

43. 优先交易和相关时间

(1)若清算人或解决专业人员(视情况而定)认为,法人债务人在相关时间内按照第(2)分节规定交易和方式,对第(4)分节所述任何人员有优先权,应当向裁判机构申请撤销优先交易和第 44 节所述的一项或多项命令。

(2)具有以下情形的,法人债务人应当视为已给予优先权:

(a)为了债权人、担保人或保证人对或因法人债务人所欠以前金融性债务、经营性债务或其他负债的利益,存在转让法人债务人财产或财产利益;和

(b)与根据第 53 节作出资产分配的情况下本应所处的地位相比,(a)条款下的转移有效将该债权人、担保人或保证人置于有利地位。

(3)为了第(2)分节的目的,优先权不应当包括以下转让:

(a)在法人债务人或受让人日常经营或金融事务过程中作出的转让;

(b)在法人债务人在以下范围内获得的财产上创设担保权益的任何转让:

(ⅰ)该担保权益确保新价值,并在签署担保协议时或之后给予,此担保协议包含将该财产描述为担保权益、并由法人债务人用于获取该财产;和

(ⅱ)该转让在法人债务人收到占有该财产后 30 日内在信息公用单位注册:

但是,依据法院命令作出的任何转让不应当排除视为法人债务人给予优先权的上述转让。

[解释]为了本节第(3)分节的目的,"新价值"指货物、服务、新信贷或受让人免除清算人或解决专业人员按本法典认为不是无效、可无效的以前交易中转让给该受让人的财产中的货币或其价值,包括此财产的收益,但不包括替代现有金融性债务或经营性债务的金融性债务或经营性债务。

(4)具有以下情形的,应当视为在相关时间给予了优先权:

(a)在破产开始日前 2 年内给予了关联方(仅因是雇员的除外);或

(b)在破产开始日前 1 年内向关联方以外的人给予了优先权。

44. 优先交易下的命令

裁判机构经解决专业人员或清算人按第 43 节第(1)分节提出申请,可以采取命令方式:

(a)要求与给予优先权有关的任何财产赋予给法人债务人;

(b)若它对转让任何财产的出售所得或此转让的款项提出申请,要求将该财产依此赋予权利;

(c)(全部解除或部分)解除法人债务人创设的任何担保权益;

(d)要求任何人支付其在利益方面收到法人债务人的款额,该款额可以按裁判机构指令支付给清算人或解决专业人员;

(e)指示欠任何人金融性或经营性债务以给予优先权方式被(全部解除或部分)解除的任何担保人,对该人承担裁判机构认为适当的新的或新生的金融性或经营性债务;

(f)指示在对解除本命令下任何金融性或经营性债务的财产上提供担保或负担,此担保或负担具有给予优先权方式全部或部分解除或免除担保或负担相同的优先性;

(g)指示提供以下人员范围,即在对已产生的或以给予优先权方式全部或部分免除或解除金融性或经营性债务的清算或法人破产解决程序中被证明的、其财产赋予给法人债务人的或由本命令施加其金融性或经营性债务的任何人。

但是,本节下的命令不应当——

(a)影响从法人债务人以外的人获得财产的任何利益、此等利益衍生的任何利益、善意获得并支付价值的任何利益;

(b)要求从优先交易中善意接受利益和给付价值的人向清算人或解决专业人员支付款项。

[解释Ⅰ]为了本节目的,兹澄清,若一个人从法人债务人以外的另一人处已获得财产利益,或者从该优先权中或法人债务给予其优先权的该另一人接受了利益,此人——

(ⅰ)已有启动或开始该法人破产解决程序的充分信息;

(ⅱ)是一关联方,

除非证明相反,应当推定非善意获得或接受此利益。

[解释Ⅱ]若已按第 13 节作出关于公司破产解决程序的公告,应当视为一个人有充分信息和机会获得此等信息。

45. 撤销低估交易

(1)若清算人或解决专业人员(视情况而定)在审查第 43 节第(2)分节所述法人债务人的交易时确定在第 46 节下有关期限内作出的某些交易被低估,他应当根据本章向裁判机构申请宣布此类交易无效并撤销此类交易的效力。

(2)若法人债务人具有以下情形,应当认为交易被低估:

(a)作为赠品给予他人;或

(b)与以明显低于法人债务人对价价值的对价介入法人债务人一项或多项资产转让的人缔结交易,且此种交易在法人债务人日常经营过程中未曾发生。

46. 可撤销交易的相关期限

(1)清算人或解决专业人员(视情况而定)在申请撤销低价交易中应当证明:

(a)该交易在破产开始日前 1 年内与任何人进行;或

(b)该交易在破产开始日前 2 年内与一关联方进行。

(2)裁判机构可以请求一独立专家评估有关本节所述交易的价值的证据。

47. 低估交易下的债权人申请

(1)若已发生低估交易且清算人或解决专业人员(视情况而定)未曾将其

报告给裁判机构,法人债务人的债权人、成员或合伙人(视情况而定)可以申请裁判机构根据本章宣告该种交易无效和撤销其效力。

(2)若裁判机构审查第(1)分节下作出的申请后确信——

(a)已发生低估交易;和

(b)清算人或解决专业人员(视情况而定)在有充分信息或机会获得该等交易信息后未将此等交易报告给裁判机构,

它应当发布命令——

(a)按第45和48节规定方式恢复至此交易发生前的状态并撤销其效力;

(b)要求破产局视情况对清算人或解决专业人员启动纪律程序。

48. 低估交易下的命令

第45节第(1)分节的裁判机构可以规定以下:

(a)要求将作为交易一部分被转让的任何财产归还给法人债务人;

(b)(全部或部分)免除或解除法人债务人授予的任何担保权益;

(c)要求任何人就其收取的利益向清算人或解决专业人员(视情况而定)返还裁判机构指令的款额;或

(d)要求对该交易支付独立专家确定的对价。

49. 欺诈债权人的交易

若法人债务人缔结第45节第(2)分节所述的低估交易,裁判机构确信该交易是此法人债务人基于以下目的故意缔结的——

(a)使法人债务人的资产保持超过有权向其提出申索的任何人达到的范围;或

(b)负面影响有关申索的上述人的利益,

裁判机构应当作出命令——

(ⅰ)恢复至此交易前的状态,如同未曾缔结该交易;和

(ⅱ)保护此类交易受害人的利益。

但是,本节下的命令——

(a)不应当影响从法人债务人以外的人处获得的任何财产利益和善意、支付价值且未通知相关情况所获得的任何财产利益,或不应当影响上述任一利益衍生的任何利益;和

(b)不应当要求从善意、支付价值且未通知相关情况的交易中接受利益的人支付此款项,但他是交易的一方除外。

50. 高利贷交易

(1)若法人债务人在破产开始日前2年内已是有关金融性或经营性债务

之高利贷交易的一方、该交易条款要求法人债务人作出过高支付,清算人或解决专业人员(视情况而定)可以向裁判机构申请撤销此交易。

(2)破产局可以规定第(1)分节下应当涵盖的交易情形。

[解释]为了本节的目的,兹澄清,在涉及债务方面提供符合现行有效法律的金融服务的任何人所扩大的任何债务,在任何情况下,不应当认为是高利贷交易。

51. 高利贷交易下的裁判机构命令

若裁判机构在审查第50节第(1)分节下作出的申请后确信,信贷交易条款要求法人债务人作出过高支付,应当以命令方式——

(a)恢复至此交易前存在的状态;

(b)撤销因高利贷交易创设的全部或部分债务;

(c)变更该交易的条款;

(d)要求是或曾是该交易当事方的人员偿还其收到的任何款额;或

(e)要求放弃作为高利贷交易一部分所设立的任何担保权益,以有利于清算人或解决专业人员(视情况而定)。

52. 清算程序中的担保债权人

(1)清算程序中的担保债权人可以——

(a)放弃其对清算财产的担保权益,并接受清算人以第53节规定方式出售资产的收益;或

(b)以本节规定方式实现其担保权益。

(2)若担保债权人实现了第(1)分节(b)条款下的担保权益,应当就该担保权益通知清算人,并确定受实现此担保权益约束的资产。

(3)在担保债权人按本节实现任何担保权益之前,清算人应当核实该担保权益,并允许担保债权人仅实现由以下方式证明存在的该担保权益:

(a)信息公用单位维持的此担保权益的记录;或

(b)破产局规定的其他方式。

(4)担保债权人可以根据可适用于实现担保权益的和担保债权人的法律,强制执行、实现、处置、和解或处理担保资产,申请恢复欠其债款的程序。

(5)若在实现担保资产过程中,任何担保债权人在占有、出售或其他情况下处置担保时面临法人债务人或与之有关的任何人的阻碍,可以根据现行有效法律申请裁判机构便利担保债权人实现该担保权益。

(6)收到第(5)分节下担保债权人申请的裁判机构,可以根据现行有效法律发布准许担保债权人实现担保权益所必要的命令。

（7）若第（4）分节下担保权益的强制执行以收益方式产生的数额超出应付担保债权人的债务，担保债权人应当——

（a）向清算人说明该多余资金；和

（b）向清算人交付收到的源自执行担保资产的任何多余资金。

（8）以本节规定方式实现其担保权益的担保债权人应付的破产解决程序费用额，应当从担保债权人的任何实现收益中扣除，债权人应当将此款额转让给清算人列入清算财产。

（9）若实现担保资产的收益不足以偿还欠担保债权人的债务，担保债权人的未清债务应当由清算人按第53节第（1）分节（e）条款规定的方式支付。

53. 资产的分配

（1）尽管议会或任何邦立法机关制定的任何现行有效法律中有任何相反规定，出售清算资产的收益应当按以下优先顺序在规定期限内、以规定方式分配：

（a）全额支付破产清算程序费用和清算费用；

（b）下列债务应当在以下各项间平等排序：

（ⅰ）清算开始日前24个月期间的工人欠款；和

（ⅱ）在担保债权人以第52节规定方式放弃担保的情况下，欠担保债权人的债务。

（c）清算开始日前12个月期间欠工人以外的雇员的未付工资和任何未付款项；

（d）欠无担保债权人的金融性债务；

（e）下列欠款应当在以下各项间平等排序：

（ⅰ）欠中央政府和邦政府的任何款项，包括清算开始日前2年的全部或部分期间因印度统一基金、邦统一基金（若有）收到的款额；

（ⅱ）执行担保权益后欠担保债权人任何未付款额的债务。

（f）任何剩余债务和应付款项；

（g）优先股股东（若有）；和

（h）权益股东或合伙人（视情况而定）。

（2）若清算人不应当考虑打乱第（1）分节下的优先顺序，该分节下受偿人之间的合同安排应当平等排序。

（3）应支付给清算人的费用应当从可支付给第（1）分节下受偿人的所得款项中按比例扣除，应当在上述扣除后向相关受偿人分配收益。

［解释］为了本节的目的，

（ⅰ）兹澄清，在平等排序的某类别受偿人方面，在收益分配的每个阶段，各项债务将全部支付,或收益不足以满足全额支付债务时在同一类别受偿人之间按同等比例支付。

(ⅱ)"工人欠款"术语应当具有《2013 年公司法》(2013 年第 18 号法)第 326 节中对其指定的相同含义。

54. 法人债务人的解散

(1)若法人债务人的资产已清算完毕,清算人应当向裁判机构申请解散该法人债务人。

(2)经清算人按第(1)分节提出申请,裁判机构应当命令,法人债务人应当自该命令日起解散,且该法人债务人应当据此解散。

(3)应当自第(2)分节下的命令作出日起 7 日内,将该命令副本提交给注册该法人债务人的当局。

第Ⅳ章 法人破产解决快速程序

55. 法人破产解决快速程序

(1)根据本章实施的法人破产解决程序,应当称为法人破产解决快速程序。

(2)可以就以下法人债务人提出法人破产解决快速程序的申请:

(a)资产和收入低于中央政府公告标准的法人债务人;或

(b)具备中央政府公告的债权人种类或债务额的法人债务人;或

(c)中央政府公告的其他种类的法人。

56. 完成法人破产解决快速程序的时限

(1)受第(3)分节规定的约束,法人破产解决快速程序应当自破产开始日起 90 日的期限内完成。

(2)经债权人委员会投票份额 75% 的投票支持和在其会议上通过决议予以指示,解决专业人员应当向裁判机构提出申请,将法人破产解决快速程序期限扩展至 90 日以上。

(3)若裁判机构收到第(2)分节下的申请后确信,本案件主题事项是法人破产解决快速程序不能在 90 日的期限内完成,可以采取命令方式,将该程序的 90 日期限延长至其认为合适的不超过 45 日的进一步期限:

但是,本节下赋予法人破产解决快速程序的任何延期不应当超过一次。

57. 启动法人破产解决快速程序的方式

债权人或法人债务人(视情况而定)可以提交法人破产解决快速程序的申请,随附——

(a)在信息公用单位可获取的记录或破产局规定的其他方式证明存在不履行的证据;和

(b)破产局规定的确立法人债务人有资格进行法人破产解决快速程序的其他信息。

58. 第Ⅱ章对本章的适用性

第Ⅱ章下指引法人破产解决进程的程序和第Ⅶ章下关于违法行为与处罚的规定,应当按上下文要求适用于本章。

第Ⅴ章 法人的自愿清算

59. 法人的自愿清算

(1)意图自愿清算且没有发生不履行的法人,可以按本章规定启动自愿清算程序。

(2)第(1)分节下的法人自愿清算应当符合破产局规定的条件和程序要求。

(3)在不损害第(2)分节的情形下,注册为公司的法人的自愿清算程序应当符合以下条件:

(a)经宣誓书证实的公司大多数董事的声明,载明——

(i)他们已经全面调查公司事务且已经形成了此意见:公司没有债务,或者公司将从自愿破产中出售资产的收入中全额支付其债务;和

(ii)本公司没有以清算为手段欺诈任何人。

(b)第(a)分条款下的声明应当附有以下文件:

(i)公司最近两年或自其成立以来的经审计的财务报表和业务经营记录,以较晚者为准;

(ii)若由注册估价师拟定,公司资产评估报告。

(c)第(a)分款下声明后的4周内,应当有——

(i)公司成员在成员大会上作出的特别决议,要求公司自愿清算并任命一名破产专业人员担任清算人;或

(ii)公司成员在成员大会上作出的决议,要求公司因章程规定的经营期限(若有)届满或因发生章程规定应当解散公司的任何事件(视情况而定)而自愿清算、指定一名破产专业人员担任清算人。

但是,公司欠任何人债务的,代表公司债务价值2/3的债权人应当在(c)分条款下通过决议的7日内批准该决议。

(4)公司应当在第(3)分节下作出决议的7日内将该决议,或者债权人的

后续批准,视情况而定,通知公司注册处和破产局清算公司。

(5)受第(3)分节下债权人批准的约束,有关公司的自愿清算程序应当视为已自第(3)分节(c)分条款下通过决议日启动。

(6)第Ⅲ章第35至53节和第Ⅶ章的规定,经必要变更后,应当适用于法人自愿清算程序。

(7)若法人事务已完全结束且其资产已全部清算,清算人应当向裁判机构申请解散该法人。

(8)裁判机构应当经清算人按第(7)分节提交申请后发布命令,该法人应当自本命令之日起解散,法人应当据此解散。

(9)第(8)分节下的命令副本应当自该命令之日起14日内送交该法人的注册当局。

第Ⅵ章　对法人的裁判机构

60. 对法人的裁判机构

(1)有关法人(包括法人债务人及其个人担保人)破产解决和清算的裁判机构应当是国家公司法法庭,其对法人注册办公室所在地辖区拥有地域管辖权。

(2)在不损害第(1)分节的情况下,尽管本法典中有任何相反规定,若法人债务人的法人破产解决程序或清算程序在国家公司法法庭待决,有关该法人债务人之个人担保人的破产解决或倒闭的申请应当提交上述国家公司法法庭。

(3)在任何法院或法庭待决的法人债务人之个人担保人的破产解决程序或倒闭程序应当立即移送给处理该法人债务人破产解决程序或清算程序的裁判机构。

(4)为了第(2)分节的目的,应当将本法典第Ⅲ部分规定的债务追偿法庭全部权力赋予给国家公司法法庭。

(5)尽管其他任何现行有效法律中有任何相反规定,国家公司法法庭拥有受理或处置以下事项的管辖权:

(a)法人债务人或法人提起或应诉的任何申请或诉讼;

(b)由或针对法人债务人或法人作出的任何申索,包括由或针对其位于印度境内附属机构的申索;和

(c)产生于或有关本法典下法人债务人或法人的破产解决或清算程序的任何优先权问题、或任何法律或事实问题。

(6)尽管《1963年时效法》(1963年第36号法)或其他任何现行有效法律中有任何规定,在计算由或针对按本部分对其已作出暂停令的法人债务人提起的任何诉讼或申请的规定时效期限中,应当排除暂停的期间。

61. 上诉和上诉机构

(1)尽管《2013年公司法》(2013年第18号法)中有任何相反规定,不服本部分下裁判机构命令的任何人可以向国家公司法上诉庭提出上诉。

(2)第(1)分节下的每项上诉应当在30日内向国家公司法上诉庭提出。

但是,若国家公司法上诉庭确信未在上述30日内提出上诉有充分理由,可以准许在上述期限届满后不超过15日的延长期内提出上诉。

(3)可以基于以下理由,对第31节下批准解决计划的命令提出上诉:

(ⅰ)批准的解决计划违反了任何现行有效法律的规定;

(ⅱ)解决专业人员在法人破产解决期间行使权力过程中存在重大违规行为;

(ⅲ)欠法人债务人之经营性债权人的债务未按破产局规定方式规定在解决计划中;

(ⅳ)没有规定破产解决程序费用优先于其他所有债务偿付;或

(ⅴ)解决计划不符合破产局规定的其他任何标准。

(4)可以基于有关清算令犯有重大违规或欺诈的理由,针对第33节下发布的清算令提出上诉。

62. 上诉至最高法院

(1)不服国家公司法上诉庭命令的任何人,可以自收到该命令之日起45日内,就该命令产生的任何法律问题,向最高法院提起上诉。

(2)若最高法院确信有充分理由阻碍一个人未在45日内提起上诉,可以准许其在上述45日期限届满后不超过15日的延长期内提出上诉。

63. 无管辖权的民事法院

对本法典下国家公司法法庭或国家公司法上诉庭拥有管辖权的任何事项,任何民事法院或当局不应当对受理任何诉讼或程序享有管辖权。

64. 迅速处置申请

(1)若国家公司法法庭或国家公司法上诉庭(视情况而定)在本法典规定期限内未处置申请或发布命令,应记录未在规定期限内处置或发布的理由;国家公司法法庭庭长或国家公司法上诉庭主席(视情况而定)在考虑记录的理由后,可以延长本法典规定的期限,但不超过10日。

(2)任何法院、法庭或当局不应当对依据本法典下赋予给国家公司法法庭或国家公司法上诉庭的任何权力已经或将要采取的任何行动发布任何禁止令。

65. 欺诈或恶意启动程序

（1）若任何人为了解决破产或清算（视情况而定）以外的任何目的，欺诈性或恶意启动破产解决程序或清算程序，裁判机构可以对此人处以最低 10 万卢比、最高 1000 万卢比的罚款。

（2）若任何人启动自愿清算程序具有欺骗任何人的意图，裁判机构可以对此人处以最低 10 万卢比、最高 1000 万卢比的罚款。

66. 欺诈性交易或不法交易

（1）若在法人破产解决程序或清算程序中发现已经实施的法人债务人任何业务具有欺诈法人债务人之债权人的意图或为了其他任何欺诈性目的，裁判机构可以经解决专业人员申请发布命令：明知是以上述方式实施业务的当事人的任何人负责对法人债务人资产作出裁判机构认为合适的分摊。

（2）在法人破产解决程序期间，具有以下情形的，经解决专业人员作出申请，裁判机构可以采取命令方式指示法人债务人的董事或合伙人（视情况而定）负责对法人债务人资产作出裁判机构认为适当的分摊：

（a）在破产开始日前，上述董事或合伙人知道或应当知道，撤销启动法人破产解决程序对该法人债务人无任何合理前景；和

（b）该董事或合伙人在使法人债务人之债权人的潜在损失降至最低中未尽适当审慎之责。

[解释]为了本节的目的，若合理预见履行与法人债务人之董事或合伙人（视情况而定）相同职能的一个人对该法人债务人尽到了适当审慎之责，应当视为该董事或合伙人（视情况而定）尽到了适当审慎之责。

67. 第 66 节下的程序

（1）若裁判机构发布第 66 节的第（1）或（2）分节（视情况而定）下的命令，其可以发出其认为给予该命令效力是适当的进一步指令；特别是，裁判机构可以：

（a）规定本命令下任何人对以下事项上的收费承担责任：法人债务人欠其任何债务或义务；或任何抵押或负担；或法人债务人资产抵押中或负担上的法人债务人持有、被赋予或代表其利益的任何人或主张是来自或通过应负责的人或代为行事人受托人的任何人所持有的任何利益；和

（b）随时作出对执行本节下收取任何费用所必要的进一步指令。

[解释]为了本节目的，"受托人"包括凭（a）条款下承担责任的人的指示

对其或利于其的创立、发出或转让债务、义务、抵押、负担或创设利益的人,但不包括为了善意给予有价值对价且未通知作出指示之任何理由的受托人。

(2)若裁判机构已发布第66节第(1)或第(2)分节(视情况而定)下的涉及法人债务人之债权人的命令,可以采取命令方式指示,法人债务人欠该债权人任何债务的全部或部分及其利息,排列第53节下优先支付序列,但在法人债务人欠其他全部债务之后。

第VII章 违法行为与处罚

68. 对隐匿财产的处罚

若法人债务人的任何官员——

(ⅰ)在破产开始日前12个月内——

(a)故意隐匿法人债务人的任何财产或其部分,或隐匿法人债务人欠债或欠法人债务人之债的债权或法人债务人欠下的债务,价值为1万卢比或以上;或

(b)欺诈性转移法人债务人部分财产的价值为1万卢比或以上;或

(c)故意隐匿、销毁、毁坏或伪造影响或涉及法人债务人财产或其事务的任何簿册或文件,或

(d)故意在影响或涉及法人债务人财产或其事务的任何簿册或文件中作虚假记载;或

(e)在影响法人债务人财产或其事务的任何文件中欺诈地分离、篡改或遗漏;或

(f)故意在法人债务人已获贷款但还未支付的任何财产上设置任何担保权益或转让、处置该财产,但上述设置、转让或处置属于法人债务人日常营业活动者除外;或

(g)故意隐匿知悉其他人实施了(c)、(d)或(e)分条款所述的任何行为;或

(ⅱ)在破产开始日后的任何时间,实施了第(ⅰ)条款(a)至(f)分条款所述的任何行为,或者知道其他人做了第(ⅰ)条款(c)至(e)分条款所述的任何事情;或

(ⅲ)在破产开始日后的任何时间,接受已被抵押或质押的财产,或在其他情况下接受知悉被抵押、转让或处置的此财产,

该官员应当被处以最低3年、最高5年的监禁,或被处以最低10万卢比、最高1千万卢比的罚金,或两者并处。

但是,若他能证明其无意图欺诈或隐匿法人债务人事务上述状况,本节中

的任何规定不应当要求其承担本节下的任何处罚。

69. 对欺诈债权人交易的处罚

若法人债务人或其官员在破产开始日或之后——

(a)已将法人债务人的财产作出或导致作出任何赠送、转让或收费，或已引起执行或纵容执行针对法人债务财产的判决或命令；

(b)在针对法人债务人支付所获款项的任何未执行判决、决定或命令前 2 个月内，隐匿或转移法人债务财产任何部分，

该法人债务人或官员(视情况而定)应当被处以最低 1 年、最高 5 年期限的监禁，或最低 10 万卢比、最高 1 千万卢比的罚金，或两者并处。

但是，若在破产开始日前超过 5 年犯下(a)分条款所述行为，或者他证明其在实施上述行为时无意图欺诈法人债务人的债权人，该人不应当受本节下的处罚。

70. 对法人破产解决程序中不当行为的处罚

(1)若法人债务人的官员在破产开始日或之后——

(a)未向解决专业人员披露法人债务人的财产全部详情及其交易详情或解决专业人员要求的其他任何信息；或

(b)未向解决专业人员交付其控制或保管的且要求其交付的法人债务人全部或部分财产；或

(c)未向解决专业人员交付其控制或保管的属于法人债务人的且要求其交付的全部簿册和文件；或

(d)在法人破产解决程序期间，未将其知悉任何人错误证明债务的信息告知解决专业人员；或

(e)阻止提交影响或有关法人债务人财产或事务的任何簿册或文件；或

(f)以虚构损失或费用方式报销法人债务人任何部分财产，或者在破产开始日前 12 个月内在法人债务人的任何债权人会议上试图如此行为，

应当被处以最低 3 年、最高 5 年的监禁，或被处最低 10 万卢比、最高 1000 万卢比的罚金，或两者并处。

但是，若他证明其对法人债务人事务上述状况没有任何意图如此，本节下的任何规定不应当要求其承担本节下的任何处罚。

(2)若破产专业人员故意违反本部分的规定，应当被处最高 6 个月的监禁，或最低 10 万卢比、最高 50 万卢比的罚金，或者两者并处。

71. 对伪造法人债务人账簿的处罚

若任何人在破产开始日和之后毁灭、损坏、变造或伪造任何账簿、文件或

证券,或在属于法人债务人的登记簿、会计账簿或文件中作出或知悉作出任何虚假或欺诈性记载以意图欺诈或欺骗任何人,应当被处以最低 3 年、最高 5 年期限的监禁,或被处以最低 10 万卢比、最高 1000 万卢比的罚金,或两者并处。

72. 对法人债务人事务陈述中故意和重大遗漏的处罚

法人债务人的官员在有关法人债务人事务的任何陈述中作出任何重大和故意遗漏的,应当被处以最低 3 年、最高 5 年的监禁,或被处以最低 10 万卢比、最高 1000 万卢比的罚金,或两者并处。

73. 对向债权人作虚假陈述的处罚

若法人债务人的任何官员——

(a)在破产开始日或之后,在法人破产解决程序或清算程序中为了获得法人债务人之诸债权人或之一同意关于法人债务事务的协议的目的作出虚假陈述或犯有任何欺诈;

(b)在破产开始日前,为此目的已作出任何虚假陈述或实施任何欺诈行为,

应被处以最低 3 年、最高 5 年的监禁,或被处以最低 10 万、最高 1000 万卢比的罚金,或两者并处。

74. 对违反暂停偿付或解决计划的处罚

(1)若法人债务人或其任何官员违反第 14 节规定,明知且故意犯下、授权或准许此种违反行为的上述任何官员,应当被处以最低 3 年、最高 5 年的监禁,或被处以最低 10 万、最高 30 万卢比的罚金,或两者并处。

(2)若任何债权人违反第 14 节规定,明知且故意授权或准许此种违反行为的上述任何债权人,应当被处以最低 1 年、最高 5 年的监禁,或被处以最低 10 万卢比、最高 1000 万卢比的罚金,或两者并处。

(3)若法人债务人、其任何官员、债权人或按第 31 节经批准的解决计划对其有约束力的任何人,明知且故意违反该解决计划任何条款或教唆违反该解决计划,应当被处以最低 1 年、最高 5 年的监禁,或被处以最低 10 万、最高 1000 万卢比的罚金,或两者并处。

75. 对申请中提供虚假信息的处罚

若任何人在按第 7 节作出的申请中提供的信息在重要细节上是虚假的且他知道其是虚假的、遗漏了任何重要事实或其是重要的,应当被处以最低 10 万卢比、最高 1 千万卢比的罚金。

76. 对经营性债权人不披露争端或偿还债务的处罚

若——

(a)经营性债权人在第 9 节下的申请中故意或知悉隐瞒了法人债务人已通知他有关未付经营性债务的争端、或未付经营性债务全部和最终偿还的争端的事实;或

(b)任何人知悉并故意授权或允许实施(a)条款下的隐瞒行为,

上述经营性债权人或个人(视情况而定)应当被处以最低 1 年、最高 5 年的监禁,或被处以最低 10 万卢比、最高 1000 万卢比的罚金,或两者并处。

77. 对法人债务人在申请中提供虚假信息的处罚

若——

(a)法人债务人在第 10 节下的申请中提供的信息在重要细节上是虚假的,他知道该信息是虚假的和遗漏了任何重要事实、知道其是重要的;或

(b)任何人知悉并故意授权或准许提交(a)条款下的此种信息,

该法人债务人或个人(视情况而定)应当被处以最低 3 年、最高 5 年的监禁,或被处以最低 10 万卢比、最高 1000 万卢比的罚金,或两者并处。

[解释]为了本节、第 75 和 76 节的目的,若申请中提及、遗漏的事实(若真实)或没有从申请中删除的事实(视情况而定)本应充分确定本法典下不履行的存在,该申请应当视为在重要详情上是虚假的。

(黄周军、邓瑞平译,邓瑞平审校)

❊ 肖晨刚 *

南非《2001 年失业保险法》及其修正法简介

引　言

　　纵观各国目前实行的社会保障制度,按其性质大致可分为社会救助类与社会保险类。社会救助属于一国为实现其社会公平正义而采取的强制性手段,目的是保证弱势群体的基本生活水平,手段主要是通过国家财政收入再转移。社会保险由承保人与缴款人订立保险合同,具有一定的商业性质,主要由商业性保险公司运作。

　　南非是非洲第二大经济体、撒哈拉沙漠以南的最大经济体,矿藏丰富、公共基础设施已较为完善。1994 年 4 月,南非新政府废止了种族歧视法规,建立了全国统一的社会保险体制和社会救助制度,标志着南非新民主时代的到来。② 南非的社会救助计划覆盖范围已达全国人口的 30.8% ,至少获得一项社会救助金的家庭比例从 2003 年的 30.8%增加至 2017 年的 43.4%。在减少贫困、保护社会弱势人群方面,社会救助计划起到了不可替代的作用,但这也使得部分国民出现依靠社会救济度日的"懒汉心理"。③ 南非政府在面对此类社会现象时的一系列政策改革,对社会救济金水平日益提高的发展中国家具

---

　　*　肖晨刚[1994—　　],男,内蒙古乌海市乌达区人,西南政法大学国际法学院国际法学专业 2016 级硕士研究生。
　　②　程秀芳:"南非社会救济金法律制度研究",湘潭大学 2014 年硕士论文,第 1 页。
　　③　Statistics South Africa,General Household Survey 2017,p.27.

有参考价值。

1998 年我国与南非正式建交,两国政治、经济、文化上交往越来越密切,了解南非国情、法律制度现状,对深化中南合作具有积极意义。

一、本法制定、修正背景与基本过程

南非失业保障制度的建立和发展大致经历了初建、发展和成熟三个阶段。

初建阶段:主要是指殖民时期,为了规范雇主责任和缓解劳动力缺乏的目的制定和实施了调整雇用双方的简单法律规则。这些法律规则成为后来南非失业保障制度的重要法律渊源。随着南非矿藏被不断发掘,大量来自欧美的技术型工人涌入非洲大陆,因西方早已建立起成熟的工会制度,为了适应逐渐到来的工业化时代和缓解紧张的劳动关系,南非先后颁布了《1909 年劳资争议防止法》和《1924 年工业调解法》等法律文件。

发展阶段:1937 年南非颁布第一部与失业保险有关的立法,即《失业救济法》。但该法将黑人矿工和农业工人排除在外,具有很强的政治保护色彩。虽然经过 1942 年和 1946 年两次修正,立法者仍然认为将黑人矿工和农业工人排除在保险适用范围之外是合法的。1966 年南非制定了《失业保险法》。由于此法是在种族隔离思想影响下制定的,其覆盖范围不包括非洲裔工人、农业工人、临时工、家政从业人员、政府雇员以及非部门正式雇员,虽经过之后的多次修正,但该法仍拒绝赋予大部分黑人缴纳失业保险费的权利。

成熟阶段:自 20 世纪 90 年代开始,南非政府制定了一系列促进雇用和保障失业者权益的政策。南非现行的失业保障法律体系包括《2002 年失业保险缴费法》和《2001 年失业保险法》及其修正法。南非现行失业保险法律体系的基础是《2001 年失业保险法》。《2003 年失业保险修正法》对涉及家政服务人员的相关规定进行了变更;《2016 年失业保险修正法》废止了部分强制规定,细化了救济金申请程序。

南非《2001 年失业保险法》的立法目的是,通过建立失业保险基金来为特定失业者提供失业津贴以及为因疾病、怀孕、收养和抚养关系而依靠该失业者生活的人提供救济金;设立失业保险局和指定相关专员,规定其职责。

二、本法的基本结构与主要内容

(一)本法的基本结构

本法(包括其修正法)的基本结构为:序言(定义、目的和适用),失业保险基金,请求救济(救济权、失业救济、疾病救济、孕育救济、收养救济、被抚养人救济金),执行,专员和救济官,失业保险局,规章,总则,附表。

(二)本法的主要内容

《2001 年失业保险法》规定,本法的目的是由雇主和雇员共同努力建立失业保险基金,在雇员成为失业者或其特定情况受益人符合救济金申请条件时,减轻失业者的经济困难和社会影响。[1] 该法适用于共和国内和本法生效 12 个月后的季节性工人和他们的雇主,不适用以下人员:特定雇主雇用的每月雇用时间小于 24 小时的雇员及其雇主;根据《1998 年技能发展法》(1998 年第 97 号法)规定的学习协议获得薪酬的雇员及其雇主;国家和省级政府内的雇主和雇员;为在共和国内履行服务、学徒、培训合同而进入共和国但合同终止或其他任何协议或承诺下必须遣返或要求离开共和国的人员及其雇主。[2]

按该法规定,依法设立失业保险基金,其资金来源包括:由南非税收服务专员收取的雇主和雇员的缴款;由专员收取的雇主和雇员的缴款;议会拨款;本法规定的除法庭作出外的罚金和罚款;基金投资的收益或利息收入;基金收到的任何捐赠或遗赠;基金购买的任何动产或不动产;基金可能获得的任何其他资金[3]。

该法对失业救济的主要规定有:缴款人某些情况下无法享受救济金的情况,例如失业者已经接受国家发放的月度退休金、已从根据职业伤害和疾病补偿法和劳工关系法建立的基金中获得任何补偿、不符合本法和相关失业法规的规定[4];失业救济金的计算应从失业认定当日起算,若延迟申请是由于不可

---

[1]　Section 2, The Unemployment Insurance Act of 2001, South Africa.
[2]　Section 3, The Unemployment Insurance Act of 2001, South Africa.
[3]　Section 4, The Unemployment Insurance Act of 2001, South Africa.
[4]　Section 14, The Unemployment Insurance Act of 2001, South Africa.

抗力造成的,且在救济官准许的情况下,补贴领取日期可以提前至实际发生之日起①。

按该法规定,收养救济中收养对象限于:(a)该儿童是根据《1983 年儿童照顾法》(1983 年第 74 号法)收养的;(b)缴款人未雇用的时间用于照顾该儿童;(c)被收养的儿童年龄小于 2 岁;和(d)申请符合相关要求和规定。② 该法还规定了其实施及其保障措施。

为了实施该法中的有关失业保险和救济,设立失业保险专员和失业保险局。专员的权利义务主要有:在每一财年结束后 6 个月内尽快向总干事提交基金在该财年内的实际活动报告;除非总干事同意授权或职责分配,专员不得违反本法规定向他人授权或分配职责;授权行为或职责分配行为不得限制授权书授予专员的权力行使或职责履行。③ 失业保险局的职责主要包括:向部长作出与失业保险政策、实施本法的政策、减少失业的政策制定减轻失业影响计划有关的建议;将立法变化并对失业政策或失业保险政策产生影响时及时向部长作出建议;执行部长为推进本法实施要求的其他任何职责。④

该法在综合部分主要明确,无论雇员收入多少,雇主必须在其成为雇主时尽快向专员提供以下信息:雇主业务和其任何分支机构的街道地址;若雇主未在共和国内注册或属于未在国内注册的法人团体,应包括被授权执行雇主与本法相关事宜的被授权人;包括每位雇员的姓名,身份证号和每月薪酬信息,必须标明雇员为雇主雇用的具体地址;每位雇主必须在每月 7 日之前提供给专员前一个月相关信息的变化;专员可以要求雇主在请求的 30 日内或专员允许的延长期内,提供赋予本法目的以效力的合理要求的补充详情。⑤

2003 年,南非在《失业保险法》的基础上制定了《失业保险修正法》(2003 年第 32 号法)。其主要内容有:修改或者删除了某些定义,使本法的某些表达更加准确;将收到国家养老金的特定人员排除在本法适用范围外;重新规定业务计划的汇编和归档,扩大国内劳动者获得救济金的权利;扩大因雇主死亡

---

① Section 15, The Unemployment Insurance Act of 2001, South Africa.
② Section 27, The Unemployment Insurance Act of 2001, South Africa.
③ Section 44, The Unemployment Insurance Act of 2001, South Africa.
④ Section 48, The Unemployment Insurance Act of 2001, South Africa.
⑤ Section 56, The Unemployment Insurance Act of 2001, South Africa.

而终止劳动合同时雇员获得救济金的权利;建立地区上诉委员会;为救济金支付或未支付争议提供新的解决办法。其中涉及家政服务人员的重要变更有:若一个家政服务者被一个以上的家庭雇用,且该服务者的全部收入低于其失业所领到的社会救助水平,则该服务者同样享受领取失业救助金的权利。①2003年修正法完善了失业者的数据库,弥补了2001年法中关于失业保险基金的管理和发放问题的不足;明确界定了不同管理单位对保费的管理界限,即由南非税务机关继续管理缴纳了雇员税的企业缴纳的失业保险费、由失业保险局管理其他企业缴纳的失业保险费。

2016年修正法的目的是:为正在接受培训的学习者和公务员提供失业保险的延伸救济;为使缴款人权利和失业保险救济相适应;为雇用服务提供经费;扩大缴款人在特定情况下获得救济的权利;为孕育救济规定申请程序;废止部分强制规定;为授权失业保险局作为地区上诉委员会的职能提供法律依据;修正《2001年失业保险法》表2;为相关事项作出规定。其中重要变更有:延长了计算缴款人可获得失业保险金的日数②;延长了缴款人申请救济金和专员可在正当理由情况下接受过期申请的期限。③

三、简要评价

从立法层面,本法明确设立和任命失业保险局,解决了失业保险基金的管理和发放问题,进一步完善关于失业人员数据库资料。本法已成为整个南非失业保障制度的核心部分。

从待遇范围层面看,按本法,缴纳失业保险费的雇员不仅有权领取失业保险金,而且在满足特定条件后,失业者能在失业期间领取疾病救济金,孕育救济金金和抚养、收养救济金,给予失业者全方位救济。实施本法是实现南非社会保障责任的重要路径。

从受益对象层面看,本法基本上覆盖了南非除政府及其雇员以外的所有雇主和雇员,包括家庭雇工和季节性雇工,但不包括每月雇用时间不超过24小时的雇主和雇员。南非现行失业保险法并非保护社会最弱势群体,包括未参加过雇用人员和非正规部门失业者的底层服务人员从未得到失业保险法的

---

① Section 4, The Unemployment Insurance Amendment Act of 2003, South Africa.
② Section 5, The Unemployment Insurance Amendment Act of 2016, South Africa.
③ Section 7, The Unemployment Insurance Amendment Act of 2016, South Africa.

保护。失业者可以领取的保险金额取决于失业之前 4 年的雇用日数。可见本法更倾向于保护那些雇用年限较长且雇用稳定的失业者①。由于将失业前未参加过雇用的失业者和非官方部门人员排除在保险适用范围外,导致南非失业保险的覆盖范围过低。根据统计,2009 年申请失业保险金(含疾病、孕育等项目)的失业者人数只占南非全国当年失业总人数的 10%②。

根据 Goga、Bhorat 等人的研究,2005—2008 年南非失业保险申领率在 4% ~ 4.5% 之间,2009 年申领率达到 5.6%,到 2010 年增长到 6%。结合南非当时正处于经济衰退时期,可以得出失业保险申领率的提升是由保险参与人数相对下降和失业者增多综合导致。尽管失业保险金的替代率与薪酬收入成反比,但数据显示失业保险无论从领取时间和领取总额两方面都是偏向雇用条件更好的申领者。而随着失业者领取保险金的次数增多,领取日数却逐渐减少,这也说明了申领者在失业后再次雇用的难度加大③。

南非经济发展对低级劳动力需求有限,而本国存在大量劳动技能低下的劳动者,社会存在严重的结构性失业问题,导致无论是消极的失业保险制度还是积极的公共政策都无法创造与劳动力相符合的雇用岗位,也就无法从根本上解决南非的失业问题④。而其失业保障制度本身也存在诸多问题,例如目标分散、定位不明确、财政投入不足和受多方制约等。

总之,南非的失业保险法未将非正式部门的雇员和未参加过雇用的劳动者列入其适用对象,覆盖率较低;而受益人群偏向于条件更好的失业者,失业保险金领取期依赖于失业者之前 4 年的雇用日数,这项制度偏向于雇用时间较长且雇用相对稳定的失业者,与该法的立法目的有所不符,无法成为南非政府反贫困的有效手段;此外,由于南非政府在各个时期对公共产品和基础设施投入资金较少,新增雇用岗位远低于失业人数,导致该法的减贫作用弱化。最后,本法对提高失业者相关技能以顺利实现再雇用的制度规定几乎空白,使得本法长期效用难以发挥。

---

① Section 13,The Unemployment Insurance Act of 2001,South Africa.

② M.Leibbrandt,I.Woolard and H Mcewen,et al,"Employment and inequality outcomes in the South Africa",https://www.researchgate.net/publication/266214017_Employment_and_inequality_outcomes_in_South_Africa,p.36,last visited on 14 Aug.2018.

③ H.Bhorat,S.Goga and D.Tseng,"Unemployment Insurance in South Africa:a Descriptive overview of Claimants",Africa Growth Initiative Working Paper,2013,pp.9-11.

④ 曾湘泉、彭诗杰、刘春凯:《南非失业保障政策综述及评估》,载《北京航空航天大学学报》2016 年 9 月,第 28 卷第 5 期。

2016 年失业保险修正法*

总统令第 35 号

2017 年 1 月 19 日

兹通知已经批准以下法律,兹公布基本信息:

2016 年第 10 号法:2016 年失业保险修正法

一般注释:

[   ]方括号内的文字,系指从现存制定法中的删除。

____下划实线的文字,系指在现存制定法中嵌入的内容。

(总统已经签署英文本)

(2017 年 1 月 18 日批准)

为修正《2001 年失业保险法》以为正在接受培训的学习者和公务员提供失业保险的延伸救济;为使缴款人救济金权利和失业保险救济金相适应;为雇用服务提供经费;为扩大缴款人在特定情况下获得救济金的权利;为孕育救济金规定申请程序;为废止部分强制性规定;为授权失业保险局作为地区上诉委员会的职能作出法律规定;为对调整收入替代率进行规定,修正《2001 年失业保险法》表 2;为相关事项作出规定,制定一项法律。

南非共和国议会颁布本法,内容如下:

目　录

1. 替换 2001 年第 63 号法第 3 节,据此修正 2003 年第 32 号法第 2 节

2. 修正 2001 年第 63 号法第 5 节

3. 修正 2001 年第 63 号法第 7 节

---

* 译自《南非共和国政府公报》2017 年 1 月 19 日第 619 卷第 40557 号本法英文本。

4. 修正 2001 年第 63 号法第 12 节

5. 修正 2001 年第 63 号法第 13 节,据此修正 2003 年第 32 号法第 5 节

6. 修正 2001 年第 63 号法第 14 节,据此修正 2006 年第 20 号法第 94 节

7. 修正 2001 年第 63 号法第 17 节

8. 修正 2001 年第 63 号法第 20 节

9. 修正 2001 年第 63 号法第 24 节,据此修正 2003 年第 32 号法第 8 节

10. 修正 2001 年第 63 号法第 25 节

11. 修正 2001 年第 63 号法第 30 节

12. 修正 2001 年第 63 号法第 33 节

13. 修正 2001 年第 63 号法第 36A 节,据此嵌入 2003 年第 32 号法第 10 节

14. 废止 2001 年第 63 号法第 38、39、40 和 41 节

15. 修正 2001 年第 63 号法第 50 节

16. 修正 2001 年第 63 号法第 56 节

17. 修正 2001 年第 63 号法表 2

18. 短标题

1. 替换 2001 年第 63 号法第 3 节,据此修正 2003 年第 32 号法第 2 节

兹用以下节替换《2001 年失业保险法》(此下简称"主法")第 3 节:

"本法的适用

3. (1) 本法适用于所有雇主和雇员,但受雇于特定雇主每月低于 24 小时的雇员及其雇主除外;

(2) 本法不适用于议会成员、内阁部长和副部长、省级行政会议成员、省级立法机关成员和自治市议员。"

2. 修正 2001 年第 63 号法第 5 节

兹增加以下段落,修正主法第 5 节:

"(d) 为雇用中的缴款人的保持性和缴款人重新进入劳动市场、其他任何为弱势劳动者目的的计划方案提供资助。"

3. 修正 2001 年第 63 号法第 7 节

兹用以下分节替换第 (1) 分节,修正主法第 7 节:

"(1) 要求满足基金当前支出的资金以外的基金资金,可以由总干事代表基金 [依据《1984 年公共投资专员法》(1984 年第 45 号法)] 根据《2004 年公共投资公司法》(2004 年第 23 号法) 和其他任何可适用的法律,存入公共投资

[专员]公司进行投资。"

4. 修正 2001 年第 63 号法第 12 节

兹修正主法第 12 节——

(a)在第(1A)分节后嵌入以下分节:

"(1B)受雇于任何行业的因减少雇用时间丧失收入(尽管仍被雇用)的缴款人,在其总收入低于其完全失业本会获得救济水平的情况下,有权获得救济,但受该缴款人具有充分信用的约束。"和

(b)在第(3)分节中增加以下段落:

"(c)为了第 D 部分的目的,必须按受益人在申请日的收入的 66% 比例,支付孕育救济金,受(a)段落规定的最大收入限制的约束;

(d)受第 13 节第(3)分节约束——

(i)根据第(b)段以规定的收入替代率,支付前 238 日的救济金;和

(ii)按固定比率 20%,支付信用剩余部分的救济金。"

5. 修正 2001 年第 63 号法第 13 节,据此修正 2003 年第 32 号法第 5 节

兹修正主法第 13 节——

(a)用以下分节替换第(3)分节:

"(3)(a)受第(5)分节约束,缴款人根据本章有权享受的救济金按作为缴款人每完成[6]5 个雇用日计 1 日的比例计算,但受根据本章雇用期限结束日后的前日[救济金申请日]的 4 年期内最大应计日数[238]365 日的约束[少于缴款人在此期间接收救济金的任何日数]。

(b)若缴款人有信用,必须向失业缴款人支付失业救济金,不论缴款人是否在该 4 年周期内已经接受救济。"

(b)用以下分节替换第(5)分节:

"(5)(a)缴款人有权根据第(3)节获得救济金的日数不得以根据本章第 D 部分支付孕育救济日数的方式予以扣减。

(b)孕育救济的支付不得影响失业救济的支付。"和

(c)用以下分节替换第(6)分节:

"(6)若在以前请求的 4 年周期内作出了救济金申请,基金必须减去在该周期内已经支付救济金的日数。"

6. 修正 2001 年第 63 号法第 14 节,据此修正 2006 年第 20 号法第 94 节

兹删除主法第 14 节(a)段。

7. 修正 2001 年第 63 号法第 17 节

兹用以下分节替换主法第 17 节第(2)分节:

"(2)申请必须在雇用合同终止之日起[6]12 个月内作出,但专员可以接受具有正当理由的届满[6]12 个月期限作出的申请。"

8. 修正 2001 年第 63 号法第 20 节

兹用以下段落替换主法第 20 节第(2)分节(a)段:

"(a)患病期间少于[14]7 日的;和"。

9. 修正 2001 年第 63 号法第 24 节,据此修正 2003 年第 32 号法第 8 节

兹修正主法第 24 节——

(a)用以下分节替换第(5)分节:

"(5)妊娠晚期流产或孕育死产的缴款人,有权获得[流产或死产后][最高]全部[6]17—32 周的孕育救济金;和"

(b)增加以下分节:

"(6)缴款人处于雇用中除外,无权获得申请日之前至少 13 周的救济金,不论她是否是缴款人。"

10. 修正 2001 年第 63 号法第 25 节

兹修正主法第 25 节——

(a)用以下分节替换第(1)分节:

"(1)孕育救济金申请必须按规定形式于[出生日前 8 周]出生日前后的任何时间在就业办公室作出:但是该申请应当在出生日以后 12 个月内作出;"和

(b)删除第(2)分节。

11. 修正 2001 年第 63 号法第 30 节

兹修正主法第 30 节——

(a)用以下段落替换第(1)分节(b)段:

"(b)在缴款人死亡之日起[6]18 个月内申请,但根据显示的正当理由专员可以接收超过[6]18 个月的申请。"

(b)用以下段落替换第(2)分节(b)段:

"(b)在世配偶或生活伴侣未在缴款人死亡后[6]18 个月内提出救济金申请。"和

(c)在第(2)分节嵌入以下分节:

"(2A)(a)已故缴款人的任何指定受益人可以主张受(b)段约束的被抚养人救济金。

(b)若已故缴款人没有在世配偶、生活伴侣或抚养子女,指定受益人有资格获得救济。"

12. 修正 2001 年第 63 号法第 33 节

兹增加以下分节,修正主法第 33 节:

"(3)处理救济申请时,基金、声称代表申请人的任何机构或个人不得向申请人收取任何费用。"

13. 修正 2001 年第 63 号法第 36A 节,据此嵌入 2003 年第 32 号法第 10 节

兹用以下分节替换主法第 36A 节第(1)分节:

"(1)[部长会商保险局后]保险局必须对部长确定的每个区域任命地区上诉委员会。"

14. 废止 2001 年第 63 号法第 38、39、40 和 41 节

兹删除主法第 38、39、40 和 41 节。

15. 修正 2001 年第 63 号法第 50 节

兹在主法第 50 节第(2)分节(a)段(ⅰ)分段后嵌入以下段:

"(iA)地区上诉委员会的职能;"。

16. 修正 2001 年第 63 号法第 56 节

兹修正主法第 56 节——

(a)用以下分节替换第(3)分节:

"(3)每位雇主必须在每月第 7 日之前按第(1)分节向专员[通知]提供上个月的全部信息[任何变化]。"和

(b)在第(3)分节后嵌入以下分节:

"(3A)部长将发布可适用于国内雇主和中小经营或企业的、涉及提交第(3)分节中信息的具体分配的规章。"

17. 修正 2001 年第 63 号法表 2

兹用以下段落替换主法表 2 中"收入替代率"标题下第二段:

"当收入等于为 0 时,IRR 达到最大值;当收入等于过渡救济收入水平时,IRR 为最小值。最大值 IRR[固定]当前设定为 60%。最小值 IRR 当前设定为 38%。但部长可以会商 NEDLAC 后可以根据第 12 节第(3)分节(b)段变动最大收入和固定替代率的最低[IRR]值,但不得将 IRR 降至低于 38%的任何百分比。部长可以在会商议会后随时以规章方式变动 IRR 和救济金期间。"

18. 短标题

本法称为《2016 年失业保险修正法》。

(肖晨刚、邓瑞平译)

附 1

2003 年失业保险修正法 *

总统令第 1674 号

2003 年 11 月 14 日

兹通知总统已批准以下法律,兹公布基本信息:

2003 年第 32 号法:2003 年失业保险修正法

一般注释:

[　　　]方括号中的文字,系指从现存制定法中的删除。

＿＿＿下划实线的文字,系指在现存制定法中嵌入的内容。

（总统已签署英文本）

（2003 年 11 月 11 日批准）

为了修正《2001 年失业保险法》以确定特定词汇和修改或删除某些定义;将收到国家养老金的人排除在该法适用范围外;重新规定业务计划的编制和归档;扩大一个以上雇主雇用的国内劳动者获得救济金的权利;扩大因雇主死亡导致终止劳动合同的国内劳动者获得救济金的权利;修改关于缴款人疾病、孕育和收养可获得的救济金;为设立地区上诉委员会作出规定;为与救济金的支付或未支付相关的争议作出新的解决规定;为对相关事项予以规定,制定一项法律。

南非共和国议会颁布本法,内容如下:

目　录

1. 修正 2001 年第 63 号法第 1 节

---

* 译自《南非共和国政府公报》2003 年 11 月 14 日第 461 卷第 25721 号本法英文本。

2. 修正 2001 年第 63 号法第 3 节

3. 修正 2001 年第 63 号法第 11 节

4. 修正 2001 年第 63 号法第 12 节

5. 修正 2001 年第 63 号法第 13 节

6. 修正 2001 年第 63 号法第 16 节

7. 修正 2001 年第 63 号法第 21 节

8. 修正 2001 年第 63 号法第 24 节

9. 修正 2001 年第 63 号法第 27 节

10. 在 2001 年第 63 号法中嵌入第 36A 节

11. 替换 2001 年第 63 号法第 37 节

12. 短标题

1. 修正 2001 年第 63 号法第 1 节

兹修正《2001 年失业保险法》(此下简称"主法")第 1 节如下：

(a)删除"CCMA"定义；

(b)在"月"定义之后，嵌入以下定义：

"'国家上诉委员会'，指第 50 节第(2)分节(a)段(ⅰ)分段中规定的上诉委员会；"

(c)在"公共服务"定义之后，嵌入以下定义：

"'地区上诉委员会'，指根据第 36A 节设立的地区上诉委员会；"

(d)删除"季节性工人"定义；

(e)用以下定义替换"本法"的定义：

"'本法'，包括[根据本法制定的]任何规章；"和

(f)用以下定义替换《失业保险缴款法》的定义：

"'《失业保险缴款法》'，指《2002 年失业保险缴款法》(2002 年第 4 号法)；"。

2. 修正 2001 年第 63 号法第 3 节

兹修正主法第 3 节——

(a)分别用以下段替换第(1)分节(b)段和(c)段：

"(b)按《1998 年技能发展法》(1998 年第 97 号法)第 18 节第(2)分节中规定的雇用合同[按登记的学习协议获得薪酬]的雇员及其雇主；

(c)在国家和省级政府范围内的[雇主和]《1994 年公共服务法》(1994 年第 103 号公告)第 1 节第(1)分节界定为官员或雇员的雇员及其雇主；"

(b)在第(1)分节(a)段之后嵌入文字"和",在该分节增加以下段:

"(e)接受第 14 节(a)(i)条款中规定的月退休金的人员及其雇主。"和

(c)删除第(2)和(3)分节。

3. 修正 2001 年第 63 号法第 11 节

兹用以下分节替换主法第 11 节第(2)分节:

"(2)(a)[专员]总干事必须在每一财年开始时向国库提交经部长批准的业务计划。

(b)专员[部长]必须[与总干事和专员合作]在精算师和保险局协助下编制业务计划。"

4. 修正 2001 年第 63 号法第 12 节

兹在主法第 12 节第(1)分节后嵌入以下分节:

"(1A)被一个以上雇主雇用为国内劳动者且被一个或多个雇主终止其雇用的尽管仍雇用的缴款人,若其总收入低于完全失业本可获得的救济金水平,有权依据本法获得救济金。"

5. 修正 2001 年第 63 号法第 13 节

兹增加以下分节,修正主法第 13 节:

"(6)为了计算第 12 节第(1A)分节中规定的缴款人救济金的目的,从继续雇用中获得的总收入加上计算的救济金额,不得超过缴款人完全失业时本应被支付的救济金。"

6. 修正 2001 年第 63 号法第 16 节

删除主法第 16 节第(1)分节(a)段(ii)分段最后的"或"字,在第(iii)段最后增加"或"字,并增加以下分段:

"(iv)在国内工人的情形下,缴款人雇用合同因该缴款人雇主死亡而终止。"

7. 修正 2001 年第 63 号法第 21 节

删除主法第 21 节第(1)分节。

8. 修正 2001 年第 63 号法第 24 节

删除主法第 24 节第(2)分节。

9. 修正 2001 年第 63 号法第 27 节

删除主法第 27 节第(3)分节。

10. 在 2001 年第 63 号法中嵌入 36A 节

在主法第 36 节后嵌入以下分节:

"36A. 设立地区上诉委员会

(1)部长必须会商保险局后,对部长确定的每个区域任命一个地区上诉

委员会。

(2)地区上诉委员会必须至少由以下人员组成——

(a)代表劳工组织的1名成员和1名候补成员;

(b)代表商业组织的1名成员和1名候补成员;

(c)代表社区组织和发展利益的1名成员和1名候补成员;和

(d)1名官员。

(3)必须依据国库发出的财政指示,向任命为地区上诉委员会成员但不是国家全职雇用人员的任何人员支付部长确定的薪酬和津贴。"

11. 替换2001年第63号法第37节

兹用以下节替换主法第37节:

"37. 与支付或不支付救济金有关的争议

(1)有权根据本法享受救济金的人,若遭受以下决定之侵害,可以向[保险局的]地区上诉委员会提起上诉:

(a)专员中止其救济金权利的决定;或

(b)救济官有关支付或不支付救济金的决定。

(2)不服地区上诉委员会决定的人,可以将该事项[提交CCMA仲裁]提交国家上诉委员会决定。"

(3)国家上诉委员会的决定是终局的,但受司法审查的约束。

(4)为了根据本节的上诉的目的——

(a)地区上诉委员会的决定和国家上诉委员会的决定以多数票作出;和

(b)地区上诉委员会或国家上诉委员会(视情况而定),可以在审议一上诉后确认或改变争议的决定,或撤销原决定,并视情况而定替换相关地区上诉委员会或国家上诉委员会的决定。"

12. 短标题

本法称为《2003年失业保险修正法》。

(肖晨刚、邓瑞平译)

附 2

2001 年失业保险法[*]

总统令第 88 号
2002 年 1 月 28 日

兹通知总统已批准以下法律,兹公布基本信息:

2001 年第 63 号法:2001 年失业保险法

（总统已签署英文本）

（2002 年 1 月 13 日批准）

为建立失业保险基金;为特定雇员提供失业救济金和为因疾病、怀孕、收养和抚养关系而依靠此类雇员生活的人提供失业救济金;设立失业保险局和确定其职责,规定失业保险专员和其他相关事宜,制定一项法律。

南非共和国议会颁布本法,内容如下:

目　录

第 1 章　序文

1. 定义

2. 本法的目的

3. 本法的适用

第 2 章　失业保险基金

4. 失业保险基金的设立

5. 基金的适用

6. 筹资、贷款和获得银行透支

7. 基金款项的投资

8. 向基金捐赠和遗赠

---

* 译自《南非共和国政府公报》2002 年 1 月 28 日第 439 卷第 23064 号本法英文本。

9. 精算师的任命和年度审查

10. 基金的盈余与赤字

11. 会计、审计和财务报告

第 3 章　申请救济金

第 A 部分　救济金的权利

12. 救济金的权利

13. 救济金的计算

14. 缴款人无权享受救济金的某些情况

第 B 部分　失业救济金

15. 本部分下失业期间的计算

16. 失业救济金的权利

17. 失业救济金的申请

18. 失业救济金的支付

第 C 部分　疾病救济金

19. 本部分下疾病期间的确定

20. 疾病救济金的权利

21. 疾病救济金的计算

22. 疾病救济金的申请

23. 疾病救济金的支付

第 D 部分　孕育救济金

24. 孕育救济金的权利

25. 孕育救济金的申请

26. 孕育救济金的支付

第 E 部分　收养救济金

27. 收养救济金的权利

28. 收养救济金的申请

29. 收养救济金的支付

第 F 部分　被抚养人救济金

30. 被抚养人救济金的权利

31. 被抚养人救济金的申请

32. 被抚养人救济金的支付

第 G 部分　主张救济金的一般规定

33. 不可分配、附加和抵销的救济金

34. 救济金不受税收约束

35. 错误支付救济金的恢复

36. 缴款人救济金权利的中止

37. 涉及支付或不支付救济金的争议

第 4 章　实施

38. 实施保证

39. 遵从令

40. 反对遵从令

41. 劳工法院可以作出遵从令

42. 雇主责任

第 5 章　专员和救济官

43. 失业保险专员的指派

44. 专员的报告、权力与职责的授权与委派

45. 专员可以视某些人为缴款人

46. 救济官的任命

第 6 章　失业保险局

47. 失业保险局的设立

48. 失业保险局的权力和职责

49. 失业保险局的组成

50. 失业保险局的章程

51. 失业保险局的管理和资源供给

52. 失业保险局成员的薪酬和津贴

53. 失业保险局成员的补偿

第 7 章　规章

54. 规章

55. 发布规章的程序

第 8 章　总则

56. 雇主提供的信息

57. 数据库的创建和维护

58. 总干事的权力和职责

59. 免除印花税的某些文书

60. 基金雇员造成损失的恢复

61. 损失恢复通则

62. 证据

63. 信息披露

64. 普遍禁止的行为

65. 惩罚

66. 劳工法院的管辖权

67. 向劳工法院陈述案件

68. 部长的授权和委派

69. 为本法目的视为缴款人的人

70. 法律的废止

71. 过渡性安排

72. 本法约束国家

73. 短标题和生效

表 1　过渡性安排

表 2　缴款人享受救济金的数学计算

表 3　缴款人享受救济金的范围

第 1 章　序文

1. 定义

(1)除非上下文中另有所指,本法中——

"**精算师**",指根据第 9 节第(1)分节任命的人;

"**代理人**",指根据第 58 节第(9)分节任命的人;

"**救济金**",指第 12 节中规定的救济金;

"**保险局**",指根据第 47 节设立的失业保险局;

"**CCMA**",指根据《1995 年劳动关系法》(1995 年第 66 号法)第 112 节设立的调解、调停和仲裁委员会;

"**救济官**",指根据第 46 节任命的人;

"**儿童**",指第 30 节第(2)分节规定的年龄小于 21 岁的人,包括年龄小于 25 岁但为学习者的人和全部或主要依靠被继承人的被抚养人的任何人;

"**专员**",指根据第 43 节指定的失业保险专员;

"**缴款**",指根据《失业保险缴款法》,由雇主或缴款人支付的金额;

"**缴款人**",指以下自然人——

(a)现在或曾经被雇用的人;

(b)根据第 3 节本法所适用的人;

(c)符合专员认为为了本法之目的已经缴款的人;

"总干事",指由劳工部总干事和该总干事按第 58 节第(3)分节在劳工部内委任的任何官员；

"家政工人",指更愿意在家或雇主家从事家政雇用的人,包括——

(a)园丁；

(b)被家庭雇用为车辆司机的人；和

(c)在该家庭中照顾成员的人,

但不包括农场工人。

"雇员",指对其提供或被提供的服务接受薪酬或向其应计薪酬的自然人,但不包括独立承包商；

"雇员缴款",指依据《失业保险缴款法》规定的金额；

"雇主",指包括以受托人身份行事的人、以薪酬形式支付或可能支付给任何人薪酬的人和根据法律规定或公共基金有责任以薪酬形式支付金额的任何人,不包括不担任负责人的任何人；

"就业办公室",指劳工部的任何办公室和总干事依据第 58 节第(9)分节为此目的的指派的任何代理人；

"财政年",指每年 4 月第 1 日到次年 3 月的最后一日的之间且包括该两日在内的期间；

"基金",指根据第 4 节建立的失业保险基金；

"劳工督察",指——

(a)根据《1997 年基本雇用条件法》(1997 年第 75 号法)第 63 节任命的督察员；或者

(b)部长根据该节指定的任何劳动督察员；

"部长",指劳工部长；

"月",指从一个月的一日延长至下一个月数字上对应此日的前一日的期间,包括该两日；①

"NEDLAC",指根据《1994 年国家经济与发展和劳动法》(1994 年第 35 号法)第 2 节设立的国家经济发展和劳工委员会；

"政府官员",指根据《1994 年公共服务法》(1994 年第 103 号公告)第 1 节中定义的官员；

"规定的",指规章规定的；

"公共服务",指《1996 年南非共和国宪法》(1996 年第 108 号法)第 197

---

① 例如 3 月 10 日至 4 月 9 日。

节规定的公共服务；

"**规章**"，指依据本法制定的一规章；

"**薪酬**"，指《失业保险缴款法》第 1 节中界定的薪酬；

"**季节性工人**"，指被同一雇主在 12 个月期限内雇用累计至少 3 个月、在雇用获取中因季节变化中断其雇用的任何人；

"**本法**"，包括根据本法制定的任何规章；

"**《失业保险缴款法》**"，指本法颁布后由议会通过的规定失业保险缴款的一项立法；

"**周**"，指任何连续的 7 日。

2. 本法的目的

本法的目的是，建立由雇主和雇员向其缴款、失业雇员或其受益人（视情况而定）有权从中享受救济金的失业保险基金，并以此减少失业的有害经济和社会影响。

3. 本法的适用

(1) 本法适用于所有雇主和雇员，但以下除外——

(a) 特定雇主雇用的每月低于 24 小时的雇员，和他们的雇主；

(b) 按根据《1998 年技能发展法》(1998 年第 97 号法) 注册的学习协议获得薪酬的雇员，和他们的雇主；

(c) 国家和省级政府范围内的雇主和雇员；

(d) 为在共和国内履行服务、学徒、学习合同的目的进入共和国的人，若此等合同终止时法律或服务、学徒、学习合同（视情况而定）或其他任何协议或承诺要求雇主遣返该人或者要求该人离开共和国，和他们的雇主；

(2) 尽管有第(1)分节的规定，但本法仅适用于本法生效 12 个月后国内和季节性工人和其雇主。

(3) (a) 本法生效后，部长必须尽快指定或任命一个必须调查国内和季节性工人对本法意见的机构。

(b) 调查雇用必须在本节生效后 12 个月内完成。

(c) 部长必须就调查结果会商保险局。

第 2 章 失业保险基金

4. 失业保险基金的设立

(1) 兹设立失业保险基金。

(2) 基金由以下组成——

(a)雇主、雇员根据《失业保险缴款法》作出的并由南非税收专员按该法收取的缴款;

(b)雇主、雇员根据《失业保险缴款法》作出的并由专员收取的缴款;

(c)议会拨付的款项;

(d)根据本法由法院以外机构施加的任何罚款和罚金;

(e)基金作出投资的任何利息或收益;

(f)错误支付给基金的、总干事认为不能返还的任何金钱;

(g)基金收到的任何捐赠或遗赠;

(h)基金购买的任何动产或不动产;和

(i)基金可以有权享有的其他任何金钱。

5. 基金的适用

基金必须用于——

(a)根据本法支付的救济金;

(b)偿还雇主超额支付的缴款;

(c)支付——

(ⅰ)失业保险局及其委员会的薪酬和津贴;和

(ⅱ)与本法有关的其他任何合理支出。

6. 筹资、贷款和获得银行透支

以贷款和银行透支方式的筹资必须根据《1999年公共财政管理法》(1999年第1号法)作出。

7. 基金款项的投资

(1)满足当前支出以外的基金钱款可以由总干事代表基金存入公共投资专员由其根据《1984年公共投资专员法》(1984年第45号法)进行投资。

(2)投资的任何收益归于基金并由基金承担任何亏损。

8. 向基金捐赠和遗赠

(1)任何个人、团体、公司、组织、财政或其他公共机构可以向基金捐赠或遗赠。

(2)总干事可以代表基金接受捐赠或遗赠。

9. 精算师的任命和年度审查

(1)总干事必须任命南非保险精算协会1名成员或受该协会1名成员监督的1名精算师行使本法中委派给他的精算职责。

(2)精算师必须在每个财年结束后两个月内审查基金在该财年内的财务稳健性,并向总干事提交精算评估报告。

(3)精算评估报告必须包含——

(a)以下报表——

(ⅰ)反映基金资产和负债的精算价值;

(ⅱ)关于基金财务稳健性;和

(ⅲ)关于基金在该财年中是否存在有问题的收入或支出。

(b)以下说明——

(ⅰ)用于评估基金资产和负债的基准和方法;

(ⅱ)用于评估基金的基准和方法与上年度精算评估报告比较的任何变化;和

(ⅲ)总干事在根据本节履行职能中要求精算师注意或可适用于精算师的任何特别考虑和限制。

(c)关于与获得基金财务状况真实和有意义报表相关的任何事项的解释性说明;

(d)维护或改进基金财务稳健性的建议。

10. 基金的盈余与赤字

(1)受第(2)分节约束,若基金的收入和支出存在以下差异,总干事必须向部长报告和提出建议——

(a)超出被要求满足救济金支付的额度;或者

(b)不足以或没有以充分比率的增长来满足可以合理预期的救济金支付。

(2)总干事可以就报告内容会商保险局和精算师后,仅提交第(1)分节规定的报告。

(3)关于第(1)分节(a)段中所述的报告,部长会商保险局后,可以利用盈余部分对本法目的赋予效力,包括——

(a)提高保险局和基金的行政管理效率和能力;和

(b)设立储备金。

(4)关于第(1)分节(b)段中所述的报告,部长可以按《1999年公共财政管理法》(1999年第1号法)第16节和第30节规定的方式,请求财政部长调整国家预算以弥补基金的任何亏损。

11. 会计、审计和财务报告

(1)尽管《1999年公共财政管理法》(1999年第1号法)第49节第(2)分节至第(5)分节有任何规定,总干事是基金的会计机构。

(2)(a)专员必须在每财年开始时向国库提交业务计划。

(b) 部长必须在精算师和保险局协助下与总干事和专员共同编制业务计划。

(3) 除了年度报告和财务报表中必须包括《1999 年公共财政管理法》(1999 年第 1 号法) 第 55 节提及的事项, 年度报告还必须列出和包含显示以下事项的陈述——

(a) 根据本法接收救济金的总人数;

(b) 根据《失业保险缴款法》缴款的雇主总数;

(c) 根据《失业保险缴款法》支付缴款的缴款人总数;

(d) 视为第 45 节下缴款人的总人数;

(e) 关于每种类救济金所提供的救济金总货币额;

(f) 列出基金贷款、透支、预付款和财务承担的报表;

(g) 基金收到全部捐赠和遗赠的详情;

(h) 第 9 节所述的精算评估报告;

（ⅰ）基金为了第 58 节第(6)和(7)分节中所述目的所获动产和不动产的使用详细情况;

(j) 根据第 58 节第(8)分节摊提的任何数额;

(k) 部长确定的其他任何事项。

第 3 章　申请救济金

第 A 部分　救济金的权利

12. 救济金的权利

(1) 受本法规定的约束, 缴款人或被抚养人(视情况而定)有权享受以下救济金:

(a) 本章第 B 部分规定的失业救济金;

(b) 本章第 C 部分规定的疾病救济金;

(c) 本章第 D 部分规定的孕育救济金;

(d) 本章第 E 部分规定的收养救济金;和

(e) 本章第 F 部分规定的被抚养人救济金。

(2) 缴款人有权享受救济金范围的例子载于表 3, 并从表 2 予以计算。

(3) (a) 部长可以经财政部长同意, 采取《公报》中公告方式并受第(4)分节约束, 根据国际劳工组织《社会保障(最低标准)公约》(第 102 号公约)确定的技术劳工每月最高薪酬率, 修订表 3 中的救济金范围。

(b)(a)段中规定的救济金范围可以在较低收入缴款人薪酬最高比率 60% 和将由表 3 中所列限额确定的较高收入缴款人薪酬较低比率之间进行变动。

(4)部长根据第(3)分节行为时,必须——

(a)会商保险局且必须考虑以下预算——

(i)缴款和来自基金的投资收益;

(ii)救济金的支付;

(iii)满足与管理本法有关的支出的准备金;和

(iv)应急储备的准备金;和

(b)遵守第 55 节规定的程序和上下文要求的变更。

13. 救济金的计算

(1)受第(2)分节约束,为了计算应向缴款人支付救济金的目的,必须按以下方式确定缴款人受规定最高值约束的每日薪酬率——

(a)若按月支付,每月薪酬乘以 12 并除以 365;

(b)若按周支付,每周薪酬乘以 52 并除以 365。

(2)若缴款人的薪酬随时间发生显著变化,此计算必须以该缴款人过去 6 个月的平均薪酬为基准。

(3)受第(5)分节约束,缴款人根据本章有权享受的救济金按作为缴款人每完成 6 日雇用的 1 日救济金的比率增长,但受依据本章在救济金申请日之前 4 年期限内最多获得 238 日救济金的约束,减去缴款人同期收取的救济金的任何日数。

(4)为了确定第(3)分节中规定的已完成雇用日数,该期间包括——

(a)缴款人开始雇用之日和持续雇用,包括终止雇用之日;和

(b)有关以下的任何期间——

(i)向雇员支付薪酬以代替通知;

(ii)根据《1951 年商船法》(1951 年第 57 号法)第 140 节收到薪酬的商船船员。

(5)缴款人根据第(3)分节有权享受救济金的日数可因根据本章第 D 部分支付孕育救济而减少。①

---

① 缴款人有权获得救济金日数的计算方法:步骤 1——确定根据本章申请救济金之日的前四年期间雇员作为缴款人被雇用的总日数。步骤 2——将总日数除以 52 再乘以 7,忽略所得数字的任何小数点部分。步骤 3——从该数额中扣除依据本章申请救济金之日的前四年期限内曾收到救济金的日数(排除孕育救济金)。步骤 4——最终数字确定缴款人有权获得救济金的日数。

14. 缴款人无权享受救济金的某些情况

以下情况的缴款人无权享受救济金——

（a）收到——

（ⅰ）来自国家的月退休金；

（ⅱ）因遭受职业伤害或疾病导致缴款人全部或暂时失业，来自按《1993年职业伤害和疾病补偿法》（1993 年第 130 号法）建立的补偿基金的任何救济金；

（ⅲ）来自议会按《1995 年劳工关系法》（1995 年第 66 号法）第 28 节（g）条款或第 43 节第（1）分节（c）段建立的任何失业基金或计划的救济金。

（b）未遵守本法或与失业有关的其他任何法律的任何规定；或

（c）依据第 36 节第（1）分节中止领取救济金。

第 B 部分　失业救济金

15. 本部分下失业期间的计算

（1）为了本部分的目的，必须从失业之日起算任何失业期限。

（2）若救济官认同提出申请的任何延迟是超出缴款人控制的情形造成的，第（1）分节中所述日期可以延至申请前的某一日。

16. 失业救济金的权利

（1）受第 14 节约束，若具备以下情形，失业缴款人对失业持续超过 14 日的任何期间，有权享受本部分规定的失业救济金——

（a）失业原因是——

（ⅰ）缴款人的雇主终止雇用合同，或者固定期限合同到期；

（ⅱ）按《1995 年劳工关系法》（1995 年第 66 号法）第 186 节定义，解雇缴款人；或

（ⅲ）依据《1936 年破产法》（1936 年第 24 号法）规定处于破产。

（b）依据规定的要求和本部分的规定，提出申请；

（c）缴款人在按《1998 年技能发展法》（1998 年第 97 号法）注册的劳工中心注册为求职者；和

（d）受第（3）分节约束，缴款人为有能力且可以获得工作。

（2）具有以下情形的缴款人无权享受第（1）分节中规定的救济金——

（a）缴款人未在救济官依据第 17 节第（4）分节（d）段规定的时间和日期内报告；或

（b）缴款人无正当理由拒绝接受总干事根据本法或其他任何法律批准的

任何计划下的培训和雇用职业咨询。

(3)尽管有第(1)分节(d)段规定和受第 20 节第(1)分节(a)段约束,在接受失业救济金期间患疾病的缴款人,若救济官认为该疾病不可能影响该缴款人保证雇用,仍有权获得失业救济金。

17. 失业救济金的申请

(1)必须在就业办公室以规定形式提出失业救济金申请。

(2)必须在雇用合同终止 6 个月内提出申请,但专员可以受理显示正当理由在 6 个月时限届满后提出的申请。

(3)救济官必须调查申请并在必要时要求有关申请人持续失业的进一步信息。

(4)若申请符合本章的规定,救济官必须——

(a)批准申请;

(b)决定——

(ⅰ)符合第 13 节第(3)分节目的的救济金数额;

(ⅱ)申请人根据第 13(4)节有权获得的救济金;

(c)授权支付救济金;和

(d)为了确认缴款人以下事项的目的,规定申请人必须向就业办公室报告的时间——

(ⅰ)请求失业救济金的已失业期限;和

(ⅱ)有能力工作且可以获得工作。

(5)若申请没有遵守本章的规定,救济官必须书面告知申请人申请存在的缺陷和产生该缺陷的原因。

18. 失业救济金的支付

(1)总干事必须在提出申请的就业办公室或申请时申请人确定的其他任何就业办公室向缴款人支付失业救济金。

(2)若缴款人已收取失业救济金且无正当理由拒绝接受合适可行的雇用或拒绝接受适当的培训或职业咨询,救济官可以处以最高 13 周不向该缴款人支付救济金的处罚。

第 C 部分　疾病救济金

19. 本部分下疾病期间的确定

(1)为了本部分的目的,必须自因疾病导致停止工作之日起确定疾病期间。

(2)第(1)分节经必要变化适用于第 24 节第(2)分节和第 27 节第(3)分节中分别规定的确定孕育和收养救济金的期间。

20. 疾病救济金的权利

(1)受第 14 节约束,具备以下条件的缴款人有权享受本部分规定的任何疾病期间的疾病救济金——

(a)缴款人因疾病不能从事工作;

(b)缴款人符合任何特定疾病的任何规定要求;和

(c)根据规定的要求和本部分的规定提出疾病救济金申请。

(2)以下情况的缴款人无权享受疾病救济金——

(a)患病期间少于 14 日;和

(b)缴款人对任何期间——

(i)有权根据本章第 B 部分享受失业救济金或根据本章第 E 部分享受收养救济金;或

(ii)无正当理由拒绝或不接受治疗,或拒绝实施医师、按摩师和同种医师的指示。

21. 疾病救济金的计算

(1)受第(2)分节约束,必须向缴款人支付第 19 节规定期限内依据其他任何法律、集体协议或雇用合同支付给该缴款人任何病假薪酬与依据第 12 节第(2)分节应支付最高救济金之间的差额。

(2)在考虑根据其他任何法律、集体协议或雇用合同支付给缴款人任何病假薪酬时,疾病救济金不得超过缴款人未患病时本应获得的薪酬。

22. 疾病救济金的申请

(1)(a)必须在就业办公室以规定形式亲自提出疾病救济金申请。

(b)若缴款人无法亲自提出申请,救济官可以授权其他任何人代表该申请人递交申请。

(2)必须在疾病期间开始之日起 6 个月内提出疾病救济金申请,但专员可以接受显示正当理由在 6 个月届满后提出的申请。

(3)救济官必须调查申请,并在必要时要求申请人未工作期间或收到因疾病而减少薪酬的期间的进一步信息。

(4)若申请符合本章的规定,救济官必须——

(a)批准申请;

(b)决定——

(i)符合第 13 节第(3)分节目的的救济金数额;

(ⅱ)申请人根据第 13 节第(4)分节有权享受的救济金;

(c)授权支付救济金;和

(d)规定支付救济金的方式。

(5)若申请不符合本章的规定,救济官必须书面告知申请人该申请存在的缺陷及其原因。

23. 疾病救济金的支付

总干事必须按以下要求支付疾病救济金——

(a)在提出申请的就业办公室或申请人在申请时确定的其他任何就业办公室;和

(b)向缴款人或救济官接受缴款人授权的其他任何人支付。

第 D 部分　孕育救济金

24. 孕育救济金的权利

(1)受第 14 节约束,怀孕的缴款人对任何怀孕或分娩期间和以后期间有权享受孕育救济金,但需根据规定的要求和本章的规定提出申请。

(2)受第(3)分节约束,必须向缴款人支付依据其他任何法律、集体协议或雇用合同对第 19 节规定期间支付的孕育救济金与依据第 12 节第(2)分节应支付的最高救济金之间的差额。

(3)当考虑依据其他任何法律、集体协议或雇用合同支付给缴款人的任何孕育休假薪酬时,孕育救济金不得超过缴款人未怀孕休假本应收到的薪酬。

(4)为了本节目的,孕育休假最高期间是 17—32 周。

(5)妊娠晚期流产或分娩死产的缴款人有权享受自流产或死产后最高 6 周的孕育救济金。

25. 孕育救济金的申请

(1)必须在分娩前至少 8 周在就业办公室以规定形式提出孕育救济金申请。

(2)专员可以根据显示的正当理由——

(a)受理超出第(1)分节规定的 8 周的申请;

(b)将申请递交期限延长至分娩日后 6 个月。

(3)救济官必须调查申请并在必要时要求进一步信息。

(4)若申请符合本章的规定,救济官必须——

(a)批准申请;

(b)决定——

（ⅰ）符合第 13 节第(3)分节目的的救济金数额；

（ⅱ）申请人有权根据第 13 节第(4)分节获得的救济金；

(c)规定支付救济金的方式。

(5)若申请不符合本章的规定,救济官必须书面告知申请人该申请存在的缺陷和存在缺陷的原因。

26. 孕育救济金的支付

总干事必须在提出申请的就业办公室或申请人在申请时确定的其他任何就业办公室向缴款人支付孕育救济金。

第 E 部分　收养救济金

27. 收养救济金的权利

(1)受第 14 节约束,只有收养当事方的一位缴款人对每位收养儿童有权享受本部分规定的收养救济金,且仅符合以下条件——

(a)已依《1983 年儿童照顾法》(1983 年第 74 号法)收养该儿童；

(b)缴款人未工作的期间用于照顾该儿童；

(c)被收养儿童低于 2 岁;和

(d)根据规定的要求和本部分的规定,提出申请。

(2)第(1)分节中规定的权利始于主管法院根据《1983 年儿童照顾法》(1983 年第 74 号法)作出收养令之日。

(3)受第(4)分节约束,必须向缴款人支付第 19 节第(2)分节规定期间依据其他任何法律、集体协议和雇用合同支付给该缴款人的任何收养救济金与根据第 12 节第(2)分节应支付的最高救济金之间的差额(若有)。

(4)在考虑根据其他任何法律、集体协议或雇用合同支付给缴款人的任何休假时,该救济金不得超过缴款人工作中雇主本应支付给该缴款人的薪酬。

28. 收养救济金的申请

(1)必须在就业办公室以规定形式提出收养救济金申请。

(2)必须在收养命令作出之日起 6 个月内提出收养救济金申请,但专员可以受理在 6 个月后的具有正当理由的申请。

(3)救济官必须调查申请,并在必要时要求涉及申请人未工作期间照顾收养儿童的进一步信息。

(4)若申请符合本章的规定,救济官必须——

(a)批准申请；

(b)决定——

（ⅰ）符合第 13 节第（3）分节目的的救济金数额；

（ⅱ）申请人有权根据第 13 节第（4）分节享受的救济金；

（c）授权支付救济金；和

（d）规定支付救济金的方式。

（5）若申请不符合本章的规定，救济官必须书面告知申请人该申请存在的缺陷和存在缺陷的原因。

29. 收养救济金的支付

总干事必须在提出申请的就业办公室或申请人申请时确定的其他任何就业办公室向缴款人支付收养救济金。

第 F 部分　被抚养人救济金

30. 被抚养人救济金的权利

（1）若提出的申请符合以下条件，已故缴款人在世的配偶或生活伴侣有权申请本部分规定的被抚养人救济金——

（a）根据规定的要求和本部分的规定；和

（b）在缴款人死亡的 6 个月内，但是专员可以根据显示的正当理由受理 6 个月期限以后的申请。

（2）若根据本分节的规定提出申请且符合以下条件，已故缴款人的任何被抚养儿童有权享受本部分规定的被抚养人救济金——

（a）没有在世的配偶或生活伴侣；或者

（b）在世的配偶或生活伴侣未在缴款人死亡 6 个月内提出被抚养人救济金申请。

（3）应支付给被抚养人的救济金是本章第 B 部分规定的缴款人在世时本应支付给已故缴款人的失业救济金。

31. 被抚养人救济金的申请

（1）必须在就业办公室按规定形式提出被抚养人救济金申请。

（2）必须在第 30 节第（1）分节（b）段规定的时限内或第 30 节第（2）分节（b）段规定的期限后 14 日内（视情况而定），提出被抚养人救济金申请。

（3）救济官必须调查申请，并在必要时要求涉及处理申请的进一步信息。

（4）若申请符合本章的规定，救济官必须——

（a）批准申请；

（b）决定——

（ⅰ）符合第 13 节第（3）分节目的的救济金数额；

（ⅱ）申请人有权根据第 13 节第(4)分节享受的救济金；和

（ⅲ）救济金必须支付的对象。

（c）授权支付救济金；和

（d）规定支付救济金的方式。

（5）若申请不符合本章的规定,救济官必须书面告知申请人该申请存在的缺陷和存在缺陷的原因。

32. 被抚养人救济金的支付

总干事必须在提出申请的就业办公室或申请人在申请时确定的其他任何就业办公室向被抚养人支付被抚养人救济金。

第 G 部分　主张救济金的一般规定

33. 不可分配、增加和抵消的救济金

（1）救济金不得——

（a）被分配；

（b）由任何法院的命令增加,但是涉及缴款人之被抚养人(包括原配偶)生活费的任何法院命令增加除外；或

（c）抵消任何债务。

（2）为了第(1)分节的目的,"债务"不包括本法规定下错误支付救济金所产生的债务。

34. 救济金不受税收约束

根据本法应支付给缴款人和被抚养人的救济金不受依据《1962 年所得税法》(1962 年第 58 号法)的税收约束。

35. 错误支付救济金的恢复

（1）已经向其支付救济金但其依据本法无权享受或支付额超过其权利额的缴款人或被抚养人,必须将该救济金返还给基金。

（2）若专员确定错误地或超出权利额向第(1)分节中规定的缴款人或被抚养人支付了救济金,专员必须在确定日起 18 个月内向该人作出书面返还要求。

（3）第(2)分节规定的书面要求必须包括——

（a）错误支付的数额清单；

（b）该人无资格领取该资金的原因；和

（c）向其发出要求的该人实际收到该资金的证据。

（4）第(1)分节中规定的人员必须在书面要求的 90 日内返还该金额。

36. 缴款人救济金权利的中止

(1)专员在给予缴款人或被抚养人书面表达意见的机会后,若缴款人或被抚养人具有以下情形,可以根据阐明理由的书面通知,中止该缴款人或被抚养人领取救济金的期限,最高5年——

(a)在救济金申请中作出了错误陈述;

(b)提交了虚假救济金申请;

(c)未将支付救济金期间继续工作的情况通知给救济官;或

(d)未履行依据第35节第(2)分节发出的书面要求。

(2)无论是否实际向缴款人或被抚养人支付救济金,均可以实施中止的期限。

(3)中止缴款人领取救济金的决定不——

(a)免除雇主向基金缴款的雇主责任;或

(b)限制雇主代表被中止缴款人对已支付的任何缴款获得偿还的权利。

37. 涉及支付或不支付救济金的争议

(1)若根据本法有权享受救济金的人不服以下决定,可以向保险局上诉委员会提出上诉:

(a)专员中止其救济金权利的决定;或

(b)救济官关于支付或不支付救济金的决定。

(2)不服上诉委员会决定的人,可以将该事项提交 CCMA 仲裁。

第4章 实施

38. 实施保证

(1)劳工督察有合理理由确信雇主未遵守本法任何规定或根据本法犯有违法行为,必须竭力确保雇主签署遵守相关规定的书面承诺。

(2)劳工督察在竭力确保承诺中——

(a)可以寻求获得雇主签署根据本法必须采取任何步骤的协议;

(b)可以寻求获得雇主签署根据《失业保险缴款法》欠基金任何金额的协议;和

(c)必须对已收到的任何支付提供收据。

39. 遵从令

(1)若劳工督察有合理理由确信雇主未履行以下事项,可以发布遵从令——

(a)根据第38节获得的承诺;

(b)根据第(2)分节作出的命令;或

(c)本法的任何规定。

(2)遵从令必须列明——

(a)雇主的名称、遵从令适用的每个工作场所的地址;

(b)雇主未遵守本法的任何规定、构成不遵守的具体细节;

(c)要求雇主根据《失业保险缴款法》向基金支付的任何金额;

(d)雇主根据第38节作出的任何书面承诺,雇主履行承诺中的任何违反行为;

(e)要求雇主采取的任何步骤,包括(若必要)终止所涉违反行动和必须采取这些步骤的期限;和

(f)对雇主因违反本法规定所施加的最高罚金。

(3)劳工督察必须向雇主递交遵从令副本。

(4)除非雇主依据第40节反对遵从令,雇主必须在遵从令中规定的期限内履行遵从令。

40. 反对遵从令

雇主可以采取以规定方式将争议提交总干事解决的方法,反对遵从令。

41. 劳工法院可以作出遵从令

若雇主未遵守遵从令,总干事可以请求劳工法院作出遵从令。

42. 雇主责任

雇主必须保证根据本法保存、提交的每项陈述和其他信息是正确的。

第5章 专员和救济官

43. 失业保险专员的指派

部长必须指定劳工部的1名雇员担任失业保险专员。

44. 专员的报告、权力与职责的授权与委派

(1)专员必须在每个财年结束后6个月内或实际可行期限尽快向总干事提交基金上个财年内活动的报告。

(2)除非总干事同意指派或委派,专员不得将按本法赋予或施加给他的任何权力或职责指派或委派给其他人。

(3)由、按或依据第(1)分节中规定的授权或委派所行使的任何权力或履行的任何职责,必须视为已由该专员行使或履行了。

(4)依据本节的授权和委派不得限制专员行使被授权权力或履行被委派职责的权威。

45. 专员可以视某些人为缴款人

若显示一人依据本法本应领取救济金但因超出该人控制的情形使其无权享受救济金,专员可以为了本法的目的将该人视为缴款人。

46. 救济官的任命

受管辖公共服务的法律的约束,总干事必须任命救济官协助专员处理根据本法提出的救济金申请。

第6章　失业保险局

47. 失业保险局的设立

部长必须设立失业保险局。

48. 失业保险局的权力和职责

(1)保险局必须——

(a)向部长提出以下事项的建议——

(ⅰ)失业保险政策;

(ⅱ)适用本法所产生的政策;

(ⅲ)减少失业的政策;和

(ⅳ)制定减轻失业影响的计划。

(b)就影响失业政策或失业保险政策的立法,向部长提出变更建议;和

(c)履行部长为了赋予本法效力的目的所要求的其他任何职责。

(2)保险局必须按以下规定行使权力和履行职责:

(a)本法的规定和第50节规定的其章程;

(b)部长发布的任何指令;和

(c)总干事确定的任何指南。

49. 失业保险局的组成

49.(1)失业保险局由以下人员组成:

(a)1名主席,其由部长任命、具有审议性投票权和决定性投票权;

(b)部长任命的12名投票权成员;和

(c)有投票权的专员。

(2)第(1)分节(b)段中提及的成员中——

(a)3名成员必须由NEDLAC提名,代表有组织的劳工;

(b)3名成员必须由NEDLAC提名,代表有组织的商业;

(c)3名成员必须由NEDLAC提名,代表社区和发展利益的组织;和

(d)3名人员必须由部长任命,代表国家利益。

(3)以下规定中的保险局一成员——

(a)第(1)分节(a)和(b)段,任期3年且有资格连任;和

(b)第(1)分节(c)段,在官方任职资格上是保险局的成员。

(4)若一成员具有以下情形,该成员职位空缺——

(a)部长按第(5)分节中的规定解除其职务;或

(b)以书面形式通知部长辞职。

(5)部长可以在以下情况下解除保险局成员的职务——

(a)第(2)分节(a)、(b)或(c)段规定的任何成员,经NEDLAC要求;

(b)严重失职;

(c)永久丧失行为能力;

(d)未经保险局事先同意,缺席保险局3次会议,除非该成员证明有正当理由;或

(e)从事可能损害保险局职能的任何活动。

(6)若保险局一成员在其任期届满前职位空缺,部长必须根据第(1)、(2)分节填补该期限未到期的职位空缺。

50. 失业保险局的章程

(1)保险局必须在任命其成员后尽快起草和通过经部长批准的章程。

(2)保险局的章程——

(a)必须规定——

(ⅰ)保险局各专门委员会的设立和其职能,其中必须包括一上诉委员会;

(ⅱ)受第(3)分节约束,召集和召开保险局及其各专门委员会会议的规则,包括出席会议的法定人数和保存会议纪要的规则;

(ⅲ)受第49节第(1)分节约束,保险局及其各专门委员会不同成员的投票权和作出决定的方式;

(ⅳ)保险局成员的行为准则;

(ⅴ)确定以仲裁方式解决涉及章程解释和适用的任何争议;

(ⅵ)受第(4)分节约束,修正章程的程序;和

(b)可规定——

(ⅰ)将保险局的权力和职责指派和委派给其成员、各专门委员会和雇员,但是保险局可以——

(aa)对任何指派或委派施加条件;

(bb)不剥夺依据该权力指派或该职责委派的任何权力或职责;

(cc) 可以变更或撤消按任何指派或委派作出的任何决定;和

(ii) 为履行保险局职能所必要的其他任何事项。

(3) 对审议提请修正章程的保险局会议,必须提前至少 30 日发出通知。

(4) 对修正章程,要求经保险局至少三分之二成员投赞成票通过并经部长批准。

51. 失业保险局的管理和资源供给

(1) 专员负责管理保险局的事务。

(2) 为能使保险局有效履行其职能,总干事必须为保险局提供必要的财政、行政资源和根据管辖公共服务的法律提供必要的职员。

(3) 专员必须在每月结束后实际可行尽快会商保险局后——

(a) 确定失业保险基金提供给保险局公共服务和资源的价值;和

(b) 从失业保险基金中支付上述服务和资源。

52. 失业保险局成员的薪酬和津贴

必须向非国家全职雇用的保险局成员或其各专门委员会成员支付部长根据国库发布的财政指令所确定的薪酬和津贴。

53. 失业保险局成员的补偿

保险局成员在根据本法因善意行为产生的维护或反对法律诉讼时所发生有关全部诉讼费用、成本和支出,可以得到补偿。

第 7 章 规章

54. 规章

部长会商保险局后,可以制定涉及以下任何事项的规章——

(a) 产生于或导致表 1 中规定的过渡条款的事项;或

(b) 对规定赋予本法目的和条款以效力所必要的或有益的事项。

55. 发布规章的程序

(1) 除非公共利益要求不延迟地发布规章,部长在意图发布规章时必须遵循以下程序:

(a) 必须在《公报》中以公告方式和至少一种共和国全境传播的通讯手段,宣告发布规章的意图;

(b) 公告必须阐明——

(i) 规章草案已征求公众意见;

(ii) 规章草案的性质;

(iii) 可以获取规章草案副本的地点;

(ⅳ)反馈公众意见的地点。

(c)必须允许利害当事方对规章发表意见的期限至少 1 个月,自宣告之日起算;和

(d)在发布或修正规章之前,必须考虑收到意见、全部讨论和商议的内容。

(2)第(1)分节的规定不适于——

(a)矫正文本错误的任何规章;或

(b)部长按表 1 第 2 项中的规定,撤消《1966 年失业保险法》(1966 年第 30 号法)下作出的或发布的任何规章或通告。

(3)仅可以与财政部共同发布或修正影响国家收入或支出的规章。

第 8 章 总则

56. 雇主提供的信息

(1)每位雇主必须在作为雇主开始活动时尽快向专员提供第(2)分节中规定的关于其雇员的信息,不考虑这些雇员的收入。

(2)第(1)分节中规定的信息必须——

(a)包括雇主营业和其任何分支机构的街道地址;

(b)若雇主未居住在共和国境内或者是未在共和国境内注册的法人团体,包括根据本法要求履行雇主职责的被授权人的详情;和

(c)包括每位雇员的姓名、身份证号和月薪酬,并必须列明雇用该雇员的地址。

(3)每位雇主必须在每月第 7 日之前将依据第(1)分节提供的任何信息中的上个月期间任何变化通报给专员。

(4)专员可以要求雇主在请求的 30 日内或专员允许的延长期内,提供赋予本法目的以效力的合理要求的补充详情。

57. 数据库的创建和维护

(1)专员必须创建、维护缴款人、受益人和雇主的数据库。

(2)根据本法支付的任何救济金必须以包含在该数据库中的信息为基础,并按以下提供——

(a)由缴款人或被抚养人;

(b)依据本法第 56 节;和

(c)依据《失业保险缴款法》。

(3)(a)专员为了根据本法确定救济金的支付,可以进入包含社会保障信

息的国家数据库。

(b)为了上述(a)段的目的,专员必须与其他国家机构合作以连接各自的数据库。

58. 总干事的权力和职责

(1)根据本法赋予或施加给总干事的权力和职责,是追加赋予或施加给作为劳工部首脑的总干事的权力和职责。

(2)总干事必须根据《1999年公共财政管理法》(1999年第1号法)履行涉及基金的信托职责。

(3)总干事受其确定的条件的约束,可以将根据本法授予或施加给他的任何权力和职责授权或委派给基金的任何官员。

(4)根据本节授权或委派下所行使的任何权力或履行的任何职责,必须视为总干事已经行使或履行了。

(5)依据本节进行的授权或委派,不限制总干事行使所授权力或履行所派职责的权威。

(6)总干事会商保险局后,可以——

(a)购买或以其他方式获取为了本法目的所要求的不动产;

(b)转让或出租上述所获取的任何不动产;或

(c)允许按总干事确定的条款将上述获取的任何不动产用于赋予其他任何法律以效力。

(7)总干事可以购买或以其他方式获取为了赋予本法效力的目的所要求的任何动产,并可以——

(a)出售该财产或以其他方式勾销涉及该财产的损失和缺陷;或

(b)允许按总干事确定的条款将上述获取的任何动产用于赋予其他任何法律以效力。

(8)总干事在任何时间认为欠基金的任何金额或基金已支付的任何金额(包括从基金骗取的金钱)不可能或不应当收回,可以指令勾销该金额。

(9)总干事可以——

(a)任命代理人或授权代理机构办公室担任对协助总干事、专员、保险局或基金在适当管理本法中所必要的就业办公室;和

(b)授予代理人或上述办公室官员对赋予本目标以效力所必要的职能。

(10)尽管有第10节第(1)分节的规定,若总干事认为基金的收入不足以或未以要求比率增长来满足基金的支出、或满足未来合理预期的救济金申请,总干事必须——

(a)将该事实通报给部长、精算师和保险局;和

(b)会商保险局后,就此事项向部长提出建议。

(11)总干事可以代表基金依据《1999 年公共财政管理法》(1999 年第 1 号法)第 66 节第(3)分节(b)段借款。

(12)尽管有第 11 节的规定,总干事必须在每个财年结束后 6 个月内或之后实际可行期限尽快就以下事项向部长提出书面报告:

(a)保险局和其专门委员会正在履行其职能的方式;

(b)已经向其支付救济金的失业缴款人数量和救济金总额;

(c)已经分别向其支付疾病、孕育或收养救济金的缴款人数量,和此支付的总额;和

(d)已经向其被抚养人支付救济金的死亡缴款人数量,和此支付的总额。

(13)若议会在开会,第(12)分节中规定的报告随同基金的收支报表、资产平衡表必须在部长收到后 30 日内提交给国民大会;若议会未开会,必须在下次会议开始前 14 日内提交。

59. 免除印花税的某些文书

若基金在法律上应支付印花税,依据本法发出的任何文书免除印花税。

60. 基金雇员造成损失的恢复

(1)为了本节目的,对基金造成的损失或损害包括——

(a)作出或授权——

(i)基金钱款的非常规支付;

(ii)无适当支持凭证的支付。

(b)未履行职责导致基金钱款的无益支出;

(c)基金任何钱款、印章、证券、具有表面或潜在价值的文件、或基金财产中的缺陷;

(d)对基金任何财产的损害;和

(e)导致针对基金的向法院请求的行为或遗漏。

(2)若基金雇员对基金造成任何损失或损害,总干事可以——

(a)对该损失或损害展开调查;

(b)确定雇员是否对损失或损害负责;

(c)若认定雇员对损失或损害负责,确定——

(i)该损失或损害的数额;和

(ii)雇员如何和何时支付该金额;和

(d)将依据本分节作出的任何决定,书面通知该雇员。

(3)若在终止雇员雇用时仍有涉及依据第(2)分节作出的决定的任何未支付金额,可以从应付该雇员的任何金钱中扣除该欠款金额。

(4)不服总干事所作决定的任何雇员,可以在依据第(2)分节(d)段给予通知之日起 30 日内,根据可适用于国家雇员的申诉程序向部长提出上诉。

(5)本节中的任何规定不阻止总干事——

(a)在主管法院提起诉讼程序,追偿现在是或曾经是公务员的雇员所造成的损失或损害;或

(b)对上述(a)段中的雇员启动纪律程序;或

(c)启动上述(a)和(b)段中规定的程序。

61. 损失恢复通则

(1)为了本节的目的,基金的损失或损害指——

(a)雇员的非常规支付,或未支付依据本法或《失业保险缴款法》欠专员的钱款;

(b)缴款人未将救济金支付期间的继续工作告知专员;

(c)因错误陈述或欺诈性请求而支付基金钱款;

(d)任何未遵守本法规定施加的职责对基金导致的损失或损害。

(2)对基金导致损失或损害的任何人,犯下违法行为。

(3)法院可以根据宣判一人员犯有第(2)分节规定的违法行为,确定对基金造成损失或损害的金额。

(4)被判犯下第(2)分节规定的违法行为的任何人,必须按总干事确定的条款和条件向基金偿还该损失。

(5)总干事可以准许分期支付该金额。

(6)若对基金的损失归因欺诈性救济金请求,可以从按本法规定向缴款人或被抚养人作出的任何未支付救济金中偿还该损失。

(7)本节中的任何规定不阻碍总干事在任何主管法院提起法律程序,追偿任何人对基金造成的任何损失或损害。

62. 证据

(1)若合法提交以下任何文件,除非存在相反证据,推定其在无制作者签字证据情况下已由制作者证明属实:

(a)总干事、保险局或任何委员会作出决定的记录;

(b)总干事、保险局或任何委员会保存的任何账簿或记录中的记载副本或摘录;或

(c)在总干事、保险局或任何委员会归档的任何文件。

(2)在本法下的任何程序中,总干事宣称作出的宣誓书是该宣誓书中载明的以下任何事实的证据:

(a)任何人或个人团体是本法下的雇主或缴款人;

(b)本法下现在或曾经合法要求任何人向总干事支付任何金额;或

(c)上述(b)段中提及的任何金额或其任何部分已经或未在宣誓书规定日期支付。

(3)(a)在提交第(2)分节任何宣誓书证据之程序中的主审官员,可以自行要求,或经程序的任何当事方请求必须要求,传票中的宣誓证人提供口头证据或在宣誓下回答提交给主审官员的任何书面问题。

(b)来自该证人的任何问题和回答可以采信为该程序中的证据。

(4)除非证明相反,推定缴款人仍处于雇主雇用中,直至雇主通知总干事该缴款人不再被其雇用。

(5)在本法下的任何程序中,除非经证明雇主未作出陈述,以下任何文件可以采信为针对该雇主的证据,并构成采信该文件中载明的事实:

(a)包含在任何雇主保存的任何账簿、记录或文件中的陈述或记载;

(b)在雇主占有的任何建筑物中发现的上述陈述或记载;和

(c)在用于雇主营业的任何车辆中发现的上述陈述或记载;和

(d)上述任何陈述或记载的副本或复制本,经专员宣誓证明是原始陈述的真实副本或复制本。

(6)在询问过程中对有人依据第60节第(2)分节(a)段提出的或劳工督察提出的任何问题的回答,不得在任何刑事诉讼中用于针对该人,但是涉及指控伪证或作虚假陈述的诉讼程序除外。

63. 信息披露

(1)受《2000年促进获取信息法》(2000年第2号法)规定的约束,任何人不得披露其在履行本法规定职能中获得的信息,但是以下除外——

(a)对适当管理本法规定所必要的范围内;

(b)为了司法管理的目的;或

(c)经部长、总干事或有权获得该信息的其他任何人的请求。

(2)违反第(1)分节的任何人犯下违法行为。

64. 普遍禁止的行为

(1)任何人不得——

(a)在根据本法的救济金申请中,故意作出或导致作出实质上是虚假的或导致错误支付救济金的陈述;

(b)故意在缴款人记录卡或其他任何薄册、记录或文件上对涉及缴款人的雇用史或救济金请求作出任何虚假记载;

(c)违反、拒绝、不遵守或不完全遵守本法或根据本法发布的规章或通告的任何规定。

(2)违反第(1)分节(a)、(b)或(c)段的任何人犯下违法行为。

65. 惩罚

根据本法宣判犯下违法行为的任何人,应当被处以罚金、监禁或两者并处。

66. 劳工法院的管辖权

本法另有规定除外,劳工法院依据本法对全部相关事项具有管辖权,但是依据本法涉及的违法行为除外。

67. 向劳工法院陈述案件

(1)若产生涉及本法适用的任何法律问题,总干事可以亲自提议或经此事项中具有充分利益的当事方请求,向劳工法院陈述案件、请求其作出决定。

(2)总干事必须在其陈述案件中列出——

(a)已经认定被证明的事实;和

(b)已经采纳的与这些事实有关的法律意见。

(3)若总干事怀疑劳工法院作出的涉及本法适用的一法律问题的判决的正确性,他可以将该判决提交劳工上诉法院。

68. 部长的授权和委派

(1)部长可以将依据本法授予或施加给他的任何权力或职责,书面授权或委派给总干事或公共服务部门中的任何雇员,但是依据第43节、第47节、第48节第(2)分节(b)段、第50节第(1)和(4)分节、第52节、本节和第69节的部长权力和部长制定规章、发布公告的权力除外。

(2)根据第(1)分节的授权和委派不限制部长行使被授权权力和履行被委派职责的权威。

(3)根据第(1)分节被授予权力或被委派职责的任何人,必须按部长指示行使该权力和履行该职责。

(4)部长可以随时——

(a)撤销第(1)分节中的授权或委派;

(b)撤销或修改依据第(1)分节被授权或被委派的人在行使权力或履行职责中作出的决定。

69. 为本法目的视为缴款人的人

(1)部长可以在收到规定形式的申请后,与保险局共同采取《公报》中公告方式宣布,自公告中指定日起,任何特定类别的人员、受雇于特定业务或部分业务或任何特定地区的雇员,必须视为为了本法目的的缴款人。

(2)第55节第(1)分节中提及的程序,经必要变更后,适用于上述第(1)分节下发布的公告。

70. 法律的废止

兹废止《1966年失业保险法》(1966年第30号法),但是表1中规定的内容除外。

71. 过渡性安排

表1中的规定适用于从其他法律向本法的过渡。

72. 本法约束国家

本法约束国家。

73. 短标题和生效

(1)本法称为《2001年失业保险法》,自总统在《公报》中以公告方式指定的日期生效。

(2)可以在第(1)分节下对本法的不同条款规定不同日期。

表1 过渡性安排

1. 定义

本表中的"《1966年失业保险法》",指《1966年失业保险法》(1966年第30号法)。

2. 规章

按《1966年失业保险法》制定的、在本项生效前有效的任何规章,继续有效,直至部长在《公报》中以公告方式撤销。

3. 失业保险基金资产、负债、权利和义务的转移

按《1966年失业保险法》设立的失业保险基金的所有资产、负债、权利和义务转移至按第4节设立的基金。

4. 失业保险局的持续性

(1)按《1966年失业保险法》设立的失业保险局及其分委员会继续存在,直至部长根据第47节建立保险局。

(2)按《1966年失业保险法》任命的保险局成员继续任职,直至部长根据第49节已经任命保险局成员。

5. 对失业保险基金的请求

按《1966 年失业保险法》向基金作出的全部请求继续有效,且必须依据该法完成。

6. 对救济官决定的上诉

(1)根据《1966 年失业保险法》针对救济官决定的任何上诉继续有效,且必须依据该法完成。

(2)为了上述第(1)分项的目的,按《1966 年失业保险法》设立的救济金上诉委员会继续存在,直至所有上诉处置完毕。

7. 调查和起诉

(1)依据《1966 年失业保险法》进行的、在本法生效时未完成的任何调查,必须根据该法处理完毕。

(2)依据《1966 年失业保险法》启动的、在本法生效时未完成的任何起诉,必须根据该法处理完毕。

8. 本项生效时雇主向雇员提供详情的责任

(1)在本项生效后 7 日内,每位雇主必须将其雇用的全体雇员之第 56 节第(2)分节中规定的信息,提交给专员,不考虑上述雇员的收入。

(2)专员可以要求雇主在该要求的 30 日内或该专员同意的延长期内,提供为赋予本法目的以效力合理要求的补充详情。

表 2 缴款人享受救济金的数学计算

缴款人有权享受的救济金可以依赖缴款人失业前的收入,按以下两种方式之一计算:

1. 收入低于特定金额(救济金转换收入水平)的缴款人,有权享受其以前收入一定比例的救济金。

2. 收入高于救济金转换收入水平的缴款人,有权享受固定救济金,其等于以前按救济金转换收入水平支付给他的额度。

救济金转换收入水平

《1953 年国际劳工组织公约》(第 102 号公约)规定,一名体力技工劳动者的薪酬应当决定对一项社会保险计划成员设定上限的适当收入水平。多年来,南非失业保险计划与该项方针大致保持一致。因此,救济金转换收入水平与该比率有关。

当前收入上限为每月 8099 兰特。为本法目的,这将成为最初救济金转换收入水平。但是,根据第 12 节第(3)分节(a)段,部长可以随时变更救济金转换收入水平,以反映收入变化模式。

以前收入低于救济金转换收入水平的缴款人

对以前收入低于救济金转换收入水平的缴款人,有权享受救济金额与收入有关。缴款人享受的救济金额根据以下公式计算:

救济金 = 日收入 × IRR

其中,IRR 指反映缴款人日收入的收入替代率。

日收入:

若缴款人的薪酬为周付,日收入为周付薪酬除以 7。

若缴款人的薪酬为两周付,日收入为两周付薪酬除以 14。

若缴款人薪酬为月付,日收入为月付薪酬乘以 12、除以 365。

收入替代率:

收入替代率决定缴款人有权享受的救济金,即以前收入的具体比例。收入替代率是变动的,因此其定义为比例范围。以前收入较低的缴款人有权享受比以前收入更高的缴款人所享受的更大比例的救济金。

收入为 0 时,收入替代率达到最大值;收入等于救济金转换收入水平时,收入替代率为最小值。收入替代率的最大值当前定为 60%,收入替代率的最小值当前为 38%。但是部长可根据第 12 节第(3)分节(b)段变动收入替代率的最小值。

依据当前值,收入替代率可以根据以下公式计算:

$$IRR = 29.2 + (99779.68/(3239.6 + Y_i))$$

其中,Y_i 指缴款人的月收入率。(单位的一致性是极其重要的。根据日收入率或周收入率计算 IRR 时,请参阅以下技术说明中关于 IRR 公式更详细的解释。)

缴款人以前收入高于救济金转换收入水平

收入高于救济金转换收入水平的缴款人,有权享受等于救济金转换收入乘以 IRR 的固定救济金。

当前救济金转换收入为每月 8099 兰特,计算得出每日 101.18:

日收入 = (8099 × 12)/365 = 266.2685

IRR = 38% 或 0.38

救济金 = 266.2685 × 0.38 = 101.18

救济金的期间

根据第 13 节第(3)分节,缴款人雇用每满 6 日即有资格获得一日救济金,上限为最多 238 日(34 周)。因此,缴款人在持续雇用 4 年后有资格领取最长期限的救济金。若缴款人根据本法已在前 4 年获得了救济金(孕育救济金除外),缴款人有资格领取救济金的日数将相应减少。

计算缴款人有权享受救济金的日数:

1. 确定缴款人在提出救济金申请之日的前 4 年里,缴款人被雇用(且缴款)的总日数。

2. 将总日数除以 6,忽略结果的余数或小数点部分。

3. 减去缴款人根据本法在前 4 年里获得救济金(孕育救济金除外)的日数(若有)。

救济金支付的总额

缴款人在任何给定期限内有权享受的救济金总额,应当是救济金享受额乘以缴款人在该支付期限内有资格领取救济金的日数。

IRR 计算的技术说明

收入替代率(IRR)的比例范围表现为函数 $y = 1/x$ 产生曲线图像(等轴双曲线)的一部分,y 轴代表收入 IRR,x 轴代表收入。但是,为了将此曲线与有特定含义的值相联系,需调整公式。

通过以下三个步骤,计算与任何给定的低于救济金转换水平的收入相关的 IRR:

1. 将收入比率转化成 x 轴的相应值(X_i)。此公式为:

$$Y_i = (X_i - X_1) Y_{LRR} / (X_2 - X_1) \qquad (1)$$

其中:

Y_i 指缴款人的收入比率;

Y_{LRR} 指救济金转换收入水平;和

X_1 和 X_2 是确定计算 IRR 的曲线图部分的常数。

当前参数 Y_{LRR}、X_1 和 X_2 为:

$Y_{LRR} =$ 每月 8099 兰特

$X_1 = 2$

$X_2 = 7$

利用上述值,表达式(1)可以简化为:

$$X_i = 2 + (Y_i/1619.8) \qquad\qquad (1a)$$

其中,Y_i 指月收入比率。[确保缴款人的收入比率(Y_i)和救济金转换收入水平(Y_{LRR})的表达使用相同单位——月、周或日非常重要。]

2. 利用总公式,根据计算出的 x 值计算相应的 y 值:

$$y = 1/x \qquad\qquad (2)$$

因此:

$$y_1 = 1/x_1$$

$$y_2 = 1/x_2$$

$$y_i = 1/x_i$$

3. y_i 值可以转化为相应的 IRR。此公式为:

$$IRR = LRR + (y_i - y_2)(URR - LRR)/(y_1 - y_2) \qquad (3)$$

其中:

IRR 指收入替代率;

LRR 指低(最小)收入替代率;和

URR 指高(最大)收入替代率。

当前参数 LRR、URR、y_1 和 y_2 为:

$$LRR = 38\%$$

$$URR = 60\%$$

$$y_1 = 1/2$$

$$y_2 = 1/7$$

利用上述值,表达式(3)可以简化为:

$$IRR = 61.6y_i + 29.2 \qquad\qquad (3a)$$

表3　缴款人享受救济金的范围

(第 12 节第(2)分节)

(1)表 1 是缴款人有权享受的救济金范围。纵列 1 设为缴款人每月获得薪酬比率。纵列 2 设为缴款人每月收入中可作为救济金支付的百分比。纵列 3 设为实际以兰特支付的救济金额。

(2)低于救济金转换收入水平的救济金与收入相关,且随着收入的增长以一定比例降低。

(3)缴款人和缴款人的雇主的收入高于每年 97188 兰特的收入阈值的,应当缴纳阈值的 1% 作为保费,此收入的缴款人应当在此阈值水平上获得救

济金。

下表为不同收入水平的救济金例证，以每年 97188 兰特的转换收入为基准。

下表中的不同数额根据表 2 中的公式计算。

IRR＝收入替代率。

以每月为基准应付的救济金近似值：

收入	IRR＝UI	救济金
150.00	58.64	87.96
300.00	57.39	172.17
500.00	55.88	279.41
700.00	54.53	381.69
1000.00	52.74	527.35
1500.00	50.25	753.79
2000.00	48.24	964.87
2000.00	48.24	964.87
3000.00	45.19	1355.74
3075.57	45.00	1384.01
4000.00	42.98	1719.30
5000.00	41.31	2065.49
6000.00	40.00	2399.95
7410.00	38.57	2857.99
8099.00	38.00	3077.62
10000.00	30.78	3077.62

以每周为基准应付的救济金近似值：

收入	IRR＝UI	救济金
34.62	58.64	20.30
69.23	57.39	39.73

续表

收入	IRR＝UI	救济金
115.38	55.88	64.48
161.54	54.53	88.08
230.77	52.74	121.70
346.15	50.25	173.95
461.54	48.24	222.66
692.31	45.19	312.86
709.75	45.00	319.39
923.08	42.98	396.76
1 153.85	41.31	476.65
1 384.62	40.00	553.83
1 710.00	38.57	659.54
1 869.00	38.00	710.22
2 307.69	30.78	710.22

以每日为基准应付的救济金近似值：

收入	IRR＝UI	救济金
4.93	58.64	2.89
9.86	57.39	5.66
16.44	55.88	9.19
23.01	54.53	12.55
32.88	52.74	17.34
49.32	50.25	24.78
65.75	48.24	31.72
98.63	45.19	44.57
101.11	45.00	45.50
131.51	42.98	56.52

续表

收入	IRR = UI	救济金
164. 38	41. 31	67. 91
197. 26	40. 00	78. 90
243. 62	38. 57	93. 96
266. 27	38. 00	101. 18
328. 77	30. 78	101. 18

以上各表中应付的 UI 救济金将在缴款人累计救济金日数的期间内支付。

（肖晨刚、邓瑞平译，邓瑞平审校）

✱ 张梦媛*

南非《2017 年国际仲裁法》简介

　　南非于 1965 年颁布了第一部《仲裁法》(以下简称《1965 年仲裁法》),并与后来的《1977 年承认和执行外国仲裁裁决法》共同调整南非仲裁案件。但与多数国家仲裁法律不同的是,《1965 年仲裁法》未包含有关外国仲裁的内容,只调整国内仲裁。为克服该法的局限性,在长达 50 年后才出现调整与本国有关的国际商事仲裁法,即《2017 年国际仲裁法》(以下简称本法)。本法是南非一部具有划时代意义的法律。本法结合联合国国际贸易法委员会(UNCITRAL)《国际商事仲裁示范法》的具体规定,采纳了 1958 年《纽约公约》的相关内容,建立了南非较完整、系统的国际商事仲裁法律制度。

一、本法的制定背景与过程

　　南非仲裁法的发展较为缓慢,也具有较长时期的稳定性。《1965 年仲裁法》仅规定了南非国内仲裁的相关内容,即其调整的范围限于本国自然人、法人相互间的可以仲裁的争端。与外国仲裁相关的仲裁事项由《1977 年承认和执行外国仲裁裁决法》调整。

　　无论是《1965 年仲裁法》还是《1977 年承认和执行外国仲裁裁决法》,距今已过去几十个年头,从法律制度的具体内容乃至法律制度涵盖的范围,早已不能满足现实需求。近年来南非的经济发展面临新的机遇,作为非洲南部最大的国家

---

　　* 张梦媛[1994—　　],女,江苏省徐州市泉山区人,西南政法大学国际法学专业 2016级硕士研究生。

以及金砖国家成员,其国内贸易投资总量急剧增长,来源于外国的投资不断促使着南非国内法律制度的完善与升级,投资争端解决制度改革迫在眉睫。在此背景下,南非开始制定能够符合现实需求的仲裁法律,以体现顺应国际社会改革国际经贸仲裁制度的潮流,和促进自身法律体系升级,创建安全良好的投资环境。

本法的制定最早可以追溯到 20 年前。1998 年,南非法律改革委员会起草了关于国际商事仲裁的报告,提议将 UNCITRAL《国际商事仲裁示范法》纳入南非仲裁制度中,然而这一构想直至 2016 年才得以正式形成。2016 年 3 月,南非政府内阁正式批准《国际仲裁法》草案,提交议会表决。总统府部长哈迪拜在内阁会议结束后的发布会上称,外国投资者可根据该法解决争端,有利于加强南非在世界贸易投资中的地位①。2017 年 4 月 21 日,议会公布了草案,同年 12 月经议会正式通过、总统签署,正式发布本法,标志着南非国际商事仲裁法律制度自此步入了国际化进程。

本法的制定是南非商事仲裁制度发展史上的一座里程碑。从其内部看,不仅改变了半个世纪以来停滞不前的仲裁法制局面,还为外国投资创造了崭新的法律环境,有利于进一步吸引外国投资。从其外部看,鉴于南非独有的国际身份,其国际化的法律改革牵动着金砖国家乃至国际社会,商事仲裁制度升级为金砖国家投资仲裁合作机制的构建架起沟通桥梁,也为国际仲裁制度的未来发展注入了新生力量。

二、本法的结构与主要内容

(一)本法的结构

本法的结构为:总则、国际商事仲裁、仲裁协议和外国仲裁裁决的承认与执行、过渡与其他条款、四个附表(UNCITRAL 国际商事仲裁示范法、UNCITRAL 调解规则、承认和执行外国仲裁裁决公约、法律的废止或修正)。

(二)本法的主要内容

1. 仲裁管辖范围

仲裁管辖的范围为,当事人同意根据仲裁协议提交仲裁并涉及当事人有

---

① 驻南非使馆经商处:"南非政府内阁通过国际仲裁法案 上交议会表决",中国商务部网站,http://www.mofcom.gov.cn/article/i/jyjl/k/201703/20170302527371.shtml,2018年1月7日访问。

权通过协议处置的任何国际商事争端。但以下两种情况,排除适用本法的国际仲裁:(1)争端无法根据南非任何法律作出仲裁裁决;(2)仲裁协议违反南非公共政策①。本法还进一步明确,仲裁庭不能因法律授权法院或其他仲裁庭而拒绝仲裁②。

2. 仲裁员及仲裁机构的豁免

本法确立了仲裁员和仲裁机构豁免制度。除非被任命的仲裁员或指定的仲裁机构的作为或不作为是恶意做出的,该仲裁员或仲裁机构对其作为仲裁员履行或意图履行职能的作为或不作为不承担责任③。

3. 仲裁程序期间的合并仲裁与调解

本法特色之一是合并仲裁程序和调解程序。经当事人同意,仲裁庭可以将本仲裁与其他关联仲裁合并审理④。仲裁协议各当事人可以在将争端提交仲裁之前或之后,在符合协议条款的情况下,将仲裁协议所涉及的争端提交调解;当事人愿意通过和解解决争端的,可以协商适用《联合国国际贸易法委员会调解规则》⑤。

5. 仲裁程序的保密性

本法对于仲裁程序的保密性进行特别规定。若仲裁是非公开的,裁决和为仲裁而创建的所有非公有领域的文件都必须由当事人和仲裁庭保密,除非这些文件可能被要求披露的法律责任或保护或执行法定权利⑥。

6. 对公共机构的管辖

本法另一特色是对公共机构的管辖。公共机构受《投资保护法》约束时,适用于任何以公共机构为主体的仲裁协议为依据的国际商事仲裁⑦。公共机构包括国家、省级、直辖市等政府部门或行政机构,或者其他职能部门和机构⑧。

7. 仲裁地的确定

按本法规定,仲裁裁决地根据《示范法》第 20 条第(1)款及第 31 条第(3)

---

① Section 7, International Arbitration Act, 2017, South Africa.

② Subection(3), section 7, International Arbitration Act, 2017, South Africa.

③ Subsectons(1),(2), section 9, International Arbitration Act, 2017, South Africa.

④ Section 10, International Arbitration Act, 2017, South Africa.

⑤ Sections 12,13, International Arbitration Act, 2017, South Africa.

⑥ Section 11(2), International Arbitration Act, 2017, South Africa.

⑦ Section 5, International Arbitration Act, 2017, South Africa.

⑧ Section 1, International Arbitration Act, 2017, South Africa.

款确定,即当事人可自行确定,当事人未约定时,仲裁庭在考虑当事人便利的情况下确定仲裁地①。

8. 拒绝承认与执行仲裁裁决的理由

本法规定了拒绝承认与执行仲裁裁决的理由,包括法院裁定仲裁裁决违反南非法律、违反公共政策,或当事一方证明仲裁协议无效等②。

9. 外国仲裁裁决的强制执行

本法规定了外国仲裁裁决的强制执行,即外国仲裁裁决必须在提出申请后成为法院命令,然后可以与法院的任何判决或命令相同的方式强制执行③。

三、本法的意义

尽管本法是南非仲裁法史上第二次立法,但属于其立法进程中第一次重大改革。《1965 年仲裁法》自颁布以来经历了三次修订④,但未有重大实体修改,仍然局限于国内仲裁。《1977 年承认和执行外国仲裁裁决法》虽然涉及了外国仲裁裁决,但在具体规定上早已无法适应日益发展的经济水平,无法服务于南非尽力参与国际经贸交往的迫切需要。

本法是南非国内外因素共同作用下的产物,为南非参与国际商事仲裁法制建设、营造安全良好的国内投资环境奠定了坚实基础。一方面,鉴于南非从2012 年底逐步终止了与他国的多个双边投资协定,投资者在缺乏双边条约保护制度的情况下对南非投资项目十分谨慎,大多持有犹豫观望的态度。因此,本法可以在较大程度上消除外国投资者的疑问,促进吸引外来投资。另一方面,当今各国法律体系中大多规定了较为完善的仲裁制度,随着近年来国际经济的迅速发展以及各国之间日益频繁的贸易投资交往,仲裁法制改革已经势在必行。例如,巴西制定了《2015 年仲裁法》及《2015 年调解法》,2017 年蒙古、澳大利亚、卡塔尔等国陆续修改其《仲裁法》。南非独有的身份地位促使其加快了仲裁法制革新的步伐,因此,本法顺应了国际潮流,是完善本国法律体系的必然选择。此外,金砖国家作为新兴经济体近年来不断加强全方位的务实合作,南非作为非洲南部最大的国家、我国在非洲地区最大贸易投资伙伴

① Section 15, International Arbitration Act, 2017, South Africa.
② Sections 17, 18, International Arbitration Act, 2017, South Africa.
③ Section 16(4), International Arbitration Act, 2017, South Africa.
④ "金砖国家", https://mp.weixin.qq.com/s/qjizSfEpGxHIYHpRc3fDwg, 2018 年 1 月 7 日访问。

之一,其法律的完备有利于我国企业在南非的经贸投资活动,可以保障我国合作者的合法利益,减少因制度缺失、保护主义造成的司法不公、监督不力等现象。

2017 年国际仲裁法*

总统令第 1454 号
(2017 年 12 月 20 日)

兹通知总统已批准下列法律,兹公布基本信息如下:

2017 年第 15 号:2017 年国际仲裁法

(英文文本已由总统签署)

(2017 年 12 月 19 日批准)

引　言

为了规定将联合国国际贸易法委员会通过的《国际商事仲裁示范法》并入南非法律;为了重新规定外国仲裁裁决的承认与执行;为了废止《1977 年外国仲裁裁决承认与执行法》;为了删除一词汇以修正《1978 年商业保护法》;和为了规定相关事项,制定一项法律。

南非共和国国会兹颁布本法,内容如下:

目　录

第 1 章　总则

1. 定义

2. 解释

3. 本法的目标

---

* 根据《南非共和国政府公报》2017 年 12 月 20 日第 630 卷第 41347 号英文本译出。

4. 1965 年第 42 号法的排他性

5. 本法约束公共机构

第 2 章　国际商事仲裁

6. 《示范法》具有法律效力

7. 受国际商事仲裁约束的事项

8. 《示范法》的解释

9. 仲裁员和仲裁机构的豁免

10. 仲裁程序与合并审理

11. 仲裁程序的保密性

12. 调解程序的效力

13. UNCITRAL 调解规则的适用

第 3 章　仲裁协议和外国仲裁裁决的承认与执行

14. 定义

15. 仲裁法定地的确定

16. 仲裁协议和外国仲裁裁决的承认与执行

17. 请求承认或执行仲裁裁决的当事人提供证据

18. 拒绝承认或执行

19. 保留

第 4 章　过渡和其他条款

20. 过渡条款

21. 法律的废止或修正

22. 短标题和生效

附表 1　UNCITRAL 国际商事仲裁示范法

附表 2　UNCITRAL 调解规则

附表 3　承认与执行外国仲裁裁决公约

附表 4　法律的废止或修正

第 1 章　总则

1. 定义

在本法中,除非上下文另有规定——

"仲裁协议",指《示范法》第 7 条所指的仲裁协议。

"调解",包括调停。

"宪法",指《南非共和国 1996 年宪法》。

"《示范法》",指联合国国际贸易法委员会于 1985 年 1 月 21 日通过的、由该委员会 2006 年 7 月 7 日修正的在附表 1 中采纳的《联合国国际贸易法委员会国际商事仲裁示范法》。

"公共机构",包括——

(a)国家、省级政府或直辖市的地方政府的任何国家或行政部门;

(b)其他任何职能部门或者机构,若其——

(1)依据宪法和地方性宪法行使权力或者履行义务;

(2)依据任何法律行使公共权力或者履行公共义务。

"共和国",指南非共和国。

"UNCITRAL",指联合国国际贸易法委员会。

2. 解释

除非与上下文和宪法冲突,本法第 2 章中使用的词语或词汇具有与其在《示范法》中相同的含义。

3. 本法的目标

本法的目标是——

(a)便利将仲裁用作解决国际商事争端的一种手段;

(b)采纳《示范法》用于国际商事争端;

(c)便利承认和执行某些仲裁协议和仲裁裁决;

(d)受《宪法》约束,根据《承认和执行外国仲裁裁决公约》(1958 年)赋予共和国义务以效力,该公约文本列于本法附表 3。

4. 1965 年第 42 号法的排他性

(1)受第(2)分节约束,《1965 年仲裁法》(1965 年第 42 号法)不适用于本法涵盖的仲裁协议、仲裁裁决或提交的仲裁。

(2)为了本法第 3 章的目的,《1965 年仲裁法》第 2 节适用。

5. 本法约束公共机构

本法受《2015 年投资保护法》(2015 年第 22 号法)第 13 节规定的约束,对公共机构具有约束力,并适用于依据公共机构为一方当事人的仲裁协议的任何国际商事仲裁。

第 2 章　国际商事仲裁

6.《示范法》具有法律效力

《示范法》根据本法规定适用于共和国。

7. 受国际商事仲裁约束的事项

(1)为了本章的目的,当事人根据仲裁协议同意提交仲裁且涉及当事人有权以协议方式处置的任何国际商事争端可以由仲裁决定,除非——

(a)根据共和国的任何法律,一项争端不能由仲裁决定;或者

(b)仲裁协议违反共和国的公共政策。

(2)仲裁不得仅因法律授予法院或者其他法庭决定属于仲裁协议条款范围内事项管辖权而被排除。

8.《示范法》的解释

仲裁庭或法院在解释本章和《示范法》中可以援引的素材包括 UNCITRAL 及其秘书处的相关报告。

9. 仲裁员和仲裁机构的豁免

(1)仲裁员对在履行或意图履行其作为仲裁员之职能中的作为或不作为不承担责任,但证明仲裁员的作为或不作为是非善意做出的除外。

(2)当事人指派或请求的仲裁或其他机构、当局或人员、或任命仲裁员的其他仲裁机构,对在履行其职能或其他有关仲裁职能中的作为或不作为不承担责任,但是证明该作为或不作为是非善意做出的除外。

(3)第(2)分节提及的由其任命或指名仲裁员的机构、当局或人员,因其已经任命或提名仲裁员,对该仲裁员在履行或意图履行仲裁员职能中的任何作为或不作为不承担责任。

(4)本节的规定经上下文要求变通后也适用于——

(a)仲裁员的雇员或仲裁庭任命的人员;

(b)第(2)分节中提及的仲裁或其他机构、当局或者人员的官员和雇员。

10. 仲裁程序与合并审理

(1)仲裁协议各方当事人可以同意——

(a)本仲裁程序与其他仲裁程序合并;或者

(b)按照协议的条款合并审理。

(2)除非当事人同意,仲裁庭不得命令合并仲裁程序或合并审理。

11. 仲裁程序的保密性

(1)除非仲裁庭为了强制性理由另有指示,公共机构是一当事人的仲裁程序应当公开举行。

(2)若仲裁非公开举行,裁决和为仲裁创建的在其他情况下不是公共领域的所有文件,当事人和仲裁庭必须保密,但是因法律职责、保护或执行法律权利要求披露此种文件除外。

12. 调解程序的效力

仲裁协议当事人可以按仲裁协议条款将该协议涵盖的争端,在将该争端提交仲裁之前或之后,提交调解。

13. UNCITRAL 调解规则的适用

意图以调解方式解决其争端的仲裁协议当事人,可以根据本法同意使用本法附表 2 所列的《UNCITRAL 调解规则》。

第 3 章 仲裁协议和外国仲裁裁决的承认与执行

14. 定义

除非上下文另有指定,在本章中——

(a)"认证副本",指以必须认证外国文件使其能在任何法院出示的方式进行认证的副本;

(b)"公约",指《1958 年承认和执行外国裁决公约》,其内容载于附表 3;

(c)"法院",指《2013 年高等法院法》(2013 年第 10 号法)第 6 节第(1)分节提及的高等法院的任何部门,或有管辖权的任何地方法院;

(d)"外国仲裁裁决",是指在除共和国以外的一国家领土内作出的仲裁裁决。

15. 仲裁法定地的确定

为了本章目的,一项裁决视为在根据《示范法》第 20 条第(1)款和第 31 条第(3)款规定所确定的仲裁法定地作出。

16. 仲裁协议和外国仲裁裁决的承认与执行

(1)受第 18 节约束,必须按公约和本章规定在共和国境内承认、执行仲裁协议和外国仲裁裁决。

(2)外国仲裁裁决在该外国仲裁裁决当事人之间具有约束力,此等当事人可以以抗辩、撤销方式或另外情况下的任何法律程序中依赖该裁决。

(3)外国仲裁裁决必须经申请作出法院令,然后按照本节、第 17 和 18 节规定,以与法院判决或命令相同方式予以执行。

(4)《示范法》第 8 条经必要变通后适用于第(1)分节提及的仲裁协议。

17. 请求承认与执行仲裁裁决的当事人提供证据

寻求承认或执行外国仲裁裁决的一方当事人必须提交——

(a)(ⅰ)裁决书原件和据此作出裁决的仲裁协议原件,以必须认证外国文件使其能在任何法院出示的方式认证;

(ⅱ)该裁决书和该协议的认证副本。

(b)若仲裁协议或裁决书是共和国官方语言之一以外的语言,以必须认证使其能够提交法院的方式认证的该协议或仲裁书的宣誓译本;但是,若法院认为是适当的,法院可以将涉及外国仲裁裁决或仲裁协议存在的其他文件证据接受为充分证据。

18. 拒绝承认或执行

(1)法院仅可以拒绝承认或执行具有以下情形的外国仲裁裁决:

(a)法院裁定——

(ⅰ)按共和国法律,不准许将争端的主题事项提交仲裁;或者

(ⅱ)承认或执行该裁决违反共和国公共政策;或者

(b)被请求的裁决所针对的当事人证明结果使法院认为——

(ⅰ)仲裁协议的一方当事人按可适用于该当事人的法律无资格缔结合同;

(ⅱ)按当事人使仲裁协议服从的法律,该仲裁协议无效;或者若当事人使仲裁协议未服从任何法律,按裁决作出地法律,该仲裁协议无效;

(ⅲ)他或她未接到关于指定仲裁员或仲裁程序的规定通知,或在其他情况下未能陈述其案件;

(ⅳ)该裁决处理了仲裁裁判条款没有规定的或不属于仲裁裁判条款范围内的争端,或者其包含了超出提交仲裁范围的事项的决定,但受第(2)分节规定的约束;

(ⅴ)仲裁庭的组成或仲裁程序没有按相关仲裁协议进行,或者若该协议没有规定此类事项,没有根据仲裁举行地国家的法律进行;或

(ⅵ)该裁决对各当事人还没有约束力,或者被裁决作出地国家的主管机构或按裁决作出地法律撤销或中止。

(2)包含对未提交仲裁事项作出决定的裁决,可以在其包含提交仲裁事项的决定能够与未提交仲裁事项的决定相分开的范围内予以承认或执行。

(3)若已经向第(1)分节第(b)条款(ⅳ)分条款提及的主管机构作出撤销或者中止裁决的申请,被请求承认或执行的法院若认为适当,可以——

(a)中止其执行该裁决的决定;和

(b)经请求执行的一方当事人申请,命令对方当事人提供适当担保。

19. 保留

本章的规定不影响承认或执行外国仲裁裁决的其他任何权利,包括《示范法》第35条赋予的权利。

第 4 章　过渡和其他条款

20. 过渡条款

(1)本法第 2 章适用于国际商事仲裁协议,不论此等协议是在本法第 2 章生效之前或之后生效;也适用于按该协议的每项仲裁。但是,本节不适用于本法第 2 章生效前已经开始的仲裁程序。

(2)为了本节的目的,仲裁程序的启动日是双方同意启动仲裁程序开始之日,或若未达成此协议,被申请人收到将争端提交仲裁的请求之日。

(3)本法第 2、3 章适用于每一仲裁裁决,不论其在这些章生效日之前或之后作出,但是,

(a)《1977 年承认和执行外国仲裁裁决法》(1977 年第 40 号法)下执行仲裁裁决的程序;或者

(b)《1965 年仲裁法》(1965 年第 42 号法)下执行、撤销或豁免程序,若在本法第 2、3 章生效之前已经开始,继续进行,直至其完成,如同本法第 2、3 章没有生效。

21. 法律的废除或修正

附表 4 所述的法律在第三栏所列的范围内被废止或修订。

22. 短标题和生效

本法称为《2017 年国际仲裁法》。

附表 1

UNCITRAL 国际商事仲裁示范法

(联合国国际贸易法委员会于 1985 年 6 月 21 日通过,并经上述国际贸易法委员会 2006 年 7 月 7 日修正。经适当修改后的文本如下)

目　录

第 I 章　总则

第 1 条　适用范围

第 2 条　定义和解释规则

第 2A 条　国际渊源和一般原则

第 3 条　书面通讯的接收

第 4 条　反对权的放弃

第 5 条　法院干预的程度

第 6 条　法院协助和监督仲裁的特定职能

第 II 章　仲裁协议

第 7 条　仲裁协议的定义和形式

第 8 条　仲裁协议和法院面前的实体请求

第 9 条　仲裁协议和法院的临时措施

第 III 章　仲裁庭的组成

第 10 条　仲裁员人数

第 11 条　仲裁员的任命

第 12 条　仲裁员回避的理由

第 13 条　回避的程序

第 14 条　未能或者不能履职

第 15 条　替代仲裁员的任命

第 IV 章　仲裁庭的管辖权

第 16 条　仲裁庭裁决其管辖权的职权

第 IVA 章　临时措施

第 1 节　临时措施

第 17 条　仲裁庭命令临时措施的权力

第 17A 条　准许临时措施的条件

第 2 节　适用于临时措施的规定

第 17D 条　变更、暂停、终止

第 17E 条　提供担保

第 17F 条　披露

第 17G 条　费用和损害

第 3 节　临时措施的承认和执行

第 17H 条　承认和执行

第 17I 条　拒绝承认或执行的理由

第 4 节　法院命令的临时措施

第 17J 条　法院命令的临时措施

第 V 章　仲裁程序的进行

第 18 条　平等对待各方当事人

第 19 条　程序规则的确定

第 20 条　仲裁法定地

第 21 条　仲裁程序的开始

第 22 条　语言

第 23 条　请求与抗辩陈述

第 24 条　听审和书面程序

第 25 条　一方当事人不履行

第 26 条　仲裁庭任命的专家

第 27 条　法院协助取证

第 VI 章　裁决的作出和程序的终止

第 28 条　适用于争端实体的规则

第 29 条　仲裁员小组的决策

第 30 条　和解

第 31 条　裁决的形式和内容

第 32 条　程序的终止

第 33 条　裁决的更正和解释、补充裁决

第 VII 章　对仲裁裁决的补救

第 34 条　申请撤销作为针对仲裁裁决的专属补救

第 VIII 章　裁决的承认和执行

第 35 条　承认和执行

第 36 条　拒绝承认或执行的理由

第 I 章　总则

第 1 条　适用范围

（1）本法适用于国际商事仲裁，但受共和国与其他任何国家或诸国家之间的任何有效协定的约束。

（2）第 8、9、17H、17I、17J、35 和 36 条除外，本法仅适用于仲裁法定地位于共和国领土内的情形。

（3）具有以下情形的仲裁是国际性的：

（a）仲裁协议的各当事人在缔结该协议时在不同国家拥有其营业地；或者

（b）下列任一地位于各当事人营业地所在国之外的国家：

（ⅰ）仲裁协议中或根据仲裁协议所确定的仲裁地；

（ⅱ）将要履行商事关系实体义务的地点，或与争端事项最密切联系的地点；或者

（c）各当事人明示同意，仲裁协议的争端事项涉及一个以上国家。

（4）为了本条第（3）款的目的：

（a）一方当事人有一个以上营业地的，营业地为与仲裁协议有最密切联系的地点；

（b）一方当事人没有营业地，参按其惯常居所地。

（5）本法不应当影依其不得将某些争端提交仲裁或仅根据本法以外规定提交仲裁的其他任何法律。

第 2 条　定义和解释规则

为了本法的目的——

（a）"仲裁"，指无论是否由常设仲裁机构管理的任何仲裁；

（b）"仲裁庭"，指独任仲裁员或仲裁员小组；

（c）"法院"，指第 6 条第（1）款提及的法院，且包括适当情况下外国司法系统的机构或组织；

（d）本法第 28 条除外，若本法允许当事人自由决定某一事项，该自由包括当事人授权第三方（含机构）作出此决定的权利；

（e）若本法某条款提及诸当事人已经同意、可以同意或者以其他方式提到当事人之间一项协议的事实，该协议包括其中提到的任何仲裁规则；

(f)本法第 25 条(a)项和第 32 条第(2)款(a)项除外,若本法某条款提到一项请求,该条款也适用于反请求;若提到抗辩,该条款也适用于对反请求的抗辩。

第 2A 条　国际渊源和一般原则

(1)在解释本法时,宜考虑其国际渊源、促进其适用的统一和遵守诚信的需要。

(2)涉及本法管辖但本法中未明确解决的问题,宜按符合本法根基的普遍原则解决。

第 3 条　书面通讯的接收

(1)除非当事人另有协议:

(a)若任何书面通讯亲自递交给收件人或在其营业地、惯常居所或邮寄地址递交给收件人,视为该通讯已经收到;若经合理查询后均未能找到这些地址信息、以挂号信或提供记录试图递交书面通讯的其他任何手段发送给收件人的最后知悉的营业地点、惯常居所或邮寄地址,视为已经收到该书面通知;

(b)上述通讯视为在其以上述递交之日已经收到。

(2)本条规定不适用于法院程序中的通讯。

第 4 条　反对权的放弃

一方当事人知晓诸当事人可能减损本法的任何规定或已经不遵守仲裁协议下的任何要求,但无不当延迟地或未在规定异议时限内对该不遵守提出其反对意见,应当视为已经放弃其反对的权利。

第 5 条　法院干预的程度

除本法中另有规定外,任何法院不应当干预本法管辖的事项。

第 6 条　法院协助和监督仲裁的特定职能

(1)受第(2)款约束,第 11 条第(3)和(4)款、第 13 条第(3)款、第 14 条、第 16 条第(3)款及第 34 条第(2)款提到的职能应当由以下法院履行——

(a)仲裁正在、将要或已经举行的管辖区域内的高等法院;

(b)对南非当事人有管辖权的分支机构;或者若没有南非当事人,在共和国境内将举行仲裁的地点还未确定,由位于约翰内斯堡的高等法院豪登省分院管辖,直至确定该地点。

(2)为了第 8 条的目的,"法院"包括治安法院。

第 II 章　仲裁协议

第 7 条　仲裁协议的定义和形式

(1)"仲裁协议",指当事人达成的将他们之间已经产生或可能产生的涉

及界定法律关系(不论是否合同性的)的全部或任何争端提交仲裁的一项协议。一项仲裁协议可以是合同中的仲裁条款形式或者是单独协议形式。

(2)仲裁协议应当是书面的。

(3)若一项仲裁协议的内容以任何形式记录,无论该仲裁协议或合同是否以口头、行为或其他方式缔结,该仲裁协议是书面的。

(4)若一项电子通讯包含的信息可以获得以供后续援引使用,该电子通讯符合仲裁协议是书面的要求。

(5)为了第(4)款的目的,"电子通信"指各当事人以数据电文方式作出的任何通信;"数据电文"是指以电子、磁力、光学或类似手段制作、发送、接收或存储的信息,包括但不限于电子数据交换(EDI)、电子邮件、电报、电传或传真。

(6)而且,若一项仲裁协议包含在请求和抗辩陈述交换中,其中一方当事人声称存在一项协议、另一方当事人不否认,该仲裁协议是书面的。

(7)合同中对载有仲裁条款的任何文件的提及构成一项书面仲裁协议,条件为该提及是使该条款成为合同的一部分。

第8条 仲裁协议和法院面前的实体请求

(1)若一方当事人不晚于提交其第一次实体争端陈述时向法院请求,提起属于仲裁协议事项的诉讼,该法院应当停止这些诉讼程序,并责令双方当事人提交仲裁,除非该法院裁定该协议失效、无效、不可操作或不能实施。

(2)若已经提起本条第(1)款提及的诉讼,在法院待决该事项期间,仲裁程序仍然可以开始或继续,并可以作出裁决。

第9条 仲裁协议和法院的临时措施

(1)一方当事人在仲裁程序之前或期间向法院请求临时保护措施或请求法院准许此种措施,不违反仲裁协议。

(2)法院拥有第17J条规定的赋予与仲裁程序有关的临时措施的权力。

第Ⅲ章 仲裁庭的组成

第10条 仲裁员人数

(1)当事人可以自由确定仲裁员的人数。

(2)若无上述确定,仲裁员人数应当是一人。

第11条 仲裁员的任命

(1)除非当事人另有协议,不应当因国籍排除任何人担任仲裁员。

(2)当事人自由约定任命仲裁员的程序,但受本条第(4)、(5)款的约束。

（3）未达成上述协议的，

（a）在 3 名仲裁员的仲裁中，每方当事人应当指定 1 名仲裁员，由此任命的 2 名仲裁员应当任命第 3 名仲裁员；若一方当事人自收到另一方当事人任命仲裁员请求的 30 日内未任命仲裁员，或者若 2 名仲裁员在其任命的 30 日内未能就第 3 名仲裁员达成协议，应当经一方当事人请求，由第 6 条规定的法院作出任命；

（b）在独任仲裁员的仲裁中，若双方当事人不能就仲裁员达成协议，应当经一方当事人请求，由第 6 条规定的法院予以任命。

（4）若按双方当事人约定的任命程序，

（a）一方当事人未按该程序要求行事；或者

（b）双方当事人或 2 名仲裁员未能达成上述程序下所期望的协议；或者

（c）包括机构在内的第三方未能履行上述程序下委托给他们的职责；

除非任命程序的协议规定了保证任命的其他方式，任何一方当事人可以请求第 6 条规定的法院采取必要措施。

（5）对本条第（3）款或第（4）款委托给第 6 条规定的法院的事项的决定，不应当上诉。法院任命 1 名仲裁员时应当适当考虑当事人协议要求的仲裁员资格，尽可能考虑保证任命 1 名独立、公正的仲裁员；在任命独任或第 3 名仲裁员时，还应当考虑任命非双方当事人国籍的仲裁员的可取性。

第 12 条　仲裁员回避的理由

（1）一人在临近涉及可能任命其为仲裁员时，应当披露可能引起合理怀疑其公正性或独立性的任何情况。仲裁员自其任命为仲裁员之时起和整个仲裁程序期间，应当不迟延地向双方当事人披露上述任何情况，除非仲裁员已经通知了当事人。

（2）仅在存在引起合理怀疑仲裁员公正性或独立性的情况时，或他（她）不具有双方当事人协议的资格时，才可以提出仲裁员回避。一方当事人只有在其作出任命后知悉的原因，才能对其任命或参与任命的仲裁员提出回避。

（3）为了第（2）款的目的，"合理怀疑"要求有充分理由认为掌握正确事实的理性人对此种偏见本应持有的合理担心。

第 13 条　回避的程序

（1）双方当事人自由约定仲裁员回避程序，但受本条第（3）款约束。

（2）若没有达成上述协议，意图提出仲裁员回避的一方当事人应当在知悉仲裁庭组成后或知悉第 12 条第（2）款规定的任何情况后 15 日内，向仲裁庭发送书面回避理由声明。除非被要求回避的仲裁员撤回其任职或另一方当

事人同意该回避,仲裁庭应当对该回避作出决定。

(3)若在双方当事人约定任何程序下或本条第(2)款下的回避请求败诉,提出回避的当事人可以在收到驳回回避决定的通知后30日内,请求第6条规定的法院对回避作出决定。对该决定不得上诉;在该请求待决期间,包括被质疑仲裁员在内的仲裁庭可以继续仲裁程序,并作出裁决。

第 14 条　未能或者不能履职

(1)若仲裁员在法律上或事实上不能履行其职能,或者因其他原因未能迅速行事,当其撤回任职或双方当事人同意终止时,终止其授权。若关于任何回避理由的争议仍存在,任何一方当事人可以请求第6条规定的法院对终止授权作出决定,该决定不得上诉。

(2)若按本条或第13条第(2)款,仲裁员撤回其任职或一方当事人同意终止仲裁员授权,这不暗示接受本条或第12条第(2)款提及的任何理由的有效性。

第 15 条　替代仲裁员的任命

若按第13条、第14条、因其他原因撤回任职、因双方当事人协议撤销授权或在其他任何情况下终止授权而终止对一仲裁员的授权,应当根据曾适用于任命被替换仲裁员的规则任命1名替代仲裁员。

第Ⅳ章　仲裁庭的管辖权

第 16 条　仲裁庭裁决其管辖权的职权

(1)仲裁庭可以裁决其自身管辖权,包括有关仲裁协议存在或有效性的任何异议。为此目的,构成合同一部分的仲裁条款应当视为独立于合同其他条款的协议。仲裁庭作出合同失效和无效的决定在法律上不应当导致仲裁条款无效。

(2)对仲裁庭不具有管辖权的请求应当不迟于抗辩陈述提交日提出。不得排斥一方当事人因其已经或参与任命仲裁员的事实所提出的上述请求。对仲裁庭超越其职权范围的请求,应当尽快在仲裁程序期间提出声称超越其职权范围之事项时提出。若仲裁庭认为延期是合理的,可以在上述任一情形中准许延迟请求。

(3)仲裁庭可以将本条第(2)款中提及的请求作为初步问题予以裁定或在实体裁决中予以裁定。若仲裁庭将该请求作为初步问题予以裁定,任何一方当事人可以在收到该裁定的通知后30日内,请求第6条规定的法院决定此事项,该决定不得上诉;在上述请求待决期间,仲裁庭可以继续仲裁程序并作出裁决。

第IVA 章　临时措施

第 1 节　临时措施

第 17 条　仲裁庭命令临时措施的权力

(1)除非当事人另有协议,仲裁庭可以经一方当事人请求准许临时措施。

(2)临时措施包括在发出最终决定争端的裁决之前任何时间以裁决或其他形式的任何暂时性措施,仲裁庭凭此命令一方当事人:

(a)在确定争端之前维持或恢复现状;

(b)采取行动阻止或限制采取可能导致当前或即将伤害或损害仲裁程序本身的行为;

(c)提供手段保护满足后续裁决的资产;

(d)保护对争端解决可能相关且重要的证据;或者

(e)提供费用担保。

(3)第(2)款(e)项提及的措施只可以针对请求当事人或反请求当事人作出命令。

第17A 条　准许临时措施的条件

(1)请求第 17 条第(2)款(a)、(b)、(c)或(e)项下临时措施的当事人应当符合仲裁庭的以下条件:

(a)不得使一项裁决可能导致未命令采取临时措施时不可充分修复的损害,且该损害实质上不得超过准许临时措施时可能造成该临时措施针对的当事人的损害;和

(b)存在请求当事人实体主张会胜诉的合理可能性。对此可能性的决定不应当影响仲裁庭在作出任何后续决定中的酌情权。

(2)就请求第 17 条第(2)款(d)项下的临时措施,本条第(1)款(a)和(b)项中的要求应当仅在仲裁庭认为适当的范围内适用。

第 2 节　适用于临时措施的规定

第17D 条　变更、暂停、终止

仲裁庭可以经任何一方申请、特殊情况下并事先通知双方当事人、或者经仲裁庭自身动议,变更、中止或终止其已准许的临时措施。

第17E 条　提供担保

仲裁庭可以要求请求临时措施的当事人对该措施提供适当担保。

第 17F 条　披露

仲裁庭可以要求任何当事人披露请求或已准许临时措施之基础的客观情况发生的重大变化。

第 17G 条　费用和损害

若仲裁庭后来决定在该情况下不应当采取临时措施,请求临时措施的当事人应当负责该措施对任何当事人造成的费用和损害。仲裁庭可以在程序期间任何阶段裁决上述费用和损害。

第 3 节　临时措施的承认和执行

第 17H 条　承认和执行

(1)应当承认仲裁庭发布的临时措施具有约束力,仲裁庭另有规定除外,应当经向主管法院申请予以强制执行,不考虑发出临时措施的国家,但受第17I 条规定的约束。

(2)申请承认或者执行临时措施的当事人,应当立即将该临时措施的任何终止、中止或变更通知给法院。

(3)若被寻求承认或执行的本条第(1)款提及的法院认为适当、且仲裁庭未曾就担保作出决定或一项决定对保护第三方权利所必要,可以命令请求当事人提供适当担保。

第 17I 条　拒绝承认或执行的理由

(1)仅因以下原因,才可以拒绝承认或执行临时措施:

(a)若法院认为符合以下要求,经临时措施所针对的当事人的请求:

(ⅰ)根据第 36 条第(1)款(a)项(ⅰ)、(ⅱ)、(ⅲ)或(ⅳ)分项所列理由保证了此种拒绝;或者

(ⅱ)没有遵守仲裁庭就其已发布的临时措施要求提供担保所作出的决定;或者

(ⅲ)由仲裁庭、仲裁举行地国家授权的法院或按准许临时措施地国家法律,已经终止或中止临时措施;或者

(b)若法院认定:

(ⅰ)该临时措施不符合赋予给法院的权力,但是该法院在使临时措施适应其为了执行临时措施目的自身权力和程序所必要的范围内决定修正临时措施但不改变实质内容除外;或者

(ⅱ)第 36 条第(1)款(b)项(ⅰ)或(ⅱ)分项所列任何理由适用于承认和执行临时措施。

(2)法院根据本条第(1)款中任何理由作出的任何决定,仅应当为了申请承认和执行临时措施的目的才有效。被请求承认或者执行的法院在作出上述决定中不应当审查临时措施的实体。

第 4 节　法院命令的临时措施

第 17J 条　法院命令的临时措施

(1)法院经一方当事人请求,在仲裁程序方面,应当具有为了其面前诉讼程序目的作出以下命令的相同权力,不考虑仲裁法定地是否在共和国领土内,——

(a)为保存、临时监管或出售属于争端事项的任何货物的命令;

(b)担保争端金额的命令,但不是担保费用的命令;

(c)任命清算人的命令;

(d)保证仲裁程序中可能作出的任何裁决不因另一方当事人资产耗损而不能实施的其他任何命令;或者

(e)临时禁令或其他临时命令。

(2)法院不应当根据本条第(1)款发出命令,但以下除外:

(a)还没有任命仲裁庭,且此事项紧急;

(b)仲裁庭无权发布命令;或者

(c)此事项的紧迫性使其向仲裁庭寻求命令不切实际。

(3)法院对根据本条第(1)款提出的任何请求作出的决定,不得上诉。

(4)法院应当无权力准许本条规定以外的临时措施。

第 V 章　仲裁程序的进行

第 18 条　平等对待各方当事人

应当平等对待各方当事人,应当给予各方当事人陈述其案件的充分合理机会。

第 19 条　程序规则的确定

(1)受本《示范法》约束,双方当事人自由约定仲裁庭进行仲裁议程所遵循的程序。

(2)若未达成上述协议,仲裁庭受本《示范法》约束,可以按其认为适当的方式进行仲裁。赋予仲裁庭的权力包括决定任何证据可采信、相关性、重要性、权重的权力。

第 20 条　仲裁法定地

(1)双方当事人自由约定仲裁法定地。若达不成此协议,仲裁庭应当在

考虑本案客观情况(包括双方当事人方便)后确定。

(2)尽管有本条第(1)款的规定,除非双方当事人另有协议,仲裁庭可以会商其成员后在其认为适当的任何地理地点听审证人、会见专家或当事人,检查货物、其他财产或文件。

第21条 仲裁程序的开始

除非当事人另有协议,有关特定争端的仲裁程序自被申请人收到将争端提交仲裁的请求之日起开始。

第22条 语言

(1)双方自由约定仲裁程序中使用的一种或多种语言。若未达成此协议,仲裁庭应当确定仲裁程序中使用的语言。除非另有具体规定,此协议或确定应当适用于任何一方当事人的书面陈述,仲裁庭的任何听审和任何裁决、决定或其他通讯。

(2)仲裁庭可以命令,任何文件证据应当随附双方当事人约定的或仲裁庭确定的一种或多种语言的译文本。

第23条 请求与抗辩陈述

(1)除非双方当事人对陈述的要求要素另有协议,请求人应当在双方当事人约定或者仲裁庭确定的时限内说明支持其主张的事实、争端点和请求的救济或补救措施,被申请人应当对这些具体事项陈述其抗辩。双方当事人可以提交涉及其陈述的他们认为相关的所有文件,或者可以增加提及其将会提交的文件或其他证据。

(2)除非双方当事人另有协议,任何一方当事人可以在仲裁程序过程期间修改或补充其主张或抗辩,但是仲裁庭在考虑作出修改会导致延迟后认为准许此修改是不适当的除外。

第24条 听审和书面程序

(1)仲裁庭受双方当事人任何相反协议的约束,应当决定是否口头听审出示证据、口头辩论,或是否根据文件和其他资料进行审理程序。但是,除非双方当事人同意不举行听审,若一方当事人要求听审,仲裁庭应当在程序的适当阶段举行听审。

(2)应当向双方当事人充分提前通知任何听审和仲裁庭为了检查货物、其他财产或者文件目的的任何会议。

(3)一方当事人向仲裁庭提交的所有陈述、文件或其他信息应当传达给另一方当事人。仲裁庭可以据此作出裁决的专家报告或者证据性文件也应当通知双方当事人。

第 25 条　一方当事人不履行

除非双方当事人另有协议,若没有显示充分原因——

(a)申请人未根据第 23 条第(1)款规定提交其请求陈述,仲裁庭应当终止程序;

(b)被申请人未根据第 23 条第(1)款提交其抗辩陈述,仲裁庭应当继续程序,不将该不履行本身作为请求人指称的一种承认;

(c)任何一方未出席听审或出示文件证据,仲裁庭可继续程序,并根据其面前的证据作出裁决。

第 26 条　仲裁庭任命的专家

(1)除非双方当事人另有协议,仲裁庭——

(a)可以任命 1 名或多名专家向仲裁庭报告仲裁庭决定的特殊事项;

(b)可以要求一方当事人向专家提供任何相关信息、或提交或提供获取对其检查的任何有关文件、货物或其他财产。

(2)除非双方当事人另有协议,若一方当事人请求或仲裁庭认为必要,专家应当在提交其书面或口头报告后参加听审,以使双方当事人有机会向其提问和提供专家证人为争议点作证。

第 27 条　法院协助取证

(1)仲裁庭或经仲裁庭批准的一方当事人可以请求主管法院协助取证。法院可以在其职权内根据取证规则执行此请求。

(2)为了第(1)款的目的——

(a)仲裁举行地管辖区域内高等法院部门的登记官或治安法院的职员,可以根据仲裁庭申请或仲裁庭批准的一方当事人申请,发出传票,强迫证人出席仲裁庭提供证据或提交文件;和

(b)为了仲裁程序的目的,高等法院的部门具有与其为了在该法院诉讼目的发出委托或要求在其管辖区域外取证而作出命令所具有的相同权力。

第Ⅵ章　裁决的作出和程序的终止

第 28 条　适用于争端实体的规则

(1)仲裁庭应当根据双方当事人选择适用于争端实体的法律规则决定该争端。除非另有明示,应当将指定国家法律体系或法律的任何指定解释为直接提及该国的实体法律,而不是提及其法律冲突规则。

(2)若当事人没有任何指定,仲裁庭应当适用其认为可适用的法律冲突规则所确定的法律。

(3)仲裁庭只有在双方当事人明示授权的情况下,才应当按公平合理原则或作为友好调解人作出决定。

(4)仲裁庭在任何情况下应当根据合同条款作出决定,并应当考虑可适用于交易的贸易惯例。

第 29 条 仲裁员小组的决策

在超过 1 名仲裁员的仲裁程序中,除非双方当事人另有协议,仲裁庭的任何决定应当以其多数成员方式作出。但是,若双方当事人或仲裁庭所有成员授权,首席仲裁员可以决定程序事项。

第 30 条 和解

(1)若双方当事人在仲裁程序期间和解争端,仲裁庭应当终止仲裁程序,且若经双方当事人请求、仲裁庭不反对,仲裁庭应当以根据协议条款的仲裁裁决形式记录该和解。

(2)应当根据第 31 条的规定作出以协议条款为基础的裁决,且应当说明其是一项裁决。此裁决具有与本案是非曲直的其他任何裁决相同的地位和效力。

第 31 条 裁决的形式和内容

(1)裁决应以书面形式作出,并由仲裁员签名。在超过 1 名仲裁员的仲裁程序中,仲裁庭全体成员的多数签名应当是充分的,但是应当说明任何遗漏签名的理由。

(2)除非双方当事人已经协议不说明任何理由或裁决书是根据第 30 条协议条款作出的,裁决书应当说明其依据的理由。

(3)裁决书应当载明其日期和根据第 20 条第(1)款确定的仲裁法定地。裁决应当视为已经在仲裁法定地作出。

(4)在作出裁决后,应当向每方当事人递交仲裁员按照本条第(1)款签名的裁决书副本。

(5)除非双方当事人另有协议且受第 28 条约束,仲裁庭可以在其认为具体情况下适当、公平且考虑了作出裁决中所使用的货币,对裁决的依据和条款裁决支付利息,计息期起算于诉因产生之日、终止于支付之日。

(6)除非双方当事人另有协议,仲裁庭应当酌情对仲裁费用作出裁决。该裁决可以具体规定有权享受费用的当事人、应当支付该费用的当事人、费用的数额或决定该数额的方法、应当支付费用的方式。

(7)仲裁庭在行使本条第(6)款下的酌情权中,可以考虑各方当事人以加快和成本—效益方式进行仲裁的程度。

第 32 条　程序的终止

(1)仲裁程序由最终裁决或仲裁庭根据本条第(2)款作出的命令终止。

(2)在以下情况下,仲裁庭应当发布终止仲裁程序的命令:

(a)申请人撤回其请求,除非被申请人对此提出反对且仲裁庭承认该当事方在获得争端最终解决中具有合法利益;

(b)双方当事人同意终止程序;或者

(c)仲裁庭裁定,继续仲裁程序因其他原因成为不必要或不可能。

(3)仲裁庭的授权随仲裁程序终止而终止,但受第 33 条和第 34 条第(4)款规定的约束。

第 33 条　裁决的更正和解释、补充裁决

(1)除非双方当事人已经协议另外的时限,在收到裁决的 30 日内:

(a)通知另一方当事人的一方当事人,可以请求仲裁庭更正裁决书中的任何计算错误、任何文员或打印错误、或者类似性质的任何错误;

(b)若双方当事人已有协议,通知另一方当事人的一方当事人可以请求仲裁庭对裁决的某具体点或部分作出解释。

若仲裁庭认为上述请求正当,应当自收到该请求 30 日内作出更正或者解释。解释应当构成裁决的一部分。

(2)仲裁庭可以根据自身动议在裁决日后的 30 日内更正本条第(1)款(a)项所述类型的错误。

(3)除非双方当事人另有协议,通知另一方当事人的一方当事人可以在收到裁决书后 30 日内,请求仲裁庭对仲裁程序中提出但裁决书中遗漏的请求作出补充裁决。仲裁庭若认为该请求有正当理由,应当在 60 日内作出补充裁决。

(4)若必要,仲裁庭可以延长本条第(1)款或第(3)款规定的作出更正、解释或补充裁决的时限。

(5)第 31 条的规定应当适用于更正或解释裁决或补充裁决。

第Ⅶ章　对仲裁裁决的补救

第 34 条　申请撤销作为针对仲裁裁决的专属补救

(1)仅可以根据本条第(2)、(3)款以申请撤销方式向法院提出补救仲裁裁决。

(2)第 6 条规定的法院仅在以下情况下才可以撤销仲裁裁决:

(a)提出申请的一方当事人提供证据证明:

(i)第 7 条提及的仲裁协议的一方当事人处于某种无能力状态;或者按双

方当事人遵从的法律，或对此无任何表示，按共和国法律，上述协议无效；或者

（ⅱ）未给予提出申请的当事人指定仲裁员或仲裁程序的适当通知，或者其他情况下该当事人未能陈述其案件；或者

（ⅲ）裁决处理了不是提交仲裁条款规定的或不属于提交仲裁条款范围的事项；或者裁决包含了超出提交仲裁范围之事项的决定，但是若提交仲裁事项的决定能够与未提交仲裁事项的决定分开，只可以撤销包含未提交仲裁事项决定的裁决部分；或者

（ⅳ）仲裁庭的组成或仲裁程序不符合双方当事人的协议，除非该协议与当事人不得减损本《示范法》的规定相冲突，或者无此协议，不符合本《示范法》；或者

（b）法院裁定：

（ⅰ）根据共和国法律，争端事项不能以仲裁方式解决；或者

（ⅱ）该裁决与共和国公共政策相冲突。

（3）自提出申请的一方当事人收到裁决之日起，或者已根据第33条提出请求，自仲裁庭已经处置该请求之日起，届满3个月后，不得提出撤销申请，除非提出申请的一方当事人能够证明其在该期限内不知道或者经履行合理注意不可能获悉可以按本条第（5）款（b）项撤销裁决，在此情况下，期限应当自经履行合理注意本可以获得该知晓之日起计算。

（4）法院在被请求撤销裁决时，可以在适当且经一方当事人请求的情况下，在其确定的期限内暂停撤销程序，以便给仲裁庭机会恢复仲裁程序或采取仲裁庭认为可以消除撤销理由的其他行动。

（5）为了避免任何疑问的目的，且不限制本条第（2）款（b）项（ⅱ）分项的普遍性，宣布具有以下情形者，裁决与共和国公共政策相冲突：

（a）违反仲裁庭公正行事的义务，其发生于作出已经导致或将导致申请人实质不公正的裁决；或者

（b）因欺诈或腐败引起或影响作出裁决。

第Ⅷ章　裁决的承认和执行

第35条　承认和执行

（1）在任何国家作出的仲裁裁决，应当被承认具有约束力，经向主管法院书面申请，应当根据本条和第36条的规定予以执行。

（2）请求承认或执行裁决的当事人，应当提供裁决原件及其副本、不是用共和国一种官方语言作出的裁决的共和国官方语言译文本。

第 36 条 拒绝承认或执行的理由

(1)仅具备以下情形,才可以拒绝承认或执行在任何国家作出的仲裁裁决:

(a)经诉请裁决所针对的当事人申请,该当事人向被请求承认或执行的主管法院提供以下证据:

(ⅰ)第 7 条提及的仲裁协议的当事人处于某种无能力状态;或者根据双方当事人遵从的法律,或对此无任何表示,根据裁决作出地国家的法律,该协议无效;或者

(ⅱ)没有给予诉请裁决所针对的当事人指定仲裁员或仲裁程序的适当通知,或者该当事人在其他情况下未能陈述其案件;或者

(ⅲ)裁决处理了提交仲裁条款没有规定的或不属于提交仲裁条款范围的争端;或者裁决包含了超出提交仲裁范围之事项的决定,但是若提交仲裁事项的决定能够与没有提交仲裁事项的决定分开,可以承认和执行包含提交仲裁事项之决定的裁决部分;或者

(ⅳ)仲裁庭的组成或仲裁程序不符合双方当事人的协议,或者无此协议,不符合仲裁举行地国法律;或者

(ⅴ)裁决对双方当事人尚不具有约束力,或裁决作出地国家法院或按该国法律,已经被撤销或中止;或者

(b)法院裁定:

(ⅰ)按共和国法律,争端事项不能以仲裁方式解决;或者

(ⅱ)承认或执行裁决会违反共和国公共政策。

(2)若已经向本条第(1)款(a)项(ⅴ)分项提及的法院作出撤销或中止裁决的申请,被请求承认或执行的法院认为适当,可以暂停其决定,也可以经请求承认或执行裁决的当事人申请,命令另一方当事人提供适当担保。

(3)为了避免任何疑问的目的,且不限制本条第(1)款(b)项(ⅱ)分项的普遍性,宣布具有以下情形者,裁决的承认或执行违反共和国公共政策:

(a)违反仲裁庭公正行事的义务,其发生于作出已经或将造成抗拒承认或执行的当事人实质不公正的裁决;或者

(b)因欺诈或腐败引起或影响作出裁决。

附表 2

UNCITRAL 调解规则

（经 1980 年 12 月 4 日联合国大会第 35/52 号决议批准）

（略）

附表 3

承认与执行外国仲裁裁决公约

（1958 年 6 月 10 缔结于纽约,1959 年 6 月 7 日生效;公布在 U.N.T.S.38
(1959) 第 4793 号上。）

（略）

附表 4

法律的废止或修正

年份和法律编号	短标题	废止或修正的内容
1977 年第 40 号法	1977 年承认和执行外国仲裁裁决法	全部
1978 年第 99 号法	1978 年商业保护法	**修正 1978 年第 99 号法长标题、第 1、1D 和 1G 节** 兹在《商业保护法》长标题、第 1、1D 和 1G 节中"仲裁裁决/诸裁决"出现之处删除该词组。
1986 年第 1 号法	1986 年海上货物运输法	用以下节替换 1986 年第 1 号法第 3 节： **"法院的管辖权** 3.(1)尽管存在管辖权的任何意图排除、将任何争端提交仲裁的专属管辖条款和协议,尽管有《1965 年仲裁法》的规定、[和]《1983 年海事管辖权管理法》第 7 节第(1)分节(b)条款[的规定]和《2017 年国际仲裁法》,在共和国境内从事商业的任何人,和不论为了最终卸货、临时卸货或卸货进一步运输,目的地或任何港口在共和国境内的任何提单、海运单或类似货物运输文件下的收货人、文件持有人,可以就上述货物的运输或上述任何提单、海运单或文件,向共和国境内的主管法院提起任何诉讼。 (2)本节第(1)分节的规定不应当适用于在共和国境内举行的仲裁程序,但仲裁程序受[《1965 年仲裁法》]共和国仲裁法律的规定的约束。"

（张梦媛、邓瑞平译,邓瑞平审校）